U0671494

鲁中南汉墓

（下）

山东省文物考古研究所　编著

文物出版社

北京·2009

HAN TOMBS IN MID-SOUTHERN SHANDONG （Ⅱ）

by

Shandong Provincial Institute of Cultural Relics and Archaeology

Cultural Relics Press

Beijing · 2009

曲阜花山墓地

山东省文物考古研究所
曲 阜 市 文 物 局

花山墓地位于山东省曲阜市小雪镇花山东坡，西距小雪镇约1公里，南距曲阜九龙山北麓约30米（图一）。西北距曲阜市区不到15公里。

2000年9～11月下旬，为配合日（照）—菏（泽）高速公路的工程建设，山东省文物考古研究所与曲阜市文物局，在曲阜花山东坡公路取土场内，抢救发掘了96座西汉早期—东汉时期的墓葬（图二；图版七八，1），出土陶、铜、铁、石、玉、漆器及金属器等随葬品400余件（附表）。

主持这次发掘的领队为山东省文物考古研究所李曰训，参加发掘工作的有曲阜市文物管理委员会的项春生、孙岩、项军等同志。刘德立、孟凡喜、孙亮慎、周登军四

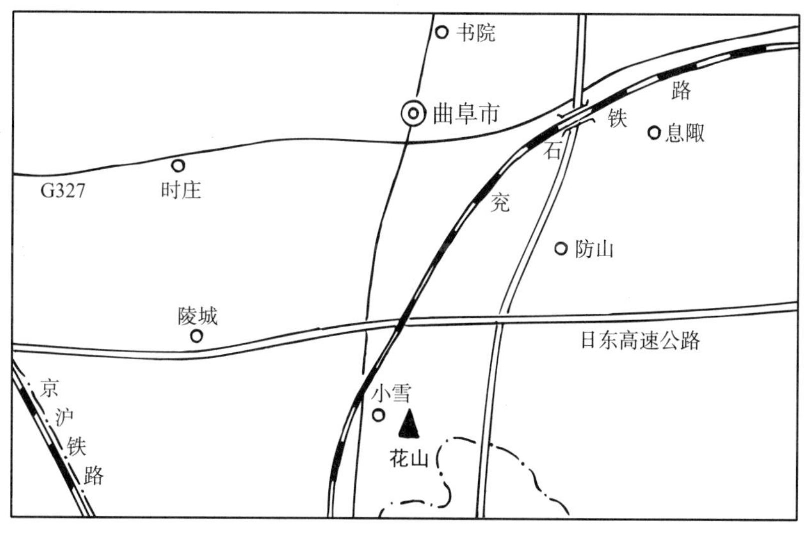

图一　花山墓地地理位置示意图

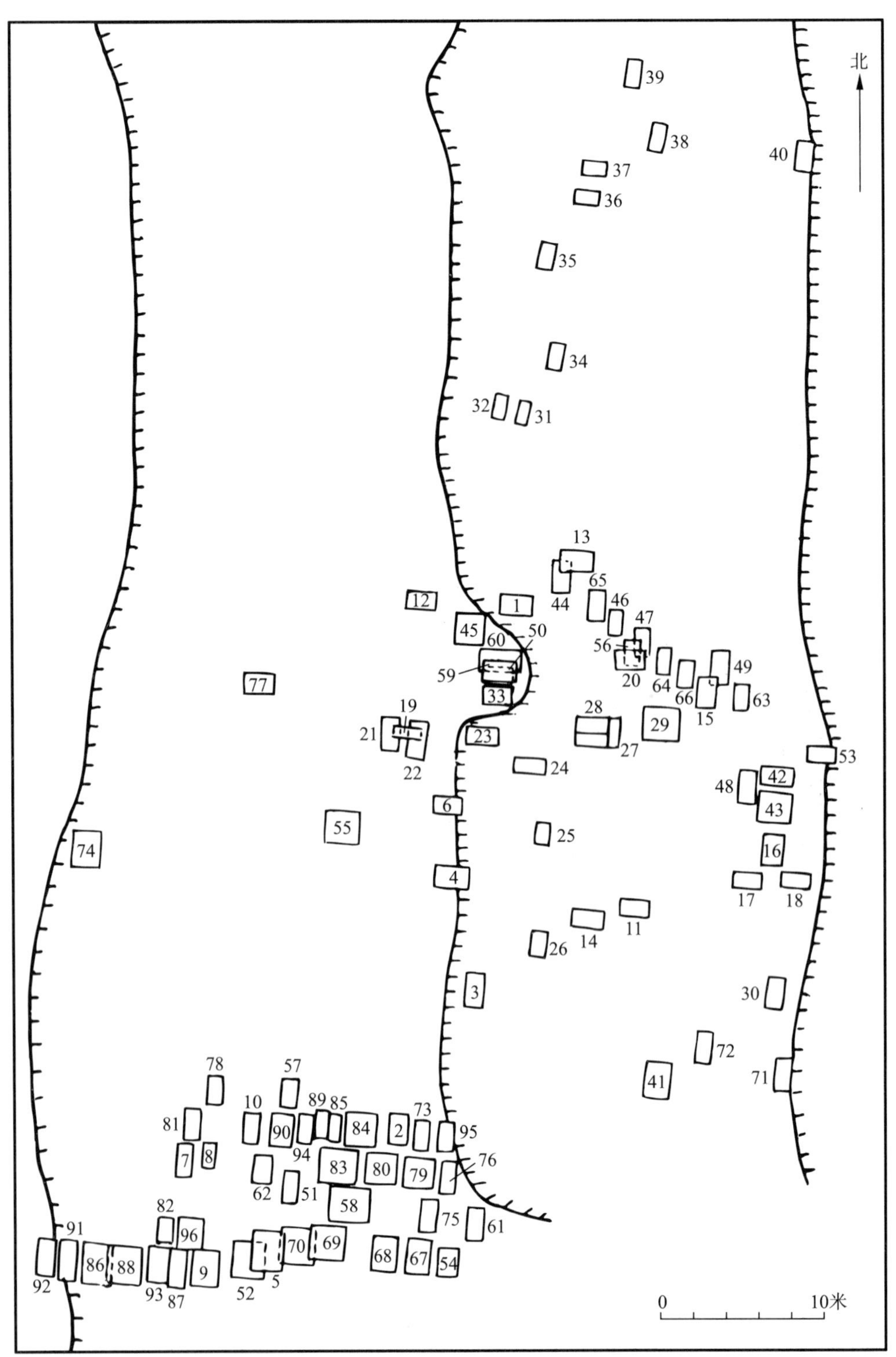

图二　花山墓地墓葬分布图（图中数字为墓号）

位技工，先后参加了该墓地的考古钻探与发掘。张圣现、刘相文、周登军、张宪英等技工，参加了墓地发掘资料的整理工作。

（一）墓地概况

1. 墓地分析

花山墓地面积较大，其分布范围东西长约250、南北宽约220米，面积有55000平方米左右。本次发掘的范围南北长约180、东西宽约150米，发掘面积在27000平方米左右。在发掘前，由于当地村民在花山东北部建立起一个较大的砖瓦厂，大批的墓葬已被窑厂取土所破坏。从东部断崖上暴露的几座被破坏的残墓来看，整个汉代墓地的地势为自北向南顺着山坡逐渐隆起，南部墓葬的埋葬地势要比北部高3～4米，而北部较低的墓葬一般高出周围地平面近1米。整个墓地的墓葬大都开口于耕土层下，距地表0.8～1米。墓地北部有少数墓葬因破坏严重，耕土层已不复存在，地表上已暴露出椁室及残破的随葬陶器。从石椁墓内保存的大量棺木朽迹及彩绘漆皮来看，所有的石椁墓内均置有木棺葬具，并且大多数棺盖上都绘有精美的髹漆彩绘。少数石椁墓棺板甚薄，腐朽严重。有的墓主人骨架保存较差，腐朽的已成粉末，已无法准确分辨出墓主人的头向。

该墓地石椁墓所用的石材石料，均为当地附近山上出产的青石和白岩石。当时人们用于建造石椁墓的石材葬具，确有一定的讲究。从M84选用的几块大小基本相同的精美石椁板、两块铺底板和两块类同的石椁盖板来看，在地下近4米深建造如此规整、讲究的双室石椁墓，耗费的人力物力是可想而知的。另外，M58、M83、M90等几座墓室面积较大的三室石椁墓，也是如此。

石椁墓、土坑墓是鲁中南地区汉墓最为常见的墓葬形制，但花山墓地出土的单室、双室、三室等各种类型的石椁墓，其数量之多、埋葬之讲究，这在其他墓地中较为少见。另外，该墓地还出土一座用大青砖垒砌椁室、方形花砖铺底的砖椁墓，以及一座用大型空心砖垒砌椁室、方形花砖铺底的空心砖墓。用大、小型青砖垒砌的砖椁墓，虽在山东各地出土的汉墓中均有不同程度的发现，但空心砖墓却极为罕见，空心砖墓主要流行于河南地区。鲁中南曲阜一带空心砖墓的出现，说明该地区当时与河南地区的文化交流比较频繁，促使当地的葬制、葬俗也有了一定的改变。

2. 墓葬形制、葬具、葬式、墓向等

墓葬形制可分为土坑墓、石椁墓、砖椁墓、空心砖墓等四种类型，其中绝大多数为石椁墓。石椁墓又可分为单石椁、双石椁及三椁室墓。石椁墓的墓室面积一般在4～

6 平方米，较大的几座面积在 7 ~ 8 平方米。在发现的石椁墓中，其椁内均置有木棺葬具，有的在木棺表层还用黄、黑、白等矿物颜料或朱红漆绘制有精美的彩绘漆画。但由于绝大多数棺盖腐朽严重，其棺盖上的漆画极难提取和保存下来。

墓葬的葬式均为仰身直肢葬。墓向以南向为主，有 47 座；其次为北向和东向，分别为 22、20 座；西向最少，只有 7 座。在 47 座头向向南的墓葬中，从 M66 ~ M96，除 M77 头向向东外，其余墓葬头向均向南。这种现象恐怕不是一种巧合，它充分反映出汉代家族墓地葬制、葬俗的一个重要特点。

墓葬填土大都为黄褐五花土，均经夯打，其夯层及夯窝非常清晰。夯层一般厚约 10 ~ 18 厘米；夯窝呈圆形平底状，直径 10 ~ 12 厘米。

3. 随葬品情况

绝大多数墓葬都有随葬品，少者 3 ~ 5 件，多者几十件，最多的可达40 余件，器类有陶、釉陶器及铜、铁、玉石器、金属器等。陶器有鼎、盒、壶、盘、匜、罐、勺等。釉陶器有罐、壶。铜器有铜钱、镜、带钩、印等。金属器多为小型明器，有车马器及弩机。铁器有铁剑、刀等。玉器有玉璧、玉璜、玉琀等。石器有石琀、耳塞、鼻塞、石眼罩、石肛塞等。另外，还有几座石椁墓出土有造型优美的漆奁及漆盒。

4. 其他

个别墓葬的墓壁经过特殊加工，有的墓室底部铺设一层白石灰粉面，四壁均涂刷一层白彩为地，然后在墓室的四壁用黑彩绘制青龙、白虎、朱雀、玄武等四神图像。

绝大多数墓葬保存较好，墓葬的分布范围比较密集，分片集中埋葬的现象非常清楚，双室或三室夫妻并穴合葬墓比较多见，并有一定的埋葬规律，部分墓葬之间存在明显的叠压和打破关系。

（二）墓葬分类及典型墓例

1. 土坑墓

4 座。均为长方形竖穴单室墓。葬式为仰身直肢葬，头向南或东，葬具均为木棺，但木棺大都腐朽严重，墓室填土均经夯打。随葬品多寡不一，有的在棺室内外。有的土坑墓与其他类型的墓葬之间存在明显的叠压、打破关系。

M50　位于墓地中部，南邻 M33，上部开口处被 M59 叠压。墓向 100°。墓室长 2.8、宽 1.5 米，深 1.6 米。木棺板灰长 1.95、宽 0.75、残高 0.26 米。填土为红褐土，并经夯打。葬式为仰身直肢葬，头向东。未发现随葬品。

M89　位于墓地南部，东邻 M85，西邻 M94。墓向 185°。墓室长 2.7、宽 1 米，深 2.3 米。木棺板灰长 2.4、宽 0.8、残高 0.25 米。填土为红褐土，并经层层夯打。葬式为仰身直肢葬，头向南。棺内墓主人上肢随葬有铜五铢 2 枚、铁刀 1 件，头部随葬有石琀 1 件、石眼罩及石耳塞各 2 件（图三）。

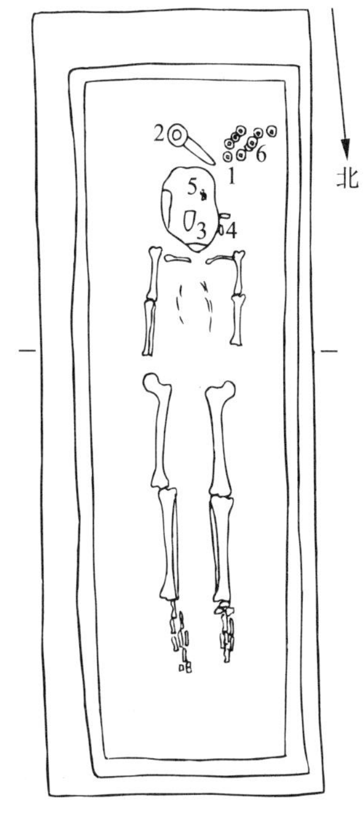

图三　汉墓 M89 平、剖面图
1、6. 铜钱　2. 铁刀　3. 石琀　4. 石耳塞　5. 石眼罩

2. 石椁墓

90 座。墓葬形制多为长方形或近方形，石椁内均有木棺葬具，填土一般为五花土并夹杂一些碎石块。依据椁室结构的不同，可分为单石椁、双石椁和三椁室墓。

（1）单石椁墓

75 座。依据石椁墓的石椁盖板及椁室结构的不同，可分为石盖板墓、石椁墓、单石椁带壁龛墓、单石椁带边箱墓四种形制。

① 石盖板墓

3 座。均在长方竖穴土圹上面，平放有 2～3 块石盖板，并在其墓口下置有生土二层台。

M10　位于墓地南部，东邻 M90。墓向 0°。墓室长 2.3、宽 0.8 米，深 1.2 米。在墓口下二层台上，竖排摆放有大小不同的 2 块石盖板，其中一块长 0.86、宽 0.66、厚 0.13 米，另一块长 1.2、宽 0.68、厚 0.13 米。石盖板下木棺板灰长 1.88、宽 0.53、高 0.56 米。填土为五花土，并经层层夯打。葬式为仰身直肢葬，头向北。在石盖板下木棺外侧的墓主人头部，随葬有 4 件陶中型罐，木棺外侧随葬有铜镜 1 枚；在棺内随葬有铁刀 1 件、铜五铢 12 枚（图四）。

M92　位于墓地西南角，东邻 M91。墓向 4°。墓室长 2.5、宽 1.3 米，深 2.1 米。该墓墓口下四周有宽 0.2～0.3 米的生土二层台，台高 0.7 米。台上横排置有 3 块石盖板，其一长 0.84、宽 1.25、厚

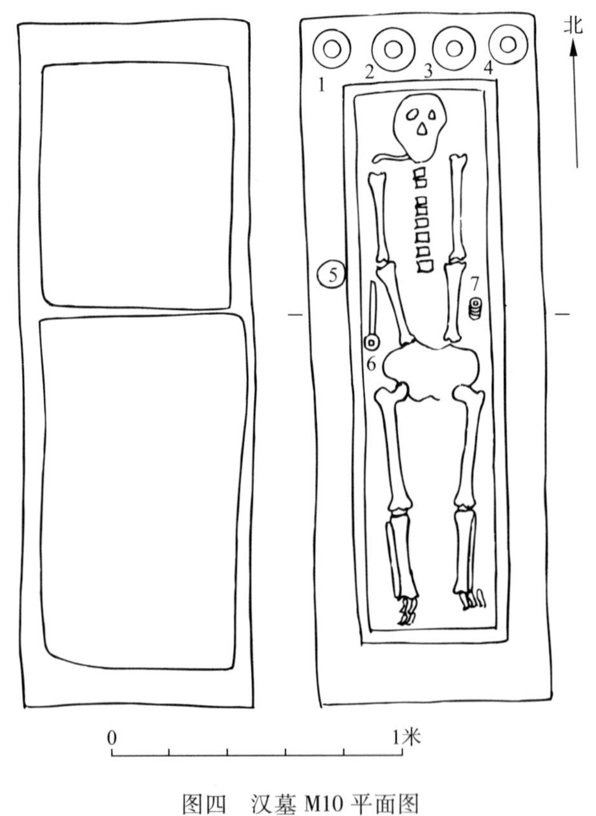

图四　汉墓 M10 平面图

1 ~4. 陶中型罐　5. 铜镜　6. 铁刀　7. 铜钱

0. 14 米，其二长 0. 7、宽 1. 25、厚 0. 14 米，其三长 0. 9、宽 1. 25、厚 0. 14 米。石盖板下置有木棺，木棺板灰长 2、宽 0. 8、残高 0. 13 米。填土为五花土，并夹杂一些碎石块。葬式为仰身直肢葬，头向南。木棺盖上随葬有 4 件陶中型罐，棺内随葬有铜镜 1 枚、铜五铢 20 枚、石琀 1 件、石耳塞 2 件（图五）。

② 石椁墓

63 座。这种单室石椁墓的上面大都平放有 3 块石盖板。在棺椁之间、木棺盖上，或在石椁外侧，一般随葬 2 ~5 件陶器；而在其木棺室内，大多随葬有铜镜、铜钱、铜印、铁剑、铁刀等。

M34　位于墓地北部，南邻 M31。墓向 12°。墓室长 2. 5、宽 1. 7 米，深 1. 2 米。石椁长 2. 4、宽 0. 85、高 0. 62 米，石椁板四壁较窄薄。木棺板灰长 2、宽 0. 62、残高 0. 12 米。填土为红褐土，并经层层夯打。葬式为仰身直肢葬，头向北。在棺内墓主人头部及下腹部，随葬有 3 枚铜半两；在墓主人下肢手旁随葬有 1 枚铜镜（图六）。

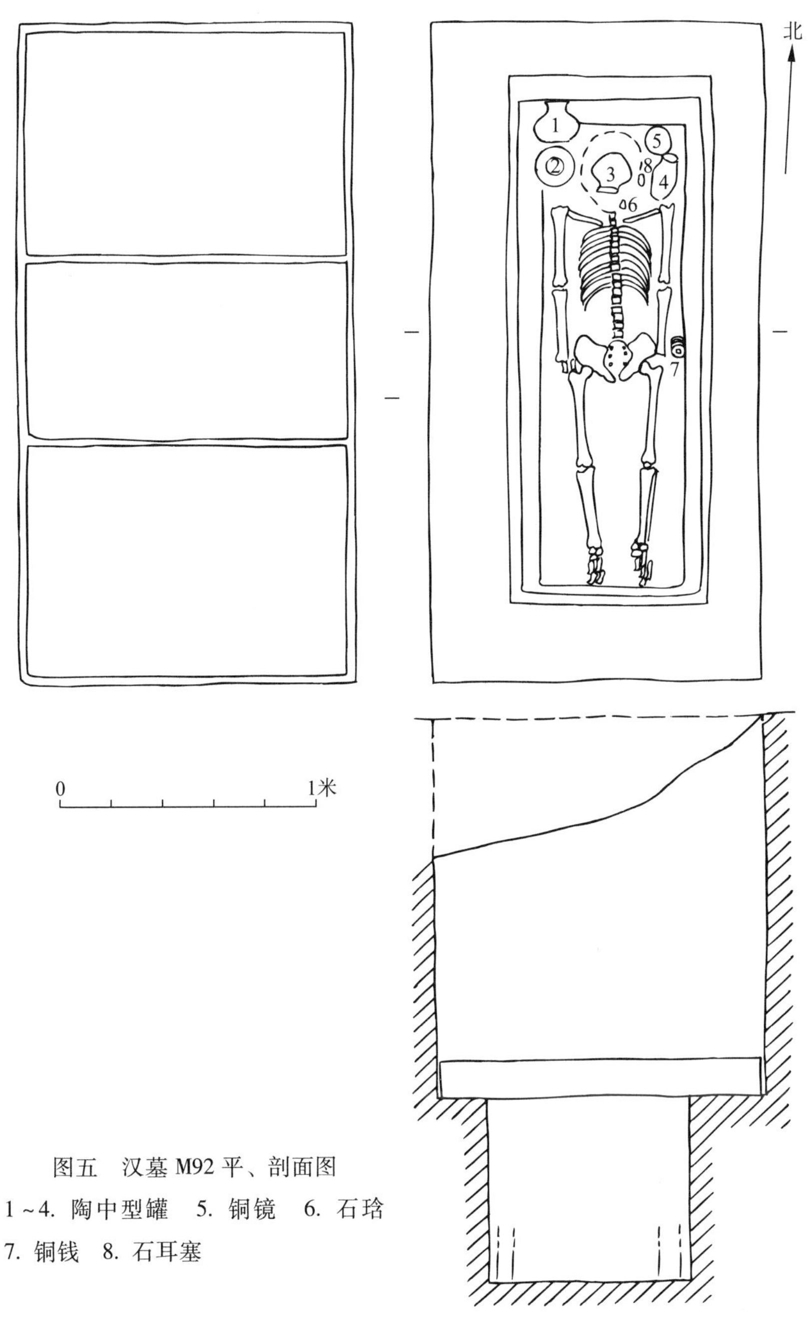

图五　汉墓 M92 平、剖面图
1～4. 陶中型罐　5. 铜镜　6. 石琀
7. 铜钱　8. 石耳塞

M87　位于墓地西南角，东邻 M9，东北角打破 M96 的西南角。墓向 183°。墓室长 2.9、宽 2.1 米，深 2.1 米。墓室内石椁长 2.5、宽 1.1、高 0.8 米。木棺板灰长 2、宽 0.66、残高 0.12 米。填土为五花土。葬式为仰身直肢葬，头向南。墓主人腹部随葬有 1 件铜带钩、3 枚铜钱，下肢随葬 1 件铜印，下肢足部随葬 1 枚铜镜及 1 件铁刀，身旁

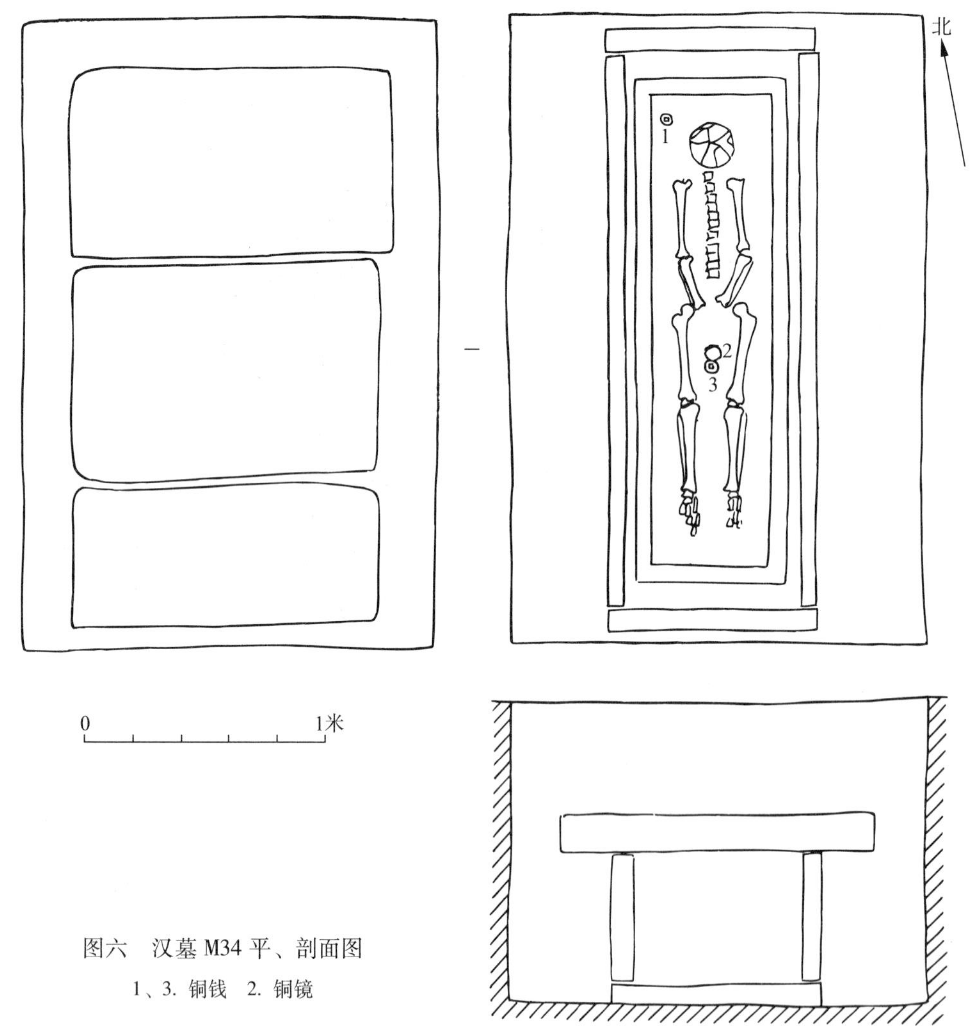

图六　汉墓 M34 平、剖面图

1、3. 铜钱　2. 铜镜

左、右侧分别随葬1件铁剑、1件铁刀（图七）。

M88　位于墓地西南角，东邻 M93，西墓壁打破 M86 东壁。墓向 185°。墓室长 3.05、宽 2.8 米，深 6.2 米。石椁长 2.85、宽 1.42、高 1.35 米。石椁内置有髹漆彩绘木棺，但木棺腐朽严重。棺板灰长 2.2、宽 0.88、残高 0.18 米。填土为红褐土，并经层层夯打。葬式为仰身直肢葬，头向南。在椁外随葬有 1 件陶大型罐及 4 件中型罐；在墓主人头部及身旁，随葬有铜带钩、铜镜、玉琀、石耳塞各 1 件，石鼻塞 4 件，玉璧、玉璜、玉觿、玉珠等 10 件玉饰件；在墓主人下肢足部随葬 1 件极为精致的彩绘漆奁（图八；彩版二九，1）。

③ 单石椁带壁龛墓

5 座。这种带壁龛的单室石椁墓，就是在石椁外侧的墓壁上置有一长方形的壁龛，

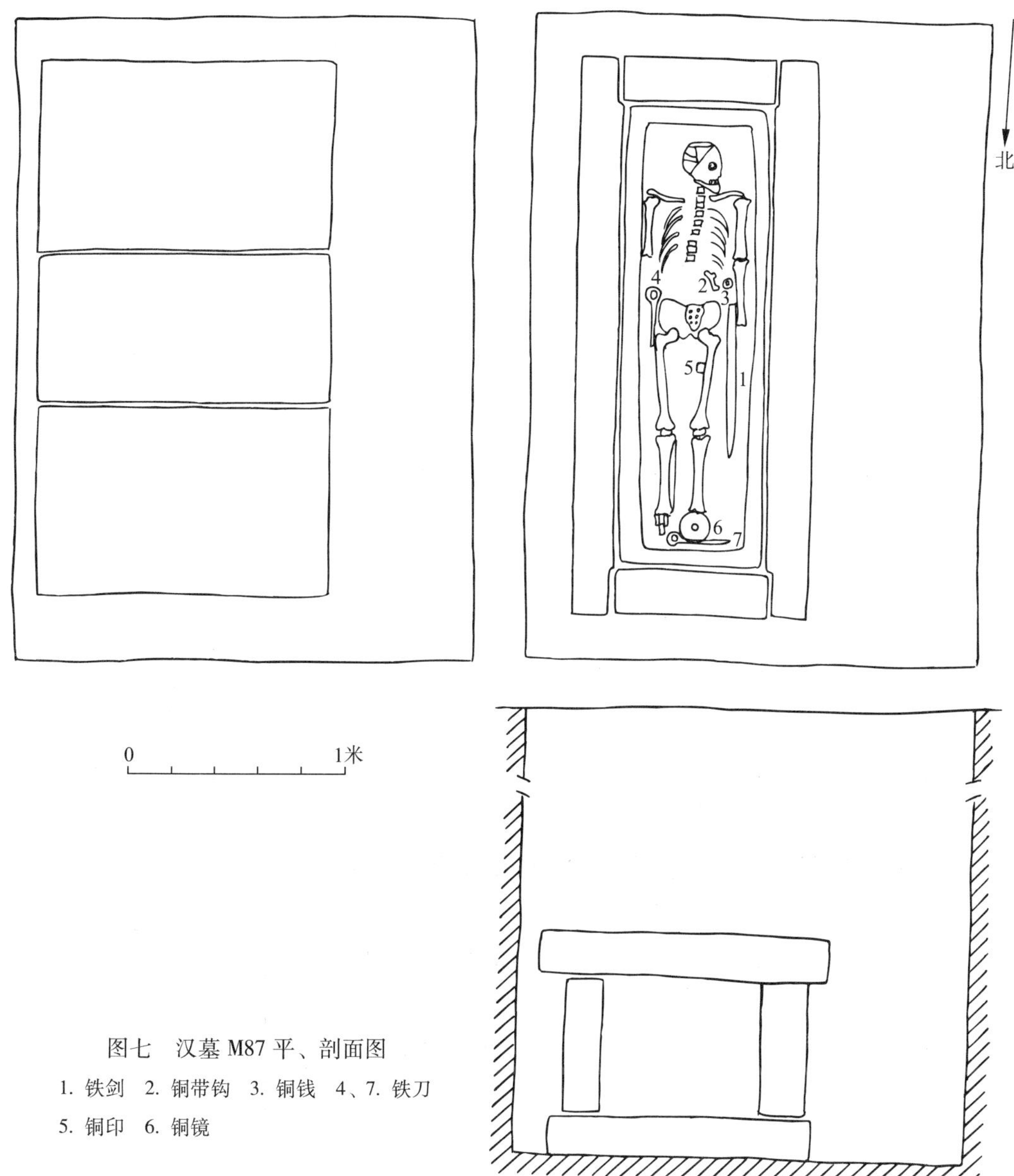

图七　汉墓 M87 平、剖面图
1. 铁剑　2. 铜带钩　3. 铜钱　4、7. 铁刀
5. 铜印　6. 铜镜

内放置有陶器。

M68　位于墓地南部，东邻 M67，西邻 M69。墓向 175°。墓室长 2.7、宽 2.05 米，深 4.65 米。石椁长 2.48、宽 1.36、高 0.7 米。木棺棺灰长 1.96、宽 0.88、残高 0.15 米。在石椁外侧西壁上，还挖有一个长 1.44、近深 1、高 0.4 米的壁龛。墓室填土为红褐土，并经层层夯打。葬式为仰身直肢葬，头向南。在壁龛内随葬有金属盖弓帽 3 件、陶中型罐 5 件。在棺内墓主人头部随葬有铜镜 1 件、铜钱 3 枚、石琀 1 件、石鼻塞 2 件

图八　汉墓M88平面图

1. 玉琀　2. 石耳塞　3、5、6、10. 铜钱　4. 石鼻塞　7. 铜带钩　8、24. 兽骨　9. 铜镜　11、13. 漆盒　12. 玉璧　14. 玉璜
15、16. 玉觿　17. 玉珠　18. 漆奁　19. 铁刀　20～23. 陶中型罐　25. 陶大型罐

（彩版二九，2）。

M70　位于墓地南部，石椁外侧东南角墓壁被M69打破，西南角墓壁被M5东壁打破。墓向183°。墓室长2.9、宽2.25米，深5.6米。石椁长2.64、宽1.13、高0.7米。石椁内置有髹漆彩绘木棺，但木棺腐朽严重。木棺板长2.12、宽0.7、残高0.52米。在石椁外东南角0.6米宽的墓壁上，挖有一长1.32、进深0.8、高0.4米的壁龛。壁龛内有一长1.3、宽0.6、高0.38米，用0.2米厚木板做成的器物箱。填土为红褐土，并经层层夯打。葬式为仰身直肢葬，头向南。器物箱内随葬有鼎、盒、盘、匜、大型圈足壶等5件彩绘陶器，以及4件金属车马器。墓主人头部及上肢随葬有1件铜镜、6枚铜钱。在棺盖上还随葬有1件漆盒等（图九）。

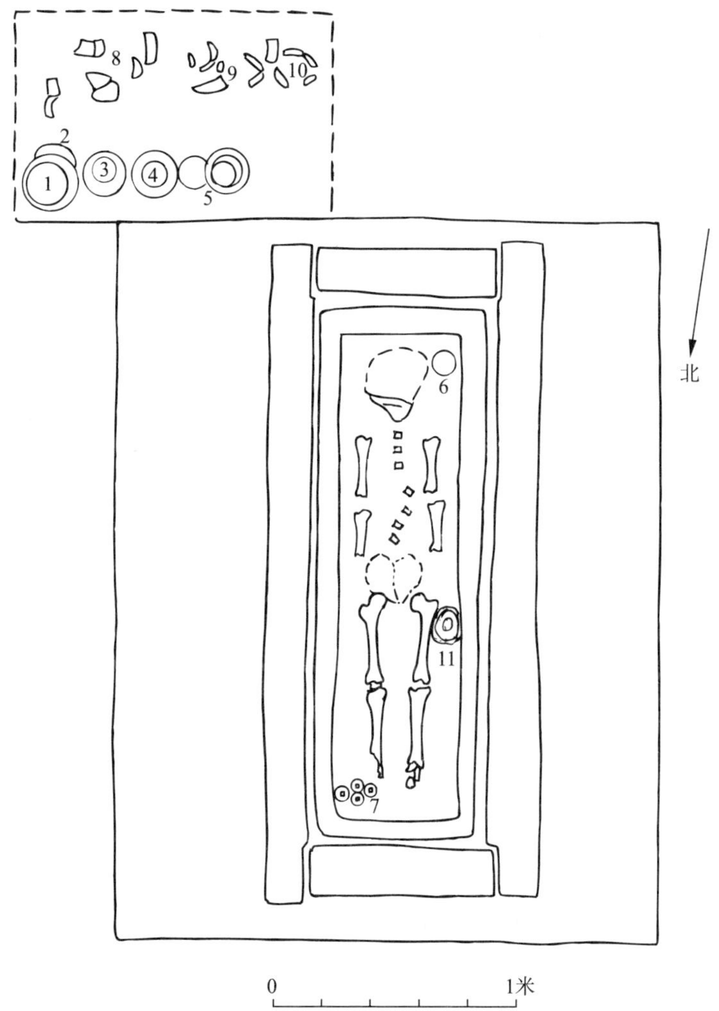

图九　汉墓M70平面图

1. 陶盘　2. 陶匜　3. 陶大型圈足壶　4. 陶盒　5. 陶鼎　6. 铜镜　7. 铜钱
8～10. 金属车马器　11. 漆盒

④ 单石椁带边箱墓

4 座。

M29　位于墓地中部，西邻 M27，北邻 M66。墓向 105°。墓室长 3、宽 2. 7 米，深 2. 8 米。石椁长 2. 6、宽 1. 28、高 0. 92 米。石椁内木棺板灰长 2. 18、宽 0. 7、残高 0. 16 米。在石椁外侧两端留有生土二层台，中间置有一长 1. 3、宽 0. 8、高 0. 5、厚 0. 02 米的木质边箱。边箱东西两侧分别用长条形石块分六层垒砌而成。墓壁经过黄泥涂抹加工，墓室填土为红、黄色黏土夹杂一些碎石块，并经层层夯打。葬式为仰身直肢葬，头向东。器物箱虽已朽，但木板痕迹清晰可辨。器物箱内随葬有陶鼎、匜、壶、盒、罐、勺、器盖等 16 件。墓主人身旁随葬有 1 件铜带钩、5 枚铜钱、1 件铁刀等（图一〇）。

M32　位于墓地北部，东邻 M31。墓向 12°。墓室长 2. 9、宽 2. 29 米，墓深 1. 5 米。墓室内石椁长 2. 33、宽 1. 35、高 1. 02 米。石椁内残存木棺板灰长 2. 07、宽 0. 87、厚 0. 12 米。在石椁一侧置有一边箱。两端留有生土二层台，中间置有一长 1. 3、宽 0. 7、高 0. 6、厚 0. 02 米的木质边箱。边箱东西两侧分别用长条形石块分多层垒砌而成。器物箱内随葬有鼎、盒、盘、勺、大型圈足壶、器盖等 6 件彩绘陶器及 5 件陶小型壶（图一一 A；彩版二九，3）。

M51　位于墓地南部，西邻 M62。墓向 190°。墓口长 3. 15、宽 2. 55 米，深 6. 2 米。墓室内石椁长 2. 78、宽 1. 45、高 1. 2 米。石椁内置有木椁和木棺，木椁长 2. 18、宽 0. 85 米，椁板灰迹厚 0. 14 米。木椁内棺长 2. 15、宽 0. 8 米，板灰迹厚 0. 56 米。填土为黄褐花土，并夹杂一些碎石块，均经层层夯打。骨架腐朽严重，仰身直肢葬，头向南。在石椁外的东南角置有一用大石块垒砌的器物箱，箱内随葬有鼎、盒、匜、盘、勺、罐、壶等 25 件陶器，其中绝大多数为彩绘陶器。在棺内墓主人头部及身旁分别随葬有铜带钩 1 件、铜印 1 件、铜钱 18 枚、铁剑 1 件、铁刀 2 件、石耳塞和鼻塞 4 件、玉带钩 1 件（图一一 B；彩版三〇，1）。

（2）双石椁墓

12 座。根据椁室结构的不同，可分为双椁双棺墓、双椁双棺带壁龛墓、双椁双棺带边箱墓三种类型。

①双椁双棺墓

6 座。这类墓葬均为夫妻合葬，具体做法是当其中一人死后，首先把整个墓穴挖好，放置单椁单棺；等另一人死后，再挖开墓穴，紧靠利用原来的石椁圹作为隔墙，来垒砌摆放另一石椁及木棺。石椁外侧随葬有陶器。

M93　位于墓地西南角，西邻 M88，东部被 M87 打破。墓向 183°。该墓口最初开掘的面积较大，当挖掘到半米多深的时候，由于地下岩石较硬，其墓口又向东北方向移动了 1 米多，继续开矿下挖。现墓口长 3. 7、宽 2. 8 米，深 5. 2 米。该石椁墓分东西

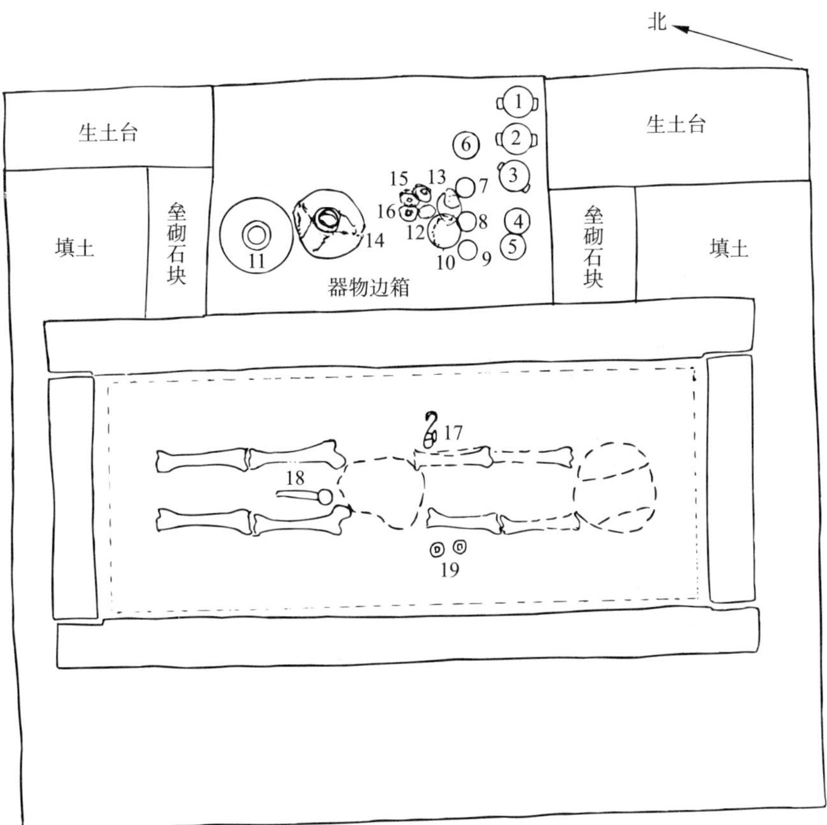

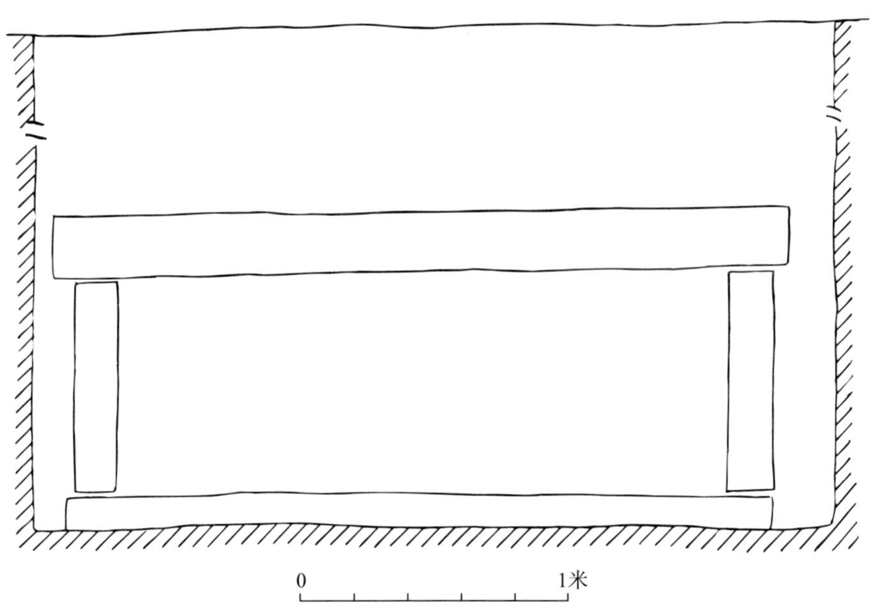

图一〇　汉墓 M29 平、剖面图

1. 陶匜　2、3. 陶鼎　4、5. 陶大型圈足壶　6、10. 陶盒　7、8. 陶器盖　9、12. 陶勺　11、14. 陶大型罐　13、15、16. 陶小型壶　17. 铜带钩　18. 铁刀　19. 铜钱

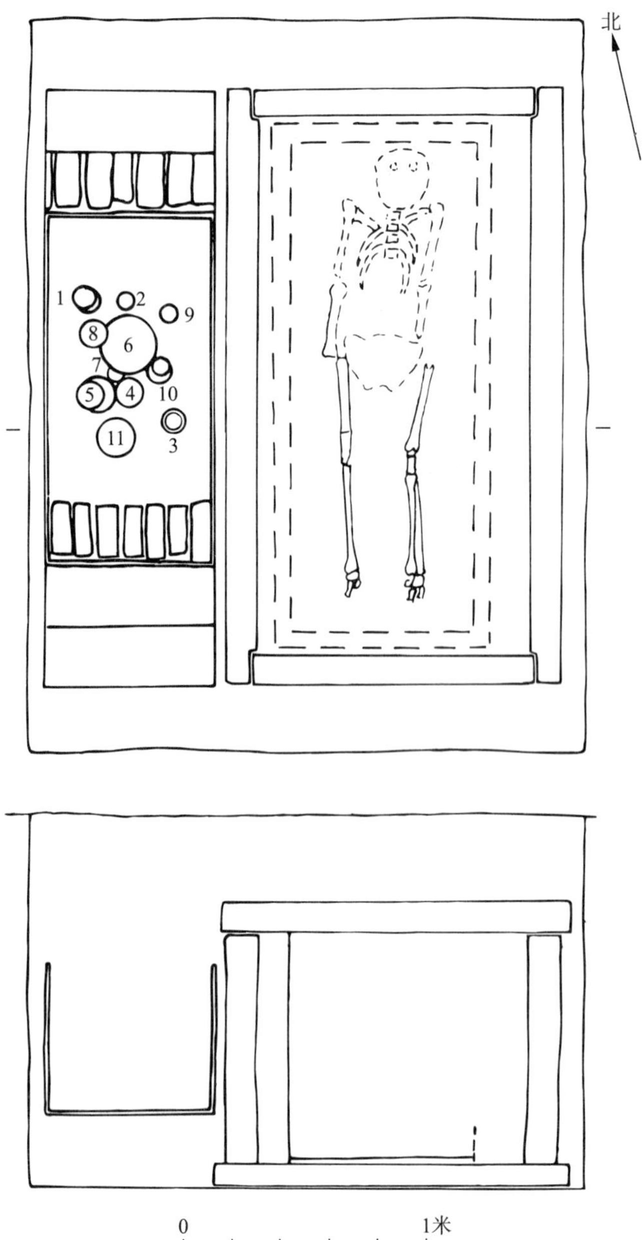

图一一A 汉墓M32平、剖面图

M32：1~3、7、10. 陶小型壶 4. 陶鼎 5. 陶大型圈足壶 6. 陶盘 7. 陶勺 8. 陶盒 11. 陶器盖

图一一 B 汉墓 M51 平面图

1、2、6、7. 陶鼎 3~5. 陶大型圈足壶 8. 陶大型罐 9、10、35、36. 陶勺 11. 陶盒 12~15、34. 陶小型壶 16~18. 陶匜 19~21. 陶盘 22. 陶大型假圈足壶 23. 铁剑 24、25. 铁刀 26. 铜带钩 27. 玉带钩 28. 铜印 29. 铜钱 30、31. 石耳塞 32、33. 石鼻塞

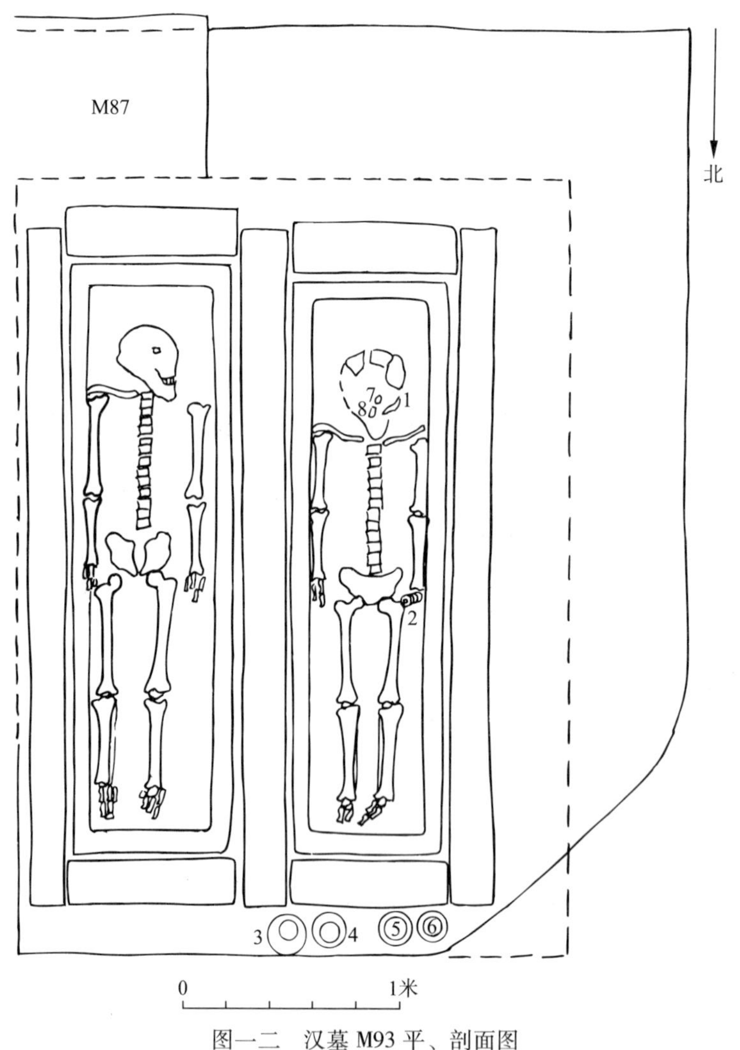

图一二　汉墓 M93 平、剖面图

1. 石鼻塞　2. 铜钱　3 ~ 6. 陶中型罐　7、8. 铜耳环

双椁室，而在其椁室内均置有木棺葬具。石椁上面置有石椁盖板，其中东室三块，西室仅存一块，每块长 1.1、宽 0.8 ~ 1.1、厚 0.2 米。两椁室各由 7 块石板所组成。东室石椁长 2.8、宽 1.1、高 1 米，椁内木棺板灰长 2.4、宽 0.7、残高 0.55 米。西室石椁长 2.72、宽 0.9、高 1 米，椁内木棺板灰长 2.3、宽 0.68、残高 0.5 米。两椁室中间并用一块盖板、底板及两侧堵板。填土为五花土，并夹杂一些碎石块。在西椁室外侧随葬有 4 件陶中型罐。在西棺室骨架头部、手部分别随葬有 2 件石鼻塞、8 枚铜五铢、2 件铜耳环。两棺内骨架保存一般，均为仰身直肢葬，头向南。东室墓主人为男性，西室为女性。根据墓葬的打破关系及石椁结构，东室的埋葬时间略早于西室，该双室墓可为夫妻合葬墓（图一二）。

②双椁双棺带壁龛墓

5座。这类墓葬均为夫妻合葬。有的墓葬具体建造方法同双椁双棺墓；也有的双椁室墓，当其中一位墓主人死后，首先挖好双椁室的土框，垒砌好单室石椁，等另一位墓主人死后，再打开墓穴，借用原来的石椁外框垒砌石椁及木棺；还有的双石椁墓，当后来的死者打破墓室下葬时，不借用前者的石椁或隔墙，直接单独垒砌石椁及木棺。

M79 位于墓地南部，东邻M76，西邻M80，北邻M73。墓向189°。墓口长2.9、宽2.25米，深5.3米。双椁室分别由2块底板、5块椁板及6块盖板所组成。东椁室长2.6、宽1.15、高0.6米，西椁室长2.6、宽1.12、高0.6米。椁室上面有6块石盖板，每块长0.7、宽0.55、厚0.2米左右。两椁室中间并用石椁隔墙、底板及两侧堵板，这说明当第一位墓主人下葬时，就已把双椁室垒砌好。双石椁室内置有两具木棺，东木棺长2.15、宽0.7、板灰残高0.14米，西木棺长2.12、宽0.68、板灰残高0.12米。填土为红褐花土，并经层层夯打。棺内骨架已朽，均为仰身直肢葬，头向南。在石椁外墓壁南侧，挖一长1.56、进深0.45、高0.42米的壁龛，壁龛内随葬有6件陶中型罐、1件金属弩机；西室棺内随葬有1件铜镜及6枚铜钱；东室棺内随葬有1件铁剑、1件铁刀、4枚铜钱及1件石珨等。东室墓主人为男性，西室为女性。根据墓葬的打破关系及石椁结构，东室下葬时间略早于西室，该墓可为夫妻合葬墓（图一三）。

图一三　汉墓M79平面图

1～6. 陶中型罐　7. 金属弩机　8. 石珨　9. 铁剑　10. 铁刀　11、12. 铜钱　13. 铜镜

M9　位于墓地西南角，东邻 M52，西邻 M87，北壁打破 M96 东南角。墓向 172°。墓室墓口长 3.1、宽 2.74 米，深 2.5 米。东石椁长 2.45、宽 0.7、高 0.8 米，西石椁长 2.34、宽 0.72、高 0.77 米。双石椁是由三块长条石及四块堵头短石块所组成，中间借用的是先下葬石椁墓的外框。椁室上面共铺有六块长 1.2、宽 0.8 米的石椁盖板。两椁室中间并用石椁隔墙、底板及两侧堵板，这说明当第一位墓主人下葬时，就已把双椁室垒砌好。双石椁室内置有两具木棺，东木棺长 2.15、宽 0.7、板灰残高 0.14 米，西木棺长 2.1、宽 0.68、板灰残高 0.12 米。填土为五花土，并经夯打。棺内骨架已朽，均为仰身直肢葬，头向南。在石椁外墓壁东南侧，挖一长 1.6、进深 0.5、高 0.45 米的壁龛，壁龛内置有一用木板做成的长方形器物箱。器物箱内随葬有 3 件陶大型假圈足壶、1 件中型罐、67 件金属盖弓帽，还有金属軎、当卢、衔及镳等 4 件车马器。两棺室内墓主人头部及腰间分别随葬有石琀、石耳塞、石鼻塞、石眼罩、石肛塞、铜带钩及铜钱等（图版七八，2）。

M80　位于墓地南部，东邻 M79，西邻 M83，北邻 M84。墓向 187°。墓口长 2.95、宽 2.8 米，深 5.4 米。双椁室由 14 块大小不等的条石及石板分别垒砌而成，东椁室长 2.58、宽 1.16、高 0.92 米，西椁室长 2.4、宽 1.08、高 0.74 米。石椁上有 6 块盖板，每块长 1.1～1.22、宽 0.8～1.1、厚 0.2 米。椁室内置有两具木棺，东木棺 2.08、宽 0.7、残存板灰厚约 0.13 米，西木棺长 2.06、宽 0.67、残存板灰厚约 0.1 米。墓室填土为红褐花土并夹杂碎石块，并层层夯打。棺内骨架已朽，两室均为仰身直肢葬，头向南。东椁室为男性，西椁室为女性。在石椁外东墓壁上侧挖有一长 1.3、进深宽 0.55、高 0.4 米的壁龛，壁龛内随葬有 3 件陶大型罐、3 件陶中型罐。东棺内随葬有 1 件铜镜、1 件铁剑、1 件铁刀及 3 枚铜五铢。西椁室外随葬有 6 件陶中型罐。根据打破关系，东椁室稍早于西椁室，该双椁室墓可为夫妻合葬墓。东椁室的随葬品较为丰富，而西棺室却没有任何随葬品，并且西棺室在下葬时因墓底岩石坚硬，没有挖到东椁室当时的深度就仓促下葬，因此造成两椁室深浅不一的现象（图一四）。

③双椁双棺带边箱墓

1 座（M84）。

M84　位于墓地南部，东邻 M2，西邻 M85，南邻 M83。墓向 180°。墓口长 3.1、宽 2.8 米，深 3.9 米。椁室由五块条石垒砌构成，下面由两块宽条石铺底，上面置两块独立规整的宽条石做盖板。盖板下置有东、西双石椁，东椁室长 2.65、宽 1.2、高 1.05 米，西椁室长 2.65、宽 1.2、高 1.05 米。石椁内置有木棺，东棺室长 2.16、宽 0.67、板灰残迹高 0.56 米，西棺室长 2.16、宽 0.65、板灰残迹高 0.55 米。填土均为红褐花土并夹杂碎石块，并层层夯打。棺内骨架已朽，两室均为仰身直肢葬，头向南。在双石椁墓东侧有一个较大的边箱，内随葬有 5 件造型精美的釉陶壶及 1 组彩绘泥塑

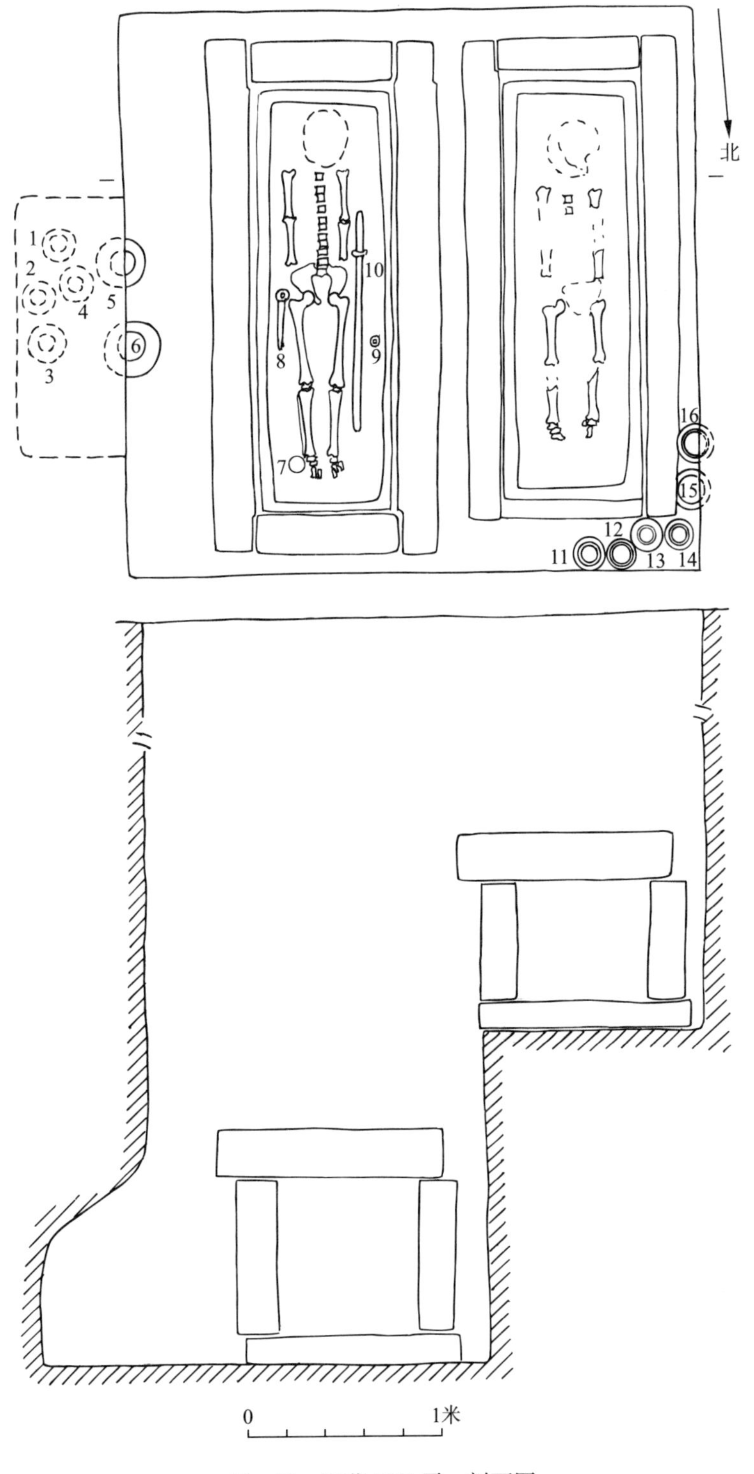

图一四 汉墓M80平、剖面图

1、2、4、11～16. 陶中型罐 3、5、6. 陶大型罐 7. 铜镜 8. 铁刀 9. 铜钱 10. 铁剑

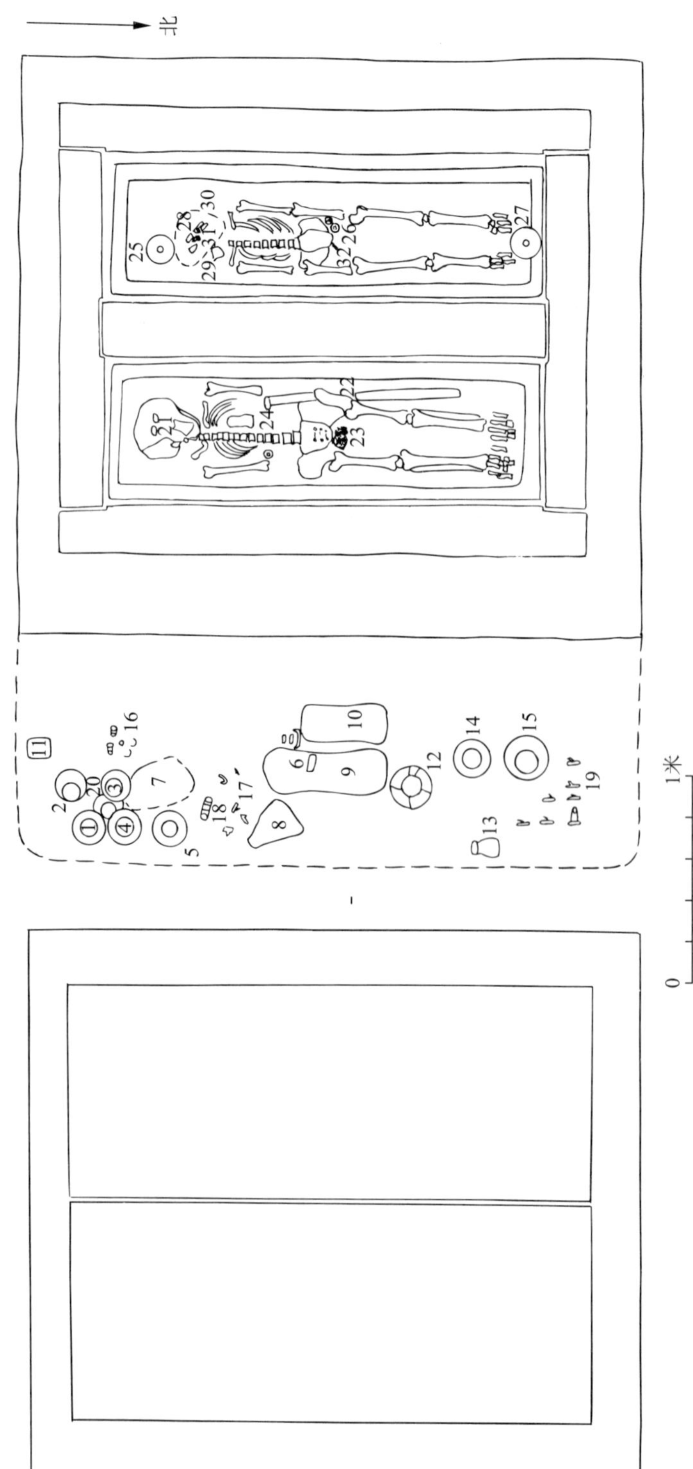

图一五　汉墓 M84 平面图

1～5. 陶中型罐　6. 金属衔镳　7～11. 泥塑家畜　12～15、20. 釉陶壶　16. 金属盖弓帽一组　17、18. 金属当卢　19. 金属车轴、軎　21. 石耳塞　22. 铁剑　23、26. 铜钱　24. 兽骨　25、27. 铜镜　28. 石琀　29. 石耳塞　30. 石鼻塞　31. 石眼罩　32. 石肛塞马、牛、羊等，另还有金属衔、镳、軎、盖弓帽、当卢等33件。西棺室内随葬有大泉五十铜钱8枚、铜镜2件、石琀1件、石眼罩2件、石肛塞1件及耳、鼻塞4件。东棺室内随葬有铜半两和铜五铢30枚、铁剑1件、石耳塞1件。东椁室为男性，西椁室为女性。根据打破关系及现场观察，东椁室稍早于西椁室，该双椁室墓可为夫妻合葬墓（图一五）。

（3）三椁室墓

3座。根据随葬陶器放置的位置不同，可分为三椁室石椁墓及三椁室带壁龛石椁墓两种类型。

①三室石椁墓

2座。其随葬陶器均放在石椁外侧。

M58 位于墓地南部，南邻M69。墓向180°。墓口长3.35、宽3米，深4.2米。整个椁室由8块石盖板、10块长条椁板、8块铺底板所构成。石椁盖板下置有东、中、西三室。东椁室长2.68、宽1.24、高0.94米，中椁室长2.62、宽1.2、高0.94米，西椁室长2.65、宽1、高0.94米。在三椁室内均有木棺葬具，但其木棺腐朽严重，仅存板灰痕迹。东棺室板灰长2.14、宽0.58、残高0.1米，中棺室板灰长2.15、宽0.55、残高0.12米，西棺室板灰长2.1、宽0.56、残高0.11米。墓室填土为红褐花土，并层层夯打。棺内骨架已朽，墓主人均为仰身直肢葬，头向南。西棺室石椁外侧随葬有5件陶中型罐；在东棺室内随葬有铜钱5枚，铁剑与铁刀各1件；中棺室仅随葬1件铜镜；西棺室随葬有铜镜1件、铜钱24枚、石耳塞及鼻塞各2件。东棺室为男性，中、西棺室均为女性。根据打破关系及现场观察，东棺室下葬较早，两石椁壁较厚；中棺室次之，左侧借用东椁室隔墙；西棺室最晚，因为左侧它也是借用了中椁室的隔墙，而西椁室的椁壁较为窄薄（图一六）。

M90 位于墓地南部，东邻M94，西邻M10，北邻M57。墓向187°。墓口长2.85、宽2.1米，深3.35米。墓口上部因岩石坚硬，其上部开口的面积稍窄，底部逐渐变宽。石椁室由6块盖板、6块堵头立板及4块长条边板组成。东石椁长2.38、宽1、高0.7米，中石椁长2.46、宽1.05、高0.76米，西石椁长2.4、宽0.94、高0.76米。其中东室有三块椁盖板，西室仅残存一块，中室有两块，中、西室共用一块底板，而东室无底板。石椁室内共有木棺三具，东棺室板灰长2、宽0.6、残高0.12米，中棺室板灰长1.95、宽0.6、残高0.11米，西棺室板灰长1.95、宽0.59、残高0.13米。填土为黄褐花土，并夹杂一些碎石块。棺内骨架已朽，均为仰身直肢葬，头向南。东室石椁外侧随葬有陶中型罐3件；西室外侧随葬有陶中型罐1件。在东室棺内墓主人头部仅随葬有铜钱14枚；在中室棺内墓主人头部及下肢足部，分别随葬有铜镜1件、铜钱16枚、玉琀2枚、石耳塞4件、石鼻塞4件、石眼罩2件；在西室棺内墓主人头部及手部，分别随葬有铜镜1件、铜钱7枚、石琀及石耳塞、石鼻塞、石肛塞各1件。根据发

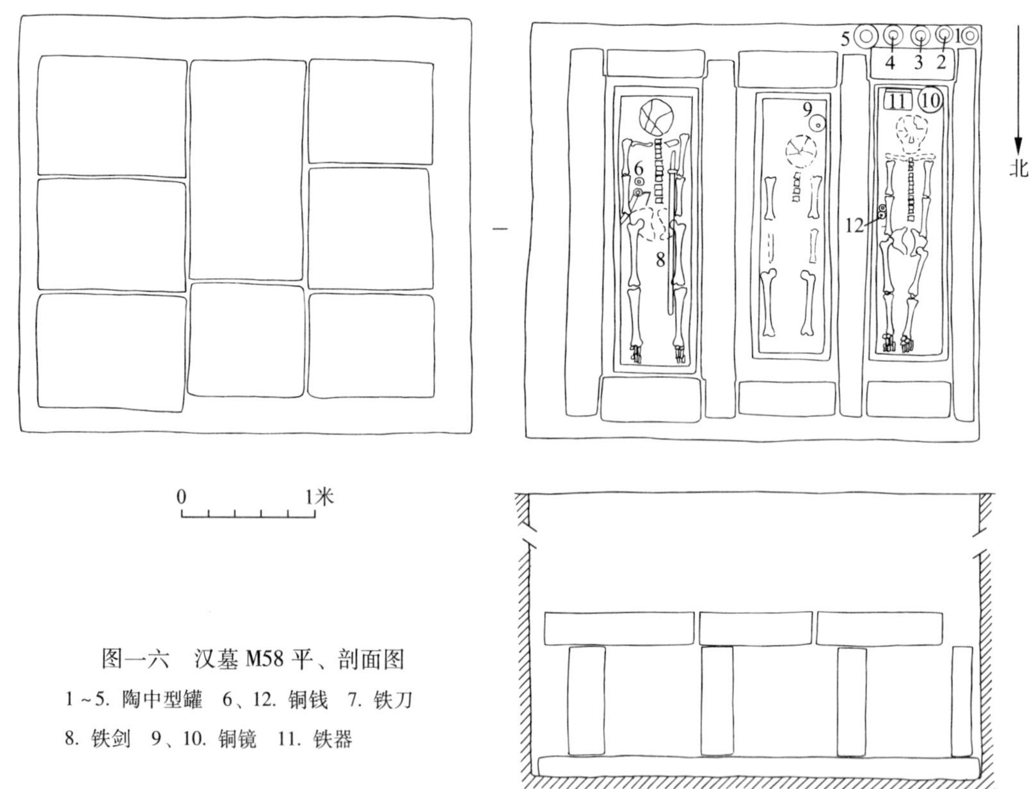

图一六　汉墓 M58 平、剖面图
1～5. 陶中型罐　6、12. 铜钱　7. 铁刀
8. 铁剑　9、10. 铜镜　11. 铁器

掘现场及打破关系观察，该石椁为三室夫妻合葬墓，中室为一男性个体，下葬较早；西室女性次之，它左侧借用中室椁壁隔墙，墓底借用中室铺底板；而东室女性个体打破中室后，没有铺设墓底板，并直接与其合葬。中室墓主下肢足部放置铜镜及石耳塞、石鼻塞、玉琀的现象极为少见（图一七）。

②三椁室带壁龛石椁墓

1 座（M83）。

M83　位于墓地南部，东邻 M80。墓向 182°。该墓口长 3.5、宽 2.9 米，深 4.6 米，墓室内置有东、中、西三个垒砌规整的石椁室。整个椁室由 8 块石盖板、10 块条状椁板、9 块铺底板构成。其中，东、西椁室分别采用三块近方形石盖板，而中椁室采用两块长方形盖板。东椁室长 2.45、宽 1.03、高 0.62 米，中椁室长 2.45、宽 1.09、高 0.62 米；西椁室长 2.52、宽 1.08、高 0.62 米。在三室石椁内均置有木棺葬具，但木棺腐朽严重，其板灰痕迹大都贴在石椁内壁上。东棺室板灰约长 2.05、宽约 0.6、残高 0.1 米，中棺室板灰长约 2、宽约 0.62、残高 0.09 米，西棺室板灰长约 2.03、宽约 0.64、残高 0.11 米。填土为红褐花土，墓主均为仰身直肢葬，头向南。在石椁外的墓室北墓壁上，挖有一长 1.35、进深 0.7、高 0.42 米的长方形壁龛。壁龛内随葬有 7 件

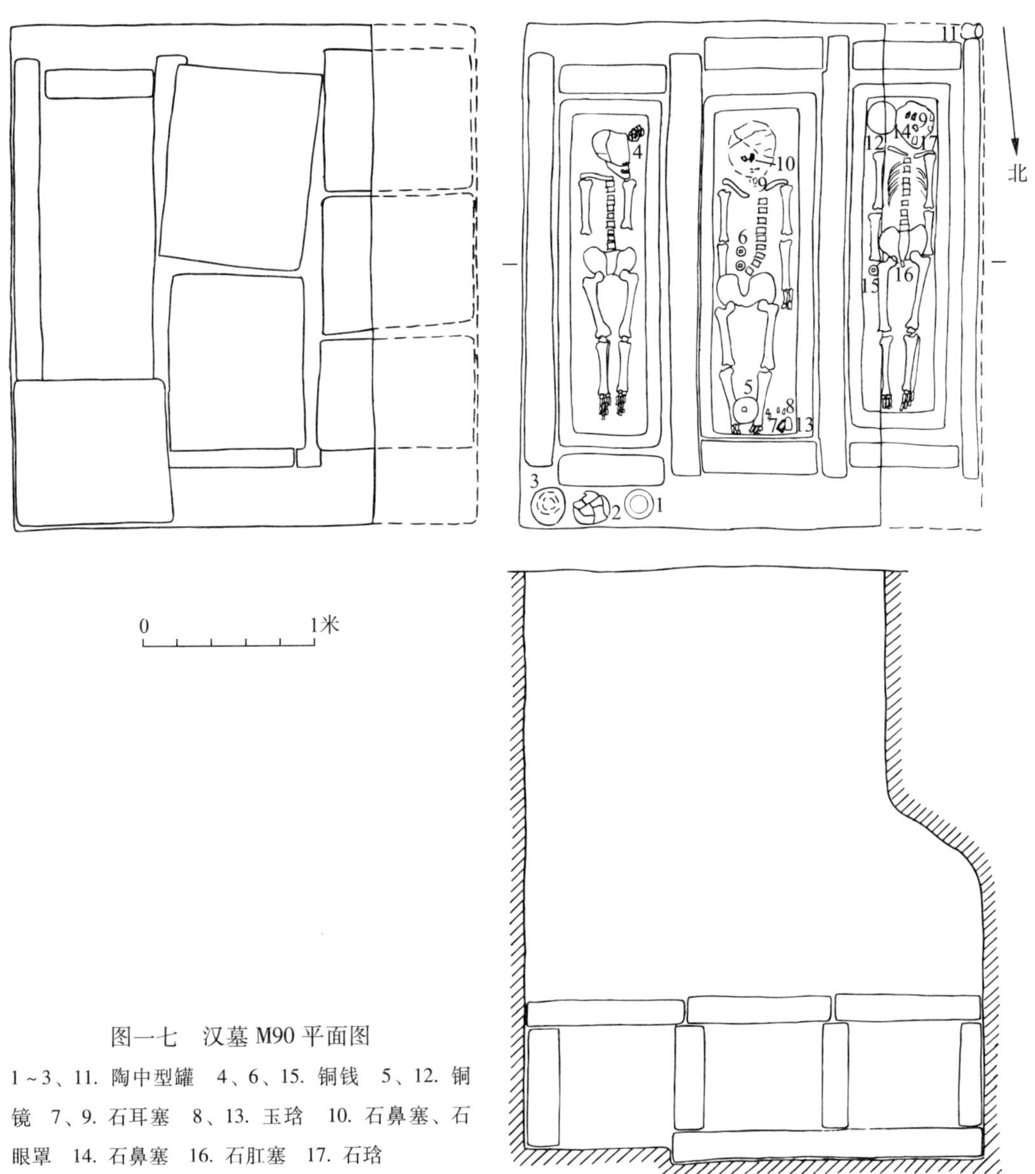

图一七　汉墓 M90 平面图

1～3、11. 陶中型罐　4、6、15. 铜钱　5、12. 铜镜　7、9. 石耳塞　8、13. 玉琀　10. 石鼻塞、石眼罩　14. 石鼻塞　16. 石肛塞　17. 石琀

陶中型罐、6 件金属盖弓帽；西侧石椁外随葬有 2 件陶中型罐。东侧棺内随葬有铜钱 3 枚，石耳塞、鼻塞各 2 件，铁剑、铁刀各 1 件。中室棺内随葬有铜镜 1 件，铜钱 12 枚，以及石耳塞、鼻塞各 2 件。西室棺内随葬有铜钱 2 枚。东棺室为男性个体，中、西棺室均为女性。根据打破关系，东棺室下葬较早，两石椁壁较厚；中棺室次之，左侧借用东椁室隔墙；西棺室最晚，左侧借用中椁室的隔墙，而西椁室的外椁壁较窄长（图一八；彩版三〇，2）。

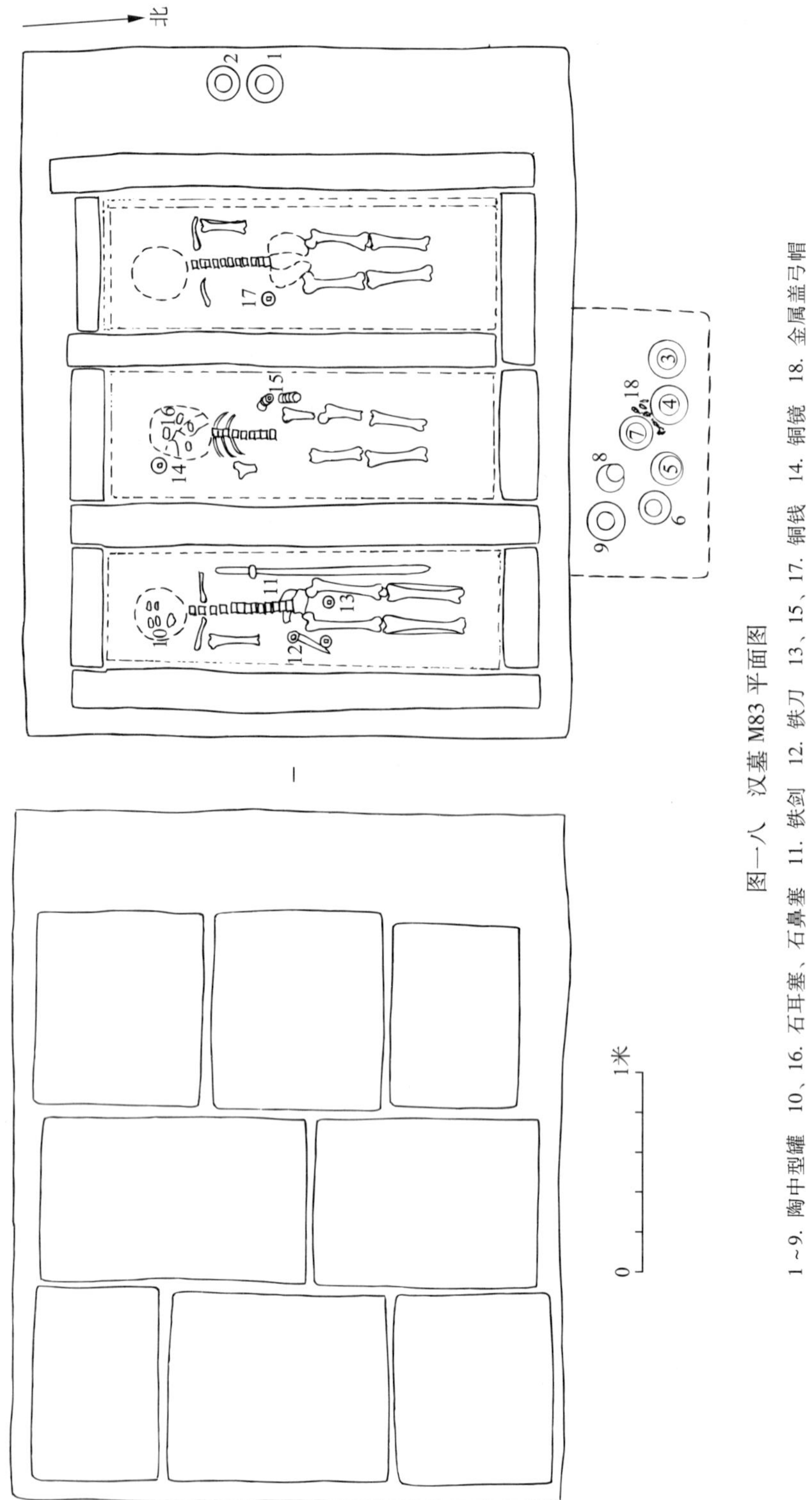

图一八　汉墓 M83 平面图

1～9. 陶中型罐　10、16. 石耳塞、石鼻塞　11. 铁剑　12. 铁刀　13、15、17. 铜钱　14. 铜镜　18. 金属盖弓帽

3. 砖椁墓

1座（M6）。

M6 位于墓地中部，东邻M25，南邻M4，周围墓葬较少。墓向90°。墓室长2.6、宽1.83米，深2.8米。墓口上部已被破坏，从残存的墓圹可以看出，该墓是在挖好的竖穴土圹内，用长0.28、宽0.15米的单砖错缝垒砌椁室。砖椁长2.38、宽0.82、高0.76米。砖椁内置有木棺一具，棺室长1.79、宽0.67、残高0.12米，砖椁底用边长为0.32米左右的席纹方形花砖平铺。填土夹杂一些碎石子的五花土，并经层层夯打。葬式为仰身直肢葬，头向东。在棺椁之间，随葬有陶大型罐1件（彩版三一，2；图版七八，3）。

4. 空心砖墓

1座（M21）。

M21 位于墓地中部，东邻M22，南邻M4，东墓壁被M19所打破。墓向2°。墓室长2.65、宽1.3米，深1.3米。该墓是在挖好的长方形竖穴土圹内，首先用边长0.3米左右的方形花砖铺设墓底，然后再用长1.1、宽0.32米的大型空心砖错缝垒砌椁室（彩版三一，1、3）。椁室长2.36、宽1、高0.6米。椁室内置有木棺葬具，木棺长2.05、宽0.7米。填土为黄褐花土，并层层夯打。棺内骨架已朽，葬式为仰身直肢葬，头向北。因棺室被破坏得非常严重，棺椁内未发现随葬品（图一九；彩版二九，4）。

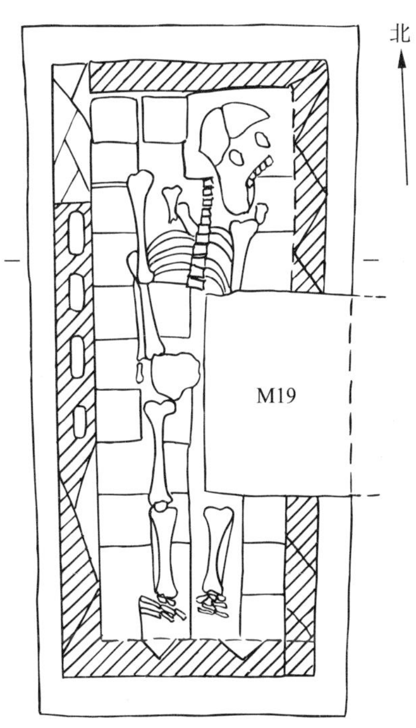

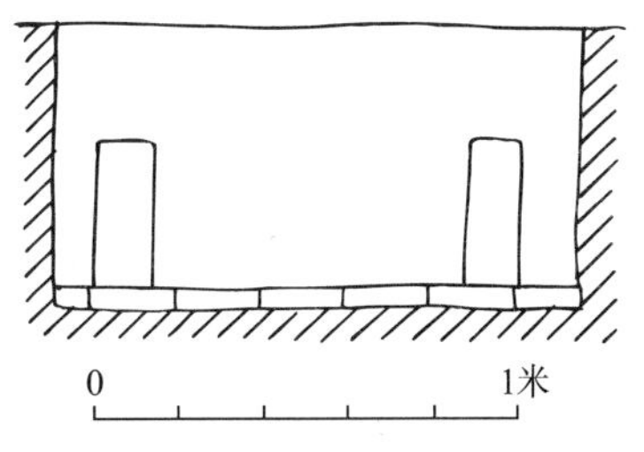

图一九 汉墓M21平、剖面图

（三）随葬品

随葬品以陶器为主，器形以陶罐最多，每座墓1~6件不等，有的合葬墓出土多达12件陶罐。陶器大都在石椁外侧特设的器物箱或壁龛内；没有器物箱和壁龛的，则放置于石椁外侧或棺椁之间；还有的直接放在木棺盖上。陶器主要有鼎、盘、匜、勺、壶、罐、盒等。铜器有铜镜、带钩、印，以及

“半两”、“五铢”、“大泉五十”等钱币。铁器有铁剑、刀、镢、臿等。玉石器有玉璧、玉璜、玉觿及玉石琀、眼罩、耳塞、鼻塞等。另外，该墓群还出土几件精美的漆器及釉陶器等，尤其是M88出土的彩绘漆奁，装饰华丽，保存基本完好，为以往我国汉代出土的彩绘漆奁所罕见，是一件极其珍贵的稀世珍品。

1. 陶器

246件。大都为泥质灰陶，也有少量夹砂灰陶、泥质黑或褐陶等。部分泥质灰陶的器表施有精美的彩绘图案。彩绘陶器的主要器类有：陶鼎、盒、壶、盘、匜、勺、器盖等。其制陶方法多为轮制，有的在陶器的口、足部分稍加修整。而鼎足、鼎耳大都是模制，然后再粘贴在器身上；但有部分器类如匜、勺等，则大都采用手制。

鼎　8件。均泥质灰陶，器表普遍施一层白彩地，再用红、黑、蓝、黄等多色矿物颜料，在其白彩地上勾画出各种彩绘纹饰。根据腹部及底部等形体的不同，分为四式。

Ⅰ式　3件。微折腹或扁圆腹。标本M32:4，上腹微折，大圜底，子母口，方唇。两侧置有对称外撇竖耳，两耳中部外侧内凹，其孔未穿透，底部置有三兽面形外撇蹄形高足。覆钵形器盖。器表通体施一层白衣为地，白衣上面饰有红、黑彩绘，盖面上用红、蓝色饰云气纹，腹面饰四周弦纹及波浪纹。口径11.2、通高14.2厘米（图二〇，1；图版七九，1）。标本M29:2，子母口，方唇，腹部微鼓，圜底，下置外撇兽面三高足。口两侧置有对称外撇竖耳，耳外侧中间内凹孔未穿透。覆钵形器盖。器表饰一层白彩为地，器盖之上以朱红黑彩绘云气纹，腹用朱、黑色饰四周弦纹彩绘，下腹部饰一周红黑相间的宽带纹彩绘。口径14.2、通高15.6厘米（图二〇，2）。标本M29:3，子母口，方唇，上腹较直，腹部微鼓，圜底，下置三外撇兽面高蹄足。两侧置一对称外撇竖耳，耳外侧中间内凹孔未穿透。覆钵形器盖。器表饰一层白彩为地，白彩上有饰红、黑彩绘云气纹，但其彩绘大部分已脱落，下腹部饰五周黑红相间的宽带纹。器盖之上以朱、红、黑等色彩绘云气纹，口径13.3、高12厘米（图二〇，3；图版七九，2）。

Ⅱ式　2件。标本M70:5，子母口，方唇，浅圆腹，上腹壁较直，腹部微鼓，大圜底，下置三个兽面矮立足。两侧置两个对称外撇竖耳，耳外侧中间孔未穿透。口上承覆钵形器盖，盖顶较平。器表饰白彩为地，腹部饰黑红相间的弦纹彩绘。盖面饰黑、白、绿云气纹彩绘。口径13、高11.9厘米（图二〇，4；彩版三二，1）。

Ⅲ式　1件（标本M51:2）。圆腹宽大较深，腹部微鼓，圜底近平，下置三个兽面蹄形宽高足。两侧置一对称外撇竖耳，两孔外侧中间内凹，其孔未穿透。器表饰一层白彩为地，白衣上面饰蓝、黑、红色彩绘，下腹用朱、黑彩饰三周弦纹。器盖顶部饰云气纹，口径13.6、通高14厘米（图二〇，5；彩版三二，2）。

图二〇　汉墓出土陶鼎

1～3. Ⅰ式（M32:4、M29:2、M29:3）　4. Ⅱ式（M70:5）　5. Ⅲ式（M51:2）　6. Ⅳ式（M51:6）

Ⅳ式　2件。深腹，圜底，小矮足。标本M51:6，子母口，方唇，上腹较直，腹部微鼓，圜底，下置三个方形矮短足，足外侧中间有两处凹沟槽。两侧置一对称外撇竖耳，耳外侧中部孔未穿透。覆钵形器盖，平顶，器表饰白彩为地，盖面饰红、黑卷云纹彩绘，腹部彩绘已脱落。口径 12、通高 11.7 厘米（图二〇，6；彩版三二，3）。

盒　6 件。均泥质灰陶。上下两器扣合而成，形体呈圆形或扁圆形。子母口内敛，以白彩为地，盖面内壁或器表均饰云气纹黑、红色彩绘，盖沿及腹部饰数周弦纹彩绘。根据器盖及形体的不同，可分为三式。

Ⅰ式　3 件。盖碗形或近圆形。标本 M32∶8，子母口，圆唇，曲腹，口沿外敛内凸，形成一周子口凸棱。下腹缓内收，平底小圈足。平顶弧形盖。器表以白彩为地，盖面及器表腹部饰云气纹、弦纹、波浪纹等黑、红色彩绘。口径 11.7、底径 5.6、通高 10.7 厘米（图二一，1；彩版三二，5）。标本 M29∶10，形体稍矮小。子母口，圆唇，

图二一　汉墓出土陶盒、熏炉

1～3. Ⅰ式盒（M32∶8、M29∶10、M29∶6）　4. Ⅱ式盒（M70∶4）　5. Ⅲ式盒（M51∶11）　6. 熏炉（采集）

曲腹，平底。覆钵状弧形盖。器表饰白彩为地，盖面内壁及器表均饰黑、红色云气纹彩绘，盖沿及腹部分别饰二至四周带纹彩绘。口径11.2、底径7.2、通高9.2厘米（图二一，2；图版七九，3）。标本M29:6，形体稍宽扁。子母口，圆唇，曲腹，腹部较深，平底。弧顶器盖。盖面器表彩绘稍有脱落，盖沿及腹部饰四周弦纹彩绘。口径10.4、底径7、通高10厘米（图二一，3；图版七九，4）。

Ⅱ式 2件。标本M70:4，形体稍宽大。子母口，圆唇，平沿外敛内凸，下腹内收，平底。承平顶弧形盖。器表以白彩为地，盖面及器表腹部饰云气纹及四周弦纹黑、红色彩绘。口径11.2、底径6.2、通高8.5厘米（图二一，4）。

Ⅲ式 1件（标本M51:11）。形体稍窄。圆唇，子母口，宽圆腹，平底。平顶弧形盖。器表饰白彩为地，盖面及腹部分别饰一至三周黑、红色云气纹彩绘。口径12、底径4.2、通高9.5厘米（图二一，5；彩版三二，4）。

熏炉 1件（花山墓地被破坏墓葬采集）。泥质灰陶。形体似盖豆状。下腹内收，形成豆盘状喇叭形矮圈足。覆钵形镂空炉盖，盖顶端置内凹中空直通的蘑菇状圆形盖纽，炉盖上腹盖面器表雕刻有对称的三角镂空锥刺纹；其外饰三周细弦纹。熏炉盖面饰有朱红彩绘。口径10.4、圈足径6.4、通高12.8厘米（图二一，6；彩版三三，1）。

壶 54件。分为大型壶与小型壶两类。

大型壶 21件。依据陶壶形体特征及足部的不同，可区分为圈足壶、假圈足壶、平底壶三种类型。

圈足壶 9件。可分为二型。

A型 7件。可分为三式。

Ⅰ式 3件。均为泥质灰陶。粗高颈。标本M32:5，敞口，高直颈，宽垂肩，鼓圆腹，平底，宽大折棱高圈足。肩部两侧贴附一对称兽面铺首。口上承盛开的莲花瓣状器盖。通体饰以白彩为地，颈与肩部以朱、黑、绿等多种彩绘，从上到下分别饰叠压锯齿纹、粗弦纹、几何纹、云气纹、圆点纹、波浪纹等。口径9.6、圈足径11.2、通高24.8厘米（图二二，1；彩版三三，2）。标本M29:4，敞口，尖唇，粗高颈，腹微鼓，底近平，折棱高圈足。通体饰白彩地，肩、腹部分别饰三角蝉纹、波涛状卷云纹等彩绘，颈、腹部分别饰朱、黑、绿等三四周粗弦纹彩绘纹饰。口径8、圈足径8.4、高18.4厘米（图二二，2；图版八〇，1）。标本M29:5，形体稍瘦。高直颈，腹微鼓，底近平，折棱高圈足。盖上置蘑菇状盖纽。通体饰白彩地，肩、腹部分别饰三角蝉纹、波涛状卷云纹、点状纹等彩绘，颈、腹部分别饰朱、黑、绿等数周粗弦纹彩绘纹饰。口径8.4、圈足径9.4、通高22.4厘米（图二二，3）。

Ⅱ式 1件（标本M70:3）。泥质灰陶。敞口，尖唇，高直颈，垂溜肩，鼓腹，平底，折棱高圈足。蘑菇状纽浅覆盘状器盖。通体以白彩为地，颈与肩部以朱、黑、绿

图二二　汉墓出土A型陶大型圈足壶

1～3. Ⅰ式（M32:5、M29:4、M29:5）　4、5. Ⅲ式（M51:5、M51:4）　6. Ⅱ式（M70:3）

色彩绘弦纹、三角锯齿纹、波涛状卷云纹及点状纹等。口径8.7、圈足径9.4、通高21.7厘米（图二二，6；彩版三三，3）。

Ⅲ式　3件。均为泥质灰陶。标本M51:5，敞口，粗高颈，溜肩，上腹斜内收，下腹凸鼓，平底，高圈足。弧形蘑菇状器盖。通体以白彩为地，颈及肩部以朱、黑色彩绘倒三角形纹及圆点纹，腹部以白彩为地，表层绘红、黑色云气纹、圆圈纹等，但腹部彩绘有所脱落。口径8.8、圈足径9.8、通高18.8厘米（图二二，4；图版八〇，2）。标本M51:4，敞口，直颈，溜肩，圆鼓腹，平底，高圈足。浅覆盘状器盖，盖顶置一蘑菇状圆纽。通体以白彩为地，颈与肩部以朱、黑、绿色等彩绘蕉叶纹、弦纹、波浪纹、云气纹、点状纹等。口径8.3、圈足径7.5、通高19.6厘米（图二二，5；图版八〇，3）。标本M51:3，敞口，直颈，溜肩，圆鼓腹，平底，高圈足。口上承浅覆盘状器盖，盖顶置一蘑菇状圆纽。通体以白彩为地，颈与肩部以朱、黑、绿色等彩绘蕉叶纹、弦纹、波浪纹、云气纹、点状纹等。口径8.5、圈足径9.3、通高22.2厘米（彩版三三，4）。

B型　2件。均泥质灰陶。形体较A型粗壮高大。标本M69:1，敞口，平沿，高直颈，圆鼓腹，下腹内收，圜底，圈足。圆饼形平盖。上腹两侧贴附铺首衔环一对。颈部饰两周凸弦纹，中腹部饰三周凹弦纹。口径14、腹径29.2、圈足径17.6、通高35.6厘米（图二四，1；图版七九，5）。

假圈足壶　8件。可分为二型。

A型　4件。均为泥质灰陶。根据其圈足的不同，又可分二式。

Ⅰ式　3件。形体宽大。尖唇，宽粗颈，盘口较深。口上承覆钵形彩绘器盖。标本M51:22，上腹斜内收，下腹凸鼓，假圈足，大平底。器表以白彩为地，颈部饰黑彩三角锯齿纹，腹部饰云气纹、三角纹、圆点纹等黑、红、绿多色彩绘。口径12、底径16、通高26.4厘米（图二三，1；彩版三六，1）。标本M9:14，盘口，尖唇，粗颈，溜肩，上腹内收，下腹凸鼓，假圈足，大平底。覆钵形器盖。器表以白彩为地，颈部饰红彩圈点水珠纹，腹部饰三角菱形纹，其间又夹饰圆圈纹等黑、红色彩绘，但器表彩绘稍有脱落。盖面饰云气纹。口径12.1、底径16.4、通高26.4厘米（图二三，2）。标本M9:13，盘口较浅，尖唇，粗颈，溜肩，上腹内收，下腹凸鼓，假圈足，大平底。器表以白彩为地，颈部饰有细长黑彩三角锯齿纹，锯齿纹中间又夹饰黑、红彩圆点纹；腹部饰波浪纹和圆圈点状纹等红、黑、绿色彩绘，但部分模糊已脱落不清。口径12、底径16、高23.7厘米（图二三，3；图版八一，1）。

Ⅱ式　1件（标本M9:11）。形体稍瘦小。浅盘口，尖唇，窄短颈，上腹内收，下腹凸鼓，假圈足，大平底。器表以白彩为地，颈部饰宽大黑彩三角锯齿纹，其间夹饰点状纹，腹部饰云气纹、圆圈纹等黑、红色彩绘。口径11.2、底径14.4、高24.4厘米（图二三，4；图版八一，2）。

B型　4件。均为泥质灰陶。标本M41:3，器壁较薄。尖唇，盘口外壁内凹，直颈，鼓腹，假圈足，大平底。颈与腹部饰四周凹弦纹。口径13.6、底径15.2、高29厘米（图二三，5）。标本M5:2，器壁稍厚重。斜尖唇，盘口微敞，直颈，鼓腹，假圈足，大平底。颈与腹部饰四周凹弦纹。口径12.8、底径14.8、高29.5厘米（图二三，6；图版八一，3）。

平底壶　4件。根据其形体造型的不同，分为三型。

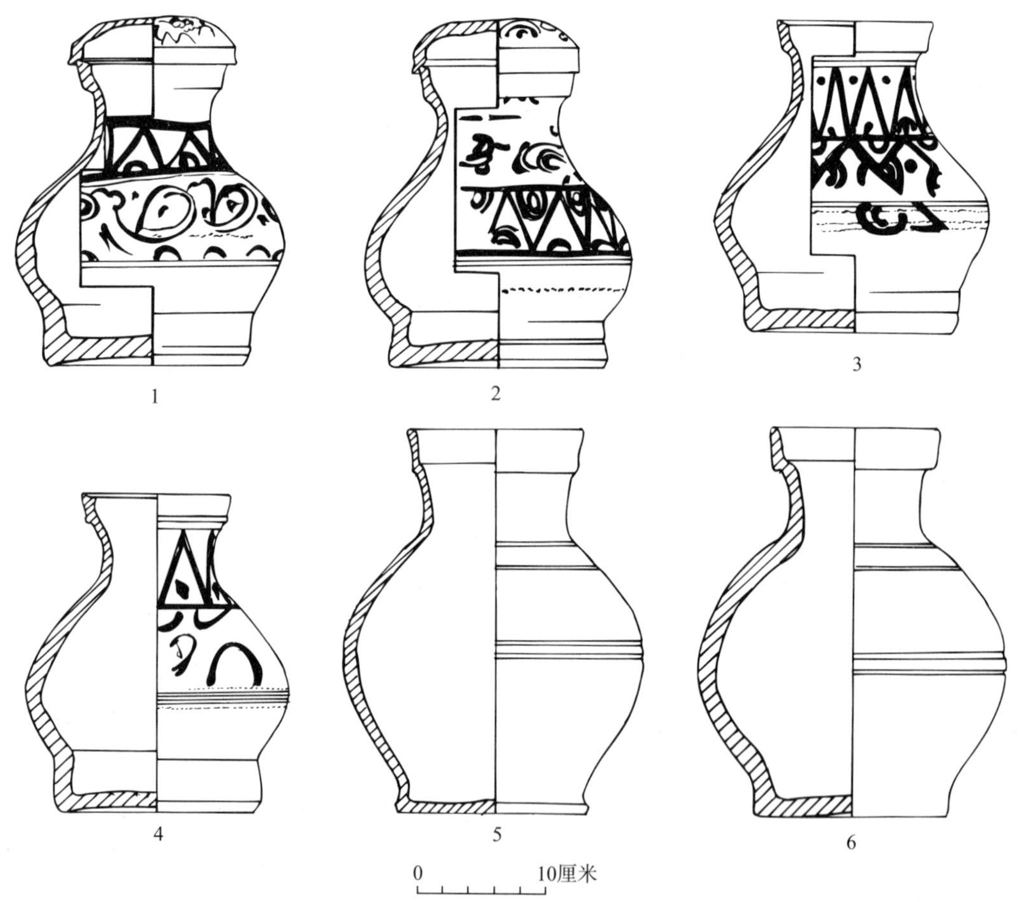

图二三　汉墓出土陶大型假圈足壶

1～3. A型Ⅰ式（M51:22、M9:14、M9:13）　4. A型Ⅱ式（M9:11）　5、6. B型（M41:3、M5:2）

A型　1件（标本M86:6）。泥质灰陶。浅盘大口，尖唇，束颈，腹微鼓，平底。口径12、底径9.6、高19.7厘米（图二四，2；图版八〇，4）。

B型　1件（标本M86:5）。泥质黑灰陶。器壁较厚。深盘小口，圆唇，粗直颈，长圆腹，大平底。腹部饰三周弦纹。口径8.8、底径12、高19.7厘米（图二四，3；图版八一，4）。

C型　2件。均泥质黑皮陶。标本M5:1，浅盘口微敞内凹，宽平沿，高直颈，溜肩，圆鼓腹，小平底。肩两侧有一对称贯耳。肩及腹中部饰三周凹弦纹。口径7.2、底径9.6、高26.7厘米（图二四，4；图版八二，5）。

小型壶　34件。形体较小，可分为二型。

A型　26件。均泥质灰陶。圈足，口上承盖。依据形体高矮的不同，又可分为二式。

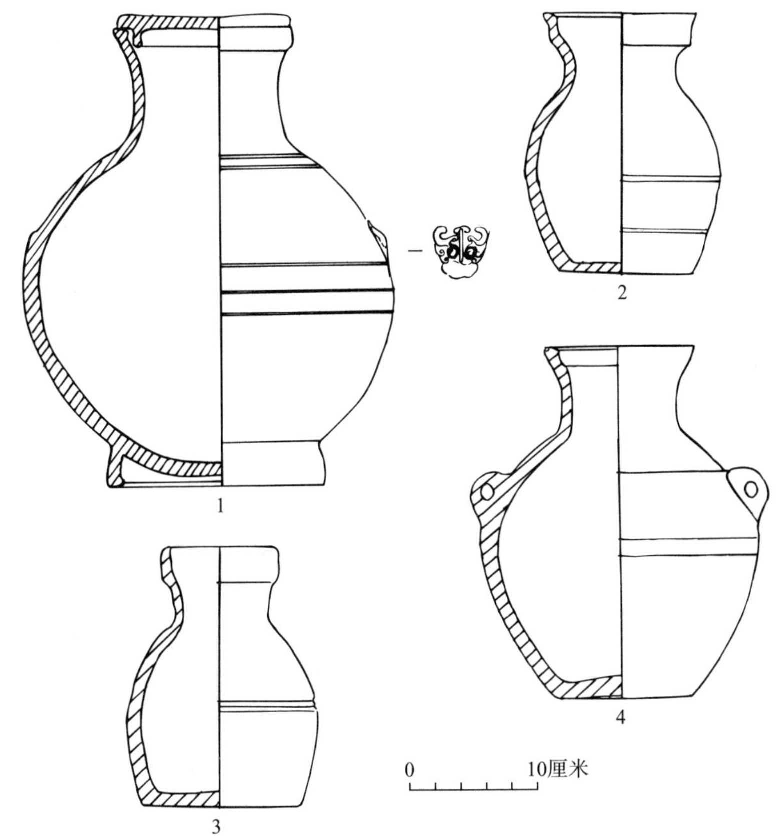

图二四 汉墓出土陶大型壶

1. B 型大型圈足壶（M69:1） 2. A 型大型平底壶（M86:6） 3. B 型大型平底壶（M86:5） 4. C 型大型平底壶（M5:1）

Ⅰ式 14 件。形体矮小，标本 M11:5，直口，平沿，矮短颈，鼓腹，下腹急内收，喇叭状小圈足。口上承覆钵蘑菇状器盖。口径 6.8、圈足径 6.4、通高 13.8 厘米（图二五，1；图版八二，1）。标本 M49:7，直口，平沿，粗短颈，高颈，鼓腹，下腹内收，底置小圈足。口上承覆钵蘑菇状器盖。盖面饰三组刻划纹。口径 6.5、圈足径 6.4、通高 14.8 厘米（图二五，3）。标本 M35:5，直口，平沿，粗短颈，鼓腹，下腹急内收，喇叭状矮圈足。口上承覆钵蘑菇状器盖。口径 7.2、底径 6.4、通高 13.5 厘米（图二五，2；图版八二，2）。标本 M31:1，直口，平沿，粗短颈，鼓腹，下腹急内收，喇叭状矮圈足。口上承覆钵蘑菇状器盖。口径 7.2、圈足径 6.4、通高 12.8 厘米（图二五，12）。

Ⅱ式 12 件。形体粗壮较高。标本 M60:2，直口，平沿，高直颈，鼓腹，下腹急内收，喇叭状高圈足。口上承覆钵蘑菇状器盖。口径 6、圈足径 5.6、通高 16.2 厘米

图二五　汉墓出土陶小型壶

1～3、12. A 型Ⅰ式（M11:5、M35:5、M49:7、M31:1）　4、5、7、8. A 型Ⅱ式（M60:2、M35:2、M49:3、M60:1）　6、11. B 型Ⅲ式（M51:14、M51:12）　9、10. B 型Ⅱ式（M51:13、M51:15）　13. B 型Ⅰ式（M29:13）

（图二五，4）。标本M35:2，直口，平沿，高直颈，圆鼓腹，下腹急内收，喇叭状高圈足。口上承覆钵蘑菇状器盖。口径6.4、圈足径6.4、通高15.6厘米（图二五，5；图版八二，3）。标本M49:3，直口，平沿，高直颈，鼓圆腹，下腹急内收，喇叭状高圈足。口上承覆钵蘑菇状器盖。口径8、底径7.2、通高16.8厘米（图二五，7；彩版三四，1）。标本M60:1，直口，平沿，高直颈，鼓腹，下腹急内收，喇叭状高圈足。口上承覆钵蘑菇状器盖。口径5.6、圈足径5.6、通高15.6厘米（图二五，8）。

B型 8件。均泥质灰陶。形体较小。平底。根据形体不同，可分为三式。

Ⅰ式 3件。形体粗圆稍高。标本M29:13，平口，斜高颈，鼓腹，大平底。上腹部饰三组刻划纹，盖面中间饰圆圈状凸纹，周围饰三组弧形凸棱纹。口径5.5、底径7.2、通高11.6厘米（图二五，13）。

Ⅱ式 2件。标本M51:13，平口，直颈，口上承盖，鼓腹，平底。盖面饰三组刻划纹，腹下部饰一周凹弦纹。口径4.9、底径5.7、通高10.5厘米（图二五，9）。标本M51:15，平口，直颈，口上承盖，鼓腹，平底。上腹部饰三组弧形刻划纹，盖面中间饰圆圈状凸纹，周围饰三组弧形凸棱纹。口径4.4、底径5.8、通高10.8厘米（图二五，10）。

Ⅲ式 3件。均形体扁矮。标本M51:14，平口，高颈，扁圆腹，大平底。上腹部饰三组刻划纹。口径4.5、底径6.2、高7.9厘米（图二五，6；图版八二，4）。标本M51:12，平口，高颈，扁圆腹，大平底。上腹部饰三组刻划纹，盖面中间饰圆圈状凸纹，周围饰三组弧形凸棱纹。口径5.2、底径6、通高8厘米（图二五，11；彩版三四，2）。

匜 5件。均泥质灰陶。可分为三式。

Ⅰ式 1件（标本M29:1）。敞口，圆唇，折腹，平底。一侧有上翘凹宽短流，内腹壁俯视近圆角方形。器壁稍厚。通体饰白彩地，流及腹内以朱、黑、绿等色饰云气纹及条纹彩绘。口径14.2、底径7.8、通高7.2厘米（图二六，1；图版八三，1）。

Ⅱ式 2件。标本M70:2，敞口，圆唇，折腹，平底。一侧有一微翘凹短流，内腹壁俯视似椭圆形。器壁较薄。通体饰白彩为地，流及腹内以朱、红彩绘云气纹。口径13.6、底径6.5、通高4.8厘米（图二六，2；彩版三四，3）。标本M51:16，敞口，圆唇，折腹，平底。一侧有一敞口宽平短流，内腹壁覆视近圆形。通体施白彩为地，流及腹内以朱、黑彩绘条纹及云气纹等。口径13.6、底径9.6、通高4.6厘米（图二六，3；彩版三四，4）。

Ⅲ式 2件。标本M51:17，敞口，圆唇，折腹，平底。形体似水瓢状，一侧有一细浅短流。器壁较厚。通体施白彩为地，流及腹内以朱、黑红彩绘。口径13.6、底径8、通高5.6厘米（图二六，4；图版八三，2）。

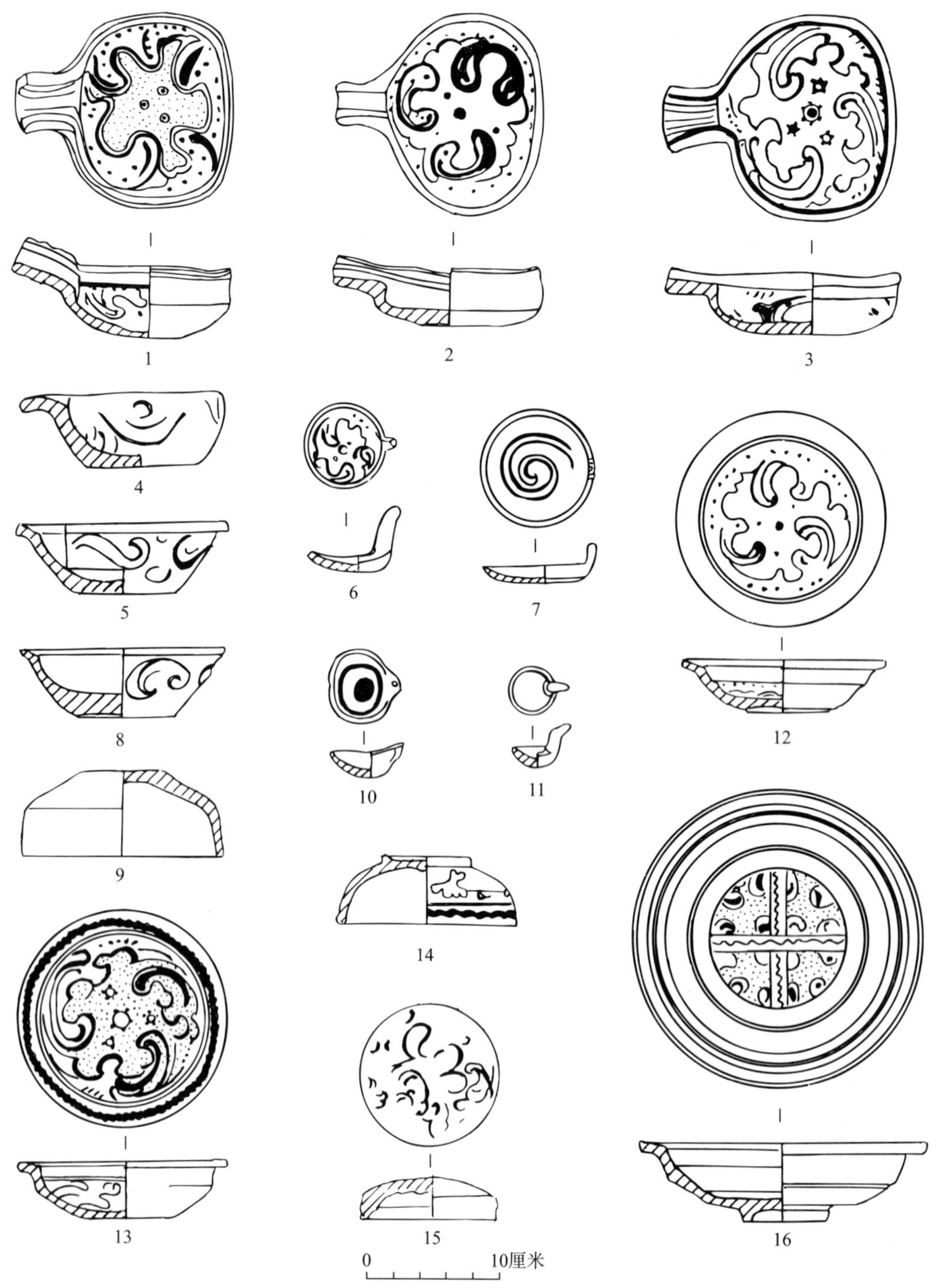

图二六　汉墓出土陶器

1. Ⅰ式匜（M29:1）　2、3. Ⅱ式匜（M70:2、M51:16）　4. Ⅲ式匜（M51:17）　5、8. Ⅲ式盘（M51:20、M51:21）
6. Ⅲ式勺（M51:9）　7. Ⅰ式勺（M32:7）　9. Ⅲ式器盖（M61:4）　10、11. Ⅱ式勺（M29:12、M51:10）
12、13. Ⅱ式盘（M70:1、M51:19）　14. Ⅰ式器盖（M32:11）　15. Ⅱ式器盖（M29:7）　16. Ⅰ式盘（M32:6）

盘 5件。均泥质灰陶。器表或内壁饰多色彩绘。可分为三式。

Ⅰ式 1件（标本M32:6）。敞口，方唇，宽平沿，折腹，平底下置圈足。通体施白衣彩地，器内口沿处以朱、黑彩绘三周弦纹，底部以黑彩相隔，用朱彩绘四种云气纹。口径21.6、圈足径5.6、高6厘米（图二六，16；彩版三四，5）。

Ⅱ式 2件。标本M70:1，敞口，圆唇，宽平沿，折腹，平底内凹。器表通体施白彩为地，以朱、黑彩绘条纹及云气纹、弦纹等。口径15.2、底径4.8、高4厘米（图二六，12；图版八三，5）。标本M51:19，敞口，方唇，宽平沿，折腹，平底。通体施白地彩绘，器表与器内均饰朱、黑色云气纹彩绘。口径16.1、底径4.8、高4厘米（图二六，13；彩版三五，3、4）。

Ⅲ式 2件。标本M51:21，敞口，方唇，宽平沿，折腹，平底。通体施白衣地彩绘，器表饰朱、黑彩云气纹，器内壁饰朱红彩。口径16、底径6.4、高5.2厘米（图二六，8；彩版三四，6）。标本M51:20，敞口，方唇，宽平沿，折腹，平底内凹。通体施白衣地彩绘，器表饰朱、黑彩云气纹，器内壁饰朱彩。口径16、底径8、高5.2厘米（图二六，5；彩版三五，1）。

勺 7件。均泥质灰陶。器表饰白衣彩绘。可分为三式。

Ⅰ式 1件（标本M32:7）。敞口，圆唇，圜底近平，一侧有安装把手用的圆孔方柄。通体施白彩地，器内壁用朱、黑绘两组卷云纹。口径7.6、通高2.8厘米（图二六，7；彩版三五，2）。

Ⅱ式 4件。标本M29:12，敞口，圆唇，圜底，一侧有安装把柄用的圆孔。通体施白衣彩绘，内壁中间饰一周黑彩，底部饰朱红彩。口径5.1、通高2.6厘米（图二六，10）。标本M51:10，敞口，圆唇，圜底，一侧有柄。通体施白衣彩绘，内壁饰朱红色彩绘。口径3.3、通高3.1厘米（图二六，11；图版八三，3）。标本M51:35，与M51:10形制基本相同，仅勺柄高昂，保存完好（图版八三，4）。

Ⅲ式 2件。标本M51:9，敞口，圆唇，圜底近平，一侧有高昂把手。通体施白衣彩绘，内壁饰朱、黑彩绘云气纹。口径6.4、通高4.8厘米（图二六，6；彩版三五，6）。标本M51:36，敞口，圆唇，圜底近平，一侧有一较长的高昂把手。通体施白衣彩绘，内壁饰朱红、黑色彩绘云气纹。口径6.1、通高5.4厘米（彩版三五，5）。

器盖 4件。均为泥质灰陶。可分为三式。

Ⅰ式 1件（标本M32:11）。敞口，尖唇，形如覆钵状。覆面饰两周凹弦纹，盖顶饰一周凸弦纹，器表通体饰白衣彩绘，以黑彩在器表绘云纹及波浪纹等。直径13.6、高5厘米（图二六，14）。

Ⅱ式 2件。标本M29:7，敞口，尖唇，器面鼓凸，呈覆钵形。通体饰白彩为地，盖面用黑彩绘云气纹，内壁绘朱红彩绘。直径9.6、高3厘米（图二六，15）。

Ⅲ式　1件（标本M61:4）。敞口，圆唇，平沿，平顶，形如覆钵状。素面。直径15.2、高6.2厘米（图二六，9）。

罐　155件。可分为大型罐、中型罐两大类。

大型罐　23件。依据口部及底部的不同，分为六型。

A型　1件（标本M6:1）。泥质灰陶。大口，平沿，圆唇，斜直颈，鼓圆腹，平底。上腹有一周凹弦纹，下腹及底部饰横竖交叉细绳纹。口径20.8、底径12、高25厘米（图二七，1；图版八四，1）。

B型　12件。均为泥质灰陶。器表均饰绳纹。依据盘口和底部的不同，可分为四式。

Ⅰ式　2件。尖唇，鼓腹，斜平沿，平底或小平底。标本M29:11，直口，平沿，束颈，鼓腹，小平底。腹部饰篮纹和绳纹。口径15.2、底径12.8、高28.4厘米（图二七，2；图版八四，3）。

Ⅱ式　8件。直口或敞口，束颈，尖叠唇，宽肩，长圆腹，小平底。标本M54:1，直口，平沿，束颈，鼓腹，小平底。下腹及底部饰细绳纹。口径17.6、底径15.2、高30.8厘米（图二七，3）。标本M41:1，敞口，尖叠唇，圆鼓腹，下腹内收，小平底微凹。中腹饰一周粗绳纹，下腹及底部饰细绳纹。口径13.3、底径9.4、高25.5厘米（图二七，5；图版八四，2）。标本M48:1，直口，尖叠唇，束颈，鼓腹，下腹内收，小平底。腹中部饰一周凹弦纹，腹下部饰两周粗绳纹，下腹及底部饰数周细绳纹。口径12.5、底径5.6、高26.3厘米。

Ⅲ式　1件（标本M51:8）。敞口，尖唇，束颈，圆鼓腹，小平底微凹。上腹饰三周凹弦纹，其间饰竖排细绳纹，下腹及底部饰横细绳纹。口径13.6、底径6.4、高24厘米（图二七，4；图版八五，4）。

Ⅳ式　1件（标本M86:1）。直口，平沿，束颈，鼓腹，小平底，形体稍高。下腹及底部饰细绳纹。口径14.9、底径12.5、高29厘米（图版八四，4）。

C型　3件。宽平沿，鼓圆腹，平底或小平底，最大腹径在中腹部。标本M80:6，敞口，尖叠唇，束颈，溜肩，鼓腹，下腹斜内收，小平底。上腹部饰三横隔段四组竖排细绳纹，下腹及底部饰数周横排细绳纹，在腹下部横竖绳纹中间饰一周凹弦纹。口径14.4、底径8、高26.8厘米（图二七，6；图版八六，2）。

D型　5件。宽平沿内凹，鼓圆腹，平底，最大腹径在上腹部。一般腹部饰数周凹弦纹或暗弦纹。标本M80:3，泥质深灰陶。宽平沿内凹，斜尖唇，鼓腹，平底。上腹饰两周水波纹，中腹饰一周凹弦纹。口径12.3、底径13、高22厘米（图二八，2）。标本M61:1，泥质灰陶。宽平沿内凹，直口尖唇，鼓腹，平底微凹。上腹饰两周波浪暗弦纹，中腹部饰一周凹弦纹。口径10.4、底径13、高23.8厘米（图二八，1；图版八五，

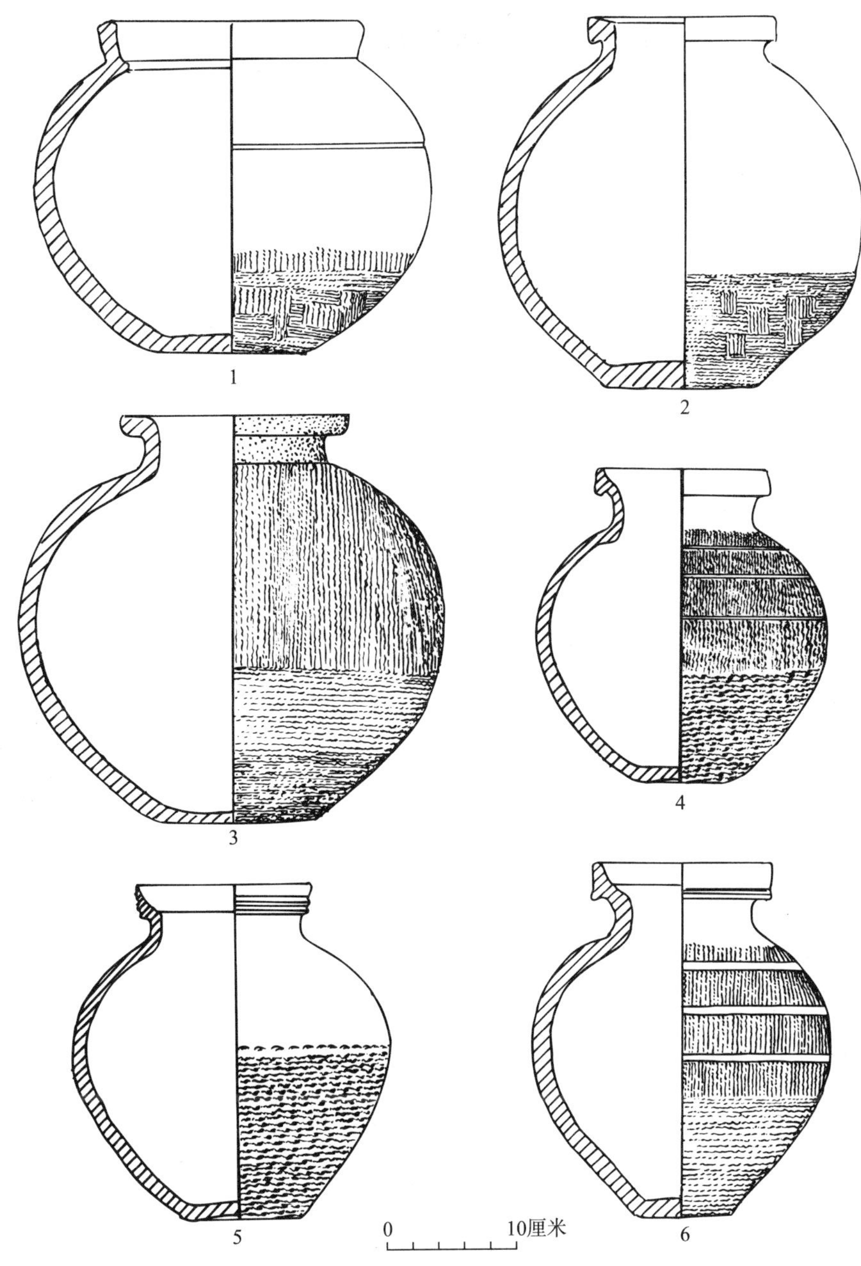

图二七 汉墓出土陶大型罐

1. A型（M6:1） 2. B型Ⅰ式（M29:11） 3、5. B型Ⅱ式（M54:1、M41:1） 4. B型Ⅲ式（M51:8） 6. C型（M80:6）

1）。标本M53:1，泥质灰陶。宽平沿内凹，尖唇，直颈，鼓腹，平底。腹部饰一周凹弦纹，下腹饰三周粗绳纹。口径11.8、底径13、高20厘米（图二八，4）。标本

M80:5，泥质灰陶。宽平沿内凹，尖唇，直颈，鼓腹，平底。腹中部饰四周凸弦纹。口径11.9、底径13.5、高21.6厘米（图版八五，2）。标本M88:25，泥质灰陶。宽平沿内凹，斜尖唇，鼓腹，平底。上腹饰两周细弦纹，中间夹饰一周水波纹，中腹饰一周凹弦纹。口径11.9、底径13.7、高21.2厘米（图版八五，3）。

E型　1件（标本M36:1）。泥质黑灰陶。形体扁矮。宽盘口，尖唇，束颈，鼓腹，大平底微凹，最大腹径在下腹部。上腹饰六周黑色彩带，中腹饰一周凹弦纹。口径13.6、底径16、高20厘米（图二八，3；图版八六，1）。

F型　1件（标本M66:1）。泥质灰陶。浅盘状大敞口，尖叠唇外侈，形成一周凸棱，高粗颈，筒形腹，大平底。腹部饰七周竹节纹。口径14.2、底径12、高18.2厘米（图二八，6；图版八六，3）。

中型罐　132件。均泥质灰陶或黑灰陶，其出土数量较多。可分为三型。

A型　32件。平沿，圆肩，折腹或微折腹。可分三式。

Ⅰ式　15件。标本M61:3，泥质灰陶。平口，卷沿，束颈，斜折肩，鼓圆腹，平底。腹部饰一周凹弦纹。器表施一层浅薄黑衣。口径9.6、底径9.6、高18.4厘米（图

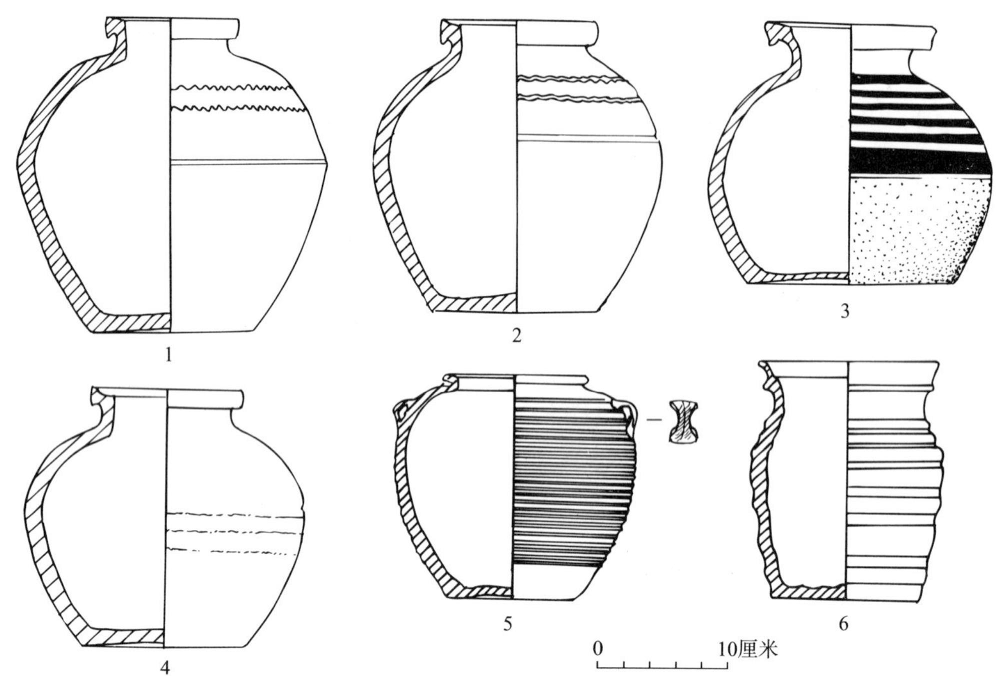

图二八　汉墓出土陶大型罐、釉陶罐

1、2、4. D型陶大型罐（M61:1、M80:3、M53:1）　3. E型陶大型罐（M36:1）　5. 釉陶罐（M71:1）　6. F型陶大型罐（M66:1）

二九，1；图版八六，4）。标本 M80:1，泥质灰陶。平口，方唇，斜折沿，束颈，鼓腹，平底。肩部和腹部饰一周锯齿纹和凹弦纹。口径 10.4、底径 8.8、高 16 厘米（图二九，2）。标本 M38:1，泥质灰陶。平沿，方唇，束颈，鼓腹，斜折沿，最大腹径在肩腹部，平底。腹中部饰一周凹弦纹。口径 10、底径 11.4、高 14.2 厘米。

Ⅱ式　6 件。标本 M68:6，泥质灰陶。直口，方唇，平沿内凹，斜折肩，鼓圆腹，平底微凹。腹部饰两周凹弦纹。口径 8.2、底径 10、高 14 厘米（图二九，3）。

Ⅲ式　11 件。标本 M33:1，泥质灰陶。直口，尖唇，平沿内凹，斜折肩，鼓圆腹，

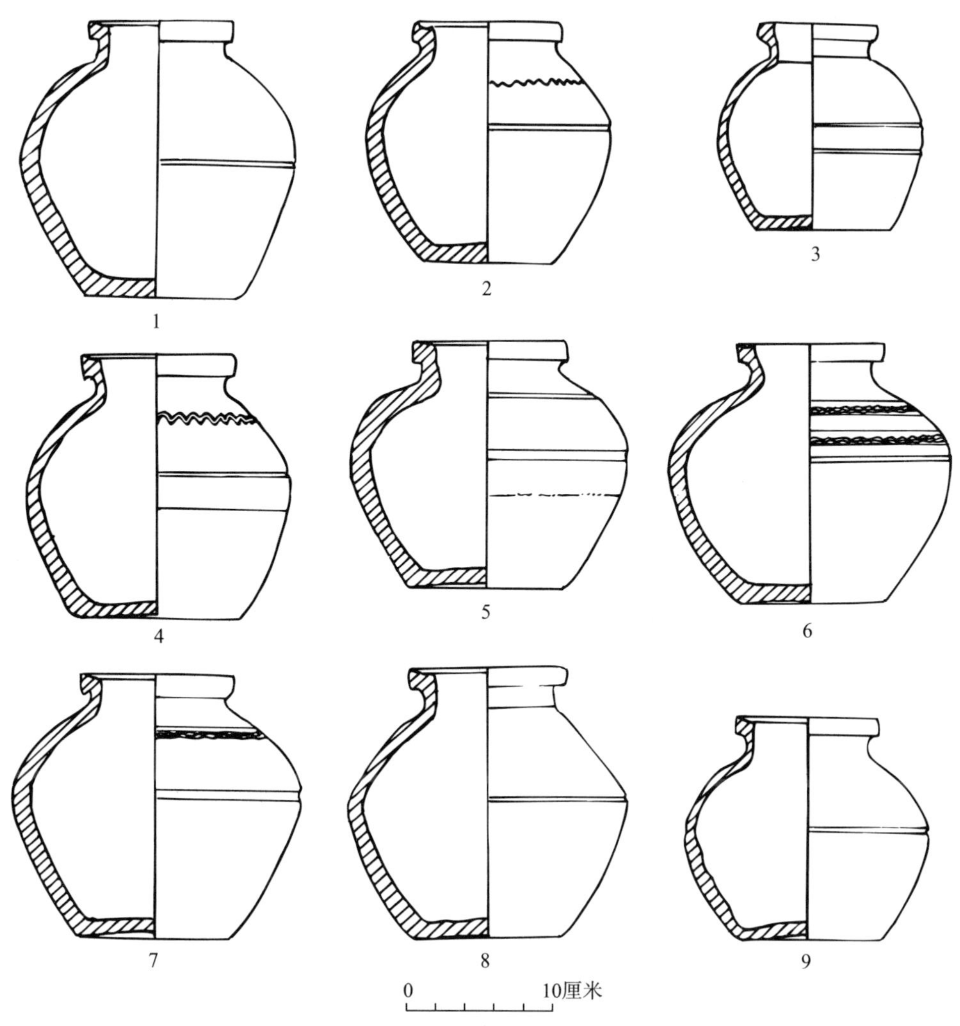

图二九　汉墓出土 A 型陶中型罐

1、2. Ⅰ式（M61:3、M80:1）　3. Ⅱ式（M68:6）　4～9. Ⅲ式（M33:1、M79:2、M42:1、M79:3、M88:20、M88:23）

平底微凹。肩部饰一周水波纹，腹中部饰两周凹弦纹。口径 10.8、底径 12、高 17.5 厘米（图二九，4）。标本 M79:2，泥质灰陶。直口，方唇，平沿内凹，斜折肩，鼓圆腹，平底微凹。上腹饰两周波浪暗弦纹，中腹饰一周凹弦纹。口径 10.4、底径 10.6、高 16.3 厘米（图二九，5；图版八七，3）。标本 M42:1，泥质灰陶。直口，方唇，平沿内凹，斜折肩，鼓圆腹，平底微凹。上腹饰两周波浪暗弦纹，中腹饰一周凹弦纹。口径 10.2、底径 10、高 17.2 厘米（图二九，6；图版八七，2）。标本 M79:3，泥质灰陶。直口，方唇，平沿内凹，斜折肩，鼓圆腹，平底微凹。上腹饰波浪纹，中腹饰一周凹弦纹。口径 10.5、底径 10.6、高 17.4 厘米（图二九，7）。标本 M88:20，泥质灰陶。平沿内凹，斜折肩，鼓圆腹，平底微凹。中腹饰一周凹弦纹。口径 11.2、底径 10.2、高 17.8 厘米（图二九，8）。标本 M88:23，泥质灰陶。平沿内凹，斜折肩，鼓圆腹，平底微凹。中腹饰一周凹弦纹。口径 10、底径 10.4、高 14.9 厘米（图二九，9）。

B 型　75 件。泥质灰陶或黑灰陶。圆腹，溜肩，平底或大平底。根据腹部及底部的不同，可分为两亚型。

Ba 型　39 件。溜肩，平底，最大腹径近中腹部。可分二式。

Ⅰ式　26 件。溜肩，圆腹，平底，最大腹径近中腹部。标本 M75:2，泥质灰陶。平口，方唇，束颈，鼓腹。口径 10、底径 10.6、高 15.8 厘米（图三〇，1）。标本 M28:1，泥质灰陶。平口，宽平沿内凹，尖唇，溜肩，束颈，鼓腹，平底。腹部饰一周凹弦纹。口径 12.7、底径 11.5、高 19.6 厘米（图三〇，2；图版八七，4）。标本 M40:2，泥质灰陶。侈口，尖唇，束颈，溜肩，鼓腹，平底。肩部饰三周波浪纹，腹部饰一周凹弦纹。口径 9.9、底径 8.8、高 13.3 厘米（图版八七，6）。标本 M17:1，泥质灰陶。子母口内凹，束颈，鼓腹，平底。肩部饰一周凹弦纹。口径 9.3、底径 10、高 15.1 厘米（图三〇，5）。标本 M81:1，泥质灰陶。子母口内凹，束颈，溜肩，圆腹，底微内凹。腹中部饰一周凹弦纹。口径 8.6、底径 9、高 14.1 厘米（图三〇，6）。标本 M23:1，泥质灰陶。平口，方唇，束颈，溜肩，鼓圆腹，上腹微鼓，下腹内收，平底。腹中部饰一周凹弦纹。口径 8.1、底径 9.3、高 14.4 厘米。标本 M40:1，泥质灰陶。侈口，方唇，束颈，鼓腹，平底微凹。腹部饰一周凹弦纹。口径 9.8、底径 9、高 16 厘米（图三〇，8）。标本 M10:1，泥质灰陶。平沿，方唇，束颈，鼓腹，平底。中腹部饰一周凹弦纹，上腹部饰五周暗弦纹。口径 8.8、底径 9.4、高 14.5 厘米（图三〇，9）。标本 M26:3，泥质灰陶。平口内凹，尖唇，溜肩，圆腹，平底。肩、腹部饰两周凹弦纹。口径 9.5、底径 10、高 11.8 厘米。标本 M24:1，泥质灰陶。侈口，束颈，溜肩，圆腹，平底。腹部饰一周凹弦纹。口径 8.7、底径 9.4、高 13.5 厘米。

Ⅱ式　13 件。标本 M84:1，泥质灰褐陶。平沿内凹，尖唇，束颈，溜肩，鼓圆腹，最大腹径近中腹部，上腹微鼓，下腹内收，平底。腹中部饰一周凹弦纹。口径 10.7、

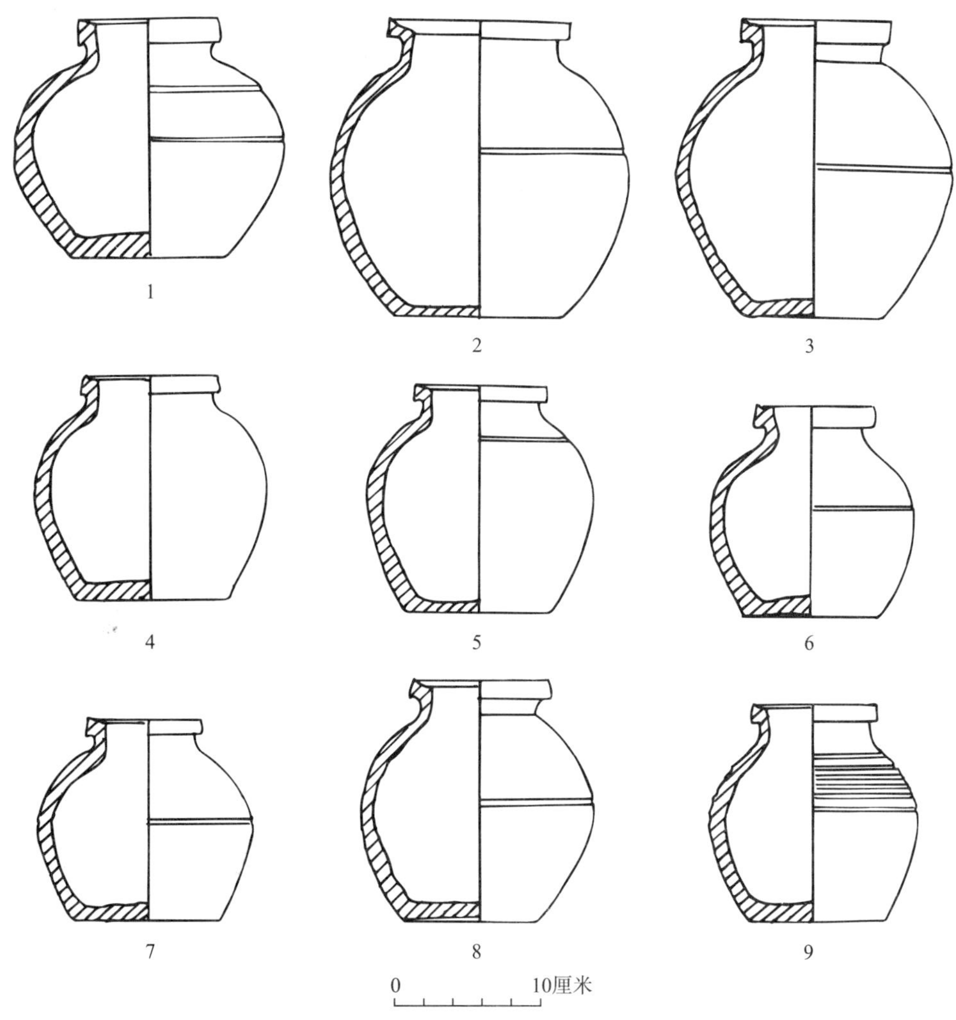

图三〇　汉墓出土 Ba 型陶中型罐

1、2、5、6、8、9. Ⅰ式（M75:2、M28:1、M17:1、M81:1、M40:1、M10:1）
3、4、7. Ⅱ式（M84:5、M58:2、M58:3）

底径 9、高 19.5 厘米（图版八八，1）。标本 M84:5，泥质黑灰陶。平口，方唇，束颈，溜肩，鼓圆腹，最大腹径近中腹部，上腹微鼓，下腹内收，平底微凹。腹中部饰一周凹弦纹。口径 10.5、底径 9、高 19.8 厘米（图三〇，3；图版八七，5）。标本 M58:2，泥质灰陶。平沿内凹，方唇，鼓腹，平底。口径 9.5、底径 10.6、高 14.8 厘米（图三〇，4）。标本 M58:3，泥质灰陶。平沿内凹，方唇，鼓腹，平底。中腹部饰一周凹弦纹。口径 8、底径 10、高 13.5 厘米（图三〇，7）。

Bb 型　36 件。广肩，收腹，最大腹径在肩部。可分三式。

Ⅰ式　22件。标本M15:2，泥质灰陶。平沿内凹，方唇，广肩，收腹，平底。肩、腹部饰三周凹弦纹。口径10.5、底径12、高18.1厘米（图三一，1；图版八八，2）。标本M13:3，泥质灰陶。平沿内凹，方唇，圆肩，斜腹，平底。腹中部饰一周凹弦纹。口径11、底径9.6、高14.2厘米（图三一，2）。标本M19:1，泥质灰陶。平口，卷沿，束颈，圆肩，斜腹，平底。肩部有两周凹弦纹，在其凹弦纹中间又饰有一周锯齿纹。口径9、底径10.1、高15厘米。标本M18:1，泥质灰陶。子母口内凹，尖唇，圆肩，斜腹。腹中部饰一周凹弦纹。口径9.2、底径9.5、高13.2厘米。标本M43:1，泥质灰陶。平口，卷沿，束颈，圆肩，收腹，平底。肩部有两周波浪纹，腹部饰一周凹弦纹。口径9.5、底径9.6、高14.8厘米（图三一，3）。标本M83:2，泥质灰陶。平沿内凹，方唇，圆肩，斜腹，平底微凹。腹中部饰一周凹弦纹。口径9.2、底径10.2、高14.8厘米（图三一，4）。标本M40:3，泥质灰陶。平口，卷沿，束颈，广肩，收腹，下腹

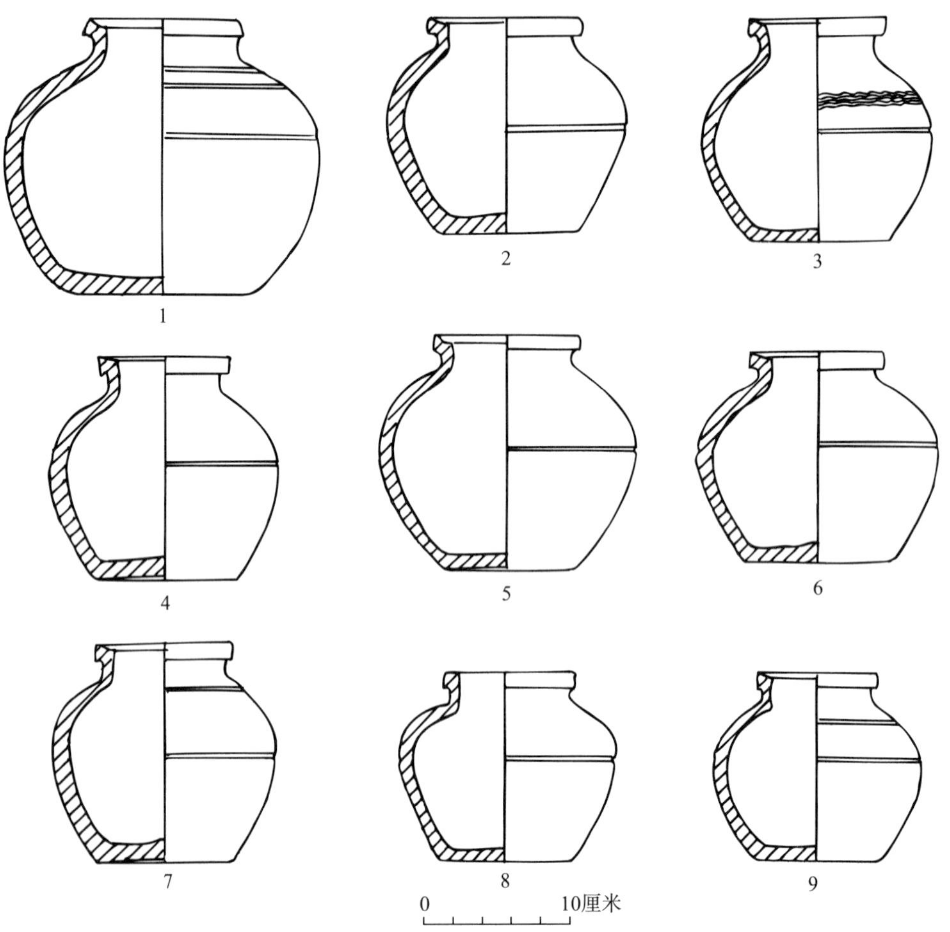

图三一　汉墓出土Bb型陶中型罐

1～8. Ⅰ式（M15:2、M13:3、M43:1、M83:2、M40:3、M10:4、M94:1、M16:1）　9. Ⅱ式（M57:8）

内收，平底微凹。肩部有一周凹弦纹。口径10.5、底径8.6、高16厘米（图三一，5）。标本M10:4，泥质灰陶。平口，内凹，束颈，广肩，收腹，平底。中腹部饰一周凹弦纹。口径9.2、底径9.9、高14.5厘米（图三一，6）。标本M94:1，泥质灰陶。平沿内凹，方唇，圆肩，斜腹，平底微凹。肩与中腹部饰两周凹弦纹。口径9.6、底径9.7、高14.4厘米（图三一，7）。标本M16:1，泥质灰陶。平沿内凹，方唇，广肩，收腹，平底。腹部饰一周凹弦纹。口径9.2、底径8.7、高12.6厘米（图三一，8）。

Ⅱ式 9件。标本M57:8，泥质灰陶。平沿内凹，方唇，圆肩，收腹，平底。肩、腹部各饰一周凹弦纹。口径8.2、底径8.6、高12.5厘米（图三一，9；图版八八，3）。标本M9:8，泥质灰陶。平口，尖唇，束颈，圆肩，斜腹，最大腹径在肩部，平底。口径7.6、底径8.9、高12.1厘米。标本M7:1，泥质灰陶。平口，卷沿，束颈，溜肩，圆腹，最大腹径近中腹部，平底。肩、腹部饰两周凹弦纹。口径7.9、底径8.2、高13厘米。

Ⅲ式 5件。标本M86:14，泥质灰陶。平沿内斜，溜肩，鼓圆腹，最大腹径近中腹部，平底。肩及上腹部饰三组暗弦纹。口径8.3、底径8、高13厘米。

C型 25件。形体较粗矮，下腹凸鼓。分为二式。

Ⅰ式 21件。溜肩，圆腹。标本M25:1，泥质灰陶。侈口，方唇，斜折沿，束颈，溜肩，最大腹径在腹下部，平底微凹。素面。口径10.2、底径11.9、高16.9厘米（图三二，1）。标本M80:4，泥质灰陶。平口，方唇，束颈，溜肩，圆腹，大平底。口径9.5、底径12、高16.4厘米（图三二，2；图版八八，4）。标本M62:3，泥质灰陶。平口，方唇，束颈，溜肩，圆腹，大平底微凹。腹中部有两周凹弦纹。口径10、底径10.8、高15.2厘米（图三二，3）。标本M13:1，泥质灰陶。平口，方唇，鼓腹，最大腹径在腹下部，大平底。腹中部饰一周凹弦纹。口径8.4、底径8.6、高11.5厘米。标本M45:1，形体稍小。平口，方唇，束颈，溜肩，圆腹，大平底微凹。口径8.8、底径10.4、高12.8厘米（图三二，4）。标本M62:1，形体稍矮小。平口，方唇，束颈，溜肩，圆腹，大平底。口径8.8、底径10.8、高12厘米（图三二，5）。标本M24:2，形体稍矮小。平口，方唇，束颈，溜肩，圆腹，大平底。肩与腹部饰两周凹弦纹。口径8、底径8.8、高12厘米（图三二，6）。

Ⅱ式 4件。微溜肩，下腹凸鼓，大平底。标本M68:3，泥质灰陶。平口，方唇，束颈，溜肩，圆腹，大平底微凹。腹中部有一周凹弦纹。口径10、底径10.8、高13.6厘米（图三二，7；图版八七，1）。标本M82:7，泥质黑灰陶。平口，方唇，束颈，溜肩，颈稍长，鼓圆腹，最大腹径近中腹部，上腹微鼓，下腹内收，平底微凹。口径11、底径9、高17.4厘米（图三二，8；图版八八，5）。标本M82:6，泥质灰陶。侈口，方唇，斜折沿，束短颈，溜肩，大平底微凹，最大腹径在腹下部。口径11.4、底径12、

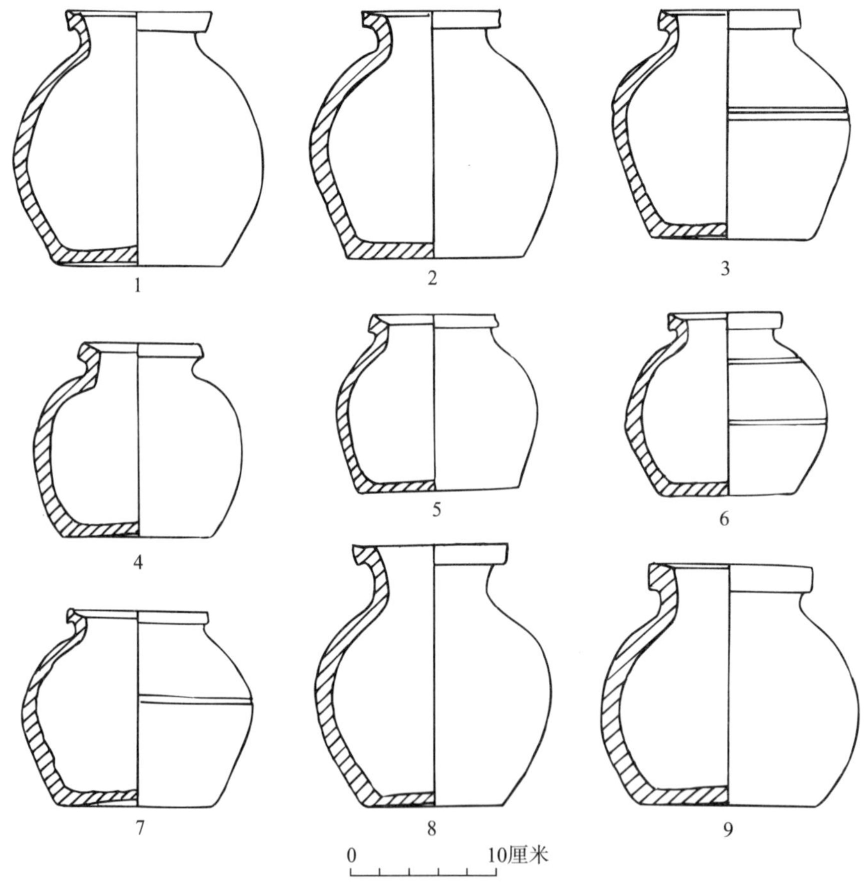

图三二　汉墓出土C型陶中型罐

1～6. Ⅰ式（M25:1、M80:4、M62:3、M45:1、M62:1、M24:2）

7～9. Ⅱ式（M68:3、M82:7、M82:6）

高16厘米（图三二，9）。

2. 釉陶器

6件。

釉陶壶　5件。均为M84出土。质地坚硬，火候较高，器表施釉。根据其形体造型的不同，可分四型。

A型　2件。均短颈直口，形态相似，大小有别。可分为两个亚型。

Aa型　1件（标本M84:20）。高直颈，长圆腹，宽平底，微圈足，肩两侧置有对称的双贯耳。颈下部饰一组波浪纹，上腹饰两组凹弦纹，下腹饰数周凹弦纹。口径10.4、底径13.2、高32.8厘米（图三三，1）。

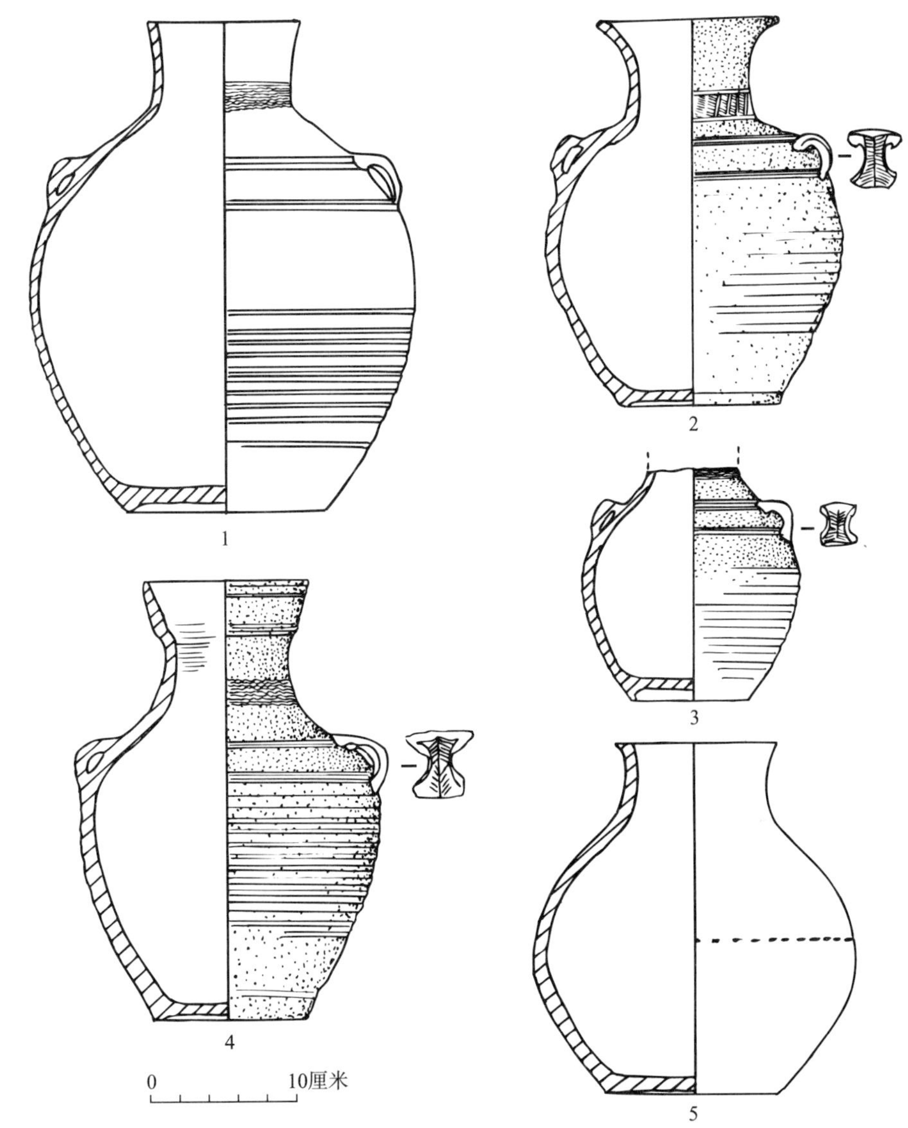

图三三　汉墓出土釉陶壶

1. Aa型（M84:20）　2. C型（M84:13）　3. Ab型（M84:15）
4. B型（M84:14）　5. D型（M84:12）

Ab型　1件（标本M84:15）。形体比标本M84:20小。上部及口沿已残，经打磨后又继续使用。肩部两侧置有一对称双贯耳，长圆腹，宽平底，微圈足，残破的颈下部饰有数周波浪纹，双耳上下饰两组细弦纹，下腹饰数周凹弦纹。底径8、残高13.6厘米（图三三，3）。

B型　1件（标本M84:14）。深盘口上宽下窄，粗高颈，瘦长腹，平底微凹，肩两侧置有双贯耳。盘口外侧及肩、腹部饰四组细弦纹，颈下部饰数周细密波浪纹，下腹饰数周凹弦纹，盘口及上腹部施釉较厚。口径11.6、底径10.5、高29.2厘米（图三三，4；彩版三六，3）。

C型　1件（标本M84:13）。喇叭口外敞，圆唇，粗颈，腹微鼓，平底微凹，肩部置有一对称双贯耳。口与上腹部施釉较厚，颈下部饰数周细密波浪纹，双耳上下饰两组凹弦纹，下腹饰数周凹弦纹。口径12.8、底径10.4、高26厘米（图三三，2；彩版三六，2）。

D型　1件（标本M84:12）。陶质较粗糙，器表施釉较浅薄，烧制火候较低。直口微敞，平沿内凹，束短颈，溜肩，鼓腹，最大腹径在下腹部，平底微凹。中腹部饰一周暗绳纹。口径11.2、底径12.8、高23.6厘米（图三三，5；彩版三六，4）。

釉陶罐　1件（标本M71:1）。器表施釉，烧制火候较高。平口，卷沿，圆唇，束颈，广肩，圆腹，下腹内收，平底微凹。肩两侧置有一对称双贯耳，肩与上下腹部均饰数周深凹弦纹，器表形成数周凸棱纹。口径10.8、底径10.2、高17.1厘米（图二八，5；图版八八，6）。

3. 铜器

697件。主要有铜镜、铜钱、印、镦、削、带钩等。

铜镜　17件。分别出土于M34、M10、M58、M68、M70、M79、M80、M83、M84、M86～M88、M90、M92墓中。分为八型。

A型　1件（标本M34:2）。素镜。圆形，三弦纽，中弦略高，无纽座。镜面平直，胎壁较薄，素面无纹，保存完好。面径7.22厘米，重量26.6克。

B型　3件。日光铭带镜，简称小型日光镜。根据形体及铭文的不同，分为两亚型。

Ba型　1件（标本M70:6）。日光连弧铭带镜。圆形，圆纽，并蒂连珠纹纽座，平素缘。纽座外饰有一周凸起的圈带弦纹及内向八连弧纹。其外在两周弦纹之间，并有一周圈带铭文，铭文为“久不相见，长毋相忘”，每字间用“の”符号相隔。面径7.8厘米，重量90.7克（图版八九，1）。

Bb型　2件。日光圈带铭带镜。标本M10:5，圆形，圆纽，放射纹圆纽座，平素缘。纽座外饰有一周凸起的圈带宽弦纹及斜线锯齿纹。其外在两周弦纹之间，并有一周圈带铭文，铭文为“见日之光，长不相忘”，其铭文每个字之间用“の”符号相隔。面径7.46厘米，重量为53.2克（图三四，1；图版八九，2）。标本M58:9，造型与标本M10:5基本相同，仅圈带铭文为“见日月之，象夫毋忘”，而铭文字与字之间采用“※”符号相隔。

图三四　汉墓出土铜镜

1. Bb 型（M10:5）　2、3. Ca 型（M58:10、M83:14）　4. Cb 型（M84:25）

C 型　7 件。昭明镜。可分为两亚型。

Ca 型　6 件。昭明连弧铭带镜。标本 M83:14，圆形，圆纽，圆纽座，宽素缘。座外饰一周凸弦纹及内向八连弧纹圈带，连弧纹外并有一周斜线锯齿纹。再向外有一周十七字圈带铭文，铭文为“内而清而以而昭而明，而光而夫而日而月”。铭文外还有一周斜线锯齿纹及一周凹弦纹。面径 9.25 厘米，重量 153 克（图三四，3；彩版三七，1）。标本 M88:9，圆形，圆纽，圆纽座，宽素缘。座外饰一周凸弦纹及内向八连弧纹圈带，连弧纹间并有简单的纹饰。其外在两周短斜线纹之间有一周圈带铭文，铭文为“内而清而以昭明，光而象夫日月，心忽而不泄兮”。局部断裂修复。面径 10.72 厘米，重量 161 克。标本 M58:10，圆形，圆纽，并蒂连珠形纽座，宽素缘。纽座旁饰有一周凸起的圈带及内向八连弧纹，其外在两周圈带弦纹之间有一周铭文，铭文为“内而清而以昭而明，光而象夫日之月，心而忽而忠雍而不泄”。局部稍有断裂。面径13.38厘米，重量367.5克（图三四，2）。

Cb型　1件（标本M84:25）。昭明圈带铭带镜。圆形，圆纽，四叶纹纽座，宽素缘。纽座外饰有一周凸弧纹带。其外在两周短斜线纹之间有一周圈带铭文，铭文为“内而青（清）而明，而以而召（昭），而象而夫而日而月而光而不而泄”。保存完好。面径12.09厘米，重量384.4克（图三四，4）。

D型　1件（标本M90:12）。君忘忘连弧铭带镜。圆形，圆纽，并蒂连珠纹纽座，宽素缘。纽座外饰有一周凸起的圈带弦纹及内向八连弧纹。在连弧纹之间的缝隙中，并有八根圆球立柱纹饰。其外的两周短斜线弦纹之间，并有一周长达三十五字较为罕见的圈带铭文，铭文为“君忘忘而先志兮，爰使心臾者，臾不可尽行，心沽结而独愁，明知非不可处，志所驩不能已”。保存完好。面径18.6厘米，重量744.6克（图三五，1；彩版三七，2）。

E型　2件。博局镜。分为两亚型。

Ea型　1件（标本M84:27）。

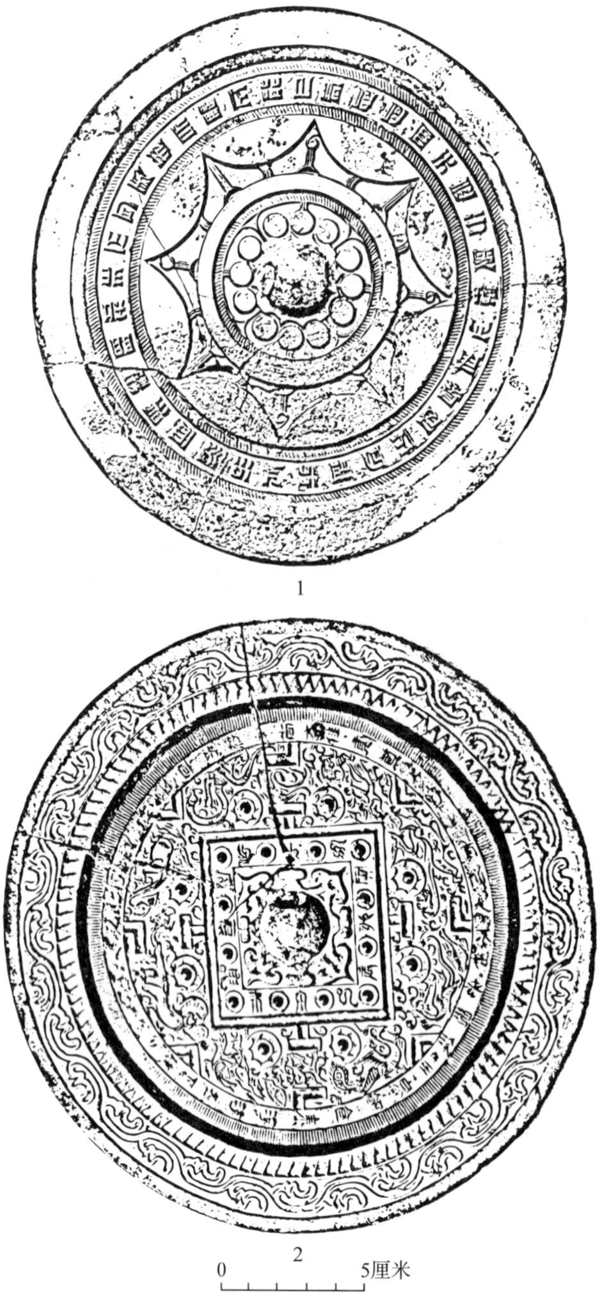

1

2

0　5厘米

图三五　汉墓出土铜镜

1. D型（M90:12）　2. Eb型（M68:9）

四神博局镜。圆形，圆纽，四叶纹纽座。座外饰双线方框，在其方框外并置有对称的八枚圆座乳钉及博局纹。博局纹划分的四方八极内配置有龙与玄武、二朱雀相对，以及二虎禽兽等。它们之间的排列形式为：青龙配羽人，朱雀配禽兽，白虎配瑞禽，玄武配神兽。其外还饰有短斜线纹、弦纹及三角锯齿纹等。其边缘饰圈带流云纹。局部稍断裂。面径11.52厘米，重量297.2克（彩版三七，3）。

Eb型 1件（标本M68:9）。尚方四神博局镜。圆形，圆纽，四叶纹纽座。座外双线方格内置有十二乳钉间以十二辰铭。八枚连弧圆座乳钉及博局纹将内区分为四方八极，并分别配置如下：龙配以凤鸟，虎配以独角兽，朱雀配以禽兽，玄武配以禽鸟及蟾蜍。其空间处还填以小禽之类。外区铭文为“尚方佳竟（镜）真大好，上有仙人不知老，渴饮玉泉饥食枣，浮浮（游）天下敖（遨）四海，翡（飞）四名山采芝草，长宜子孙兮”。外饰一周流云纹边缘。出土时稍断裂。面径20.69厘米，重量857.7克（图三五，2；图版八九，3）。

F型 1件（标本M79:13）。四乳四虺镜。圆形，圆纽，圆纽座。纽座外有四组回旋线条纹及一周凸弦纹。两组细短斜线圈带内为主纹，其主纹是圆座四乳与四虺纹相间环绕。四虺纹的造型呈钩状躯体，两端同形，在其身躯外侧各有一带冠羽鸟纹。在身躯内侧，还饰有几只飞奔的鸟禽，外为宽素缘。局部稍断裂。面径9.51厘米，重量189.4克。

G型 1件（标本M86:9）。八连弧云雷纹镜。圆形，圆纽，四叶纹纽座，素平宽缘。纽座外为一周凸弦纹及一周内向八连弧纹；再向外为两周短斜线之间饰有八组云雷纹，其云雷纹为圆圈涡纹与对置的双重三角纹所组成。保存完好。面径12.54厘米，重量217.5克（图版八九，4）。

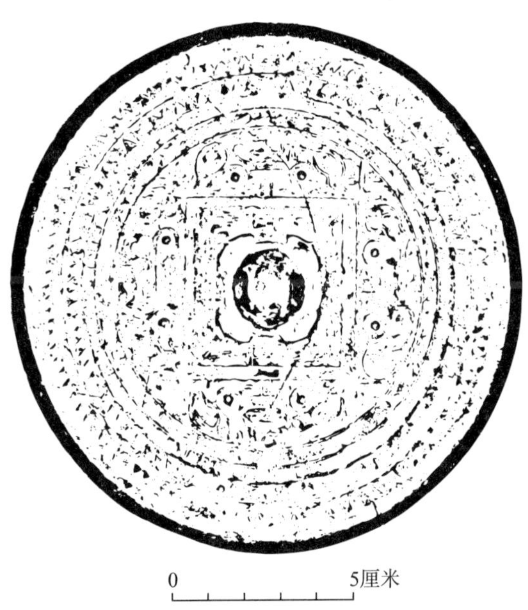

图三六　汉墓出土H型铜镜（M87:6）

H型 1件（标本M87:6）。八鸟简化博局镜。圆形，圆纽，四叶纹纽座。座外饰双线方框，在其方框外并置有对称的八枚圆座乳钉及博局纹。但博局纹变得较为简单，四方八区内为八只站立的禽鸟（其中包括一只长尾凤鸟），其外在二周弦纹间有一铭文带，铭文为“尚方作竟（镜）真大巧，上有仙人不知老□□□□兮”。其外饰一周短线纹及二周三角锯齿纹。边缘尖窄。边缘稍断裂。面径 13.96 厘米，重量 260 克（图三六；彩版三七，4）。

铜钱　663 枚。根据其形制特点，可分为半两钱、五铢钱、大泉五十、货泉四类。

半两　61 枚。分别出土于 M4、M11、M14、M22、M29、M34、M39、M55、M56、M63、M64、M60、M84 等。但大都比较轻薄，锈蚀严重。依据钱文及面径大小不同，可分为二式。

Ⅰ式　28 枚。标本 M11:1－1、M11:1－2，均形体轻薄，前者无轮无郭，后者磨郭，字体纤细规整。直径 2.2、厚 0.05、孔边长 0.8 厘米（图三七，1、2）。

Ⅱ式　33 枚。标本 M55:1－1、M39:1－1、M84:23、M39:1－2、M55:1－2，无轮无郭，形体轻薄，但直径稍大。字体清晰扁平。直径 2.4～2.5、厚 0.15、孔边长 0.7～0.8 厘米（图三七，3～7）。

五铢　完整或基本完整者共计 498 枚。除去锈蚀比较严重、字迹不太清楚者，余者大体分为三式。

Ⅰ式　41 枚。其形体特点为“五”字中间交叉两笔较直，“铢”字的金字头呈箭镞形，“朱”字头方折。钱径 2.5、穿边长 1 厘米。标本 M20:2，穿上有一横郭（图三

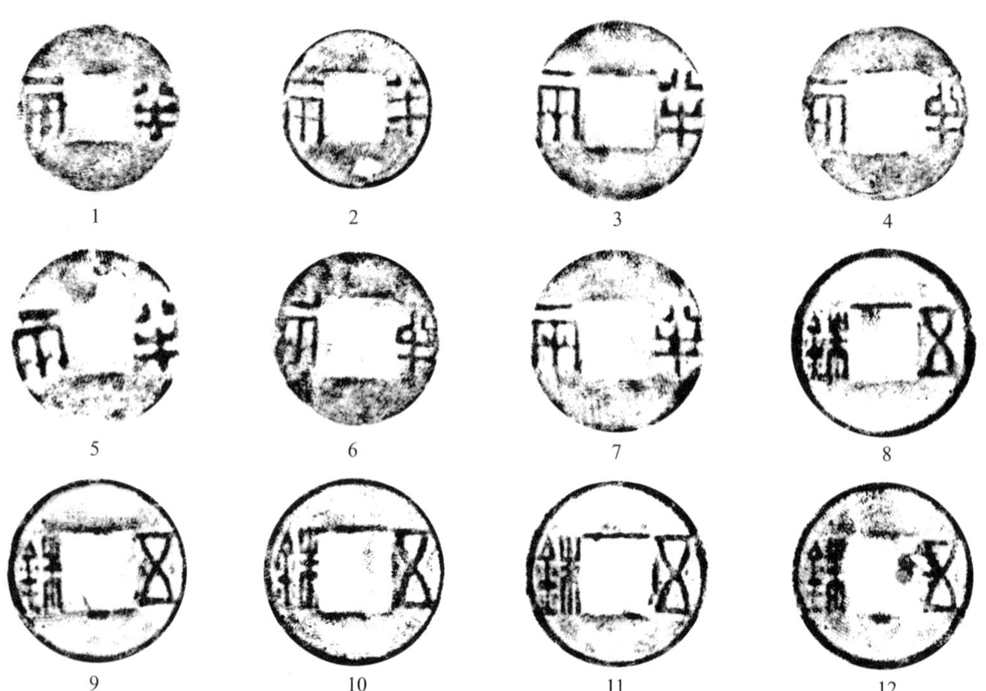

图三七　汉墓出土铜钱（原大）

1、2. Ⅰ式半两（M11:1－1、M11:1－2）　3～7. Ⅱ式半两（M55:1－1、M39:1－1、M84:23、M39:1－2、M55:1－2）　8～12. Ⅰ式五铢（M20:2、M67:11－1、M69:1、M79:11、M67:11－2）

七，8）。标本 M67:11－1，穿下有一半星（图三七，9）。标本 M69:1、M79:11，穿上均有一横郭（图三七，10、11）。标本 M67:11－2，穿下有一半星（图三七，12）。

Ⅱ式 324 枚。“五”字中间相交两笔弯曲，“铢”字的“金”字头呈镞形或三角形，“朱”字头方折。钱正面有的带有穿上一横郭、穿下一半星或穿上一横郭加穿下一半星等符号。钱径 2.5、正方穿边长 1 厘米。标本 M15:1、M86:3、M28:2、M51:29、M91:1、M90:6、M58:6、M62:6，其横郭半星的特征较为明显，而标本 M19:2、M96:4、M43:2、M84:26，“五”字中间交叉两笔弯曲的特征比较明显（图三八）。

Ⅲ式 133 枚。其字体较宽。“五”字中间交叉两笔更加弯曲，“铢”字的“金”字头呈三角形，“朱”字头圆折；“铢”字的“金”字旁较“朱”字偏低。标本 M42:2－2、M88:3－3，虽然“五”字的交叉两笔不甚弯曲，但“朱”字头已变成圆折，并且明显高于“金”字旁。钱径 2.6、穿边长 1 厘米。标本 M42:2－1、M42:2－2、M88:3－1、M89:1、M88:3－3、M85:1－1、M85:1－2，“五”字的弯曲、宽大程度及“朱”字头的圆折特点一般（图三九，1～3、5～8）；而标本 M88:3－2、M82:6、

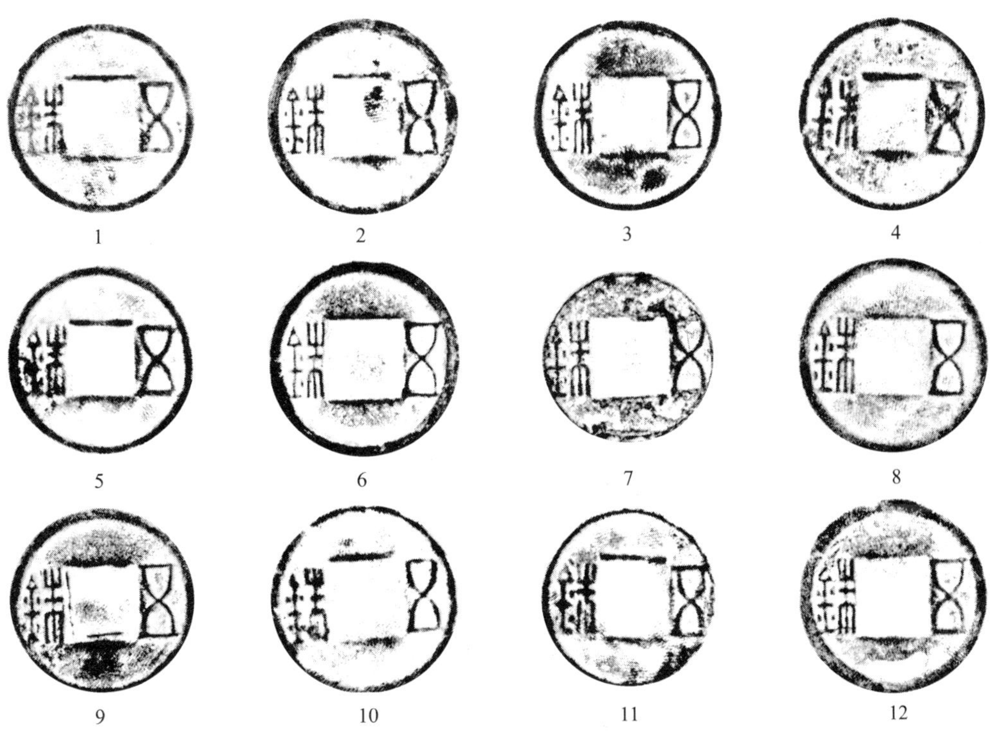

图三八 汉墓出土Ⅱ式铜五铢（原大）

1. M15:1 2. M86:3 3. M19:2 4. M28:2 5. M51:29 6. M91:1 7. M96:4 8. M90:6 9. M43:2 10. M58:6 11. M62:6 12. M84:26

M85:1 –3、M59:2 –1、M59:2 –2，“五”字的弯曲程度及“朱”字头的圆折特点非常宽大明显（图三九，4、9 ~12）。

大泉五十　92 枚。依据钱文中“五”字中间交叉两笔弯曲宽大程度等特点，可分二式。

Ⅰ式　49 枚。“五”字中间交叉两笔均弯曲瘦长。钱径 2.6 ~2.7、厚 0.2、穿边长 0.8 ~0.9 厘米。标本 M57:4、M9:6 –2、M86:16、M9:6 –1 较为典型（图四〇，1 ~4）。而标本 M90:4、M84:26“五”字中间交叉两笔相对演变得稍宽大（图四〇，5、6）。

Ⅱ式　43 枚。形体厚重，轮郭较深。厚、薄稍有差别。钱径 2.8、厚 0.2 ~0.3、穿边长 0.8 厘米。标本 M86:18、M58:12、M12:1、M90:15，“五”字中间交叉两笔肥硕宽大，字体规范（图四〇，7 ~10）。

货泉　12 枚。均出土于 M78 墓中。形体造型基本相同，均单薄较小，但轮廓清晰。标本 M78:2 –1、M78:2 –2，钱径均 2.2、厚 0.2、穿边长 0.7 厘米（图四〇，11、12）。

镦　1 件（标本 M4:4）。圆筒形，平底。直径 3.5、长 7 厘米（图四二，3）。

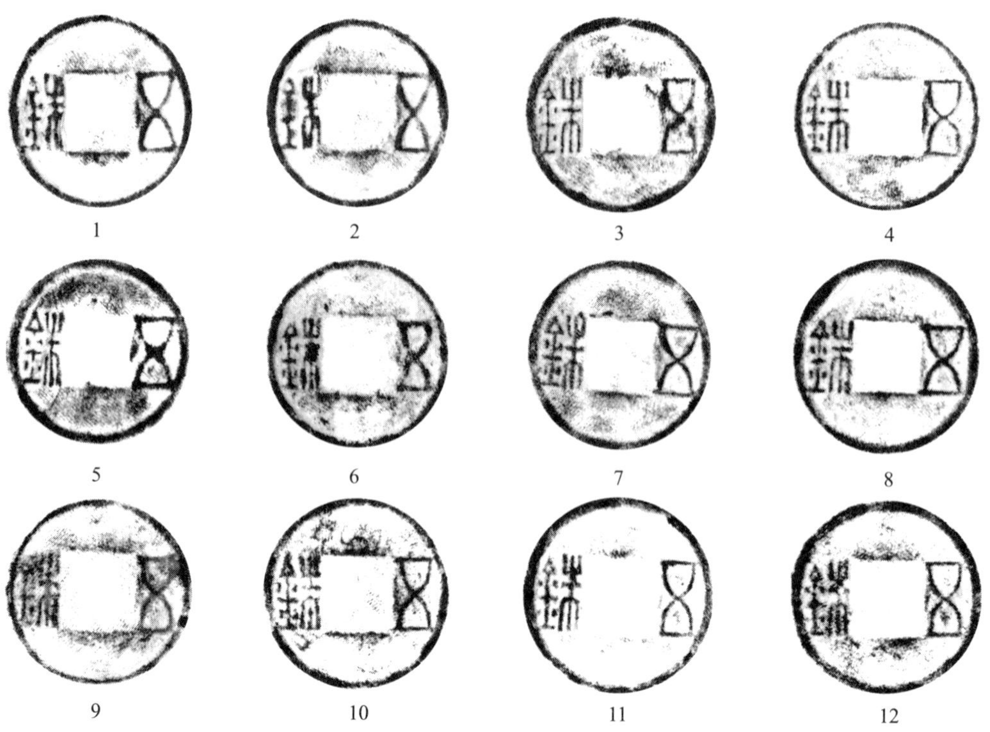

图三九　汉墓出土Ⅲ式铜五铢（原大）

1. M42:2 –1　2. M42:2 –2　3. M88:3 –1　4. M88:3 –2　5. M89:1　6. M88:3 –3　7. M85:1 –1　8. M85:1 –2　9. M82:6　10. M85:1 –3　11. M59:2 –1　12. M59:2 –2

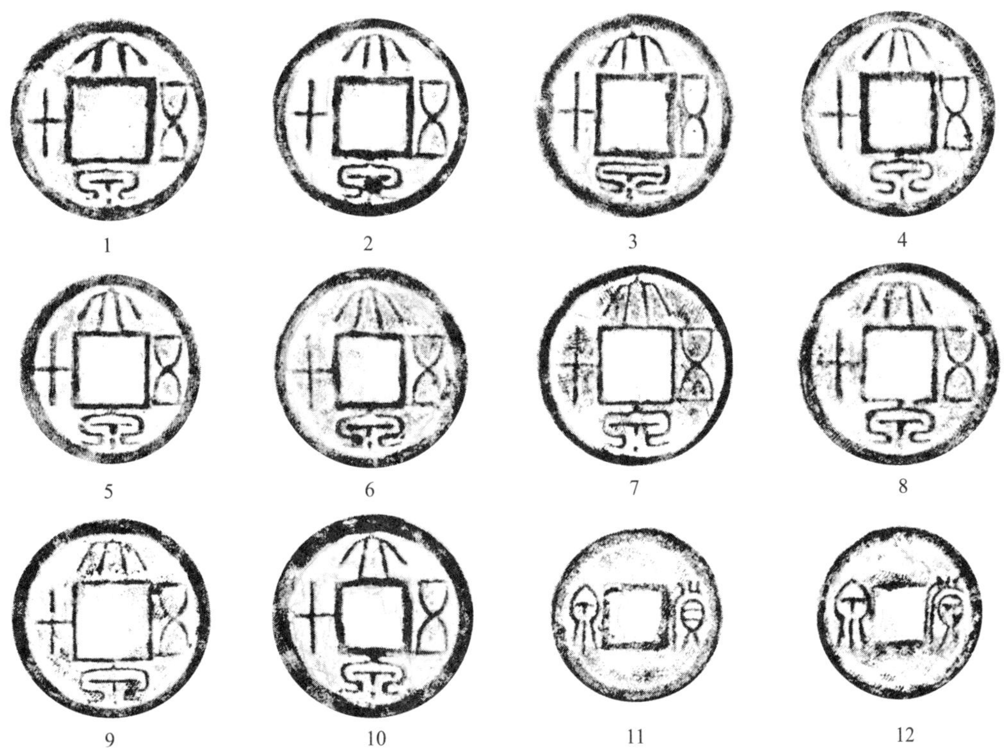

图四〇　汉墓出土铜钱（原大）

1～6. Ⅰ式大泉五十（M57:4、M9:6－2、M86:16、M9:6－1、M90:4、M84:26）　7～10. Ⅱ式大泉五十（M86:18、M58:12、M12:1、M90:15）　11、12. 货泉（M78:2－1、M78:2－2）

耳环　2件。形体完全相同，均出土于M93。标本M93:8，圆环形。直径1.2厘米。

带钩　10件。大都为兽面琵琶形，背部一圆纽。根据其形体特点，分为四型。

A型　1件（标本M67:10）。器身较细长，纽居下端。体长9.5、腹宽1.2厘米（图四一，1）。

B型　4件。标本M9:1，形体为兽首琵琶状，纽居近末端。体长7.5、腹宽1.4厘米（图四一，2）。标本M86:2，器身较瘦长。纽居近末端。体长8.1、腹宽1.5厘米（图四一，3）。标本M51:26，形体特征与此基本相同，但末端较宽，呈半圆球形状。

C型　4件。标本M28:6，器身纤细短小，纽居末端。体长4.8、腹宽0.9厘米（图四一，4）。

D型　1件（标本M24:3）。器身粗短，纽居近末端。体长6.2、腹宽1.3厘米（图四一，5）。

削　2件。均为小型明器。环形首，形体较小，根据其形体的不同分为二型。

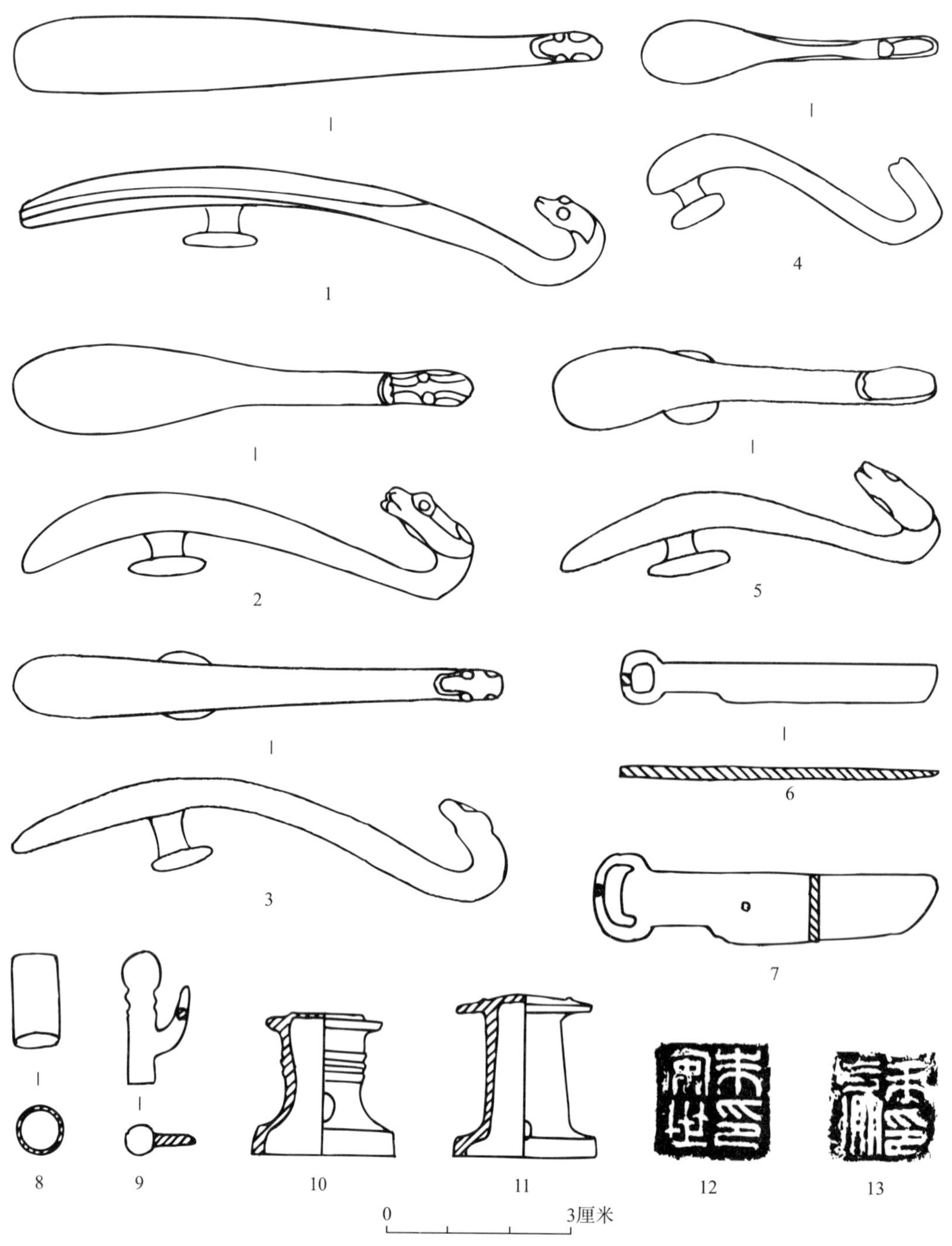

图四一　汉墓出土铜器、金属器

1. A 型铜带钩（M67:10）　2、3. B 型铜带钩（M9:1、M86:2）　4. C 型铜带钩（M28:6）　5. D 型铜带钩（M24:3）　6. A 型铜削（M45:1）　7. B 型铜削（M96:8）　8. A 型金属盖弓帽（M9:18－1）　9. B 型金属盖弓帽（M9:18－2）　10. A 型金属軎（M9:15－1）　11. B 型金属軎（M9:15－2）　12. A 型铜印（M51:28）　13. B 型铜印（M87:5）

A 型　1 件（标本 M45:1）。环形把柄，形体修长，柄断面略呈三角形，平背，窄直刃。通长 5.3、宽 0.6 厘米（图四一，6 ）。

B 型　1 件（标本 M96:8）。环首较宽，形体粗短，柄断面略呈三角形，平背，直刃。通长 5.7、宽 1.1 厘米（图四一，7）。

印　2 方。均保存基本完好。根据形体特征的不同，分为二型。

A 型　1 件（标本 M51:28）。形体呈方形，为龟形纽，印面为阳文“朱赢印”三字。边长 1.5、高 1.2 厘米（图四一，12；图版八九，5）。

B 型　1 件（标本 M87:5）。形体为方形，桥形纽。印面为阳文“朱安世印”四字。边长 1.8 厘米（图四一，13；彩版三八，1）。

4. 金属器

102 件。其质料为铅、锡之类的金属铸造而成。极为轻薄，容易破碎折断，这类小型明器可能是专为墓葬随葬铸造的丧葬用品。主要器类有弩机、盖弓帽、軎、车轴、衔及镳、当卢等一系列车马器。

弩机　1 件（标本 M79:7）。机体甚小，制作精巧，部件较齐全，有郭、悬刀、钩心、牙、望山、箭槽、键等。郭部前窄后宽，前部有箭槽；牙与望山铸为一体。郭长 4.5 厘米。

盖弓帽　94 件。根据形体的不同，可分为二型。

A 型　6 件。标本 M9:18－1，圆筒形。直径 0.8、长 1.5 厘米（图四一，8）。

B 型　88 件。标本 M9:18－2，圆顶外凸近球形，顶下端颈部有两周凹弦纹，一侧有一挂弦弯钩，帽口呈圆筒形。直径 0.4、长 2.1 厘米（图四一，9）。

軎　4 件。分二型。

A 型　3 件。标本 M9:15－1，平顶外凸，形成凸棱，器身中间饰四周凸棱纹。口部直径 2.3、长 2.4 厘米（图四一，10）。

B 型　1 件（标本 M9:15－2）。弧顶外凸，形成较宽凸棱。口部直径 2.3、通长 2.6 厘米（图四一，11）。

衔及镳　2 件。可分二型。

A 型　1 件（标本 M84:6）。两端有镂空纹饰，镳中间有两个细长相连衔。镳高 9.4 厘米，衔长 9.7 厘米（图四二，1；彩版三八，3）。

B 型　1 件（标本 M9:17）。形体造型与 A 型基本相同，仅中间衔较短。镳呈弯曲状。镳高 9.3 厘米，衔长 5 厘米（图四二，4 ）。

当卢　4 件。形体基本相同。标本 M84:18，长条状铜片，中间镂空透雕兽首形。长 10.5、宽 3.1、厚 0.3 厘米（图四二，2；彩版三八，2）。

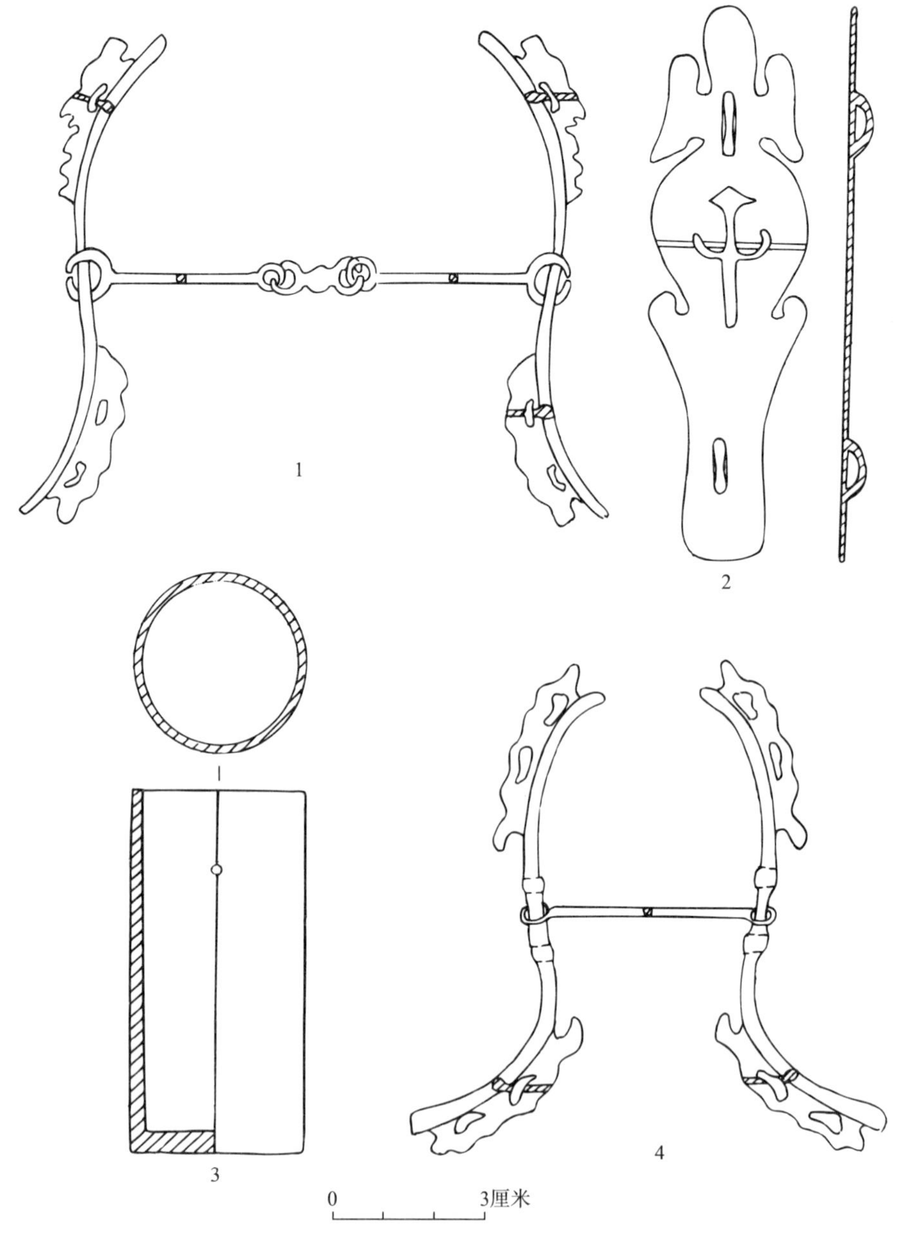

图四二　汉墓出土铜器、金属器

1. A 型金属衔及镳（M84:6）　2. 金属当卢（M84:18）　3. 铜镦（M4:4）　4. B 型金属衔及镳（M9:17）

车轴　1 件（标本 M84:19）。形体呈圆车轴状。中间有两周凸棱，两侧均有安装车軎的凸棱，车轴中间并残留有木朽痕迹。长 8、直径 1.5 厘米。

5. 铁器

52 件。包括铁剑及铁刀等。

剑 18 件。可分为三型。

A 型 6 件。剑身均锋利瘦长，茎端有玉格或铜格。分为二亚型。

Aa 型 1 件（标本 M51:23）。剑身修长，略起脊，双面刃，锋尖利，细长茎，茎外镶嵌木柄，茎端置有较宽大的玉剑格，玉剑格上面雕刻有云气纹。外置剑鞘已朽。长 108、格宽 6 厘米（图四三，1）。

Ab 型 5 件。标本 M86:16，剑体窄长，略起脊，双面刃，锋尖利，细短茎，置铜格，外镶嵌木柄已朽。剑身外有木鞘痕迹。长 96、格宽 5 厘米（图四三，2）。标本 M61:5，茎部上粗下细，断面呈扁锥状，外包木柄已朽；宽铜格，剑身宽长，略起脊，尖首。外有木鞘已朽。长 113、格宽 5 厘米（图四三，3）。

B 型 11 件。剑身宽扁粗长。分为二亚型。

Ba 型 5 件。标本 M67:8，剑体宽扁较长，略起脊，双面刃，锋尖稍残，细扁长茎，置铜格，外镶嵌木柄已朽。外有木鞘痕迹。残长 98、格宽 5 厘米（图四三，4）。标本 M2:5，扁细长茎，铜格宽大，剑身宽扁较长，锋端残断，略起脊，双面刃，外镶嵌木柄已朽。剑身外并有木鞘痕迹。残长 112. 5、格宽 5 厘米（图四三，5）。

Bb 型 6 件。标本 M84:22，剑体扁长，略起脊，双面刃，锋尖利，粗长茎，窄扁铜格，外镶嵌木柄已朽。剑身外有木鞘痕迹。长 110、格宽 5 厘米（图四三，6）。

C 型 1 件（标本 M85:4）。均剑身较短，茎部上粗下细呈锥状。剑体粗短，略起脊，双面刃，锋尖利，锥状粗短茎，窄扁铜格，外镶嵌木柄已朽；剑身外有木鞘痕迹。长 98、格宽 5 厘米（图四三，7）。

刀 24 件。分四型。

A 型 3 件。长茎直刃。分为二亚型。

Aa 型 1 件（标本 M51:24）。椭圆形柄首，弧背斜刃，锋尖利，粗长茎。外有木鞘。保存基本完好。长 80、宽 2. 4 厘米（图四四，1）。

Ab 型 2 件。标本 M51:25，椭圆形宽柄首，直背弧刃，锋尖利，细短茎。外有木鞘痕迹。长 39. 6、宽 2 厘米（图四四，2）。

B 型 7 件。标本 M67:9，椭圆形环首，直背，单面弧刃，锋尖利。长 40、宽 2 厘米（图四四，3）。标本 M80:8，圆形环首，直面弧刃。通长 34、宽 2 厘米（图四四，5）。

C 型 3 件。标本 M96:7，椭圆形环首。较细长，直背弧刃。长 50、宽 2. 1 厘米（图四四，4）。

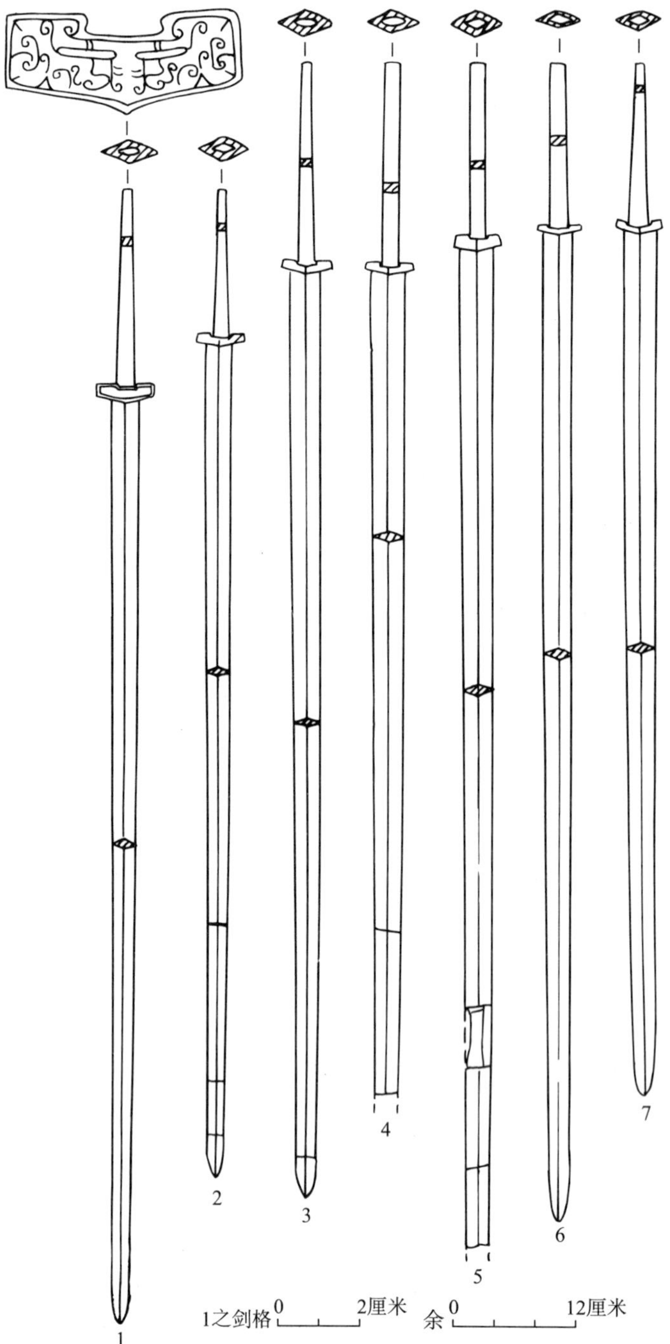

图四三　汉墓出土铁剑

1. Aa型（M51:23）　2、3. Ab型（M86:16、M61:5）　4、5. Ba型（M67:8、M2:5）　6. Bb型（M84:22）　7. C型（M85:4）

D型　11件。形体较细小，尖刃锋利。标本M86:24，椭圆形环首，直背，近直刃。长24、宽1.5厘米（图四四，6）。标本M11:3，柄首为圆环形，直背弧刃。长22.3、宽1.5厘米（图四四，7）。

镢　2件。形体相似，大小不同。分为二型。

A型　1件（标本M60:7）。梯形，上宽下窄，中空成銎，口部有三周凸棱，斜体平刃。长8.9、宽6.1、厚3.1厘米（图四五，1）。

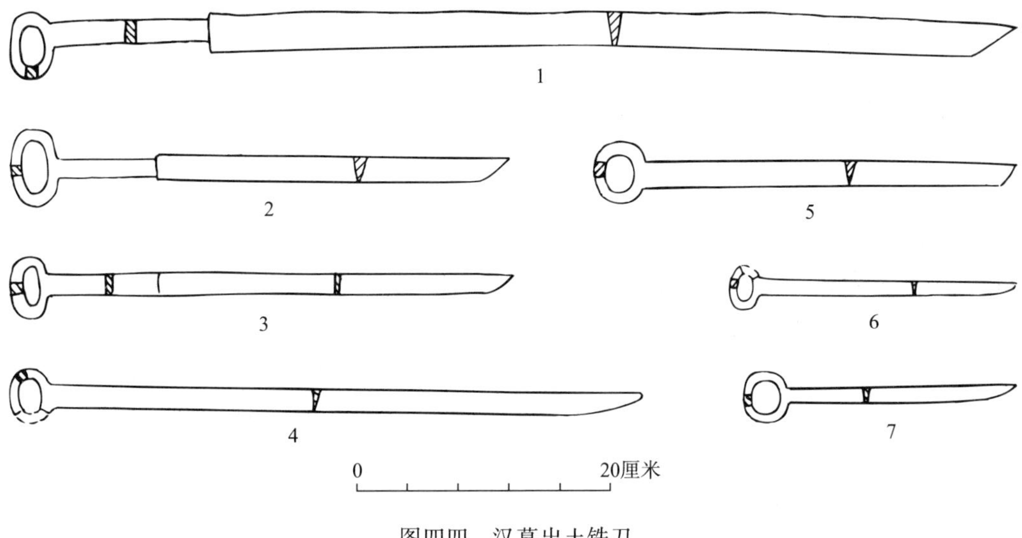

图四四　汉墓出土铁刀

1. Aa型（M51:24）　2. Ab型（M51:25）　3、5. B型（M67:9、M80:8）　4. C型（M96:7）　6、7. D型（M86:24、M11:3）

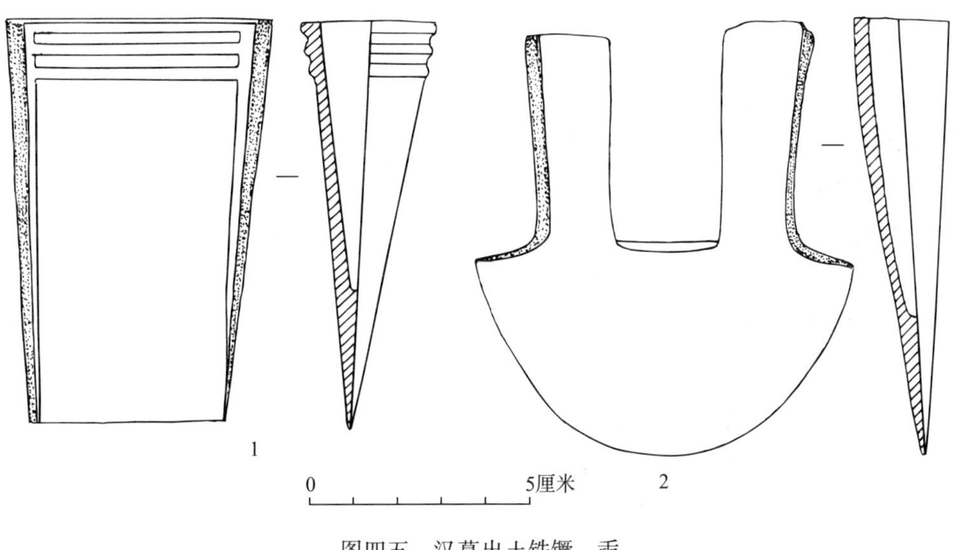

图四五　汉墓出土铁镢、臿

1. A型镢（M60:7）　2. 臿（M60:8）

B 型　1 件（标本 M1:1）。梯形，上宽下窄，中空成銎，斜体平刃。长 9.2、宽 7.2、厚 3.5 厘米。

臿　8 件。形体大小基本相同。标本 M60:8，凹字形，上窄下宽，中空成銎，斜体弧刃。长 9.7、宽 6.6、厚 2.2 厘米（图四五，2）。

6. 玉、石器

138 件。在出土的玉、石器中，主要有蝉形玉、石琀、七巧塞，以及少量的玉璧、玉璜、玉觽、玉带钩、玉珠等。

（1）玉器

14 件。为玉琀及玉璧、玉璜等装饰用品。

玉琀　3 件。分为三型。

A 型　1 件（标本 M90:13）。伟晶岩肉红色玉质。似文象结构，由浅肉红色田长石和乳白色石英组成。经雕刻磨制而成，形体呈头宽尾窄的梯形蝉状，背部饰白色点状花纹，头、尾及双翼清晰突出。长 4.7、宽 2.2、厚 0.38 厘米。

B 型　1 件（标本 M88:1）。伟晶岩深绿色玉质。似文象结构，由深肉红色田长石和黄白色石英组成。经雕刻磨制而成，形体呈长方形蝉状。长 4.8、宽 2.8、厚 0.4 厘米（彩版三九，2）。

C 型　1 件（标本 M90:8）。浅绿色玉质，质地细腻。形体较宽，经雕刻磨制而成，形体呈较宽大的蝉形状，整件蝉形玉琀雕刻得极为逼真，头、尾及双翼清晰可辨，左眼部及翅末端稍残。长 5.5、宽 3.5、厚 3.2 厘米（彩版三九，1）。

玉璧　1 件（标本 M88:12）。鸡骨白色。质料为文象伟晶岩，由长石和石英所组成，硬度约为Ⅸ级。呈圆形挂饰状，通体镂空雕刻卷云纹。直径 7、厚 0.32 厘米（彩版三九，4）。

玉璜　1 件（标本 M88:14）。鸡骨白色。形体呈不规则三角形，通体镂空雕刻龙纹，硬度约为Ⅸ级。长 13、厚 0.2 厘米。

玉带钩　1 件（标本 M51:27）。米黄色玉质。形体呈扁椭圆形，器表雕刻有云气纹。长 11.5、宽 1.6、厚 0.5 厘米。

玉觽　2 件。均为鸡骨白色，质料为文象伟晶岩，由长石和石英所组成，硬度约为Ⅸ级。两件形体造型完全相同。上端镂空雕刻有龙形纹，下端为弧形尖角状。标本 M88:15、16，长 11、厚 0.22 厘米（彩版三九，3）。

玉珠　6 件。米黄色玉质，形体较小，呈圆形或椭圆形，中间有一穿孔，硬度约为Ⅷ级。标本 M88:17，直径 0.3 ~0.5 厘米。

（2）翡翠

8件。均出土于M57墓中（彩版三九，5），另外，还在墓主人下肢部出土1件肛塞。

除肛塞质料不太纯外，其余7件质料均为翡翠；器表呈翠绿色，质地细密坚硬，成分纯正。

琀　1件（标本M57:7）。器表雕刻为蝉形状，前端首部为长方形，后端尾部及双翼呈半圆形。长4.2、宽2.4、厚0.23厘米。

眼罩　2件。菱形，形体相同。器表磨制光滑。标本M57:1、2，长2.3、宽1.2、厚0.5厘米。

鼻塞　2件。均为一端稍窄、一端较宽的半圆柱状。标本M57:5、6，长1.8、宽0.7、厚0.6厘米。

耳塞　2件。均为一端稍窄、一端稍宽的半圆锥状。标本M57:3、4，长1.5、宽0.8、厚0.5厘米。

肛塞　1件（标本M57:8）。为一端稍窄、一端稍宽的半圆柱状。长5、宽1、厚0.8厘米。

（3）石器

116件。均为封堵七窍用的琀、眼罩、耳塞、鼻塞、肛塞等。

石琀　18件。其质料大都为石英岩或黄砂岩所组成，表面多呈乳黄色、浅灰色等。器表大多数呈现油脂光泽，硬度一般约Ⅶ～Ⅷ级。其形体造型也大同小异。标本M90:17，乳黄色石英岩，经琢磨雕刻而成，形体呈蝉形状，双目外凸，尾部及双翼清晰，器表并饰有白色斑点。长4.6、宽2.7、厚0.24厘米（图版八九，6）。

石眼罩、石耳塞、石鼻塞、石肛塞　98件。其石质绝大多数为黄白色的大理岩或石英岩。分别出土于M1、M7、M9、M20、M51、M58、M61、M67、M68、M69、M78、M82～M86、M88、M89、M90、M92、M93等21座墓中。最多一位墓主人死后可随葬八九件，但一般都四五件。绝大多数墓葬随葬有琀、耳塞及鼻塞，而没有肛塞及生殖器塞。随葬的耳、鼻塞，其形体大小很不统一，有的为圆柱形，有的为上粗下细的圆锥状，还有的为半圆柱形或半圆锥形等。最短小的耳、鼻塞，仅长0.8厘米，直径不到0.5厘米。

7. 漆器

4件。保存不好，大都残破。器形有漆盒、漆奁等。

漆奁　1件（标本M88:18）。圆形，子口相扣为一体。在漆奁的盖面上，分别镶嵌有圆形及心形琥珀装饰，其间并贴有六枚造型别致的金箔。在漆奁盖面外侧及侧面的周壁，又分别贴有数周多种动物纹样的金箔。直径22、高18.5厘米（彩版三八，4）。

漆盒　3 件。形体基本相同，均为圆形，子口相扣为一体。标本 M70:11，直径 16、高 12. 6 厘米（彩版三八，5）。

8. 泥塑器

4 件。保存不好，残破严重，均发现于 M84 边箱内。发现时上面施有红、黑色彩绘，能看出似马、牛、羊等家畜造型。

（四）分期与年代

花山墓地墓葬主要分为土坑墓、砖椁墓、石椁墓三大类，其中数量最多的是石椁墓。墓葬尤其石椁墓之间有许多明显的打破关系，墓葬之间的打破、叠压关系主要有以下几组：

M15 打破 M49

M56 打破 M47

M20 叠压 M56

M13 打破 M44

M5 打破 M52

M59 叠压 M50，并打破 M60

M28 打破 M27。

另外，M70 西部被 M5 打破，而东部又被 M69 所打破。更为重要的是：在 M5 周围出现了一组较为复杂的墓葬相互打破关系图，M5 西侧打破 M52，东侧打破 M70；与此同时，而 M70 的东侧又被 M69 所打破（见图二）。

我们根据 96 座墓葬出土器物特征及打破关系，把这批墓葬的时代大体分为五期（图四六）。

第一期，20 座墓，即 M4、M6、M11、M14、M22、M29、M30、M31、M32、M34、M35、M39、M44、M47、M49、M55、M56、M60、M63、M64。典型墓葬及器物组合有：M32 出土的Ⅰ式鼎、Ⅰ式盒、Ⅰ式盘、A 型Ⅰ式大型圈足壶等彩绘陶器；M11、M49 出土的 A 型Ⅰ式、A 型Ⅱ式小型壶；M6 出土的 A 型大型罐；M29 出土的Ⅰ式匜、B 型Ⅰ式大型罐、B 型Ⅰ式小型壶。还有以 M31、M32、M35、M49、M60 等墓出土的 A 型小型壶为代表的墓葬等。A 型小型壶，在曲阜鲁故城墓地战国晚期墓①中，曾经出土过此类器物，当时称之为小陶罍。其造型更加原始古朴，并且每座墓葬的随葬数量

① 山东省文物考古研究所等：《曲阜鲁国故城》，齐鲁书社，1982 年。

大都在1～3件。然而，花山墓地出土的小型盖壶，大都在3～5件。其中，M32、M35、M49、M60每墓均随葬5件A型小型壶，这种现象大概不是一种巧合。尤其是M32出土的鼎、盒、壶、盘、勺等彩绘陶器，极为精美。彩绘内容主要为西汉早期广泛流行的云气纹、蝉纹及菱形纹等。该纹饰与西汉长沙马王堆汉墓①棺椁及漆器上的纹饰非常近似。M29出土的彩绘陶匜以及大型罐、小型壶等，大都具有西汉早期的特征。M6出土的A型大型罐，与章丘女郎山战国晚期墓②出土的大口直颈罐非常相似，只是该墓地M6出土的这件形体稍大，M6的时代也应为西汉早期。该期墓葬伴出有铜半两钱及素面铜镜。这个时期的石椁墓一般都是墓室面积较小的单室墓。总之，从墓葬的形制结构及随葬器物来看，该期时代应为西汉早期。

第二期，10座墓，即M3、M20、M21、M27、M41、M48、M52、M54、M69、M70。典型墓葬及器物组合有：M70出土的Ⅱ式鼎、Ⅱ式盒、Ⅱ式盘、Ⅱ式匜、A型Ⅱ式大型圈足壶等彩绘陶器；M69出土的B型大型圈足壶。还有以M41、M54出土的B型Ⅱ式大型罐为代表的墓葬。这个时期的墓葬以单室墓为主，从墓室面积到随葬器物，较西汉早期有了较大的变化。如M70不但墓室面积较大，而且还在墓室的一侧设置有较大的壁龛和器物箱，并随葬有大量的陶器、铜器及金属车马器等。M70出土5件彩绘陶器具有西汉中期的特征，B型Ⅱ式大型罐与章丘女郎山M21、济宁潘庙M47③西汉中期墓出土的绳纹大罐基本雷同。M69出土的2件B型大型圈足壶与战国晚期墓葬出土的陶壶非常近似，但同时并出土西汉中期偏早的武帝五铢，因此，我们把该墓定为西汉中期阶段。该期墓葬伴出有Ⅰ、Ⅱ式五铢及日光连弧铭带镜。第二期墓葬的时代应为西汉中期。

第三期，43座墓，即M1、M2、M5、M8、M10、M13、M15、M16、M17、M18、M19、M23、M24、M25、M26、M28、M37、M38、M40、M43、M45、M50、M51、M53、M61、M62、M65、M66、M67、M72、M73、M74、M75、M76、M80、M81、M83、M91、M92、M93、M94、M95、M96。典型墓葬及器物组合有：M51出土的Ⅳ式鼎、Ⅲ式盒、Ⅲ式盘、Ⅲ式匜、A型Ⅲ式大型圈足壶；M5出土的Ba型Ⅰ式、B型大型假圈足壶、C型大型平底壶；M80出土C、D型大型罐。还有以M61、M80出土的A型Ⅰ式中型罐，以M15、M75出土的Ba型Ⅰ式、Bb型Ⅰ式中型罐为代表的墓葬。这个时期的墓葬虽然还是以单室石椁墓为主，但已出现夫妻并穴合葬的双室石椁墓，如M28。

① 湖南省博物馆、中国科学院考古研究所：《长沙马王堆一号汉墓》，文物出版社，1973年。

② 李曰训：《章丘女郎山战国、汉代墓地发掘报告》，《济青高级公路章丘工段考古发掘报告集》，齐鲁书社，1993年。

③ 微山县文化馆：《山东微山县汉、宋墓葬清理简报》，《考古与文物》1992年第3期；国家文物局考古领队培训班：《山东济宁郊区潘庙汉代墓地》，《文物》1991年第12期。

器物 型式 分期	鼎	盒	盘
一期	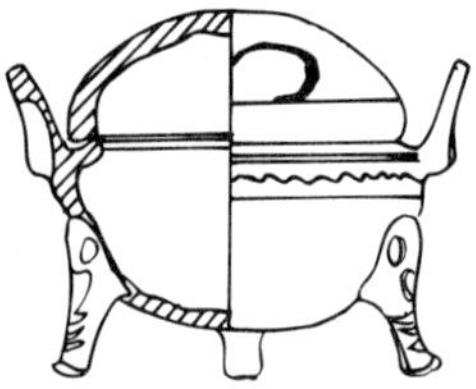 1. Ⅰ式（M32:4）	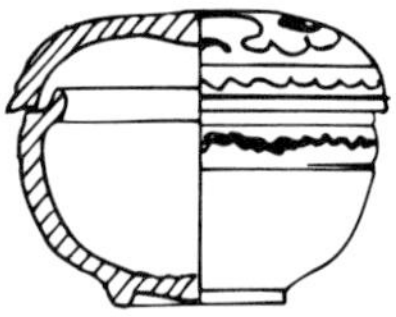 5. Ⅰ式（M32:8）	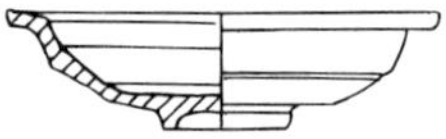 8. Ⅰ式（M32:6）
二期	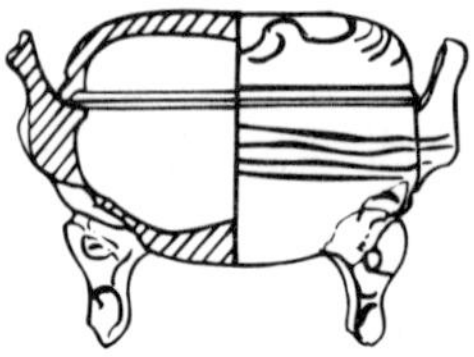 2. Ⅱ式（M70:5）	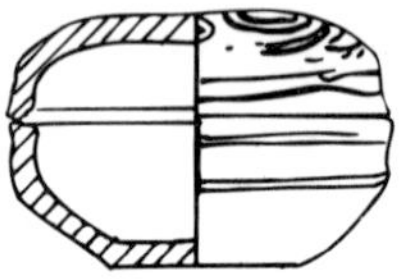 6. Ⅱ式（M70:4）	 9. Ⅱ式（M70:1）
三期	 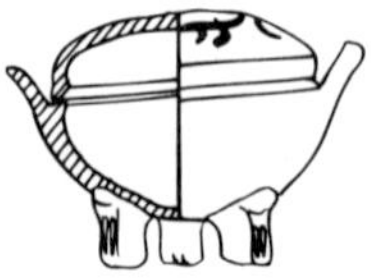 3. Ⅲ式（M51:2）　4. Ⅳ式（M51:6）	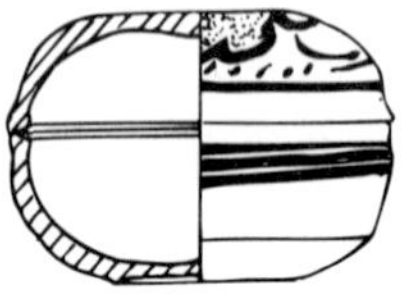 7. Ⅲ式（M51:11）	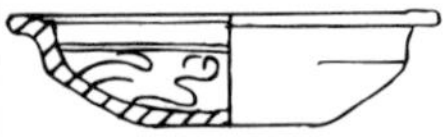 10. Ⅲ式（M51:20）
四期			
五期			

图四六（一）　汉墓典型

匜	大型圈足壶（A型）	大型假圈足壶（A型）
11. Ⅰ式（M29:1）	14. Ⅰ式（M32:5）	
12. Ⅱ式（M70:2）	15. Ⅱ式（M70:3）	
13. Ⅲ式（M51:17）	16. Ⅲ式（M51:4）	17. Ⅰ式（M51:22）
		18. Ⅱ式（M9:11）

陶器分期图（一）

器物 型式 分期	小型壶	
	A	B
一期	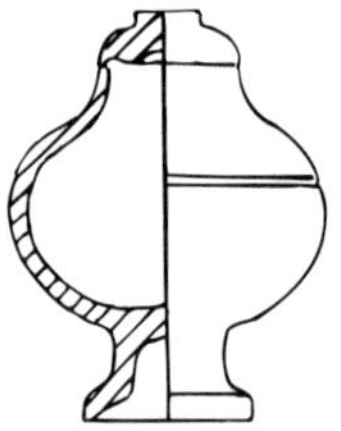 19. Ⅰ式（M11:5） 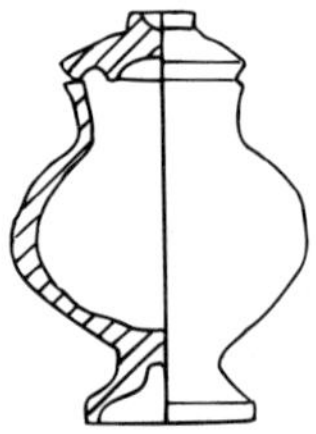　20. Ⅱ式（M49:3）	 21. Ⅰ式（M29:13）
二期		
三期		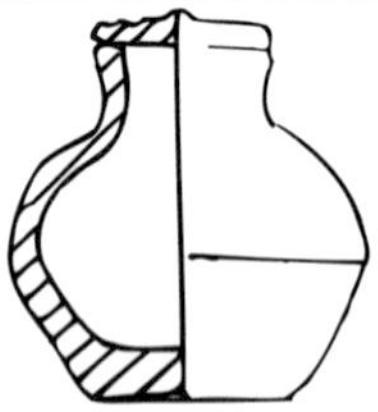 22. Ⅱ式（M51:13） 　23. Ⅲ式（M51:12）
四期		
五期		

图四六（二）　汉墓典型

大型罐		中型罐	
B	C	A	C
24. Ⅰ式（M29:11） 25. Ⅱ式（M41:1）			
26. Ⅲ式（M51:8）	28.（M80:6）	29. Ⅰ式（M80:1）	32. Ⅰ式（M80:4）
		30. Ⅱ式（M68:6）	33. Ⅱ式（M68:3）
27. Ⅳ式（M86:1）		31. Ⅲ式（M88:23）	34. Ⅱ式（M82:6）

陶器分期图（二）

该期 M51 在其较大的石椁墓内还置有较大的木椁，在石椁外的东南角有一用石块垒砌的器物箱，箱内随葬有20 多件精美的彩绘陶器，还有一组（5 件）形体造型完全相同、并具有明显时代特点的 B 型Ⅱ式、B 型Ⅲ式陶小型壶（图版九〇，1）。该期墓葬伴出有Ⅱ式五铢钱及日光镜、昭铭镜等。第三期的时代应为西汉晚期。

第四期，9 座墓，即 M7、M9、M12、M57、M58、M68、M78、M84、M90。典型墓葬及器物组合有：M9 出土的 A 型Ⅱ式大型假圈足壶、M84 出土的 Ba 型Ⅱ式、Bb 型Ⅱ式中型罐及釉陶壶。还有以 M68、M58、M9、M57、M90 等墓出土的 A 型Ⅱ式、Ba 型Ⅱ式、Bb 型Ⅱ式、C 型Ⅱ式中型罐等为代表。该期墓葬伴出有铜“大泉五十”、“货泉”、“君忘忘”铭带镜、四神博局镜和尚方四神镜。第四期的时代应为王莽时期。

第五期，14 座墓，即 M33、M36、M42、M46、M59、M71、M77、M79、M82、M85、M86、M87、M88、M89。典型墓葬及器物组合有：M86 出土 A 型大型平底壶；以 M33、M42、M88、M86 出土的 A 型Ⅲ式、Bb 型Ⅲ式为代表，尤其是 M79 出土的一组（6 件）A 型Ⅲ式广肩中型罐（图版九〇，2）。A 型Ⅲ式陶中型罐与微山两城 M2①及济宁普育小学②所发现的东汉晚期墓出土的陶罐大同小异。第五期的时代应为东汉时期。

从图四六分期图中，可以看出曲阜花山墓地出土的陶器具有以下特点：

（1）彩绘陶鼎、盒、盘、勺、圈足壶，自西汉早期开始出现，西汉中期盛行，到西汉晚期开始衰落或绝迹。而在西汉晚期与此出现的假圈足彩绘陶壶，却一直延续到王莽时期。尤其是假圈足与王莽时期的圈足彩绘壶极为相似，但有所不同的是，这种假圈足壶的最大腹径逐渐下移，器壁也越来越厚。

（2）陶绳纹大型罐、圈足壶以及小型壶等，虽在西汉早、中期盛行一时，可到西汉晚期以后，大都开始衰落、变形或绝迹。尤其是到了王莽时期，彩绘圈足壶演变成彩绘假圈足壶。M51 西汉晚期墓出土的早、中、晚典型器物，却起到了承上启下的作用。M51 不但出土有与西汉早期墓 M32 出土的鼎，西汉中期的绳纹陶罐、彩绘圈足壶等，而且还出土与王莽墓（M9）非常类同相似的彩绘假圈足壶。另外，大型绳纹罐，到了王莽时期基本绝迹，取而代之的便是形制大同小异的素面中型罐。

（3）中型罐大致流行于西汉晚期—东汉时期。中型罐在纹饰等方面的特点是：早期的一般在其腹部饰有 1 ~ 2 周弦纹或数周暗弦纹；晚期的均为素面。其发展规律是：西汉晚期至王莽时期的中型罐，器形上没有太大的区别，只是由圆肩、鼓腹，最大腹径在腹上、中部，向溜肩、圆腹，最大腹径在腹下部方向发展；而到东汉中晚期则出

① 微山县文化馆：《山东微山县汉、宋墓葬清理简报》，《考古与文物》1992 年第 3 期。

② 济宁市博物馆：《山东济宁发现一座东汉墓》，《考古》1994 年第 2 期。

现溜肩大平底中型罐（如M82:6），其最大腹径在下腹部，且大平底中型罐的器壁也逐渐变厚。

（五）结　语

从我们这次对曲阜花山发掘的96座墓葬来看，该墓地延续的时代较长，大致自西汉早期开始，一直延续到东汉中晚期。另外，该墓地分片成组埋葬的现象较为清楚，如发掘区南部发现的29座头向向南的墓葬，他们排列得十分密集，M51与M87两座墓的头向均向南，并且两座墓各自均出土一枚“朱”姓铜印，M51出土的名为“朱安世”，M87出土的名为“朱赢”。他们应属于同一个家族。在发掘区的北部及东部，还分别发现18座头向向东的墓葬，以及15座头向向北的墓葬。由此可见，曲阜花山汉代墓地至少存在着三个不同姓氏的家族。然而，在发现的同一头向的墓葬中，也有时代相同但打破关系却非常明显的墓葬，这种墓葬在年代上从早到晚具有一定的规律，那就是墓室填土均经过层层夯打。在该墓地也发现墓葬填土不经过夯打，并且葬具也不是本地风俗的墓葬，如该墓地发现的一座用空心砖垒砌而成的砖椁墓，这种形制的墓葬在当地尚属首次发现。空心砖墓在河南洛阳一带西汉前期的小型墓葬中①发现较多，此类空心砖墓是在带竖穴墓道的土洞内，用大型空心砖构筑平顶墓室。然而，花山墓地发现的空心砖墓，是在挖好的长方形墓框内用大型空心砖垒砌砖椁。这种形制的墓葬表明，他们应属于河南籍贯不同姓氏的外族墓葬。这说明在汉代，该地区就与中原地区的河南洛阳一带有密切的交往。所以当墓主人死后，还是按照原籍当地空心砖墓的习俗进行了埋葬。另外，该墓地出土了大量精美的彩绘陶器，铁剑、铁刀等铁兵器，以及部分漆器、玉器等，这说明我国曲阜一带在两汉时期，虽然战争较为频繁，但该地的政治、经济、文化等都非常发达。总之，花山墓地的发掘，对鲁中南汉墓的研究，提供了非常珍贵的实物资料。

执笔：李曰训　项春生　孙岩
绘图：张圣现　刘相文
墓地摄影及电脑素描图：李曰训
墨描：王站琴　许　姗
器物摄影：冀介良　李顺华
拓片：张宪英

---

① 洛阳地区考古发掘队：《洛阳烧沟汉墓》，科学出版社，1959年。

附表　花山墓地墓葬登记表

（长度单位：米）

墓号	墓葬类别	墓向	棺椁葬具	墓圹（长×宽－深）	石椁：长×宽－高 木棺：长×宽－残迹厚	头向、葬式	壁龛及器物箱随葬品情况	随葬品及其放置位置	期别	备注
M1	单石椁墓	285°	石椁·木棺	2.6×1.5－1.1	石椁：2.36×0.82－0.76 木棺：1.68×0.67－0.12	头向西，仰身直肢		填土内：铁镢B。 棺内：石琀，石耳塞，石鼻塞2，石眼罩2	三	
M2	单石椁墓	350°	石椁·木棺	2.84×1.2－1.5	石椁：2.5×0.82－0.76 木棺：1.98×0.74－0.13	头向北，仰身直肢		椁外：陶中型罐BbⅠ。 棺内：石琀；铁剑Ba	三	
M3	单石椁墓	345°	石椁·木棺	3×1.58－0.9	石椁：1.49×0.77－0.66 木棺：1.98×0.69－0.11	头向北，仰身直肢		棺内：铜五铢Ⅰ4	二	
M4	单石椁墓	260°	石椁·木棺	2.74×1.95－2.96	石椁：1.34×0.76－0.67 木棺：1.78×0.74－0.12	头向西，仰身直肢		棺内：铜带钩B，半两Ⅰ4，铜镦；铁刀Ab（残）	一	
M5	单石椁墓	175°	石椁·木棺	3.3×2.8－1.1	石椁：2.28×0.72－0.68 木棺：1.98×0.68－0.12	头向南，仰身直肢		椁外侧：陶大型假圈足壶B3，陶大型平底壶C2	三	打破M52、M70
M6	砖椁墓	90°	砖椁·木棺	2.6×1.83－2.8	砖椁：2.38×0.82－0.76 木棺：1.79×0.67－0.12	头向东，仰身直肢		棺椁之间：陶大型罐A	一	墓底铺方形花砖
M7	单石椁墓	350°	石椁·木棺	2.86×1.43－1.2	石椁：1.46×0.92－0.86 木棺：1.88×0.74－0.13	头向北，仰身直肢		椁外：陶中型罐BbⅡ。 棺内：铜大泉五十Ⅱ13；铁剑Ba；石琀，石耳塞，石鼻塞4，石眼罩2，石肛塞	四	
M8	单石椁墓	350°	石椁·木棺	2.75×1.33－1.5	石椁：1.34×0.77－0.76 木棺：1.78×0.76－0.12	头向北，仰身直肢		椁外侧：陶大型罐BⅡ3	三	局部被扰乱

续附表

墓号	墓葬类别	墓向	棺椁葬具	墓圹（长×宽－深）	石椁：长×宽－高 木棺：长×宽－残迹厚	头向、葬式	壁龛及器物箱随葬品情况	随葬品及其放置位置	期别	备注
M9	双石椁墓	172°	石椁·木棺	3.1×2.74－2.5	东石椁：2.45×0.7－0.8 东木棺：2.15×0.7－0.14 西石椁：2.34×0.72－0.77 西木棺：2.1×0.68－0.12	头向南，仰身直肢	石椁外东南部置有壁龛，壁龛内置一木质器物箱	壁龛器物箱内：陶大型假圈足壶AⅠ2、AⅡ，中型罐BbⅡ；金属盖弓帽A6、B61，軎A、B，衔及镳B，当卢。 棺内：铜带钩B，大泉五十Ⅰ18；石琀，石耳塞，石鼻塞4，石眼罩2，石肛塞	四	打破M96
M10	单石椁墓	0°	石板·木棺	2.3×0.8－1.2	石盖板：2.06×0.68－0.13 木棺：1.88×0.53－0.56	头向北，仰身直肢		椁外：陶中型罐BaⅠ2、BbⅠ2。 棺内：铜镜Bb，五铢Ⅱ12；铁刀D	三	
M11	单石椁墓	70°	石椁·木棺	2.74×1.6－1.7	石椁：2.3×1.22－0.88 木棺：1.92×0.75－0.13	头向东，仰身直肢	石椁外东北壁上，置一壁龛	壁龛内：陶小型壶AⅠ3。 棺内：铜半两Ⅰ6；铁刀D	一	
M12	单石椁墓	95°	石椁·木棺	2.8×1.3－1.7	石椁：2.47×1.12－0.82 木棺：1.92×0.73－0.12	头向东，仰身直肢		棺内：铜大泉五十Ⅱ6	四	
M13	双石椁墓	100°	石椁·木棺	3×2.4－1.6	南石椁：2.46×1.24－0.84 南木棺：1.93×0.76－0.12 北石椁：2.3×1.26－0.78 北木棺：1.9×0.73－0.13	头向东，仰身直肢		椁外：陶中型罐BbⅠ2、CⅠ2。 棺内：铜五铢Ⅱ7	三	打破M44

续附表

墓号	墓葬类别	墓向	棺椁葬具	墓圹（长×宽－深）	石椁：长×宽－高 木棺：长×宽－残迹厚	头向、葬式	壁龛及器物箱随葬品情况	随葬品及其放置位置	期别	备注
M14	单石椁墓	105°	石椁·木棺	3.05×1.74－1.7	石椁：2.46×1.22－0.86 木棺：1.91×0.72－0.12	头向东，仰身直肢		棺内：铜半两Ⅰ3	一	
M15	单石椁墓	8°	石椁·木棺	3×1.6－1.45	石椁：2.64×1.32－0.9 木棺：1.95×0.74－0.14	头向北，仰身直肢		椁外：陶中型罐BbⅠ。棺内：铜五铢Ⅱ17；石琀	三	打破M49
M16	单石椁墓	195°	石椁·木棺	2.6×1.3－1.1	石椁：2.48×1.27－0.88 木棺：1.93×0.72－0.13	头向南，仰身直肢		椁外：陶中型罐BbⅠ2	三	
M17	单石椁墓	280°	石椁·木棺	2.75×1.5－1.8	石椁：2.58×1.18－0.86 木棺：1.92×0.73－0.13	头向西，仰身直肢		椁外：陶中型罐BaⅠ	三	
M18	单石椁墓	280°	石椁·木棺	2.8×1.3－2.1	石椁：2.44×1.16－0.95 木棺：1.94×0.67－0.12	头向西，仰身直肢		椁外：陶中型罐BbⅠ	三	
M19	单石椁墓	110°	石椁·木棺	1.94×0.85－1.5	石椁：2.58×0.76－0.74 木棺：1.9×0.68－0.11	头向东，仰身直肢		椁外：陶中型罐BbⅠ。棺内：铜五铢Ⅱ26	三	打破M21、M22
M20	单石椁墓	280°	石椁·木棺	2.7×1.4－1.1	石椁：2.74×1.16－0.86 木棺：1.93×0.7－0.12	头向西，仰身直肢		棺内：铜五铢Ⅰ20；石琀，石鼻塞	二	叠压M56
M21	空心砖墓	2°	砖椁·木棺	2.65×1.3－1.3	砖椁：2.36×1－0.6 木棺：2.05×0.7－0.13	头向北，仰身直肢		无	二	被M19打破
M22	单石椁墓	192°	石椁·木棺	1.98×2.82－2.5	石椁：2.68×1.26－0.96 木棺：1.94×0.7－0.11	头向南，仰身直肢		棺内：铜半两Ⅱ8	一	被M19打破
M23	单石椁墓	110°	石椁·木棺	3.1×1.9－1.8	石椁：2.7×1.3－1.06 木棺：1.98×0.73－0.12	头向东，仰身直肢		椁外：陶中型罐BaⅠ	三	

续附表

墓号	墓葬类别	墓向	棺椁葬具	墓圹（长×宽-深）	石椁：长×宽-高 木棺：长×宽-残迹厚	头向、葬式	壁龛及器物箱随葬品情况	随葬品及其放置位置	期别	备注
M24	单石椁墓	105°	石椁·木棺	2.8×1.5-1.9	石椁：2.48×1.2-0.85 木棺：1.95×0.72-0.13	头向东，仰身直肢		椁外：陶中型罐 Ba Ⅰ 2、C Ⅰ。 棺内：铜带钩 D	三	
M25	单石椁墓	2°	石椁·木棺	2.8×1.5-1	石椁：2.45×1.22-0.89 木棺：1.95×0.73-0.14	头向北，仰身直肢		椁外：陶中型罐 C Ⅰ	三	局部被窑场取土破坏
M26	单石椁墓	3°	石椁·木棺	2.8×1.4-1.1	石椁：2.4×1.2-0.96 木棺：1.94×0.75-0.12	头向北，仰身直肢		椁外：陶中型罐 Ba Ⅰ	三	墓室早年被破坏
M27	单石椁墓	15°	石椁·木棺	2.6×1.3-1.1	石椁：2.3×1.1-0.86 木棺：1.92×0.72-0.13	头向北，仰身直肢		无	二	被 M28 打破
M28	双石椁墓	95°	石椁·木棺	2.9×2.6-0.2	南石椁：2.18×1.12-0.64 南木棺：1.94×0.75-0.12 北石椁：2.2×0.9-0.63 北木棺：1.94×0.69-0.12	头向东，仰身直肢		椁外：陶中型罐 Ba Ⅰ。 棺内：铜五铢 Ⅱ 16，铜带钩 C；铁剑 Bb，铁刀 B	三	打破 M27
M29	单石椁墓	105°	石椁·木棺	3×2.7-2.8	石椁：2.6×1.28-0.92 木棺：2.18×0.7-0.16	头向东，仰身直肢	石椁外侧置有一器物箱	器物箱内：陶大型圈足壶 A Ⅰ 2，大型罐 B Ⅰ 2，鼎 Ⅰ 2，匜 Ⅰ，勺 Ⅱ 2，盒 Ⅰ 2，器盖 Ⅱ 2，小型壶 B Ⅰ 3。 棺内：铜带钩 C，半两 Ⅱ 5；铁刀 D	一	墓四壁用黄泥涂抹加工
M30	单石椁墓	190°	石椁·木棺	2.8×1.45-0.2	石椁：2.28×1.3-1.05 木棺：1.9×0.74-0.12	头向南，仰身直肢		填土中：铁臿	一	

续附表

墓号	墓葬类别	墓向	棺椁葬具	墓圹（长×宽－深）	石椁：长×宽－高 木棺：长×宽－残迹厚	头向、葬式	壁龛及器物箱随葬品情况	随葬品及其放置位置	期别	备注
M31	单石椁墓	12°	石椁·木棺	2.95×1.55－1.1	石椁：2.47×1.34－1.03 木棺：1.92×0.73－0.11	头向北，仰身直肢	石椁外侧，置有一器物箱	椁外：陶小型壶AⅠ2、AⅡ2	一	
M32	单石椁墓	12°	石椁·木棺	2.9×2.29－1.5	石椁：2.33×1.35－1.02 木棺：2.07×0.87－0.12	头向北，仰身直肢	石椁外侧，置有一器物箱	器物箱内：陶鼎Ⅰ，大型圈足壶AⅠ，勺Ⅰ，盘Ⅰ，盒Ⅰ，器盖Ⅰ，小型壶AⅠ2、AⅡ3	一	棺、椁内被盗
M33	单石椁墓	100°	石椁·木棺	2.55×1.3－1.2	石椁：2.16×1.15－1.02 木棺：1.74×0.74－0.13	头向东，仰身直肢		椁外：陶中型罐AⅢ	五	棺、椁内被盗扰
M34	单石椁墓	12°	石椁·木棺	2.5×1.7－1.2	石椁：2.4×0.85－0.62 木棺：2×0.62－0.12	头向北，仰身直肢		棺内：铜镜A，半两Ⅰ3	一	
M35	单石椁墓	0°	石椁·木棺	2.9×1.6－1.5	石椁：2.39×1.35－1.06 木棺：1.96×0.74－0.14	头向北，骨架已朽		椁外侧：陶小型壶AⅠ2、AⅡ2	一	木棺盖面饰有彩绘
M36	单石椁墓	95°	石椁·木棺	3.1×1.8－1.5	石椁：2.48×1.38－1.08 木棺：1.96×0.74－0.13	头向东，仰身直肢		椁外侧：陶大型罐E	五	
M37	单石椁墓	95°	石椁·木棺	2.6×1.3－1.5	石椁：2.28×1.2－0.98 木棺：1.76×0.67－0.11	头向东，仰身直肢		棺内：铜五铢Ⅱ3	三	
M38	单石椁墓	10°	石椁·木棺	2.9×1.6－1.1	石椁：2.38×1.35－1.07 木棺：1.94×0.73－0.12	头向北，仰身直肢		椁外：陶中型罐AⅠ、BbⅠ2	三	墓室局部被窑场破坏
M39	单石椁墓	10°	石椁·木棺	3.04×1.5－1.3	石椁：2.42×1.38－1.03 木棺：1.96×0.75－0.13	头向北，仰身直肢		棺内：铜半两Ⅱ3	一	

续附表

墓号	墓葬类别	墓向	棺椁葬具	墓圹（长×宽－深）	石椁：长×宽－高 木棺：长×宽－残迹厚	头向、葬式	壁龛及器物箱随葬品情况	随葬品及其放置位置	期别	备注
M40	单石椁墓	10°	石椁·木棺	3×2－1.25	石椁：2.4×1.46－1.05 木棺：1.92×0.72－0.12	头向北，仰身直肢		椁外：陶中型罐 BaⅠ2、BbⅠ	三	墓室局部被取土破坏
M41	单石椁墓	190°	石椁·木棺	3.2×3.05－0.6	石椁：2.28×1.26－1.02 木棺：1.96×0.75－0.14	头向南，骨架已朽		椁外：陶大型假圈足壶B，大型罐BⅡ	二	木棺局部被窑场破坏
M42	单石椁墓	93°	石椁·木棺	2.7×1.15－2.4	石椁：2.38×1.32－1.04 木棺：1.96×0.75－0.13	头向东，仰身直肢		椁外侧：陶中型罐AⅢ。 棺内：铜五铢Ⅲ2	五	墓室上部曾被盗扰
M43	单石椁墓	273°	石椁·木棺	3×2－2.4	石椁：2.46×1.34－1.06 木棺：1.93×0.72－0.12	头向西，仰身直肢	石椁外置一器物箱	器物箱内：陶中型罐BbⅠ2。 棺内：铜五铢Ⅱ4	三	器物箱内有一盗洞
M44	土坑墓	197°	木棺·单室	2.8×1.5－1.8	木棺：1.96×0.76－0.24	头向南，骨架已朽		填土中：铁臿2	一	被M13所打破
M45	双石椁墓	280°	石椁·木棺	2.5×2.4－2.3	南石椁：2.58×1.38－1.13 南木棺：1.96×0.75－0.14 北石椁：2.44×1.32－1.12 北木棺：1.94×0.69－0.13	头向西，仰身直肢		椁外：陶中型罐CⅠ。 棺内：铜削A	三	墓室上部被窑场破坏
M46	单石椁墓	10°	石椁·木棺	2.5×1.6－1.3	石椁：2.48×1.36－1.08 木棺：1.94×0.73－0.13	头向北，仰身直肢		椁外：陶中型罐CⅡ。 棺内：铜五铢Ⅲ5	五	
M47	单石椁墓	10°	石椁·木棺	2.7×1.6－2	石椁：2.46×1.25－1.12 木棺：1.92×0.74－0.12	头向北，仰身直肢		无	一	被M56所打破
M48	单石椁墓	195°	石椁·木棺	2.8×2.1－3.1	石椁：2.68×1.35－1.1 木棺：1.98×0.76－0.14	头向南，仰身直肢		椁外：陶大型罐BⅡ2。 填土中：铁臿	二	

续附表

墓号	墓葬类别	墓向	棺椁葬具	墓圹（长×宽－深）	石椁：长×宽－高 木棺：长×宽－残迹厚	头向、葬式	壁龛及器物箱随葬品情况	随葬品及其放置位置	期别	备注
M49	单石椁墓	180°	石椁·木棺	2.8×2.1－2.37	石椁：2.68×1.35－1.1 木棺：1.95×0.73－0.13	头向南，仰身直肢	石椁外北壁置壁龛，内置有木板器物箱	龛内：陶小型壶AⅠ3、AⅡ2	一	被M15打破
M50	土坑墓	100°	木棺·单室	2.8×1.5－1.6	木棺：1.95×0.75－0.26	头向东，仰身直肢		无	三	被M59所叠压
M51	单石椁墓	190°	石椁·木棺	3.15×2.55－6.2	石椁：2.78×1.45－1.2 木椁：2.18×0.85－0.14 木棺：2.12×0.8－0.56	头向南，仰身直肢	石椁外东南角置一器物箱	器物箱内：陶鼎Ⅱ、Ⅲ、Ⅳ2，大型圈足壶AⅢ3，大型假圈足壶AⅠ，小型壶BⅡ2、BⅢ3，盘Ⅱ、Ⅲ2，盒Ⅲ，勺Ⅱ2、Ⅲ2，大型罐BⅢ，匜Ⅱ、Ⅲ2。 棺内：铜带钩B，五铢Ⅱ18，铜印A；铁剑Aa，铁刀Aa、Ab；玉带钩；石耳塞2，石鼻塞2	三	
M52	单石椁墓	190°	石椁·木棺	3.15×2.65－6.2	石椁：2.55×0.74－0.6 木棺：1.95×0.57－0.12	头向南，仰身直肢		填土中：铁臿3。 棺内：方、圆漆盒（均残破）	二	被M5打破
M53	单石椁墓	93°	石椁·木棺	2.6×1.3－1.7	石椁：2.25×0.75－0.63 木棺：1.9×0.58－0.11	头向东，仰身直肢		椁外：陶大型罐D	三	棺内被扰乱

续附表

墓号	墓葬类别	墓向	棺椁葬具	墓圹（长×宽－深）	石椁：长×宽－高 木棺：长×宽－残迹厚	头向、葬式	壁龛及器物箱随葬品情况	随葬品及其放置位置	期别	备注
M54	单石椁墓	175°	石椁·木棺	3.4×1.5－1.7	石椁：2.66×0.76－0.68 木棺：2.18×0.62－0.13	头向南，仰身直肢		椁外：陶大型罐BⅡ2	二	
M55	双石椁墓	92°	石椁·木棺	3.3×2.5－1.5	南石椁：2.52×0.73－0.62 南木棺：2.15×0.58－0.11 北石椁：2.5×0.72－0.63 北木棺：2.1×0.68－0.12	头向东，仰身直肢		椁外：陶大型罐C2。 棺内：铜半两Ⅱ4	一	
M56	单石椁墓	10°	石椁·木棺	2.9×1.5－2.6	石椁：2.65×0.74－0.64 木棺：2.1×0.58－0.13	头向北，仰身直肢		棺内：铜半两Ⅱ7	一	被M20所叠压，并打破M47
M57	单石椁墓	190°	石椁·木棺	2.3×1.5－1.5	石椁：2.15×0.64－0.6 木棺：1.98×0.55－0.12	头向南，仰身直肢		椁外：陶中型罐AⅡ4、BbⅡ。 棺内：翡翠琀，翡翠耳塞2，翡翠鼻塞2，翡翠肛塞1，翡翠眼罩2；铜大泉五十Ⅰ4	四	
M58	三椁室墓	180°	石椁·木棺	3.35×3－4.2	东石椁：2.68×1.24－0.94 东木棺：2.14×0.58－0.1 中石椁：2.62×1.2－0.94 中木棺：2.15×0.55－0.12 西石椁：2.65×1－0.94 西木棺：2.1×0.56－0.11	头向南，仰身直肢		西椁外：陶中型罐BaⅡ3、BbⅡ2。 东室棺内：铁剑Bb，铁刀B；铜大泉五十Ⅱ5。 中室棺内：铜镜Bb。 西室棺内：铜镜Ca，五铢Ⅱ24；石耳塞2，石鼻塞2；不明铁器1	四	

续附表

墓号	墓葬类别	墓向	棺椁葬具	墓圹（长×宽-深）	石椁：长×宽-高 木棺：长×宽-残迹厚	头向、葬式	壁龛及器物箱随葬品情况	随葬品及其放置位置	期别	备注
M59	单石椁墓	100°	石椁·木棺	2.7×1.7-2.8	石椁：2.45×0.74-0.64 木棺：1.98×0.56-0.14	头向东，仰身直肢		棺内：铁剑Bb；铜五铢Ⅲ24，铜饰件；石琀	五	叠压M50，并打破M60
M60	单石椁墓	100°	石椁·木棺	3.05×2.2-3.5	石椁：2.48×0.7-0.66 木棺：2.4×0.65-0.13	头向东，仰身直肢	石椁外置一壁龛	椁外：陶小型壶AⅠ2、AⅡ3。 棺内：铜半两Ⅰ3 填土中：铁臿，铁镢B	一	被M59打破；四壁涂白、黑彩
M61	单石椁墓	190°	石板·木棺	2.5×1.4-3.3	石盖板：2.3×0.72-0.63 木棺：1.88×0.65-0.15	头向南，仰身直肢	木棺上随葬器物	棺盖上：陶大型罐D，中型罐AⅠ3，器盖Ⅲ。 棺内：铁剑Ab，铁刀D，残铁器；铜五铢Ⅱ5；石琀，石耳塞，石鼻塞4	三	
M62	单石椁墓	192°	石椁·木棺	3×1.65-3.2	石椁：2.5×0.73-0.63 木棺：1.85×0.53-0.12	头向南，仰身直肢	石椁外侧随葬器物	椁外：陶中型罐CⅠ2、BbⅠ2。 棺内：铁刀B；铜五铢Ⅱ7	三	
M63	单石椁墓	8°	石椁·木棺	3.1×1.7-1.5	石椁：2.44×0.72-0.6 木棺：2.06×0.55-0.1	头向北，仰身直肢		棺内：铜半两Ⅰ6	一	
M64	单石椁墓	170°	石椁·木棺	3.1×1.6-1.8	石椁：2.43×0.71-0.62 木棺：2.02×0.57-0.08	头向南，仰身直肢		棺内：铜半两Ⅰ3；铁刀D	一	
M65	单石椁墓	10°	石椁·木棺	2.9×1.7-2.1	石椁：2.48×0.73-0.6 木棺：2.04×0.56-0.11	头向北，仰身直肢		椁外：陶中型罐BaⅠ。 木棺：铁刀B	三	

续附表

墓号	墓葬类别	墓向	棺椁葬具	墓圹（长×宽－深）	石椁：长×宽－高 木棺：长×宽－残迹厚	头向、葬式	壁龛及器物箱随葬品情况	随葬品及其放置位置	期别	备注
M66	单石椁墓	168°	石椁·木棺	2.7×1.5－2.5	石椁：2.4×0.7－0.62 木棺：1.9×0.55－0.1	头向南，仰身直肢		椁外：陶大型罐 F	三	
M67	单石椁墓	175°	石椁·木棺	2.8×1.8－4.65	石椁：2.5×0.72－0.6 木棺：2×0.54－0.08	头向南，仰身直肢	石椁外侧，置一壁龛	壁龛内：陶中型罐 BaⅠ2、CⅠ3。 棺内：铜五铢Ⅰ8，铜带钩 A；铁剑 Ba，铁刀 B；石琀，石耳塞 2	三	
M68	单石椁墓	175°	石椁·木棺	2.7×2.05－4.65	石椁：2.48×1.36－0.7 木棺：1.96×0.88－0.15	头向南，仰身直肢	石椁外侧，置一壁龛	壁龛内：陶中型罐 AⅡ2、BbⅡ、CⅡ2；金属盖弓帽 B3。 棺内：铜五铢Ⅱ3，铜镜 Eb；石琀，石鼻塞 2	四	
M69	单石椁墓	183°	石椁·木棺	3.05×2.8－6.6	石椁：2.26×0.76－0.68 木棺：2.04×0.67－0.13	头向南，仰身直肢	石椁外侧置一壁龛	壁龛内：陶大型圈足壶 B2；金属车马器 4。 棺内：铜五铢Ⅰ4；残铁器；石耳塞，石鼻塞 3	二	打破 M70
M70	单石椁墓	183°	石椁·木棺	2.9×2.25－5.6	石椁：2.64×1.13－0.7 木棺：2.12×0.7－0.52	头向南，仰身直肢	石椁外置有壁龛，龛内置一木质器物箱	器物箱内：陶鼎Ⅱ，盘Ⅱ，匜Ⅱ，大型圈足壶 AⅡ，盒Ⅱ；金属当卢、軎、衔及镳车马器 4；漆盒。 棺内：铜镜 Ba，铜五铢Ⅱ6	二	被 M5、M69 打破

续附表

墓号	墓葬类别	墓向	棺椁葬具	墓圹（长×宽－深）	石椁：长×宽－高 木棺：长×宽－残迹厚	头向、葬式	壁龛及器物箱随葬品情况	随葬品及其放置位置	期别	备注
M71	单石椁墓	190°	石椁·木棺	2.7×1.5－1.5	石椁：2.1×0.72－0.66 木棺：2.04×0.67－0.12	头向南，仰身直肢		椁外：釉陶罐；陶中型罐 BaⅡ。 棺内：铜大泉五十Ⅱ4	五	铜钱已残破，为Ⅲ式五铢
M72	单石椁墓	190°	石椁·木棺	2.8×1.4－2.8	石椁：2.12×0.74－0.65 木棺：2.04×0.66－0.11	头向南，仰身直肢		椁外：陶中型罐 AⅠ	三	
M73	单石椁墓	170°	石椁·木棺	2.8×1.4－2.2	石椁：2.18×0.73－0.62 木棺：2.03×0.64－0.12	头向南，仰身直肢		椁外：陶中型罐 BaⅠ2。 棺内：铜五铢Ⅱ8；铁剑 Ab，铁刀 B	三	
M74	双石椁墓	182°	石椁·木棺	3.1×2.4－1.2	东石椁：2.18×0.76－0.64 东木棺：2.05×0.68－0.12 西石椁：2.14×0.72－0.62 西木棺：2.02×0.69－0.13	头向南，仰身直肢		椁外：陶中型罐 BbⅠ，罐残片 4	三	其随葬的 5 件陶器，腹上部均被破坏
M75	单石椁墓	175°	石椁·木棺	2.6×1.35－4.8	石椁：2.15×0.72－0.68 木棺：2.13×0.68－0.1	头向南，仰身直肢		椁外：陶中型罐 BaⅠ2。 棺内：铜五铢Ⅱ7	三	
M76	单石椁墓	175°	石椁·木棺	3×1.5－4.43	石椁：2.18×0.73－0.66 木棺：2.06×0.66－0.12	头向南，仰身直肢	石椁外侧，置一壁龛	棺内：铜五铢Ⅱ3；铁剑 Bb，铁刀 C。 壁龛内：漆木器 2（残破严重）	三	
M77	单石椁墓	100°	石椁·木棺	2.8×1.4－1.5	石椁：2.24×0.72－0.66 木棺：2.14×0.62－0.11	头向东，仰身直肢		棺内：铜五铢Ⅲ4	五	
M78	单石椁墓	180°	石椁·木棺	2.7×1.2－1.5	石椁：2.25×0.7－0.65 木棺：2.1×0.6－0.13	头向南，仰身直肢		棺内：石鼻塞 2；铜货泉 12	四	

续附表

墓号	墓葬类别	墓向	棺椁葬具	墓圹（长×宽－深）	石椁：长×宽－高 木棺：长×宽－残迹厚	头向、葬式	壁龛及器物箱随葬品情况	随葬品及其放置位置	期别	备注
M79	双石椁墓	189°	石椁·木棺	2.9×2.25－5.3	东石椁：2.6×1.15－0.6 东木棺：2.15×0.7－0.14 西石椁：2.6×1.12－0.6 西木棺：2.12×0.68－0.12	头向南，仰身直肢	石椁外侧置一壁龛	壁龛内：陶中型罐AⅢ5、BbⅢ；金属弩机。 东室棺内：铜五铢Ⅰ4；铁剑Ba，铁刀C；石琀。 西室棺内：铜镜F，铜五铢Ⅲ6	五	
M80	双石椁墓	187°	石椁·木棺	2.95×2.8－5.4	东石椁：2.58×1.16－0.92 东木棺：2.08×0.7－0.13 西石椁：2.4×1.08－0.74 西木棺：2.06×0.67－0.1	头向南，仰身直肢	东壁壁龛及西室椁外，各随葬6件陶器	壁龛内：陶大型罐C、D2，中型罐AⅠ3。 西室石椁外：陶中型罐AⅠ4、CⅠ2。 东室棺内：铜镜Ca，铜五铢Ⅱ3；铁剑Ab（残），铁刀B	三	
M81	单石椁墓	180°	石椁·木棺	2.6×1.5－2.5	石椁：2.46×1.2－0.83 木棺：2.15×0.68－0.12	头向南，仰身直肢	石椁外侧，置一壁龛	壁龛内：陶中型罐BaⅠ4、CⅠ。 棺内：铁剑Ba，铁刀D；铜五铢Ⅱ16	三	
M82	单石椁墓	185°	石椁·木棺	3×1.3－2.8	石椁：2.4×1.1－0.81 木棺：2.05×0.65－0.14	头向南，仰身直肢		椁外：陶中型罐CⅡ4。 棺内：铜五铢Ⅲ5；石琀，石耳塞2，石眼罩2，石肛塞	五	

续附表

墓号	墓葬类别	墓向	棺椁葬具	墓圹（长×宽-深）	石椁：长×宽-高 木棺：长×宽-残迹厚	头向、葬式	壁龛及器物箱随葬品情况	随葬品及其放置位置	期别	备注
M83	三椁室墓	182°	石椁·木棺	3.5×2.9-4.6	东石椁：2.45×1.03-0.62 东木棺：2.05×0.6-0.1 中石椁：2.45×1.09-0.62 中木棺：2×0.62-0.09 西石椁：2.52×1.08-0.62 西木棺：2.03×0.64-0.11	头向南，仰身直肢	椁外东壁置一壁龛。龛内随葬7件陶器及金属车马明器；西室椁外随葬2件陶器	壁龛内：陶中型罐BbⅠ4、CⅠ3；金属盖弓帽B6。 西室石椁外：陶中型罐CⅠ2。 东室棺内：铜五铢Ⅱ3；铁剑Ab，铁刀D；石耳塞2，石鼻塞2。 中室棺内：铜五铢Ⅱ12，铜镜Ca；石耳塞2，石鼻塞2。 西室棺内：铜五铢Ⅱ2	三	
M84	双石椁墓	180°	石椁·木棺	3.1×2.8-3.9	东石椁：2.65×1.2-1.05 东木棺：2.16×0.67-0.56 西石椁：2.65×1.2-1.05 西木棺：2.15×0.65-0.55	头向南，仰身直肢	石椁外侧北壁置有一较大边箱，箱内随葬许多陶器和金属车马器等	边箱内：陶中型罐BaⅡ4、BbⅡ；泥塑马、牛、羊等4件（残破）；釉陶壶Aa、Ab、B、C、D；金属衔及镳A，车轴，軎A2，盖弓帽B27，当卢2。 棺内：铜半两Ⅱ6，五铢Ⅱ26，大泉五十Ⅰ8，铜镜Cb、Ea；铁剑Bb；石琀，石耳塞2，石眼罩2，石鼻塞2，石肛塞	四	

续附表

墓号	墓葬类别	墓向	棺椁葬具	墓圹（长×宽-深）	石椁：长×宽-高 木棺：长×宽-残迹厚	头向、葬式	壁龛及器物箱随葬品情况	随葬品及其放置位置	期别	备注
M85	土坑墓	185°	木棺·单室	2.4×1-2.1	木棺：2.1×0.74-0.3	头向南，仰身直肢		棺内：铜五铢Ⅲ42，大泉五十Ⅱ3；铁剑C；石琀，石耳塞2，石眼罩2	五	
M86	双石椁墓	185°	石椁·木棺	2.8×2.5-2.1	东石椁：2.52×1.05-0.72 东木棺：2.1×0.72-0.12 西石椁：2.43×1.04-0.6 西木棺：2.1×0.67-0.13	头向南，仰身直肢	石椁外东南角，置有一壁龛	壁龛内：陶大型罐BⅣ，中型罐BbⅢ4，大型平底壶A、B。 棺内：铜大泉五十Ⅰ3、Ⅱ5，五铢Ⅱ20、Ⅲ10，铜带钩B，铜镜G、H；铁剑Ab，铁刀D；石琀，石耳塞，石鼻塞2	五	被M88打破
M87	单石椁墓	183°	石椁·木棺	2.9×2.1-2.1	石椁：2.5×1.1-0.8 木棺：2×0.66-0.12	头向南，仰身直肢		棺内：铜带钩C，铜印B，铜镜H，铜五铢Ⅲ3；铁剑Bb，铁刀D2	五	打破M93、M96
M88	单石椁墓	185°	石椁·木棺	3.05×2.8-6.2	石椁：2.85×1.42-1.35 木棺：2.2×0.88-0.18	头向南，仰身直肢		椁外：陶大型罐D，中型罐AⅢ3、BaⅡ。 棺内：铜五铢Ⅲ30，镜Ca，带钩C；玉璧，玉觿2，玉璜，玉珠6，玉琀B；漆奁，漆盒3；石耳塞，石鼻塞4	五	打破M86
M89	土坑墓	185°	木棺·单室	2.7×1-2.3	木棺：2.4×0.8-0.25	头向南，仰身直肢		棺内：铜五铢Ⅲ2；铁刀D；石琀，石眼罩2，石耳塞2	五	

续附表

墓号	墓葬类别	墓向	棺椁葬具	墓圹（长×宽-深）	石椁：长×宽-高 木棺：长×宽-残迹厚	头向、葬式	壁龛及器物箱随葬品情况	随葬品及其放置位置	期别	备注
M90	三椁室墓	187°	石椁·木棺	2.85×2.1-3.35	东石椁：2.38×1-0.7 东木棺：2×0.6-0.12 中石椁：2.46×1.05-0.76 中木棺：1.95×0.6-0.11 西石椁：2.4×0.94-0.76 西木棺：1.95×0.59-0.13	头向南，仰身直肢		椁外：陶中型罐BaⅡ2、BbⅡ2。 东室棺内：铜五铢Ⅰ、Ⅱ13。 中室棺内：铜镜Ca，大泉五十Ⅰ16；石耳塞4，石眼罩2，石鼻塞4；玉琀A、C。 西室棺内：铜镜D，大泉五十Ⅱ7；石琀，石耳塞，石鼻塞，石肛塞	四	
M91	单石椁墓	190°	石椁·木棺	2.5×1.2-1.95	石椁：2.35×0.88-0.78 木棺：1.95×0.55-0.74	头向南，仰身直肢		棺内：铜五铢Ⅱ13	三	
M92	单石椁墓	4°	石板·木棺	2.5×1.3-2.1	石盖板：2.44×1.25-0.14 木棺：2×0.8-0.13	头向南，仰身直肢	石盖板下四壁置有二层台	棺盖上：陶中型罐AⅠ3、BaⅠ。 棺内：铜镜Ca，五铢Ⅱ20；石琀，石耳塞2	三	
M93	双石椁墓	183°	石椁·木棺	3.7×2.8-5.2	东石椁：2.8×1.1-1 东木棺：2.4×0.7-0.55 西石椁：2.72×0.9-1 西木棺：2.3×0.68-0.5	头向南，仰身直肢		椁外：陶中型罐BaⅠ4。 棺内：石鼻塞2；铜五铢Ⅱ8，铜耳环2	三	被M87打破
M94	单石椁墓	180°	石椁·木棺	2.5×1.7-2.3	石椁：2.32×0.72-0.9 木棺：2×0.6-0.13	头向南，仰身直肢	石椁外侧置一壁龛	壁龛内：陶中型罐BbⅠ、CⅠ2	三	

续附表

墓号	墓葬类别	墓向	棺椁葬具	墓圹（长×宽－深）	石椁：长×宽－高 木棺：长×宽－残迹厚	头向、葬式	壁龛及器物箱随葬品情况	随葬品及其放置位置	期别	备注
M95	单石椁墓	170°	石椁·木棺	2.4×1.3－2.1	石椁：2.2×0.71－0.85 木棺：1.85×0.65－0.14	头向南，仰身直肢			三	根据形制特点及头向判断，同M93
M96	双石椁墓	180°	石椁·木棺	2.8×2.6－3.3	东石椁：2.5×1.1－0.82 东木棺：1.95×0.7－0.12 西石椁：2.43×0.8－0.8 西木棺：1.83×0.65－0.11	头向南，仰身直肢	石椁外侧东壁置有一壁龛	壁龛内：陶中型罐BaⅠ4、CⅠ；金属盖弓帽A3。 棺内：铜削B，五铢Ⅱ36；铁刀C	三	被M87、M9打破

曲阜柴峪墓地

山东省文物考古研究所
曲 阜 市 文 物 局

柴峪墓地位于曲阜市息陬乡柴峪村西南2公里西山的东坡上，墓地南北近300米，东西100多米。地处曲阜与邹城交界处，墓地向南（邹城市方向）延伸（图一）。2000年4～7月，为配合菏（泽）—兖（州）—日（照）高速公路的施工建设，山东省文物考古研究所与曲阜市文物局对柴峪墓地（曲阜部分）进行了全面的考古钻探与发掘。发掘墓葬245座，其中清代墓葬2座（在这里不单独介绍）。发现了丰富的陶器、铁器、铜器、漆木器、石器、布织品等。

参加发掘的有：李曰训、项春生、李玉春、李振光，领队：李振光。吴双成为漆棺墓的保护做了大量工作，并对漆棺进行了鉴定分析。山东大学的马良民先生对出土

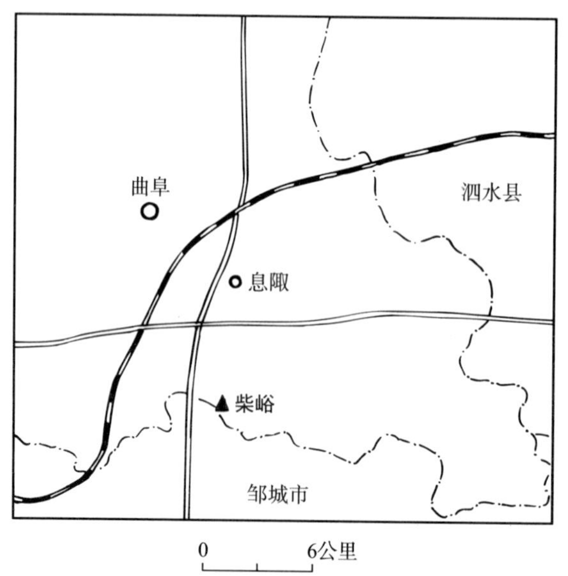

图一　柴峪墓地地理位置示意图

铜钱进行了鉴定分析，并提出了诸多宝贵意见。曲阜市文物局对发掘工作给予大力支持和帮助。在此深表谢意。

（一）墓葬概况

本次对高速公路土场用地部分进行了全面的勘探与发掘。以东西向上山小路分为南、北两个大的区域，路北顺山坡依次为五个大的台地，依中部取土坑为界分为东、西两个区，西侧为Ⅰ区，墓葬61座；东侧为Ⅱ区，墓葬81座。路南为三个大的台地，西侧第一台地为Ⅲ区，墓葬29座；第二台地为Ⅳ区，墓葬47座；东侧低处台地为Ⅴ区，墓葬27座（图二；彩版四〇）。台地皆为后期平整土地形成，为便于记忆和查找而人为将墓地分区。由发掘情况看，墓葬多集中分布在山坡的上半部，下部台地发现墓葬较少。发掘区的南侧为宽而深的东西向山沟，应为山水长期冲荡形成。由断崖以及南侧地堰观察，沟南（邹城）部分仍分布大量的墓葬。发掘区西南现存一封土高大的墓葬，传说为王墓。南北应为连成一片的大型汉代墓地，南侧邹城部分没有清理。

勘探工作采用3米梅花孔，对墓葬分布密集的区域加密勘探，边勘探边发掘。

墓葬依山坡开挖，墓葬皆为长方形竖穴，有的为并穴墓葬（二墓并排排列）。部分墓葬存在打破关系，有的是人为打破，这种墓葬墓主间可能存在亲属关系。有的墓葬头端或一侧有壁龛，部分壁龛大而深，个别墓葬壁龛较小，仅能放置一两件陶器。有些壁龛口外用石板封堵。部分墓葬存在生土二层台。个别墓葬在一侧长壁下部向外开挖一部分，底部微加宽，形同侧室墓葬。葬具多用长而厚的石板砌筑石椁，多为单椁室，少量为双椁室，少量墓葬在立板口槽中搭盖横向木板，形成木盖顶板，盖板上绘彩色纹饰。有的墓葬在二层台上盖石板，起到保护木棺的椁室作用。部分墓葬用木椁。墓中皆有木棺，有的为重棺。由于墓地特殊的埋藏环境和水土状况，木质葬具保存较好，而墓葬骨架保存较差。部分墓葬在椁外有存放器物的石砌或木制边箱，少量器物盛在木匣内。

（二）墓葬分类及典型墓例

根据墓葬形制及墓中葬具，将墓葬分为土坑墓、石椁墓及石椁木椁同穴墓三类（附表）。

1. 土坑墓

45座。用木椁或木棺作葬具。分为木椁墓、木棺墓。

（1）木椁墓

15 座。分为用圆木垒砌木椁、用木板构筑木椁两类。

1）用圆木垒砌木椁

6 座。在生土二层台内用圆木垒砌木椁侧壁，台上搭盖横向木板作椁顶。

M55　位于Ⅰ区。墓向 10°。长方形竖穴土坑，长 2.8、宽 1.9 米，深 2.36 米。墓中用灰褐花土回填。墓葬底部东西两侧有生土二层台，西侧宽 0.26、东侧宽 0.4 米，台高 0.8 米。底部用木头平铺，木椁立板用直径 0.06 米左右的圆木顺二层台斜坡垒砌，上部搭盖厚约 0.04 米的横向木板。木棺长 2.1、宽 0.71、厚 0.13、底板厚 0.04、残高 0.1 米。单人仰身直肢葬，头向北，面向上。随葬有陶大型罐 1 件，置于西侧二层台上；铁臿、铁片各 1 件，置于棺椁之间；铁刀 1 件，置于墓主左侧（图三）。

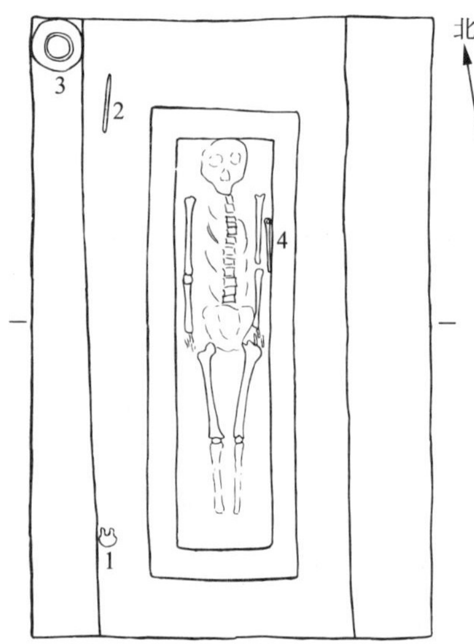

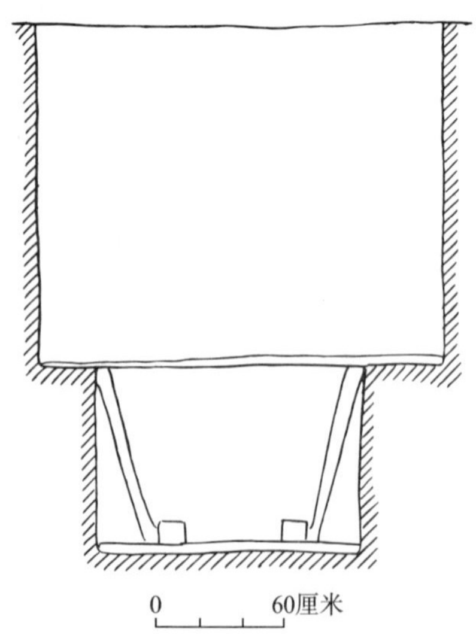

图三　汉墓 M55 平、剖面图

1. 铁臿　2. 铁片　3. 陶大型罐　4. 铁刀

M63　位于Ⅰ区。墓向 13°。长方形竖穴土坑，长 2.82、宽 1.8 米，深 1.52 米。下部有生土二层台，台宽 0.46、高 0.46 米，墓室底部宽 0.82 米。墓内填土为红褐花土。顺二层台侧壁用圆木垒砌“井”字形木椁，圆木直径 0.08 米左右，木椁长 2.3、宽 0.8 ~ 0.86、残高 0.2 米，上部用横向木板搭盖在二层台上作顶板，因腐朽陷落墓葬底部。木棺长 2.06、宽 0.58 ~ 0.64、残高 0.06、厚 0.08 米。单人仰身直肢葬，头向北，面向上，骨架保存较差。墓中随葬铜钱 1 摞，置于棺内左手处（图四；图版九一，1）。

2）用木板构筑木椁

9 座。厚木板采用榫卯结构做成规整木椁。

M159　位于Ⅳ区。墓向 275°。长方形竖穴土坑，长 3.1、宽 1.9 米，深 1.95 米。墓内填土为黄褐花土。西、北、南三侧有生土二层台，台宽 0.2 ~ 0.4 米，高 0.5 米。木椁长 2.7、宽 1.2、高 0.5、板厚 0.04 米。木棺长 2.3、宽 0.66、高 0.05、板厚 0.06 米。未见随葬品。在木椁南侧上部填土中发现一东西平放木棍，长 1.9、直径 0.08 米。其北侧与木椁之间发现三

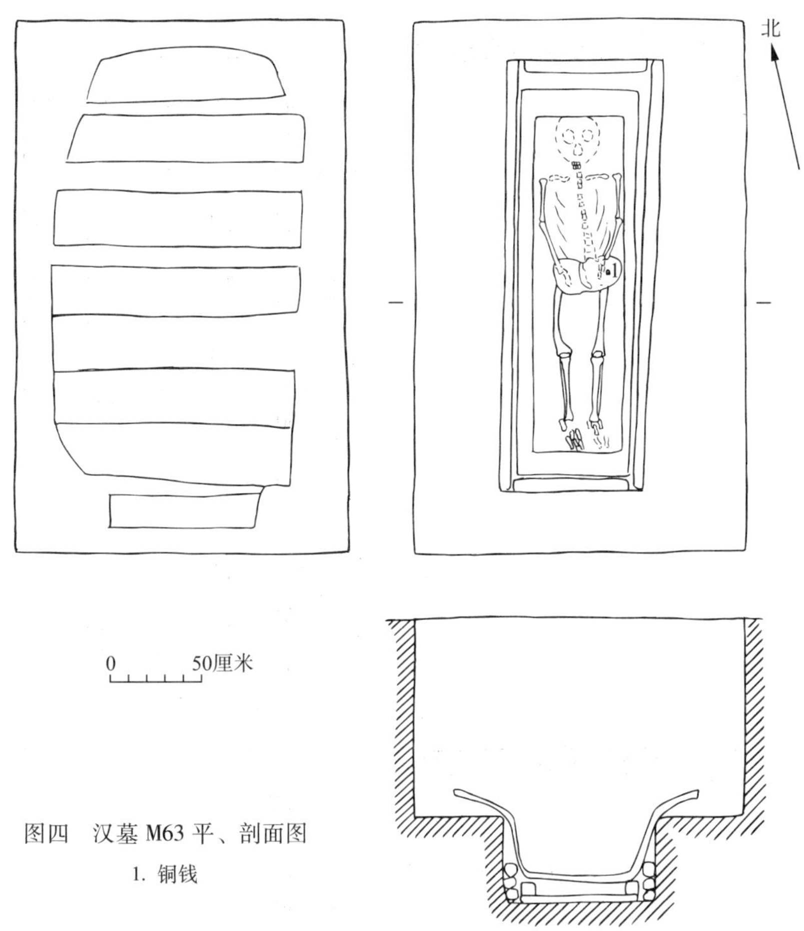

图四 汉墓 M63 平、剖面图
1. 铜钱

根竖向木棍，直径 0.1 米，用途不详（图五）。

（2）木棺墓

30 座。

M148 位于Ⅳ区。墓向 18°。长方形竖穴土坑，长 2.8、宽 1.8 米，深 3.3 米。墓中填土为黄褐花土，杂有灰白土，经夯打，夯层厚 0.4 米。木棺长 2.2、宽 0.8、高 0.6 米。单人仰身直肢葬，头向北，面向上。未见随葬品（图六）。

M139 位于Ⅳ区。墓向 10°。长方形竖穴土坑，长 3.1、宽 2 米，深 3.2 米。墓中填土为黄褐花土，较松软。木棺长 2.3、宽 0.8、高 0.6 米。单人仰身直肢葬，头向北，面向上，骨架腐朽厉害。随葬铁刀 1，置于棺内左侧；铜钱，置于棺内右侧（图七）。

2. 石椁墓

197 座。多为单石椁，少量为双石椁。将生土二层台上搭盖石板的墓葬归入此类。

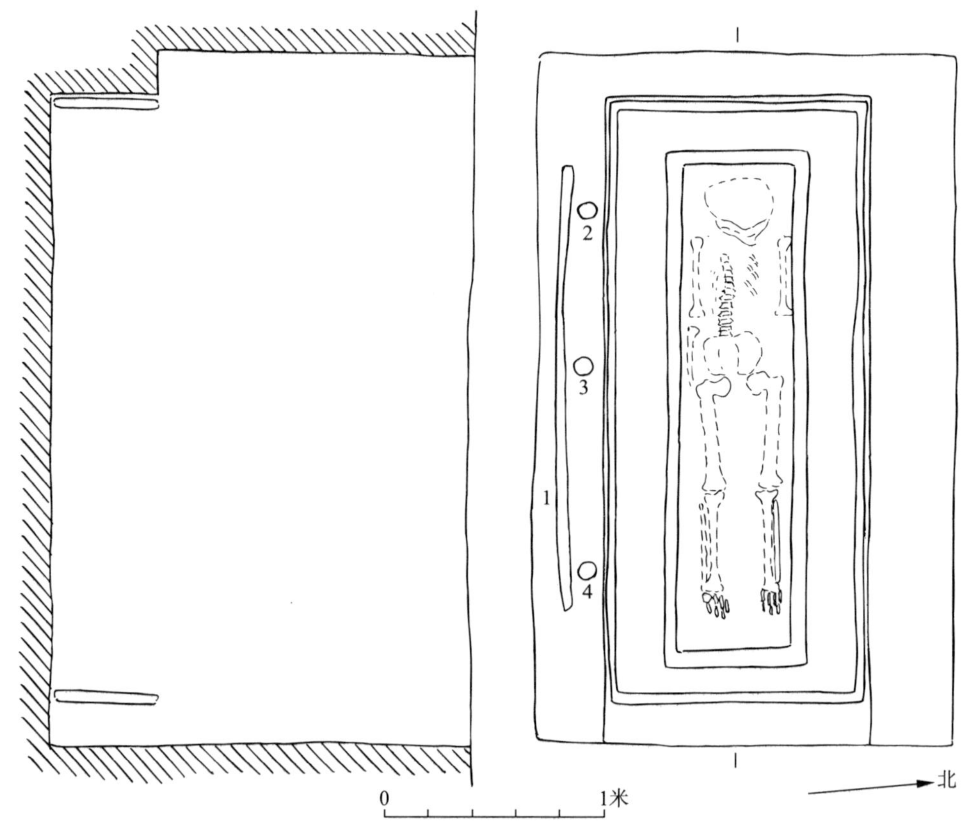

图五　汉墓 M159 平、剖面图

1. 横向木棍　2～4. 竖向木棍

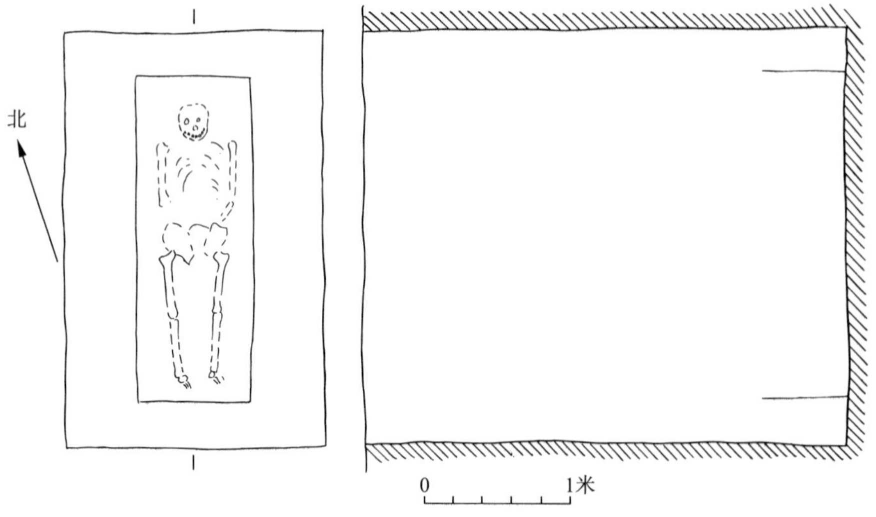

图六　汉墓 M148 平、剖面图

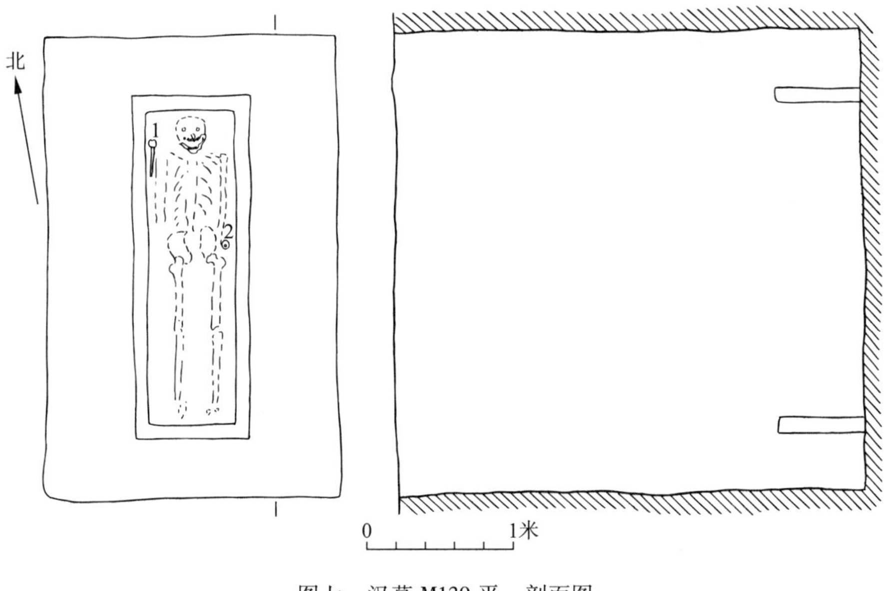

图七　汉墓 M139 平、剖面图

1. 铁刀　2. 铜钱

分为单石椁、双石椁墓。单石椁墓分为二层台上搭盖石盖板的墓葬、墓中无壁龛和边箱的单石椁墓、单石椁带壁龛墓、单石椁带边箱（器物箱）墓。双石椁墓分为双石椁墓、双石椁带壁龛墓。

（1）单石椁墓

189 座。其中 M200 仅存零碎石板，无法细分类型。

1）二层台上搭盖石盖板墓

18 座。在生土二层台上搭盖石板，石板的作用如石椁顶板。有的墓葬在生土二层台的两侧立石板，台上搭盖石板。

M24　位于Ⅱ区。墓向 95°。长方形竖穴土坑，长 2.6、宽 1.4 米，深 3.9 米。墓中填土为黄褐花土。下部有生土二层台，东西台宽 0.2、南北台宽 0.3 米，台高 0.7 米。台上搭盖 2 块石盖板，厚 0.1 米。木棺长 2.2、宽 0.8、高 0.7 米。单人仰身直肢葬，头向东，面向上。墓中没有发现随葬品。

M217　位于Ⅱ区，被 M216 打破。墓向 275°。长方形竖穴土坑，长 2.5、宽 1.4 米，深 3.8 米。墓中填土为黄褐花土，经夯打。下部有生土二层台，台东西侧宽 0.2、南北侧宽 0.3、高 0.6 米，上盖 2 块石板，厚 0.1 米。木棺长 2.1、宽 0.8、残高 0.05 米。单人仰身直肢葬，头向西，面向上。随葬铜钱，置于棺内右侧（图八）。

M10　位于Ⅰ区。墓向 182°。长方形竖穴土坑，墓口长 2.56、宽 1.3 米，深 1.7 米。墓内填土为红花土。东壁外扩宽 0.3 ~ 0.5、长 2 米，墓穴呈“凸”字形。下部四

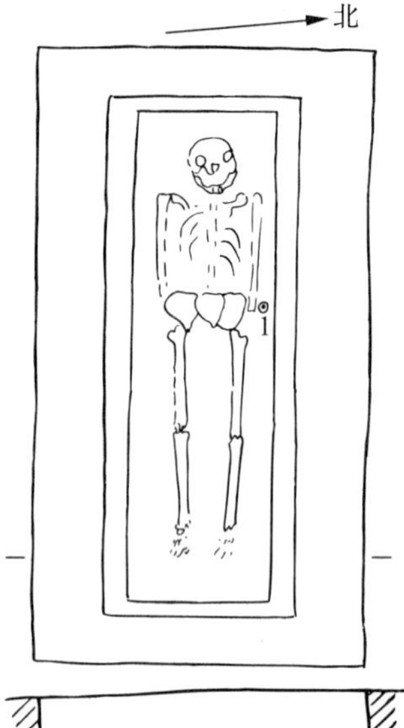

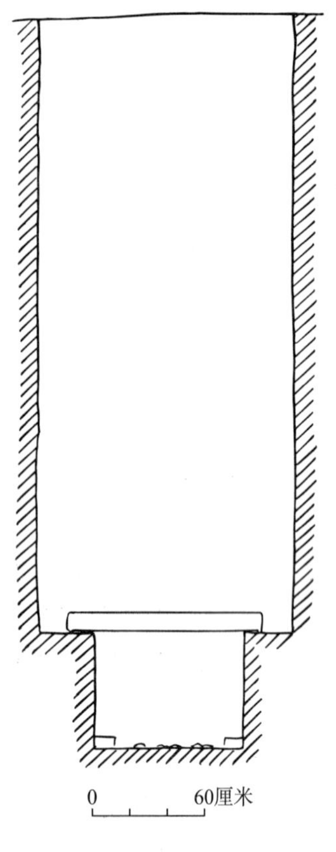

图八　汉墓 M217 平、剖面图
1. 铜钱

周有不规整的生土二层台，宽 0 ~ 0.4、高 0.64 米，侧壁下部内斜。墓室呈西南、东北向，长 2.23、宽 0.64 米，底部宽 0.48 米。二层台侧壁贴立石板，上面搭盖石板，起到石椁的作用。木棺呈梯形，长 1.81、宽 0.28 ~ 0.8、残高 0.08 米。单人仰身直肢葬，头向南。墓中没有发现随葬品（图九）。

2）单石椁墓

101 座。用规整石板铺底、砌筑立板、搭盖顶板。分为两型。

A 型　98 座。单石椁单棺墓。

M9　位于Ⅰ区。墓向 272°。长方形竖穴土坑，长 2.55、宽 1.25 米，深 0.94 米。墓内填土为黄褐花土。石椁长 2.4、宽 0.92、高 0.72 米，上盖三块石盖板。木棺长 1.98、宽 0.65、残存高度 0.1、板厚 0.04 米。单人仰身直肢葬，头向西，面向不清。随葬陶小型罐 1 件，置于头端二层台上；棺内有石琀、铜钱，其中铜钱置于棺内脚端（图一〇）。

M15　位于Ⅰ区。墓向 93°。长方形竖穴土坑，长 3.05、宽 2.1 米，深 2.9 米。墓中填土为灰褐花土，经夯打，夯层厚 0.24 米。石椁长 2.4、宽 1.05、高 0.85 米，上盖三块石盖板。木棺长 2.11、宽 0.68、残高 0.15、厚 0.07 米。单人仰身直肢葬，头向东，面向上。未见随葬品。石椁立板刻有画像，头端立板刻菱形条带纹、十字穿璧纹，脚端立板刻菱形条带纹、社树，两侧立板刻菱形条带纹、波折纹（图一一）。

M111　位于Ⅲ区。墓向 102°。长方形竖穴土坑，长 2.6、宽 1.4 米，深 1.32 米。墓内填土为红褐花土。石椁长 2.42、宽 1.06、高 0.74 米，上盖二块石板，石椁用材不很规整。木棺不清。单人仰身直肢葬，头向东，面向上。未见随葬品。

M209　位于Ⅱ区，墓向 275°。长方形竖穴土坑，长 2.7、宽 2.1 米，深 2.9 米。上部填灰白花夯土，下部为红褐花夯土，夯层 0.4 米。石椁长 2.45、宽 1.05、高 0.87、立板厚 0.2 米左右。上盖

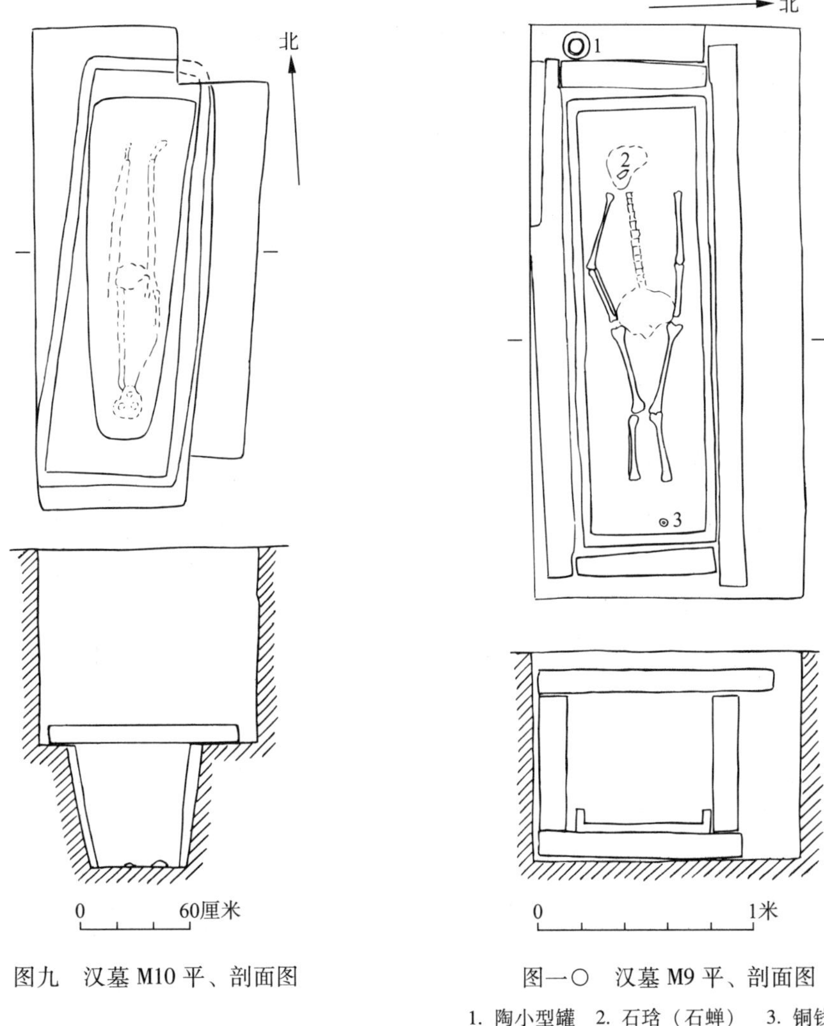

图九　汉墓 M10 平、剖面图

图一〇　汉墓 M9 平、剖面图
1. 陶小型罐　2. 石琀（石蝉）　3. 铜钱

三块顶盖板，厚 0.2 米左右。单棺，长 1.9、宽 0.64、残高 0.05 米。单人仰身直肢葬，头向西，面向上。骨架腐朽严重。石椁北侧随葬陶中型罐 1、金属器 2、泥马 1（无法提取）。填土中出土铁臿 2 件。

M219　位于Ⅱ区，打破 M12。墓向 10°。长方形竖穴土坑，长 2.8、宽 1.6 米，深 2.8 米。石椁长 2.62、宽 1.09、高 0.75 米，石板厚 0.12 米。上盖二块顶盖板，厚 0.14 米。单棺，长 2.16、宽 0.56、残高 0.05、厚 0.06 米。单人仰身直肢葬，头向北，面向上。骨架朽甚。棺内随葬铜钱 1 串、铁剑 1、铁刀 1、石琀 2、石耳鼻塞 1、石坠 1 件。椁外随葬陶小型罐 1 件。

M140　位于Ⅳ区。墓向 275°。长方形竖穴土坑，长 3、宽 2 米，深 2.7 米。填土为黄花夯土，夯层厚 0.4 米，夯窝直径 0.06 米。石椁长 2.52、宽 1.14、高 0.9 米。立板厚 0.14 米左右。上盖三块盖板，厚 0.14 米。单棺，长 1.94、宽 0.6、残高 0.08 米。单人仰身直肢葬，头向西。随葬陶中型罐 1，置于椁外。在石椁南侧填土里距离墓底 0.7 米处，发现二条长 2.6、直径 0.06 米的木棍。

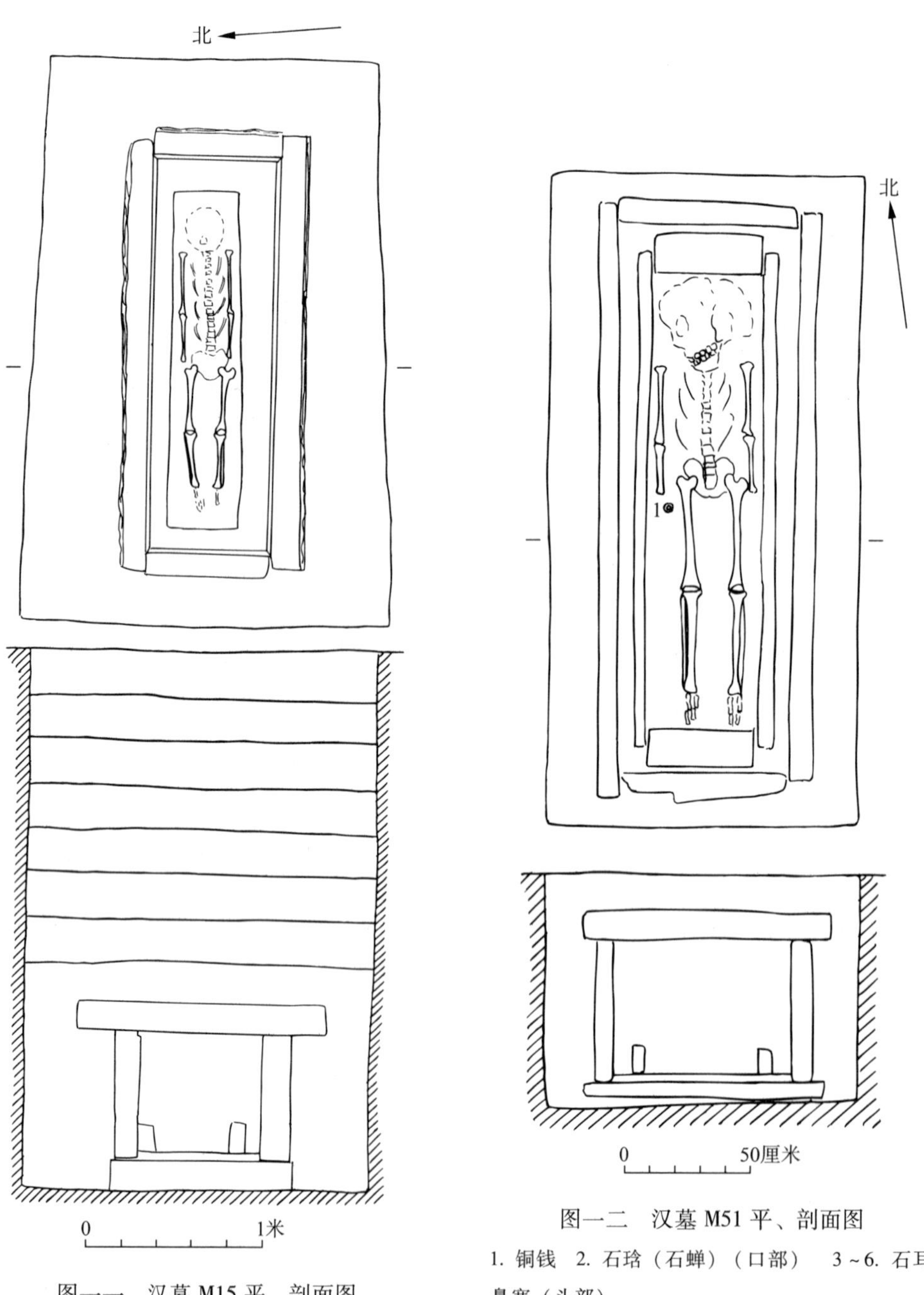

图一一　汉墓 M15 平、剖面图

图一二　汉墓 M51 平、剖面图

1. 铜钱　2. 石琀（石蝉）（口部）　3～6. 石耳鼻塞（头部）

M54 位于Ⅰ区。墓向277°。长方形竖穴土坑，长2.9、宽1.75米，深2.65米。黄褐夯土，夯层厚0.25米。石椁长2.57、宽1.09、高0.81米，上盖石板。单棺，长2.14、宽0.65、厚0.13米。单人仰身直肢葬，头向西，面向上。随葬铜带钩1件，置于腰部；铜钱1串，置于右手处。填土中发现铁臿1件。石椁立板凿刻竖向线痕。

M51 位于Ⅰ区。墓向9°。长方形竖穴土坑，长2.5、宽1.25米，深0.88米。填土为黄褐花土，土质紧密。石椁长2.3、宽0.88、深0.6米，立板厚0.1米。上盖三块石盖板，厚0.12米。单棺，长2.05、宽0.55、残高0.11、立板厚0.07米。木棺保存较好。随葬铜钱1摞，置于右手处；石琀1、石耳鼻塞4件，置于头部（图一二）。

M44 位于Ⅱ区。墓向180°。长方形竖穴土坑，长2.6、宽1.6米，深2.8米。墓中填土为灰白花土，经夯打，夯层厚0.4米。石椁长2.28、宽0.9、高0.8米，立板厚0.1米。上盖三块石板，厚0.1米。单棺，长2.02、宽0.6、残高0.05、厚0.06米。单人仰身直肢葬，头向南，面向上。随葬陶小型壶1，置于椁外东侧。铜钱，置于棺内右侧。石椁立板刻有画像，头端立板刻十字穿璧纹，脚端立板刻竖向条痕，两侧立板刻菱形纹（图一三）。

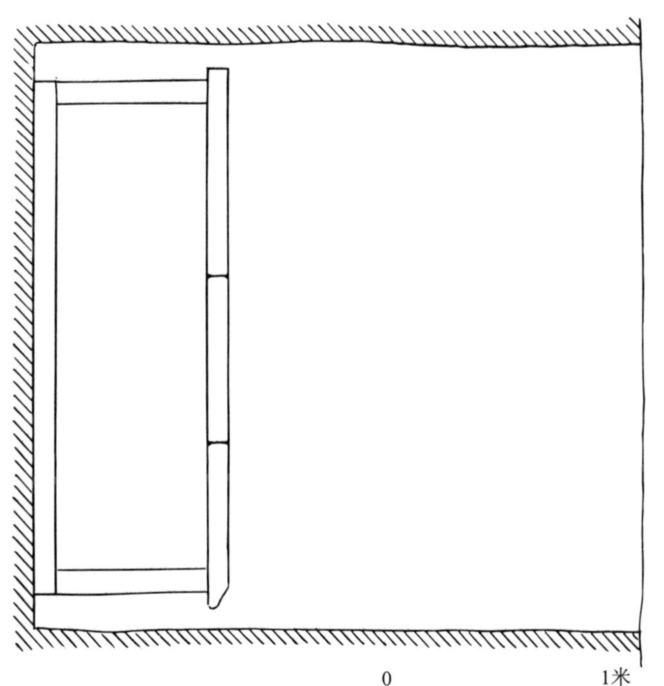

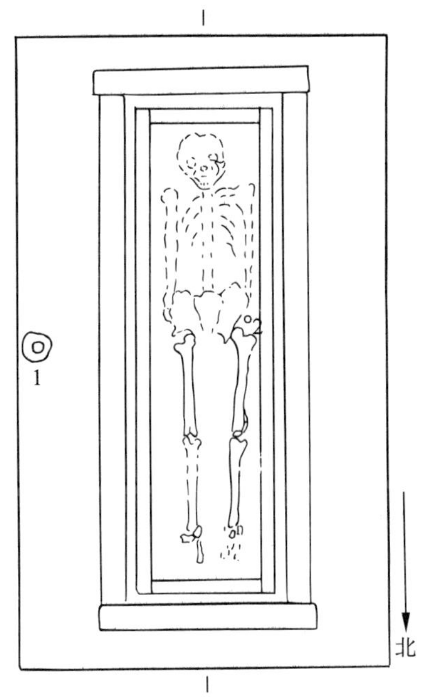

图一三 汉墓M44平、剖面图
1. 陶小型壶 2. 铜钱

M37　位于Ⅰ区。墓向100°。长方形竖穴土坑，长2.6、宽1.5米，深3.9米。墓中填土为黄褐夯土，夯层厚0.3米，夯窝直径0.06米。石椁长2.3、宽1.04、高0.86米。单棺，长2、宽0.5、残高0.05米。单人仰身直肢葬，头向东，面向上。随葬铜钱，置于棺内右侧；辫状物，位于头部。

B型　3座。单石椁重棺墓。

M224　位于Ⅱ区。墓向13°。长方形竖穴土坑，长3.3、宽2.2米，深3.08米。墓中填土为黄褐花土，夹杂灰白土，经夯打，夯层厚0.2米。石椁长2.6、宽1.24、高1.05米。立板上部有口槽，上盖横向木板，绘有彩色图案。石椁上部盖有三块石板。外棺长2.18、宽0.84、残高0.2、厚0.06米；内棺长1.9、宽0.7、残高0.1、厚0.08米。仰身直肢葬，头向北，面向上。头部发现头发状物品。石椁立板刻有画像，头端立板刻有社树，脚端立板刻有十字穿璧纹，两侧立板刻有菱形画像（图一四）。

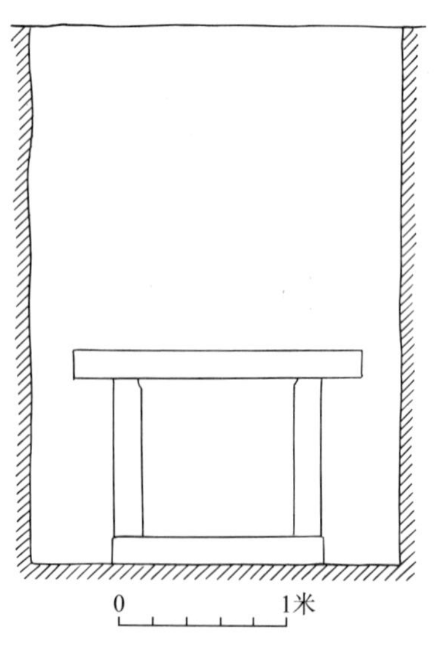

图一四　汉墓M224平、剖面图

M198　位于Ⅱ区。墓向95°。长方形竖穴土坑，长3.05、宽2米，深2.3米。墓中填土为红褐花土，经夯打。石椁长2.65、宽1.26、高1.02米，立板厚0.2米，上盖顶盖板三块，厚0.2米。外棺长2.3、宽0.88、高0.7、厚0.06米。内棺长2.18、宽0.76米，残存高度东端0.6、西端0.36米。木棺椁板间榫卯结构清晰。棺内保存灵床一具，长1.96、宽0.42米。单人仰身直肢葬，头向东，面向上。棺内随葬铜铃9、铜片1、铜钱、石坠1件。填土中发现铁臿1件（图一五；图版九二，1、2）。

M180　位于Ⅱ区。墓向189°。长方形竖穴土坑，长3.1、宽2.15米，深1.5米。墓中填土为灰褐花土，经夯打。石椁长2.58、宽1.24、高1.04米，立板厚0.18米左右。上盖三块石板，厚0.2米。外棺长2.12、宽0.76、高0.74、厚0.07米。内棺长1.9、宽0.54、高0.62、厚0.11米，木棺内侧髹红漆、外侧髹黑漆。棺椁长板、端板间用榫卯连接，立板、横板为几块木板间用槽口

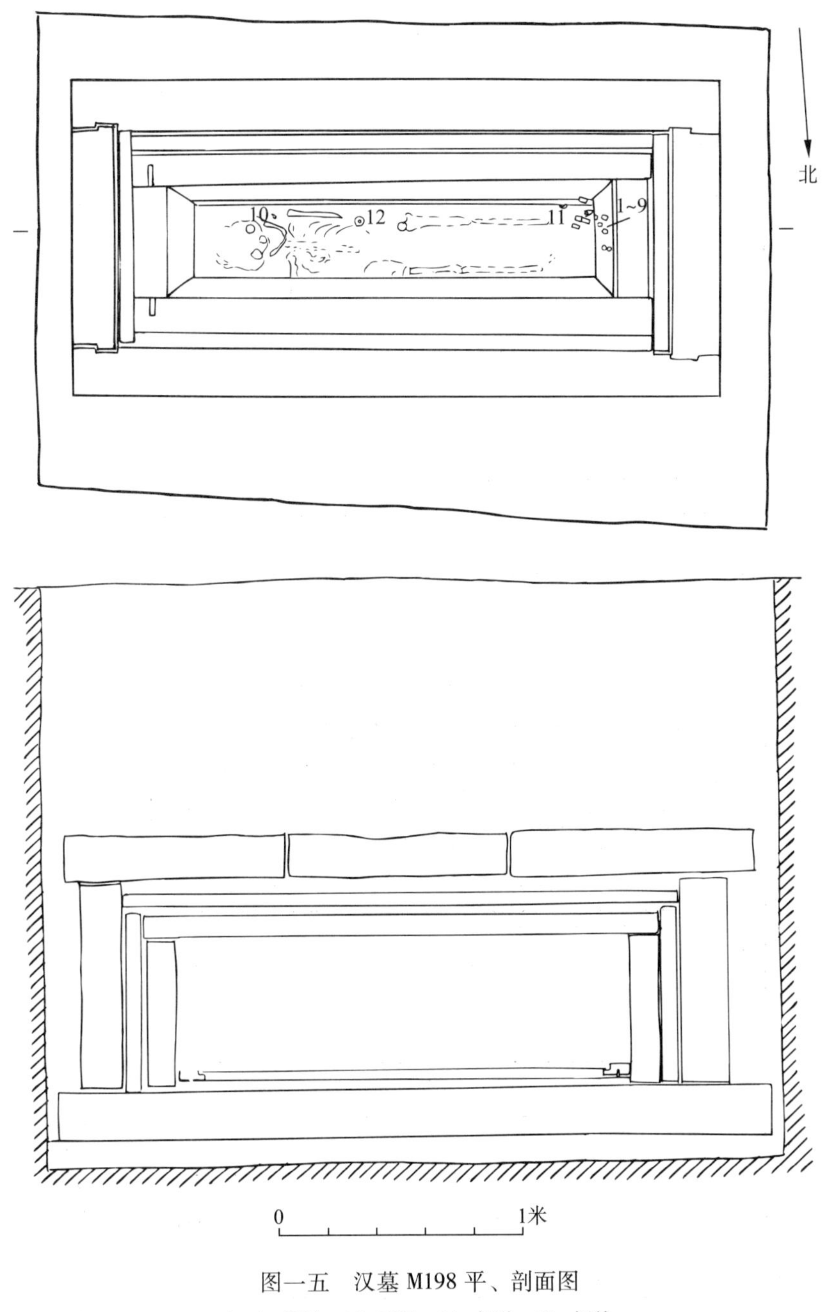

图一五　汉墓 M198 平、剖面图

1～9. 铜铃　10. 石坠　11. 铜片　12. 铜钱

构接，未见棺钉。单人仰身直肢葬，头向南，面向上。墓中未见随葬品（图一六）。

3）单石椁带壁龛墓

64 座。分为二型。

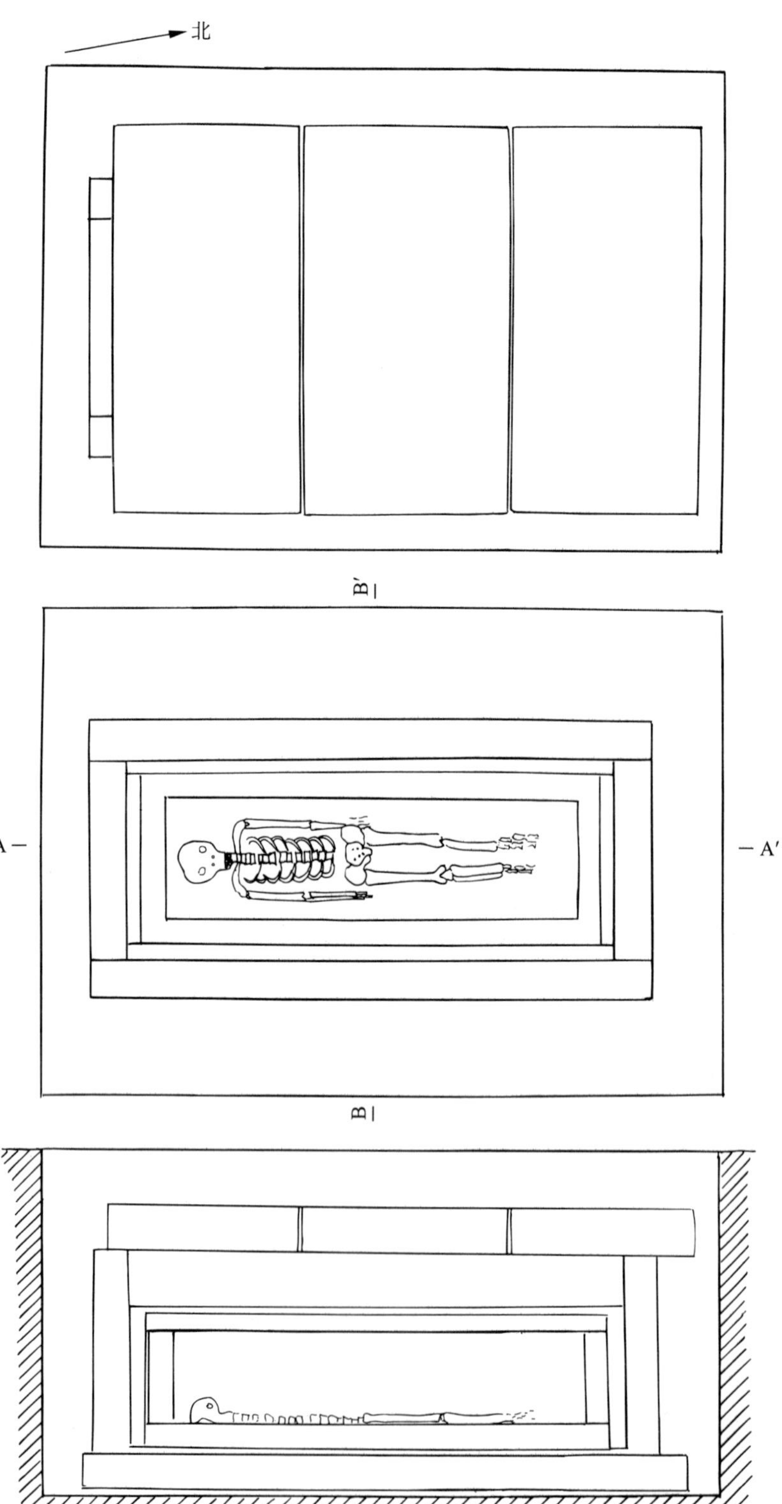

北
B′
A
A′
B

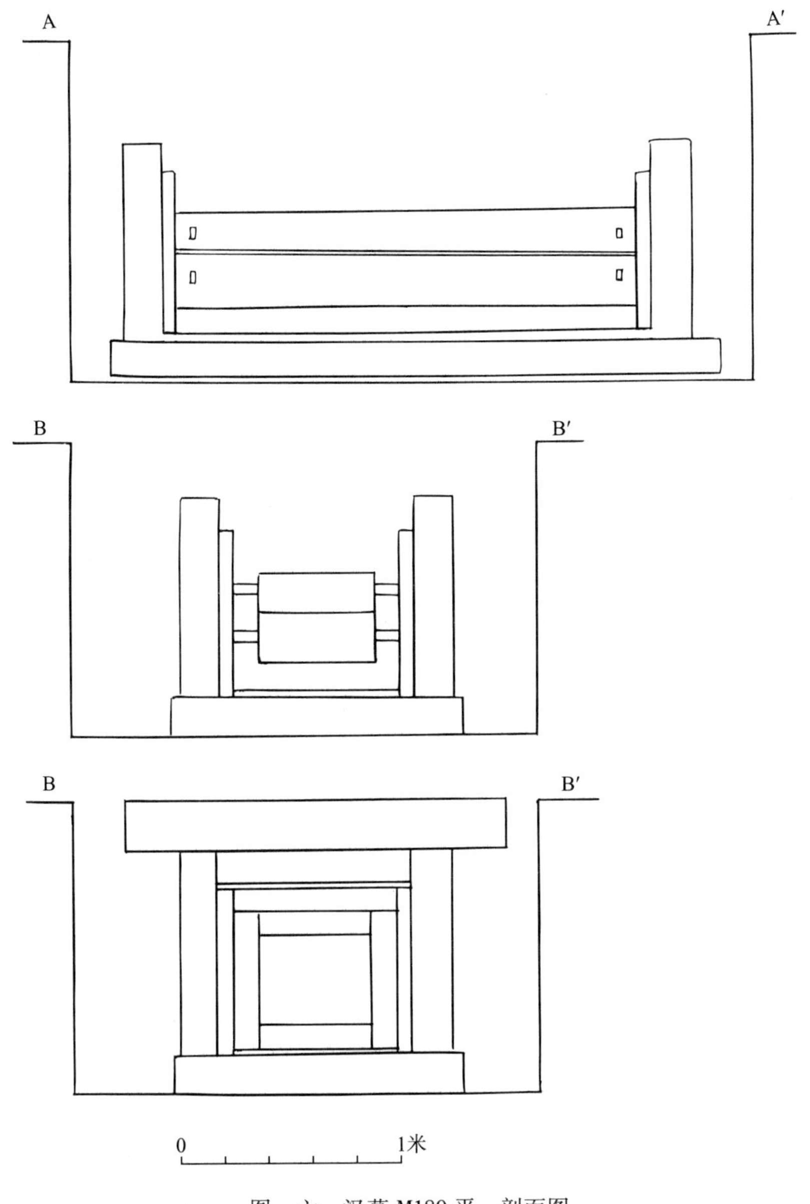

图一六　汉墓 M180 平、剖面图

A 型　59 座。单石椁带壁龛单棺墓。

M242　位于Ⅱ区。墓向 7°。长方形竖穴土坑，长 3.1、宽 2.3 米，深 3.55 米。西壁有一壁龛，宽 1.4、高 0.84、进深 0.7 米，口部用二块石板封堵。石椁长 2.63、宽 1.29、高 0.9 米。顶部用三块石板盖顶，顶板厚 0.18 米。木棺长 2.3、宽 0.74、残高 0.03、立板厚 0.1 米。单人仰身直肢葬，头向北，面向上。壁龛内随葬陶俑 2、盘 1、

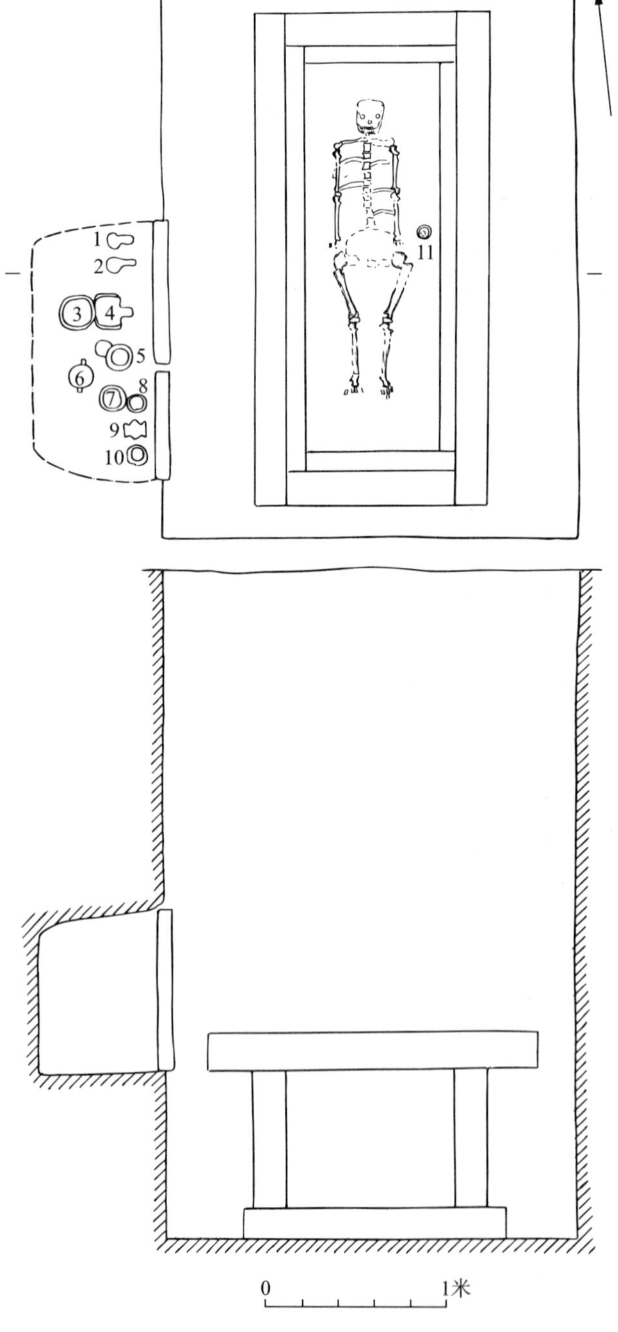

图一七　汉墓 M242 平、剖面图

1、2. 彩陶俑　3. 陶盘　4. 陶匜　5. 陶大型壶　6. 陶鼎　7. 陶盒　8～10. 陶小型壶　11. 铜钱

匜 1、大型壶 1、鼎 1、盒 1、小型壶 3 件。铜钱 1 串置于棺内右侧（图一七）。

M152　位于Ⅳ区。墓向 5°。长方形竖穴土坑，长 3、宽 2 米，深 1.5 米。墓内填以黄褐花土并夯打，夯层厚 0.3 米。东侧壁有一壁龛，宽 1.5、残高 0.4、进深 0.6 米，口部用一石板封堵。石椁长 2.8、宽 1.4、高 1.08 米。立板上端有宽 0.01、高 0.02 米的口槽，槽内盖有木盖板。顶部用三块石板盖顶，厚 0.2 米。木棺长 2.2、宽 0.8、残高 0.1 米。单人仰身直肢葬，头向北，面向上。壁龛内随葬陶小型壶 3 件。铜钱数枚，置于棺内右胸前。填土中出有铁臿 2 件（图一八）。

M121　位于Ⅳ区。墓向 282°。长方形竖穴土炕，长 2.85、宽 1.75 米，深 3.9 米。南壁有一壁龛，宽 1.25、高 0.9、进深 0.68 米，口部用石板封堵。石椁长 2.4、宽 1.07、高 0.76 米，立板厚 0.18 米。上盖三块石盖板，厚 0.22 米。单棺，朽甚。单人仰身直肢葬，头向西，面向右。陶小型壶 3 件，置于壁龛内；铜环 1、铜带钩 1 件置于棺内脚端。石椁立板刻有条状痕。

M161　位于Ⅴ区。墓向 16°。长方形竖穴土坑，长 3.15、

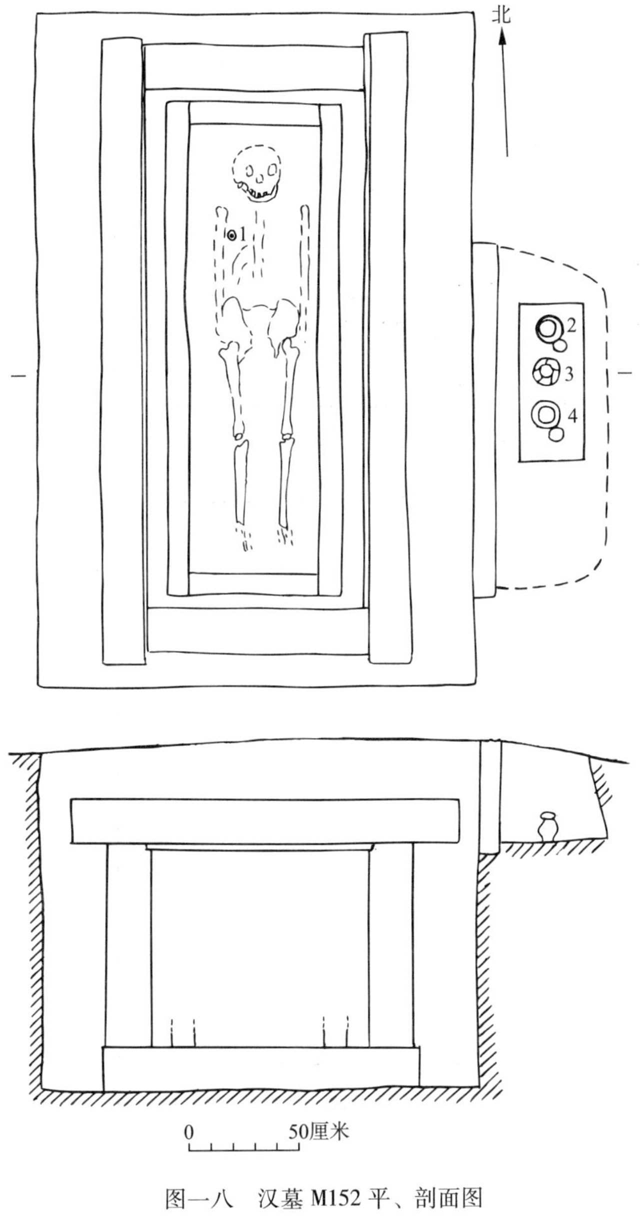

图一八 汉墓M152平、剖面图
1. 铜钱 2~4. 陶小型壶

宽1.9米，深3.4米。墓内填土为红褐砂土，夯层厚0.3米左右。南壁上有一壁龛，宽1、高1.2、进深1.3米。石椁长2.72、宽1.3、高0.98米。上盖三块石板。木棺长2.25、宽0.82、残高0.04米，棺内残存红漆皮。单人仰身直肢葬，头向北。随葬陶小型壶5件、木盘1件，置于壁龛内；铜钱，棺内右侧。石椁立板刻有斜条状痕（图一九；图版九二，3、4）。

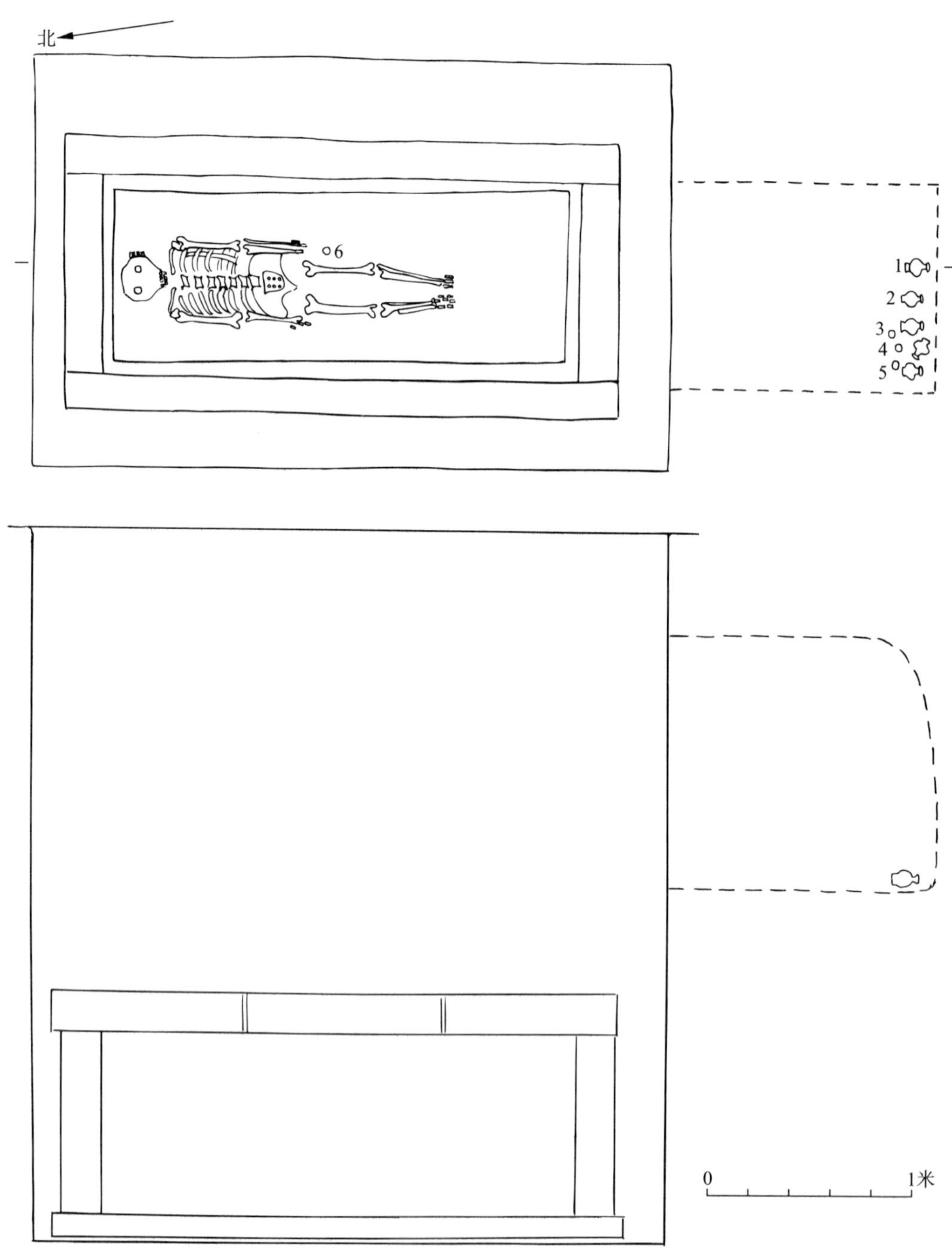

图一九　汉墓 M161 平、剖面图

1～5. 陶小型壶　6. 铜钱　7. 木盘（壁龛底部）

M174 位于Ⅴ区。墓向114°。长方形竖穴土坑，长2.5、宽1.2米，深2.8米。墓内填土为黄褐花土，经夯打，夯层厚0.28米，夯窝直径0.05米。东壁有一壁龛，宽0.94、高1.54、进深0.6米。石椁长2.48、宽0.96、高0.76米，上盖三块盖板。木棺长2.3、宽0.56、残高0.03、厚0.08米。单人仰身直肢葬，头向东，面向上。随葬陶大型罐1件，置于壁龛内（图二〇）。

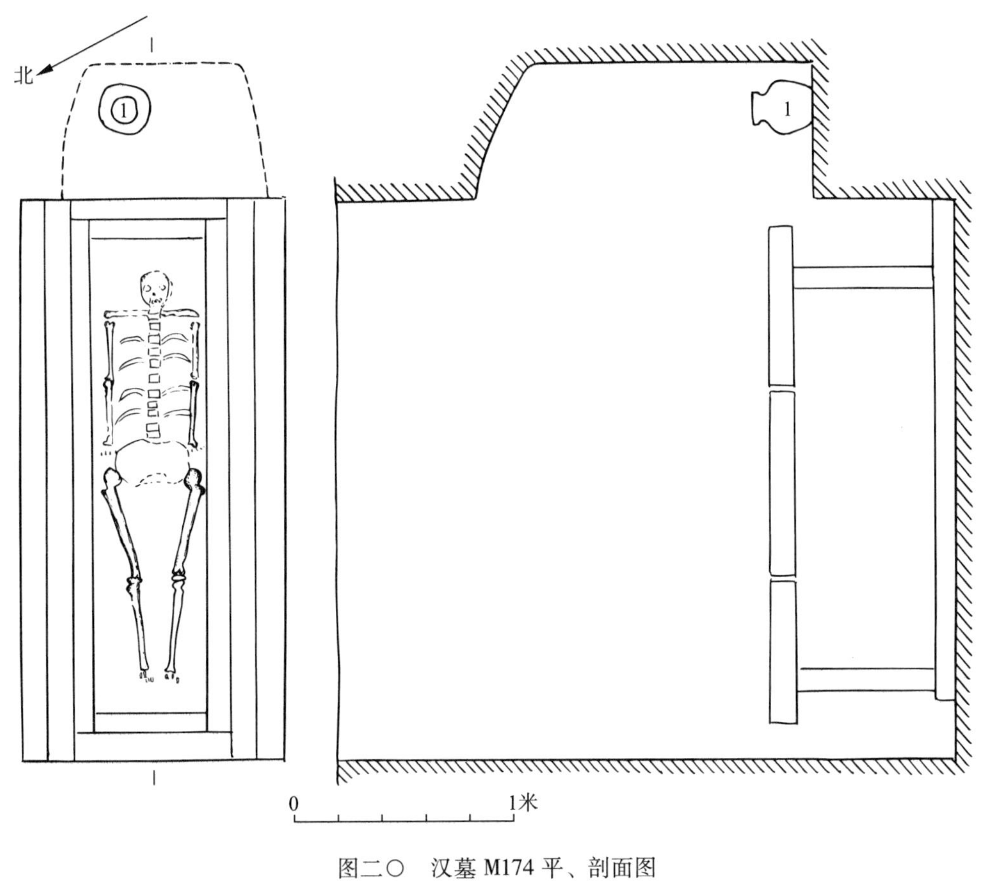

图二〇 汉墓M174平、剖面图
1. 陶大型罐

M212 位于Ⅱ区。墓向0°。长方形竖穴土坑，长2.7、宽1.8米，深2.86米。墓内用红褐花土夯打，夯层厚0.4米，直径0.6米。南壁有一壁龛，宽1.1、高0.5、进深0.3米。口部用石板封堵。石椁长2.52、宽0.96、高0.82米，上用三块石板盖顶。木棺长2.1、宽0.64、高0.1、厚0.6米。单人仰身直肢葬，头向北，面向上。随葬木盒3件，置于壁龛内。棺内随葬有铜钱、铜带钩各1件。

M58 位于Ⅰ区。墓向13°。长方形竖穴土坑，长2.85、宽1.96米，深1.85米。墓中填土为红花夯土。东壁有壁龛，宽1.25、高1.15、进深0.65米。石椁长2.52、

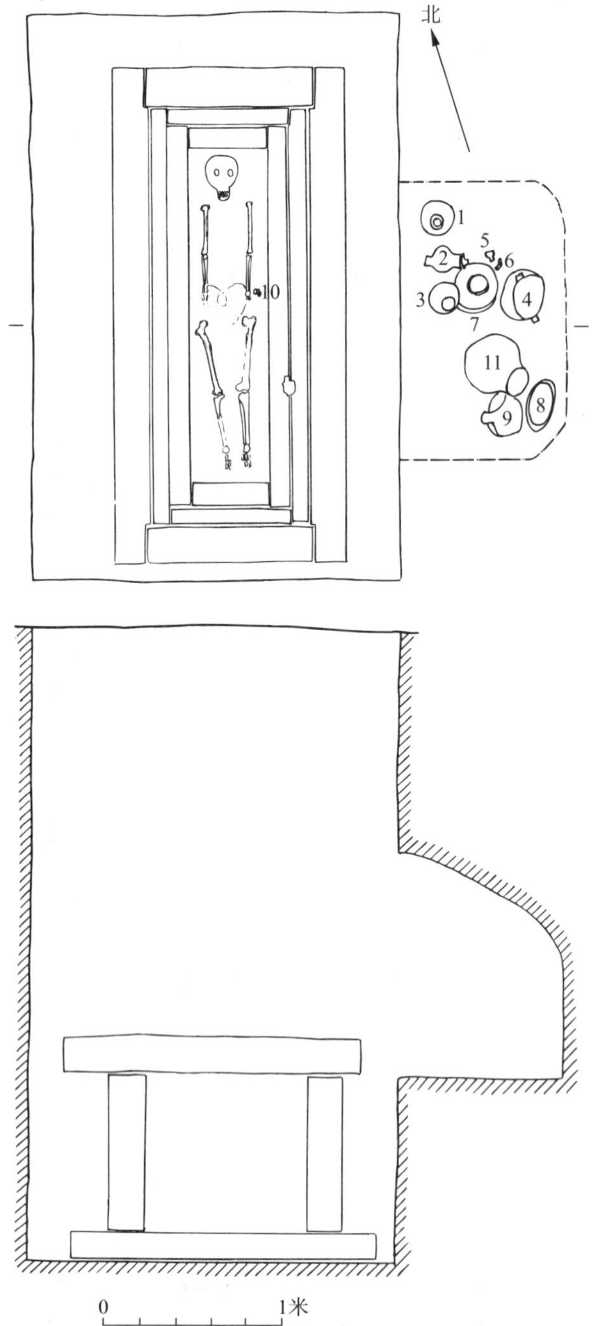

图二一　汉墓 M80 平、剖面图

1～3. 陶小型壶　4. 陶鼎　5. 陶杯　6. 陶勺　7. 陶盒　8. 陶盘　9. 陶匜　10. 铜钱　11. 陶大型壶

宽 0.96、高 0.82 米。棺保存较差，长 2.07、宽 0.64、残高 0.06 米。单人仰身直肢葬，头向北。龛内有陶小型壶 3，铜半两 3 枚置于棺内右侧。石椁立板上刻有竖向线纹。

B 型　5 座。单石椁带壁龛重棺墓。

M80　位于Ⅱ区。墓向 15°。长方形竖穴土坑，长 3.05、宽 2.05 米，深 3.4 米。墓中填土为红褐花土，经夯打。东壁有一壁龛，宽 1.5、高 1.2、进深 0.9 米。石椁长 2.64、宽 1.28、高 0.98 米，立板厚 0.2 米。上盖三块石板，厚 0.2 米。外棺长 2.1、宽 0.88、厚 0.08 米，内棺长 2.08、宽 0.68、厚 0.1 米。单人仰身直肢葬，头向北。壁龛内随葬有陶鼎 1、盒 1、盘 1、匜 1、杯 1、大型壶 1、小型壶 3 件。棺内随葬有铜钱。填土中发现有铁夯具、陶豆各 1 件（图二一）。

M223　位于Ⅱ区。墓向 10°。长方形竖穴土坑，长 3.5、宽 2.4 米，深 3.26 米。东壁有一壁龛，宽 1.1、高 0.5、进深 0.3 米。石椁长 2.61、宽 1.18、高 1.05 米，石板厚 0.16 米。立板上部有宽 0.01、高 0.03 米的口槽。口槽内盖有一层厚 2 厘米的木盖板，上面绘有彩绘纹饰。其上搭盖三块石板。外棺长 2.22、宽 0.82、残高 0.3、厚 0.06 米，内棺长 2.16、宽 0.78、残高 0.2、厚 0.08 米。单人仰身直肢葬，头向北，面向上。墓中随葬有较多的随葬品，陶盒2、壶2、盘1件置于壁龛内；铁臿2件置于石椁、木椁之间；铁铺首2件位于棺板上。另在头部发现头发状物品。石椁加工规整，立板内壁刻凿有画像，头端立板刻有十字穿璧纹，脚端立板刻社树，东西立板外刻菱形纹、三角纹，顶盖板刻有菱形纹、三角纹（彩版四一）。

M227　位于Ⅱ区。墓向185°。长方形竖穴土坑，长3.4、宽3米，深3.5米。墓内填土为红褐花土，经夯打，夯层厚0.4米。西侧壁上有一壁龛，宽2.7、高0.7、进深0.5米，口部用二块厚0.08米的石板封堵。石椁长2.86、宽1.43、高1.1米，立板厚0.24米，上盖三块石板，厚0.28米。外棺长2.32、宽0.9、残高0.1、厚0.06米，内棺长2.14、宽0.7、残高0.05、厚0.1米。单人仰身直肢葬，头向南，面向上。壁龛内随葬有陶大型罐1、匜1、鼎1、盒1、金属饰件。棺内随葬有铜钱1串、铁剑1、铁刀1、铜带钩1件（图二二）。

M215　位于Ⅱ区。墓向275°。长方形竖穴土坑，长3.4、宽2.4米，深3.4米。墓中填土为黄褐花土，经夯打，夯层厚0.3米。南壁上有一壁龛，宽1.4、高0.6、进深0.3米。石椁长2.62、宽1.22、高1.04米，立板厚0.2米。立板上端有宽0.01、高0.03米的口槽，口槽内盖有厚0.02米的木盖板。其上盖有三块石板，厚0.28米。外棺长2.26、宽0.88、高0.82、厚0.06米，内棺长2.1、宽0.72、高0.76、厚0.12米，内棺二块立板用“之”字形槽口扣接，棺顶有“凹”字形槽与立板构接，未发现棺钉，均利用口槽构接而成。棺椁侧、端板间用榫卯连接。棺内外均髹黑漆。棺内底部发现灵床，长2.02、宽0.42米，长板用榫卯拼接“口”字形外框，内铺宽0.24米的平板。单人仰身直肢葬，头向西，面向上。壁龛内随葬有陶大型壶1、小型壶1、鼎1、匜1、盒1、盘1件。棺内随葬有铁刀1、铜钱5，在头部发现有头发状物品。棺椁间发现有铁臿1，石椁外发现有铁斧1。石椁立板与顶板内侧刻有画像，头端立板刻社树，脚端立板刻十字穿璧纹。南北侧立板为菱形纹、三角纹。顶盖板内侧为十字穿璧纹、菱形纹。

M214　位于Ⅱ区。墓向95°。长方形竖穴土坑，长3.26、宽2米，深3.06米。墓中填土为黄褐花土，经夯打，夯层厚0.4米，夯窝0.08米。石椁长2.62、宽1.3、高1.08米，立板厚0.2米。立板上端有宽0.01、高0.03米的口槽，槽内搭盖厚0.02米的木盖板。外棺长2.24、宽0.86、高0.84、厚0.06米，内棺长2.18、宽0.7、高0.7、厚0.1米。棺用榫卯结构，均外髹黑漆、内髹红漆。单人仰身直肢葬，头向东，面向上。壁龛内随葬有陶大型壶1、小型壶5、盒1 、盘1件。棺内随葬有铜钱、金属片、布枕头、麻布。棺椁间发现木鸠杖1、泥马1件（图二三；彩版四二）。

4）单石椁带器物箱墓

5座。

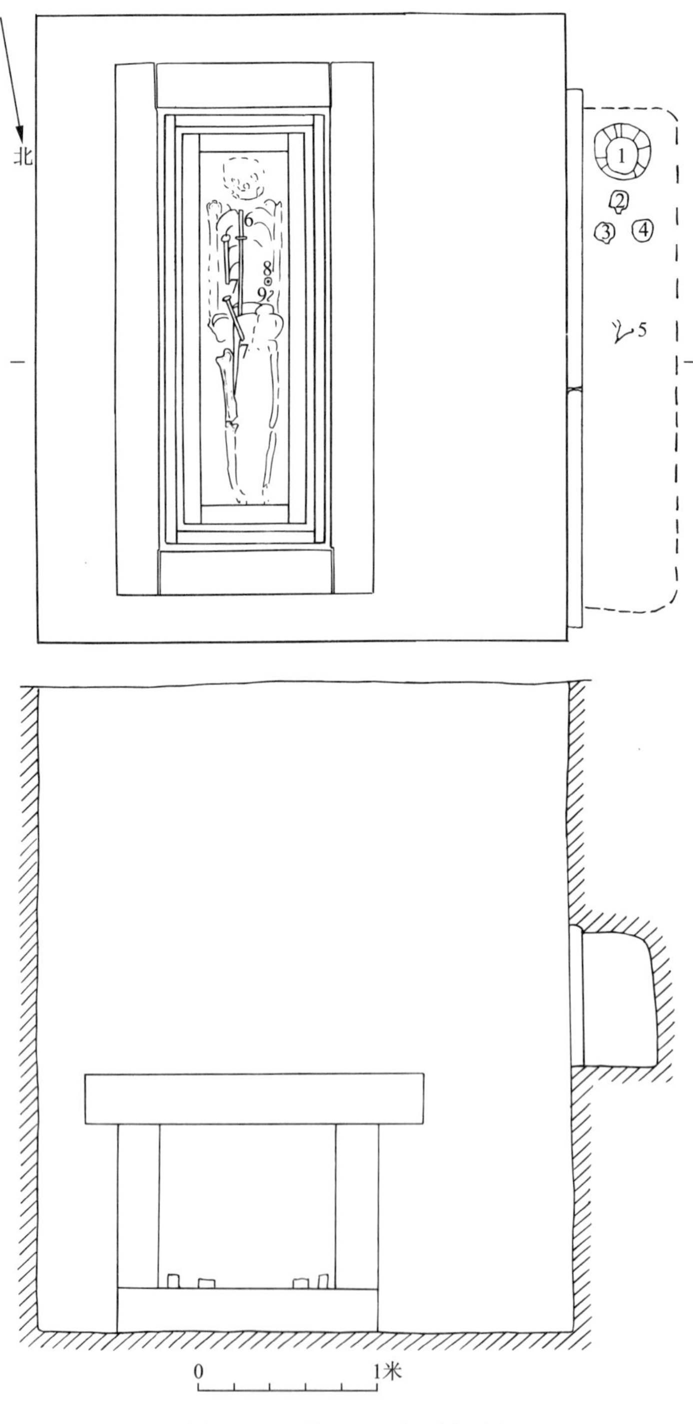

图二二　汉墓 M227 平、剖面图

1. 陶大型罐　2. 陶匜　3. 陶鼎　4. 陶盒　5. 金属饰件　6. 铁剑　7. 铁刀　8. 铜钱　9. 铜带钩

M14　位于Ⅰ区。墓向103°。长方形竖穴土坑，长3、宽2.1米，深2.7米。墓内填土为灰褐花土，经夯打，夯层0.24米。石椁长2.66、宽1.2、高1.08米，立板厚0.16米。立板上端有宽0.02、深0.04米的口槽，内盖木盖板。木盖板由上、下二层构成，上层横向、下层纵向。上盖三块石板，厚0.18米。木棺长2.1、宽0.8、残高0.16、立板厚0.13米。单人仰身直肢葬，头向东，面向上。石椁北侧一器物箱，长0.6、宽0.45米，内随有陶小型壶5件。填土中出土铁臿1件（图二四）。

M110　位于Ⅱ区。墓向357°。长方形竖穴土坑，长3.1、宽2.05米，深3.7米。墓内填土为红褐花土，经夯打。石椁长2.6、宽1.2、高1.02米，立板厚0.14米，长侧板两端有槽口，端板嵌入其中。上盖三块石板。外棺长2.28、宽0.9、残高0.08米，内棺长2.26、宽0.86、板厚0.12米。单人仰身直肢葬，头向北，面向不清。石椁东侧有器物箱，长1.26、宽0.3米，内随葬陶大型壶1、小型壶6、鼎1、盒1、匜1件。石椁立板刻有画像，头端立板刻有社树，脚端立板刻菱形纹、圆形纹，两侧立板刻菱形纹。

M125　位于Ⅳ区。墓向187°。长方形竖穴土坑，长3.1、宽2.1米，深3.5米。墓内填土为红褐花土，经夯打。石椁长2.42、宽0.98、高0.8、板厚0.17米。木棺朽甚，棺内髹红漆。单人仰身直肢葬，头向南，面向不清。棺内随葬有铜钱。椁外西侧放置器物箱，内随葬陶小型壶3件。

M132　位于Ⅳ区。墓向10°。长方形竖穴土坑，长2.87、宽1.97米，深2.04米。墓内填灰褐花土，经夯打，夯层厚0.3米。石椁长2.46、宽1.14、高0.83米，上盖三块顶板。木棺长2、宽0.55、残高0.18米。单人仰身直肢葬，头向北，面向上。石椁外西侧有器物箱，长0.9、宽0.53残高0.25米内随葬陶大型壶1、小型壶4、鼎1、盒1、盘1及彩绘泥马1件（图二五；彩版四三，3）。

（2）双石椁墓

8座。墓圹规整，应为一次挖掘而成。

1）双石椁墓

6座。墓中没有发现壁龛和器物箱。

M34　位于Ⅰ区。墓向5°。长方形竖穴土坑，长2.8、宽2.4米，深3.96米。西侧室填土为红褐花土；东侧室填土为黄褐花土，在距离墓口1.3米深处发现一层密集的夯窝，夯窝深度0.1~0.8米，直径0.1米，与发现夯具相近。上部填土发现一盗洞，盗洞壁上有人为火烧痕迹。用规整石板构筑并列二石椁，石椁长2.32、宽0.96、高0.79米，共用中间立板，西侧室用二块石板盖顶，东侧室用三块石板盖顶，顶盖板中间被盗墓凿开。椁室内发现有棺痕，朽甚。骨架散乱。西侧室内发现铁刀2、铜钱一摞，立板与墓圹间发现一陶小型罐；东侧室内空，未见葬具和随葬品，东侧室椁外有

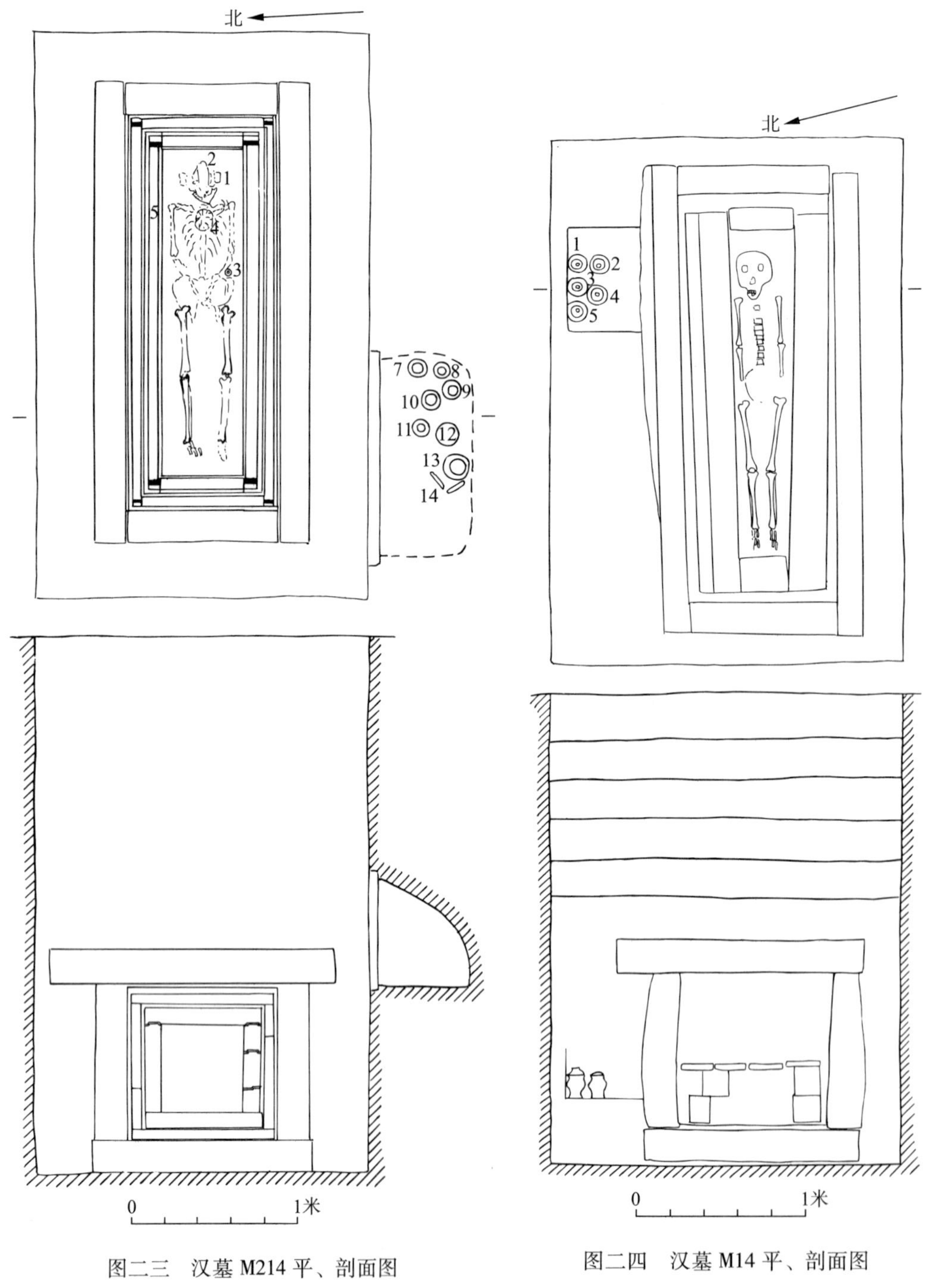

图二三　汉墓 M214 平、剖面图

1. 布枕头　2. 麻布　3. 铜钱　4. 金属片　5. 木鸠杖（木棺椁间）　6. 泥马（椁东北角）　7～11. 陶小型壶　12. 陶盒　13. 陶大型壶　14. 陶盘

图二四　汉墓 M14 平、剖面图

1～5. 陶小型壶

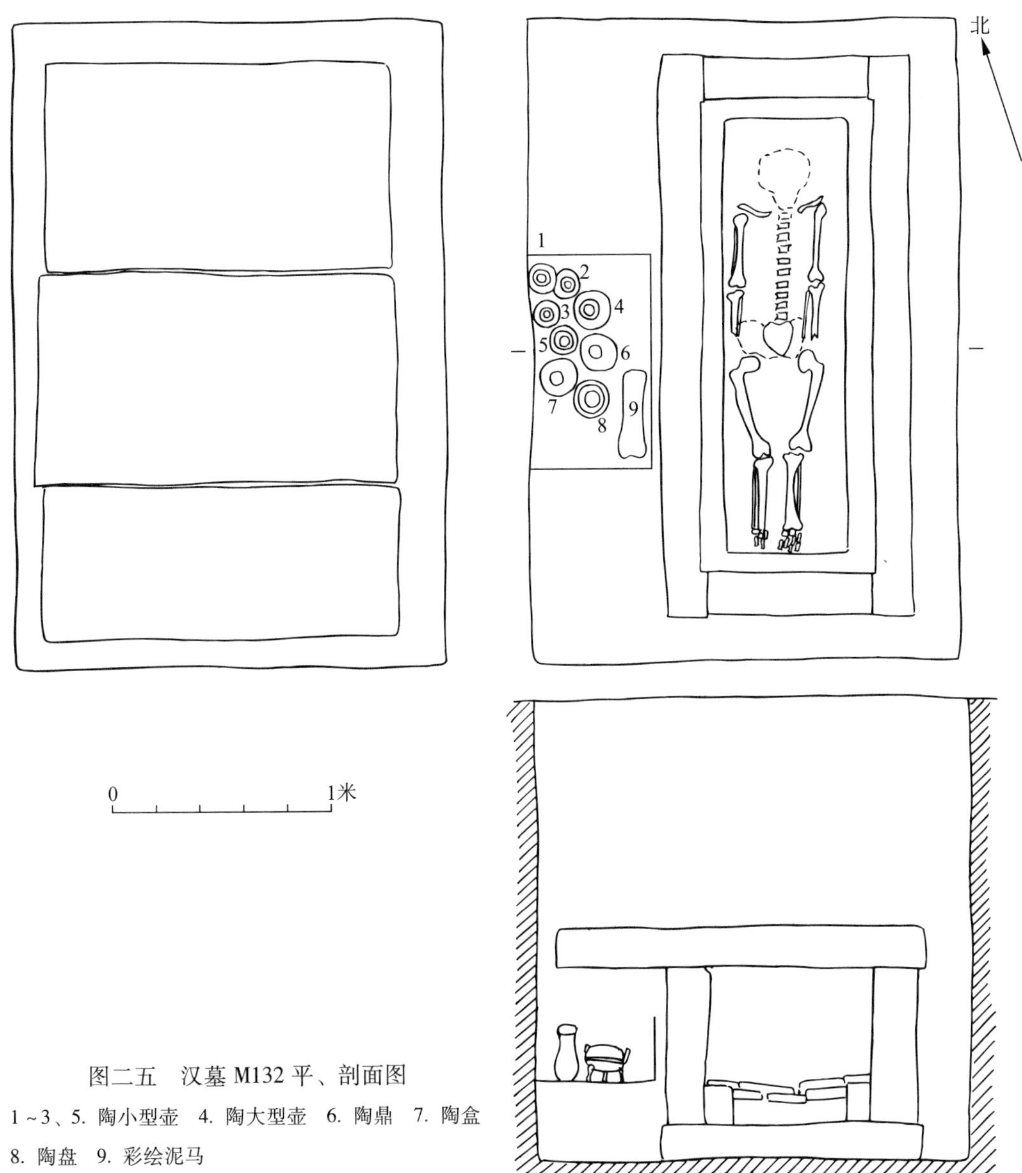

图二五　汉墓 M132 平、剖面图

1～3、5. 陶小型壶　4. 陶大型壶　6. 陶鼎　7. 陶盒　8. 陶盘　9. 彩绘泥马

陶小型罐 1 件。东西二石椁合用中间立板，构造规整，应为一次建造而成。由上部填土观察，墓葬分二次回填，东侧埋葬较晚（图版九一，2）。

M213　位于Ⅱ区。墓向 275°。长方形竖穴土坑，长 2.64、宽 2.2 米，深 2.2 米。墓内填土为红褐夯土，夯层厚 0.4 米。墓底用规整石板构筑并列二石椁，共用中间立板，长 2.44、北室宽 1、南室宽 1.04、高 0.7 米。椁上分别盖有二石板。北椁室内发现一木棺，长 2、宽 0.6、残高 0.05 米。单人仰身直肢葬，头向西，面向上。棺内随葬陶罐1、铜钱1串。南椁室内未见木棺，单人仰身直肢葬。随葬有铁刀1、陶小型罐1、石琀1、铜钱1串（图二六）。

M245　位于Ⅱ区。墓向12°。长方形竖穴土坑，长2.7、宽2.1米，深2.7米。墓葬西侧壁底部外扩0.4米，高1.3米。墓葬底部用规整石板构筑并列两石椁，长2.52、宽1.08、高0.91米。西椁室内一棺，长2.2、宽0.6、残高0.02米。单人仰身直肢葬，头向北，面向上。上用二石板盖顶。东侧椁室没有发现骨架、随葬品及顶盖板。初步分析，底部椁室为同时构筑而成，东侧因特殊原因没有下葬。

2）双石椁带壁龛墓

2座。

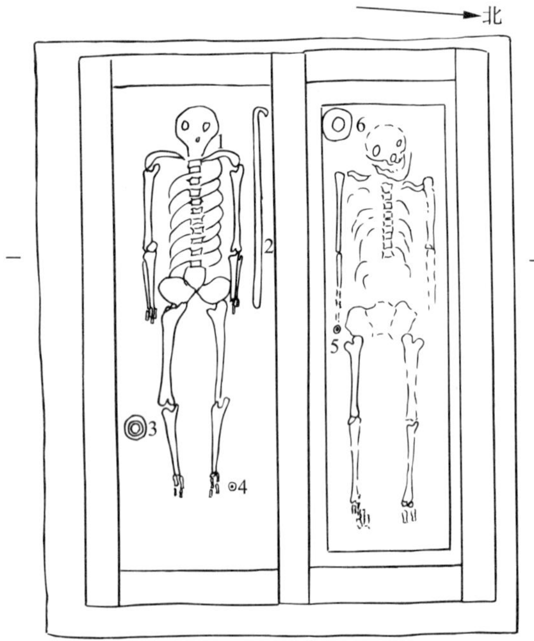

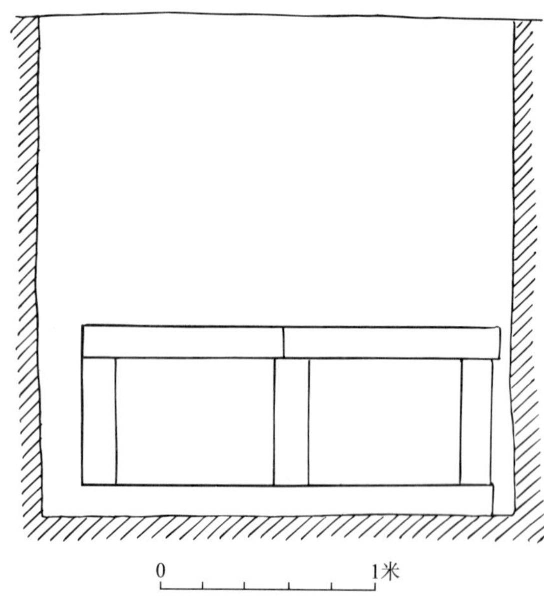

图二六　汉墓M213平、剖面图

1. 石琀　2. 铁刀　3. 陶小型罐　4、5. 铜钱　6. 陶罐

M222　位于Ⅱ区。墓向15°。长方形竖穴土坑，长2.8、宽2.2米，深3.45米。墓内填土用黄褐黏土夯打而成，夯层厚0.3米。东侧壁上有长方形壁龛，宽1.1、高0.5、进深0.5米，口外用长石板封堵，壁龛底部距墓底0.7米。墓葬底部用石头构筑东西双椁室，共用中间立板，椁室长2.46、宽1.1、高0.7米，东侧盖三块顶盖板、西侧盖两块石板。石板厚而规整。椁室内均发现木棺，长2.06、宽0.68、残高0.05米。各埋葬一人，仰身直肢葬，面向上，头向北。西侧内随葬一铁剑，东侧棺内随葬有铜钱。壁龛内葬陶中型罐1、木盒2件（图二七）。

M239　位于Ⅱ区。墓向93°。长方形竖穴土坑，长2.7、宽1.9米，深3.2米。北侧壁上有壁龛，宽1.5、高1.24、进深0.7米。口外用石板封堵。壁龛底部距墓底0.74米。墓室底部用石板构筑二石椁，共用中间立板，长2.38、宽0.99、高0.9米。北侧室埋葬单人，仰身直肢葬，面向上，头向东，棺内随葬1铁剑、铜钱1串。南侧石椁内没有发现骨架和随葬品。壁龛内随葬陶小型罐2、金属饰件1组（图二八）。

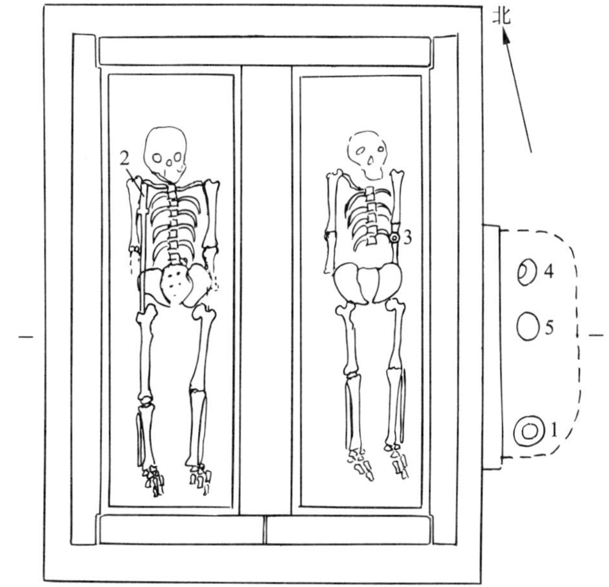

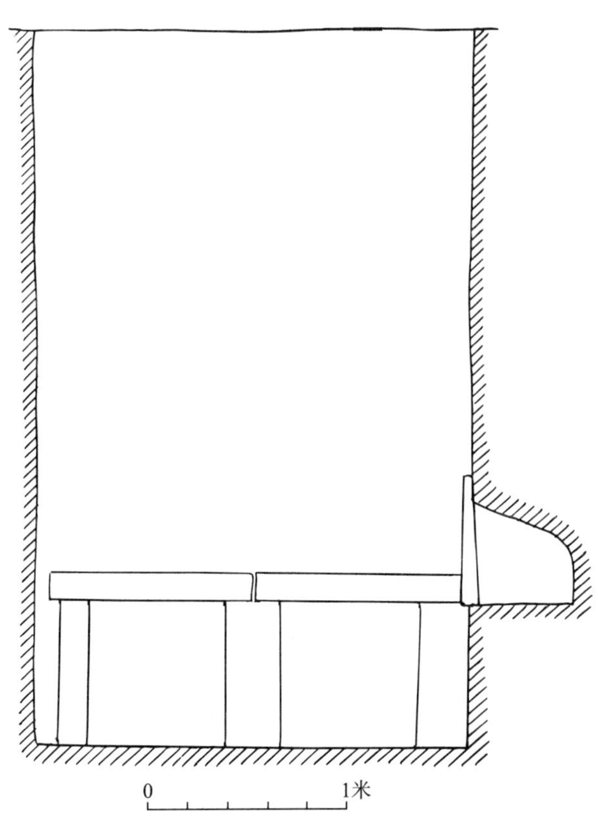

图二七　汉墓M222平、剖面图

1. 陶中型罐　2. 铁剑　3. 铜钱　4、5. 木盒

3. 石椁木椁同穴墓

1座（M8）。

M8　位于Ⅰ区，打破M21、M41。墓向270°。长方形竖穴土坑，长3.06、宽2.4米，残深1.16米。墓内填土为红花土。墓穴东壁有一壁龛，宽0.8、残高0.36、进深0.24米。北侧室用石板构筑石椁，长2.6、宽0.9、高0.78米，上盖顶板，棺不清，未见骨架。椁外东侧随葬有陶大型罐1、小型罐2、瓶2件。南侧室用圆木构筑木椁，保存较差。棺不清，单人仰身直肢葬，头向西。棺内随葬铁剑1件及大量铜钱。龛内随葬陶大型罐1、瓶2件（图二九）。

（三）画像石

出土画像石墓葬共26座，发现画像石72块。画像内容有12座

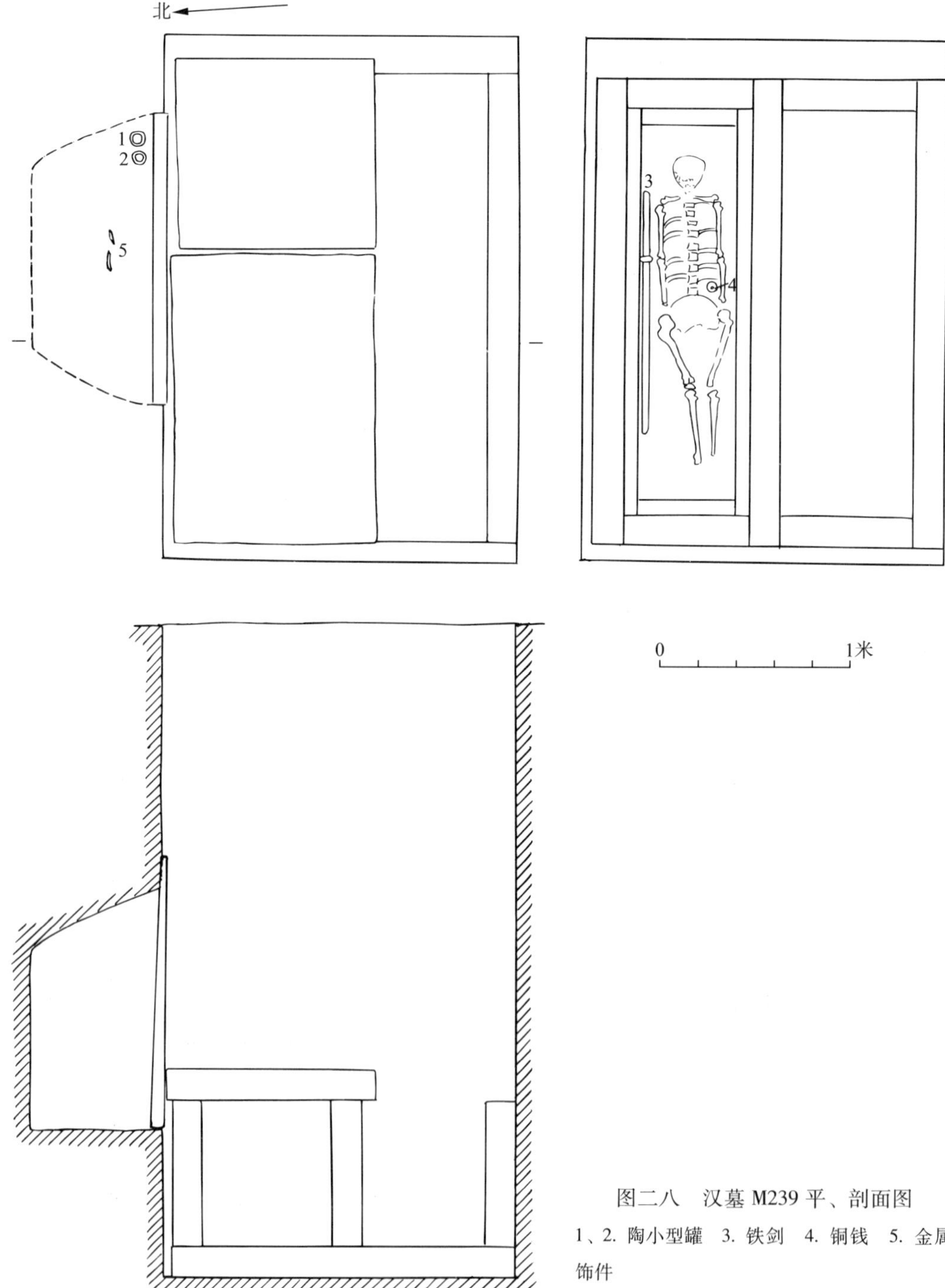

图二八　汉墓 M239 平、剖面图
1、2. 陶小型罐　3. 铁剑　4. 铜钱　5. 金属饰件

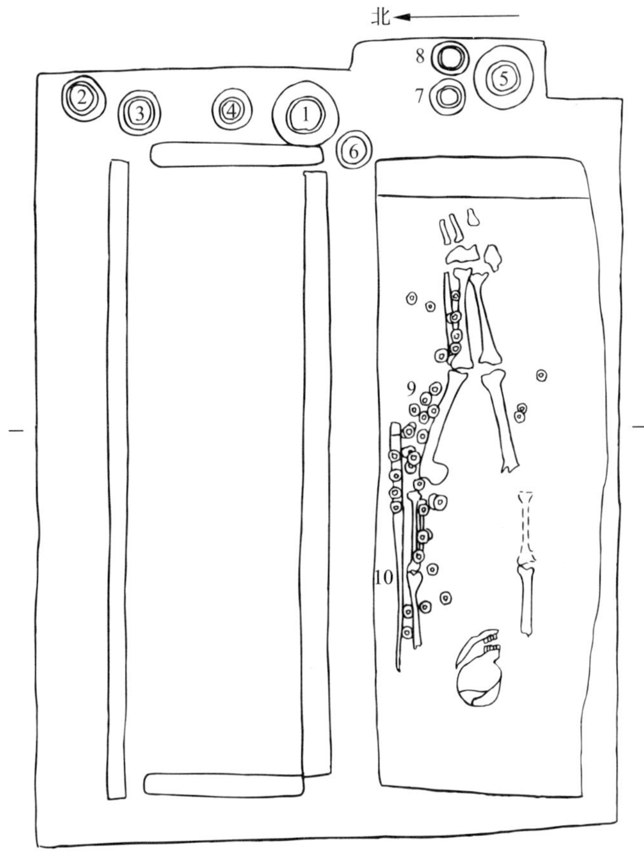

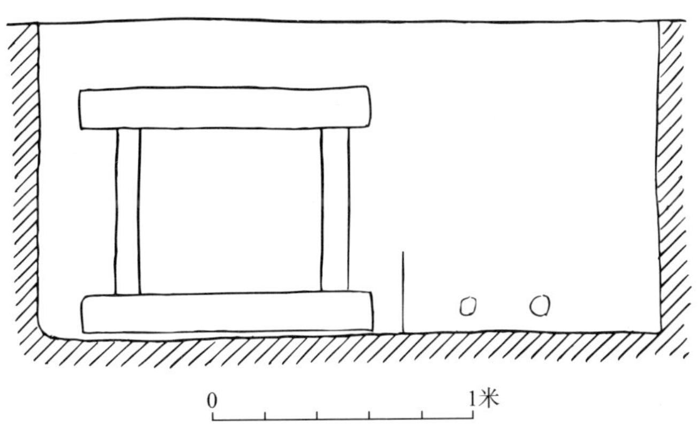

图二九 汉墓 M8 平、剖面图

1、5. 陶大型罐 2、3. 陶小型罐 4、6、7、8. 陶瓶 9. 铜钱 10. 铁剑

墓葬为单调的竖线或斜线凿痕；有的墓葬仅立板和端板刻有画像，侧立板为竖线或斜线凿痕，两端板刻有十字穿璧纹或社树；部分墓葬顶板刻有圆形或穿璧纹，立板凿刻较为复杂的菱形纹，端板刻十字穿璧纹或社树。

M215，南北侧立板画像：画面长 2.16、宽 0.67 米。用长宽 0.04 米的光滑条带将画像分为内、外两区：内区画像长 1.79、宽 0.33 米，内为斜条痕组成的菱形纹和三角纹；外区为多重的菱形纹组成的菱形纹带。东端立板：画面宽 0.73、高 0.68 米，用宽 0.46、高 0.4 米的条带方框将画面分为内外区，方框内用斜线将画面四分，内为旋转条痕组成的圆形，外为直线条痕。外区为宽 0.12 米的多重菱形条带纹。西端立板：画面尺寸同东端立板。用宽 0.48、高 0.4 米的条带将画面分为内、外两区：内用条带左右二分，各雕刻方形台坛和社树；外为多重菱形纹组成的宽条带（图三〇）。

M244，南侧顶板：画面长 0.86、宽 0.64 米，分为内中外三区：内区中心 6 厘米的光滑面圆形，其外为直径 0.36 米旋转型条痕组成的圆形画面；外为宽 0.04 米的斜条痕组成的绳索状圆条带。中区为长 0.62、宽 0.56 米的斜痕组成的三角形纹或菱形纹。外区三侧为宽 0.12 米的菱形纹条带。北侧顶板：长 1.08、宽 0.6 米，画像内容与南侧同。南端立板：画面长、宽均 0.78 米，用宽 0.5 米的方框条带将画面分为内、外两区：内区用斜线和直线八分，内为直径 0.09 米的圆形画面和直径 0.32 米的圆形画面，外为斜痕组成的三角形纹。外区为宽 0.14 米的多重菱形纹组成的宽条带。北端立板：画面长 0.78、宽 0.48 米的方框将画面分为内、外两区，中为台坛和社树，外区为宽 0.14 米的菱形纹和三角纹条带（图三一）。

M224，南端立板：宽 0.8、高 0.75 米。用宽 0.6、高 0.56 米的方框条带将画面分为内、外两区：内区为条痕组成的直径 0.38 米的圆形画面和宽 0.035 米的宽条带。其外刻斜条痕。外区为宽 0.1 米的多重菱形纹组成的宽条带。北端立板：画面长 0.79、高 0.72 米。画面分内、外两区：内区宽 0.56、高 0.51 米，刻三颗方形台坛的社树；外区为宽 0.11 米的菱形纹和三角纹条带。西侧立板：画面长 2.17、高 0.72 米，内区画面长 1.93、高 0.58 米，斜条痕组成的菱形纹和三角纹，外区为宽 0.12 厘米的菱形纹三角纹条带（图三二）。

M223，北侧顶板：画面长 0.92、宽 0.55 米，分内、外两区：内区画面长 0.72、高 0.34 米，为菱形纹和三角纹，外为菱形纹条带。南侧顶板，画面长 0.92、高 0.45 米，分内、外两区：内区画面长 0.72、高 0.28 米，中心刻一菱形纹，外刻三角纹。外区为菱形纹条带。北端立板画面宽 0.77、高 0.74 米。用宽 0.52、高 0.49 米的方框条带将画面分内外区：内区用对角线四分，中心为直径 0.1 米的圆心和旋转条痕组成的直径 0.28 米的圆形画面，其外斜条痕组成的三角纹，中部四个三角似构成四角星纹。外区为宽 0.12 米的多重菱形纹组成的宽条带，下侧为大菱形纹，余三侧为小菱形纹。南端

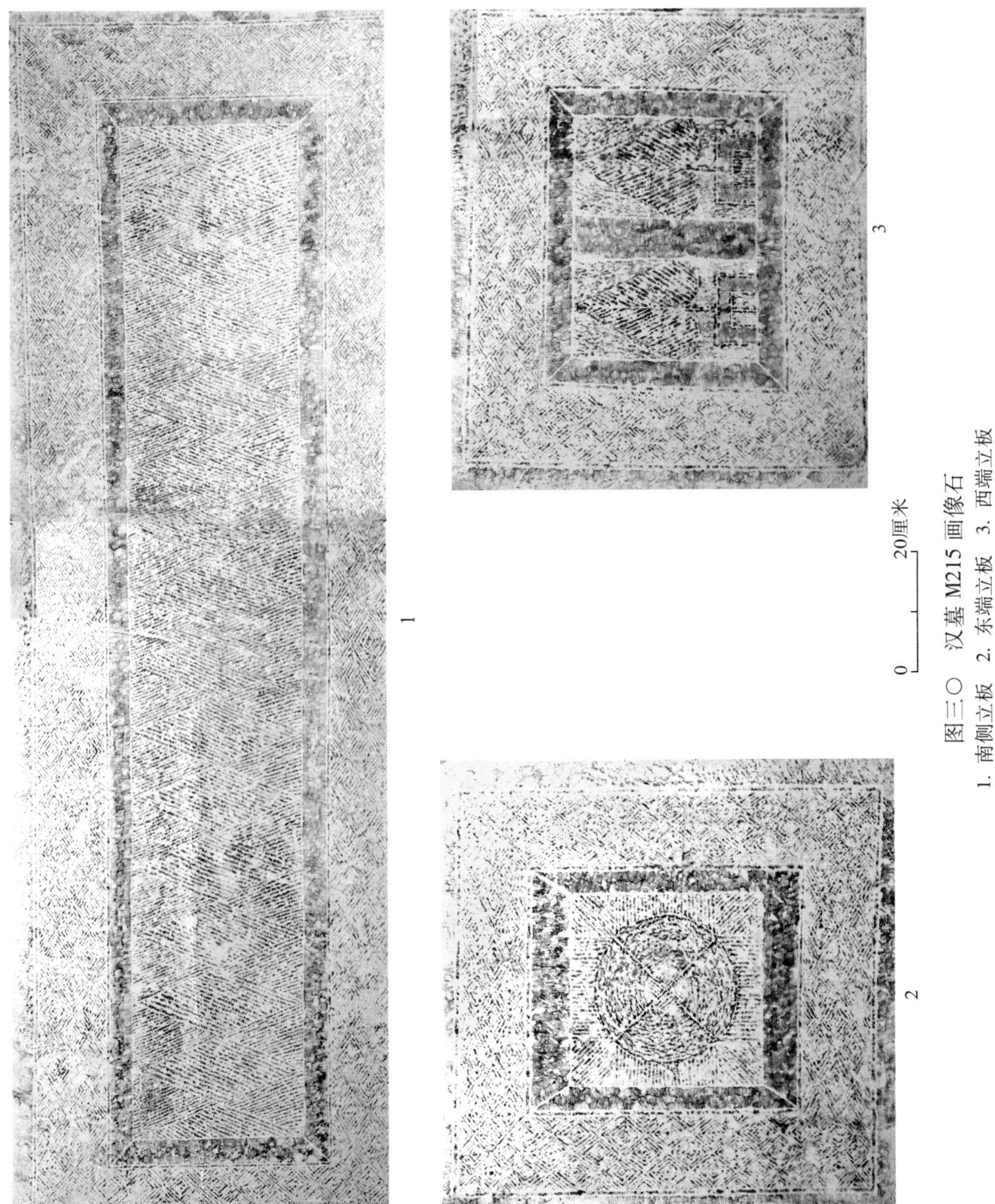

图三〇 汉墓M215画像石
1. 南侧立板 2. 东端立板 3. 西端立板

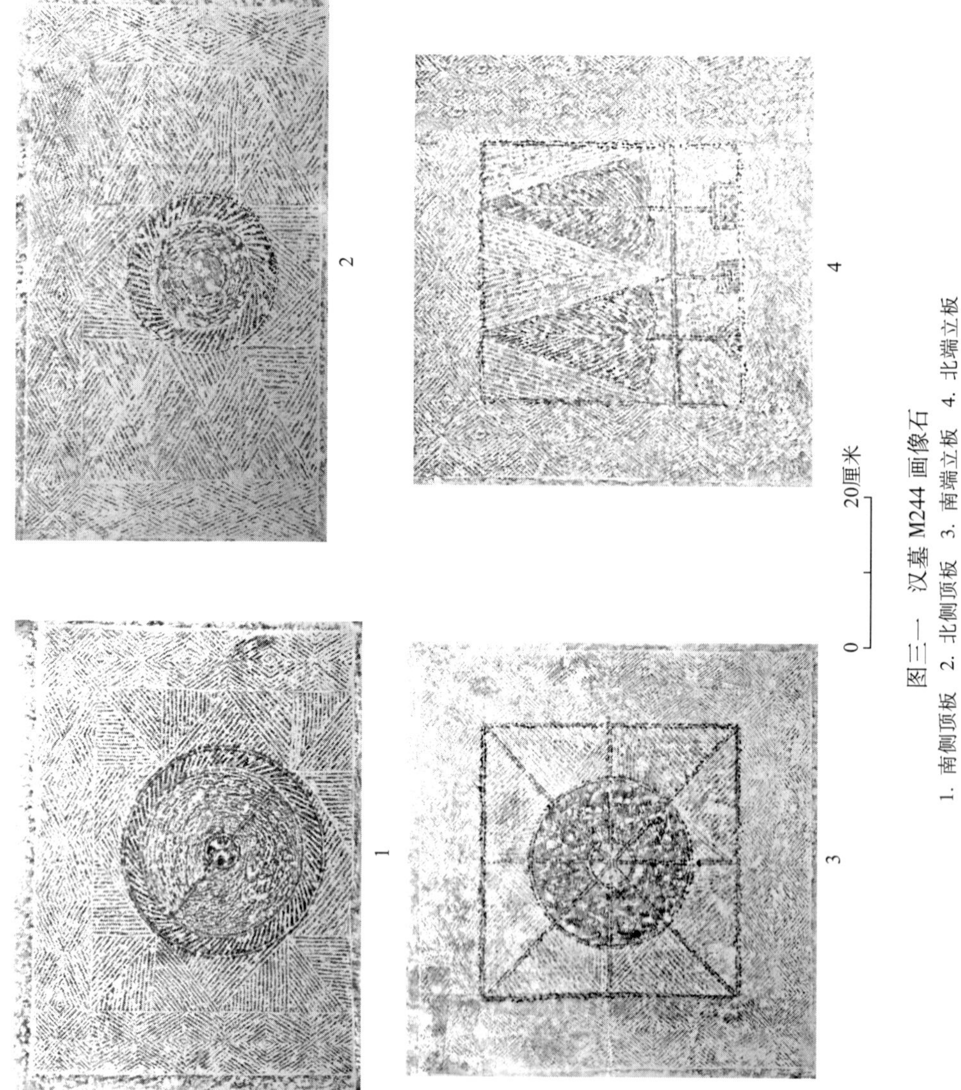

图三一　汉墓 M244 画像石

1. 南侧顶板　2. 北侧顶板　3. 南端立板　4. 北端立板

图三二 汉墓 M224 画像石
1. 西侧立板 2. 南端立板 3. 北端立板

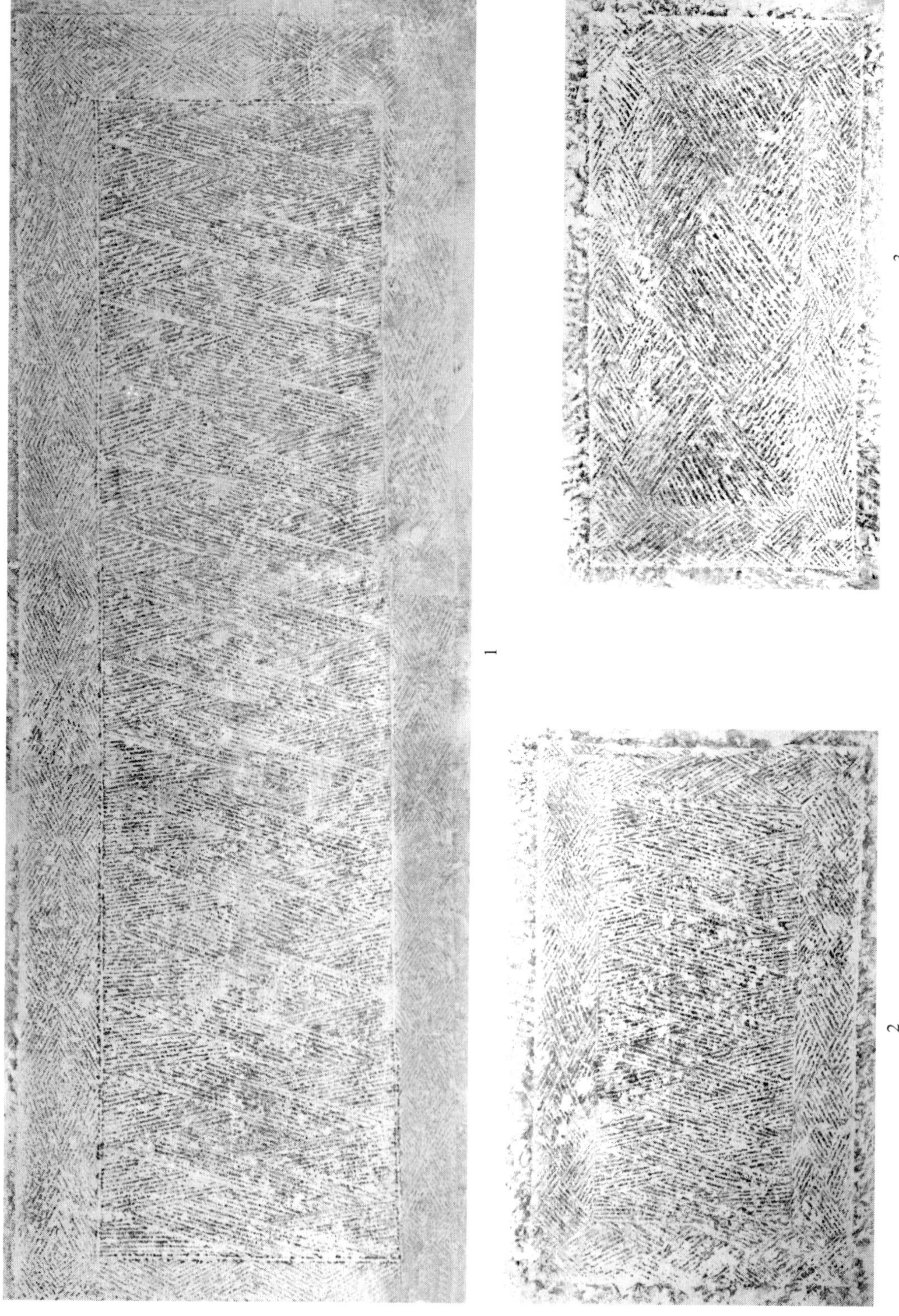
1
2
3

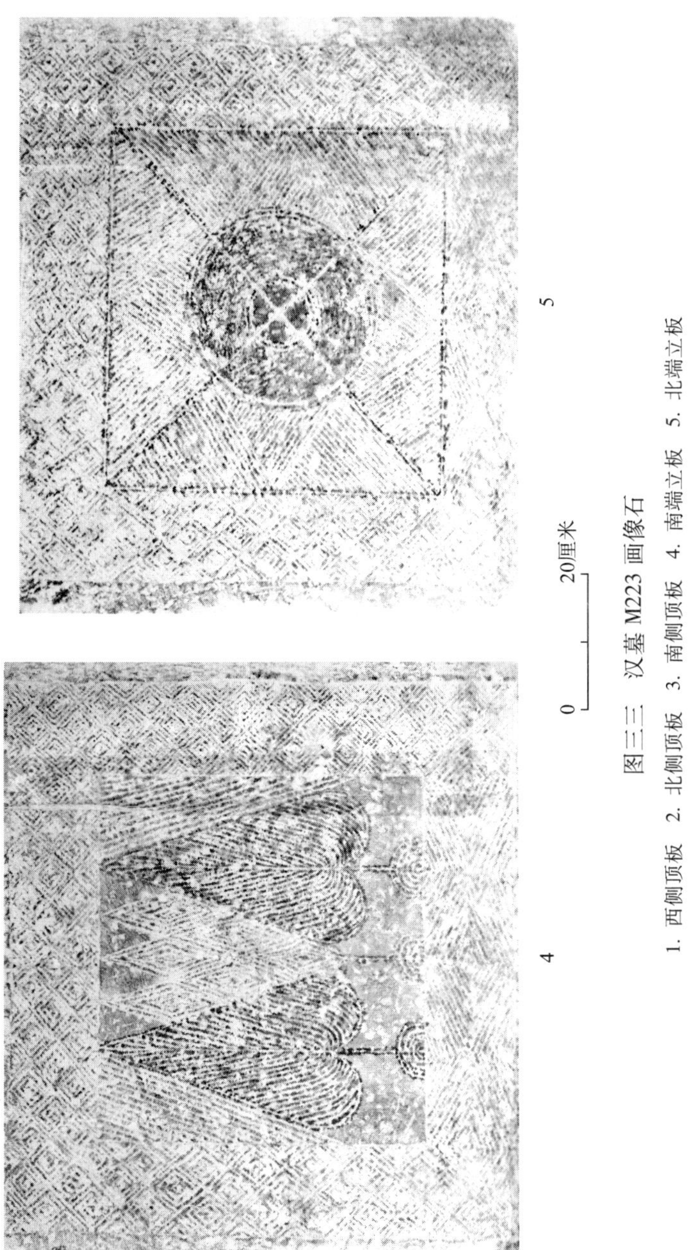

图三三　汉墓 M223 画像石

1. 西侧顶板　2. 北侧顶板　3. 南侧顶板　4. 南端立板　5. 北端立板

立板：画面长 0. 79、高 0. 73 米。画面分内、外两区：内区宽 0. 52、高 0. 47 米，刻三个圆形台坛，其上两侧为弧状条痕组成的两颗社树，中间为菱形纹组成的三颗社树。外区同北端立板。西侧立板：画面长 2. 15、高 0. 73 米，内区画面长 1. 88、高 0. 46 米，斜条痕组成的菱形纹和三角纹，外区为宽 0. 14 米的菱形纹三角纹条带（图三三）。

M72，南端立板：画面宽 0. 55、高 0. 49 米，用宽 0. 37、高 0. 32 米的方形宽条带将画面分为内、外两区：内区刻圆形台坛的两颗社树，其上中部刻半圆状宽条带，外为菱形宽条带纹。对角线四分，中心为直径 0. 1 米的圆心和旋转条痕组成的直径 0. 28 米的圆形画面，其外斜条痕组成的三角纹，中部四个三角似构成四角星纹。外区为宽 0. 09 米的多重菱形纹组成的宽条带。北端立板：画面长 0. 53、高 0. 53 米。画面用的方形宽条带分内、外两区：内区为十字穿璧纹，外区为菱形宽条带纹（图三四）。

M62，南端立板：画面宽 0. 55、高 0. 55 米，画面分为内、外两区：内区刻三角形树头的两颗社树，外区为宽 0. 085 米的多重菱形纹组成的宽条带。北端立板：画面长 0. 56、高 0. 58 米。画面用对角线四分，内区中心刻直径 0. 1 米的圆形，外三周圆形条痕；外区为宽 0. 09 米的菱形宽条带纹（图三五）。

M192，东端立板：画面宽、高均为 0. 64 米，分内、外两区：内区宽 0. 44、高 0. 4 米，对角斜线将画面分为四区，刻斜条痕组成的三角纹。外区为直条痕组成的宽条带。西端立板：画面宽、高均为 0. 69 米，内区刻十字穿璧纹、斜线纹，外刻直线痕（图三六）。

M44，南端立板：画面宽 0. 66 米，对角线将画面四分，内区为穿璧纹，外区为宽 0. 08 米的直条痕宽条带。北端立板：画面宽 0. 64 米，内区为直条痕，外区为宽 0. 08 米的直条痕宽条带。东侧立板画面长 2. 08、高 0. 62 米，内区为菱形纹，外区为宽 0. 11 米的直条痕宽条带纹。顶盖板粗糙。

M52，北端立板：画面宽 0. 61、高 0. 47 米。内区由十字穿璧纹与圆形外四个三角及角端的圆形宽条带组成。外区为宽 0. 08 米斜条痕组成的宽条带纹，斜痕略打磨。其余三侧立板为单调的斜条凿痕（图三七）。

（四）漆　画

在石椁口槽内搭盖的木椁盖板上绘制而成。在石椁内发现搭盖有木头椁顶盖板的墓葬共 12 座，在木盖板上发现彩绘纹饰的有 4 座。分为两类。

（1）在黑色底漆上用白色、红色漆绘制纹饰。仅 1 座墓葬（M158）。在黑色底漆上，用白色双线条带分为八区，用红漆绘心形并加绘点状云纹，空处绘红彩点状纹饰（彩版四三，1、2）。

（2）在黑色底漆上用白色漆绘制纹饰。在 3 座墓葬中发现。M223，在石椁口部搭

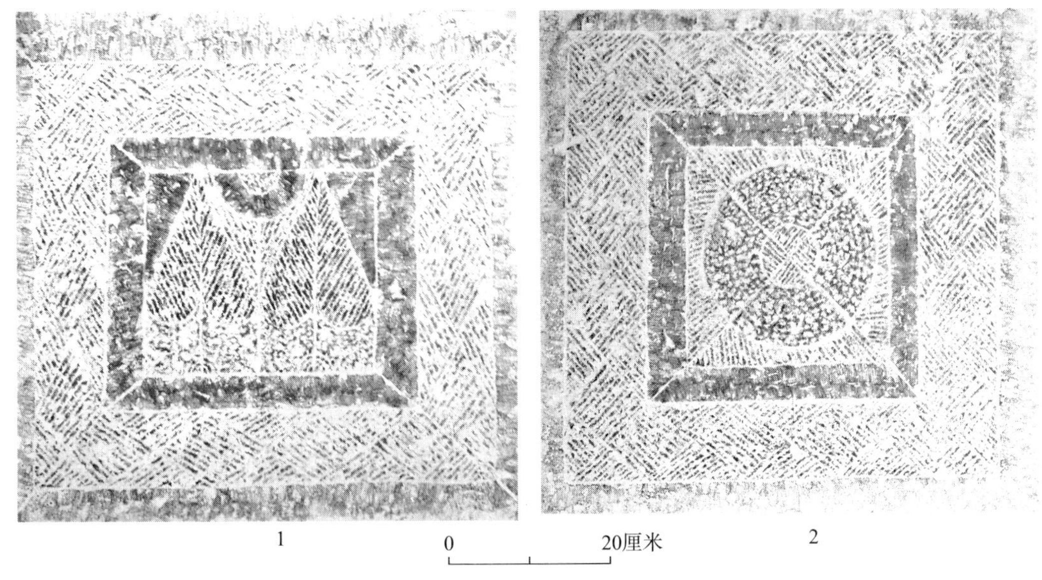

图三四 汉墓 M72 画像石

1. 南端立板 2. 北端立板

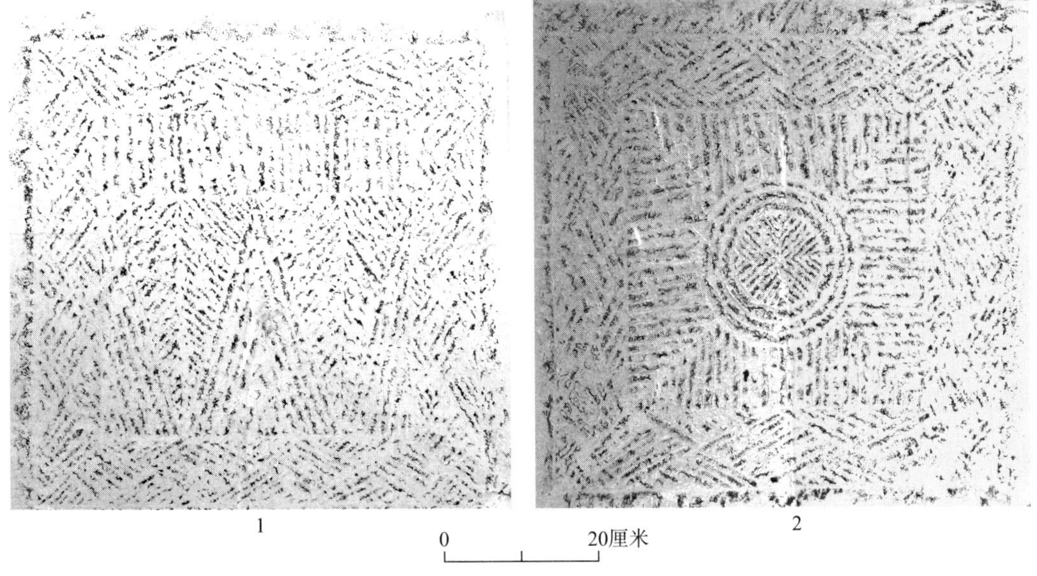

图三五 汉墓 M62 画像石

1. 南端立板 2. 北端立板

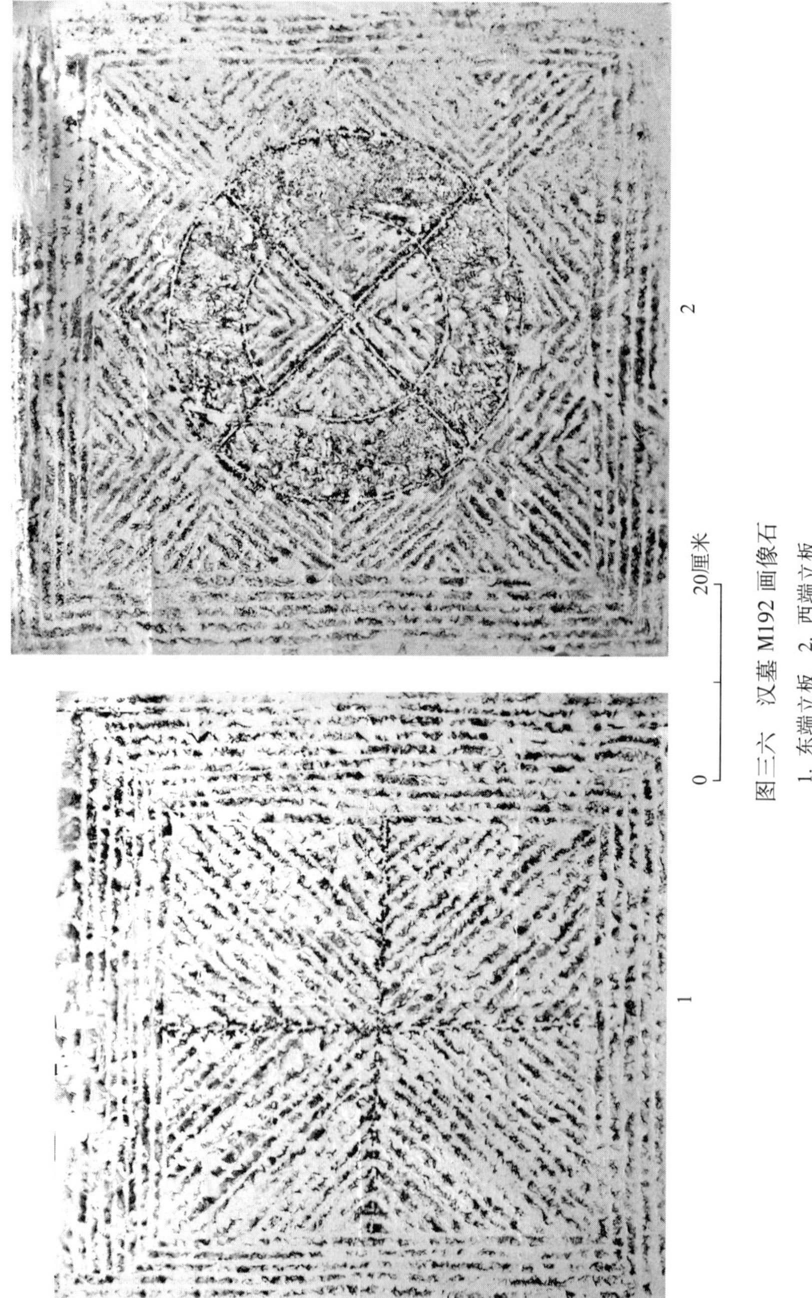

图三六　汉墓 M192 画像石

1. 东端立板　2. 西端立板

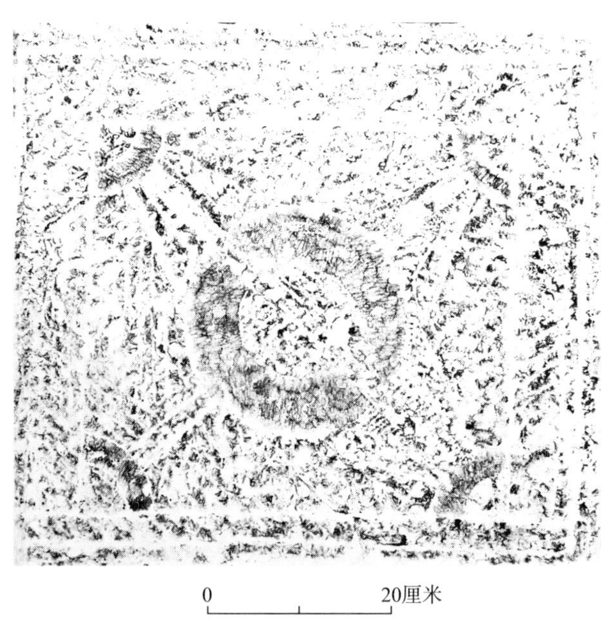

图三七　汉墓 M52 北端立板画像石

盖的木椁顶盖板上，上黑漆，绘制白色纹饰。用八个圆点组成的圆圈纹为主体，空处绘制勾云纹和点状纹（彩版四一，2、3）。

（五）出土遗物

柴峪墓地出土了丰富的文化遗物，有陶器、铁器、铜器、石器、漆木器、金属饰件等1135件。

1. 陶器

360件。皆为泥质陶。多为灰陶，少量为灰褐陶或红褐陶。多为素面，有的饰有刻划纹或弦纹。陶礼器的表面多饰有彩绘纹饰，多为白色或褐色底彩，上面绘有红彩或褐彩，纹饰有弦纹、波折纹、曲边波折纹、柿蒂纹、三角纹、曲边云纹等。器形有鼎、盒、壶、盘、匜、豆、罐、瓶等。

鼎　18件。分为两型。

A型　4件。折腹鼎。分为四式。

Ⅰ式　1件（标本M132:6）。泥质黑灰陶。子口，圆唇微上翘，腹部斜直微内收。深腹，中腹一周凹槽，腹部呈折棱状，圜底。两竖耳，长条形孔，透。马蹄形足较高。盘状顶盖较平，厚方唇，唇面内凹。顶部饰二周红彩带，内部饰曲线纹、勾云纹，腹

图三八　汉墓出土陶鼎

1. A型Ⅰ式（M132:6）　2. A型Ⅱ式（M215:4）　3. A型Ⅲ式（M154:7）
4. A型Ⅳ式（M80:4）　5. Ba型Ⅰ式（M77:6）

部饰二周红彩带。口径16.5、通高18厘米（图三八，1；彩版四四，1）。

Ⅱ式　1件（标本M215:4）。泥质灰褐陶。子口，口沿内平折，尖圆唇上翘，深腹。两耳较宽，长条形孔未透。圜底较平。马蹄形足较矮。钵形弧鼎盖。素面。口径14.5、通高14厘米（图三八，2）。

Ⅲ式　1件（标本M154:7）。泥质灰褐陶。敛口，口沿向内斜折，圆唇上翘。上腹微内曲，折腹。圜底。两立耳宽扁微撇，长条形孔未透。马蹄形足较矮，下部内收。钵状顶盖，方唇，顶部较平。素面，表面抹光。口径13.8、通高13.4厘米（图三八，3）。

Ⅳ式　1件（标本M80:4）。泥质灰褐陶。子口内敛，圆唇斜上翘。上腹斜直，上部内收，折腹，圜底。两耳曲外撇。马蹄形足较矮。钵状弧顶盖。素面，外表抹光，涂一层灰陶衣。口径11.6、通高11.6厘米（图三八，4）。

B型　14件。圆腹鼎。分为两亚型。

Ba型　8件。立耳较窄。分为五式。

Ⅰ式　1件（标本M77:6）。泥质灰陶。子口内敛，圆唇，曲腹较深，圜底。立耳微曲，长方形孔透。马蹄形足较高，足根外撇。圜底钵形顶盖，上饰三扉状立耳。通体施白色底彩，顶、腹饰黑色宽条带纹间以波折三角纹。口径15.4、通高15.3厘米（图三八，5）。

Ⅱ式　1件（标本M165:5）。泥质灰陶。子口内敛，圆唇，曲腹较深，圜底较平。立耳微外撇，方孔未透。马蹄形足较高，足跟外撇。通体施白色底彩，顶盖周边一周宽彩带，中部饰黑彩、褐彩曲边窝形云纹，足部饰人面纹。口径13、通高15厘米（图三九，1；彩版四四，2）。

Ⅲ式　3件。标本M188:2，泥质灰陶。子口微上翘，内敛，圆唇。腹外鼓，底部平。窄竖耳外斜，长条形孔未透。马蹄形足较高，足根略外撇。钵状顶盖略平，母口微内凹。通体施白色底彩，顶盖周边饰三周红褐带状纹，中部饰三组红褐彩勾云纹及点状纹，其间饰以黑彩细线云纹。上腹部饰两周红褐彩带状纹饰，其间饰以水波纹。耳部饰红褐彩条带纹饰。足部用红褐彩点绘兽面。口径14.7、通高14.4厘米（图三九，2）。

Ⅳ式　2件。标本M242:6，泥质灰陶。子口微下凹，圆唇，口部微内敛。腹部弧曲较深，圜底。双耳弧曲外斜。马蹄形足较高，下部外撇。钵状圆顶盖微折，顶部较平，厚圆唇。通体施白色底彩，顶盖周边绘一周红色带状纹，折处绘成组的钩状条带。中心绘红彩圆圈，内侧用黑彩勾描。外侧绘三组羽状花瓣，其间饰羽状叶形纹。中腹部饰一周红彩带，其上绘数组竖向弧状带纹、圆点纹，其间饰以红黑彩横向条带纹。足部饰以红黑彩带状纹。口径15.2、通高14.3厘米（图三九，3；彩版四四，3）。标本M208:9，泥质灰陶。子口微内敛，圆唇，鼓腹，平底微上凹。马蹄状足较高。两立耳外撇甚，外有方孔未透。钵状顶盖，圆唇，平顶。通体施白色底彩，顶盖周边绘两周红彩条带纹间以水波纹，中部绘三组心形弧带纹，其间饰以曲边云纹和羽状纹。上腹部绘条带纹间以水波纹。足部绘兽面纹。口径14.5、通高14.1厘米（图三九，4；彩版四四，4）。

Ⅴ式　1件（标本M122:4）。泥质灰陶。敛口，圆唇，曲腹，圜底。两立耳较窄，外斜，长条形孔未透。马蹄形足较高，足根部内收。钵状圆鼎盖，顶部较平，母口微内弧。通体施白色底彩，顶盖周边饰两周红色带状纹，间以波折纹，中部绘勾云纹。腹部绘两组红色条带纹间以波折纹。足部用红色条带绘兽面纹。口径14、通高14.8厘

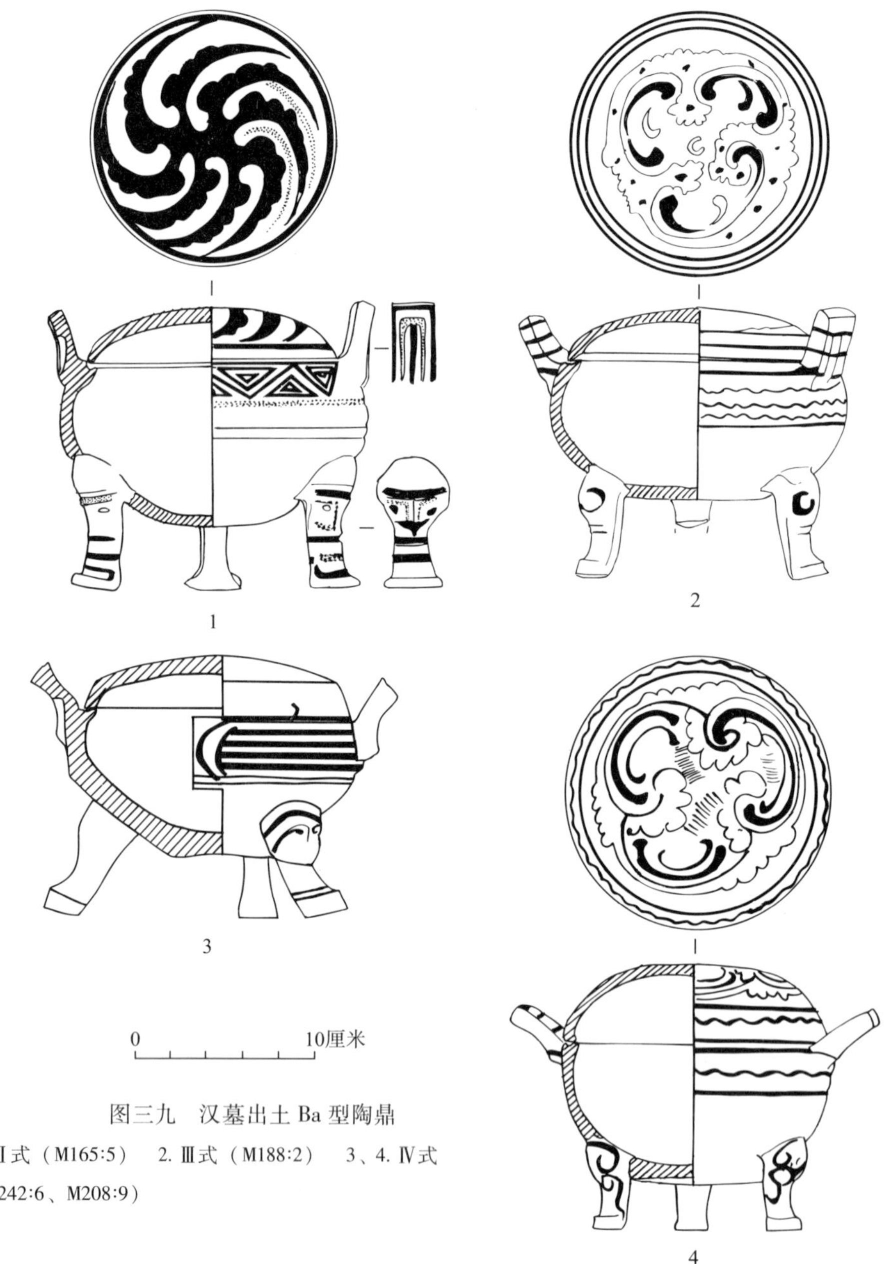

图三九　汉墓出土 Ba 型陶鼎

1. Ⅱ式（M165:5）　2. Ⅲ式（M188:2）　3、4. Ⅳ式（M242:6、M208:9）

米（图四〇，1；彩版四四，5）。

Bb 型　6 件。立耳较宽。分为五式。

Ⅰ式　1 件（标本 M79:7）。泥质红褐陶。口部微敛，腹部弧曲，底部较平。两竖耳弧曲外撇，各有一长条形孔。马蹄形足较高，足根清楚。钵状顶盖较高，顶部较平，厚方唇。通体施白色底彩，顶盖周边及上腹部绘条带纹间以波折纹。足部绘逼真的人面纹。口径15.5、通高13.8厘米（图四○，2）。

Ⅱ式 1件（标本M110:7）。泥质灰褐陶。口部内敛，圆唇，腹部较深，圜底。两立耳较宽，微外斜，长条形孔未透。圜底钵形顶盖，母口斜内弧曲。口径14、通高14.6厘米（图四○，3；彩版四四，6）。

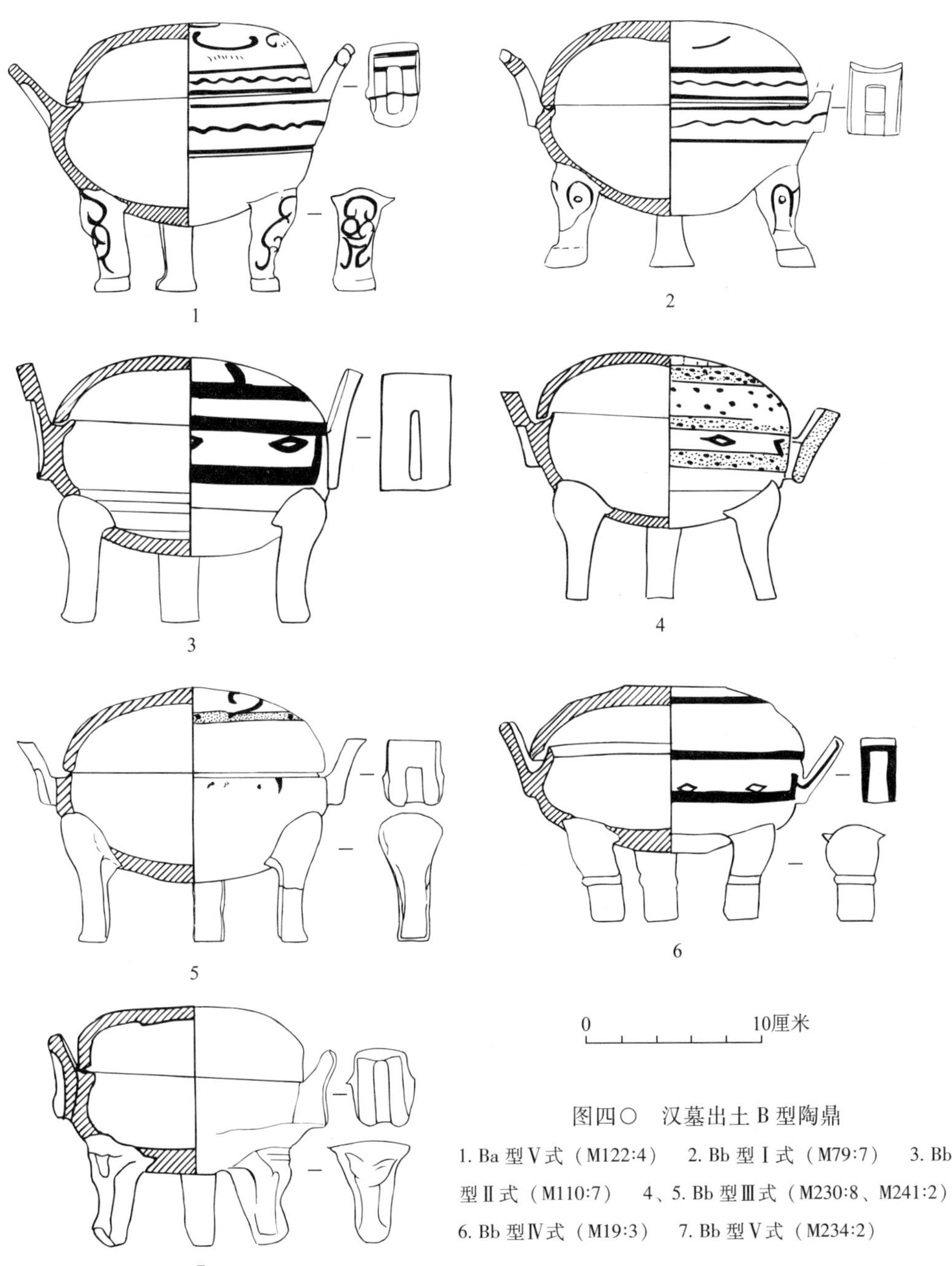

图四○ 汉墓出土B型陶鼎

1. Ba型Ⅴ式（M122:4） 2. Bb型Ⅰ式（M79:7） 3. Bb型Ⅱ式（M110:7） 4、5. Bb型Ⅲ式（M230:8、M241:2） 6. Bb型Ⅳ式（M19:3） 7. Bb型Ⅴ式（M234:2）

Ⅲ式　2件。标本M230:8，泥质灰褐陶。子口内敛，尖圆唇，曲腹，圜底。腹外两竖耳外撇，上有长条形方孔未透。柱状足较高。钵状顶盖浅平，母口微斜凹。顶、腹施白色底彩，顶部饰红褐宽彩带，条带上饰黑彩碎点纹，条带间饰六个黑彩大点纹。腹部饰红褐条带纹，条带上饰黑彩碎点纹，条带间饰菱形纹，立耳绘褐采条带纹。口径14.5、通高13.6厘米（图四〇，4；彩版四五，1）。标本M241:2，泥质红褐陶。子口较直，圆唇。腹部较浅，圜底。马蹄形足较高，下部略内收。两竖耳外撇，长条形孔未透。钵状浅顶盖微折。器表未施底彩，顶盖饰两周褐彩带，彩带上饰黑彩碎点纹，条带内饰三角纹，中部饰不规则椭圆形条带纹。口径15.5、通高13.9厘米（图四〇，5）。

Ⅳ式　1件（标本M19:3）。泥质灰陶。敛口，尖圆唇上翘，曲腹较浅呈矮扁状，圜底较平。长条状耳外撇甚，未见孔。柱状足斜内收，中部有一周凸棱。钵状顶盖较浅，顶部平。顶、腹施白色底彩，顶、腹饰褐彩条带纹，上腹饰菱形纹。口径14.2、通高13厘米（图四〇，6；彩版四五，2）。

Ⅴ式　1件（标本M234:2）。泥质灰陶。口部微敛，厚方唇，腹部微外鼓，圜底。立耳微外撇，长条形孔未透。锥状足较矮。盘状顶盖。素面。陶鼎为手工捏制而成。口径13.2、通高13.2厘米（图四〇，7）。

盒　20件。分为两型。

A型　7件。顶盖一周凸棱。分为两亚型。

Aa型　3件。深腹较直。分为三式。

Ⅰ式　1件（标本M77:7）。泥质灰陶。子口内敛上翘，圆唇，中腹一周凹弦纹，圈足较高。碗状顶盖，凸棱较高，呈玉璧状捉手。通体施白色底彩，顶盖周边及上腹饰黑彩条带状纹间以波折纹。口径14.6、通高13厘米（图四一，1；彩版四五，3）。

Ⅱ式　1件（标本M165:4）。泥质灰陶。口部内敛，圆唇，唇外微下凹呈子口状。上腹微外弧曲，中腹一周凹弦纹，下腹内曲收。平底。碗状顶盖较高，凸棱较高呈玉璧状捉手。通体施白色底彩，上绘黑色彩绘。顶盖中心饰窝状黑彩，外侧饰曲边云纹，周边饰条带纹，捉手周边一周凹弦纹。上腹饰条带纹，间以波折纹和三角纹。口径16、通高12.1厘米（图四一，2，彩版四五，4）。

Ⅲ式　1件（标本M242:7）。泥质灰陶。圆唇，子口内敛，中腹外鼓，下腹微内曲，平底。折腹碗状顶盖，凸棱较高呈玉璧状捉手。通体施白色底彩。顶盖中部绘黑彩圆圈条带纹一周，上绘点状黑彩；内心用黑彩十字条带纹分区，绘红彩圆点，外用黑彩描边；凸棱外绘三组红黑彩窝状纹、羽状纹，其间绘勾线纹；周边绘红彩圆圈，间以成组条带纹。腹部绘三组窝状纹，间以成组横向条带纹。口径16、通高10.9厘米（图四一，3；彩版四五，5）。

图四一　汉墓出土 A 型陶盒

1. Aa 型Ⅰ式（M77:7）　2. Aa 型Ⅱ式（M165:4）　3. Aa 型Ⅲ式（M242:7）
4. Ab 型Ⅰ式（M215:6）

Ab 型　4 件。浅腹，弧曲。分为三式。

Ⅰ式　1 件（标本 M215:6）。泥质褐陶。子口内敛，尖圆唇。浅腹内斜弧曲，下腹微内曲。底部上弧。假圈足碗状顶盖，较浅，唇部微内弧呈母口状。顶盖饰两周凹弦纹。口径 14.6、通高 10.5 厘米（图四一，4）。

Ⅱ式　2 件标本 M214:12，泥质褐陶。方唇微上翘，口沿内折较平。腹部斜直，下腹内曲收。平底。圈足碗状顶盖，三角状凸棱较矮。顶盖饰两周凹弦纹。口径 14.4、通高 11.2 厘米（图四二，1）。标本 M154:5，泥质褐陶。圆唇微上翘，口沿斜折呈子口状，腹部外斜弧曲。小平底。圈足碗状顶盖，较浅，方唇。腹、盖各两周凹弦纹。素面。口径 13.8、通高 10.2 厘米（图四二，2）。

图四二　汉墓出土陶盒

1、2. Ab 型Ⅱ式（M214:12、M154:5）　3. Ab 型Ⅲ式（M80:7）　4. B 型Ⅰ式（M132:7）　5. B 型Ⅱ式（M79:6）

Ⅲ式　1 件（标本 M80:7）。泥质褐陶。圆唇上翘，折沿较宽下弧呈子口状，斜腹外弧曲。平底微内凹。假圈足碗状顶盖，三角状凸棱较矮，尖圆唇，内侧面斜直呈母口状。腹、盖各两周凹弦纹。素面。口径 13.8、通高 11.1 厘米（图四二，3）。

B 型　13 件。圆顶盖。分为五式。

Ⅰ式　1 件（标本 M132:7）。泥质黑灰陶。圆唇上翘，上腹较直，下腹内曲收，腹较深。平底。钵状顶盖，顶部较平，斜方唇。表面抹光。外饰红色彩绘，顶盖中部饰三组窝状纹饰，间以曲边云纹，外饰两周条带纹。腹部饰两周条带纹。口径 16.6、通高 12.6 厘米（图四二，4；彩版四五，6）。

Ⅱ式 4 件。均为泥质灰陶。顶盖较前高而弧凸，子母口不太规整。标本 M79:6，尖圆唇，子口微下凹。曲腹，下腹斜内收。平底上凹。钵状顶盖，较高，顶部较平。母口微显。通体施白色底彩。顶盖中心绘黑彩条带圆圈；外绘三组心状弧带纹，其外侧绘连续曲边云纹。顶盖周边及钵腹部饰二黑色条带纹，间以红色水波纹。口径 14.6、通高 9.9 厘米（图四二，5）。标本 M188:4，斜方唇，唇面微下凹略呈子口，曲腹下内斜收，小平底。钵状顶盖，顶部弧凸，斜方唇，唇面微内凹，微呈母口。通体施白色底彩。顶盖中心绘橘红色大圆点，外绘黑彩圆圈，外侧绘三组橘红色心形弧带纹，饰以黑彩线状曲边云纹；周边绘两周橘红色条带纹间以水波纹。腹部绘橘红色条带纹间以水波纹。口径 15.6、通高 12.2 厘米（图四三，1）。标本 M230:7，圆唇，口微敛，深腹，平底。平顶钵状顶盖。通体施白色底彩，上饰红色条带纹和点状纹，下饰双行菱形纹。口径 16.4、通高 14.6 厘米（图四三，2；彩版四六，1）。标本 M149:5，圆唇，腹部较深，平底。钵形顶盖，母口。通体施白彩，上绘鲜红彩，顶盖饰宽带纹、水波纹、曲边云纹，下腹饰宽彩带和曲边云纹。口径 15.8、通高 13.2 厘米（图四三，3）。

Ⅲ式 3 件。均为泥质灰陶。标本 M208:8，圆唇，子口。腹较深，上腹较直，下腹弧曲内收。平底上凹。钵状顶盖，顶部微平，圆唇。通体施白色底彩。顶盖中心绘两周鲜红圆圈；外绘四组鲜红心形弧带纹，外饰以黑彩线状曲边云纹；周边绘两周鲜红条带纹间以水波纹。上腹绘两周红彩条带纹间以水波纹。口径 14.9、通高 12 厘米（图四三，4；彩版四六，2）。标本 M122:1，口部微内敛，圆唇，唇面微下凹呈子口。腹部弧曲，下腹内斜收。平底微上凹。钵状顶盖，顶部弧凸，斜方唇，呈母口与腹部相扣。通体施白色底彩，上绘鲜红彩纹饰。顶盖中心绘一周圆圈，外弧状条带纹，周边两周条带纹间以水波纹。上腹两周条带纹间以水波纹。口径 15、通高 11.7 厘米（图四三，5；彩版四六，3）。标本 M110:8，子口微内敛，圆唇。腹部宽扁，平底。钵状顶盖较浅，斜方唇。通体施白色底彩，顶盖饰两周、腹部一周褐彩宽条带纹。口径 16.4、通高 10.7 厘米（图四四，1）。

Ⅳ式 3 件。均为泥质灰陶。形体矮扁，表面多有刮削痕。标本 M241:4，子口较直，圆唇，唇面下凹。上腹较直微外敞，下腹斜直内收。小平底。钵状顶盖，斜方唇，唇面微内凹。顶盖饰两周褐色宽条带，腹部饰一周褐彩宽条带。口径 14.8、通高 9.5 厘米（图四四，2）。标本 M223:4，子口外敞，圆唇，曲腹，小平底。钵状顶盖弧凸，厚方唇。通体施白色底彩，顶盖绘两周红褐彩宽条带纹，条带纹上饰黑彩碎点状纹，中心绘褐彩曲线云纹。中腹饰红褐彩宽条带纹，上饰黑彩碎点纹，上腹饰菱形纹。口径 16.4、通高 10.4 厘米（图四四，3）。标本 M223:2，子口微内敛，圆唇，腹部弧曲，小平底。钵状顶盖，方唇，小平顶。顶、腹外有数周刮削痕。通体施白色底彩。顶盖

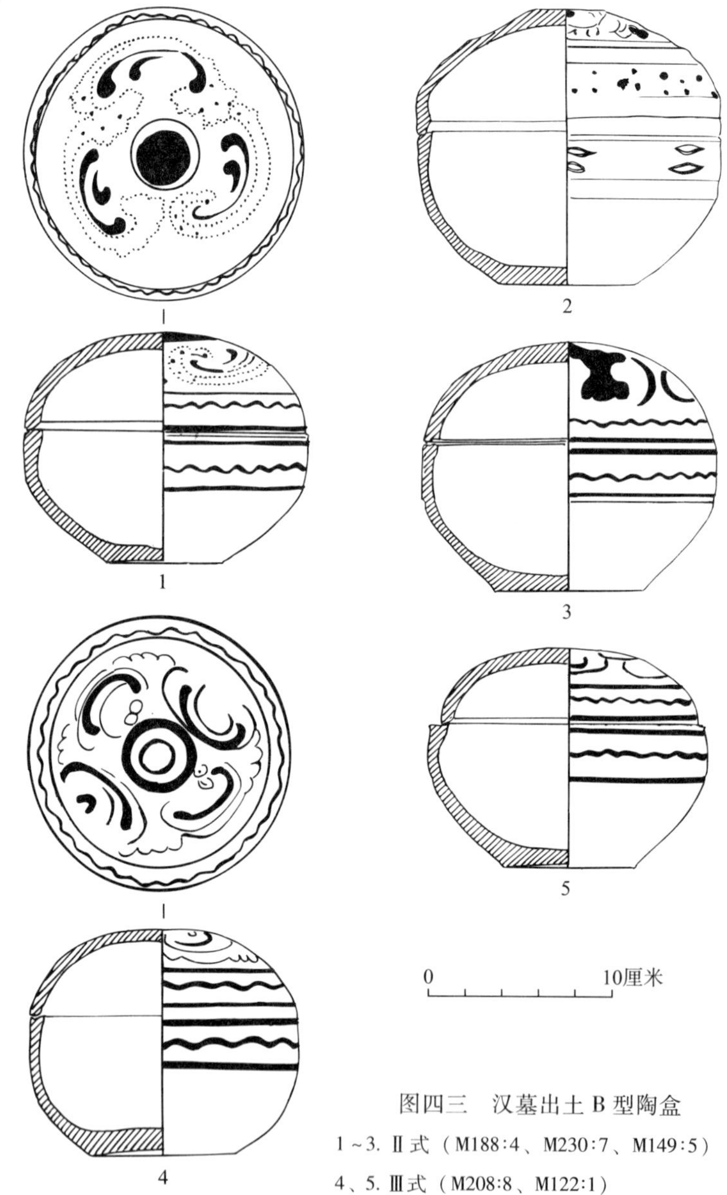

图四三　汉墓出土 B 型陶盒

1～3. Ⅱ式（M188:4、M230:7、M149:5）

4、5. Ⅲ式（M208:8、M122:1）

中心绘黑红曲边云纹，外饰两周褐彩宽条带，其间饰以褐彩点状纹。中腹绘褐彩宽条带纹，上绘碎点纹，上腹绘宽扁菱形纹。口径 16.5、通高 10.8 厘米（图四四，4；彩版四六，4）。

Ⅴ式　2 件。标本 M19:2，泥质灰黑陶。子口内敛，上腹斜直内收，下腹折内收，小平底。钵状顶盖，圆唇，唇面斜曲呈母口状。器表施白彩，顶盖饰两周、腹部一周褐彩宽条带纹。口径 14.2、通高 8.8 厘米（图四四，5；彩版四六，5）。

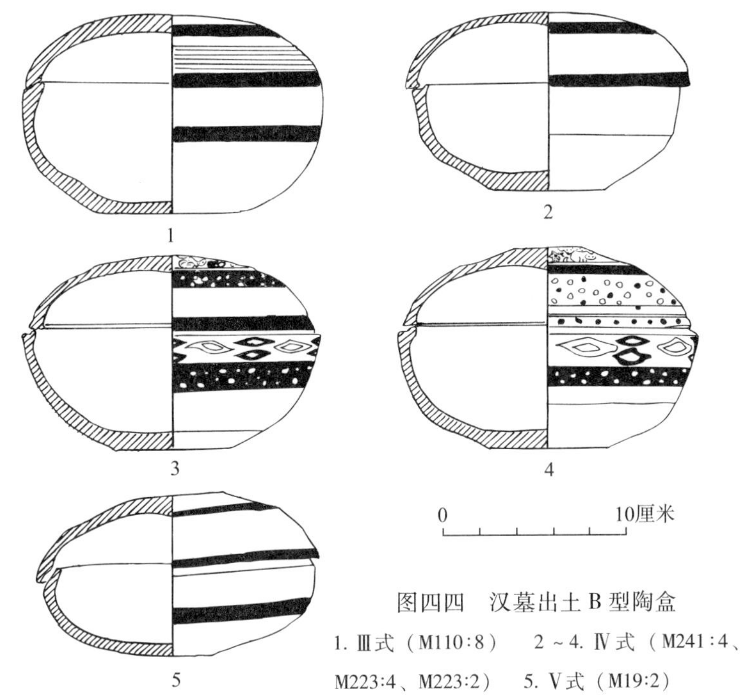

图四四　汉墓出土B型陶盒

1. Ⅲ式（M110:8）　2~4. Ⅳ式（M241:4、M223:4、M223:2）　5. Ⅴ式（M19:2）

壶　227件。分为大型壶和小型壶两类。

大型壶　20件。器形较大，多带器盖。器表多饰有彩绘，部分无彩绘陶壶上面饰有模印铺首衔环纹。分为两型。

A型　14件。圈足壶。分为两亚型。

Aa型　11件。圈足较粗。分为七式。

Ⅰ式　1件（标本M132:4）。泥质黑灰陶。侈口，方唇。束颈，鼓腹。深盘状圈足较高，棱角清楚，上部内束。顶盖弧凸，子口，圆唇。器表绘有红色彩绘，顶盖中心一周、外两周红彩带，其间饰有四个对称的柿蒂纹。壶颈部、中腹、圈足饰有红色条带纹，上腹饰有四组弧带纹及曲边云纹。口径10.1、通高23厘米（图四五，1；彩版四七，1）。

Ⅱ式　2件。口部外侈，子口微显，腹部下垂。标本M79:5，泥质灰陶。厚方唇。盘状圈足，上有数周凸棱，圈足上部内束。顶盖弧平，内侧一周凸棱呈子口状。通体施白色底彩，饰红褐色彩绘。顶盖外侧饰两周条带纹，内侧纹饰不清。颈部及腹部饰数周条带纹，颈部绘三角状波折纹，腹部饰弧带纹和曲边云纹。口径9.5、通高23厘米（图四五，2）。标本M149:4，泥质灰陶。圆方唇。盘状圈足，足柄较细。顶盖弧平，圆唇，内侧一周凸棱呈子口状。通体施白色底彩，顶盖外侧一周黑色条带纹，中心一黑色圆圈，其间饰有三组弧带纹间以曲边云纹。颈部、中腹饰有数周褐彩条带纹，

图四五　汉墓出土 Aa 型陶大型壶

1. Ⅰ式（M132:4）　2、3. Ⅱ式（M79:5、M149:4）　4. Ⅲ式（M208:7）

颈部饰三角状波折纹，中腹饰一周凹弦纹，弧带纹不清。口径 9.9、通高 21.4 厘米（图四五，3）。

Ⅲ式　3件。圈足较前变高。标本M208:7，泥质灰陶。侈口，斜方唇，束颈较高。鼓腹，腹部下垂，壶内底部上凸。喇叭圈足较高。钵形顶盖，方唇，顶部弧曲。外表通体施白彩。顶盖饰两周红色彩带，中部饰三组心形弧带纹，外用黑彩勾绘曲边云纹。壶颈、身、足部饰以二条一组的红彩条带纹，颈部饰红彩波折三角纹，上腹饰红彩心形弧带纹，填以黑彩曲边云纹或羽状纹。口径9.1、通高21.5厘米（图四五，4）。标本M208:6，泥质灰陶。腹部略为弧曲，纹饰同标本M208:7。口径9.1、通高23.5厘米（图四六，1；彩版四七，3）。标本M188:1，泥质灰陶。侈口，平沿，方唇。高束颈较细，球状腹。圈足细高。钵状顶盖浅平，方唇。通体施白色底彩，顶盖外部饰三条褐色彩带，中部一褐彩圆圈，其间施三组褐彩心形弧带纹，饰以曲边云纹。壶身饰数周横向褐彩条带纹，颈部饰波折三角纹，上腹饰旋涡状纹间以羽状纹。口径8、通高21.5厘米（图四六，2；彩版四七，4）。

Ⅳ式　1件（标本M122:5）。泥质灰陶。侈口，斜折沿。叠唇较厚。束颈较高，鼓腹。粗圈足较高，口部微敞。通体施白色底彩，顶盖外部饰两周红色彩带纹，中部细线褐彩圆圈，饰红彩心形弧带纹，中心填以红彩羽状点纹。颈部饰波折三角纹，腹部饰数周红彩带，上腹饰以数组心形弧带纹，中间填以红彩羽状点纹，以黑彩曲边云纹勾边。口径9.8、通高21.4厘米（图四六，3；彩版四七，2）。

Ⅴ式　1件（标本M110:10）。泥质灰陶。侈口，平沿，圆唇。高束颈较粗，鼓腹下垂。粗圈足外撇，圈足较矮，内底部一周凸棱。中腹一周凹弦纹。通体施白色底彩，颈部一周褐彩带，沿下饰横向褐彩菱形纹。口径10.6、高21厘米（图四六，4）。

Ⅵ式　1件（标本M230:6）。泥质青灰陶。侈口，平沿，尖圆唇。束颈较粗，腹部外鼓，腹下垂，底部较平。圈足粗矮。盘状顶盖，顶盖较平、较大圆唇。通体施白色底彩，顶盖外部饰一周褐色宽彩带，中部填以褐彩碎点状纹。腹部饰两周褐彩宽条带纹，颈部饰横向菱形纹，上腹饰褐彩碎点状纹。口径8.8、通高17厘米（图四七，1；彩版四八，4）。

Ⅶ式　2件。标本M241:5，泥质灰陶。母口外侈，圆唇。束高颈，鼓腹下垂。圈足粗矮，呈凸棱状。钵状弧顶盖。腹部有数周凹弦纹。通体施白色底彩，顶盖外部一周褐彩宽条带纹，内饰褐彩碎点状纹。腹部饰两周褐彩宽条带纹。口径7.5、通高19.2厘米（图四七，2）。标本M241:3，泥质红褐陶。母口外侈，尖圆唇。颈部内束，鼓腹下垂，矮圈足较直。顶盖外部饰一周褐彩带，腹部饰两周褐彩带纹，条带纹上饰黑彩碎点状纹。口径5.8、通高10.6厘米（图四七，4）。

Ab型　3件。圈足柄部内束、细瘦较高。子口浅平顶盖。分为三式。

Ⅰ式　1件（标本M77:8）。泥质灰陶。口部外侈，略呈浅盘状，方唇，唇面下凹。高束颈，鼓腹下垂。圈足较高，柄部内束。弧状顶盖，方唇，盖内一周凸棱。蘑菇状

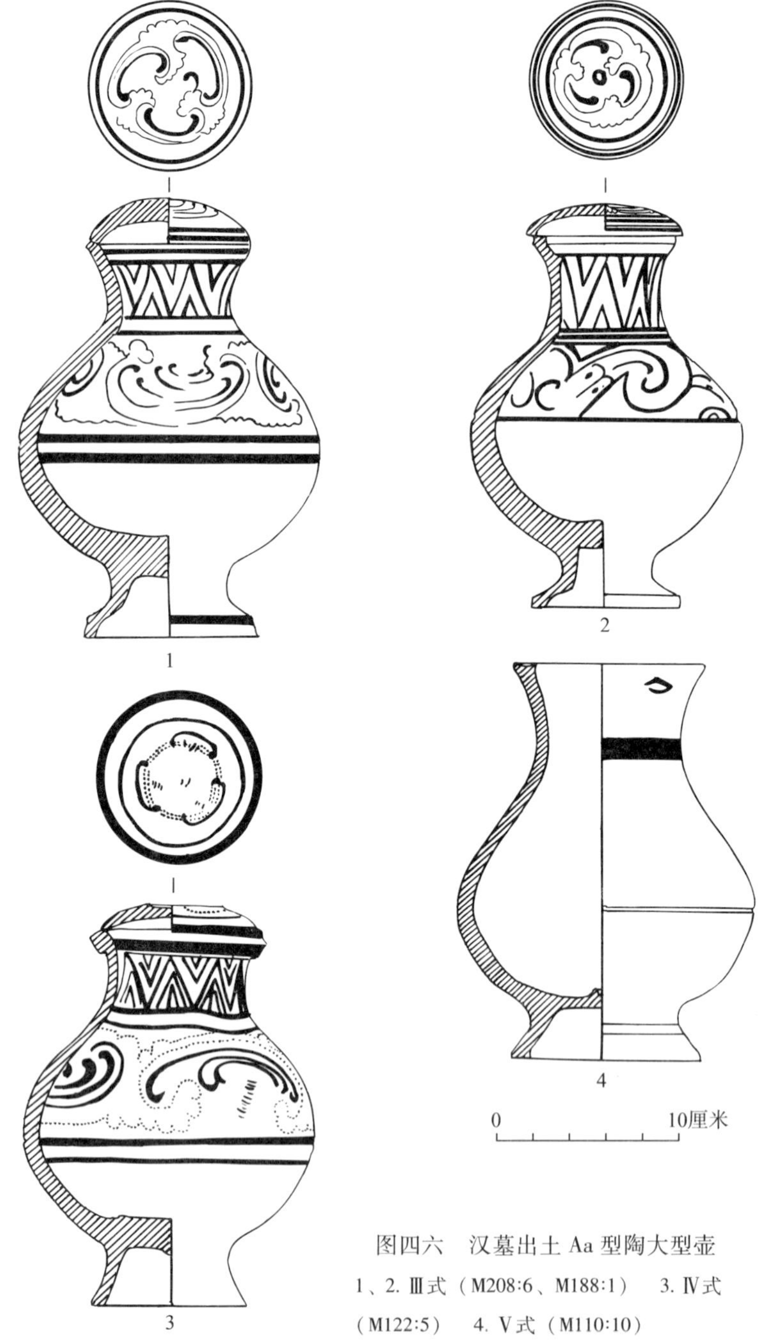

图四六　汉墓出土 Aa 型陶大型壶
1、2. Ⅲ式（M208:6、M188:1）　3. Ⅳ式（M122:5）　4. Ⅴ式（M110:10）

盖纽。腹部、圈足饰凹弦纹，上腹饰一对模印兽状铺首。通体施白色底彩，顶盖外部两周红彩条带纹，内部饰黑彩弧状彩带纹。腹部、圈足饰数周红彩带纹，颈部饰黑彩波折三角纹，上腹饰黑彩弧带状纹。口径 10.6、通高 25.4 厘米（图四七，3；彩版四

图四七　汉墓出土A型陶大型壶

1. Aa型Ⅵ式（M230:6）　2、4. Aa型Ⅶ式（M241:5、M241:3）

3. Ab型Ⅰ式（M77:8）

八，1）。

Ⅱ式　1件（标本M165:6）。泥质灰陶。口部残。鼓腹下垂。盘状圈足，细高柄内束。圈足外数周凸棱。弧平顶盖，斜方唇，盖内一周凸棱。通体施白色底彩，顶盖外部饰一周黑彩带纹，内饰曲边旋涡状纹。腹部饰数周黑色条带状纹，上腹饰黑彩三角纹，中腹饰曲边云纹。口径7.2、通高17.9厘米（图四八，1；彩版四八，2）。

Ⅲ式　1件（标本M242:5）。泥质灰陶。盘状口外侈，窄平沿，圆唇。高束颈。球状腹。浅盘状矮圈足。弧平顶盖，斜方唇，盖内一周凸棱，算盘珠状纽。通体施白色底彩，顶盖装饰以纽为花心的红黑彩花瓣纹，间以三组红黑彩圆涡纹。腹部饰红黑彩的花蕾纹、草叶纹、勾云纹。口径10.3、通高27.4厘米（图四八，2；彩版四八，3）。

B型　6件。假圈足壶。分为两亚型。

Ba型　4件。均为泥质红褐陶。形体瘦高，表面抹光，饰兽状铺首。分为三式。

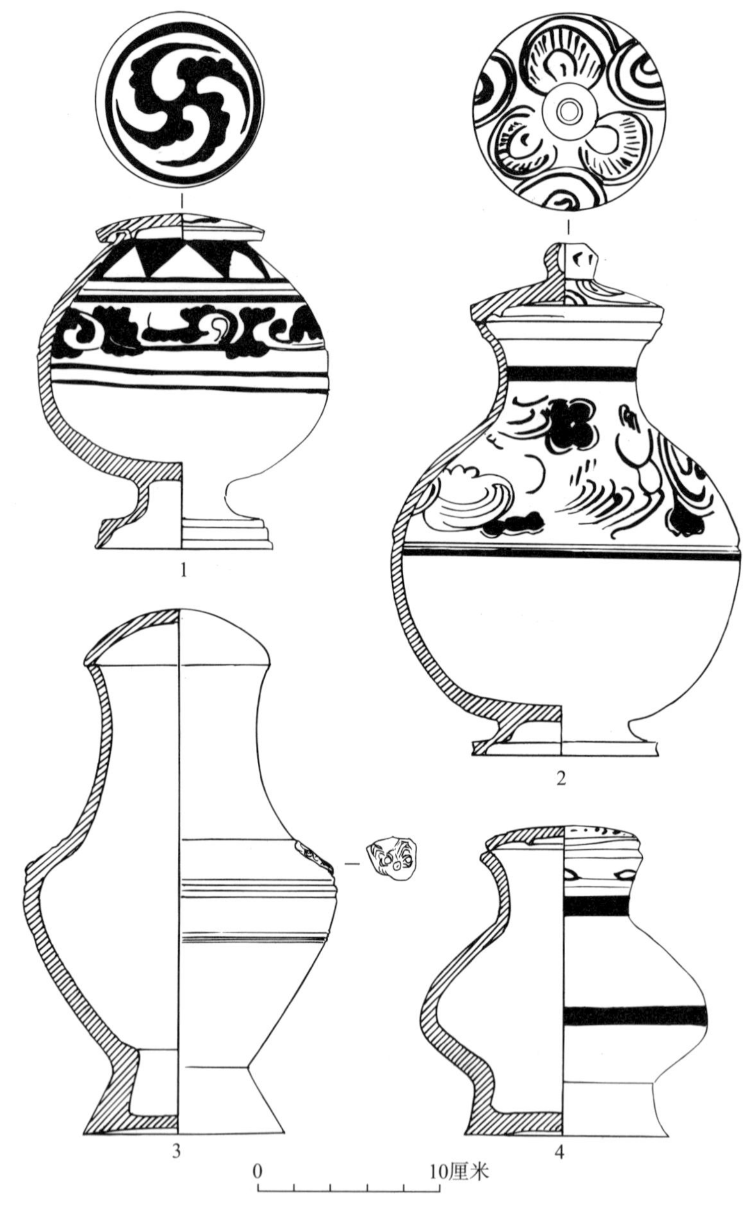

图四八　汉墓出土陶大型壶

1. Ab 型Ⅱ式（M165:6）　2. Ab 型Ⅲ式（M242:5）　3. Ba 型Ⅰ式（M215:7）　4. Bb 型Ⅰ式（M19:5）

Ⅰ式　2 件。束颈较高，圈足矮粗，顶盖弧曲。标本 M215:7，侈口，尖圆唇。沿面微凹，略呈母口状。鼓腹，上腹微下曲，下腹斜直。圈足外撇。圈足底部上凹。钵状顶盖弧曲。中腹一对模印兽状铺首。饰数周凹弦纹。口径 10.2、通高 28 厘米（图四八，3）。标本 M214:13，母口外侈。高束颈。鼓腹，上腹微内曲，下腹外弧。圈足根部外折，底部上凹。中腹饰一对模印兽状铺首，数周凹弦纹。钵状顶盖弧曲，唇面微凹。口径 9.2、通高 26.4 厘米（图四九，1）。

Ⅱ式　1 件（标本 M154:4）。母口外侈。颈部内束，鼓腹外弧曲。圈足根部弧曲，圈足较瘦高，外底部平。无盖。中腹饰数周凹弦纹。口径 9.8、高 21.8 厘米（图四九，2）。

Ⅲ式　1 件（标本 M80:11）。母口微侈，尖圆唇。鼓腹。圈足瘦高，足根弧曲，根部斜抹。钵状顶盖较平。中腹饰数周凹弦纹。口径 9.4、通高 25.7 厘米（图四九，3）。

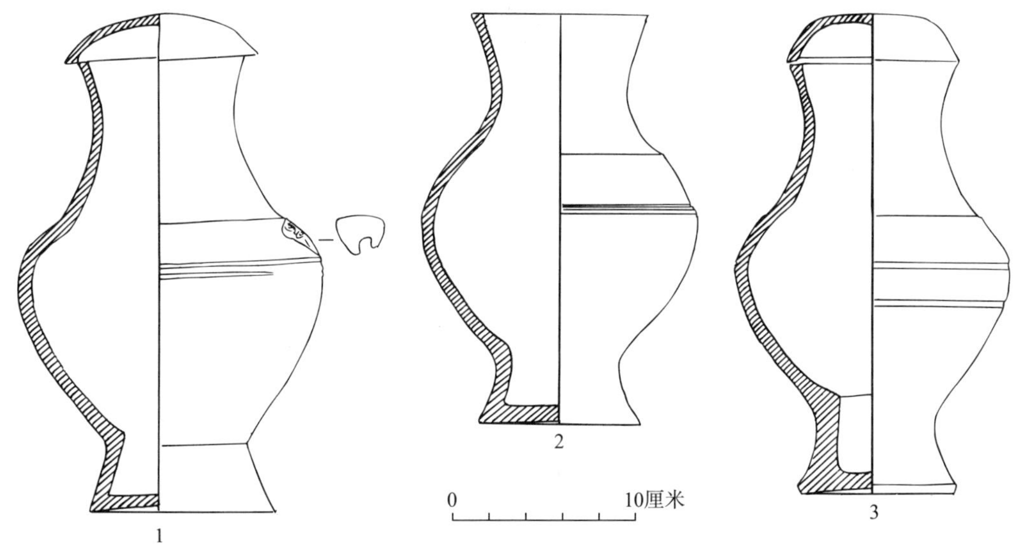

图四九　汉墓出土 Ba 型陶大型壶

1. Ⅰ式（M214:13）　2. Ⅱ式（M154:4）　3. Ⅲ式（M80:11）

Bb 型　2 件。泥质灰陶。形体矮扁。分为二式。

Ⅰ式　1 件（标本 M19:5）。侈口外翻卷，方唇。颈部内束，鼓腹矮扁。假圈足较高，外底微上凹。浅盘状顶盖较平，盖内一周凸棱。通体施白色底彩，顶盖外部一周红褐彩带，内部饰褐彩碎点状纹。颈部、腹部饰红褐彩宽条带纹，沿下饰褐彩菱形纹。口径 9、通高 16.5 厘米（图四八，4；彩版四八，5）。

Ⅱ式　1 件（标本 M19:11）。侈口，斜方唇。颈部较矮微内束，腹部微鼓。大平底较厚，似假圈足。顶盖微弧曲，盖内一周凸棱。通体施白色底彩，顶盖外部一周红褐色彩带纹，内部饰褐彩碎点状纹。颈部、中腹各一周红褐彩带纹，沿下饰红褐彩菱形纹间以两个一组的横条纹。口径 8.4、通高 15 厘米（图五〇，1；彩版四八，6）。

小型壶　207 件。器形较小，上有顶盖，均为圈足或假圈足。分为两型。

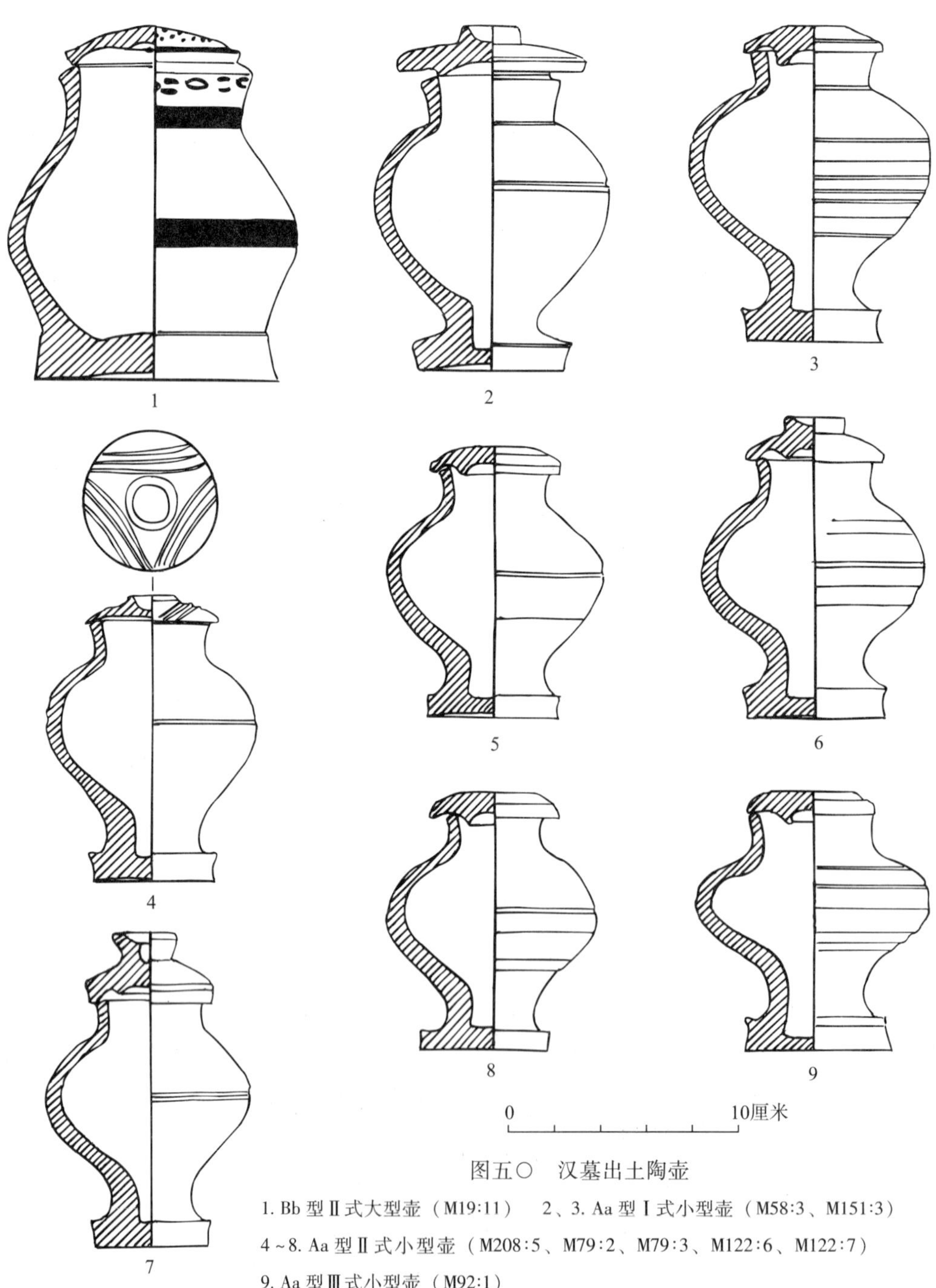

图五〇　汉墓出土陶壶

1. Bb 型Ⅱ式大型壶（M19:11）　2、3. Aa 型Ⅰ式小型壶（M58:3、M151:3）
4～8. Aa 型Ⅱ式小型壶（M208:5、M79:2、M79:3、M122:6、M122:7）
9. Aa 型Ⅲ式小型壶（M92:1）

A 型　32 件。假圈足，足呈饼状。分为两亚型。

Aa 型　30 件。小侈口，鼓腹，圈足较细。分为三式。

Ⅰ式　5 件。最大径靠上，圈足较矮。标本 M58:3，泥质灰陶。口微侈，圆唇，沿面微凹。颈部微内束。鼓腹，上腹外鼓，下腹内曲收。足根斜内收，底部上凹。曲平顶盖，圆唇，内侧一周凸棱，外顶一周凸棱呈纽状。中腹饰数周凹弦纹。口径 6.2、通高 14.6 厘米（图五〇，2）。标本 M151:3，泥质灰陶。侈口，圆唇，平沿，鼓腹较扁，足根内收，底部较厚。盘状顶盖，厚圆唇，内侧一周高凸棱作母口状。顶部平。腹部数周刮痕。口径 5.4、通高 13.3 厘米（图五〇，3）。

Ⅱ式　18 件。曲腹，圈足较高，形体较前瘦高。标本 M208:5，泥质灰陶。平沿。圈足柄较高，饼状足较厚。顶盖弧平，尖圆唇，内侧较平。凸棱状纽，中心下凹呈窝状。纽外饰三组线状刻划纹。口径 5.5、通高 12.1 厘米（图五〇，4）。标本 M79:2，泥质灰陶。口部外侈，斜沿，内束颈。鼓腹，上腹下溜，下腹内斜收。底部较平。盘状顶盖，圆唇，内侧一周凸棱，外部平。中腹一周凹弦纹。口径 4.9、通高 11.5 厘米（图五〇，5；图版九三，1）。标本 M79:3，泥质灰陶。侈口，方唇。鼓腹微扁，圈足柄内束较细，底部较厚。帽状顶盖，圆唇，内侧一周凸棱呈母口状，顶部弧曲，凸棱状纽较高。腹部数周刮痕，中腹一周凹弦纹。口径 5.1、通高 12.9 厘米（图五〇，6）。标本 M122:6，泥质灰陶。斜沿，腹部较扁。圈足柄内束较细，底部薄平。顶盖弧曲，尖圆唇，内侧一周凸棱呈母口状，顶部一蘑菇状纽较高。中腹一周凹弦纹。口径 5、通高 13.3 厘米（图五〇，7）。标本 M122:7，泥质灰陶。斜沿，圆唇。颈部微内束。下腹部内斜收。底部薄平。盘状顶盖，圆唇，内侧一周凸棱，顶部较平。中腹一周凹弦纹，下腹数道刮痕。口径 4.5、通高 10.9 厘米（图五〇，8）。

Ⅲ式　7 件。腹部矮扁，圈足瘦高。标本 M92:1，泥质灰陶。口部微侈，厚圆唇。足根较厚。顶盖矮平，圆唇，内侧一周高凸棱呈母口状。腹部数周刮痕，中腹一周凹弦纹。口径 5.5、通高 11 厘米（图五〇，9）。标本 M81:2，泥质灰陶。口部微侈，平沿。圈足较大。顶盖较平，圆唇，内侧一周高凸棱呈母口状。腹部数周刮痕，中腹一周凹弦纹。口径 5.4、通高 11.4 厘米（图五一，1；图版九三，2）。标本 M81:6，泥质灰陶。侈口，圆唇，沿面内斜。颈部微束。下腹斜内收。足柄细高，圈足呈大的泥饼状。腹部数周凸棱，中腹一周凹弦纹。盘状顶盖，圆唇，内侧一周凸棱呈母口状。口径 5.4、腹径 6.4、通高 11.7 厘米（图五一，2）。

Ab 型　2 件。大侈口，曲腹瘦高。标本 M223:1，泥质灰陶。侈口，圆唇，沿面微凹。颈下部内束，曲腹较高。足柄内束较矮。饼状圈足较大。盘状顶盖，圆唇，内侧一周凸棱呈母口状。顶盖周边一周红彩带，内部饰碎点状纹，颈部、中腹饰一周红色宽条带纹，圈足饰一周红色弦纹，上下腹饰红色碎点状纹。口径 7.1、通高 12.8 厘米

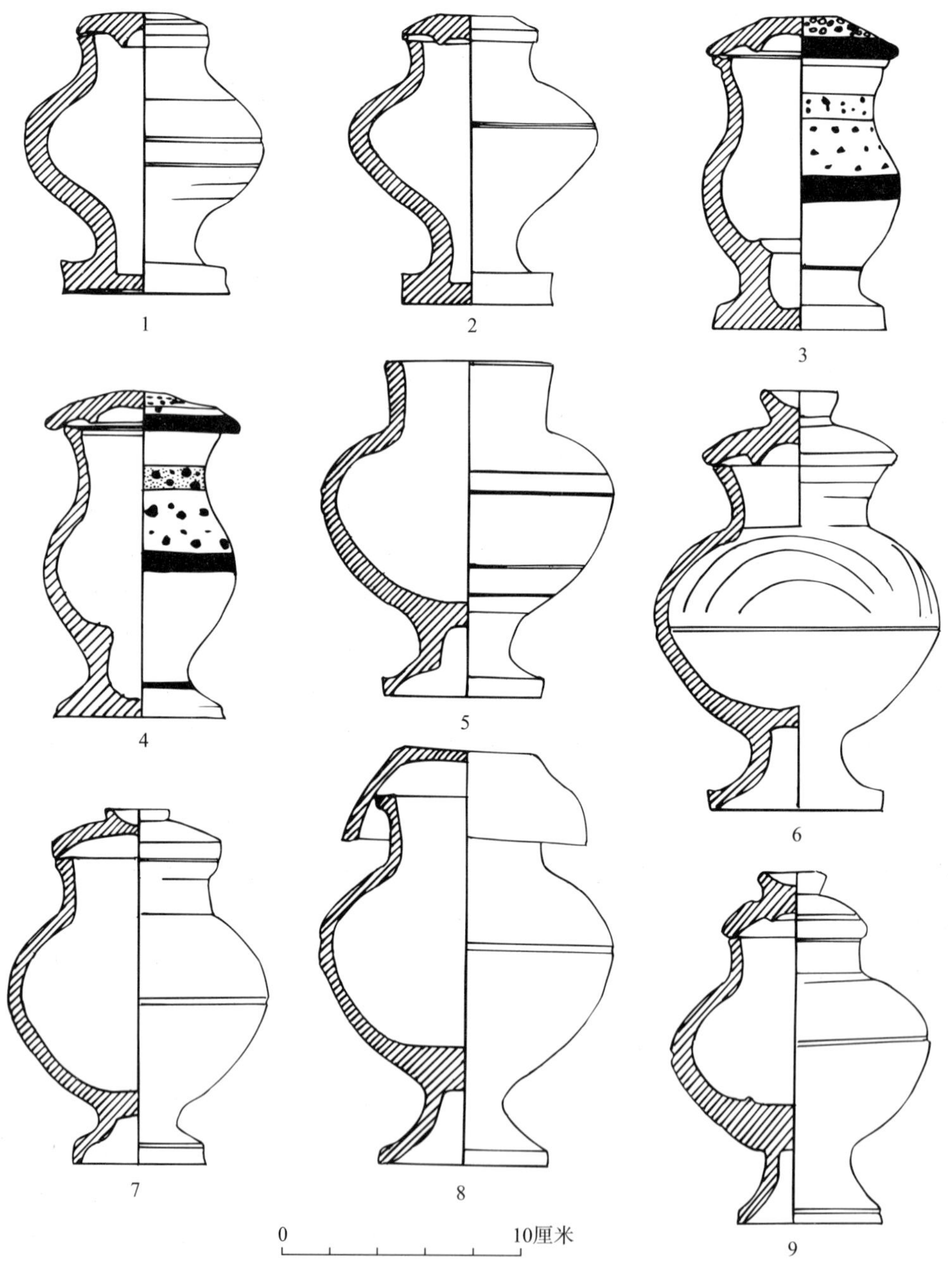

图五一　汉墓出土陶小型壶

1、2. Aa 型Ⅲ式（M81:2、M81:6）　3、4. Ab 型（M223:1、M223:3）　5～8. Ba 型Ⅰ式（M18:1、M77:5、M94:2、M3:5）　9. Ba 型Ⅱ式（M214:8）

（图五一，3；彩版四九，1）。标本 M223:3，泥质灰陶。口部外侈，圆唇，沿面内斜。颈部内束。腹部微鼓，下腹斜内收。饼状圈足较大。纹饰同标本 M223:1。口径 6.6、通高 13.3 厘米（图五一，4；彩版四九，2）。

B 型 175 件。圈足。器形较大。分为四亚型。

Ba 型 106 件。器形较大而矮胖。分为五式。

Ⅰ式 14 件。鼓腹较高，矮圈足。标本 M18:1，泥质灰陶。口微侈，圆唇。上腹圆鼓，下腹内收。口径 7、高 13.6 厘米（图五一，5；图版九三，3）。标本 M77:5，泥质灰陶。侈口，圆唇，颈部内束。帽形纽弧状顶盖，盖内一周凸棱，呈母口状。颈部饰横向划纹，上腹三组弧状刻划纹，中腹一周凹弦纹。口径 7.1、通高 17 厘米（图五一，6）。标本 M94:2，泥质灰陶。口部较直，厚圆唇，圆鼓腹，圈足矮小。斜弧顶盖，帽状纽低矮。中腹一周凹弦纹。口径 6.9、通高 14.3 厘米（图五一，7）。标本 M3:5，泥质灰陶。侈口，方唇，卷沿，斜直颈较高，喇叭状圈足。碗状顶盖，敞口，曲壁，平顶。中腹一周凹弦纹。口径 7.7、通高 16.8 厘米（图五一，8）。

Ⅱ式 36 件。腹部较扁，圈足较高。标本 M214:8，泥质灰陶。口部微侈，圆唇，圈足较小，足柄较高。帽状纽斜弧顶盖较小，盖内凸棱微显。肩、腹部饰凹弦纹。口径 5.4、通高 14.2 厘米（图五一，9）。标本 M163:3，泥质灰陶。口部较直，尖圆唇，沿面微下凹，下腹斜弧，足柄较高。帽状纽弧顶盖，纽心较深，盖内凸棱较高，呈母口状。中腹一周凹弦纹。口径 6.1、通高 15.4 厘米（图五二，1；图版九三，4）。标本 M138:1，泥质灰陶。口部微侈，圆唇。足柄较高，圈足上卷。帽状纽弧平顶盖。腹部呈凸棱状，上腹三组弧状刻划纹，间以“×”状刻划纹。口径 6.4、通高 15.7 厘米（图五二，2）。标本 M242:8，泥质灰陶。直口圆唇，斜平沿。鼓腹宽扁，斜曲状喇叭圈足，足根较细。斜弧顶盖，盖内一周凸棱，帽状纽外侈。中腹一周凹弦纹，上腹三组弧状刻划纹。口径 5.5、通高 13.7 厘米（图五二，8；图版九三，5）。

Ⅲ式 25 件。腹部较扁，足较高，足柄较细。标本 M230:1，泥质灰陶。口部斜直，方唇。喇叭状圈足，足根较细。斜弧顶盖，帽状纽较高，盖内凸棱较高。口径 6.4、通高 15.8 厘米（图五二，3）。标本 M56:3，泥质灰陶。斜直口，圆唇，鼓腹宽扁，圈足较小。弧状顶盖，纽微上凸，盖内凸棱微显。口径 5.8、通高 13.5 厘米（图五二，4）。标本 M110:3，泥质灰陶。口外侈，方唇。鼓腹。帽状纽弧状顶盖，上饰三组刻划纹。中腹两周凹弦纹，上腹三组弧状刻划纹。口径 8、通高 18 厘米（图五二，5）。

Ⅳ式 26 件。腹部宽扁，圈足较高。标本 M197:2，泥质灰陶。侈口，圆唇，斜平沿。腹部较扁，喇叭状圈足大平底，足柄细高。弧状顶盖，帽状纽较高，盖内一周高凸棱。中腹一周凹弦纹，上腹三组弧状刻划纹。盖外饰三组弧状刻划纹。口径 6.6、通高

图五二　汉墓出土Ba型陶小型壶
1、2、8. Ⅱ式（M163:3、M138:1、M242:8）　3～5. Ⅲ式（M230:1、M56:3、M110:3）
6、7、9. Ⅳ式（M197:2、M128:1、M241:7）

15.3厘米（图五二，6）。标本M128:1，泥质灰陶。敛口较直，圆唇。顶盖弧平，盖内一周凸棱，帽状纽外斜。腹部一周凹弦纹，盖外饰三组弧状刻划纹。口径5.8、通高14.6厘米（图五二，7）。标本M241:7，泥质灰陶。侈口，方唇，颈部微内束。弧平顶盖，帽状纽较矮，盖内一周高凸棱。中腹一周凹弦纹，上腹三组弧状细线纹。口径6.7、通高14.5厘米（图五二，9；图版九三，6）。

Ⅴ式 5件。宽扁腹，细高柄。标本M62:1，泥质灰陶。侈口，圆唇。高柄，喇叭状足，足根较高。顶盖弧平，帽状纽，纽心较深，盖内凸棱较高。中腹一周凹弦纹，上腹三组弧状刻划纹。盖上三组弧状刻划纹。口径7.7、通高16.2厘米（图五三，1）。

Bb型 26件。器形大而瘦高。腹部瘦高，圈足较高。分为四式。

Ⅰ式 3件。标本M132:1，泥质灰陶。口部较直，沿斜平，圆唇。颈部较高。圈足较小，足柄粗高。斜平顶盖，帽状纽较高，盖内一周高凸棱。腹部一周凹弦纹。口径6.7、通高16.7厘米（图五三，2）。标本M132:2，泥质灰陶。口部微侈，圆唇，斜沿，颈部较高。鼓腹，圈足较小，高柄。斜弧顶盖，帽状纽大而矮。盖内一周凸棱较矮。中腹一周凹弦纹。口径6.6、通高17.4厘米（图五三，3）。

Ⅱ式 5件。腹部较前略扁，足柄内束。标本M80:3，泥质灰陶。侈口，平沿。鼓腹。圈足较大，束柄较高。中腹一周凹弦纹，上腹三组弧状刻划纹。口径6.7、高13.8厘米（图五三，4）。标本M80:2，泥质灰陶。侈口，厚圆唇。鼓腹。斜弧顶盖较小，帽状纽较高，内一周高凸棱。中腹一周凹弦纹，上腹三组弧状刻划纹。口径6.5、通高15.4厘米（图五三，5）。

Ⅲ式 12件。标本M14:2，泥质黑灰陶。侈口，圆唇，平沿。束高颈。鼓腹。圈足较大，足柄细高。弧状顶盖，帽状纽外侈，内一周高凸棱。器壁较薄。颈部两周凹弦纹，中腹一周凹弦纹。口径6.7、通高15.9厘米（图五三，6；图版九四，1）。标本M11:1，泥质灰陶。侈口，圆唇，沿内斜。鼓腹，圈足较大，足柄较高。斜平顶盖较大，帽状纽较矮，盖内一周凸棱。中腹一周凹弦纹，上腹三组弧状刻划纹，下腹数道凸棱。口径6.2、通高14.5厘米（图五三，7）。

Ⅳ式 6件。腹部宽扁，喇叭足较大，细高柄。标本M44:1，泥质灰陶。侈口，方唇，卷沿。高束颈。鼓腹宽厚。喇叭足外卷，较大。细高柄。斜弧顶盖，帽状捉手内一周凸棱。中腹一周凹弦纹。盖顶饰三组弧状刻划纹。口径8.9、通高17.8厘米（图五四，1）。标本M19:9，泥质灰陶。侈口，圆唇，平沿。鼓腹较扁。喇叭足大外卷。细高柄。弧状顶盖，帽状捉手较高，盖内一周凸棱。口径8.4、通高18.5厘米（图五三，8；图版九四，2）。标本M19:10，泥质灰陶。口部微侈，圆唇较厚。高束颈。鼓腹较扁。细高柄，圈足外卷。斜弧顶盖，帽状捉手较直，盖内一周凸棱。口径8.5、通高18.1厘米（图五三，9）。

图五三　汉墓出土B型陶小型壶

1. Ba型Ⅴ式（M62:1）　2、3. Bb型Ⅰ式（M132:1、M132:3）　4、5. Bb型Ⅱ式（M80:3、M80:2）
6、7. Bb型Ⅲ式（M14:2、M11:1）　8、9. Bb型Ⅳ式（M19:9、M19:10）

Bc型 41件。器形较小。器表加工较为粗糙。分为四式。

Ⅰ式 6件。鼓腹，下腹斜弧，足柄微显。标本M215:3，泥质灰陶。侈口，方唇，卷沿。束颈。圈足较矮。斜弧小顶盖较厚，内一周凸棱，帽状捉手。口径5.7、通高12.2厘米（图五四，2）。标本M188:6，泥质灰陶。口部微侈，方唇。圈足较矮。腹部

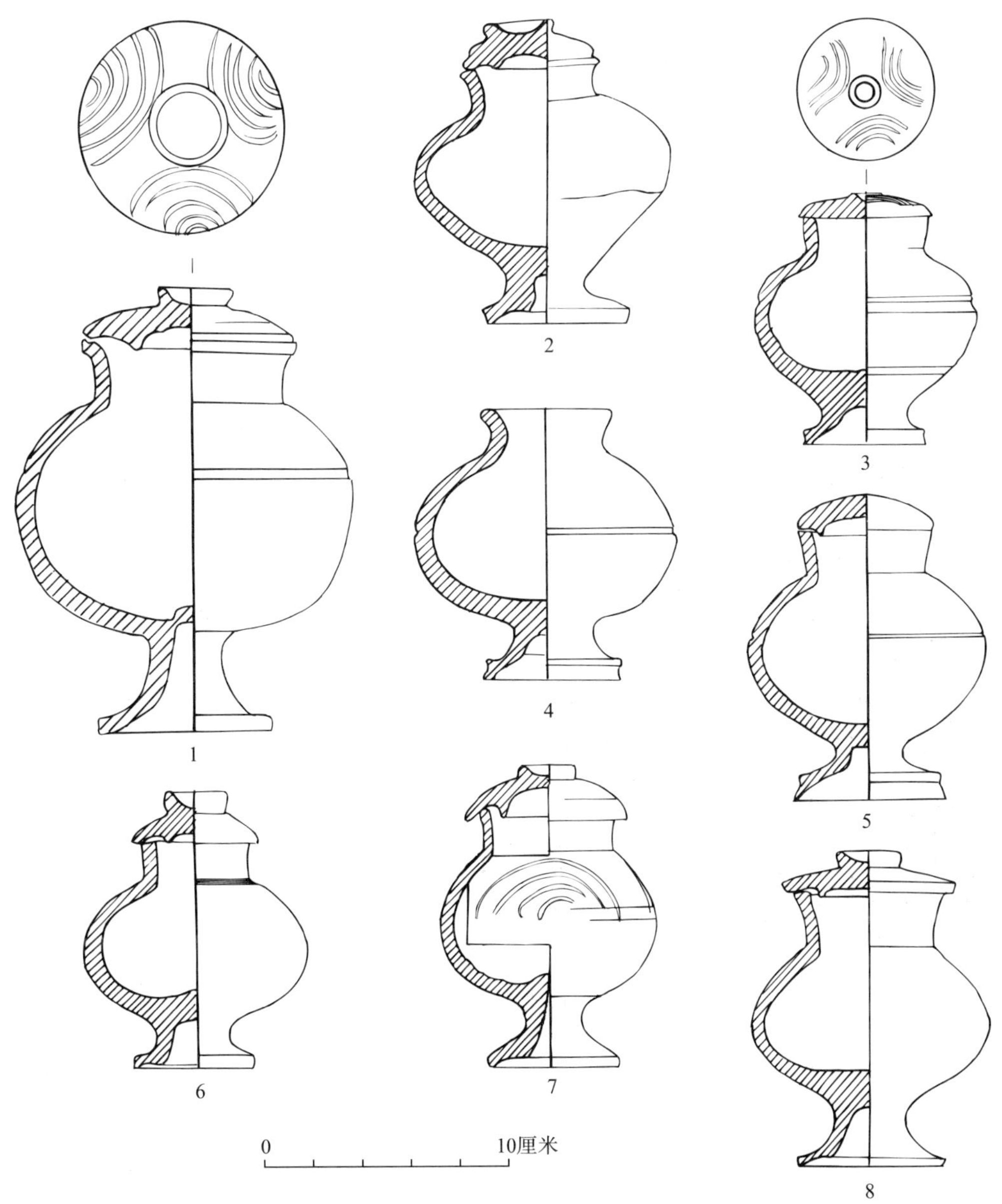

图五四 汉墓出土B型陶小型壶

1. Bb型Ⅳ式（M44:1） 2、3. Bc型Ⅰ式（M215:3、M188:6） 4、5. Bc型Ⅱ式（M121:1、M161:4） 6、7. Bc型Ⅲ式（M158:4、M207:1） 8. Bc型Ⅳ式（M130:2）

两周凹弦纹。顶盖内平。凸棱状捉手微显，顶盖上饰三组弧状刻划纹。口径 5.2、通高 10.1 厘米（图五四，3）。

Ⅱ式　13 件。鼓腹较扁，足柄内束，圈足较矮。标本 M121:1，泥质灰陶。侈口，圆唇，卷沿。上腹向下斜曲。喇叭状圈足较大，足跟较高。中腹一周凹弦纹。口径 5.4、高 10.9 厘米（图五四，4）。标本 M161:4，泥质灰陶。侈口，方唇，平沿。斜直颈。喇叭状圈足较大，足跟较高。弧状顶盖，内一周凸棱。中腹一周凹弦纹。口径 5.6、通高 12.2 厘米（图五四，5；图版九四，3）。

Ⅲ式　13 件。腹部下垂或较扁，足柄较高。标本 M158:4，泥质灰陶。直口，方唇，斜平沿。鼓腹宽扁，足柄较高，圈足外翻近平。斜弧顶盖，帽状捉手较高，内一周凸棱。口径 4.5、通高 11.1 厘米（图五四，6）。标本 M207:1，泥质灰陶。口部微侈，细高柄，上腹三组弧状刻划纹。弧状顶盖较高，帽状捉手，内一周凸棱呈母口状。口径 5.6、通高 12.2 厘米（图五四，7）。

Ⅳ式　9 件。鼓腹矮扁，圈足较高。标本 M130:2，泥质灰陶。侈口，圆唇，斜平沿。鼓腹下垂。喇叭状圈足外撇，足柄较高。斜平顶盖，帽状捉手较高，内一周凸棱。口径 6.3、通高 12.7 厘米（图五四，8；图版九四，4）。标本 M104:1，泥质灰陶。口部微侈，圆唇，鼓腹较扁。足柄细高，足跟较高。斜平顶盖，帽状捉手，盖内较平，一周凸棱较高。中腹一周凹弦纹。口径 6.4、通高 13 厘米（图五五，2）。

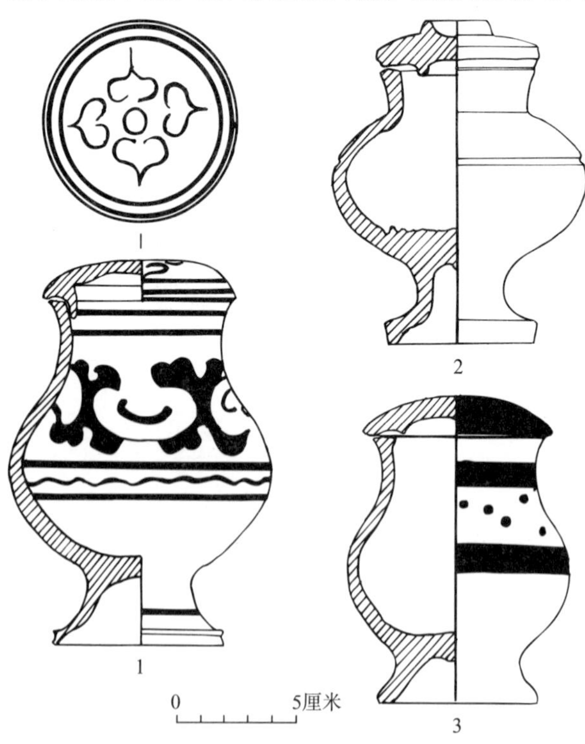

图五五　汉墓出土 B 型陶小型壶

1. Bd 型Ⅰ式（M132:5）　2. Bc 型Ⅳ式（M104:1）　3. Bd 型Ⅱ式（M110:6）

Bd 型　2 件。彩绘小壶。卷沿，束颈，瘦高腹，粗圈足。分为两式。

Ⅰ式　1 件（标本 M132:5）。泥质灰陶。侈口，卷沿，束高颈，鼓腹较高，喇叭状圈足，柄部较粗。弧状顶盖，内一周高凸棱。通体饰红彩，颈部两周条带纹，上腹饰花边云纹，中腹两周宽彩带间以水波纹。圈足一周红彩带。顶盖中心为圆圈，四周饰以柿蒂纹，周边两周红彩带。口径 7.7、通高 15.5 厘米（图五五，1；彩版四九，3）。

Ⅱ式 1 件（标本 M110:6）。泥质灰陶。侈口，圆唇，斜平沿。束颈较高。圈足粗矮。弧状顶盖，盖内一周凸棱。通体施白色底彩，上饰褐彩条带纹间以点状纹。口径 7.1、通高 12.3 厘米（图五五，3；彩版四九，4）。

盘 16 件。皆为泥质陶，表面多施白色底彩，绘红彩或褐彩纹饰。分为两型。

A 型 11 件。折腹大盘。表面施白色底彩，上绘红、褐、黑彩纹饰。分为两亚型。

Aa 型 3 件。折腹盘，上腹有数周凸棱。分为三式。

Ⅰ式 1 件（标本 M77:9）。泥质灰陶。敞口，方唇，唇面数周凸棱。宽斜折沿。折腹，下腹斜曲内收。圈足较高，足外撇。内外施白色底彩，沿面饰菱形或三角形黑彩，内壁饰黑彩曲线或弧彩带。口径 21、底径 8.4、高 5.7 厘米（图五六，1）。

Ⅱ式 1 件（标本 M165:8）。泥质灰陶。敞口，方唇。宽折沿，沿面微弧。折腹，上腹较直，下腹斜内收。平底，底部微外弧。通体施白色底彩，沿面内外饰两周黑彩

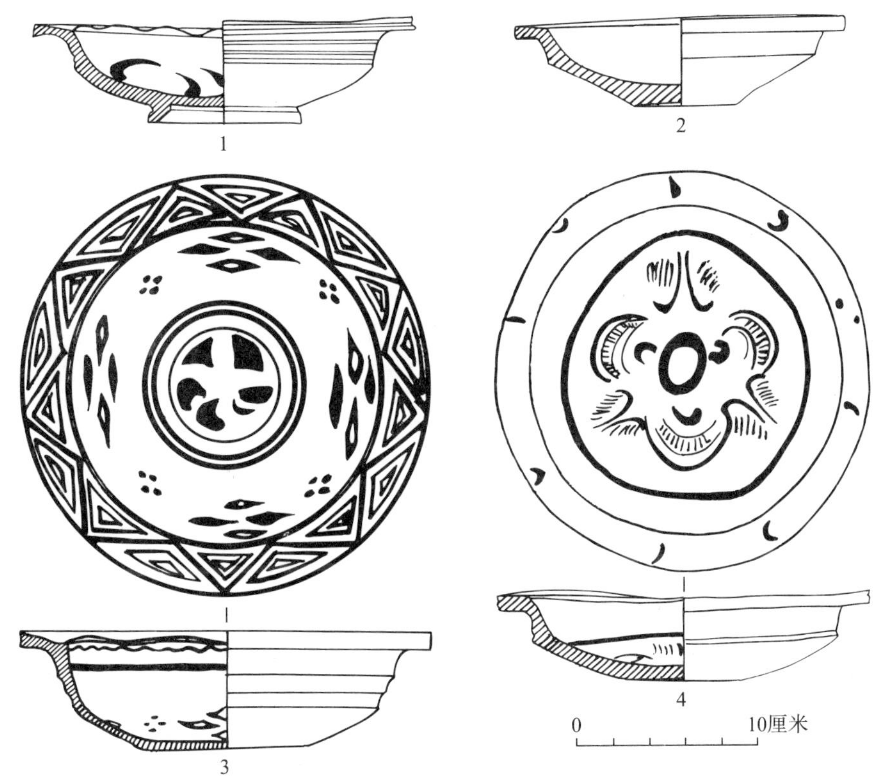

图五六 汉墓出土 A 型陶盘

1. Aa 型Ⅰ式（M77:9） 2. Ab 型Ⅱ式（M149:6） 3. Aa 型Ⅱ式（M165:8） 4. Aa 型Ⅲ式（M242:3）

带，中间饰连续波折纹，填以褐彩三角纹。内壁上部饰红黑彩带，下部饰四组褐彩菱形纹间以褐彩点状纹。底部外周饰彩带纹，内底涂褐彩。口径22.6、底径9.2、高6.2厘米（图五六，3；彩版五〇，1）。

Ⅲ式　1件（标本M242:3）。泥质灰陶。敞口，方唇。宽斜折沿较平。折腹，下腹斜内收。小平底。折腹处一周高凸棱。唇面一周凹弦纹。通体施白色底彩，沿面饰红彩点状纹或条带纹。内壁折处一周红彩带，内底心一周红彩带，外三组红彩弧带，下腹饰三组红彩弧带纹，内侧描以黑彩羽状纹，间以红彩双弧带纹，曲处描以黑彩羽状纹。口径21.4、底径6.4、高8厘米（图五六，4）。

Ab型　8件。折腹盘，上腹未见凸棱。分为七式。

Ⅰ式　1件（标本M132:8）。泥质黑灰陶。敞口，方唇。宽折沿近平。上腹较直，下腹折内斜曲收，底部上凹。折腹处一周凸棱。沿面两周红彩带，折腹处一周红彩带，内壁下部及底心饰红彩心形线纹间以红彩曲边云纹。口径17.6、底径7.4、高5.5厘米（图五七，1；彩版五〇，2）。

Ⅱ式　1件（标本M149:6）。泥质黑灰陶。敞口，方唇。宽斜折沿。上腹斜直，下腹斜曲内收，底部上凹。折腹处一周凸棱。通体施白色底彩，纹饰不清。口径18.2、底径5.6、高4.8厘米（图五六，2）。

Ⅲ式　1件（标本M79:9）。泥质灰陶。敞口，斜方唇。宽斜折沿。折腹，上腹较斜，下腹斜内曲收。平底。通体施白色底彩，沿面内外各一周褐色彩带，中间一周褐彩水波纹，间以两周黑彩水波纹，折腹处一周褐彩带，上腹饰五个勾连三角纹。内底心一红圆圈，外三组红彩弧带纹，其外饰以黑彩曲边连弧云纹。口径18.6、底径7.6、高4.8厘米（图五七，2；彩版五〇，3）。

Ⅳ式　1件（标本M188:8）。泥质灰陶。敞口，方唇。斜折沿较窄。折腹，上腹较直，下腹斜曲内收。小平底。唇面一周凹弦纹。通体施白色底彩，折腹处两周红彩带间以一周黑彩带，上腹饰红带波折纹。内底心饰一红点状纹，外三组红彩心形弧带纹，间以黑彩曲边云纹。口径19.2、底径6、高4.4厘米（图五七，3）。

Ⅴ式　1件（标本M122:2）。泥质灰陶。敞口，方唇。斜折沿较宽，沿面微弧。折腹，上腹微内曲，下腹斜内收，底部上凹。唇面一周凹弦纹。通体施白色底彩，沿面饰两周鲜红彩条带纹间以水波纹。沿下、中腹各一周红彩带纹，上腹饰红彩三角纹间以成组斜点纹。内底心饰三组红彩心形弧带纹，周围饰以黑彩曲边云纹。口径17.3、底径5.4、高4.5厘米（图五七，4；彩版五〇，4）。

Ⅵ式　2件。标本M223:5，泥质灰陶。敞口，方唇。宽折沿近平。折腹，上腹内曲收。平底。下腹有一周凸棱。内壁施白色底彩，沿面饰褐彩宽条带纹，折腹处一周褐彩宽条带纹，上腹饰双层褐彩菱形纹，底部饰褐彩点状纹。口径18.4、底径5.8、高

图五七　汉墓出土 Ab 型陶盘

1. Ⅰ式（M132:8）　2. Ⅲ式（M79:9）　3. Ⅳ式（M188:8）　4. Ⅴ式（M122:2）

3.8 厘米（图五八，2；彩版五〇，5）。标本 M230:9，泥质灰陶。敞口，圆唇。窄折沿近平。折腹，上腹内曲收，下腹斜内收。平底。通体施白色底彩，上绘褐彩纹饰，沿面及折腹处饰宽带纹，上腹菱形纹间以碎点纹，下腹点状纹。口径 15.1、底径 7、高

4.6厘米（图五八，6）。

Ⅶ式　1件（标本M19:4）。泥质灰陶。敞口，厚圆唇。斜折沿较窄。折腹，上腹斜直，下腹斜内收。平底。内壁施白色底彩，上饰褐彩纹饰，沿面、折腹处饰宽条带纹，上腹菱形三角纹，底部碎点状纹。口径14.9、底径4、高4.5厘米（图五八，7；彩版五〇，6）。

B型　5件。曲腹盘。皆为泥质褐陶，素面。分为三式。

Ⅰ式　2件。标本M214:14，敞口，斜方唇。腹部弧曲，斜腹斜内曲收。小平底。唇面一周凹弦纹。口径12.8、底径4.2、高2.8厘米（图五八，3）。

Ⅱ式　1件（标本M154:6）。敞口，斜方唇。折沿近平。斜腹内曲收。小平底。口径12.4、底径4、高3.1厘米（图五八，5）。

Ⅲ式　2件。标本M80:8，敞口，方唇。卷沿。曲壁，大平底。口径10.9、底径

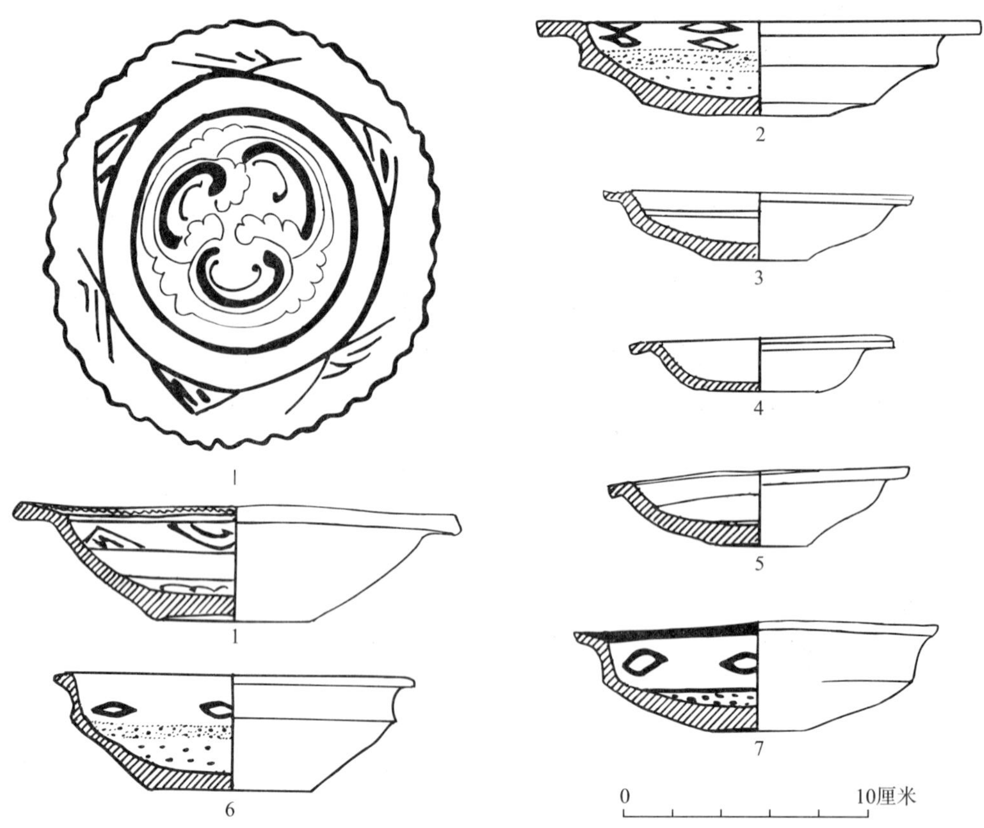

图五八　汉墓出土陶盘

1、4. B型Ⅲ式（M208:10、M80:8）　2、6. Ab型Ⅵ式（M223:5、M230:9）　3. B型Ⅰ式（M214:14）　5. B型Ⅱ式（M154:6）　7. Ab型Ⅶ式（M19:4）

5.4、高2.4厘米（图五八，4）。标本M208:10，敞口，斜方唇。斜折沿较宽，腹部斜曲内收。小平底上凹。通体施白色底彩，沿面两周鲜红彩条带纹间以一周水波纹，沿下一周、折腹处两周鲜红彩带纹，上腹正反三角纹，内底心三组红彩心形弧带纹，以黑彩线纹描边，并饰以黑彩曲边云纹。口径19.2、底径6.4、高4.6厘米（图五八，1）。

匜 13件。分为两型。

A型 10件。皆为泥质陶。多绘有彩色纹饰。分为八式。

Ⅰ式 1件（标本M77:10）。泥质灰陶。敞口，方唇，口部呈圆角方形，箕状长流。折腹，上腹内曲收，下腹斜内曲收，底部上凹。通体施白色底彩，上绘黑彩，纹饰不清。通高6.6厘米（图五九，1）。

Ⅱ式 1件（标本M122:3）。泥质黑灰陶。敞口，方唇。长流，残。口部呈圆角方形。折腹，下腹斜内曲收，底部上凹。折腹处凸棱较高。通体施白色底彩，内壁口部、折腹处各一周红色带状纹，上腹一周红彩水波纹。内底心三组红彩弧形带状纹，内心绘红彩羽状纹，外用黑彩描边。外壁上腹饰红色条带纹间以水波纹。通高5.9厘米（图五九，2）。

Ⅲ式 1件（标本M79:8）。泥质灰陶。敞口较直，方唇。口部呈圆角曲边方形，箕状流较长。通体施白色底彩，内壁折腹处一周褐彩带，上腹饰褐彩三角状纹，内底心饰褐彩圆圈，绕以圆点纹，外绘红褐彩心形弧带纹，外饰黑彩曲边云纹，上饰褐彩点状纹。外壁上腹灰褐彩条带纹间以水波纹。通高5.6厘米（图五九，3；彩版五〇，7）。

Ⅳ式 3件。标本M188:3，泥质灰褐陶。口部微内敛，方唇。口部呈圆角方形。宽扁流较长。折腹，上腹弧曲，下腹微内曲收。平底。通体施白色底彩，口部一周褐彩带，折腹处一周褐彩带、一周黑彩带、一周黄彩带，上腹饰连续弧边菱形纹，底部饰褐彩圆圈、心形弧带纹，饰以黑彩曲边云纹。外壁上腹部饰褐彩条带纹间以水波纹。通高5.1厘米（图五九，4；彩版五〇，8）。标本M149:7，泥质灰陶。敞口，方唇。口部呈圆形。流较长。折腹，上腹斜直，下腹斜内曲收，平底。素面。通高5.7厘米（图六〇，1）。标本M242:4，泥质灰陶。口部微内敛，方唇。口部呈圆角方形。箕状长流下斜。折腹处一周凸棱，下腹内曲收。通体施白色底彩，内绘鲜红草叶状纹。通高6.5厘米（图六〇，2；彩版五一，1）。

Ⅴ式 1件（标本M208:11）。泥质灰陶。敞口，方唇。口部呈圆角方形。长条状流较平。折腹，上腹斜直，下腹斜内曲收。平底微上凹。通体施白色底彩，内壁上腹两周鲜红彩带间以水波纹，折腹处一周鲜红彩带，底部三组红彩心形弧带纹，绕以黑彩曲边云纹。外壁上腹饰以鲜红条带纹间以水波纹。高5.5厘米（图六〇，3；彩版五

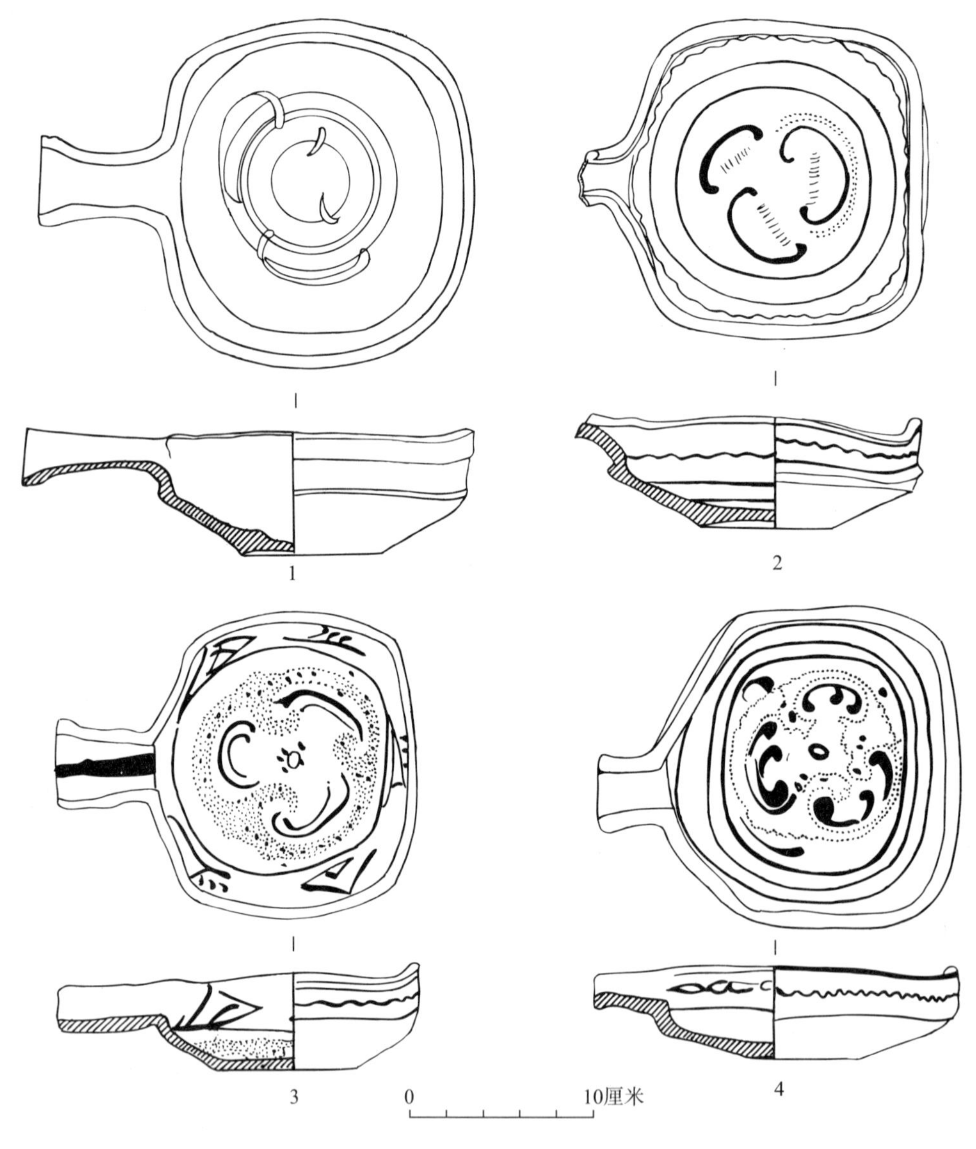

图五九　汉墓出土A型陶匜

1. Ⅰ式（M77:10）　2. Ⅱ式（M122:3）　3. Ⅲ式（M79:8）　4. Ⅳ式（M188:3）

一，2）。

Ⅵ式　1件（标本M110:9）。泥质灰陶。敞口，方唇。口部近方形。箕状流下垂。通体施白色底彩，唇面、内折处一周褐彩条带纹，上腹及流内饰上下双排菱形纹。外壁沿下一周褐彩带。通高3.2厘米（图六〇，4；彩版五一，3）。

Ⅶ式　1件（标本M241:2）。泥质黄褐陶。敞口，方唇。口部呈圆形，三角状流较短，流下垂。曲腹，平底。素面。通高5.4厘米（图六一，1）。

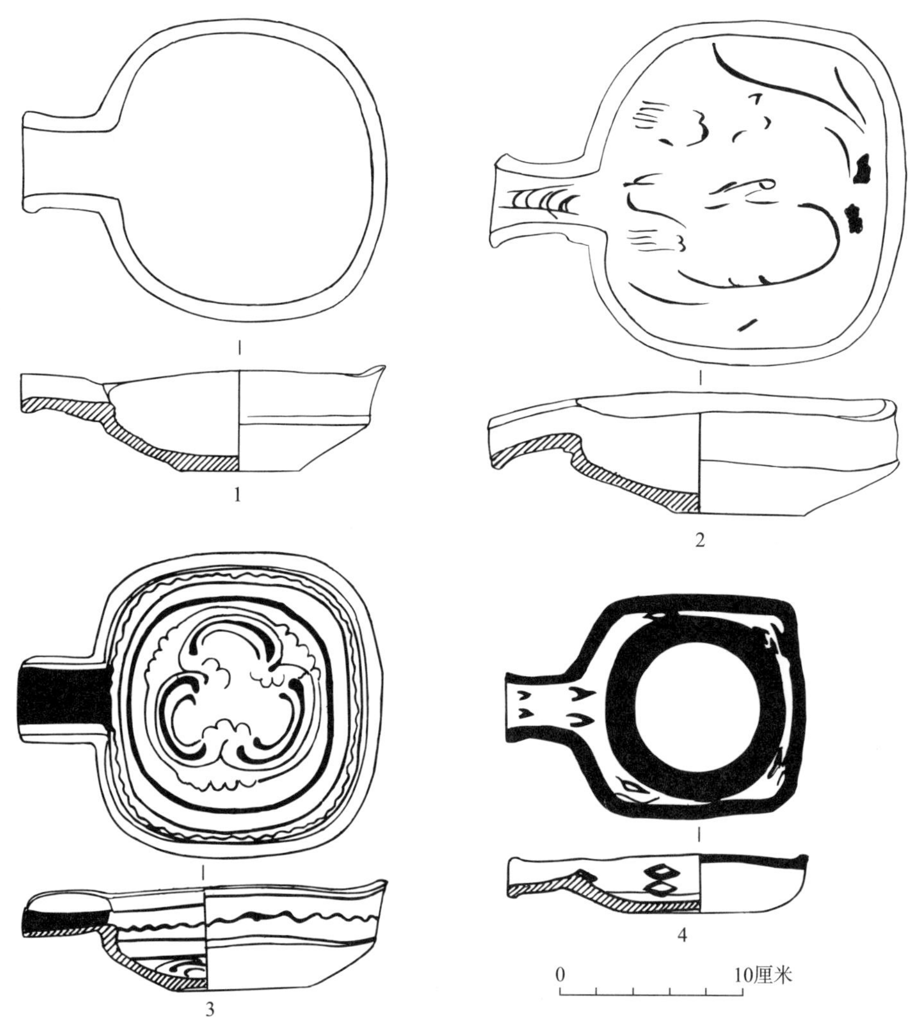

图六〇　汉墓出土A型陶匜

1、2. Ⅳ式（M149:7、M242:4）　3. Ⅴ式（M208:11）　4. Ⅵ式（M110:9）

Ⅷ式　1件（标本M227:2）。泥质黄褐陶。敞口，口部较直，口呈曲边方形。流面微下凹，呈把手状。上腹较直，下腹斜内收。小平底。素面。通高4.6厘米（图六一，2）。

B型　3件。泥质褐陶。素面。分为三式。

Ⅰ式　1件（标本M215:5）。敞口，方唇。匜口部呈圆角长方形，长流略上翘，口后部成三角状上翘。底部上凹。器形较深。通高4.8厘米（图六一，3）。

Ⅱ式　1件（标本M154:8）。敞口，方唇。口部呈宽扁圆角长方形，长流较平，口后部呈三角状上翘。小平底。器形较浅。通高3.8厘米（图六一，4）。

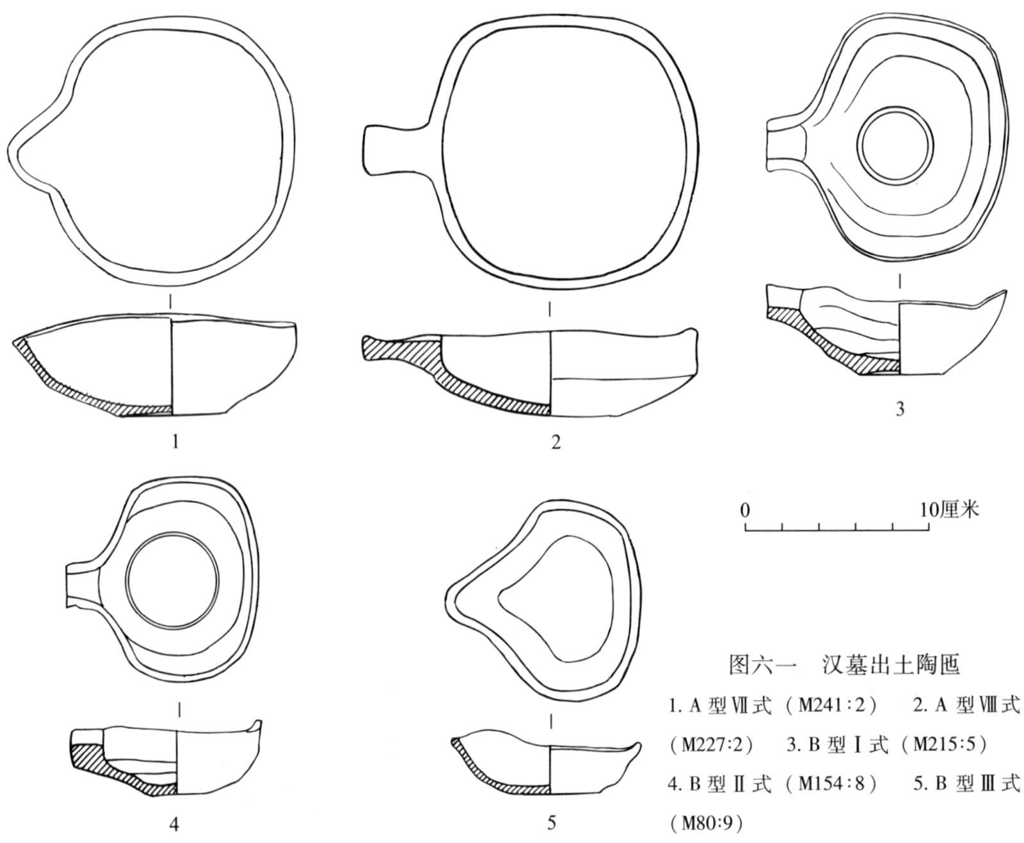

图六一　汉墓出土陶匜

1. A 型Ⅶ式（M241:2）　2. A 型Ⅷ式（M227:2）　3. B 型Ⅰ式（M215:5）　4. B 型Ⅱ式（M154:8）　5. B 型Ⅲ式（M80:9）

Ⅲ式　1 件（标本 M80:9）。敞口，方唇。口部呈三角形。口部前端内捏微显流，曲壁，底部较大。通高 3.5 厘米（图六一，5）。

罐　51 件。分为大型罐、中型罐、小型罐。

大型罐　8 件。分为两型。

A 型　7 件。小口绳纹罐。皆为泥质灰陶。小口，高颈，鼓腹，腹部饰绳纹。分为五式。

Ⅰ式　1 件（标本 M55:3）。小侈口，圆唇，沿向下斜折。高束颈向外翻卷，肩部外鼓，下腹斜曲内收，小平底微上凹。肩部饰横向凹弦纹及竖向细绳纹，下腹、底部饰横向中绳纹。口径 15.8、底径 6、高 25.6 厘米（图六二，1；图版九五，1）。

Ⅱ式　2 件。肩部下溜，最大径下移。标本 M141:1，小侈口，圆唇，斜沿。束高颈外翻卷，下腹较前外弧曲。小平底微上凹。中、上腹饰数周横向弦纹和竖向细绳纹，下腹饰横向细绳纹。口径 13、底径 6、高 24 厘米（图六二，2；图版九五，2）。标本 M16:1，口部残。鼓腹，最大径在中部，平底。上腹饰竖向细绳纹，下腹饰横向细绳纹。底径 6.4、残高 22 厘米（图六二，3）。

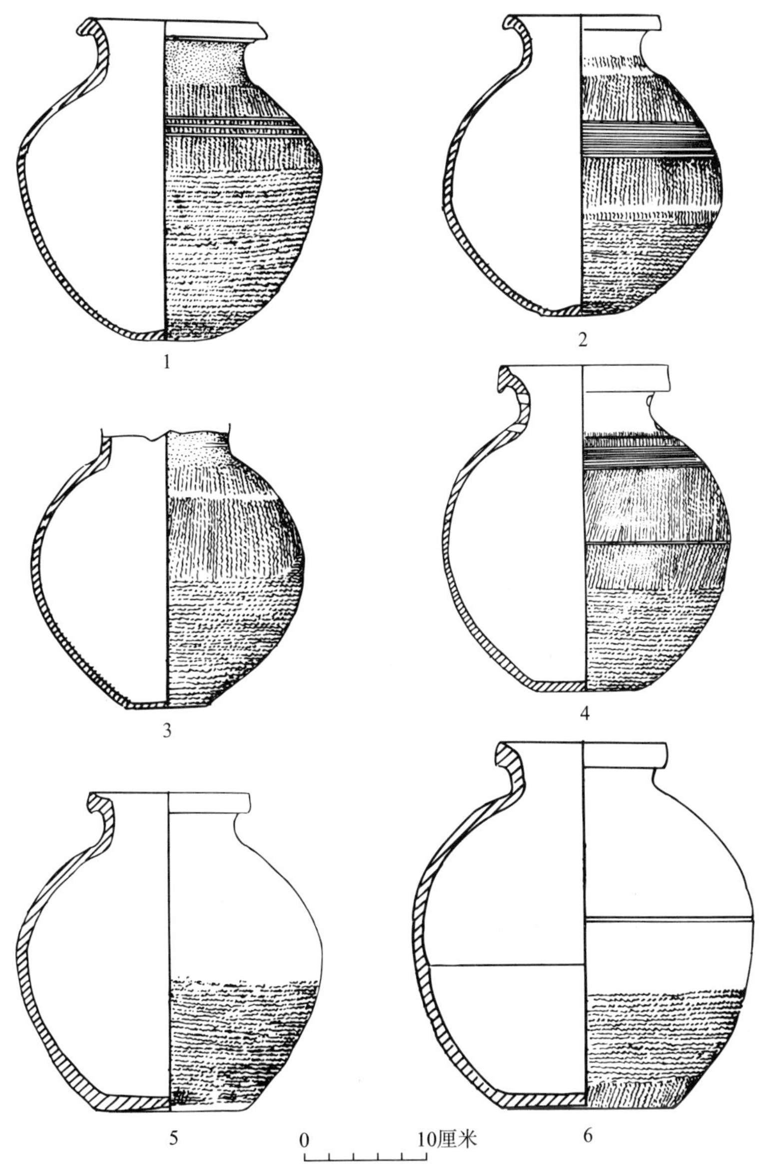

图六二　汉墓出土A型陶大型罐

1. Ⅰ式（M55:3）　2、3. Ⅱ式（M141:1、M16:1）　4. Ⅲ式（M174:1）
5. Ⅳ式（M8:1）　6. Ⅴ式（M8:5）

Ⅲ式　1件（标本M174:1）。小侈口，圆唇。斜折沿下垂，沿内面弧曲。高束颈，鼓腹呈球状，平底较大。颈部有对称的上下孔，孔径0.5厘米。上腹饰横向弦纹、竖线线纹，下腹饰横向细绳纹。口径14、底径8、高26厘米（图六二，4；图版九五，3）。

Ⅳ式　1件（标本M8:1）。盘状口，圆唇。高束颈，鼓腹，大平底微凹。上腹抹光，下腹饰横向细绳纹。口径13.3、底径11.6、高25.6厘米（图六二，5；图版九五，4）。

Ⅴ式　2件。标本M8:5，小口，圆唇。高束颈外斜，鼓腹，大平底微凹。中腹一周凹弦纹，下腹饰横向细绳纹。口径14.2、底径13.6、高29.2厘米（图六二，6；图版九六，1）。

B型　1件（标本M234:1）。泥质灰陶。大口罐。侈口，口较大，厚圆唇。折沿，沿面内侧凹弧。直颈内束。鼓腹，下腹内曲收。小平底。肩部一周水波纹，下部饰横向中绳纹，底部饰交错绳纹。口径20、底径12.6、高24.4厘米（图六三，1；图版九六，2）。

中型罐　22件。皆为泥质灰陶。分为两型。

A型　21件。折沿罐。分为两亚型。

Aa型　10件。折腹罐。分为三式。

Ⅰ式　2件。腹折处靠上，底部较小。标本M124:3，侈口，厚方唇，沿面微凹。颈内束。下腹斜曲收。肩部饰有四周凹弦纹。口径11、底径11.6、高17厘米（图六三，2；图版九六，3）。标本M48:1，侈口，厚方唇，折沿，沿面下曲。肩部外鼓，下腹斜内收。平底较小。上饰数周凹弦纹和两组横向水波纹。口径10、底径11.2、高17.6厘米（图六三，3）。

Ⅱ式　6件。最大径靠下，底部较大。标本M195:1，侈口，厚方唇，折沿近平，沿面微凹。束颈，肩部外鼓。下腹内曲收。底部上弧。中腹一周凹弦纹，肩部饰两周凹弦纹间以横向水波纹。口径11.6、底径11.4、高18厘米（图六三，4）。标本M222:1，侈口，厚方唇，沿面下凹呈盘状口，内束颈较高。肩部上鼓，下腹内斜收。底部上弧。素面。口径9.9、底径10、高16.8厘米（图六三，5；图版九六，4）。

Ⅲ式　2件。最大径靠下，底部较大。标本M235:1，盘状口，厚方唇，束高颈。肩部上鼓。上饰两组横向水波纹。口径11.8、底径12、高17.5厘米（图六三，6；图版九六，5）。标本M105:1，侈口，厚方唇，折沿，沿面微下凹。高束颈。肩外鼓，底部较平。肩部饰凹弦纹和水波纹。口径10.7、底径8.8、高18.2厘米（图六四，1）。

Ab型　11件。鼓腹罐。分为四式。

Ⅰ式　2件。最大径靠上，底部较小。标本M42:2，侈口，厚方唇，折沿，沿面下凹。颈部内束，鼓腹，底部上凹。中腹两周凹弦纹。口径9.8、底径8.2、高18.4厘米（图六四，2）。标本M221:2，侈口，方唇，沿面下凹呈盘口状。束颈，鼓腹，平底微凹。肩部数道凹弦纹间以两组水波纹，中腹一周凹弦纹。口径10.6、底径9.2、高17厘米（图六四，3；图版九六，6）。

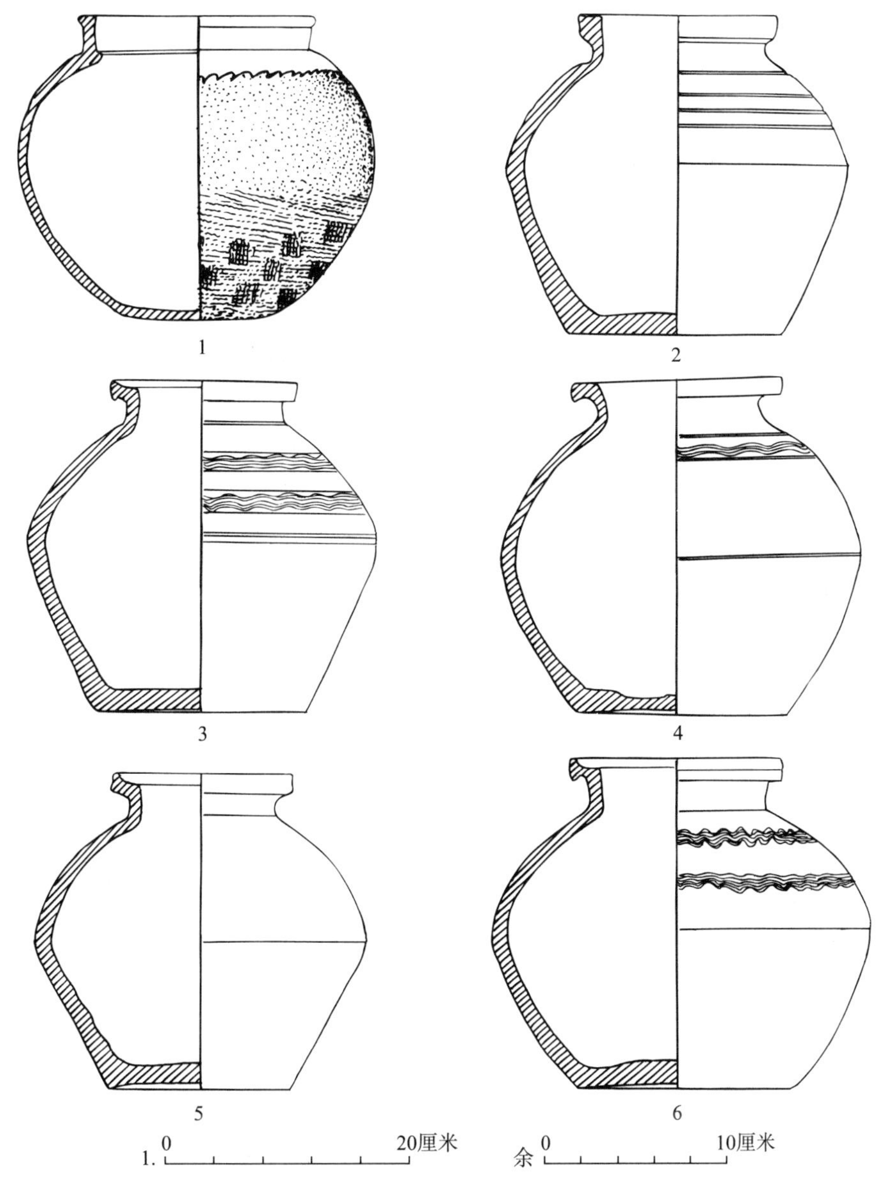

图六三 汉墓出土陶罐

1. B型大型罐（M234:1） 2、3. Aa型Ⅰ式中型罐（M124:3、M48:1） 4、5. Aa型Ⅱ式中型罐（M195:1、M222:1） 6. Aa型Ⅲ式中型罐（M235:1）

Ⅱ式 5件。肩部较前下溜，最大径靠下，底部较大。标本M140:1，侈口，厚方唇，折沿，沿面下凹呈盘口状。高束颈，大平底微上凹。素面。口径11.6、底径12.8、高18.1厘米（图六四，4）。标本M173:1，侈口，厚方唇，折沿，沿面下凹呈盘口状。平底。颈部、中腹饰凹弦纹。口径11.2、底径11.4、通高17.1厘米（图六四，5）。

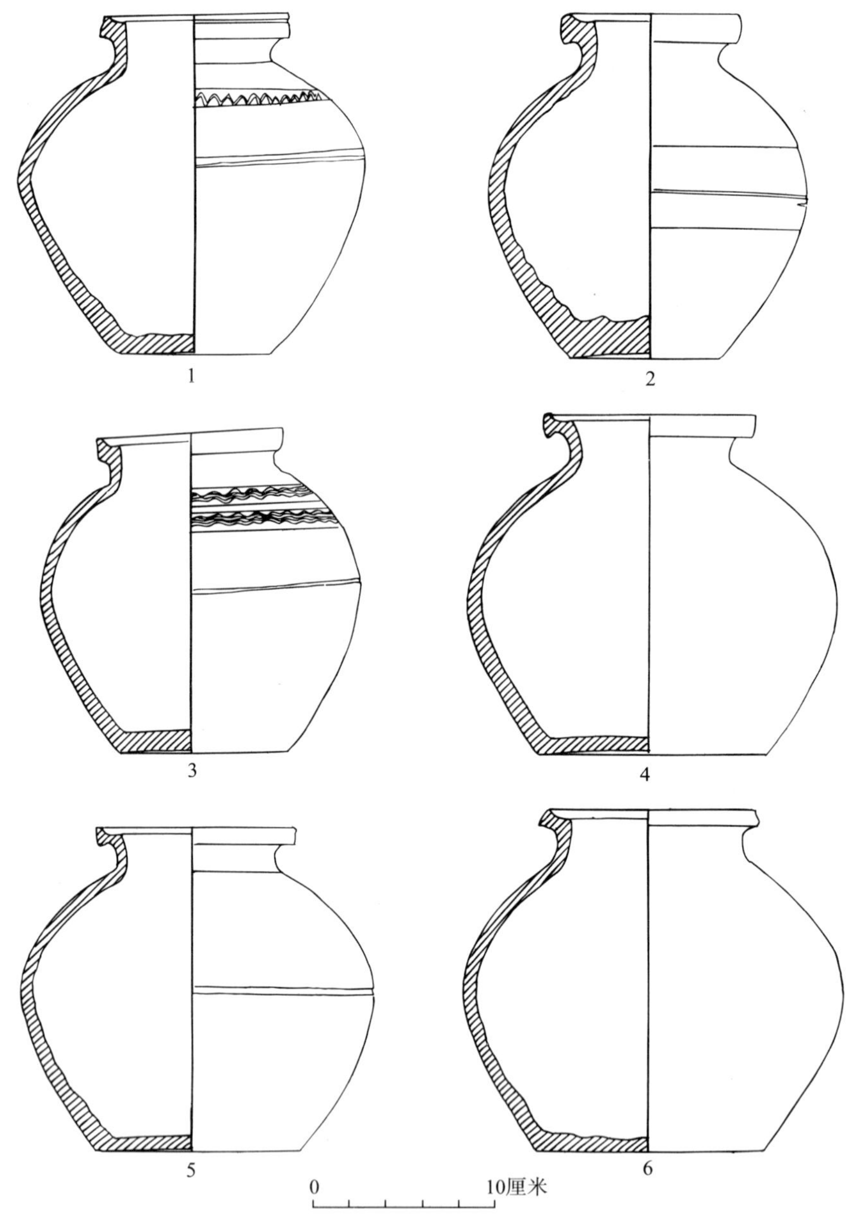

图六四　汉墓出土 A 型陶中型罐

1. Aa 型Ⅲ式（M105:1）　2、3. Ab 型Ⅰ式（M42:2、M221:2）

4、5. Ab 型Ⅱ式（M140:1、M173:1）　6. Ab 型Ⅲ式（M218:2）

Ⅲ式　3 件。肩部下溜，最大径下移，底部较大。标本 M218:2，侈口，斜方唇，折沿，沿面下凹呈盘口状。高束颈。素面。口径 12、底径 16.2、高 18.2 厘米（图六四，6）。标本 M209:1，侈口，厚方唇，束颈。器形矮扁，底部上凹。肩部饰凹弦纹间以水波纹，中腹一周凹弦纹。口径11.4、底径17.4、高17.5厘米（图六五，1）。

Ⅳ式　1件（标本M131:1）。侈口，方唇，宽折沿，沿面下凹呈大盘口。束颈，平底。素面。口径12.8、底径11、高17.6厘米（图六五，2）。

B型　1件（标本M193:1）。泥质灰陶。卷沿罐。口沿翻卷。圆唇，高束颈。鼓腹，下腹内斜收。平底。素面。口径11.2、底径9.2、高15.2厘米（图六五，3）。

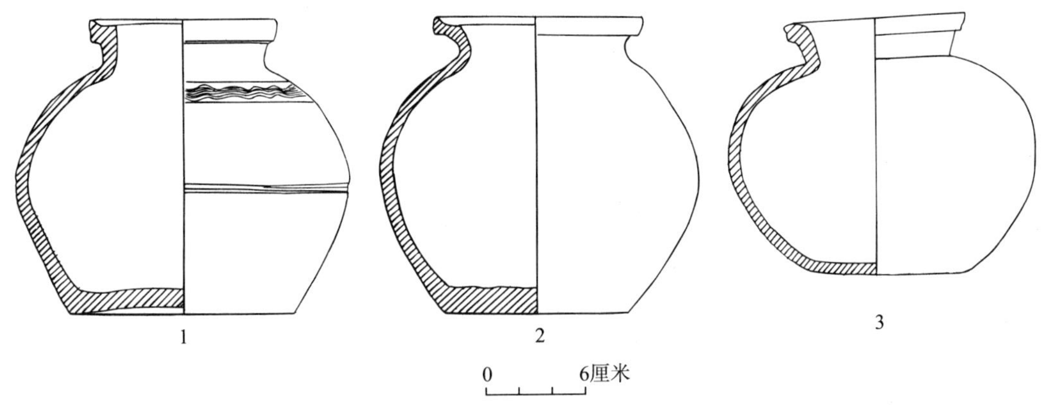

图六五　汉墓出土陶中型罐

1. Ab型Ⅲ式（M209:1）　2. Ab型Ⅳ式（M131:1）　3. B型（M193:1）

小型罐　21件。器形较小。分为三式。

Ⅰ式　11件。肩部上鼓，最大径靠上，底部较小。标本M12:1，泥质灰陶。口部较直，厚方唇，折沿，沿面下凹。高束颈，肩部上鼓，下腹内曲收。平底较厚。唇部一周凹弦纹。口径10.7、底径8.8、高14.1厘米（图六六，1；图版九七，1）。标本M204:1，泥质灰陶。口部微内敛，厚方唇，折沿，沿面下凹呈盘口状。高束颈。肩部数道刮棱，中腹一周凹弦纹。口径8、底径8.8、高12.4厘米（图六六，2）。

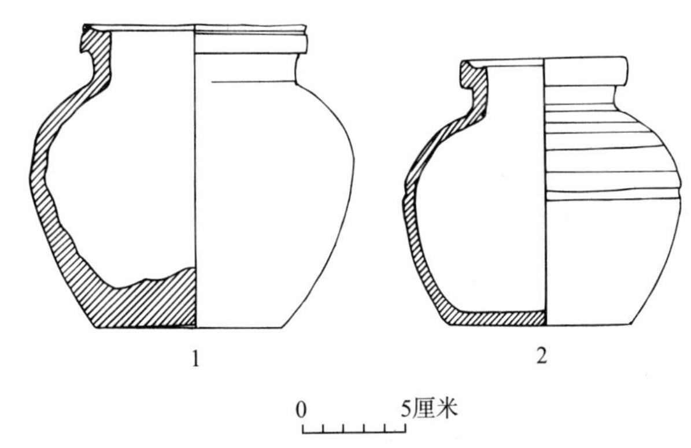

图六六　汉墓出土Ⅰ式陶小型罐

1. M12:1　2. M204:1

Ⅱ式　7件。肩部下溜，最大径下移，底部较大。标本M219:1，泥质灰陶。侈口，厚方唇，折沿，沿面下凹，高束颈。颈部一道凸棱，中腹一周凹弦纹。口径9.6、底径10.2、高14.7厘米（图六七，

1）。标本 M239:1，泥质灰陶。口部微内敛，方唇，折沿。底部较大。肩部数道凹弦纹。口径 8.1、底径 9、高 12 厘米（图六七，2）。标本 M240:2，泥质灰陶。侈口，方唇。斜折沿。束颈。中腹一道凹弦纹。口径 8.1、底径 9、高 13.8 厘米（图六七，3；图版九七，2）。

Ⅲ式　3 件。最大径靠下，大平底。标本 M8:2，泥质灰陶。侈口，方唇，折沿，沿面微鼓，大平底微凹。口径 10.4、底径 10.2、高 13 厘米（图六七，4；图版九七，3）。标本 M240:1，泥质灰陶。侈口，厚方唇，折沿，沿面下凹呈盘状口。束颈，溜肩，下腹弧曲。底部上弧。肩部、中腹各一周凹弦纹。口径 9.3、底径 10、高 12.5 厘米（图六七，5）。

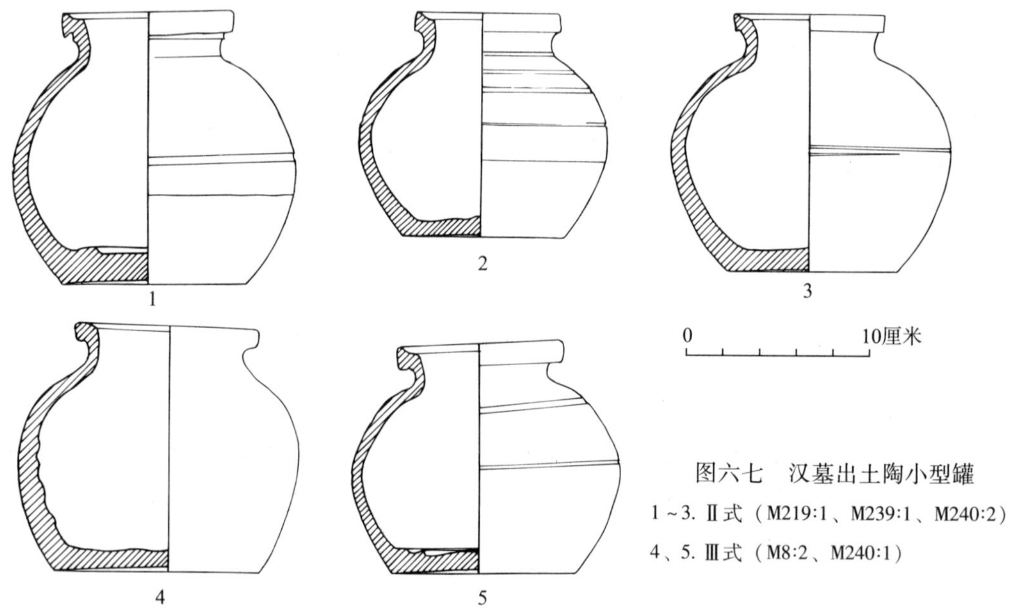

图六七　汉墓出土陶小型罐
1～3. Ⅱ式（M219:1、M239:1、M240:2）
4、5. Ⅲ式（M8:2、M240:1）

瓶　6 件。皆为泥质浅灰陶。盘状口，束高颈，大平底。分为三式。

Ⅰ式　2 件。标本 M26:1，圆唇，中腹外鼓，下腹斜内收，平底较小。中腹一周凹弦纹。口径 10.8、高 17 厘米（图六八，1）。

Ⅱ式　3 件。标本 M8:4，厚圆唇，盘状口较深，高束颈，上腹略鼓，大平底上弧。中腹两周凹弦纹。口径 12.1、高 20 厘米（图六八，2；图版九七，5）。

Ⅲ式　1 件（标本 M8:8）。器形较矮。盘状口外侈，鼓腹宽扁，大平底微上弧。颈部饰数道凹弦纹。口径 12.3、高 17 厘米（图六八，3；图版九七，4）。

勺　3 件。皆为泥质褐陶。标本 M77:11，敞口，圆唇，勺口部呈圆形。柄斜直，上部一凹窝，似装把手用。勺内壁施白色底彩，绘褐彩云纹。通高 4.2 厘米（图六九，1）。标本 M80:6，敞口，圆唇，口部呈圆形，把手外斜。素面。通高 2.2 厘米（图六

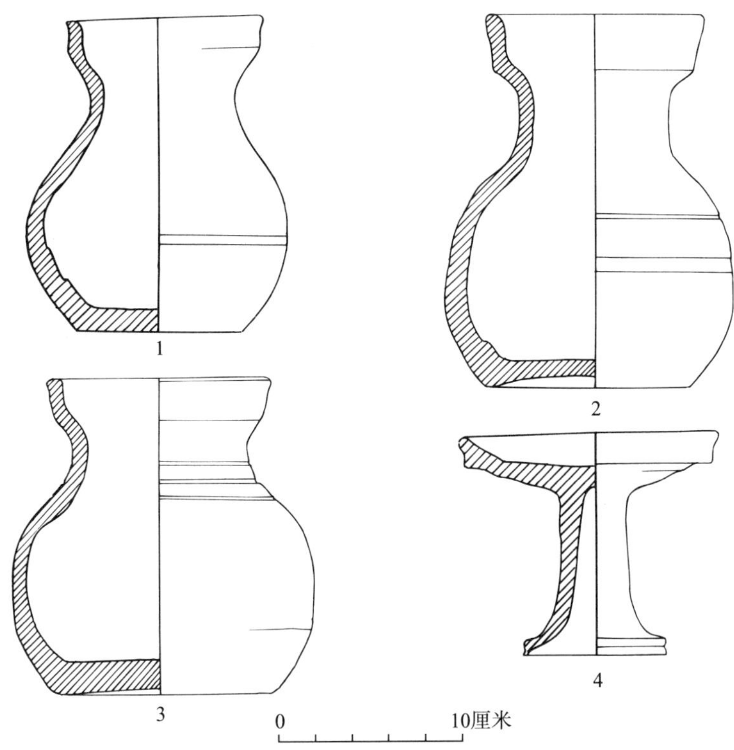

图六八　汉墓出土陶瓶、豆

1. Ⅰ式瓶（M26:1）　2. Ⅱ式瓶（M8:4）　3. Ⅲ式瓶（M8:8）
4. 豆（M80:01）

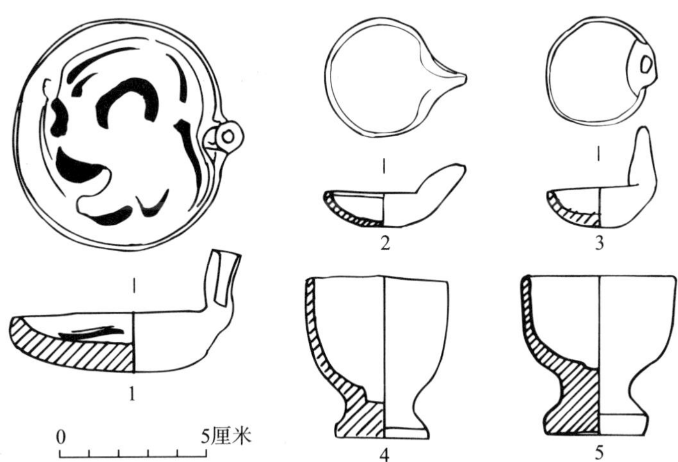

图六九　汉墓出土陶器

1～3. 勺（M77:11、M80:6、M154:11）　4、5. 杯（M80:5、M154:9）

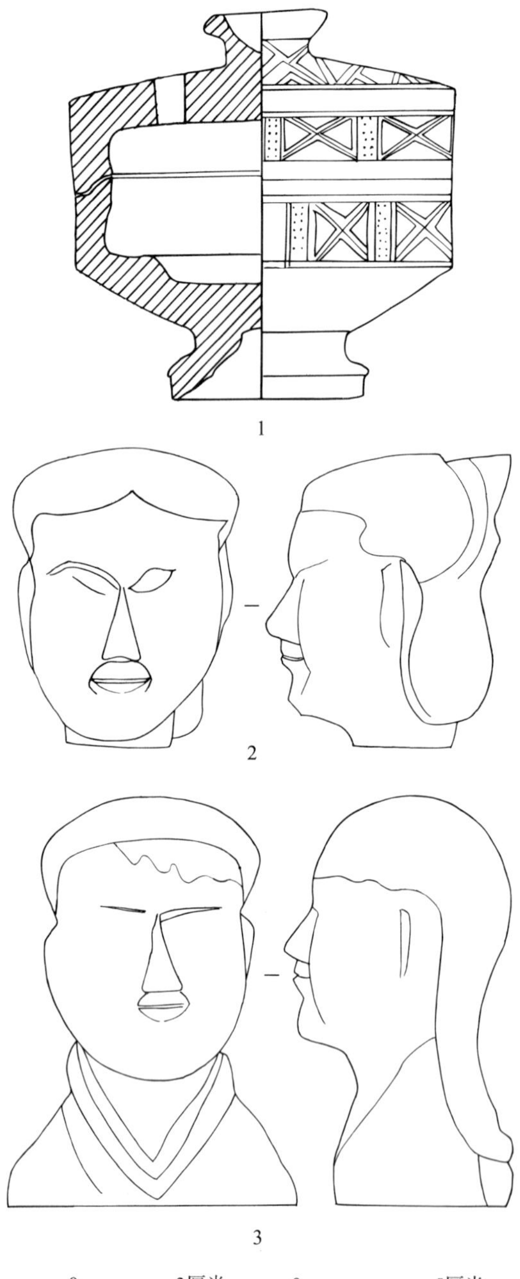

图七〇　汉墓出土陶器

1. 熏炉（M79:1）　2、3. 俑（M242:1、M242:2）

九，2）。标本 M154:11，敞口，圆唇，口部呈圆形，把手较直。通高 3.4 厘米（图六九，3）。

杯　3 件。均为泥质褐陶。标本 M80:5，敞口，圆唇，曲壁，假圈足，足柄微内收。平底，内底心下凹较平。素面。口径 4.9、高 5.3 厘米（图六九，4）。标本 M154:9，敞口，圆唇，壁斜直，假圈足较高，曲柄内束。平底，内底心微下凹。素面。口径 5.4、高 5.3 厘米（图六九，5）。

豆　1 件（标本 M80:01）。泥质灰陶。敞口，圆唇。折壁浅盘，细高柄，喇叭状圈足。口径 14.3、高 12 厘米（图六八，4）。

熏炉　1 件（标本 M79:1）。泥质灰陶。子口，圆唇。直壁略内收，下部折内斜。束柄，喇叭状矮圈足。顶盖呈母口，直壁，弧状顶，帽状捉手。直壁部分用横向凹弦纹分为长条带，用竖线分为宽窄方框，窄方框内戳刺点状纹，宽方框内刻划交叉弦纹，三角空地下刻，形成十字瓣花纹。顶部同样刻划花瓣纹，并将六个三角孔刻透。口径 8.8、通高 10.4 厘米（图七〇，1；彩版五二，5）。

俑　2 件。标本 M242:1，泥质灰陶。高鼻大耳，眼睛微敛下视，嘴角微笑，面部丰满。发梳高髻，额前头发两分，脑后短发下垂。通体施白色底彩，面部上粉红彩，嘴角施红彩，头发施黑彩。造型比例匀称，文雅恬静，端庄大方。颈下中空，似有东西与身体对接。高 9.8 厘米（图七〇，2；彩版五一，4）。标本

M242:2，泥质灰陶。高鼻大耳，眼睛微敛，上唇微翘，嘴角微笑，面部丰满肥美。额角头发微分，脑后长发下垂，搭于背后。窄肩下垂。着交衽衫。通体施白色底彩，再上分红彩，头发施黑彩，衣衫领部施艳红彩。高 13.5 厘米（图七〇，3；彩版五一，5）。

2. 铁器

83 件。出土铁器有铁兵器和工具，有刀、剑、矛、臿 、斧、锯、夯具等。

夯具　2 件。分为两型。

A 型　1 件（标本 M79:10）。器身细长，形体瘦高。口部微敞，曲壁，大平底。器壁较薄。口径 7.4、底径 6.6、高 8.8 厘米（图七一，6）。

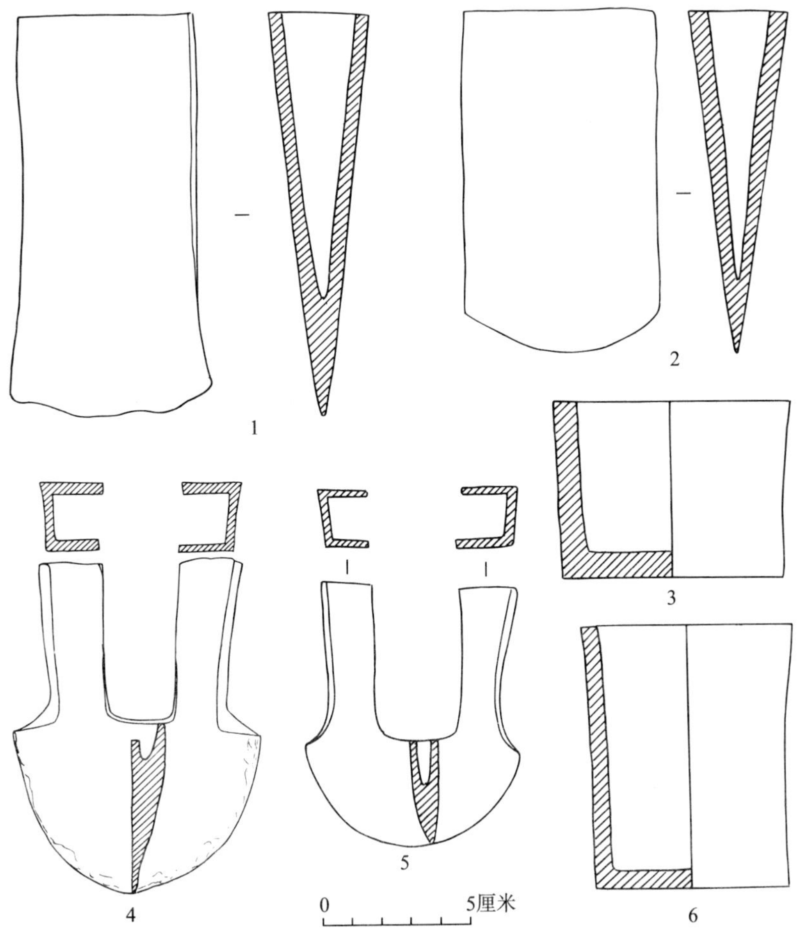

图七一　汉墓出土铁器

1. B 型斧（M226:1）　2. A 型斧（M235:5）　3. B 型夯具（M80:02）
4、5. 臿（M229:2、M62:1）　6. A 型夯具（M79:10）

B 型　1 件（标本 M80:02）。器身粗短，形体宽扁。口部微敞，曲壁，平底。器壁较厚。口径 8.3、底径 7.6、高 5.9 厘米（图七一，3）。

斧　9 件。分为两型。

A 型　7 件。长条形。标本 M235:5，长方形銎，剖面呈三角形。圆弧刃。长 11.4、宽 6.6 厘米（图七一，2）。

B 型　2 件。刃部较宽，呈箕形。标本 M226:1，长条形镢身，长方形銎，剖面呈三角形。宽扁刃。长 13.3、宽 6.1 厘米（图七一，1）。

臿　36 件。皆为“凹”字形銎，圆弧刃。标本 M62:1，刃部两侧与器身连接处呈圆弧形。宽 6.7、高 8.8 厘米（图七一，5）。标本 M229:2，刃部两侧与器身连接处呈拐角状。宽 8.6、高 11.2 厘米（图七一，4）。

刀　20 件。均环首。分为四型。

A 型　1 件（标本 M213:2）。环首窄刃长刀。环首残。刃身较直，三角形窄刃。前端残。残长 84.8、刃宽 2.4 厘米（图七二，1）。

B 型　2 件。环首宽刃长刀。标本 M34:3，环首，直柄较短，上面缠绕线绳。三角形刃身较长，前端残。残长 50、宽 4 厘米（图七二，2）。标本 M108:1，环首，直柄较窄，刃部较宽略曲。保存较好。长 90.8 厘米（图七二，3）。

C 型　16 件。环首，短刃。分为三亚型。

Ca 型　10 件。环首直柄宽刃。标本 M72:1，三角刃。长 21.1、刃宽 1.8 厘米（图七二，4）。

Cb 型　2 件。环首长柄窄刃。标本 M141:8，柄较细，柄截面呈长方形。窄刃较短，刃部弧曲，截面呈三角形。长 22.1 厘米（图七二，5）。标本 M139:1，形制同前。长 19.4 厘米（图七二，6）。

Cc 型　4 件。标本 M32:1，环首下垂，弧曲状长柄，截面呈长方形。三角状刃身，刀刃薄而锋利。长 18 厘米（图七三，2）。

D 型　1 件（标本 M34:2）。环首曲刃刀。圆首，有一圆形孔眼。曲形把手，弯曲状刀身，三角形刃。残长 23.4 厘米（图七三，3）。

剑　14 件。标本 M210:2，直柄，截面呈长方形。菱形格，长直刃，截面呈菱形。前端残。残长 97.6 厘米（图七三，1）。

锯　1 件（标本 M50:2）。环首，曲状柄，柄截面呈长方形。锯身前端窄，后端宽。锯齿状刃。长 29.7 厘米（图七三，4）。

矛　1 件（标本 M155:4）。圆銎，舌状矛。残长 23.2 厘米（图七三，5）。

3. 铜器

597 件。有铜镜、矛、带钩、镞、弩机、铜钱等。

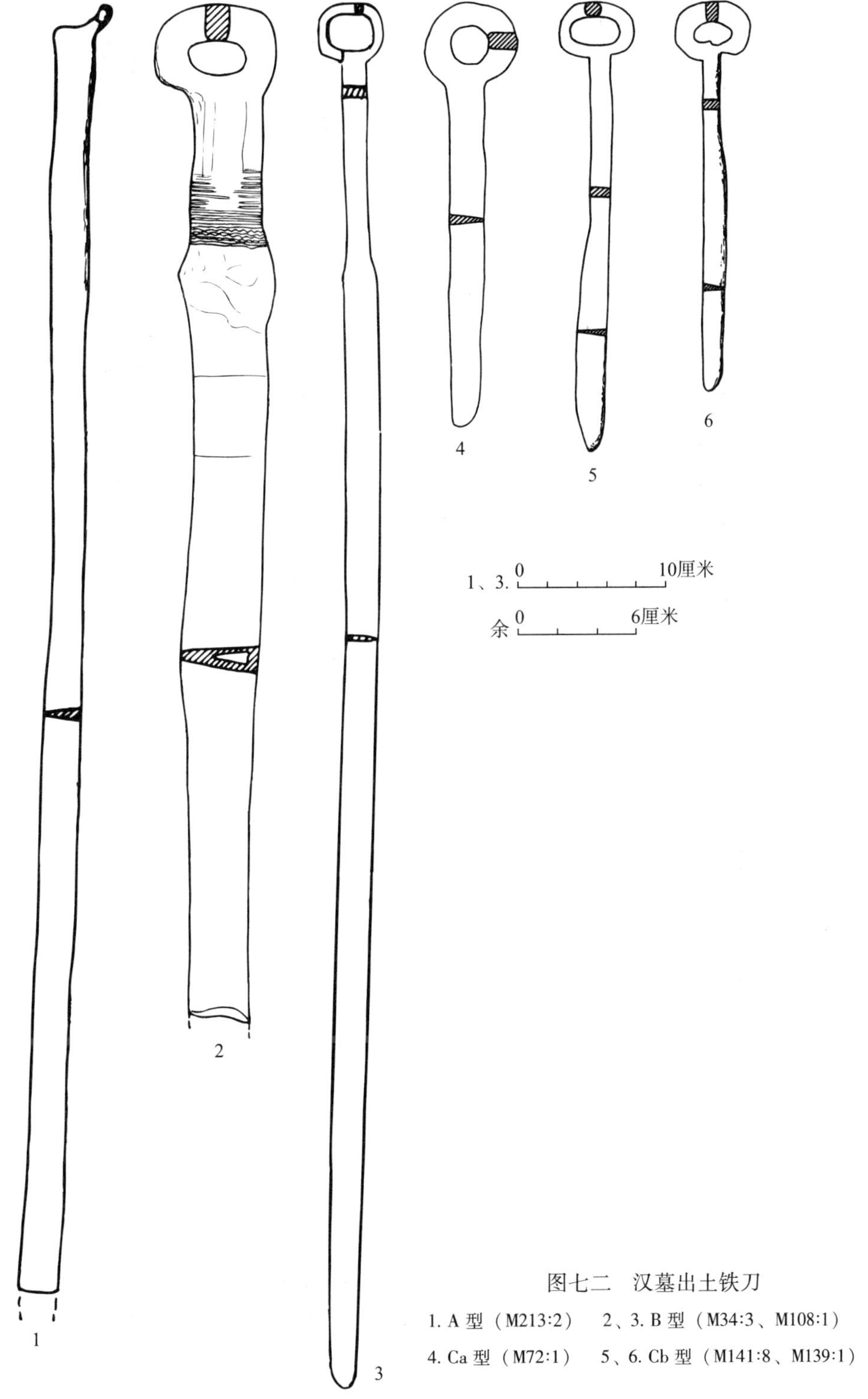

图七二 汉墓出土铁刀

1. A型（M213:2） 2、3. B型（M34:3、M108:1）
4. Ca型（M72:1） 5、6. Cb型（M141:8、M139:1）

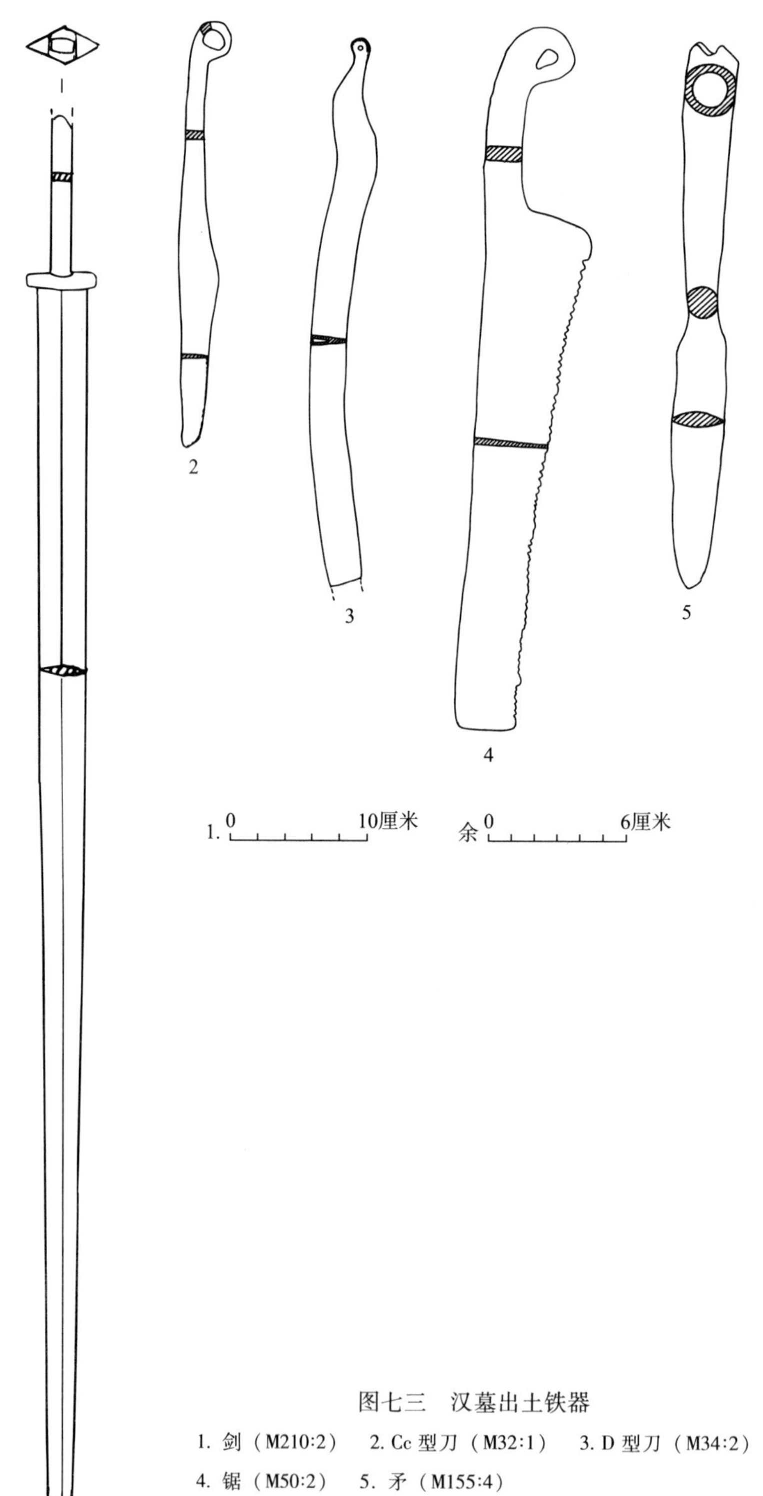

图七三　汉墓出土铁器

1. 剑（M210:2）　2. Cc 型刀（M32:1）　3. D 型刀（M34:2）　4. 锯（M50:2）　5. 矛（M155:4）

铜镜　4 面。

星云纹镜　1 面（标本 M190:1）。多乳状纽座。两周凸弦纹将纹饰分为二区：内区为两周连弧纹带；中区为四乳将纹带分为四部分，填以较小的七乳，云状底纹。周边饰连弧状缘。直径 10.7 厘米（图七四，1；彩版五二，1）。

四乳四虺镜　1 面（标本 M203:1）。半球状圆纽。内区饰两周凸弦纹，饰以斜线条纹；中区饰四乳四虺纹；外区饰一周斜线条纹。宽素缘。直径 9 厘米（图七四，2；彩版五二，2）。

规矩镜　1 面（标本 M26:3）。桥状纽。弦状纹将纹饰分为内外两区：内区四乳规矩；外区为一周密集条状纹饰。三角状缘。镜面微弧。直径 7.9 厘米（图七四，3；彩版五二，3）。

素面镜　1 面（标本 M136:1）。残损严重，仅存一角。

铜矛及镈　1 套（图七五，1；图版九九，6）。矛 1 件（标本 M154:13－1），前细后粗的圆形銎，上有一窄长孔。菱形矛身。弧曲状三角刃。长 20、圆銎内径 2 厘米。矛镈 1 件（标本 M154:13－2），长条状圆形銎，底部封堵，中心一圆孔，饰十字形纹饰。镈身中部作竹节状凸起，其上有一圆孔，加钉固定木把用。长 12.5、直径 2.64 厘米。

带钩　9 件。除 1 件带钩残，无法分型外，余分为四型。

A 型　2 件。长条形。标本 M144:1，弧曲状身细长，斜直钩，纽位于尾端。长 8.6 厘米（图七五，2；图版九八，1）。

B 型　4 件。琴形。曲状钩，弧曲状身较短，后部较宽呈琴形。圆纽较大。标本 M194:2，长 4.9 厘米（图七五，3；图版九八，2）。标本 M141:10，长 7.6 厘米（图七五，4；图版九八，3）。标本 M167:1，长 7.3 厘米（图七五，5）。

C 型　1 件（标本 M212:5）。心形。弯曲状钩较长，心形宽扁身，整体短扁。长 3.7 厘米（图七五，

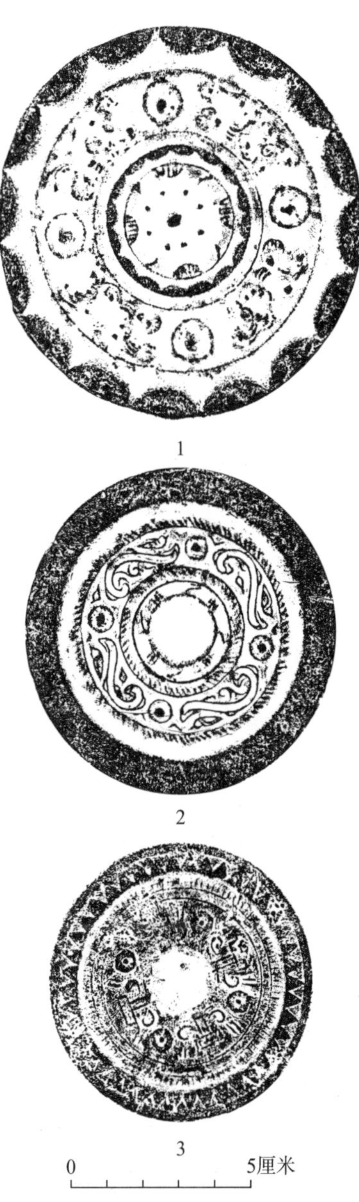

图七四　汉墓出土铜镜

1. 星云纹镜（M190:1）　2. 四乳四虺镜（M203:1）　3. 规矩镜（M26:3）

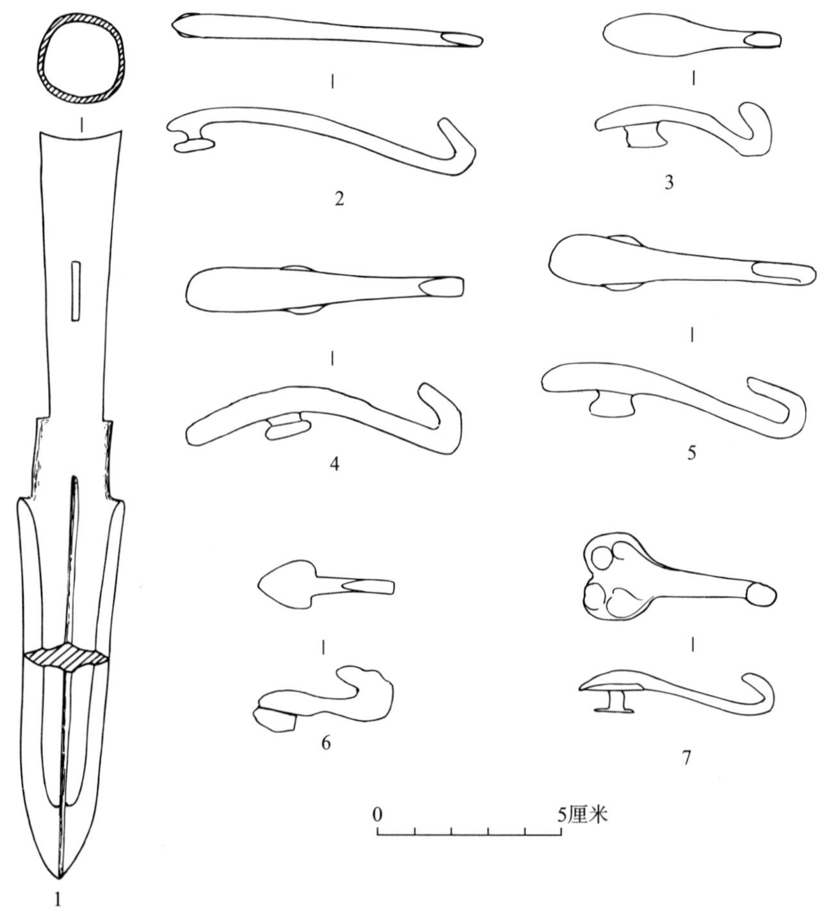

图七五　汉墓出土铜器

1. 矛（M154:13－1）　2. A 型带钩（M144:1）　3～5. B 型带钩（M194:2、M141:10、M167:1）　6. C 型带钩（M212:5）　7. D 型带钩（M121:5）

6；图版九八，4）。

D 型　1 件（标本 M121:5）。花形。弯曲状短钩，花状宽扁身。圆形纽较大。长 5.2 厘米（图七五，7；图版九八，5）。

镞　1 件（标本 M1:3）。镞身截面呈一端细的圆锥状。弧状三条刃。铤残。残长 3.6 厘米（彩版五二，4）。

弩机　1 件（标本 M220:3）。弩身长 4.5、宽 0.7 厘米（图版九八，6）。

铜铃　12 件。分为两型。

A 型　2 件。铃身宽扁，下缘呈弧状。标本 M33:1，细环状纽，铃身呈素面。宽 3.3、高 3.2 厘米（图版九九，1）。标本 M198:1，宽环状纽。铃身上饰凸棱状纹和颗粒点状纹。宽 2.8、高 3.6 厘米（图版九八，7）。

B型　10件。铃身瘦长。标本M33:2，宽环状纽。铃身顶部有半圆形孔，铃身一面有“几”形孔。素面。宽2.5、高4.6厘米（图版九九，1）。标本M198:2～8，同前。高约4.7厘米（图版九八，7）。

铜环　2件。圆形。标本M202:2，截面呈扁圆状。直径2.5厘米（图版九九，2）。标本M121:4，截面呈圆形。直径2.3厘米（图版九九，2）。

铜钱　567枚。有货泉、半两、五铢、大泉五十等，有21枚铜钱无法辨认类型。

货泉　1枚（标本M219:7）。残损严重，模糊可见货泉字样。

半两　181枚。除13枚因锈蚀，型式不明外，余可分为两型。

A型　4枚。八铢半两。标本M152:1-2，钱文高凸。直径3、穿边长1、厚0.1厘米（图七六，1）。标本M152:1-1，钱文高凸。直径3.2、穿边长1、厚0.1厘米（图七六，2）。

B型　164枚。四铢半两。分为两式。

Ⅰ式　147枚。无郭半两。钱文凸起较高。标本M32:3-2，“两”内横画略呈波折状。直径2.2、穿边长0.8、厚0.08厘米（图七六，3）。标本M154:14，“两”内横画平直。直径2.2、穿边长0.8、厚0.08厘米（图七六，4）。标本M35:2，“两”内呈波折状。直径2.3、穿边长0.8、厚0.08厘米（图七六，5）。标本M95:1，钱文略模糊，“两”内呈波折状。直径2.2、穿边长0.8、厚0.08厘米（图七六，6）。

Ⅱ式　17枚。有郭半两。钱文多凸起较高。标本M32:3-1，钱文清晰，“两”内呈人字。直径2.2、穿边长0.8、厚0.08厘米（图七六，7）。标本M79:10，钱文较粗。直径2.2、穿边长0.8、厚0.08厘米（图七六，8）。标本M135:2，钱文较粗。直径2.2、穿边长0.8、厚0.08厘米（图七六，9）。

五铢　336枚。有的穿上或穿下有横穿。除25枚因锈蚀严重，型式不明外，余311枚可分为四式。

Ⅰ式　149枚。“五”字中间相交两笔较直，“铢”字的“金”字头呈镞形或小三角形，“朱”字头方折。标本M44:2-2，“铢”字“金”子头呈镞形。直径2.4、穿边长1、厚0.2厘米（图七七，1）。标本M157:1，直径2.4、穿边长0.9、厚0.18厘米（图七七，2）。

Ⅱ式　82枚。“五”字中间相交两笔稍弯曲，“铢”字的“金”字头呈三角形，“朱”字头方折。标本M218:1，穿上有横郭。直径2.4、穿边长1.1、厚0.15厘米（图七七，3）。标本M234:4，直径2.5、穿边长0.95、厚0.15厘米（图七七，4）。标本M8:9-1，直径2.5、穿边长0.9、厚0.15厘米（图七七，5）。标本M235:3，穿上有横穿。直径2.5、穿边长1、厚0.18厘米（图七七，6）。标本M44:2-1，穿上有横穿。直径2.5、穿边长1.1、厚0.16厘米（图七七，7）。

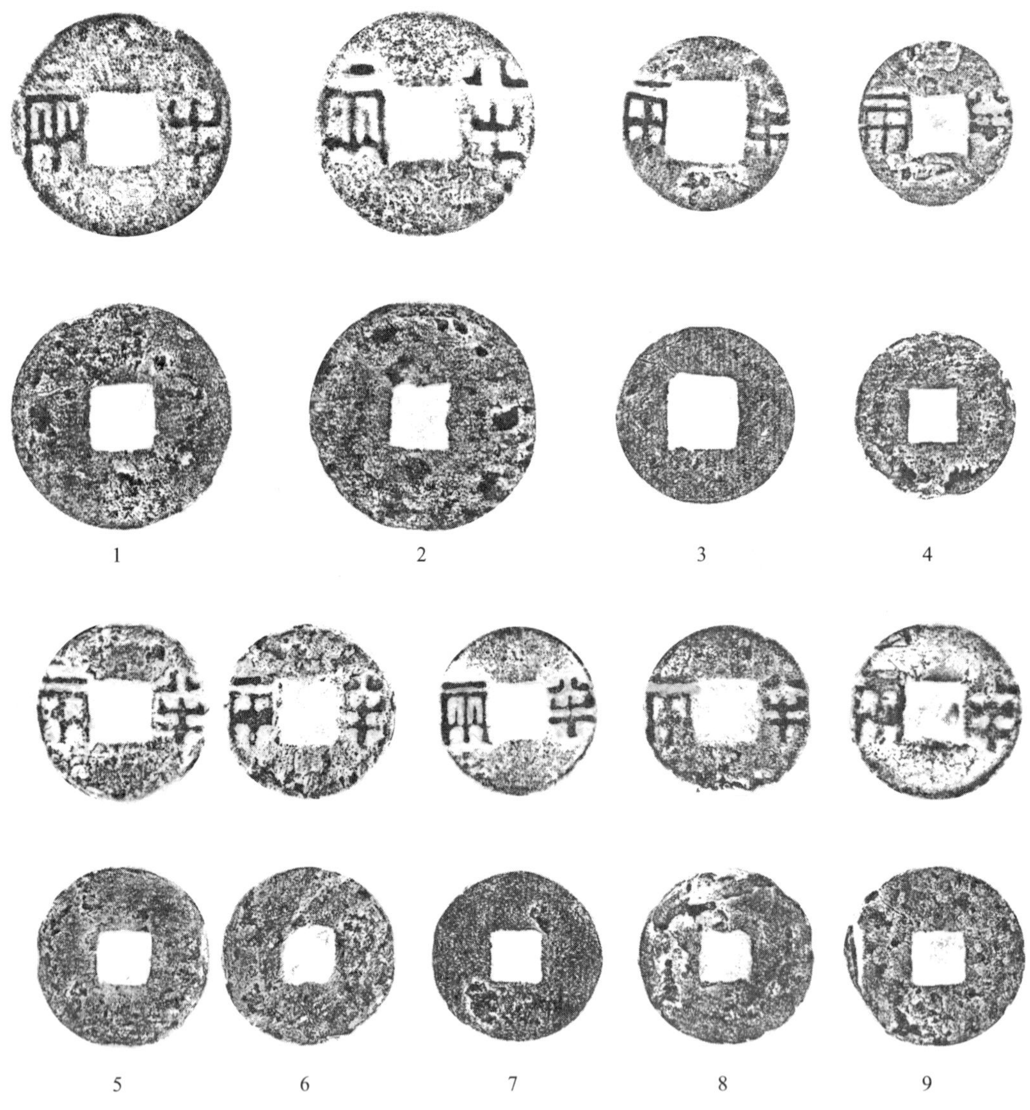

图七六　汉墓出土铜半两（原大）

1、2. A 型（M152:1 -2、M152:1 -1）　3 ~6. B 型Ⅰ式（M32:3 -2、M154:14、M35:2、M95:1）
7 ~9. B 型Ⅱ式（M32:3 -1、M79:10、M135:2）

Ⅲ式　50 枚。“五”字交笔弯曲，“铢”字的“金”字头呈三角形，“朱”字头方折。标本 M212:1，直径 2.5、穿边长 1.1、厚 0.21 厘米（图七七，8）。标本 M20:3 -2，直径 2.6、穿边长 1、厚 0.18 厘米（图七八，1）。标本 M20:3 -1，直径 2.5、穿边长 1、厚 0.15 厘米（图七八，2）。标本 M195:2，“五”字横伸出。穿下有半星。直径 2.5、穿边长 1、厚 0.18 厘米（图七八，3）。标本 M235:2，穿下有横穿。直径 2.55、

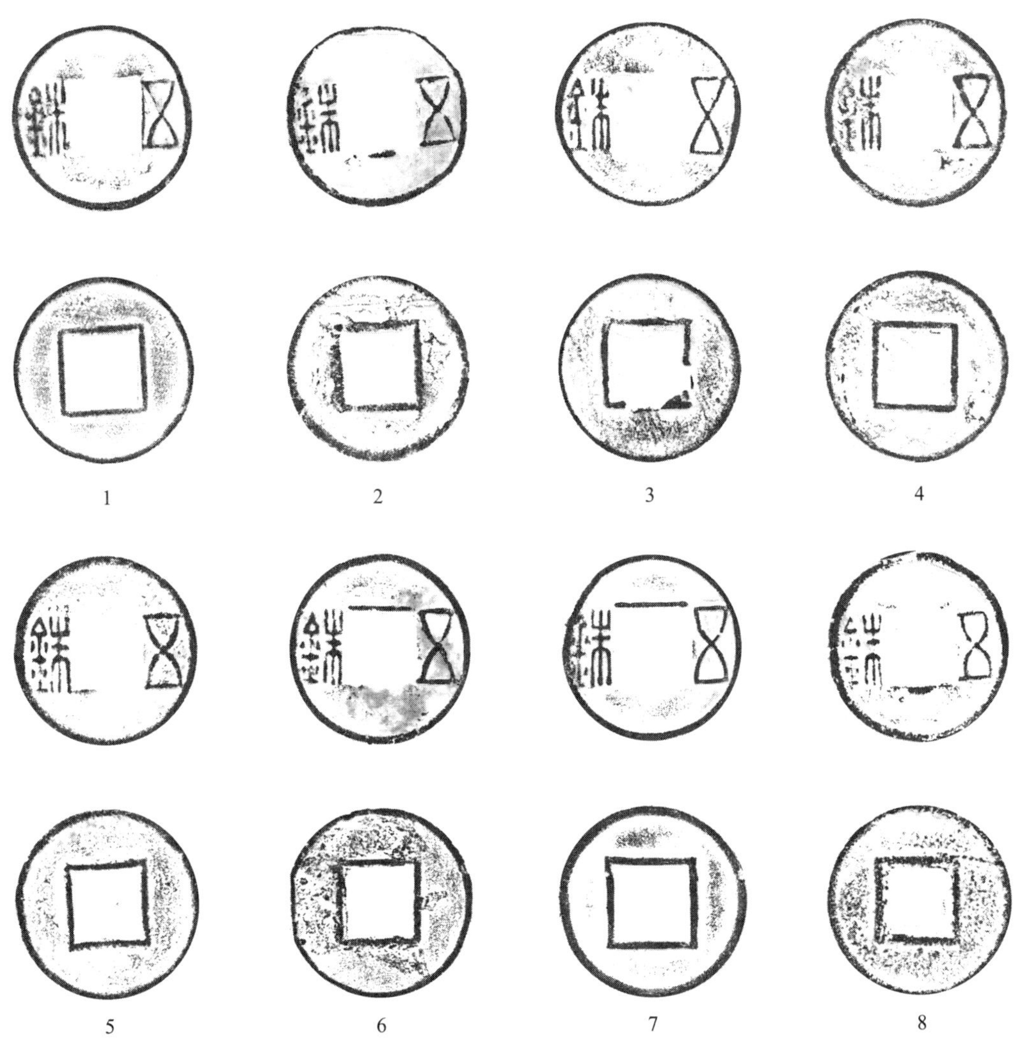

图七七　汉墓出土铜五铢（原大）

1、2. Ⅰ式（M44:2－2、M157:1）　3～7. Ⅱ式（M218:1、M234:4、M8:9－1、M235:3、M44:2－1）

8. Ⅲ式（M212:1）

穿边长1、厚0.16厘米（图七八，4）。

Ⅳ式　30枚。五”字中间相交两笔弯曲或较直，“铢”字的“金”字头呈三角形，“朱”字头圆折。钱轻薄。标本M195:1，“五”字斜画较直，穿下有半星。直径2.5、穿边长1、厚0.12厘米（图七八，5）。标本M8:9－3，“五”字斜画弯曲，上部内收。直径2.5、穿边长0.95、厚0.1厘米（图七八，6）。标本M131:1，“五”字斜画较直，穿上有横穿。直径2.5、穿边长1.1、厚0.12厘米（图七八，7）。

磨郭五铢　3枚。标本M113:1，直径2.3、穿边长1、厚0.1厘米（图七八，8）。

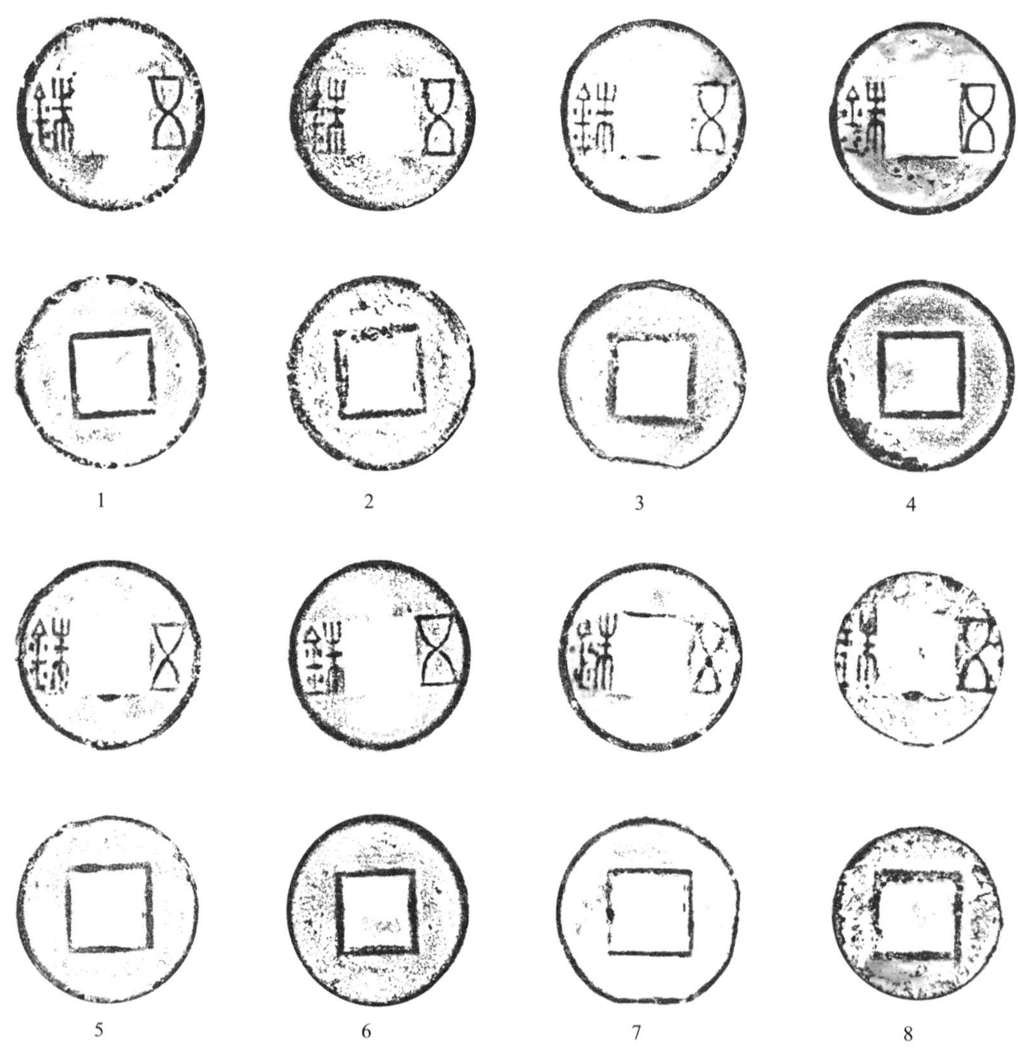

图七八　汉墓出土铜五铢（原大）

1～4. Ⅲ式五铢（M20:3－2、M20:3－1、M195:2、M235:2）　5～7. 五铢Ⅳ式（M195:1、M8:9－3、M131:1）
8. 磨郭五铢（M113:1）

M20:5，直径2.2、穿边长1、厚0.8厘米（图七九，1）。标本M65:1，“五”字斜画略弯曲，横伸出。直径2.3、穿边长0.9、厚0.12厘米（图七九，2）。标本M32:3，“五”字斜画弯曲，“铢”字方折。直径2.35、穿边长1、厚0.12厘米（图七九，3）。

大泉五十　25枚。依铜钱大小分为三型。

A型　23枚。形体大而厚重。标本M239:4－1，“五”字斜画曲肥，“五”横画中部较平，两侧下垂。钱文笔画较粗。直径2.6、穿边长1、厚2.2厘米（图七九，4）。

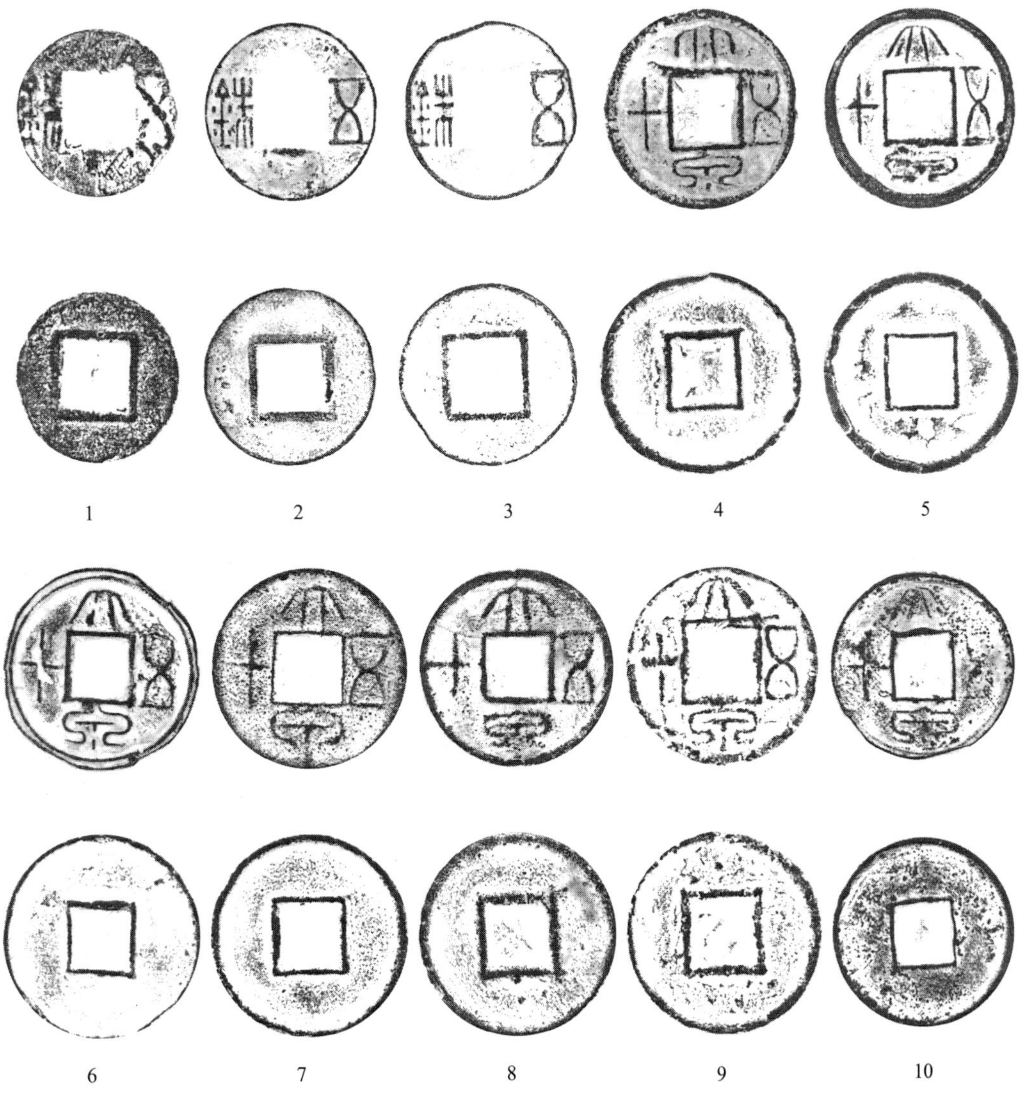

图七九　汉墓出土铜钱（原大）

1～3. 磨郭五铢（M20:5、M65:1、M32:3）　4～9. A型大泉五十（M239:4－1、M239:4－2、M239:4－3、M201:1－1、M50:1－2、M16:3）　10. B型大泉五十（M32:3）

标本M239:4－2，“五”字斜画斜曲，“大”字横画弧曲，两端斜垂。钱文较细。直径2.7、穿边长0.95、厚2.1厘米（图七九，5）。标本M239:4－3，“五”字斜画曲而较肥，缘内一周凸棱。钱文较细。直径2.65、穿边长0.9、厚2.2厘米（图七九，6）。标本M201:1－1，“五”字斜画较肥曲，“大”横画两端斜垂。钱文较细。直径2.7、穿边长1、厚1.8厘米（图七九，7）。标本M50:1－2，“五”字较肥曲，“大”字横画弧曲，钱文较粗。直径2.6、穿边长0.9、厚2.2厘米（图七九，8）。标本M16:3，“五”字斜画较肥曲，“大”字横画弧曲。直径2.6、穿边长1.1、厚2厘米（图七九，9）。

B型　1枚（标本M32:3）。形体较小，小而薄。钱文较细。直径2.55、穿边长0.9、厚1.2厘米（图七九，10）。

C型　1枚（标本M9:3）。形体小而轻薄。钱文纤细。铜钱残破。直径2.32、穿边长0.95、厚0.8厘米。

4. 石器

23件。有琀、耳鼻塞、石坠等。

琀　9件。分为两型。

A型　8件。蝉形。分为三亚型。

Aa型　1件（标本M220:8）。两侧平直，背部以直线条刻划纹饰。一面平，一面凸起。外形雕刻蝉形，前端雕刻双眼，后端雕刻尾部及两翼，皆成三角状突出。背部用细线刻出背面纹饰。长5.8、宽3.6、厚0.6厘米（图八〇，1；图版九九，3）。

Ab型　6件。两侧作弧曲状，背部雕刻纹饰。标本M219:5，形象逼真。前端两眼突出，三角状头，圆弧形两翼。长5.3、宽3.1、厚0.6厘米（图八〇，2；图版九九，4）。标本M50:3，形制同标本M219:5。长5.3、宽3、厚0.6厘米（图版九九，5）。

Ac型　1件（标本M51:2）。形态抽象。两侧弧曲，背部仅刻两道直线条。纹饰简单。长3.9、宽2.1、厚0.4厘米（图八〇，3）。

B型　1件（标本M195:5）。圆片状。不规则圆片，一面平，一面弧凸。长2.1、宽1.6、厚0.6厘米（图八〇，5）。

耳鼻塞　10件。分两型。

A型　6件。柱状（图版九九，5）。标本M219:6，细长柱状。长4、直径0.6厘米（图八〇，4）。

B型　4件。锥状（图版九九，5）。标本M51:4，形体较短，一端粗，一端细。长4.2厘米（图八〇，6）。

石坠　4件。标本M50:4，长椭圆形薄片状。上有二细眼。长3.5、厚0.2厘米（图八〇，7；图版九九，5）。标本M198:10，椭圆形，一面平整，一面弧曲。长1.6、厚0.5厘米（图八〇，8）。

5. 漆木器

31件。有耳杯、盒、匜形器、盘等。

木耳杯　3件。标本M141:2、3、4，发现于壁龛内。木头做成，外髹红漆。口长

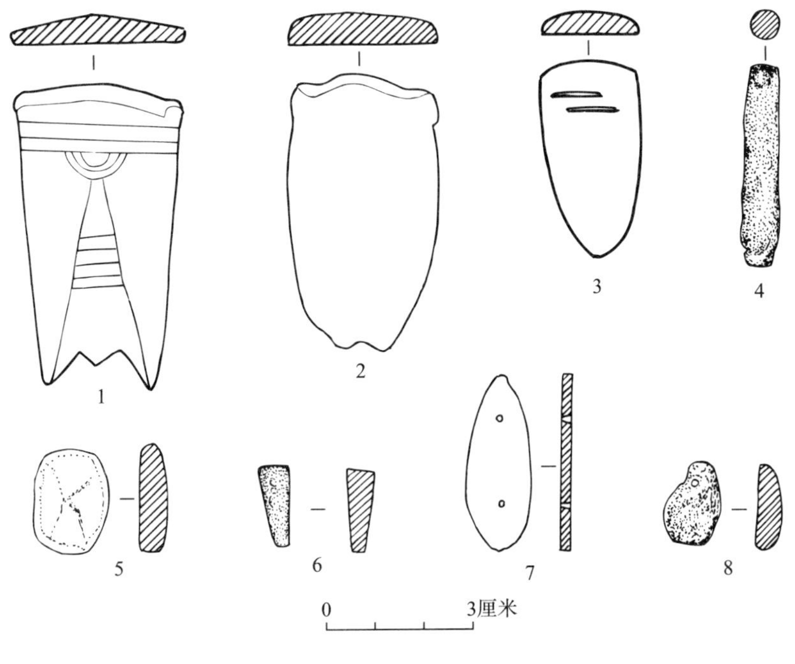

图八〇 汉墓出土石器

1. Aa 型石琀（M220:8） 2. Ab 型石琀（M219:5） 3. Ac 型石琀（M51:2） 4. A 型耳鼻塞（M219:6） 5. B 型石琀（M195:5） 6. B 型耳鼻塞（M51:4） 7、8. 石坠（M50:4、M198:10）

约 14 厘米（图版一〇〇，1）。

木匜形器 1 件（标本 M124:1）。发现于壁龛内。一端呈把状。全长 56、宽 17 ~ 22、高 4 ~ 13 厘米（图版一〇〇，2）。

木盒 20 件。皆为圆形木盒。发现于壁龛内，仅存残痕，无法提取。一般直径十几厘米。

木匣 2 件。标本 M124:2，发现于壁龛内。长方形，长 48、宽 17、高 10 厘米。内盛一小陶罐（图版一〇〇，3）。

木盘 3 件。标本 M122:9，发现于壁龛底部，应为盛放器物所用。长 128、宽 62、厚 2 厘米。标本 M161:7，发现于壁龛底部，已经腐朽。由痕迹看，与壁龛底部大小同，长约 110、宽 100 厘米。

木马 1 件（标本 M221:01）。已经腐朽，在填土中形成空腔，用石膏浇灌成型。身体腹部内收、前后较宽厚，腿部不清。长 60、厚 20 厘米。

木鸠杖 1 件（标本 M214:5）。用木头雕刻而成，首部呈鸟首状，整体呈弯曲片状。表面施彩绘云纹。清晰可见鸟首。长 47、宽 2、厚 0.6 厘米（图版一〇〇，5）。

6. 其他

41 件。

（1）金属饰件

30 件。为铅锡金属做成，皆为车马饰件。

鸟形饰片　1 件（标本 M239:5 －1）。圆形头部，三角形双翼，心形身子，长尾。饰镂空花纹。长 9.6 厘米（图版一〇一，1）。

喇叭形饰件　2 件。标本 M239:5 －2，喇叭状。喇叭口径 2.3、高 1.7 厘米（图版一〇一，1）。

柄状饰件　9 件。标本 M239:5 －3，呈空心锥体状。一端呈球形纽状，一侧有弯曲状刺。高 2 厘米（图版一〇一，1）。

衔　1 套（标本 M239:5 －4）。长条状，两端有圆环相套。圆环直径 0.8、2.4 厘米。

镳　5 件。标本 M227:5 －2，一侧呈弯曲柱状，另侧呈花边扇形薄片。残长 5 厘米左右（图版一〇一，2）。

纽扣状饰件　3 件。标本 M227:5 －1，圆形薄片，周边饰放射状纹饰。直径 2.8、厚 0.06 厘米（图版一〇一，2）。

片状金属饰件　9 件。呈不规则薄片状。上有凸棱状花纹。标本 M227:5 －3（图版一〇一，3）。

（2）布器

布枕头　3 件。标本 M214:1，长 26、宽 8、厚 6 厘米（图版一〇〇，4）。

（3）泥器

泥马　4 件。身体用陶土做成，腿部和尾部可能为木头制成，清理时已经腐朽，形状及尺寸不清。标本 M132:9，发现于石椁西侧边箱内。绘彩绘。身体长 40 厘米。

泥剑　1 件（标本 M194:1）。用泥做成，未经火烧烤。无法提取。由内、格、剑锋刃组成。长约 96 厘米。

（4）辫状物

3 件。出土于棺内头部，似为死者的头发。

（四）墓葬分期

柴峪墓地共发现汉代墓葬 243 座，有 97 座墓葬出土陶器，其他墓葬有的出有铜钱、铜镜、漆木器等。

墓葬的分布多有规律，相互之间打破关系较少，发现有打破关系的仅有7组：

第一组：M219（陶小型罐Ⅱ式）打破M12（陶小型罐Ⅰ式）。

第二组：M52（铁臿）打破M57（碎铜钱）。

第三组：M146（陶中型罐Ab型Ⅱ式）打破M147（铜五铢Ⅰ式）。

第四组：M155（铁臿、铁矛）打破M157（铜五铢Ⅰ式）。

第五组：M8（陶大型罐A型Ⅳ式、A型Ⅴ式，小型罐Ⅲ式，铁剑，铜五铢Ⅰ、Ⅱ、Ⅲ、Ⅳ式）打破M21（铁刀Ca型，铜五铢Ⅰ、Ⅱ式）和M41（铜半两B型Ⅰ式，五铢Ⅰ、Ⅱ式），M21和M41同时打破M33（铜铃A、B型）。M8出土陶器较多，时代为东汉晚期，而M21、M41、M33皆没有出土陶器，仅出土铜钱或小的饰件。

第六组：M216打破M217，两墓没有发现陶器。

第七组：M144（铜带钩A型）和M145（小型壶Ba型Ⅱ式、Ba型Ⅳ式）打破M158（陶小壶Bc型Ⅲ式），从小型壶的型式划分和排队情况看，二墓相隔较近。

从以上七组墓葬看，仅第一组和第七组存在陶器的相互关系，对墓葬的分期提供一点参考。总的看来，墓葬的打破关系对墓葬分期参考价值不大。

从陶器组合来看，可以分为第一类：彩绘陶礼器和小型壶的组合。第二类：素面褐陶陶礼器的墓葬；第三类：陶绳纹大型罐类墓葬，多仅陶罐1件。M8出2件，墓中共出有陶小型罐、瓶，参考陶绳纹大型罐共同排队；第四类：中型罐类墓葬；第五类：小型罐或小型罐和瓶类组合的墓葬；第六类，小型壶类墓葬。以第一、二类墓葬作为分期排队的主要依据，彩绘陶礼器墓中出有小型壶，为单出小型壶的墓葬排队提供了参考。第三类墓葬较少，仅6座，参考已发表的资料进行分析。第四、五类墓葬共30多座，特别是小型罐墓葬多出有东汉中晚期铜钱，二者结合进行排队。

出土陶礼器的墓葬共20座，陶器组合为：鼎、盒、壶、盘、匜，彩绘陶器墓中有的出有小型壶。但纹饰风格和器形截然不同，可以分为两类：第一类为彩绘陶礼器类墓葬14座，有M19、M77、M79、M110、M122、M132、M149、M165、M188、M208、M223、M230、M241、M242。第二类素面陶礼器墓葬6座，有M214、M215、M154和M80、M227、M234。二类墓葬风格不一，器形差别较大。对上述二类墓葬分别排队，并相互对应。分期结果见表一。

第一类墓葬共14座，从器形和纹饰风格分析，可以分为三组，第一组：M77、M132，铜器风格浓厚，或为仿铜陶礼器，有战国遗风；第二组：M79、M149、M165、M122、M188、M208、M242，器形处在一组、三组之间，流行黑彩或鲜红彩，纹饰以条带纹间以水波纹，主体纹饰流行心形弧带纹、曲边云纹、三角纹、草叶纹或羽状纹饰；第三组：M110、M223、M230、M241、M19，器形不规整，流行褐彩彩绘，彩绘内

表一　主要陶器型式对照表

期别	段	鼎			盒			大型壶				小型壶					
		A	Ba	Bb	Aa	Ab	B	Aa	Ab	Ba	Bb	Aa	Ab	Ba	Bb	Bc	Bd
一	1	Ⅰ Ⅱ	Ⅰ		Ⅰ	Ⅰ	Ⅰ	Ⅰ	Ⅰ	Ⅰ		Ⅰ		Ⅰ	Ⅰ		Ⅰ
二	2	Ⅲ	Ⅱ	Ⅰ	Ⅱ	Ⅱ	Ⅱ	Ⅱ	Ⅱ	Ⅱ		Ⅱ		Ⅱ		Ⅰ	
	3	Ⅳ	Ⅲ Ⅳ		Ⅲ	Ⅲ	Ⅱ Ⅲ	Ⅱ Ⅲ	Ⅲ	Ⅲ					Ⅱ	Ⅰ Ⅱ	
三	4		Ⅴ	Ⅱ Ⅲ			Ⅳ	Ⅳ Ⅴ Ⅵ Ⅶ				Ⅲ	√	Ⅲ Ⅳ	Ⅲ	Ⅲ Ⅳ	Ⅱ
四	5			Ⅳ			Ⅴ				Ⅰ Ⅱ			Ⅴ	Ⅳ	Ⅳ	
五	6			Ⅴ													
	7																
	8																

期别	段	盘			匜		大型罐A	中型罐		小型罐	瓶
		Aa	Ab	B	A	B		Aa	Ab		
一	1	Ⅰ	Ⅰ		Ⅰ	Ⅰ	Ⅰ				
二	2	Ⅱ	Ⅱ Ⅲ	Ⅰ Ⅱ	Ⅱ Ⅲ	Ⅱ					
	3	Ⅲ	Ⅳ	Ⅲ	Ⅳ Ⅴ	Ⅲ	Ⅱ				
三	4		Ⅴ Ⅵ		Ⅵ Ⅶ		Ⅲ				
四	5		Ⅶ								
五	6				Ⅷ			Ⅰ	Ⅰ	Ⅰ	
	7							Ⅱ	Ⅱ	Ⅱ	Ⅰ
	8						Ⅳ Ⅴ	Ⅲ	Ⅲ Ⅳ	Ⅲ	Ⅱ Ⅲ

容为宽条带纹和菱形纹、点状纹。陶器组的特征也反映了时代的变化。而根据对礼器墓葬出土的小型壶的分析，对小型壶进行了分期。

第二类墓葬，分为3段。其余墓葬分期情况与陶礼器墓对应，将出土陶器共分为8段（图八一），各段情况如下：

第1段，8座墓葬，有M3、M18、M55、M58、M77、M94、M132、M215。器型有鼎A型Ⅰ式、A型Ⅱ式、Ba型Ⅰ式，盒Aa型Ⅰ式、Ab型Ⅰ式、B型Ⅰ式，大型壶Aa型Ⅰ式、Ab型Ⅰ式、Ba型Ⅰ式，小型壶Aa型Ⅰ式、Ba型Ⅰ式、Bb型Ⅰ式、Bd型Ⅰ式，盘Aa型Ⅰ式、Ab型Ⅰ式，匜A型Ⅰ式、B型Ⅰ式，大型罐A型Ⅰ式。

第2段，6座墓葬，M79、M90、M151、M154、M165、M214。器型有鼎A型Ⅲ式、Ba型Ⅱ式、Bb型Ⅰ式，盒Aa型Ⅱ式、Ab型Ⅱ式、B型Ⅱ式，大型壶Aa型Ⅱ式、Ab型Ⅱ式、Ba型Ⅱ式，小型壶Aa型Ⅱ式、Ba型Ⅱ式、Bc型Ⅰ式，盘Aa型Ⅱ式、Ab型Ⅱ式、Ab型Ⅲ式、B型Ⅰ式、B型Ⅱ式，匜A型Ⅱ式、A型Ⅲ式、B型Ⅱ式。

第3段，15座墓葬，有M80、M83、M103、M116、M121、M138、M141、M149、M161、M163、M170、M172、M188、M208、M242。器型有鼎A型Ⅳ式、Ba型Ⅲ式、Ba型Ⅳ式，盒Aa型Ⅲ式、Ab型Ⅲ式、B型Ⅱ式、B型Ⅲ式，大型壶Aa型Ⅱ式、Aa型Ⅲ式、Ab型Ⅲ式、Ba型Ⅲ式，小型壶Aa型Ⅱ式、Ba型Ⅱ式、Bb型Ⅱ式、Bc型Ⅰ式、Bc型Ⅱ式，盘Aa型Ⅲ式、Ab型Ⅳ式、B型Ⅲ式，匜A型Ⅳ式、A型Ⅴ式、B型Ⅲ式，大型罐A型Ⅱ式。

第4段，26座墓葬。M4、M11、M14、M56、M61、M68、M81、M84、M89、M92、M102、M110、M114、M122、M125、M130、M145、M158、M169、M174、M197、M207、M223、M230、M241、M243。器型有鼎Ba型Ⅴ式、Bb型Ⅱ式、Bb型Ⅲ式，盒B型Ⅳ式，大型壶Aa型Ⅳ式、Aa型Ⅴ式、Aa型Ⅵ式、Aa型Ⅶ式，小型壶Aa型Ⅲ式、Ab型、Ba型Ⅲ式、Ba型Ⅳ式、Bb型Ⅲ式、Bc型Ⅲ式、Bc型Ⅳ式、Bd型Ⅱ式，盘Ab型Ⅴ式、Ab型Ⅵ式，匜A型Ⅵ式、A型Ⅶ式，大型罐A型Ⅲ式。

第5段，7座墓葬。M16、M19、M44、M62、M101、M104、M107。器型有鼎Bb型Ⅳ式，盒B型Ⅴ式，小型壶Ba型Ⅴ式、Bb型Ⅳ式，盘Ab型Ⅶ式。

第6段，14座墓葬。M5、M9、M12、M34、M48、M124、M175、M204、M213、M220、M221、M227、M234、M236。出有陶鼎Bb型Ⅴ式，匜A型Ⅷ式，中型罐Aa型Ⅰ式、Ab型Ⅰ式，小型罐Ⅰ式。

第7段，13座墓葬。M26、M28、M42、M82、M97、M140、M146、M173、M195、M219、M222、M238、M239。出有陶中型罐Aa型Ⅱ式、Ab型Ⅱ式，小型罐Ⅱ式，瓶Ⅰ式。

期	段	鼎 A	鼎 Ba	鼎 Bb	盒 Aa	盒 Ab	盒 B	大型壶 Aa	大型壶 Ab	大型壶 Ba	小型壶 Aa	小型壶 Ba	小型壶 Bb
一	1	1. Ⅰ式（M132:6） 2. Ⅱ式（M215:4）	5. Ⅰ式（M77:6）		16. Ⅰ式（M77:7）	19. Ⅰ式（M215:6）	22. Ⅰ式（M132:7）	28. Ⅰ式（M132:4）	36. Ⅰ式（M77:8）	39. Ⅰ式（M215:7）	42. Ⅰ式（M58:3）	46. Ⅰ式（M77:5）	51. Ⅰ式（M132:1）
	2	3. Ⅲ式（M154:7）	6. Ⅱ式（M165:5）	11. Ⅰ式（M79:7）	17. Ⅱ式（M165:4）	20. Ⅱ式（M154:5）	23. Ⅱ式（M79:6）	29. Ⅱ式（M79:5）	37. Ⅱ式（M165:6）	40. Ⅱ式（M154:4）	43. Ⅱ式（M79:2）	47. Ⅱ式（M214:8）	
二	3	4. Ⅳ式（M80:4）	7. Ⅲ式（M188:2） 8. Ⅳ式（M242:6）		18. Ⅲ式（M242:7）	21. Ⅲ式（M80:7）	24. Ⅱ式（M188:4） 25. Ⅲ式（M208:8）	30. Ⅱ式（M149:4） 31. Ⅲ式（M188:1）	38. Ⅲ式（M242:5）	41. Ⅲ式（M80:11）	44. Ⅱ式（M208:5）	48. Ⅱ式（M242:8）	52. Ⅱ式（M80:3）

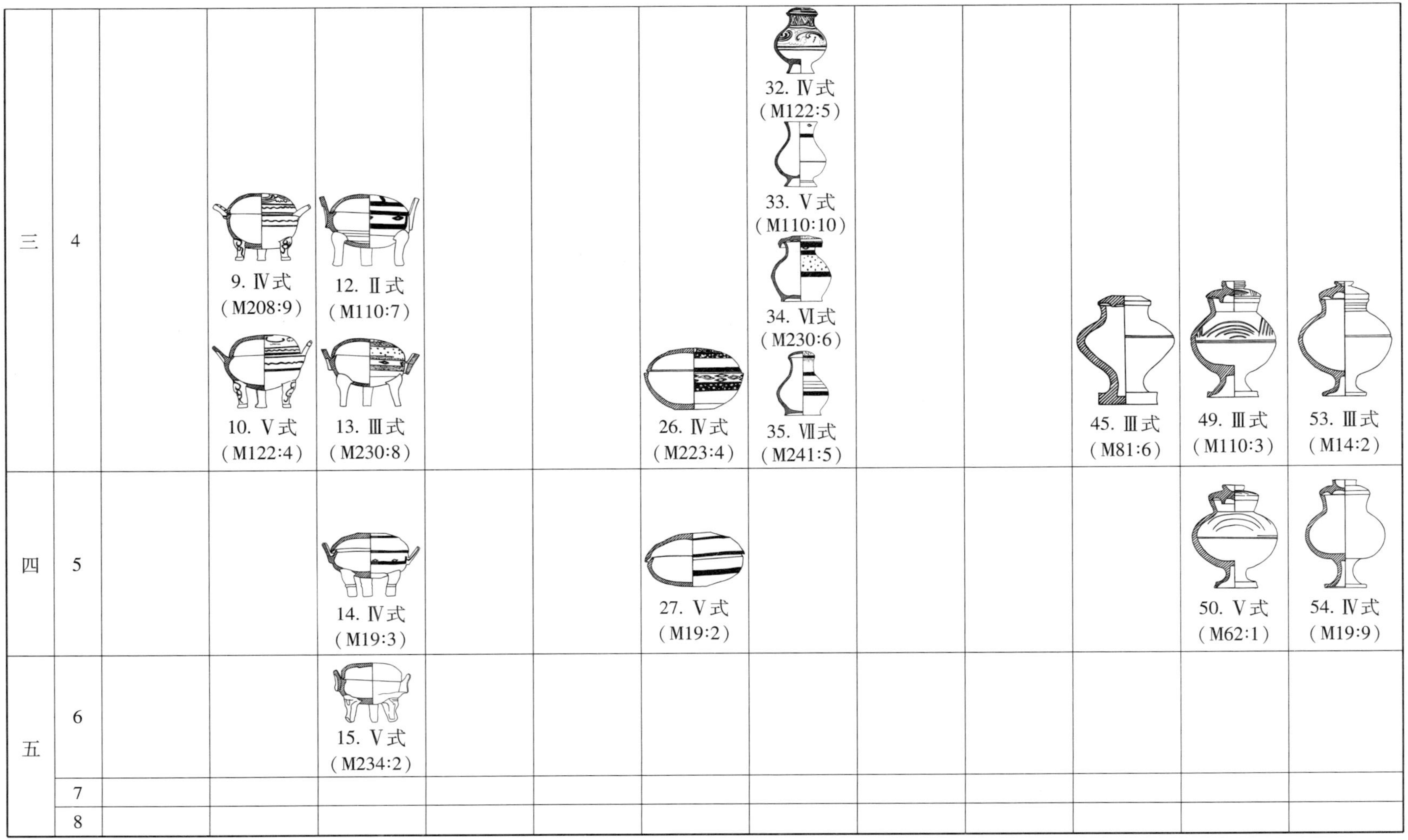

三	4		9. Ⅳ式 （M208:9） 10. Ⅴ式 （M122:4）	12. Ⅱ式 （M110:7） 13. Ⅲ式 （M230:8）			26. Ⅳ式 （M223:4）	32. Ⅳ式 （M122:5） 33. Ⅴ式 （M110:10） 34. Ⅵ式 （M230:6） 35. Ⅶ式 （M241:5）			45. Ⅲ式 （M81:6）	49. Ⅲ式 （M110:3）	53. Ⅲ式 （M14:2）
四	5			14. Ⅳ式 （M19:3）			27. Ⅴ式 （M19:2）					50. Ⅴ式 （M62:1）	54. Ⅳ式 （M19:9）
五	6			15. Ⅴ式 （M234:2）									
	7												
	8												

图八一（一） 汉墓典型陶器分期图（一）

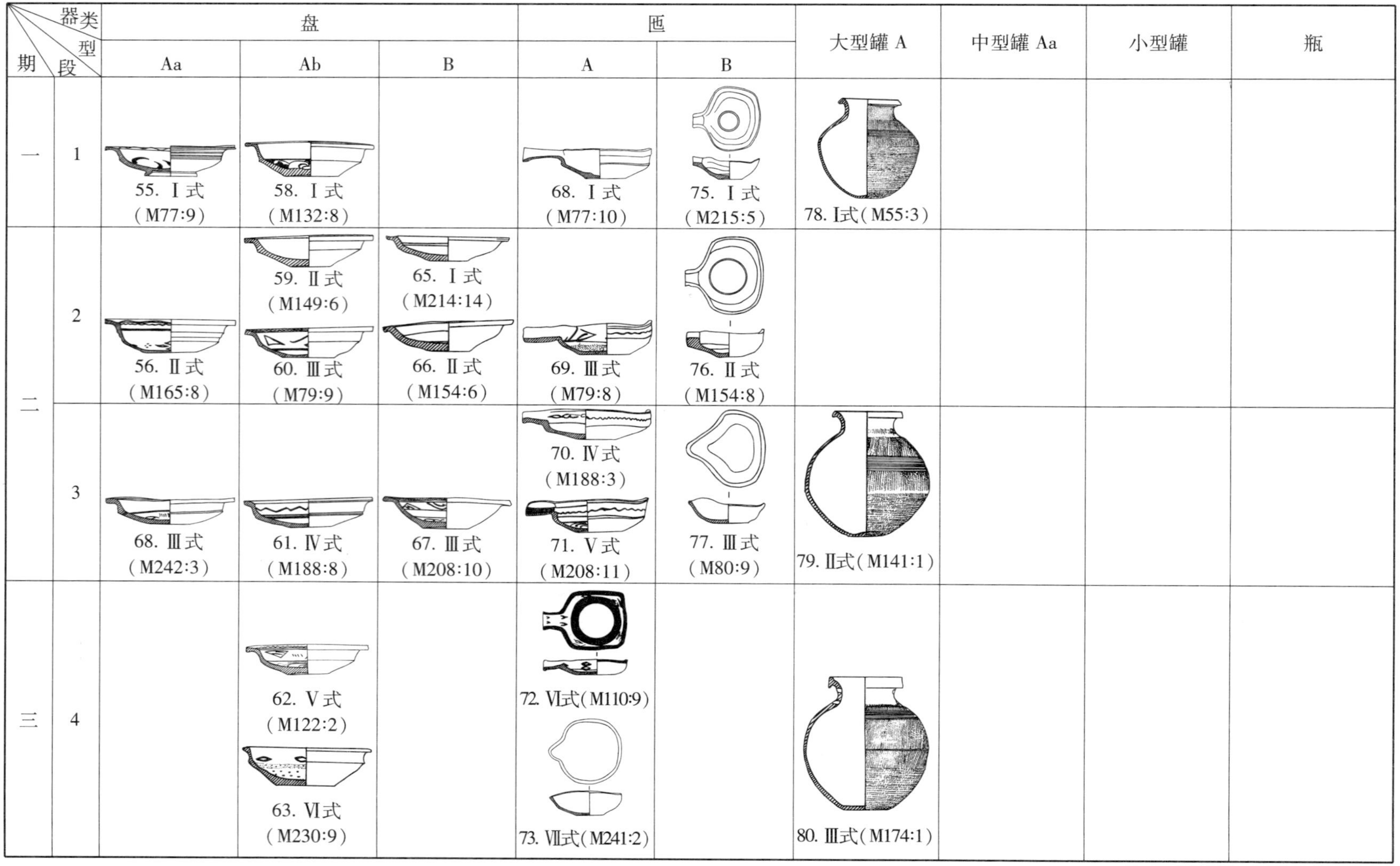

期	段	盘 Aa	盘 Ab	盘 B	匜 A	匜 B	大型罐 A	中型罐 Aa	小型罐	瓶
一	1	55. Ⅰ式（M77:9）	58. Ⅰ式（M132:8）		68. Ⅰ式（M77:10）	75. Ⅰ式（M215:5）	78. Ⅰ式（M55:3）			
二	2	56. Ⅱ式（M165:8）	59. Ⅱ式（M149:6） 60. Ⅲ式（M79:9）	65. Ⅰ式（M214:14） 66. Ⅱ式（M154:6）	69. Ⅲ式（M79:8）	76. Ⅱ式（M154:8）				
二	3	68. Ⅲ式（M242:3）	61. Ⅳ式（M188:8）	67. Ⅲ式（M208:10）	70. Ⅳ式（M188:3） 71. Ⅴ式（M208:11）	77. Ⅲ式（M80:9）	79. Ⅱ式（M141:1）			
三	4		62. Ⅴ式（M122:2） 63. Ⅵ式（M230:9）		72. Ⅵ式（M110:9） 73. Ⅶ式（M241:2）		80. Ⅲ式（M174:1）			

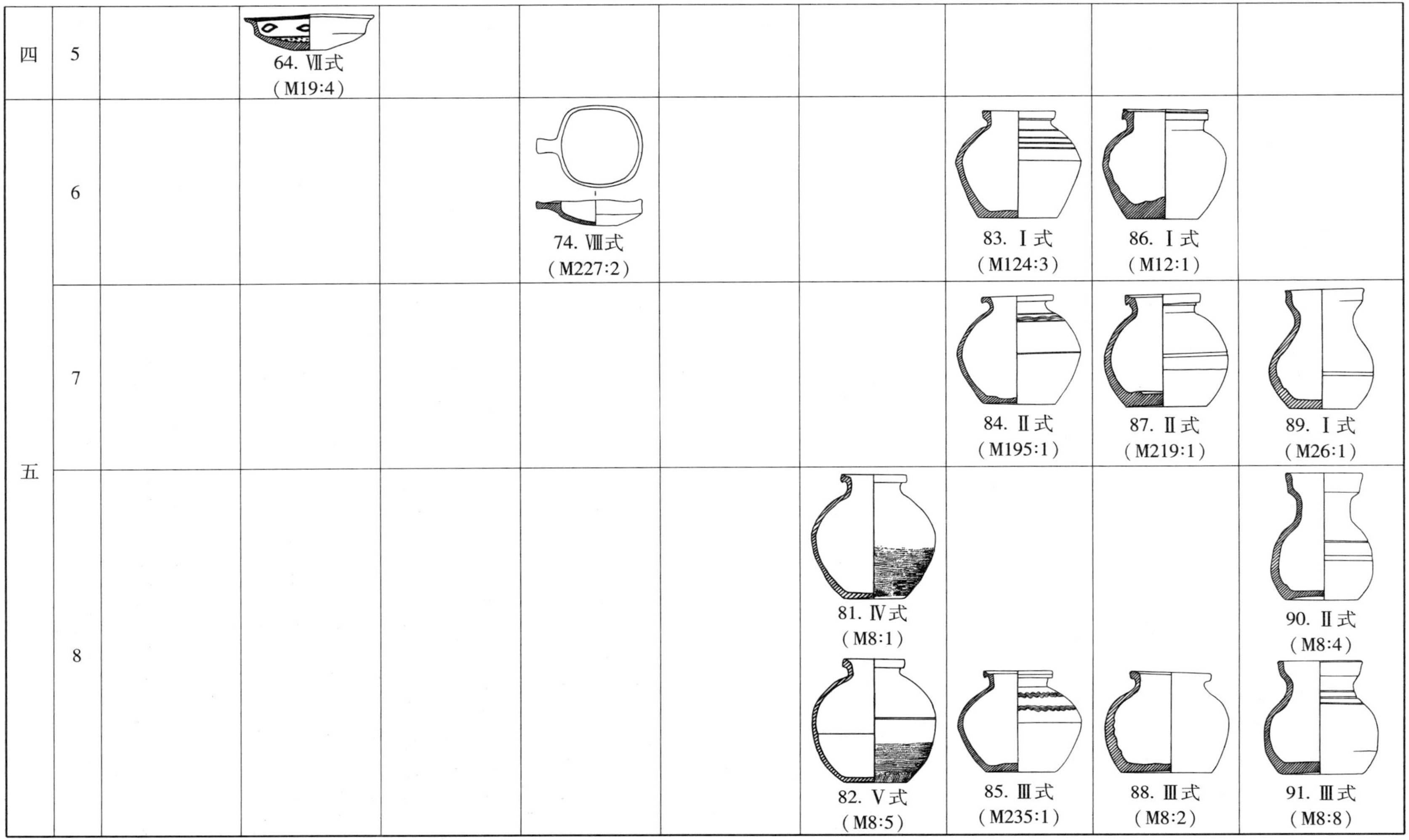

四	5		64. Ⅶ式 (M19:4)							
五	6				74. Ⅷ式 (M227:2)			83. Ⅰ式 (M124:3)	86. Ⅰ式 (M12:1)	
	7							84. Ⅱ式 (M195:1)	87. Ⅱ式 (M219:1)	89. Ⅰ式 (M26:1)
	8						81. Ⅳ式 (M8:1) 82. Ⅴ式 (M8:5)	85. Ⅲ式 (M235:1)	88. Ⅲ式 (M8:2)	90. Ⅱ式 (M8:4) 91. Ⅲ式 (M8:8)

图八一(二)　汉墓典型陶器分期图(二)

第 8 段，8 座墓葬。M8、M105、M131、M160、M209、M218、M235、M240。出有陶大型罐 A 型Ⅳ式、A 型Ⅴ式，中型罐 Aa 型Ⅲ式、Ab 型Ⅲ式、Ab 型Ⅳ式，小型罐Ⅲ式，瓶Ⅱ、Ⅲ式。

无陶器墓葬的断代依据不足，铜钱只能作为参考，单独出土早期铜钱（半两钱）的墓葬并不能定在汉代早期。但是出土晚期铜钱的墓葬却可以确定的上限，出土大泉五十的墓葬 3 座：M32、M50、M201，可以定在五段或以后。出土东汉中晚期铜钱的墓葬有 M1、M6、M38、M51、M97、M113、M202，定在 7、8 段可能较为合适。

（五）结　语

（1）关于墓葬的时代

第 1 段，出土器物器形大方规整，器表处理光洁，鼎、盒盖上有扉棱，器物腹部流行凸棱。有战国铜器遗风，为仿铜陶礼器。而这时期的彩绘纹饰流行红彩和黑彩的条带纹和曲边云纹。鼎 M77:6 与临淄大武① 1:129 相近。M214、M215 所出器物与滕州东小宫 M331②以及曲阜赵家村③墓出土器物同，两墓出有半两或四铢半两铜钱，时代为西汉早期。

第 2 段，所出器物组合与前段同，器形较前变矮，流行马蹄形足，彩绘流行暗红彩或黑彩，纹饰以宽条带纹间以三角纹、波折纹、曲边窝纹等。时代为西汉中期前段。

第 3 段，器形变矮浅，器耳外撇，足部外撇，器物较前随意。彩绘流行鲜艳红彩，纹饰以条带纹间以曲线水波纹及心形弧带纹、曲边云纹、草叶纹、羽状纹。时代为西汉中期后段。

第 4 段，器形清瘦，鼎腹及盒、盘变的浅扁，鼎足内收。圈足较矮，马蹄足基本消失。器物制作草率，胎质较差，陶土没有经过淘洗，夹杂粗砂粒。彩绘流行褐彩，纹饰以宽条带纹间以单层或双层菱形纹或点状纹。时代为西汉晚期。

第 5 段，墓葬较少，M19 纹饰风格同 4 段，鼎足内收，器腹浅扁，较前段更晚。M16 出有大泉五十，时代定在王莽时期可能较为合适。

第 6 ~ 8 段出土中型罐、小型罐或陶瓶。第 6 段的 M9、M213 出有大泉五十铜钱，因此这段的时代当在王莽以后。第 6 段的 M48 出有东汉五铢钱，钱轻薄，“铢”字圆

---

① 山东省淄博市博物馆：《西汉齐王墓随葬器物坑》，《考古学报》1985 年第 2 期。

② 山东省文物考古研究所、滕州市博物馆：《山东滕州市东小宫周代、两汉墓地》，《考古》2000 年第 10 期。

③ 中国科学院考古研究所山东工作队、曲阜县文物管理委员会：《山东曲阜考古调查试掘简报》，《考古》1965 年第 12 期。

角，墓中出土有陶中型罐 Aa 型Ⅰ式，因此中型罐Ⅰ式可以定在东汉时期。M26 所出五铢钱“铢”字圆折，有东汉晚期特征，M8 也出同类铜钱，因此以 M26 为代表的第 7、8 段定在东汉晚期较为合适。而该类墓葬出土较少，第 6 段的时间可能与之接近，定在东汉中期偏晚较为适宜。

综以前述，将该墓地划分为五期，第 1 段为第一期，西汉早期；第 2、3 段为第二期，西汉中期；第 4 段为第三期，西汉晚期；第 5 段为第四期，新莽时期或较后；第 6～8 段为第五期，东汉中晚期。

（2）墓葬的分布

墓葬集中分布在小山东侧山坡上，这次发掘的只是墓地的一部分。墓地北侧，工程部门在前期取土过程中发现大量的墓葬，由于北边已经破坏，墓地北部范围不清。发掘区南侧，东西向山水沟的南侧，从断崖情况看，仍然分布大量的墓葬，三区西侧南北路的西南 80 余米，现地面分布一大型封土墓，因此南侧仍为墓葬的集中分布区。由于地势和土壤的原因，Ⅰ区西侧地势高处墓葬分布较少，南侧的Ⅴ区墓葬也较少，墓葬集中分布在Ⅱ、Ⅲ、Ⅳ区。

在发掘的 240 余座墓葬中，存在打破关系的仅 7 组，墓葬分布整齐且有规律。长时间的埋葬过程中保持较少的打破关系，说明当时地面应该有明确的标志物。

墓葬的墓向，东西向墓头向主要朝东、南北向墓以北向为主，西向和南向的墓葬较少。这说明对墓葬方向的选择有其意愿或信仰。

墓框大而深，葬具复杂，随葬成组陶礼器的墓葬集中分布在Ⅱ区，Ⅰ、Ⅳ区分布个别大的陶礼器墓，Ⅱ区是当时人们观念中较好的埋葬位置。Ⅰ区分布的墓葬小，葬具和随葬品较少，搭盖石板的墓葬集中分布在这里。这可能反映了墓主生前地位的不同，也可能存在时代的因素。

从发现情况看，该墓地存在成片埋葬的情况，可以划分不同的区域进行分析研究。Ⅲ区分布两组墓葬，以东西向墓葬为主，可能分布东西三排，不同排和同排墓葬之间的关系有待详细探讨。Ⅳ区中南北向的墓葬占有较大的比例，北部的几座墓葬是否以 M122、M125、M130 为中心、周围绕列分布其他墓葬有待确定。Ⅱ区的墓葬墓框大，葬具好，陶礼器墓葬集中分布在这里。

该墓地埋葬的一个特点是：两个墓葬并穴埋葬，二墓排列整齐，方向一致，多数中间相隔十几厘米，应该是特意建造、埋葬。是否为同时建造、不同时期埋葬的墓葬？少量墓葬存在打破关系，应该为不同时期挖造和埋葬的。墓葬之间的关系应该为夫妻或关系较为紧密。

另外，在墓地中存在同穴双石椁墓，墓框为一次挖成，内部石椁合用中间椁板，应为一次挖穴建造而成，内部的埋葬有的为二次埋葬，但是有部分墓葬从填土上看为一次埋葬而成。

（3）关于文化因素

正如分期排队时分析的，全部墓葬可以划分为五大类，在西汉时期，以彩绘陶礼器墓葬和单独出土小型壶的墓葬为主体，这应为曲阜当地文化因素，即为当地居民的埋葬，反映了鲁国重视礼仪、厚葬的风俗。出素面褐陶礼器的墓葬较少，仅5座，这类墓葬在南面的滕县等地发现较多，应为外来因素。绳纹大型罐类墓葬数量少，随葬的陶罐应为生活用器，与随葬陶礼器或小型壶墓情况不同。东汉时期出土中型罐、小型罐、瓶类墓葬，为该时期当地居民的埋葬习俗。

无陶器墓葬的埋葬非常有特点，不少的墓葬墓框大，用石椁和木棺。墓中随葬漆木器，有的随葬木马、铜饰件。无陶器埋葬可能并不是墓主贫穷，而是一种观念的反映。

（4）关于石椁墓和画像石

该墓地以石椁墓为主，部分墓葬在生土二层台上搭盖石板，土坑木棺椁墓较少。石椁墓为该墓地的特色埋葬，这与鲁南地区流行石椁墓有关，而且柴峪墓地地处曲阜南部的低山处，取用石材方便。石椁墓中双石椁墓部分为一次构建，该类墓葬的埋葬有一次和二次埋葬两类情况。有些双石椁墓为二次修建而成，第一次埋葬一段时间后，在近侧挖坑埋葬，部分底部不平，对原有墓坑有打破，但是有的墓葬仅墓框轻微错位，说明埋葬者对原来墓葬情况熟悉。石椁的加工有差别，有的石板厚重，加工规整，有的石椁用材简单，为石板的简单搭砌。

画像石，多为简单的斜线凿痕、菱形纹、十字穿璧纹、树木，反映了画像石早期的风格特点。

执　　笔：李振光　李曰训　李玉春　项春生
器物绘图：房成来
线图墨描：王站琴
拓　　片：李胜利　孙亮慎
器物照相：冀介良

附表　柴峪墓地墓葬登记表

（长度单位：米）

墓号	墓葬类别	椁室	层位	墓向	墓穴尺寸（长×宽－深）	棺、椁尺寸（长×宽－高）	葬式	壁龛（宽×高－进深）、器物箱、二层台	随葬品及其位置	段别	备注
M1	单石椁			14°	2.8×1.26－1.66	椁：2.33×0.98－0.7 棺：1.93×0.5	仰身直肢葬		棺内：铜五铢Ⅲ2、Ⅰ7，铜镞	7～8	
M2	单石椁				2.4×1－0.8	椁：2.38×0.92－0.72	不见骨架				破坏严重
M3	单石椁			6°	不清	残存部分石椁板	仰身直肢葬		陶小型壶BaⅠ；铜带钩A，半两BⅠ7；残铁器	1	破坏严重
M4	单石椁			358°	不清	残存部分底板、立板	仰身直肢葬	西侧有器物箱	器物箱：陶小型壶BaⅠ、BcⅢ4。 棺内左侧：铜钱4，朽甚	4	破坏严重
M5*	单石椁			4°	2.65×1.3－1.84	椁：2.58×0.98－0.69 棺：2.1×0.62－0.15	仰身直肢葬	东壁有壁龛：0.31×0.3－2	壁龛：陶小型罐Ⅰ。 棺内头部：石琀Ab	6	竖向刻痕
M6*	单石椁			15°	2.7×1.6－2.48	椁：2.43×1.05－0.77 棺：2.1×0.67－0.1	朽甚		棺内右侧：铜五铢Ⅰ。 填土：铁臿2	7～8	刻圆或8形画像
M7	单石椁			92°	2.48×1.78－1.2	椁：2.45×1.08－0.76			棺内头端：铜钱		
M8	石椁木椁同穴	南	打破M21、M41	270°	3.06×2.4－1.18	木椁：3.12×0.9－0.74	仰身直肢葬	东端有龛：0.8×0.36－0.24	壁龛：陶大型罐AⅤ，瓶Ⅱ2。 棺内：铁剑；铜五铢Ⅰ37、Ⅱ、Ⅲ27、Ⅳ3	8	
		北		270°		石椁：2.6×0.9－0.78	不清		椁外东侧：陶大型罐AⅣ，小型罐Ⅲ2，瓶Ⅱ、Ⅲ		

续附表

墓号	墓葬类别	椁室	层位	墓向	墓穴尺寸（长×宽－深）	棺、椁尺寸（长×宽－高）	葬式	壁龛（宽×高－进深）、器物箱、二层台	随葬品及其位置	段别	备注
M9	单石椁			272°	2.55×1.25－0.94	椁：2.4×0.92－0.72 棺：1.98×0.65－0.1	仰身直肢葬		椁外台上：陶小型罐Ⅰ。 棺内：石琀Ab；铜大泉五十C	6	
M10	石盖板墓			182°	2.56×1.3－1.7，台上东扩2×（0.3～0.5）	棺：1.81×（0.28～0.8）－0.08	仰身直肢葬	生土台，宽0.4，高0.64			
M11*	单石椁			16°	2.7×1.7－1.76	椁：2.54×1.03－0.74 棺：1.96×0.65－0.13	仰身直肢葬	西壁有龛，0.4×0.6－0.25	壁龛：陶小型壶BbⅢ2。 棺内左侧：铜五铢Ⅱ1	4	立板刻条纹
M12	石盖板墓		被M219打破	10°	2.8×1.6－3.76	棺：2.06×0.62－0.05	仰身直肢葬	东壁有龛，1.08×0.7－0.5，用石板封堵	壁龛：陶小型罐Ⅰ；泥马；木盒。 棺内左侧：铜五铢Ⅱ6	6	
M13	土坑墓			15°	2.6×1.4－2.05	木椁：2.43×1.1－0.5 棺：1.97×0.48－0.15	仰身直肢葬				
M14	单石椁			103°	3×2.1－2.7	椁：2.66×1.2－1.08 棺：2.1×0.8－0.16	仰身直肢葬	椁外北侧有器物箱	器物箱：陶小型壶BbⅢ5。 填土：铁臿	4	立板开槽，放木盖板
M15*	单石椁			93°	3.05×2.1－2.9	椁：2.4×1.05－0.85 棺：2.11×0.68－0.15	仰身直肢葬				刻穿壁、社树
M16	单石椁			11°	2.85×1.6	椁：2.26×1－0.69	仰身直肢葬	北壁有龛，0.46×0.5－0.25	壁龛：陶大型罐AⅡ。 棺内：铜大泉五十A1，铜钱4枚朽甚	5	

续附表

墓号	墓葬类别	椁室	层位	墓向	墓穴尺寸（长×宽-深）	棺、椁尺寸（长×宽-高）	葬式	壁龛（宽×高-进深）、器物箱、二层台	随葬品及其位置	段别	备注
M17	石盖板墓			105°	2.3×1	棺：2×0.6-0.35	仰身直肢葬		棺内：铜钱2；铁刀Cc		生土台，上盖石板
M18	单石椁			8°	2.7×1.6-2.7	椁：2.3×0.92 棺：1.88×0.5-0.05	仰身直肢葬	南壁有龛，0.3×0.26-0.2	壁龛：陶小型壶BaⅠ	1	
M19*	单石椁			190°	3×2-3.4	椁：2.54×1.05-0.78 棺：2×0.54-0.5	仰身直肢葬	西壁有龛，1×0.4-0.3	壁龛：陶鼎BbⅣ，盒BⅤ，盘AbⅦ，大型壶BbⅠ、Ⅱ，小型壶BbⅣ 5。 填土：铁臿	5	南端刻穿璧纹，余菱形纹
M20	双石椁	南		265°	2.7×2.3-2	椁：2.75×1.04-0.86 棺：2.36×0.66	仰身直肢葬		棺内：石琀Ab，石耳鼻塞A；铁刀Ca		
		北				椁：2.75×1.04-0.86 棺：2.36×0.66	仰身直肢葬		棺内：铜五铢Ⅱ、Ⅲ3，磨郭五铢		
M21	土坑墓		被M8打破，打破M33	13°	2.8×2-3	棺：2.1×0.6-0.5	仰身直肢葬		棺内：铁刀Ca；铜五铢Ⅰ3、Ⅱ2		
M22	土坑墓			95°	2.48×1-0.6	棺存朽痕	仰身直肢葬				
M23	石盖板墓			357°	2.6×1.6-0.9	棺：2.2×1-0.1	仰身直肢葬	生土台，宽0.2~0.3，高0.6			上盖石板

续附表

墓号	墓葬类别	椁室	层位	墓向	墓穴尺寸（长×宽-深）	棺、椁尺寸（长×宽-高）	葬式	壁龛（宽×高-进深）、器物箱、二层台	随葬品及其位置	段别	备注
M24	石盖板墓			95°	2.6×1.4-3.9	棺：2.2×0.8-0.7	仰身直肢葬	生土台，台宽0.2～0.3，高0.7			
M25	单石椁			115°	2.5×1.8-5.34	椁：2.42×1.12-0.83 棺：1.9×0.6-0.05	仰身直肢葬	南壁有龛，0.9×0.6-0.4			
M26	单石椁			95°	2.5×1.2			东北角有壁龛，0.4×0.2-0.3	壁龛：陶瓶Ⅰ2。 棺内：铜五铢Ⅳ17，规矩纹铜镜	7	扰乱到底板
M27	单石椁			13°	2.7×1.6-1.8	椁：2.38×0.92-0.89 棺：1.9×0.6-0.05	仰身直肢葬		棺内右侧：铜半两BⅠ5		
M28	土坑墓			175°	2.2×0.8-0.8	棺：2×0.6-0.1	仰身直肢葬	东北角有壁龛，0.3×0.3-0.2	壁龛：陶小型罐Ⅱ	7	
M29	石盖板墓			355°	2.2×0.8-1	棺：2.14×0.76-0.5	仰身直肢葬	生土二层台			台上盖石板
M30	单石椁			7°	2.54×1.54	椁：2.36×1.1-0.73 棺：2.1×0.86	仰身直肢葬				破坏严重
M31	单石椁			12°	2.6×1.1-1.7	椁：2.48×1.13-0.84	仰身直肢葬		棺内：铜半两BⅠ3		
M32	石盖板墓			350°	2.1×1-0.7	棺：1.9×0.8-0.5	仰身直肢葬	生土二层台，台宽0.1米	棺内：铁刀Cc；铜半两BⅠ2、BⅡ，五铢Ⅰ2，大泉五十B1，磨郭五铢2	5或5段后	台上盖有三块石板

续附表

墓号	墓葬类别	椁室	层位	墓向	墓穴尺寸（长×宽－深）	棺、椁尺寸（长×宽－高）	葬式	壁龛（宽×高－进深）、器物箱、二层台	随葬品及其位置	段别	备注
M33	单石椁		被M41、M21打破	10°	2.4×1.6－2.2	椁：2.42×0.92－0.74 棺：残存1.1×0.5－0.05	仰身直肢葬		棺内：铜铃A、B2		
M34	双石椁	东		5°	2.8×2.4－3.96	2.32×0.96－0.79	骨架乱		椁外：陶小型罐Ⅰ	6	夯窝密而深，夯窝深0.01～0.088
		西				2.32×0.96－0.79	骨架乱		椁外西南角：陶小型罐Ⅰ。西侧石椁：铁刀B、D；铜五铢BⅡ		
M35	单石椁			12°	2.6×1.6－2.52	椁：2.4×0.9－0.82 棺：2.06×0.54	仰身直肢葬		棺内：铜半两BⅠ6、BⅡ。 填土：铁斧A		
M36	石盖板墓			90°	2×1.3－1.26	棺：2×0.66－0.04	仰身直肢葬		棺内：铜半两BⅠ2。 填土：铁刀Ca		
M37	单石椁			100°	2.6×1.5－3.9	椁：2.3×1.04－0.86 棺：2×0.5－0.05	仰身直肢葬		棺内：铜五铢Ⅰ3；辫状物		
M38	土坑墓			79°	2.2×1.9－0.5	棺：1.9×0.64－0.02	仰身直肢葬			7～8	
M39	土坑墓			81°	2.5×1.5－0.78	棺：2.2×0.5－0.04	仰身直肢葬		棺内：铜五铢Ⅰ		挖宽墓穴，南半部空
M40	石盖板墓			87°	2.4×1.5－1.44	棺：2.1×1.1－0.04	仰身直肢葬				生土台

续附表

墓号	墓葬类别	椁室	层位	墓向	墓穴尺寸（长×宽－深）	棺、椁尺寸（长×宽－高）	葬式	壁龛（宽×高－进深）、器物箱、二层台	随葬品及其位置	段别	备注
M41	单石椁		被M8打破，打破M33	10°	2.5×1.6－1.5	椁：2.34×0.98－0.62 棺：1.82×0.5－0.05	仰身直肢葬		棺内：铜半两BⅠ3，五铢Ⅰ14、Ⅱ7、朽甚6		东侧有生土二层台
M42	石盖板墓			275°	2.4×1－1.04	棺：2.08×0.5－0.04	仰身直肢葬		南侧二层台上：陶中型罐AaⅡ、AbⅠ	7	生土二层台，上盖石板
M43	土坑墓			335°	2×0.6	棺：1.72×0.52	仰身直肢葬		铜乾隆通宝1	清代	
M44*	单石椁			180°	2.6×1.6－2.8	椁：2.28×0.9－0.8 棺：2.02×0.6－0.05	仰身直肢葬		椁外：陶小型壶BbⅣ。 棺内：铜五铢Ⅰ、Ⅱ2	5	南北壁刻穿壁纹、竖向条痕，东西壁刻菱形纹
M45	土坑墓			5°	2.8×2－2.6	木椁：2.4×1－0.8 木棺：2×0.6－0.1	仰身直肢葬	生土二层台，西0.8，余0.2，高0.8			
M46	单石椁			5°	3×1.6－3.9	椁：2.4×0.9－0.89 棺：2×0.6－0.05	仰身直肢葬	东壁有龛，1.1×0.5－0.4，石板封口	壁龛：木盒2		
M47	石盖板墓			5°	2.8×1.6－2.5	棺：2.4×0.6－0.1	仰身直肢葬	生土台，宽0.4，高0.7，上盖石板	棺内：铜五铢Ⅰ、Ⅲ2、朽甚2		

续附表

墓号	墓葬类别	椁室	层位	墓向	墓穴尺寸（长×宽-深）	棺、椁尺寸（长×宽-高）	葬式	壁龛（宽×高-进深）、器物箱、二层台	随葬品及其位置	段别	备注
M48	单石椁			0°	2.8×1.8-2.9	椁：2.38×0.89-0.76 棺：2.12×0.62-0.05	仰身直肢葬	东壁龛，1.6×0.8-0.7，石板封口	壁龛：陶中型罐AaⅠ；木盒。 棺内：铜五铢Ⅲ、Ⅳ2	6	
M49	土坑墓			95°	3.2×2-1.8	棺：2.2×0.8-0.8	仰身直肢葬				
M50	单石椁			280°	2.5×1.3-2.14	椁：2.3×0.9-0.72 棺：1.92×0.6-0.05	仰身直肢葬		棺内：铜大泉五十A4；铁锯；石琀Ab，石坠2，石耳鼻塞A1、B3	5段或5段后	
M51	单石椁			9°	2.5×1.25-0.88	椁：2.3×0.88-0.6 棺：2.05×0.55-0.11	仰身直肢葬		棺内：铜五铢Ⅲ5；石琀Ac，石耳鼻塞A3、B1	7~8	
M52*	单石椁		打破M57	6°	2.7×1.9-4	椁：2.4×0.95-0.71 棺：2×0.7-0.06	仰身直肢葬		填土：铁臿5		北端刻穿壁纹，余刻交叉线纹
M53*	单石椁			102°	2.8×1.65-1.95	椁：2.3×0.95-0.71 棺：2.06×0.73-0.06	仰身直肢葬		棺内右侧：铜半两BⅠ6		立板竖线刻纹
M54*	单石椁			277°	2.9×1.75-2.65	椁：2.57×1.09-0.81 棺：2.14×0.65-0.13	仰身直肢葬		棺内：铜带钩B，五铢Ⅱ5。 填土：铁臿		立板刻成线状
M55	土坑墓			10°	2.8×1.9-2.36	木椁：高0.8 棺：2.1×0.71-0.1	仰身直肢葬	生土二层台	棺椁间：铁臿，铁片。 西侧台上：陶大型罐AⅠ。 棺内：铁刀Ca	1	生土台侧用圆木作立板，台上盖木椁板

续附表

墓号	墓葬类别	椁室	层位	墓向	墓穴尺寸（长×宽－深）	棺、椁尺寸（长×宽－高）	葬式	壁龛（宽×高－进深）、器物箱、二层台	随葬品及其位置	段别	备注
M56	单石椁			95°	3×2－3.8	椁：2.72×1.4－0.93 棺：2×0.64－0.1	仰身直肢葬	北壁西端有龛，0.6×0.36－0.3	壁龛：陶小型壶 BaⅢ5	4	
M57	单石椁		被M52打破	10°	2.6×1.6－2.34	椁：2.35×1.05－0.83 棺：2×0.6－0.05	仰身直肢葬		棺内左侧：铜钱破碎		
M58*	单石椁			13°	2.85×1.96－1.85	椁：2.52×0.96－0.82 棺：2.07×0.64－0.06	仰身直肢葬	东壁有龛，1.25×1.15－0.65	壁龛：陶小型壶 AaⅠ3。 棺内：铜半两 BⅠ3	1	立板刻竖向线纹
M59	单石椁			9°	2.9×2－2.68	椁：2.3×1.1－0.87 棺：1.8×0.58－0.07	仰身直肢葬				
M60	单石椁			3°	3×2.3－2.92	椁：2.32×1－0.87 棺：2.02×0.5－0.06			填土：铁斧 A		
M61	土坑墓			5°	2.8×2－2.36	棺：2×0.9	仰身直肢葬	生土二层台	台上：陶小型壶 BbⅡ2、BaⅢ	4	
M62*	单石椁			4°	2.6×1.7－2.32	椁：2.55×1.15－0.9 棺：2.3×0.78－0.06	仰身直肢葬	西北角有龛，0.65×0.52－0.16	壁龛：陶小型壶 BaⅣ4。 填土：铁臿	5	南立板刻树、余菱形。盖板刻穿璧纹
M63	土坑墓			13°	2.82×1.8－1.52	木椁：2.3×（0.8～0.86）－0.2 棺：2.06×（0.58～0.64）－0.06	仰身直肢葬	生土台	棺内：铜半两 BⅠ		圆木立板，台上盖顶板

续附表

墓号	墓葬类别	椁室	层位	墓向	墓穴尺寸（长×宽－深）	棺、椁尺寸（长×宽－高）	葬式	壁龛（宽×高－进深）、器物箱、二层台	随葬品及其位置	段别	备注
M64	土坑墓			5°	2.6×1.6－0.68	棺：2.2×0.6－0.03	仰身直肢葬	生土台			
M65	单石椁			15°	2.7×1.6－2.36	椁：2.37×0.95－0.71 棺：2.1×0.58－0.02	仰身直肢葬		棺内：铜磨郭五铢Ⅰ2		
M66	土坑墓			89°	2.6×1.4－0.96	棺：2.28×0.64－0.06	仰身直肢葬		棺内：铜半两BⅠ3		
M67	土坑墓			178°	3×2.2－2.36	棺：2.36×1.3－0.08	仰身直肢葬	生土台	填土：铁斧A		
M68	单石椁			78°	3.3×2.2－3.02	椁：2.28×1.25－0.93 棺：0.9×0.66－0.12	仰身直肢葬	南壁有龛，1.5×0.54－0.7	壁龛：陶小型壶BaⅣ5	4	
M69	单石椁			74°	3×2.1－3.24	椁：2.56×1.17－0.95 棺：2.3×0.74－0.06	仰身直肢葬		填土：铁斧B		石、木椁盖板
M70	土坑墓			184°	2.2×1.4－1.14	棺：2×0.8－0.02	仰身直肢葬	生土台			
M71	单石椁			189°	2.6×1.4－1.32	椁：2.32×1.1－0.82 棺：2×0.7－0.02	仰身直肢葬				
M72*	单石椁			7°	2.9×2.2－3.7	椁：2.28×0.96－0.78 棺：2×0.54－0.02	仰身直肢葬		棺内：铁刀Ca。 填土：铁斧A		北壁，南刻树，刻穿余菱形纹

续附表

墓号	墓葬类别	椁室	层位	墓向	墓穴尺寸（长×宽－深）	棺、椁尺寸（长×宽－高）	葬式	壁龛（宽×高－进深）、器物箱、二层台	随葬品及其位置	段别	备注
M73	单石椁			82°	3×1.6－?	椁：2.5×0.94－0.8 棺：2.24×0.54－0.02	仰身直肢葬		棺内：铜半两BⅠ2		
M74	单石椁			187°	2.6×1.6－1.5	椁：2.4×0.94－0.86	仰身直肢葬				
M75	土坑墓			13°	2.38×1.28－?	棺：2.1×0.84－0.04	仰身直肢葬				
M76	土坑墓			17°	2.6×1.6－0.17	棺：2.38×0.64－0.06	仰身直肢葬	生土台			底部填土用白灰、黄褐土合成
M77	单石椁			105°	2.8×1.9－1.38	椁：2.35×0.98－0.87 棺：2.1×0.56－0.02	仰身直肢葬	龛，1.56×1.9－0.42	壁龛：陶鼎BaⅠ，盒AaⅠ，盘AaⅠ，匜AⅠ，大型壶AbⅠ，小型壶BaⅠ5，勺。 棺内：布枕头	1	
M78	单石椁			93°	3×2.3－1.72	椁：2.46×1.6－0.85 棺：2.16×5.62	仰身直肢葬		棺内：布枕头		木、石椁盖板
M79	单石椁			98°	3.2×2.4－1.74	椁：2.38×0.97－0.8 棺：2.1×0.54－0.03	仰身直肢葬	南侧有龛，1.2×1.36－0.6	壁龛：陶鼎BbⅠ，盒BⅡ，大型壶AaⅡ，匜AⅢ，盘AbⅢ，小型壶AaⅡ3。 椁顶板上：陶熏炉。 棺内：铜半两BⅡ8。 填土：铁夯具A	2	

续附表

墓号	墓葬类别	椁室	层位	墓向	墓穴尺寸（长×宽－深）	棺、椁尺寸（长×宽－高）	葬式	壁龛（宽×高－进深）、器物箱、二层台	随葬品及其位置	段别	备注
M80	单石椁			15°	3.05×2.05－3.4	椁：2.64×1.28－0.98 外棺：2.1×0.88 内棺：2.08×0.68	仰身直肢葬	东侧有龛，1.5×1.2－0.9	壁龛：陶鼎AⅣ，盒AbⅢ，盘BⅢ，匜BⅢ，大型壶BaⅢ，小型壶BbⅡ3，杯。 棺内：铜钱5，不清。 填土：铁夯具B；陶豆	3	
M81	单石椁			100°	3.08×2.2－2.9	棺：2.15×0.7	仰身直肢葬	南壁有龛，1.12×0.8－0.71	壁龛：陶小型壶AaⅢ6。 棺内：铜半两BⅠ3	4	存底板
M82	单石椁			97°	3.3×1.7－1.5	椁：2.3×0.89－0.62 棺：2×0.7－0.1	仰身直肢葬	西壁有龛，0.9×0.4－0.3	壁龛：陶中型罐AaⅡ2	7	
M83	单石椁			92°	2.9×2－1.18	椁：2.32×1.02－0.67 棺：1.95×0.65－0.1	仰身直肢葬	南壁有龛，0.4×0.3－0.25	壁龛：陶小型壶BaⅡ2	3	
M84	单石椁			95°	3.2×2.05－1.75	椁：2.39×0.98－0.82 棺：2.1×0.7－0.08	仰身直肢葬	南壁有龛	壁龛：陶小型壶BaⅣ	4	
M85	土坑墓			5°	2.15×0.8	棺：2.05×0.5－0.08	仰身直肢葬				
M86	单石椁			92°	3.05×1.75－1.3	椁：2.3×0.95－0.7 棺：1.95×0.6－0.1	仰身直肢葬				
M87	单石椁			93°	3.2×1.75－？	椁：2.38×0.83－0.78 棺：2.1×0.55－0.04	仰身直肢葬				

续附表

墓号	墓葬类别	椁室	层位	墓向	墓穴尺寸（长×宽－深）	棺、椁尺寸（长×宽－高）	葬式	壁龛（宽×高－进深）、器物箱、二层台	随葬品及其位置	段别	备注
M88	单石椁			90°	3.15×2－1.9	椁：2.32×1.02－0.71 棺：1.95×0.65－0.1	仰身直肢葬				
M89	单石椁			92°	3×2－2.45	椁：2.45×0.85－0.82 棺：2.18×0.58－0.04	仰身直肢葬		椁外：陶小型壶BaⅣ。 填土：铁臿2	4	
M90	土坑墓			265°	2.75×1.8－?	木椁：2.15×0.9－0.15 棺	仰身直肢葬		椁外：陶小型壶BcⅠ。 棺内：铜五铢Ⅰ2、朽甚1	2	
M91	单石椁			84°	3×1.9－1.94	椁：2.26×0.91－0.74	仰身直肢葬		棺内：铜半两BⅠ5		
M92	单石椁			95°	2.8×1.5－1.75	椁：2.25×0.92－0.71	仰身直肢葬		棺内：陶小型壶AaⅢ；铜五铢Ⅰ、Ⅱ、不清2	4	
M93	土坑墓			107°		木棺：2×0.46	侧身直肢葬				
M94	单石椁			97°	3.2×2.2－0.8	椁：2.24×0.9－0.91 棺：1.96×0.7－0.5	仰身直肢葬	南壁有龛，1.4×0.85－0.5	壁龛：陶小型壶BaⅠ3	1	
M95	单石椁			283°	2.8×1.8－1.9	椁：2.33×0.97－0.76 棺：2.06×0.6－0.08	仰身直肢葬		棺内：铜半两BⅠ		
M96	单石椁				2.5×1.2－2.35	椁：2.32×1.05－0.7 棺：2×0.68	仰身直肢葬		填土：铁臿。 棺内：铜半两BⅠ3		
M97	石盖板墓			95°	2.5×1.4－2.7	棺：1.8×0.75－0.15	仰身直肢葬		棺内：陶中型罐AbⅡ；铜五铢Ⅳ2。 填土：铁臿	7	生土台，台上盖石盖板

续附表

墓号	墓葬类别	椁室	层位	墓向	墓穴尺寸（长×宽－深）	棺、椁尺寸（长×宽－高）	葬式	壁龛（宽×高－进深）、器物箱、二层台	随葬品及其位置	段别	备注
M98	土坑墓			6°	2.7×1.4	棺：2.18×0.8	仰身直肢葬		填土：铁臿		
M99	土坑墓			7°	2.5×1.4－1.5	木椁：2.06×0.45－0.25 棺：2×0.45－0.2	仰身直肢葬				
M100	单石椁			98°	2.7×1.8－1.3	椁：2.3×1.04－0.73 棺：2×0.75－0.1	仰身直肢葬		棺内：铜半两BⅠ		
M101	单石椁				2.7×2－1.6	椁：2.29×0.98－0.72 棺：2.06×0.76	侧身直肢葬		壁龛：陶小型壶BaⅤ5	5	
M102	单石椁			100°	2.65×1.7	椁：2.33×0.94－0.76 棺：2.06×0.68	仰身直肢葬		椁外南侧：陶小型壶BbⅢ	4	
M103	单石椁			96°	2.7×1.45－1.6	椁：2.16×0.95－0.81	仰身直肢葬	南壁有龛，0.35×0.3－0.2	壁龛：陶小型壶AaⅡ2。 棺内：头饰；铜半两BⅠ8	3	
M104	单石椁			100°	2.9×1.9－2.7	椁：2.36×0.85－0.84	仰身直肢葬	南壁有龛，1.1×0.92－0.6	壁龛：陶小型壶BcⅣ5	5	
M105	单石椁			100°	2.9×1.6－1.4	椁：2.46×1.03－0.61 棺：2.2×0.8－0.5	仰身直肢葬	西壁有龛，0.78×1.1－0.3	壁龛：陶中型罐AaⅡ、AaⅢ。 棺内：铁剑；铜五铢Ⅰ26、Ⅱ2	8	
M106	单石椁			5°	3.2×2.2－3	石椁2.06×0.97－0.66	仰身直肢葬	生土二层台	填土：铁臿		

续附表

墓号	墓葬类别	椁室	层位	墓向	墓穴尺寸（长×宽－深）	棺、椁尺寸（长×宽－高）	葬式	壁龛（宽×高－进深）、器物箱、二层台	随葬品及其位置	段别	备注
M107	单石椁			105°	2.75×1.9－1.4	椁：2.46×1.03－0.61	仰身直肢葬	北壁有龛，1.4－0.65	壁龛：陶小型壶BcⅣ3	5	
M108	单石椁				2.65×1.25	椁：2.48×0.92－0.84	仰身直肢葬		铁刀B		
M109	土坑墓			98°	2.7×1.4－0.5	棺：2×0.6	仰身直肢葬		棺内：铜五铢Ⅱ1		
M110*	单石椁			357°	3.1×2.05－3.7	椁：2.6×1.2－1.02 外棺：2.28×0.9－0.08 内棺：2.26×0.86	仰身直肢葬	东侧有器物箱	器物箱：陶鼎BbⅡ，盒BⅢ，大型壶AaⅤ，匜AⅥ，小型壶BaⅢ5、BdⅡ	4	北壁刻树，南壁刻圆形、菱形纹，余刻菱形纹
M111	单石椁			102°	2.6×1.4－1.32	椁：2.42×1.06－0.74 棺：不清	仰身直肢葬，差				
M112	土坑墓			9°	2.7×1.6－1.68	棺：2.27×0.86－0.47	仰身直肢葬，差	生土台			
M113*	单石椁			193°	2.7×1.45－1.66	椁：2.35×0.94－0.73 棺：2.08×0.63－0.13	仰身直肢葬		棺内：铜磨郭五铢	7～8	立板刻斜线纹
M114	土坑墓			188°	2.75×2.12－1.25	棺：2.06×0.61－0.22	仰身直肢葬，差	生土台，北壁有龛，0.15×0.2－0.15	壁龛：陶小型壶BaⅢ。 填土：铁臿2	4	台上盖木板

续附表

墓号	墓葬类别	椁室	层位	墓向	墓穴尺寸（长×宽－深）	棺、椁尺寸（长×宽－高）	葬式	壁龛（宽×高－进深）、器物箱、二层台	随葬品及其位置	段别	备注
M115	土坑墓			103°	2.7×1.6－2.8	棺：2.02×0.61	仰身直肢葬，差		棺内：铜半两BⅠ		
M116	单石椁			185°	2.95×2.1－3.32	椁：2.38×0.94－0.79 棺：尺寸不清	仰身直肢葬，差	东壁有龛，0.18×0.18－0.17	壁龛：陶小型壶BaⅡ。 填土：铁臿	3	立板有口槽，内盖横木椁顶板，宽22～25、厚3厘米
M117*	单石椁			8°	2.5×1.3－2.75	椁：2.3×0.94－0.77 棺：2.05×0.69－0.1	仰身直肢葬				立板内有刻线纹
M118	单石椁			102°	3.1×1.5－1.87	椁：2.31×1.01－0.8	仰身直肢葬		棺内：铜半两BⅠ2		
M119*	单石椁			93°	2.75×1.75	椁：2.31×0.94－0.72	仰身直肢葬，差	北壁有龛，0.6×0.94－0.55			立板刻线纹，方向不一
M120*	单石椁			282°	2.6×1.4－2.3	椁：2.3×0.91－0.74 棺尺寸不清	仰身直肢葬，差				立板有刻线纹
M121*	单石椁			282°	2.85×1.75－3.9	椁：2.4×1.07－0.76 棺尺寸不清	仰身直肢葬，差	南壁有龛，1.25×0.9－0.68	壁龛：陶小型壶BcⅡ3。 棺内：铜环，铜带钩D	3	立板有刻线纹

续附表

墓号	墓葬类别	椁室	层位	墓向	墓穴尺寸（长×宽－深）	棺、椁尺寸（长×宽－高）	葬式	壁龛（宽×高－进深）、器物箱、二层台	随葬品及其位置	段别	备注
M122	单石椁			187°	2.93×2.23－4.82	椁：2.5×0.9－0.9 棺：2.25×0.89－0.12	侧身直肢葬	西壁有龛，1.3×0.8－0.7，石板封门	壁龛：陶鼎BaⅤ，盒BⅢ，大型壶AaⅣ，盘AbⅤ，匜AⅡ，小型壶AaⅡ3；木盘2。 棺内：铜半两BⅠ3	4	
M123	石盖板墓			194°	2.2×0.9－0.5		仰身直肢葬	生土台			
M124*	单石椁			195°	2.98×2.67－2.81	2.31×0.91－0.69	葬式不清	西壁有龛，宽1.5×1.35－0.55	壁龛：陶中型罐AaⅠ；木匜形器，木匣	6	立板有刻线纹
M125	单石椁			187°	3.1×2.1－3.5	椁：2.42×0.98－0.8	仰身直肢葬	西侧有器物箱	器物箱：陶小型壶BaⅢ3。 棺内：铜半两BⅠ	4	
M126	单石椁			265°	2.8×1.85－4.2	椁：2.49×1－0.83 棺：2.2×0.72	仰身直肢葬	北壁有龛，1.1×0.7－0.5			
M127	单石椁			13°	2.7×1.7	椁：2.33×0.91－0.79	仰身直肢葬				立板开口槽
M128	单石椁			282°	2.77×1.52－2.75	椁：2.4×0.94－0.75 棺：2.12×0.68－0.1	仰身屈肢葬	东壁有龛，0.76×0.7－0.32	壁龛：陶小型壶BaⅣ。 棺内：铜半两BⅠ4		
M129	单石椁			109°	2.9×1.74	椁2.4×0.9－0.73 棺：2.05×0.61－0.15	仰身直肢葬	北壁有龛，0.82×0.9－0.26			

续附表

墓号	墓葬类别	椁室	层位	墓向	墓穴尺寸（长×宽－深）	棺、椁尺寸（长×宽－高）	葬式	壁龛（宽×高－进深）、器物箱、二层台	随葬品及其位置	段别	备注
M130	单石椁			187°	3.1×2.1－3.2	椁：2.4×0.85－0.71 棺：2.15×0.6－0.15	仰身直肢葬	近墓底东壁有龛，1.25×0.8－0.3	壁龛：陶小型壶BbⅢ、BcⅣ	4	
M131	单石椁			12°	2.6×1.4－2.26	椁：2.34×0.93－0.74 棺：2.1×0.58－0.03	仰身直肢葬		东北角：陶中型罐AbⅣ。 棺内：铜五铢Ⅰ2、Ⅲ、Ⅳ、不清1；铁刀Cc	8	
M132	单石椁			10°	2.87×1.97－2.04	椁：2.46×1.14－0.83 棺：2×0.55－0.18	仰身直肢葬	椁西有器物箱	器物箱：陶鼎AⅠ，盒BⅠ，盘AbⅠ，大型壶AaⅠ，小型壶BbⅠ3、BdⅠ；彩绘泥马	1	立板开口槽，内放木盖板，宽20～30，厚4厘米
M133	土坑墓			12°	2.5×1.56	棺：2.09×0.68－0.26	仰身直肢葬	生土二层台，宽0.2～0.32，高0.7			台上盖一木板，厚3厘米
M134*	单石椁			13°	2.75×1.7	椁：2.3×0.93－0.76 棺尺寸不清	朽甚，葬式不清				立板刻线纹，方向不一
M135	土坑墓			10°	2.95×1.64－2.15	木椁：2.5×1.1－0.6 棺：2.1×0.95－0.6	仰身直肢葬	生土二层台	棺内：铜半两BⅠ1、BⅡ2		

续附表

墓号	墓葬类别	椁室	层位	墓向	墓穴尺寸（长×宽－深）	棺、椁尺寸（长×宽－高）	葬式	壁龛（宽×高－进深）、器物箱、二层台	随葬品及其位置	段别	备注
M136	土坑墓			10°	2.6×1.4－1.7	棺：2.2×0.7－0.5	仰身直肢葬		棺内：铜半两BⅠ6，素面铜镜		
M137	单石椁			10°	2.6×1.8	椁：2.32×0.91－0.72 棺：2×0.56－0.1	仰身直肢葬		棺内：铜半两BⅠ		
M138	单石椁			8°	3.3×2.4－2.9	椁：2.35×0.86－0.89 棺：1.94×0.64－0.1	仰身直肢葬	东壁有龛，0.6×0.8－0.24	壁龛：陶小型壶BaⅡ3	3	立板开口槽，上放木板
M139	土坑墓			10°	3.1×2－3.2	棺：2.3×0.8－0.6	仰身直肢葬		棺内：铁刀Cb；铜半两BⅠ		
M140	单石椁			275°	3×2－2.7	椁：2.52×1.14－0.9 棺：1.94×0.6－0.08	仰身直肢葬	盖板南侧填土中有两根木棍，长2.6、径0.06	盖板外与土圹间：陶中型罐AbⅡ	7	木棍可能为下葬用具
M141	单石椁			185°	2.8×2－2.86	椁：2.3×0.92－0.81 棺：2.04×0.64－0.1	仰身直肢葬	东壁有龛，1.06×0.5－0.4	壁龛：陶大型罐AⅡ；木耳杯3，木匣。 棺内：铁刀Cb；铜饰，铜带钩B，半两BⅠ8；铁臿	3	四壁各有三角形窝，0.3×0.2－0.2
M142	单石椁			15°	2.9×1.8－3.44	椁：2.51×0.93－0.8 棺：2.24×0.6－0.04	仰身直肢葬		棺内：铜五铢Ⅱ8，半两B13		

续附表

墓号	墓葬类别	椁室	层位	墓向	墓穴尺寸（长×宽－深）	棺、椁尺寸（长×宽－高）	葬式	壁龛（宽×高－进深）、器物箱、二层台	随葬品及其位置	段别	备注
M143	单石椁			185°	2.8×1.8－1.84	椁：2.46×0.94－0.79 棺：1.16×0.62－0.05	仰身直肢葬				
M144	单石椁		打破M158	9°	3×2－1.3	椁：2.42×0.85－0.75 棺：2.16×0.7－0.05	仰身直肢葬		铜带钩 A		
M145	单石椁		打破M158	10°	3.1×2.5－3.2	椁：2.38×1.79－0.82 棺：1.8×0.6－0.05	仰身直肢葬	北壁有龛，1.66×0.6－0.55	壁龛：陶小型壶 BaⅡ3、BaⅣ；木盒。 填土：铁臿	4	
M146	单石椁		打破M147	14°	2.9×1.6－1.94	椁：2.3×0.88－0.81 棺：1.96×0.6－0.1	仰身直肢葬		椁外：陶中型罐 AbⅡ	7	
M147	单石椁		被M146打破	10°					棺内：铜五铢Ⅰ2		破坏严重，仅存底板
M148	土坑墓			18°	2.8×1.8－3.3	棺：2.2×0.8－0.6	仰身直肢葬				
M149	单石椁			2°	3×1.6－1.52	椁：2.4×0.92－0.82 棺：2.06×0.62－0.05	葬式不清	东壁有龛，0.94×0.64－0.5，石板封堵	壁龛：陶鼎 BaⅢ，盒 BⅡ，盘 AbⅡ，匜 AⅣ，大型壶 AaⅡ，小型壶 BcⅡ2。 棺内：铜半两 BⅠ8	3	
M150	单石椁			350°	2.9×1.8－1.36	椁2.3×0.91－0.82 棺：2×0.6－0.1	仰身直肢葬				

续附表

墓号	墓葬类别	椁室	层位	墓向	墓穴尺寸（长×宽-深）	棺、椁尺寸（长×宽-高）	葬式	壁龛（宽×高-进深）、器物箱、二层台	随葬品及其位置	段别	备注
M151	单石椁			5°	3.1×2-2.5	椁：2.5×1.12-0.99 棺：2.1×0.7-0.1	仰身直肢葬	西壁有龛，1.3×0.8-1，口用石板封堵	壁龛：陶小型壶 AaⅠ2、BcⅠ3。 棺内：玉饰。 填土：铁臿	2	立板开口槽，上有彩绘木盖板
M152	单石椁			5°	3×2-1.5	椁：2.8×1.4-1.08 棺：2.2×0.8-0.1	仰身直肢葬	东壁有龛，1.5×0.4-0.6，石板堵	棺内：铜半两 A4，五铢Ⅰ。 壁龛：陶小型壶 BaⅣ3。 填土：铁臿2		
M153	单石椁			9°	3.1×2.1-3.4	椁：2.5×1.1-0.78 棺：2.3×0.7-0.02	仰身直肢葬				
M154	单石椁			5°	3.4×2.2-3.7	椁：2.4×0.9-0.9 木椁：2.32×0.8-0.1 棺：2.12×0.6-0.1	仰身直肢葬	西壁有龛，1.24×0.8-0.7	壁龛：大型壶 BaⅡ，盒 AbⅡ，盘 BⅡ，鼎 AⅢ，匜 BⅡ，小型壶 BaⅠ3，杯，勺；木盒。 棺外：铜矛、镈。 棺内：铜半两 BⅠ4、BⅡ2	2	立板开口槽，内盖木椁顶板
M155	单石椁		打破M157	95°	3.2×1.7—1.4	椁：2.3×0.84-0.79 棺：1.82×0.44	仰身直肢葬		填土：铁臿。 椁外：铁矛		
M156	土坑墓			275°	3.2×2.1-2.3	木椁：2.8×1.3-0.8 棺：2.2×0.7-0.05	仰身直肢葬	生土二层台	填土：铁臿		
M157	土坑墓		被M155打破	107°	3×1.9-2.15	木椁：2.3×0.56 棺：2.1×0.6	仰身直肢葬		棺内：铜五铢Ⅰ3		

续附表

墓号	墓葬类别	椁室	层位	墓向	墓穴尺寸（长×宽-深）	棺、椁尺寸（长×宽-高）	葬式	壁龛（宽×高-进深）、器物箱、二层台	随葬品及其位置	段别	备注
M158	单石椁		被M144、M145打破	105°	3.45×2.2-2.8	椁：2.4×1.07-0.96 棺：1.95×0.57-0.3	仰身直肢葬	南壁有龛，0.7×0.55-0.4	壁龛：陶小型壶BcⅢ5	4	立板开槽口，上有彩绘木盖板
M159	土坑墓			275°	3.1×1.9-1.95	木椁：2.7×1.2-0.5 棺：2.3×0.66-0.05	仰身直肢葬	南、西、北三面有二层台，宽0.2～0.4，高0.5			墓内南侧有一根长1.8、径0.08米的木棍和三根直径0.1米的竖立木棍
M160	单石椁			115°	3×1.6	椁：2.34×1-0.83 棺：2.1×0.54-0.06	仰身直肢葬		椁外：陶中型罐AbⅢ。 棺内：铜钱4	8	
M161	单石椁			16°	3.15×1.9-3.4	椁：2.72×1.3-0.98 棺：2.25×0.82-0.04	仰身直肢葬	南壁有一龛，1×1.2-1.3	壁龛：陶小型壶BcⅡ5；木盘。 棺内：铜钱朽甚	3	立板刻有斜条状痕
M162	单石椁			295°	3.35×2.15-2.15	椁：2.38×0.92-0.74 棺：1.95×0.6	仰身直肢葬		棺内：铜钱5		立板上开口槽
M163	单石椁			17°	3.4×2.4-1.92	椁：2.54×1.08-1 棺：2.3×0.72-0.02	仰身直肢葬	西壁有龛，0.68×0.53-0.42	壁龛：陶小型壶BaⅡ5；木盒未取	3	

续附表

墓号	墓葬类别	椁室	层位	墓向	墓穴尺寸（长×宽-深）	棺、椁尺寸（长×宽-高）	葬式	壁龛（宽×高-进深）、器物箱、二层台	随葬品及其位置	段别	备注
M164	土坑墓			15°	2.9×1.9-1.86	棺：2.4×0.84-0.02	仰身直肢葬	生土二层台，南壁有龛，1.2×1-0.59	壁龛：木盒。 棺内：布枕头		
M165	单石椁			283°	3.26×1.9-1.26	椁：2.41×1.21-1.02 棺：2.36×0.84-0.02	仰身直肢葬	西南角有龛，0.6×0.62-0.34	壁龛：陶鼎BaⅡ，盒AaⅡ，盘AaⅡ，大型壶AbⅡ，小型壶BcⅡ3。 棺内：铜半两BⅠ2	2	
M166	单石椁			9°	2.7×1.9-1.92	椁：2.4×0.9-0.74 棺：2.16×0.6-0.02	仰身直肢葬		棺内：铁剑；铜五铢Ⅰ3、Ⅱ2		
M167	土坑墓			95°	2.7×1.8-3.06	棺：2.1×0.56-0.02	仰身直肢葬		棺内：铜带钩B，半两BⅠ7。 填土：铁臿		填土中夹少许石灰
M168	土坑墓			95°	3×2-4.4	椁：2.56×1.16-0.4 棺：2.52×1.12-0.4	仰身直肢葬		填土：铁臿2。 生土台上：陶小型壶BaⅣ5		
M169	单石椁			12°	2.9×2.1-1.72	椁：2.94×1.08-1.03 棺：2.7×0.68-0.03	仰身直肢葬		壁龛：陶小型壶BaⅢ5。 棺内头部：布枕头	4	
M170	单石椁			179°	3.2×2.1-1.84	椁：2.61×1.04-0.93 棺：2.36×0.66-0.03	仰身直肢葬	东壁有龛，1.76×2.5-0.8	壁龛：陶小型壶AaⅡ5。 棺内：铜半两BⅠ3	3	
M171	石盖板墓			94°	3.1×1.6-1.42	棺：2.16×0.32-0.02	仰身直肢葬	生土二层台	棺内：铁剑		

续附表

墓号	墓葬类别	椁室	层位	墓向	墓穴尺寸（长×宽－深）	棺、椁尺寸（长×宽－高）	葬式	壁龛（宽×高－进深）、器物箱、二层台	随葬品及其位置	段别	备注
M172	单石椁			78°	3×2－1.02	椁：2.36×0.95－0.84 棺：2.1×0.56	骨架保存极差	龛1.3×0.88－0.82，石板封门	壁龛：陶小型壶BaⅡ5；木盒。 棺内：铜半两BⅠ3	3	
M173	单石椁			17°	2.6×1.4－0.62	椁：2.38×0.98－0.73 棺：2.1×0.54－0.02	仰身直肢葬		椁外：陶中型罐AbⅡ。 棺内：铁剑；铜五铢Ⅲ4	7	
M174	单石椁			114°	2.5×1.2－2.8	椁：2.48×0.96－0.76 棺：2.3×0.56－0.03	仰身直肢葬	东壁有龛，0.94×1.54－0.6	壁龛：陶大型罐AⅢ	4	
M175	单石椁			13°	2.8×1.4－2.38	椁：2.35×0.94－0.71 棺：2.1×0.58－0.02	仰身直肢葬		椁外：陶小型罐Ⅰ	6	
M176	单石椁			14°	2.7×1.5－1.52	椁：2.42×0.98－0.76 棺：2.2×0.66－0.03	仰身直肢葬				
M177	土坑墓			320°	2.3×0.9－1.16	棺：2.1×0.58－0.05	仰身直肢葬		瓷碗1	清代	
M178	单石椁			84°	2.9×1.9－2.12	椁：2.56×0.96－0.81 棺：2.3×5.43	仰身直肢葬				
M179	土坑墓			97°	3×1.56－3.5	棺：2.34×0.44－0.02	仰身直肢葬	生土二层台。西壁有龛，1.1×2.5－0.6	壁龛：木盒。 棺内：铜五铢Ⅰ、Ⅱ2。 填土：铁斧A		

续附表

墓号	墓葬类别	椁室	层位	墓向	墓穴尺寸（长×宽-深）	棺、椁尺寸（长×宽-高）	葬式	壁龛（宽×高-进深）、器物箱、二层台	随葬品及其位置	段别	备注
M180	单石椁			189°	3.1×2.15-1.5	椁：2.58×1.24-1.04 外棺：2.12×0.76-0.74 内棺：1.9×0.54-0.62	仰身直肢葬				棺保存较好，木棺里髹红漆外髹黑漆
M181	单石椁			22°	2.65×0.5-0.72	椁底板：2.3×1-0.12	仰身直肢葬				扰乱厉害，仅存椁底板
M182	单石椁			175°	2.8×1.7-1.8	椁：2.33×0.92-0.82	仰身直肢葬				
M183	石盖板墓			13°	2.5×1.8-2.2		朽深	生土二层台，台上盖石板			
M184	单石椁			100°	3.1×1.7	椁：2.35×0.94-0.81 存棺痕	仰身直肢葬				
M185	石盖板墓			0°	2.75×1.9-1.1	棺：2×0.88	仰身直肢葬	生土二层台	棺内：铜半两BⅠ		
M186	单石椁			180°	2.8×1.3-1.15	椁：2.32×0.97-0.83 棺：2×0.68	仰身直肢葬				
M187	单石椁			90°	2.8×1.85	椁：2.34×0.95-0.76 棺：1.98×0.62	仰身直肢葬				

续附表

墓号	墓葬类别	椁室	层位	墓向	墓穴尺寸（长×宽－深）	棺、椁尺寸（长×宽－高）	葬式	壁龛（宽×高－进深）、器物箱、二层台	随葬品及其位置	段别	备注
M188	单石椁			195°	2.9×2.1－2.52	椁：2.32×0.95－0.81 棺：2×0.63	仰身直肢葬	北壁有龛，1.1×1.1－0.7	壁龛：陶鼎BaⅢ，盒BⅡ，盘AbⅣ，匜AⅣ，大型壶AaⅢ，小型壶BcⅠ、BaⅡ2，杯，勺；木盒。 棺外：铜矛1。 棺内：铜半两BⅠ3	3	
M189	单石椁			190°	3×1.9－2.4	椁：2.43×0.89－0.68 棺：2.18×0.61－0.24	仰身直肢葬				
M190	单石椁			197°	2.75×1.76	椁：2.08×0.9－0.73 棺不清。	仰身直肢葬		棺内：星云纹铜镜		
M191	单石椁				2.85×1.9－3.45	椁：2.6×1.15－0.75 棺：2.14×0.76					
M192*	单石椁			100°	2.8×1.76	椁：2.32×1.09－0.97 棺不清	仰身直肢葬				两端刻十字穿璧纹，余刻斜线痕
M193	土坑墓			357°	2.7×1.7－1.3	棺：1.7×0.56	仰身直肢葬	生土台。东壁有龛，0.3×0.4－0.18	壁龛：陶中型罐B		
M194	土坑墓			16°	3.1×1.2－1.4	棺：1.85×0.6	仰身直肢葬	生土二层台	棺内：泥剑；铜带钩B		
M195	单石椁			185°	2.65×（1.45～2.05）－1.6	椁：2.24×0.94－0.83 棺：1.98×0.68	仰身直肢葬		椁外：陶中型罐AaⅡ2。 棺内：铜五铢Ⅰ12、Ⅱ、Ⅲ、Ⅳ、不清2；石琀B	7	

续附表

墓号	墓葬类别	椁室	层位	墓向	墓穴尺寸（长×宽－深）	棺、椁尺寸（长×宽－高）	葬式	壁龛（宽×高－进深）、器物箱、二层台	随葬品及其位置	段别	备注
M196	土坑墓			5°	2.6×1.25－1.15	木椁：2.36×0.64－0.35 棺：2.34×0.6	仰身直肢葬				
M197	单石椁			4°	2.9×1.9－2.4	椁：2.4×0.93－0.81 棺：2.1×0.66－0.1	仰身直肢葬		椁外：陶小型壶BaⅣ。 填土：铁臿	4	棺上盖席子
M198	单石椁			95°	3.05×2－2.3	石椁：2.65×1.26－1.02 外棺：2.3×0.88－0.7 内棺：2.18×0.76－0.6	仰身直肢葬		棺内：铜铃A、B8，铜片，半两BⅠ2；石坠；铁饰；金属饰件 填土：铁臿		
M199	单石椁			106°	2.9×2－2.75	椁：2.3×0.85－0.75 棺：2×0.58	仰身直肢葬		棺内：金属饰件		
M200	单石椁			95°	2.6×1.7—0.4	仅存零碎石板					
M201	石盖板墓			275°	2.8×1.4－1	棺：2.2×0.8－0.6	仰身直肢葬	生土二层台	棺内：铜大泉五十A3	5段或5段后	
M202	单石椁				2.4×1.4－3.14	椁：2.21×0.9－0.8 棺：1.8×0.6－0.05	仰身直肢葬		棺内：铜五铢Ⅰ2、Ⅱ3、Ⅳ3、不清6，铜环	7～8	
M203	单石椁			275°	2.8×1.4－3.86	椁：2.33×0.92－0.82 棺：2×0.6－0.08	仰身直肢葬		棺内：四乳四虺铜镜		
M204	石盖板墓			0°	2.5×1.2－0.7	棺：2.1×0.8－0.5	仰身直肢葬	生土二层台	生土台上：陶小型罐Ⅰ	6	

续附表

墓号	墓葬类别	椁室	层位	墓向	墓穴尺寸（长×宽－深）	棺、椁尺寸（长×宽－高）	葬式	壁龛（宽×高－进深）、器物箱、二层台	随葬品及其位置	段别	备注
M205	土坑墓			0°	2.4×1－0.6	棺：2.2×0.7－0.05	仰身直肢葬				
M206	单石椁				3×2－0.4						仅存石椁底板，严重扰乱
M207	单石椁			95°	3.3×2－2	椁：2.52×1－1.08 棺：1.9×0.6－0.1	仰身直肢葬	北壁有龛，1×0.3－0.2	壁龛：陶小型壶 BaⅡ、BcⅢ4	4	立板口部开槽，内盖木椁顶板
M208	单石椁			104°	3.1×2.1－3.36	石椁：2.6×1.13－0.97 木棺：1.86×0.7－0.05	仰身直肢葬	南壁有龛，1.2×0.5－0.6	壁龛：陶鼎 BaⅣ，盒 BⅢ，大型壶 AaⅢ2，盘 BⅢ，匜 AⅤ，小型壶 AaⅡ5；木盒未取。 棺内：铜钱 3	3	立板口部开槽，内盖木椁顶板
M209	单石椁			275°	2.7×2.1－2.9	椁：2.45×1.05－0.87 棺：1.9×0.64－0.05	仰身直肢葬		椁外：陶中型罐 AbⅢ；金属器 2；泥马。 填土：铁臿 2	8	泥马未取
M210	单石椁			90°	2.5×1.75－2.96	椁：2.33×0.94－0.83 棺：1.9×0.6－0.05	仰身直肢葬		棺内：铁剑；铜五铢Ⅱ5		
M211	单石椁			270°	2.7×1.4－2.32	椁：2.32×0.98－0.81 棺：2×0.6－0.1	仰身直肢葬		棺内：铜半两 BⅠ8		

续附表

墓号	墓葬类别	椁室	层位	墓向	墓穴尺寸（长×宽－深）	棺、椁尺寸（长×宽－高）	葬式	壁龛（宽×高－进深）、器物箱、二层台	随葬品及其位置	段别	备注
M212	单石椁			0°	2.7×1.8－2.86	椁：2.52×0.96－0.82 棺：2.1×0.64－0.1	仰身直肢葬	南壁有龛，1.1×0.5－0.3，石板封堵	壁龛：木盒3。 棺内：铜五铢Ⅱ，铜带钩C		
M213	双石椁	南		275°	2.64×2.2－2.2	椁：2.44×1.04－0.7 棺尺寸不清	仰身直肢葬		棺内：陶小型罐Ⅰ；石琀Ab；铁刀A；铜大泉五十A2	6	
		北				椁：2.44×1－0.7 棺：2×0.6－0.05			陶小型罐Ⅰ；铜钱朽甚	6	
M214	单石椁			95°	3.26×2－3.06	椁：2.62×1.3－1.08 外棺：2.24×0.86－0.84 内棺：2.18×0.7－0.7	仰身直肢葬	南壁有龛，1.1×0.6－0.6，用石板封堵	壁龛：陶盘BⅠ，盒AbⅡ，大型壶BaⅠ，小型壶BaⅡ5。 棺内：布枕头，麻布；铜半两BⅠ3；金属片。 棺椁间：木鸠杖；泥马	2	双棺外黑色漆内红色漆。结构清楚
M215*	单石椁			275°	3.4×2.4－3.4	椁：2.62×1.22－1.04 外棺：2.26×0.88－0.82 内棺：2.1×0.72－0.76	仰身直肢葬	南壁有龛，1.4×0.6－0.3	壁龛：陶鼎AⅡ，盒AbⅠ，盘BⅠ，匜BⅠ，大型壶BaⅠ，小型壶BcⅠ。 椁内：铁臿。 棺内：铁刀Ca；铜半两BⅠ4、BⅡ；辫状物。 填土：铁斧A	1	棺内外黑漆。石椁口部有槽，内盖木顶板。立板刻社树、菱形纹等

续附表

墓号	墓葬类别	椁室	层位	墓向	墓穴尺寸（长×宽－深）	棺、椁尺寸（长×宽－高）	葬式	壁龛（宽×高－进深）、器物箱、二层台	随葬品及其位置	段别	备注
M216	单石椁		打破M217	278°	2.6×1.4－2.3	椁：2.26×0.95－0.84 棺：2×0.6－0.05	仰身直肢葬				
M217	石盖板墓		被M216打破	275°	2.5×1.4－3.8	棺：2.1×0.8－0.05	仰身直肢葬	生土二层台	棺内：铜半两BⅠ		
M218	单石椁			0°	2.9×1.9－2.64	椁：2.35×0.92－0.82 棺：2×0.6－0.05	仰身直肢葬		椁外：陶中型罐AbⅢ。 棺内：铜五铢Ⅱ2、Ⅳ	8	
M219	单石椁		打破M12	10°	2.8×1.6－2.8	椁：2.62×1.09－0.75 棺：2.16×0.56－0.05	仰身直肢葬		椁外：陶小型罐Ⅱ。 棺内：铜五铢Ⅳ2；铁剑，铁刀Ca；石琀Ab，石耳鼻塞A，石坠	7	
M220	单石椁			12°	2.6×1.7－3.34	椁：2.3×0.9－0.81 棺：1.92×0.62－0.05	仰身直肢葬	西壁有龛，1.4×0.6－0.6	壁龛：陶小型罐Ⅰ2；金属饰件；木盒。 棺内：铁剑；铜弩机；石琀Aa	6	棺内外髹黑漆
M221	土坑墓			15°	2.6×1.4－3.2		不清	北壁有龛，0.94×0.7－0.3	壁龛：陶中型罐AbⅠ。 填土：木马	6	未见骨架、棺灰
M222	双石椁	东		15°	2.8×2.2－3.45	椁：2.46×1.1－0.7 棺：2.06×0.68－0.05	仰身直肢葬	东壁有龛，1.1×0.5－0.5	壁龛：陶中型罐AaⅡ；木盒2。 棺内：铁剑；铜五铢Ⅰ4	7	
		西				椁：2.46×1.1－0.7 棺：2.06×0.68－0.05					

续附表

墓号	墓葬类别	椁室	层位	墓向	墓穴尺寸（长×宽－深）	棺、椁尺寸（长×宽－高）	葬式	壁龛（宽×高－进深）、器物箱、二层台	随葬品及其位置	段别	备注
M223*	单石椁			10°	3.5×2.4－3.26	椁：2.61×1.18－1.05 外棺：2.22×0.82－0.3 内棺：2.16×0.78－0.2	仰身直肢葬	东壁有龛，1.1×0.5－0.3	壁龛：陶盒BⅣ2，小型壶Ab2，盘AbⅥ。 石木椁间：铁臿2。 棺上：铁铺首2	4	南树北穿壁，东西菱形。立板开槽，彩绘木顶板
M224*	单石椁			13°	3.3×2.2－3.08	椁：2.6×1.24－1.05 外棺：2.18×0.84－0.2 内棺：1.9×0.7－0.1	仰身直肢葬		辫状物		南壁十字穿壁，北壁树，东西菱形。立板开槽，彩绘木顶盖板
M225	单石椁			11°	2.8×2－1.78	椁2.46×0.9－0.74 棺：2.12×0.66－0.05	仰身直肢葬		棺内：铜五铢Ⅰ6、Ⅱ4。 椁外：陶小型壶BaⅡ3；木盒2		
M226	单石椁			9°	3×1.9－1.26	椁：2.34×0.96－0.84 棺：2.1×0.62－0.03	仰身直肢葬	棺内：铁剑，铁刀Ca，铁斧B			
M227	单石椁			185°	3.4×3－3.5	椁：2.86×1.43－1.1 外棺：2.32×0.9－0.1 内棺：2.14×0.7－0.05	仰身直肢葬	西壁有龛2.7×0.7－0.5，口部用石板封堵	壁龛：陶鼎BaⅢ，盒BV，匜AⅧ，大型罐V2；残金属饰件17。 棺内：铁剑，铁刀Ca；铜钱（朽），铜带钩残甚	6	

续附表

墓号	墓葬类别	椁室	层位	墓向	墓穴尺寸（长×宽－深）	棺、椁尺寸（长×宽－高）	葬式	壁龛（宽×高－进深）、器物箱、二层台	随葬品及其位置	段别	备注
M228	单石椁			180°	2.7×1.4－3.82	椁：2.35×0.91－0.8 棺：2.02×0.66－0.05	仰身直肢葬		棺内：铁刀 Ca		
M229	单石椁			180°	2.7×1.72－2.96	椁：2.33×0.93－0.81 棺不清	仰身直肢葬		棺内：铜半两 BⅠ、BⅡ；铁剑。 填土：铁臿		
M230*	单石椁			90°	2.8×2－2.12	椁：2.47×1.08－0.83 棺：2.1×0.6－0.05	仰身直肢葬	南壁有龛，0.9×0.5－0.4，用石板堵	壁龛：陶鼎 BbⅢ，盒 BⅡ，盘 AbⅥ，大型壶 AaⅥ，小型壶 BaⅢ5	4	东树西穿壁，余菱形纹
M231	单石椁			184°	2.9×1.6－1.3	椁：2.36×0.91－0.76 棺：2.01×0.5	仰身直肢葬				
M232	土坑墓			7°	2.65×1.4－1.4	木椁：2.26×0.8－0.4 棺：2.06×0.56	仰身直肢葬		填土：铁臿		
M233	土坑墓			8°	2.6×1.6－1.44	棺：2.22×0.92－0.02	仰身直肢葬	生土二层台			
M234	单石椁			9°	3.1×1.9－1.28	棺：2.56×0.71－0.77	仰身直肢葬	生土二层台	壁龛：陶鼎 BbⅤ，大型罐 B，匜 B。 棺内：铜五铢Ⅱ2、不清5	6	
M235	双石椁	南		101°	3×2.8－2.24	椁：2.52×0.93－0.86 棺：2.3×0.54－0.02	仰身直肢葬		陶中型罐 AaⅢ、AbⅡ	8	
		北				椁：2.52×0.93－0.86 棺：2.3×0.54－0.02	仰身直肢葬		棺内：铁刀 Cc，铁斧 A；铜五铢Ⅰ10、Ⅱ11		

续附表

墓号	墓葬类别	椁室	层位	墓向	墓穴尺寸（长×宽－深）	棺、椁尺寸（长×宽－高）	葬式	壁龛（宽×高－进深）、器物箱、二层台	随葬品及其位置	段别	备注
M236	单石椁			92°	2.6×1.6－2.54	椁：2.6×1.1－0.92 棺：2.1×0.58－0.02		北壁有龛，1.5×1.22－0.46，用石板封堵	壁龛：陶小型罐Ⅰ。 棺内：铁剑；铜五铢Ⅰ5，磨郭五铢	6	
M237	单石椁			293°	2.8×1.9－3.06	椁：2.33×0.95－0.93 棺：2.1×0.58－0.02	葬式不清				
M238	单石椁			293°	2.8×1.9－3.16	椁：2.36×0.91－0.9 棺：2.1×0.58－0.02	骨架散乱	北壁有龛，2.1×1.3－0.8	壁龛：陶小型罐Ⅱ2	7	
M239	双石椁	南		93°	2.7×1.9－3.2	椁：2.38×0.99－3.2	仰身直肢葬	北壁有龛，1.5×1.24－0.7	壁龛：陶小型罐Ⅱ2；金属饰件13。 棺内：铁剑；铜大泉五十A13	7	
		北				椁：2.38×0.99－0.9 棺：2.1×0.5－0.02					
M240	双石椁	南		96°	3.2×2.7－3.2	椁同南室	葬式不清		两椁室中间：陶小型罐Ⅱ、Ⅲ	8	
		北				椁：2.27×0.98－1.03 棺不清	葬式不清				
M241	单石椁			6°	3.3×2.3－2.02	椁：2.5×1.1－1.05 棺：2.3×0.66－0.15	仰身直肢葬	东壁有龛，1.2×0.8－0.3	壁龛：陶鼎BbⅢ，匜AⅦ，大型壶AaⅦ2，盒BⅣ，小型壶BaⅣ5	4	

续附表

墓号	墓葬类别	椁室	层位	墓向	墓穴尺寸（长×宽－深）	棺、椁尺寸（长×宽－高）	葬式	壁龛（宽×高－进深）、器物箱、二层台	随葬品及其位置	段别	备注
M242	单石椁			7°	3.1×2.3－3.55	椁：2.63×1.29－0.9 棺：2.3×0.74－0.03	仰身直肢葬	西壁有龛，1.4×0.84－0.7	壁龛：陶鼎BaⅣ，盒AaⅢ，盘AaⅢ，匜AⅣ，大型壶AbⅢ，小型壶BaⅡ3，彩陶俑2。 棺内：铜半两BⅠ4、BⅡ2	3	
M243	单石椁			7°	3×2.2－2.36	椁：2.52×1.14－0.89 棺：2.3×0.74－0.02	仰身直肢葬	西壁有龛，1.4×1.4－0.78，二石板封堵	壁龛：陶小型壶BaⅡ3。 棺内：铜半两BⅠ7、BⅡ	4	
M244*	单石椁			12°	2.9×1.9－2.4	椁：2.4×0.93－0.82 棺2.1×0.64					北壁刻树，南刻圆形纹，余刻菱形纹
M245	双石椁	东		12°	2.7×2.1－2.7	椁：2.52×1.08－0.91	仰身直肢葬				
		西				椁：2.52×1.08－0.91 棺：2.2×0.6－0.02	仰身直肢葬				

注：带“*”墓指画像石墓。

附录　曲阜柴峪汉墓出土漆棺画的分析保护研究

吴双成[1]　李振光[1]　王磊[2]

（1. 山东省文物考古研究所　2. 山东省分析测试中心）

近些年来，山东出土大量精美的漆器，如青州益都苏埠屯商代墓葬出土的虎纹、螺钿纹漆器①，沂水刘家店子春秋墓出土的镶嵌金箔、金贝的漆勺②，临沂金雀山、银雀山出土的丰富多彩、小巧别致、做工精细的漆器③等。大量漆器的出现，引起学者对山东地区漆器的重视。

2000 年夏，山东省文物考古研究所为配合日东高速公路的建设，在曲阜柴峪取土场发现大量汉墓。该墓地依山坡埋葬，墓葬封土夯打结实、密封良好，并且该处是弱酸性土壤。这些为该墓地木棺及漆器较好的保存创造了条件。除出土了一些耳杯、圆盒、木匣等漆器外，还发现了数具保存较好的漆棺画。曲阜柴峪墓地出土的保存完好的漆棺画对研究山东出土的汉代以前漆器提供了重要依据④。

柴峪 M158 为一棺一椁的墓葬，椁为石椁。在椁的内壁上有因历经地下水涨落的影响而生成的结晶物，棺木已糟朽、塌落。在椁的内口上有 2×2 厘米的槽，其上搭有一整张的漆棺画。该漆棺画已经塌落到椁的中部，但尚保持其基本形状。漆棺画的木胎载体已经糟朽，但是其上的漆皮保存状况较好。黑褐色漆底上用宽条带分区，其内描绘白、红圆点纹、卷云纹、条状方格纹。由于塌陷，漆皮自然断成四段。

（一）分析研究

山东省分析测试中心对我们送去的样品进行了检测分析。主要利用红外光谱仪以

---

① 罗勋章：《刘家店子春秋墓琐考》，《文物》1984 年第 9 期。

② 山东省文物考古研究所、沂水县文物管理站：《山东沂水刘家店子春秋墓发掘简报》，《文物》1984 年第 9 期。

③ 临沂文物组：《山东临沂金省山一号墓发掘简报》，《考古学集刊 · 1》，中国社会科学出版社，1981 年；临沂市博物馆：《山东临沂金雀山周氏墓群发掘简报》，《文物》1984 年第 11 期；临沂市博物馆：《山东临沂金雀山九座汉代墓葬》，《文物》1989 年第 1 期；金雀山考古发掘队：《临沂市金雀山 1997 年发现的四座西汉墓》，《文物》1998 年第 12 期；山东省博物馆、临沂文物组：《临沂银雀山四座西汉墓葬》，《考古》1975 年第 6 期；银雀山考古发掘队：《山东临沂市银雀山的七座西汉墓》，《考古》1999 年第 5 期。

④ 李振光、刘晓燕：《山东出土漆器及相关问题探讨》，《楚文化研究论集》第 5 集。

及 X-衍射光谱仪分析了漆皮表面颜料的成分和石棺内壁上的结晶物，使用电子探针对漆皮的层次结构做了分析研究。

1. 仪器及药品

（1）仪器

1）710 型傅里叶变化红外光谱仪（美国民高力公司）。测试条件：分辨率 4cm^{-1}，扫描次数：SCB=32，SCS=32。

2）D/max—RBX 射线衍射仪（日本理学电机）。测试条件：Cu Ka 4°/min，0.02℃/sampling DS. SS. 10，RS 0.15mm，40kV，100mA。

3）电子探针（日本电子）。测试条件：样品表面喷金，二次电子。

（2）药品

KBr 分析纯。

2. 样品的制备及测试

1）漆皮上颜料的组成成分分析：首先用刀片轻轻地将漆皮上的彩绘剥离下，然后分别与干燥后的 KBr 混合，置玛瑙钵中研磨 2 分钟压电，以红外光谱测试得到 2 个样品的红外光谱图。经与标准光谱图对照分析，得知 1 号样品的物质组成主要为石英型高岭土（图一）。2 号样品与标准光谱图有所差异（图二），故对 2 号样品又进行了X-

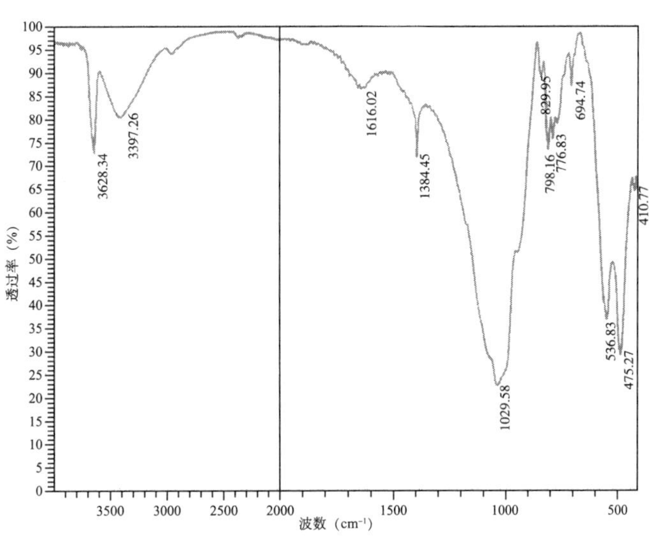

图一 白色颜料的红外分析（高岭土）

衍射线粉晶分析测定（图三）。

根据 X-衍射线粉晶分析我们发现 2 号样品物质组成主要由 HgS（辰砂）组成。解析数据如表一：

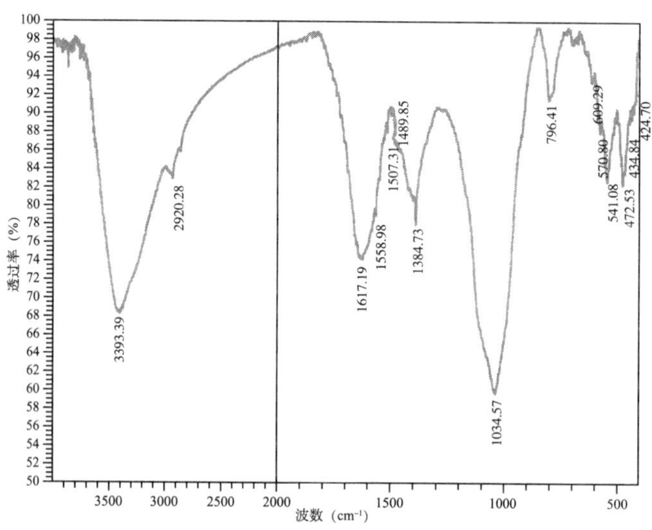

图二　红色颜料的红外分析（HgS）

表一　漆皮样品上红色颜料的 X－射线衍射数据（辰砂）

D	hk：
3. 35	100
3. 16	30
2. 863	95
2. 074	25
1. 98	35
1. 679	25

据《矿物 X－射线粉晶鉴定手册》①，辰砂，三方晶系，P34—P3. 21，a =4. 146，co =4. 497，Ⅰ =3。

物性：［100］解理完全，次贝壳状，参差状，有时锯齿状，断口，性脆，硬度 2～2. 5，比重 8. 0～8. 2，颜色鲜红、红棕……。由此得知漆皮上的红色颜料是辰砂（HgS），而不是 HgO 等其他物质。

2）漆皮的层次结构分析鉴定

漆皮为棕黑色，从样品的断面上观测，漆膜是按照一个方向进行多次刷涂而成，经电子探针二次电子成像测试分析可能有 12 层（图四）。漆皮厚约 400～500μm。另外，漆膜从里到外层，分别由白致密黑色、黑色、棕色等颜色组成。

① 中国科学院贵阳地球化学所：《矿物 X－射线粉晶鉴定手册》，科学出版社，1999 年。

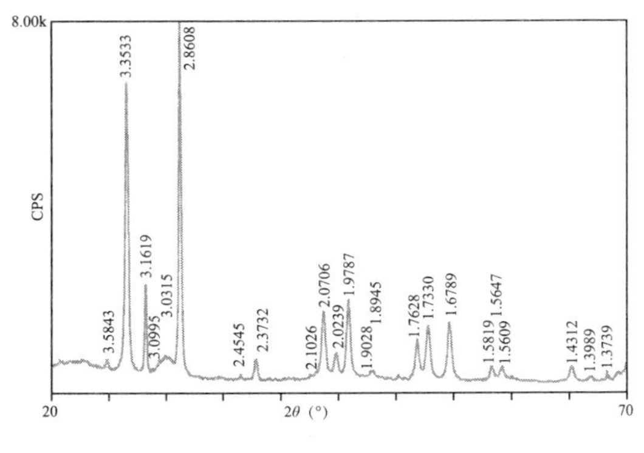

图三 红色颜料的X衍射分析结果（HgS）

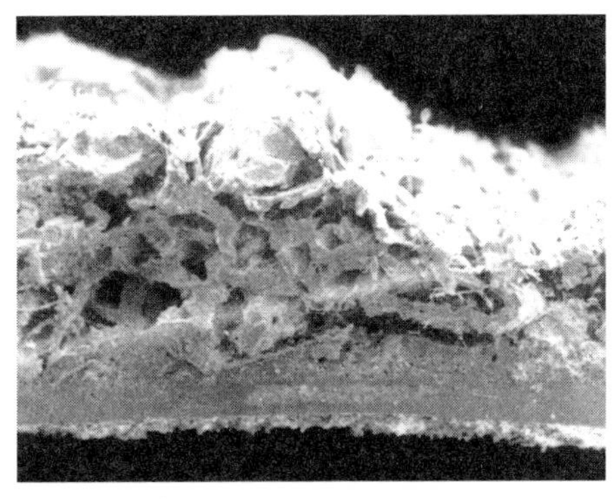
图四 漆皮断层电子二次成像照片

3）石椁内壁上结晶物组成成分分析

石椁内壁上结晶物为浅灰色粉末，无臭无味，我们利用X－衍射光谱仪对其组成成分进行了分析鉴定。发现该浅灰色粉末的物质组成成分主要有$CaSO_4 \cdot 2H_2O$（石膏）和SiO_2（石英）等物质构成（图五）。解析数据如表二、三。

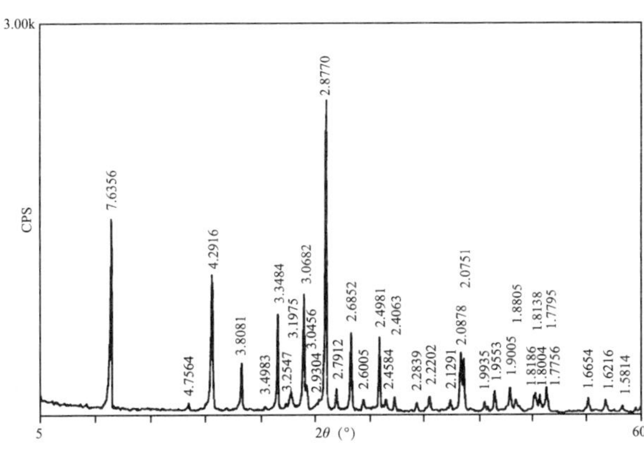

图五 结晶物的X衍射分析（石膏、石英）

又据《矿物X－射线粉晶鉴定手册》，石膏组成成分，CaO＝32.57，SO_3＝46.50，H_2O＝20.93。石膏，单斜晶系，硬度1.5～2。比重2.317。无色至白、灰、淡黄、棕等。石英，三方晶系，硬度7。比重2.5～2.8。

表二 石椁内壁上结晶物的X－射线衍射数据（石膏）

d	hk:
4.27	121
3.06	141
2.780	211
2.444	222
2.216	152
2.075	123
1.660	341
1.580	224

表三　石椁内壁上结晶物的 X－射线衍射数据（石英）

d	hk：
4.29	100
3.35	101
2.46	110
2.131	200
1.819	112
1.543	211

该漆皮出土后保持一定的韧性和光泽，再结合以上研究分析，我们不难看出，我们的祖先不论在制漆的技术上，还是在涂漆的效果上，都已达到了相当高超的水平。

（二）保护处理的过程

就考古现场的具体情况，我们决定只取漆皮。漆皮本身已经断成四段，根据每段的尺寸，用合适尺寸的铁皮插入漆皮的底部，将漆皮托起，放置在预制好的木箱中。在木箱的四周用塑料泡沫垫底，在上面铺一层锯末，以缓冲运输过程中的振动。同时在锯末上洒水，以保持合适的湿度。在漆皮的上面覆盖五层宣纸，再覆盖一层塑料布，上面用潮湿的锯末覆盖。采用密封的办法运回室内。

该漆皮取回后，虽然一直处于密封保护，但是水分也逐渐失去。待处理时，含水量很低。我们查阅了有关的文献，文献中提到使用丙三醇酒精溶液回软漆皮有一定的效果①。我们根据漆皮的实际情况，决定使用丙三醇。首先我们配制了不同比例的 $C_3H_9O_3$:C_2H_6O:H_2O 溶液。选择无法修复和保护的小块漆皮进行试验，经多次试验形成以下的工作方法。

根据漆皮的保存状况，我们有选择地分块进行揭取。在实际工作中，我们选取了两块漆皮，一块的尺寸为 50×50 厘米，一块为 75×85 厘米。根据漆皮的大小，我们制作了两块稍大的玻璃板，尺寸分别为 56×50 厘米、75×85 厘米，在下面承重的玻璃板使用 8 毫米的白玻璃，上面使用 5 毫米的白玻璃。

在使用丙三醇的过程中，采用了逐渐增加浓度的办法，逐步软化漆皮。采用的方法是将配好的溶液，用喷壶喷洒在漆皮的表面。具体做法如下：早上 8 点上班时使用配比 0.5:1:1 的 $C_3H_9O_3$、C_2H_6O 和 H_2O 的混合溶液进行喷洒，上用毛边纸覆盖。到 10 点，使用配比为 1:1:1 溶液进行喷洒。下午 4 点时，使用配比为 2:1:1 溶液进行喷洒。

① 马清林、卢燕玲、胡之德、陈兴国、张岚：《中国北方干燥地区出土漆品漆皮回软方法的研究》，《文物保护与考古科学》2000 年第 2 期。

经过一夜的渗透，漆皮具有较好的韧性和弹性。漆皮和其木胎载体早已脱离，形成一层单独的膜，此时对漆皮进行揭取或移动，是非常好的时机。

依照漆皮表面原有的裂隙，或根据需要在不重要的部位裁开，将原来的整张漆皮分成若干小块，分别缓慢地将每一小块漆皮移至做好的 8 毫米的玻璃板上。在玻璃板上按照原来的位置放好，此时因漆皮具有较好的韧性和弹性，漆皮开始舒展。最高处和最低处相差在 1 厘米内。在 8 毫米的玻璃板的四边上，均匀地涂上玻璃胶。从一侧开始将 5 毫米的玻璃板缓慢盖上。因玻璃板本身的重量，使漆皮逐渐舒展。因玻璃胶的原因，两块玻璃板之间有一定的缝隙，这样漆皮本身并不完全承重，利于保护。玻璃胶干燥后，注射用针头可以穿透。在以后可以向内部注射某些更好的保护材料。当然还可以使用刀片逐渐剔除玻璃胶，使漆皮重新暴露出来，进行新的处理。

（原载《中国文物保护技术协会第三次年会学术论文集》，紫禁城出版社，2005年）

嘉祥长直集墓地

山东省文物考古研究所
济 宁 市 文 物 局
嘉 祥 县 文 物 局

长直集墓地是1980年文物普查时发现的，现为嘉祥县级文物保护单位。墓地位于嘉祥县卧龙山镇长直集村南，东南距县城4公里。地理坐标为北纬35°24′45″，东经116°17′54.4″。地处坨山北坡，长直集村南部占压了墓地的北部。东西长600米，南北宽500米，墓地北部海拔高度60米（图一）。由于平整土地及雨水冲刷，坨山北坡的沟壑两侧暴露大量石椁墓。2000年，该墓地被划为曲菏高速公路建设工程的取土场。同年4～6月，山东省文物考古研究所与济宁市文物局、嘉祥县文物局组成考古队，对该墓地被高速公路建设工程取土场所占范围内的墓葬进行了勘探和发掘。共发掘清理墓葬316座，出土了一批陶器及铜、铁、石、玉质类随葬品。先后参加发掘和整理的

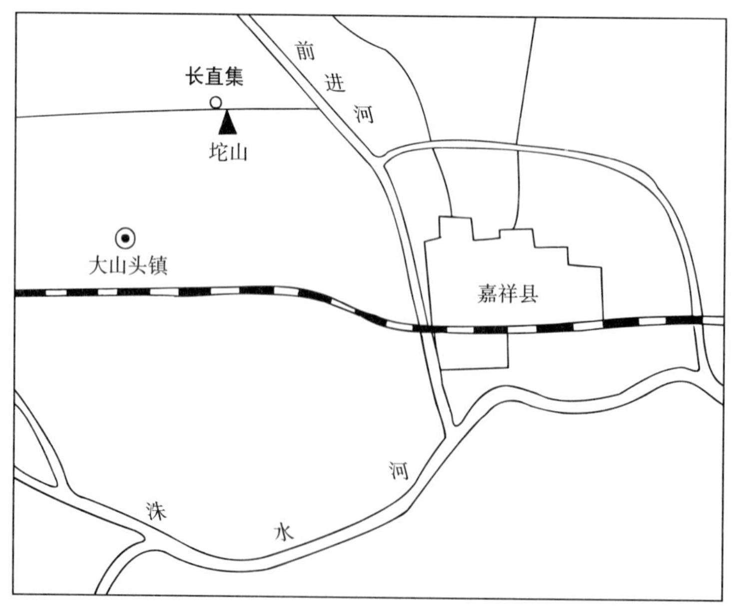

图一　长直集墓地地理位置示意图

人员有山东省文物考古研究所王守功、李振光，济宁市文物局考古研究室王政玉、张骥、李德渠，嘉祥县文物局贺福顺、张爱民、朱华、岳淑燕、王秀凤等。考古发掘工作得到工程部门及当地政府的大力支持。

（一）墓葬概况

1. 墓地与墓葬分布

该墓地为山坡地形，土层深厚。在发掘范围内有一条自然侵蚀和人为开挖形成的东南—西北走向的深沟，将墓地分割成南北两部分，沟南部分因破坏严重，发掘清理的墓葬较少，共35座，未绘入总平面图。这次发掘清理的范围东西约500米，南北约400米。从墓葬分布情况看，这次发掘清理部分为该墓地的中部及东、南部，墓葬比较集中。取土场外墓地的西部、北部还有少量墓葬没有发掘。

墓葬开口于耕土层下，因修建梯田，墓口遭到不同程度的破坏，有的墓葬已暴露于地表，有的仅存墓底。墓内皆填花土，绝大部分墓葬填土经过夯实，土质坚硬，夯层清晰，夯层厚10～25厘米。夯窝圆形，平底或圜底，直径5～15厘米。个别墓葬的夯土层内有遗物，主要是铁质工具。

墓地分片成组现象比较清楚。两墓并列现象也较多见。墓葬排列密集，仅有少数墓葬之间有相互叠压、打破关系，显示出墓葬分布是有一定规律的（图二）。

2. 墓葬形制

清理的墓葬绝大多数为小型竖穴土坑墓，平面呈长方形。根据有无石椁可以将墓葬分为土坑墓、石椁墓两大类，其中以石椁墓为主。此外还有少量砖椁墓。

土坑墓均为单室墓，形制简单，长方形墓圹内放置木棺，部分墓室内有二层台，有的在二层台上盖以石板，少量墓葬有壁龛。

石椁墓有单石椁墓和双石椁墓之分。单石椁墓的椁室由底板、立板和盖板构成，立板又有侧板和端板之分。立板和底板多用整块石板组合而成，而盖板则用2～4块或更多的石板拼合而成，个别墓盖板为整块石板。石板厚度在14～25厘米不等。部分墓葬的石椁制作精致，侧板上凿有“L”形凹槽，用以嵌扣薄盖板；侧板端头凿出“凹”字形槽用来插嵌端板。双石椁墓数量较少，一般一椁室用四块石板扣合，另一椁室用三块石板，借用相邻椁室的一壁组成椁室，也有一个为石椁墓，一个为土坑墓合葬的情况。

土坑墓骨架保存相对较好，石椁墓骨架朽蚀严重，有的骨架零乱。葬式绝大多数为仰身直肢，亦有仰身屈肢及下肢反折于盆骨的。墓葬的方向以南北方向者占大多数，东西方向者较少，约占四分之一。

画像石墓较少。画像石图案均刻在石椁墓的椁室立板内侧。画像雕刻技法基本上采用粗线条的阴线刻。主要图案有穿壁纹、社树、夔龙等。

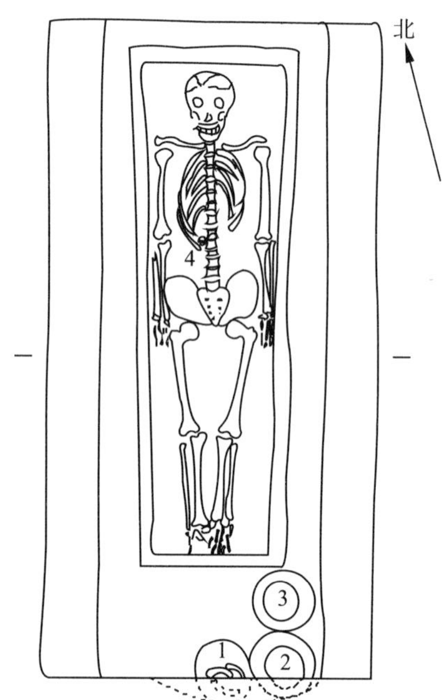

图三　汉墓M104平、剖面图

1、3. 陶大型罐　2. 陶中型罐　4. 铜钱

3. 随葬品

随葬品以陶器为主，器形以罐为最多，多数墓1～4件，最多者达6件。其次为鼎、盒、壶，多为偶数出现。随葬品较多的墓葬，器物组合为鼎、盒、壶、罐。陶器放置位置不一，设壁龛或腰坑者，陶器则放置壁龛或腰坑内，无壁龛或腰坑者，土坑墓则置于头前或足下，石椁墓则置椁室内。除陶器外，随葬品中还有一定数量的铜器、铁器、玉、石质器皿及钱币等。这类遗物除铁质生产工具外，基本都置于棺内。铁质生产工具多出在填土中。

（二）墓葬分类及典型墓例

这次发掘清理的316座墓葬，可分为土坑墓、石椁墓、砖室墓三大类。其中以石椁墓、土坑墓为主，可根据结构的不同分为若干类型。砖室墓数量较少（附表）。

1. 土坑墓

148座。均为单室，墓口皆为长方形，口略大与底，墓口一般长2～3、宽1～2米，深2～3米，最深者达4米以上。根据墓葬的结构不同，这类墓又可分为四型。

A型　47座。竖穴土坑墓。多为一棺，少有一棺一椁者，有的葬具不明显。随葬品较少，有的无随葬品。

B型　71座。竖穴土坑，生土二层台，多为一棺，少有一棺一椁者，随葬品一般1～3件。

C型　29座。竖穴土坑，生土二层台，二

层台上棚盖 2 ~3 块石板，多为一棺，有壁龛者 4 座。随葬品多少不一。

D 型　1 座（M314）。竖穴土坑，有壁龛，把死者葬在壁龛内。

现分别举例介绍。

M104　竖穴土坑墓。生土二层台。墓口长 2.4、宽 1.25 米，墓深 2.1 米。二层台高 0.65 米。葬具一棺，棺长 1.9、宽 0.54 ~0.64 米。骨架保存较好，仰身直肢。墓向 14°。棺外随葬陶大型罐 2 件、中型罐 1 件，腹部随葬铜钱 4 枚（图三）。

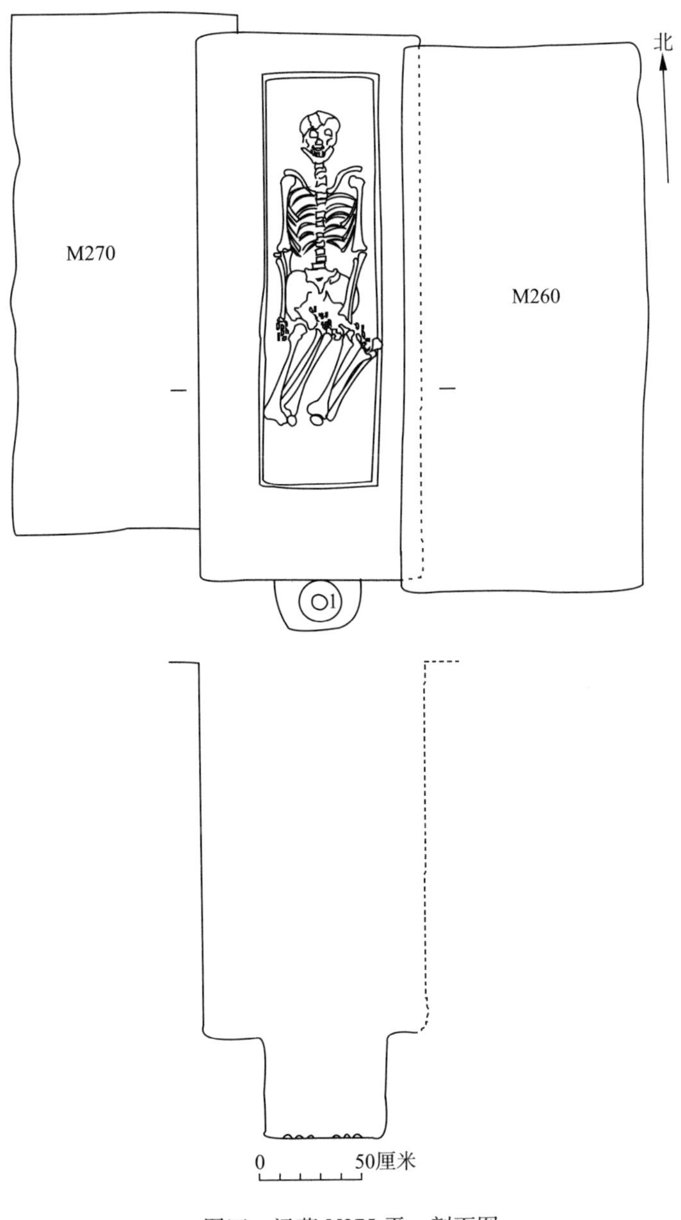

图四　汉墓 M275 平、剖面图
1. 陶大型罐

M275　该墓打破 M270，被 M260 打破。竖穴土坑墓，生土二层台。墓口尺寸不清。墓深 2.3 米。二层台高 0.5 米。葬具一棺，棺长 2、宽 0.5 米。骨架保存较好，仰身，上肢直伸，下肢反折于盆骨上。墓向 2°。南壁有一小龛，龛内放置 1 件陶大型罐（图四）。

M122　竖穴土坑墓，生土二层台。二层台上棚盖两块石板。墓口长 2.9、宽 1.3 米，墓深 1.75 米。二层台高 0.6 米。葬具一棺，棺长 2.2、宽 0.65 米。骨架保存基本完好，仰身直肢。墓向 18°。足部随葬陶大型罐、中型罐、釜各 1 件，左侧随葬铁剑 1 把。填土中出土铁臿 1 件（图五）。

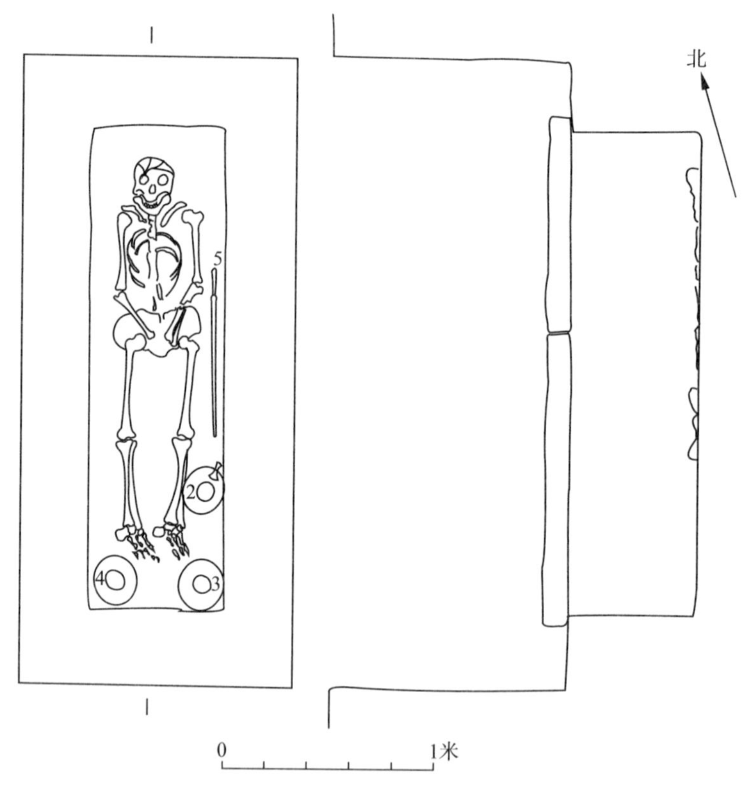

图五　汉墓 M122 平、剖面图

1. 铁臿（填土）　2. 陶釜　3. 陶大型罐　4. 陶中型罐　5. 铁剑

M190　竖穴土坑墓，生土二层台，二层台上棚盖三块石板，南北两头都有壁龛。墓口长 2.4、宽 1.25 米，墓深 1.96 米。二层台高 0.7 米。壁龛宽 0.7、进深 0.2～0.5、高 0.75～1.4 米。葬具一棺。棺放置北壁龛内一部分。棺长 2、宽 0.55 米。骨架保存较好，仰身直肢。墓向 24°。足部棺外随葬陶大型罐、中型罐、罐各 1 件（图六）。

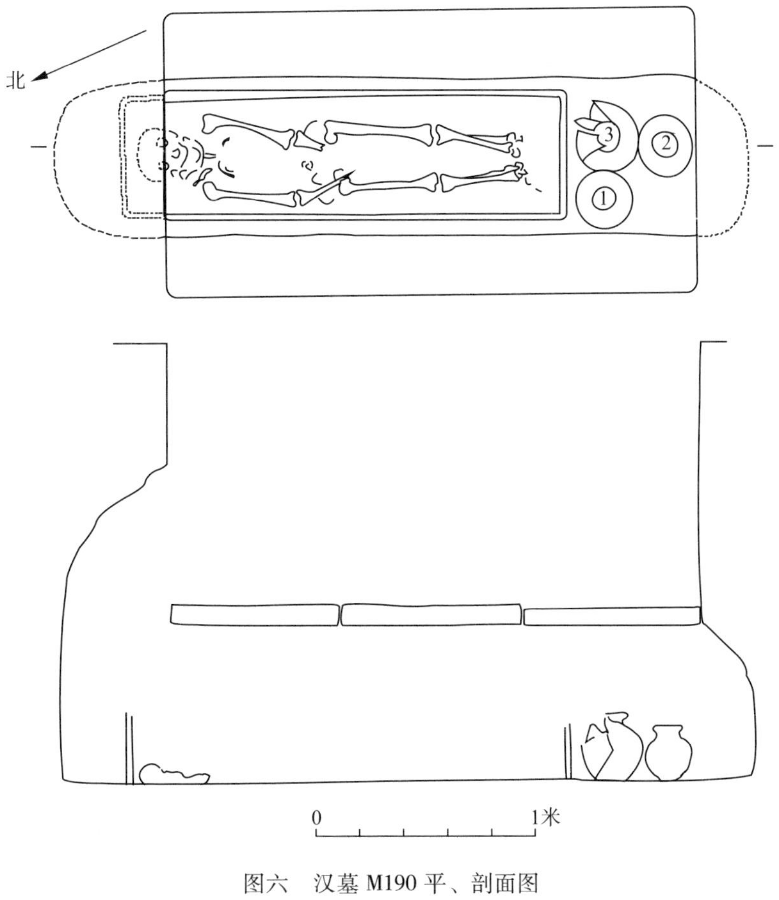

图六 汉墓 M190 平、剖面图

1. 陶大型罐 2. 陶中型罐 3. 陶罐

M314 竖穴土坑墓。墓口长 2.65、宽 1.2 米，墓深 3.68 米。东壁做壁龛，死者及随葬品均放置于壁龛内。壁龛长于墓穴 0.45 米，进深 0.7、高 1.4 米。葬具一棺，棺长 2、宽 0.6 米。骨架保存较好，仰身直肢。墓向 12°。足部棺外随葬陶大型罐 1 件，棺内左、右侧随葬铁剑、刀各一把，头部随葬铜五铢钱 2 枚（图七）。

2. 石椁墓

166 座。均为长方形，结构大致相同，墓室四壁以四块石板扣合，两长壁开卯槽，两短壁伸于卯槽内，外口基本平齐，底与顶各用三块石板铺盖。石椁一般长 2.1 ~2.6、宽 0.75 ~1、高 0.7 ~0.9 米。多为素面，个别有菱形纹、垂帘纹、穿壁纹及画面。部分墓有壁龛或腰坑。壁龛大小不一，有的大小与墓室相近，有的仅容 1 件陶器。腰坑一般长 1 ~2、宽 0.4 ~0.7、深 0.3 ~0.8 米。此类墓又可分为三种。

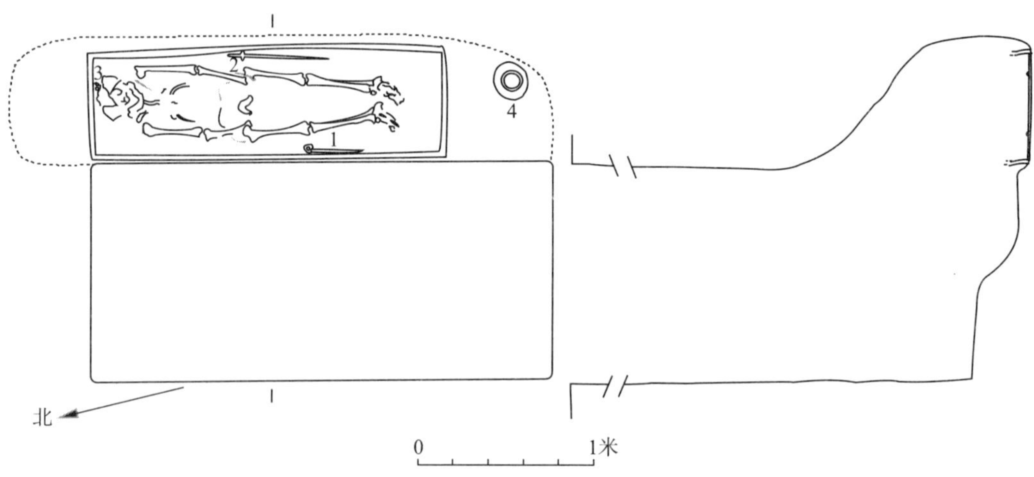

图七　汉墓 M314 平、剖面图

1. 铁刀　2. 铁剑　3. 铜五铢　4. 陶大型罐

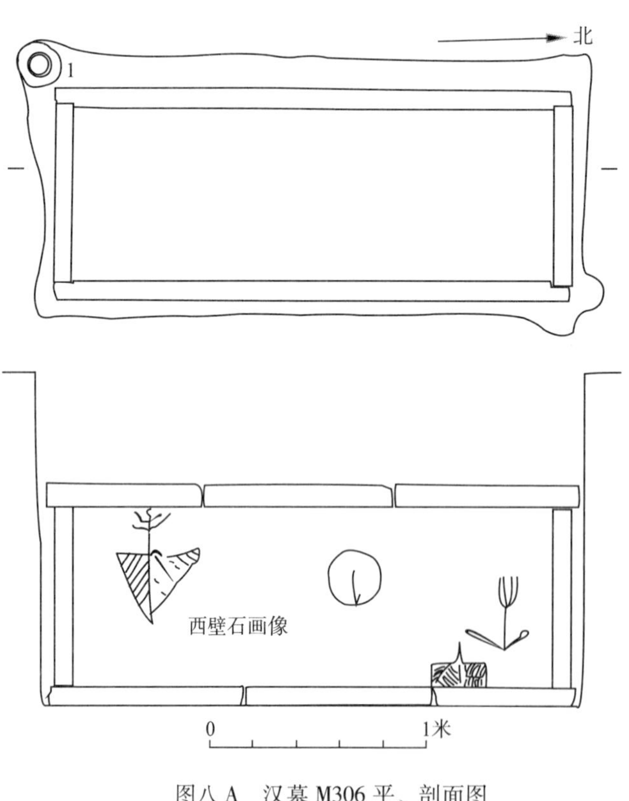

图八 A　汉墓 M306 平、剖面图

1. 陶中型罐

（1）单石椁墓

157 座。墓穴大小与土坑墓略同，多较深。有壁龛者 54 座，有腰坑者 15 座。其中 M306 椁石内壁有简单的线刻画面。M108 南北两壁有龛，北壁龛内有殉人。此类墓随葬品多少不一。

M306　竖穴土坑石椁墓。西南角有小壁龛。椁石以上部分被破坏掉，现墓口长 2.55、宽 1.2 米，墓深 1.48 米。石椁长 2.36、宽 0.94、高 0.9 米。椁石粗糙，为灰白色石料，稍加修整，基本为自然石面，表皮为粉末状风化石皮，易脱落。两头壁石有阴线刻龙形图案，西壁石图案为中间一圆圈，左上部似为一棵树的图案，右下部似为一丛草的图案，

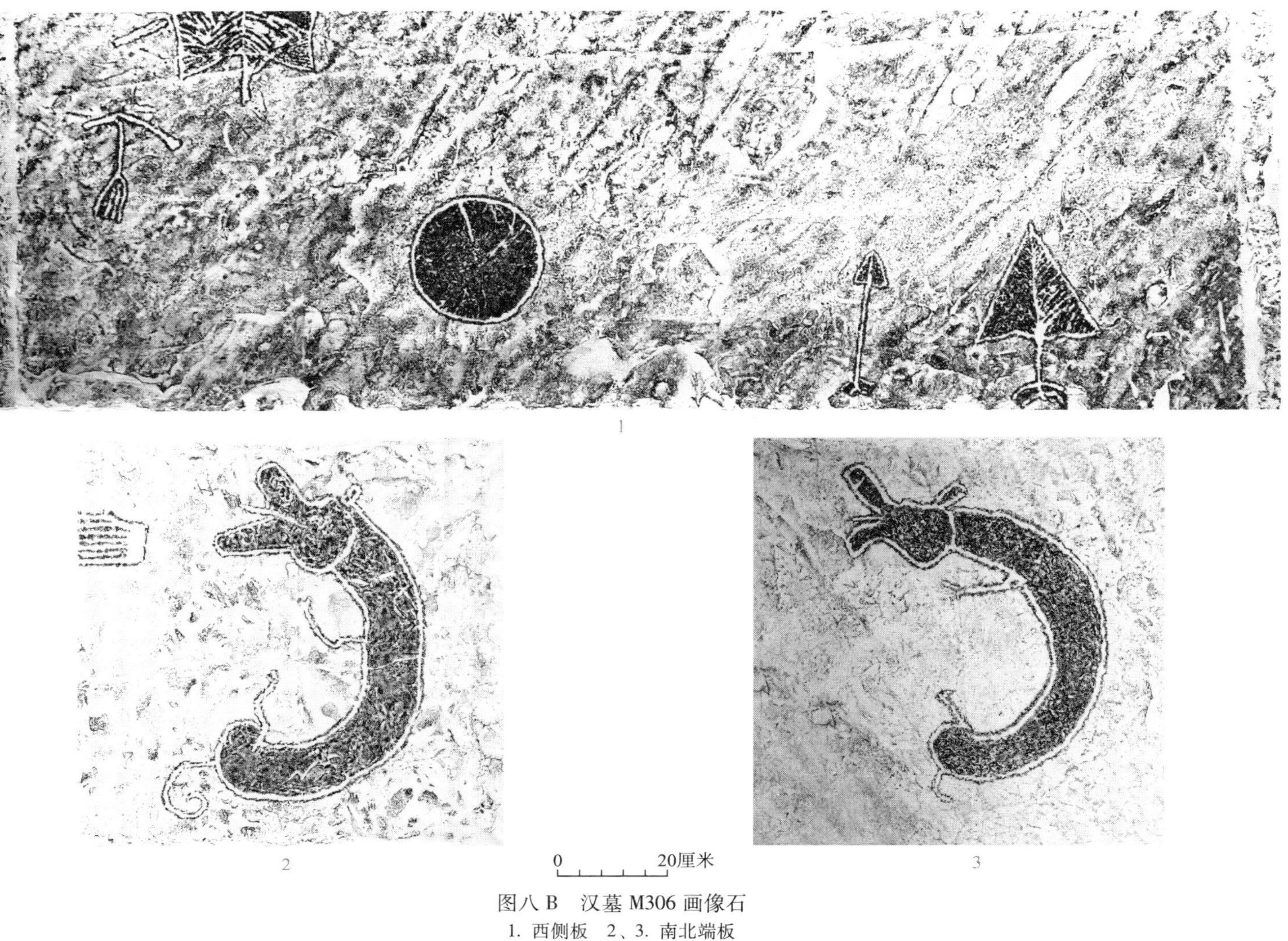

图八B 汉墓 M306 画像石
1. 西侧板 2、3. 南北端板

东壁石素面无纹。椁室内有木棺朽痕，骨架朽蚀严重。墓向 2°。小壁龛内放置陶中型罐 1 件，椁室内无随葬品（图八）。

M258　竖穴土坑石椁墓。墓口长 2.76、宽 1.18 米，墓深 3.2 米。石椁长 2.1、宽 0.9、高 0.86 米。石椁铺底石两块，铺底石之间有 0.5 米的空间，与铺底石下面的腰坑相通。腰坑长 1.05、宽 0.48、深 0.4 米。椁室内有木棺朽痕。骨架朽蚀严重。墓向 351°。棺内足部随葬铜镜及铜钱，头部随葬玉珠 3 件、玉蚀 3 件，腰坑内随葬陶大型罐 2 件、中型罐 1 件（图九）。

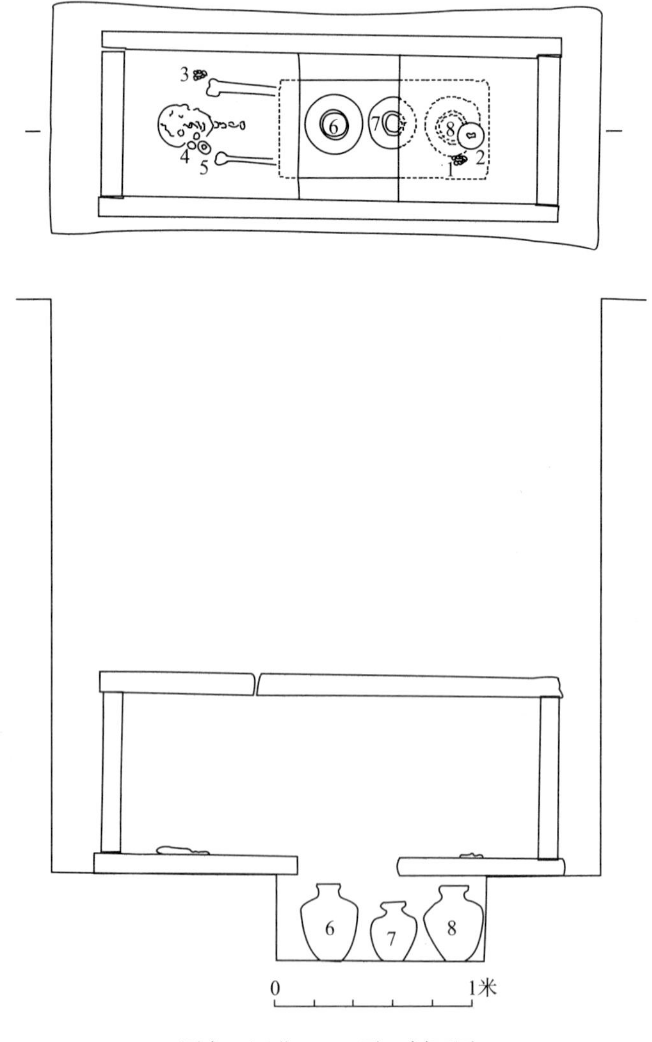

图九　汉墓 M258 平、剖面图

1. 铜五铢　2. 铜镜　3. 玉珠　4、5. 玉蚀

7. 陶中型罐　6、8. 陶大型罐

M321　竖穴土坑石椁墓。西壁有壁龛。墓口长2.72、宽1.8米，墓深2.85米。石椁长2.4、宽1、高0.85米。壁龛长2.6、进深0.6、高1.3米。椁内有木棺朽痕。骨架保存尚好，仰身直肢。墓向8°。头部随葬石砚2件及铜镜1件，右侧随葬铁刀2件、铁钩1件及铜五铢钱数枚，左侧随葬铁剑1件、铜带钩2件，壁龛内随葬陶中型罐3件、陶大型罐1件（图一〇）。

M108　竖穴土坑石椁墓。南北两壁有壁龛。墓口长2.65、宽1.4米，墓深2.25米。石椁长2.25、宽0.97、高0.9米。椁室内因早期被盗，情况不清。两壁龛结构相同，均用石板封口，壁龛长2.65、进深0.7、高0.74～1.1米。北壁龛有木棺，棺内有人骨，仰身直肢，骨架保存尚好。墓向98°。足部棺外随葬陶大型罐2件。南壁龛随葬陶中型罐1件、大型罐2件及布匹、漆木器（图一一）。

（2）双石椁墓

6座。墓口一般长2.7～2.9、宽2.2～3米，深1.8～5.2米不等。一椁室用四块石板扣合，另一椁室用三块石板，借用相邻椁室的一壁组成椁室。M2两椁室并列。M200一石椁室，另一室为土坑，上盖石板。M284有壁龛。此类墓葬随葬品较为丰富。

M284　竖穴土坑双石椁墓。北壁有壁龛。墓口长2.86、宽2.13米，墓深5.2米。两椁室大小相同，长2.45、宽1.02、高分别为0.9和1.08米。壁龛长2.6、进深1.05、高1.15米。椁室内有木棺朽痕。骨架朽蚀殆尽。墓向15°。东椁室随葬铜五铢

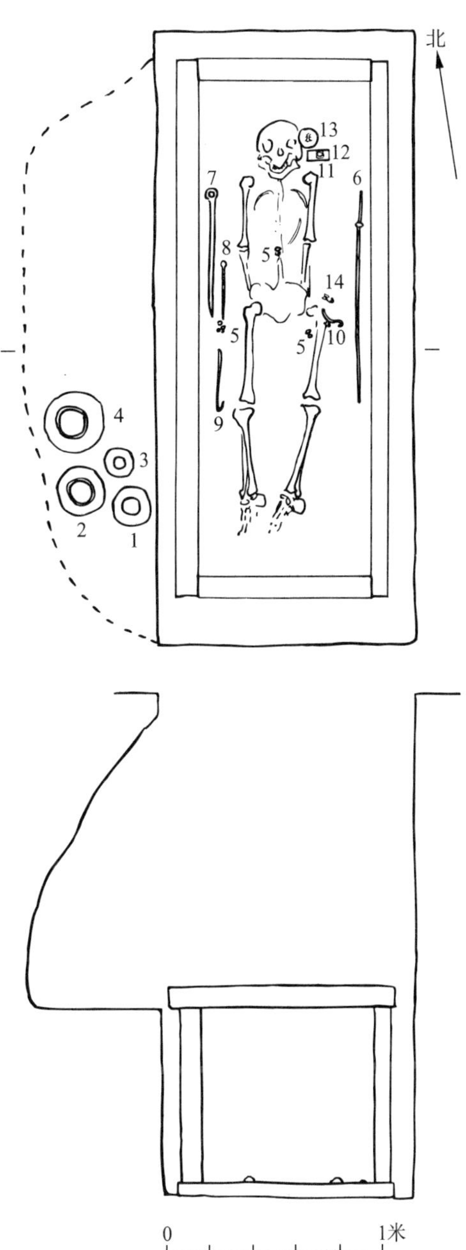

图一〇　汉墓M321平、剖面图

1～3. 陶中型罐　4. 陶大型罐　5. 铜五铢　6. 铁剑　7、8. 铁刀　9. 铁钩　10、14. 铜带钩　11、12. 石砚　13. 铜镜

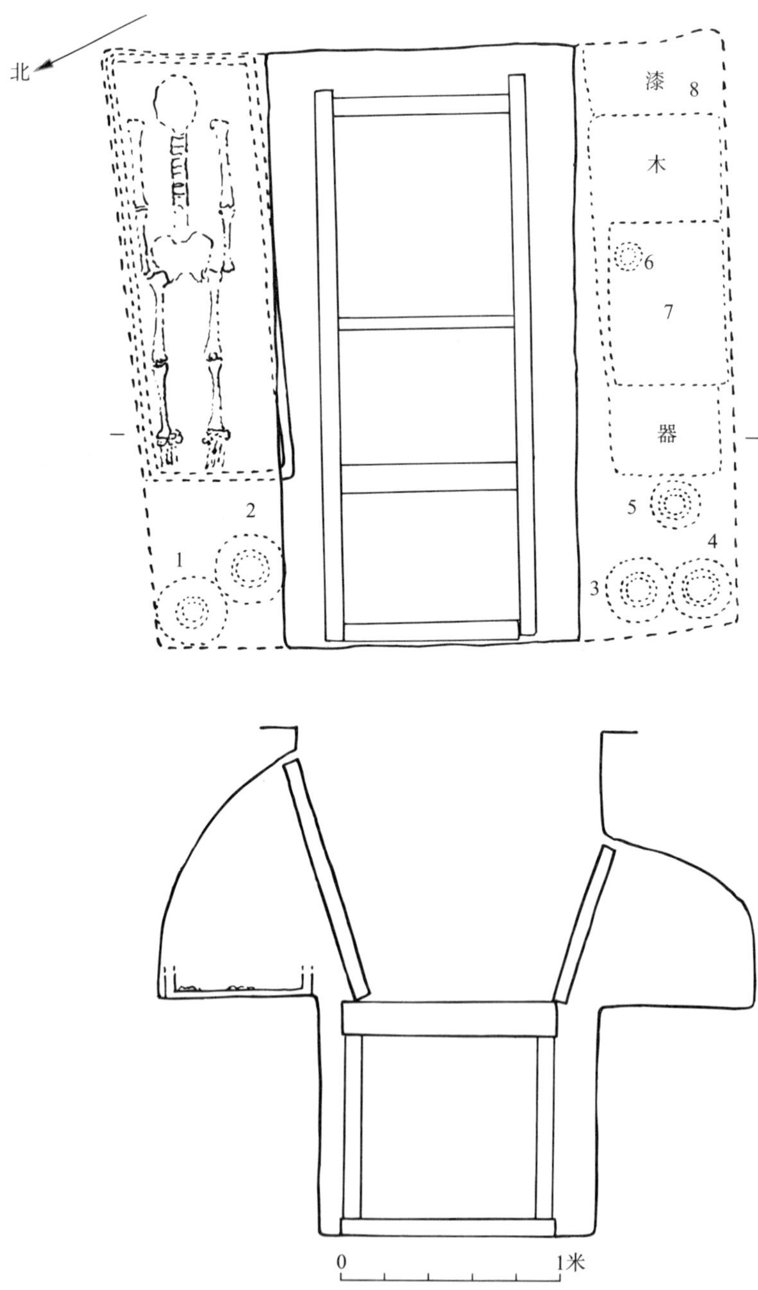

图一一　汉墓 M108 平、剖面图
1～4. 陶大型罐　5、6. 陶中型罐　7. 布匹　8. 漆木器

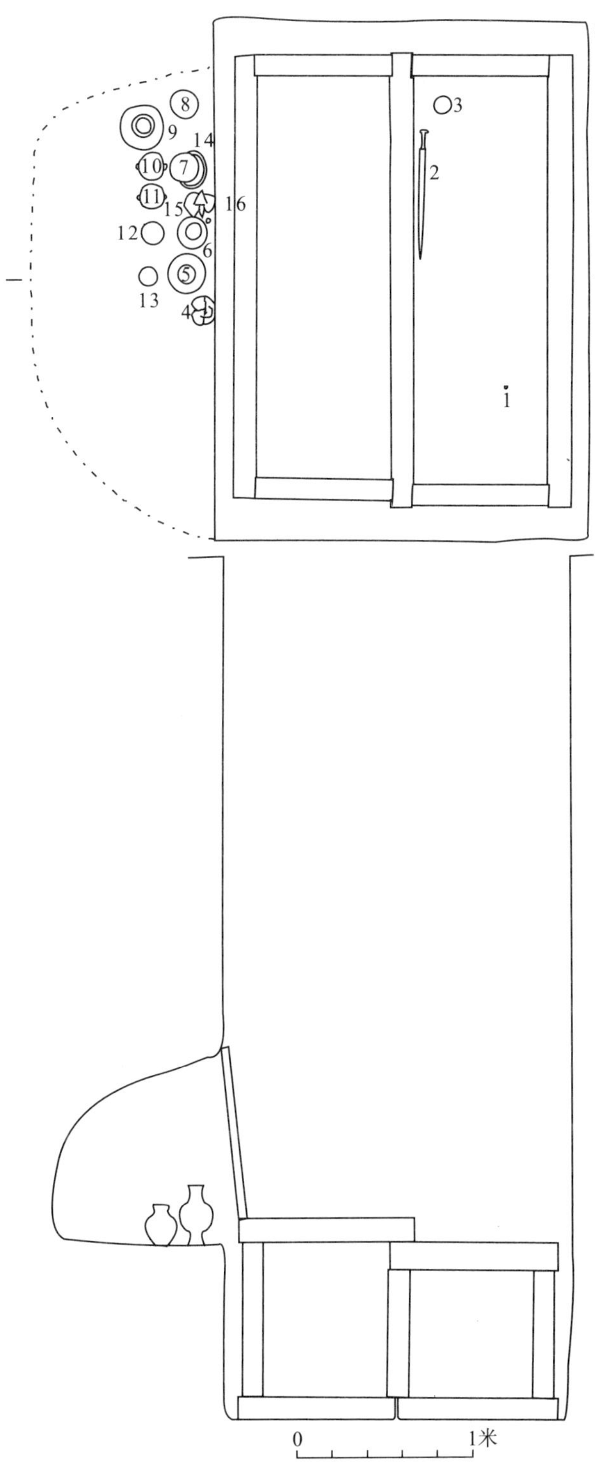

图一二　汉墓 M284 平、剖面图
1. 铜五铢　2. 铁剑　3. 铜镜　4. 铜釜　5、12. 陶壶　6、13. 陶中型罐　7、8. 陶盒　9. 陶大型罐　10、11. 陶鼎　14、15. 陶钵　16. 石球

钱 1 枚、铁剑及铜镜各 1 件。壁龛内随葬铜釜 1 件、陶鼎 2 件、陶盒 2 件、陶壶 2 件、陶罐 3 件、陶钵 2 件及石球 1 件（图一二）。

M2　竖穴土坑双石椁墓。墓口长 2.9、宽 2.55 米，墓深 3 米。两椁室并列，大小相同，长 2.26、宽 1、高 0.85、0.9 米。有木棺朽痕，骨架朽蚀殆尽。墓向 4°。椁室内无随葬品。两椁室外靠南壁各随葬陶罐 2 件（图一三）。

（3）并穴墓

可确定的有 3 座。两墓穴并列，大小与 A 型墓略同，两穴间有 0.2 ~ 0.3 米的生土隔墙，隔墙的下部有小方洞相通。此类墓葬均有壁龛或腰坑，随葬品较为丰富。

M335、M339　竖穴土坑石椁墓。两穴并列。两墓穴间有 0.25 米的生土隔墙。隔墙的下部靠石椁上部有长 0.4、宽 0.35 米的方洞相通。M335 墓口长 2.51、宽 1.2 米，墓深 4 米。石椁长 2.4、宽 0.9、高 0.75 米。

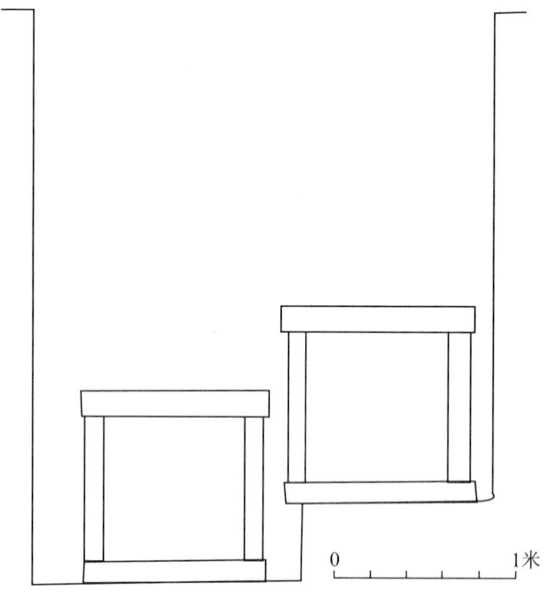

图一三　汉墓M2平、剖面图
1、3、4. 陶大型罐　2. 陶罐

椁内有木棺朽痕。骨架朽蚀严重，尚可辨清头向、葬式。仰身直肢。墓向88°。头部随葬铁刀1件，足部随葬铜钱数枚。椁底板下有腰坑，长1.1、宽0.6、深0.53米。腰坑内随葬陶罐4件。M339墓口长2.65、宽1.2米，墓深3.9米。石椁长2.32、宽0.96、高0.76米。椁内有木棺朽痕。骨架朽蚀严重，仰身直肢。墓向90°。死者左手部位有铜钱数枚。西壁设龛，长1、进深0.5、高0.95米。龛内随葬陶罐5件（图一四）

3. 空心砖墓

2座。均被破坏，仅残存墓的底部。墓底用单砖平铺，砖厚12厘米，长、宽不清。空心砖的两面印有菱形纹。

（三）随葬品

在清理发掘的327座墓葬中，有125座墓葬因被盗掘和破坏而没有发现随葬品。其余墓葬出土随葬品多少不一。随葬品以陶器为主，其他有铜器、铁器、铜器和玉、石、骨器等。

1. 陶器

该墓地出土陶器总计484件。绝大部分可以复原。陶质以泥质灰陶为主，也有少量的釉陶及夹砂灰陶。

陶器以素面为主，少数有纹饰，主要是绳纹，大都饰于大型罐的腹部与底部。其次是彩绘陶，图案以红、白、黄、褐诸色绘制，主要为卷云纹、弦纹，还有三角纹、圆点纹、水波纹、网纹、鱼纹等。彩绘陶主要器形是鼎、盒、壶、钫。纹饰还有划纹、附加纹、水波纹、铺首衔环、乳钉及鱼、鹤、人面、象面等纹饰。人面、象面饰于鼎足。

在一些器物的肩部及腹部，还有许多刻划的文字或符号（图一五、一六）。

刻划符号 8 处，如标本 M310∶1（图一五，12；图一六，4）、采∶08（图一五，4）、M297∶3（图一五，5）、M16∶1（图一五，11）、M320∶1（图一六，2）。

刻“尹”字的 3 处，分别是标本 M298∶10（图一五，3）、M140∶5（图一五，6、13）。

刻“张”字的 3 处，分别是标本 M101∶1（图一五，1、2）、M282∶10（图一五，7）。

刻“王”字 1 处，标本 M298∶10（图一五，8）。

刻“刑”字 1 处，采∶06（图一五，9）。

刻“田”字 1 处，标本 M7∶1（见图四一，1）。

刻“木”1 处，标本 M386∶1（图一五，10）。

刻“□目”2 处，标本 M356∶3（在字的左下方还刻一鸟的图案）（图一六，1）、M353∶8（图一六，6）。

刻“螾”字 1 处，标本 M282∶9（图一六，7）。

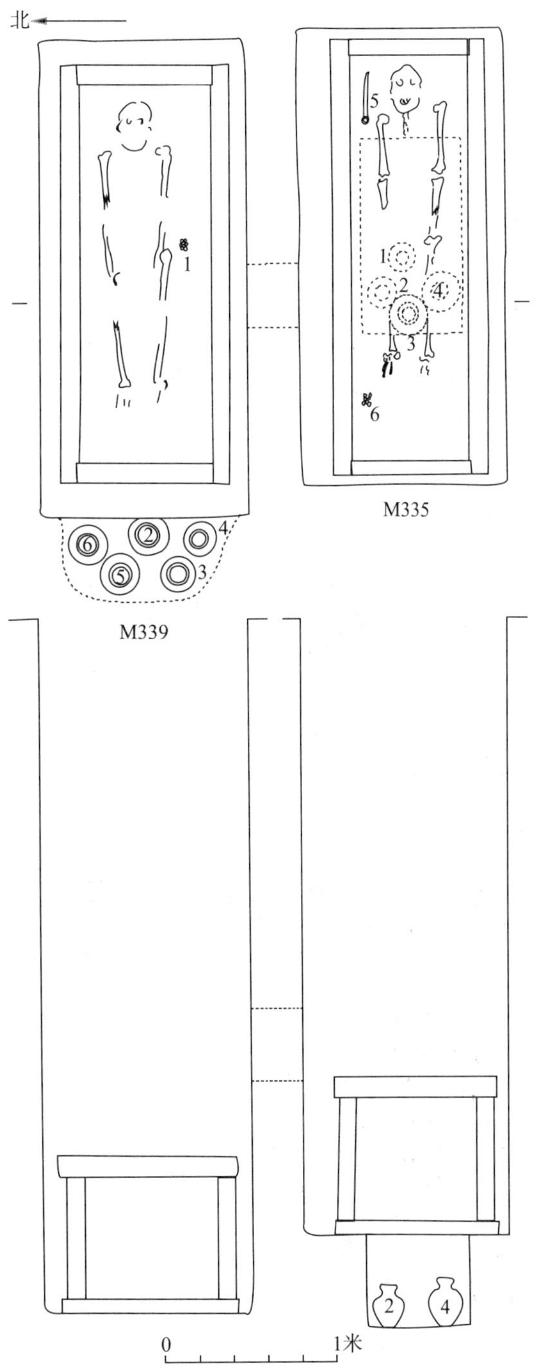

图一四　汉墓 M335、M339 平、剖面图

M339：1. 铜五铢　2、5. 陶中型罐　3、4. 陶罐　6. 陶大型罐

M335：1、3、4. 陶大型罐　2. 陶中型罐　5. 铁刀　6. 铜五铢

图一五　汉墓出土陶器上的刻划符号、文字

1、2、7. 刻“张”字（M101:1、M101:1、M282:10）　3、6、13. 刻“尹”字（M298:10、M140:5、M140:5）　4、5、11、12. 刻划符号（采:08、M297:3、M16:1、M310:1）　8. 刻“王”字（M298:10）　9. 刻“刑”字（采:06）　10. 刻“木”字（M386:1）

图一六　汉墓出土陶器上的刻划符号、文字

1、6. 刻“□目”字（M356:3、M353:8）　2、4. 刻划符号（M320:1、M310:1）　3. 刻“张尹公”（M13:2）　5. 刻“盂王”（M310:12）　7. 刻“蟦”字（M282:9）

刻“重金”的1处，标本M277:1（见图版一一二，5）。

刻“盂王”的1处，标本M310:12（图一六，5）。

刻“可荘”的1处，标本M289:3（见图四二，2）。

刻“张尹公”的1处，标本M13:2（图一六，3）。

刻多字的1处，标本M309:5为罐，在肩部刻一圈文字，为“长书里八平里平里西孝里爰里乐成里辛里编阳里斗里入巨野间高（亭）”共28字（图一七）。

随葬陶器以罐最多，其次为鼎、盒、壶，其他有钫、钵、盘、釜、仓、盉、熏、勺、灶、楼、俑、马、车轮、猪、猪圈等。

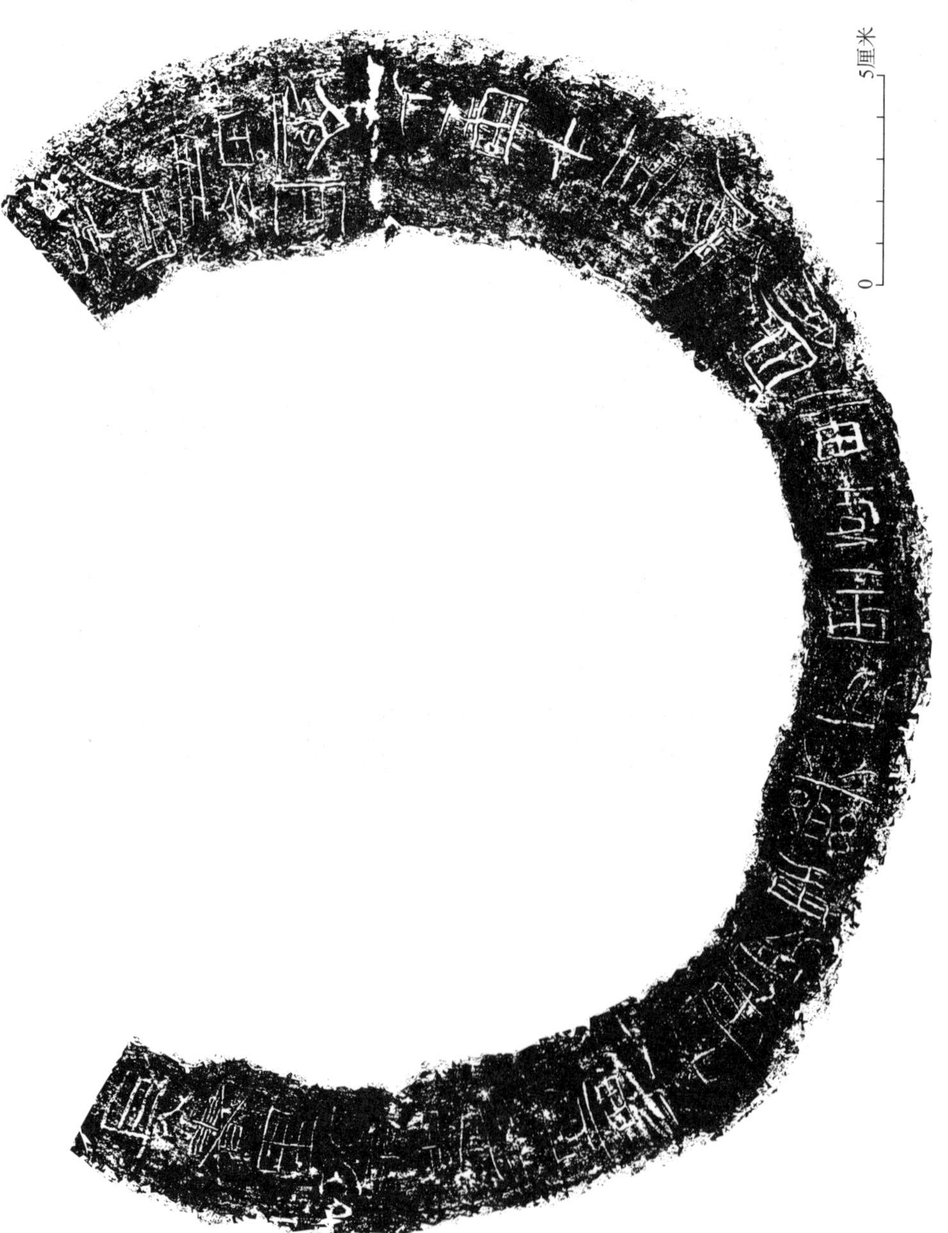

图一七　汉墓出土陶器上的文字（M309:5）

鼎　44件。除3件釉陶外，均为彩绘陶。根据鼎盖的不同分三型。

A型　35件。覆钵式盖。分六式。

Ⅰ式　4件。子母口，腹较深，圜底。两侧有长方形竖耳，足似马蹄形。标本M300:1，泥质灰陶。腹饰一周凹弦纹。彩绘脱落不清，盖饰白色弦纹和卷云纹彩绘。口径14.4、通高15.5厘米（图一八，1；图版一〇二，1）。标本M32:5，泥质灰陶。上腹饰两周红彩带，红彩间为白彩，足下部外侧饰红彩，盖彩绘脱落不清。口径14.4、通高17厘米（图一八，2）。

Ⅱ式　18件。子母口，圜底。两侧有长方形竖耳，足似马蹄形，盖为球面形。标本

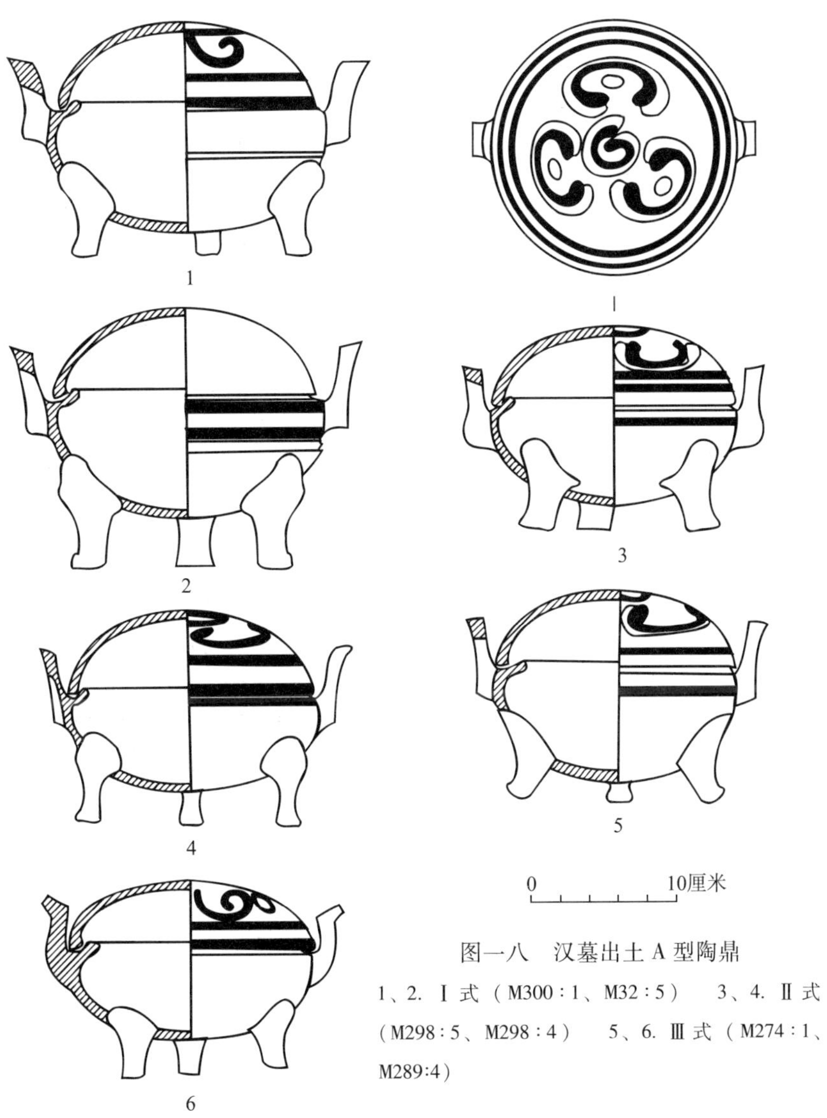

图一八　汉墓出土A型陶鼎

1、2. Ⅰ式（M300:1、M32:5）　3、4. Ⅱ式（M298:5、M298:4）　5、6. Ⅲ式（M274:1、M289:4）

M298:5，泥质灰陶。口部及盖饰黄红相间的弦纹、卷云纹、圆点纹彩绘。口径 13.6、通高 13.4 厘米（图一八，3）。标本 M298:4，泥质灰陶。口部及盖饰褐色弦纹及卷云纹彩绘。口径 13.6、通高 14.3 厘米（图一八，4；图版一〇二，2）。

Ⅲ式　4 件。子母口，腹较浅，圜底，三足较矮外撇，盖为球面形较低。标本 M274:1，泥质灰陶。两侧为长方形竖耳，口部及盖饰红、白色弦纹和卷云纹。口径 12.8、通高 14 厘米（图一八，5；图版一〇二，3）。标本 M289:4，泥质灰陶。两耳上顶面斜平，下部弧形，盖饰白色弦纹、卷云纹彩绘。口径 12、通高 12.8 厘米（图一八，6；图版一〇二，4）。

Ⅳ式　5 件。子母口，浅腹，圜底。两侧有长方形竖耳，三足矮小，弧顶盖较低。标本 M282:7，泥质灰陶。盖饰红色弦纹及卷云、圆点纹彩绘。口径 12.8、通高 12 厘米（图一九，1）。标本 M349:3，泥质灰陶。口部饰一周黄色彩绘，盖饰红黄相间的弦纹、

图一九　汉墓出土 A 型Ⅳ式陶鼎

1. M282:7　2. M349:3　3. M282:8　4. M349:5

卷云纹彩绘。口径12、通高12厘米（图一九，2；图版一〇二，5）。标本M349:5，泥质灰陶。盖饰红黄相间的弦纹、卷云纹、三角纹。口径11.2、通高10.5厘米（图一九，4；彩版五三，1）。标本M282:8，泥质灰陶。盖饰红黄相间的弦纹、卷云纹。口径15.2、通高14.5厘米（图一九，3）。

Ⅴ式　3件。子母口，腹较深，底略平，两耳近方形外撇，盖为球面形。饰白色水波纹、弦纹、卷云纹彩绘。标本M284:10，泥质灰陶。三足呈象头形。口径15.2、通

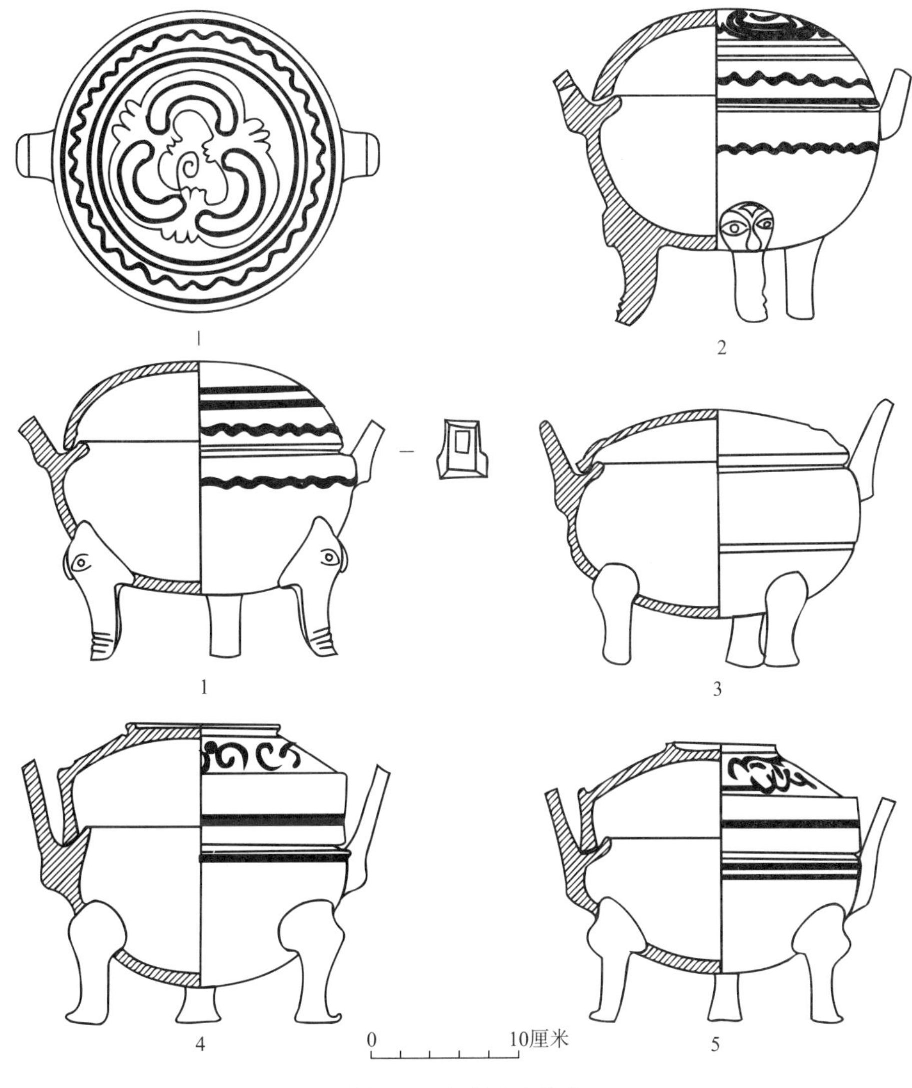

图二〇　汉墓出土陶鼎

1、2. A型Ⅴ式（M284:10、M284:11）　3. A型Ⅵ式（M215:7）　4. B型Ⅰ式（M118:4）　5. B型Ⅱ式（M341:8）

高19.5厘米（图二〇，1；彩版五三，2）。标本M284:11，泥质灰陶。三足呈人面象鼻形。口径12.8、通高20.6厘米（图二〇，2；图版一〇二，6）。

Ⅵ式　1件（标本M215:7）。红釉陶。子母口，深腹，圜底，两耳较高外撇。三足似马蹄形，弧顶盖较低。口径16、通高16.8厘米（图二〇，3；彩版五三，3）。

B型　5件。覆碗式盖。分二式。

Ⅰ式　1件（标本M118:4）。泥质灰陶。子母口，深腹，圜底稍尖，两耳瘦高，三足似马蹄形。盖为覆碗式。饰白色弦纹、卷云纹彩绘。口径15.2、通高19.8厘米（图二〇，4；图版一〇三，1）。

Ⅱ式　4件。与Ⅰ式基本相同，圜底略缓。标本M384:6，泥质灰陶。口径16、通高18厘米（图二一，1；图版一〇三，2）。标本M341:8，泥质灰陶。口径15.2、通高18.5厘米（图二〇，5；彩版五三，4）。

C型　4件。覆三足钵式盖。分二式。

Ⅰ式　1件（标本M351:5）。泥质灰陶。子母口，鼓腹，圜底略平，圆形竖耳外撇，三足似马蹄形。弧顶盖较平，盖顶饰三个矮足形把手。上腹及盖饰红色弦纹和白色三角纹。口径14.4、通高20厘米（图二一，2；彩版五三，5）。

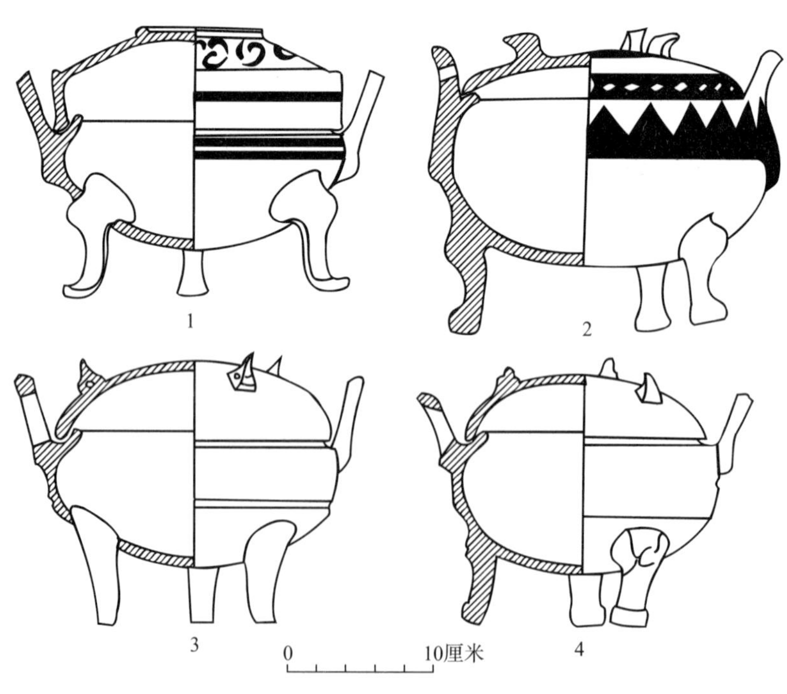

图二一　汉墓出土陶鼎

1. B型Ⅱ式（M384:6）　2. C型Ⅰ式（M351:5）　3、4. C型Ⅱ式（M35:10、M307:1）

Ⅱ式　3件。红釉陶。子母口，鼓腹，圜底。两耳较高外撇。弧顶盖，盖顶饰三个鸟嘴形乳钉。标本M35:10，三足为扁方形。口径16、通高17.5厘米（图二一，3）。标本M307:1，泥质灰陶。三足似马蹄形。口径12.8、通高17.6厘米（图二一，4；彩版五三，6）。

盒　39件。根据器盖不同分两型，不能归入两型的为其他盒。除3件釉陶外，均为彩绘陶。

A型　27件。覆钵式盖。分四式。

Ⅰ式　15件。泥质灰陶。子母口，收腹较深，平底。盖为球面形。饰红、黄、白色弦纹、卷云纹。标本M382:1，口径13.6、通高14.3厘米（图二二，1；彩版五四，1）。标本M298:3，泥质灰陶。口径14.4、通高13.4厘米（图二二，3；彩版五四，2）。标本M298:8，泥质灰陶。口径13.6、最大腹径17.5、通高13.7厘米（图二二，4；彩版五四，3）。

Ⅱ式　6件。子母口，鼓腹，平底，盖为球面形，盖顶略平。饰褐色弦纹、卷云纹。标本M299:6，泥质灰陶。口径13.6、通高12厘米（图二二，2；图版一〇三，3）。

Ⅲ式　4件。子母口，斜直腹，平底，盖为球面形，盖顶较平。盖面饰褐色弦纹、卷云纹已脱落不清。标本M289:6，泥质灰陶。口径16、通高14.5厘米（图二二，6）。标本M289:5，泥质灰陶。口径16、通高15.5厘米（图二二，5；图版一〇三，4）。

Ⅳ式　2件。子母口，腹微鼓，平底，弧形盖较低。饰褐色弦纹、卷云纹。标本M284:7，泥质灰陶。口径16、通高14.7厘米（图二二，7）。

B型　9件。覆碗式盖，器盖除口部与器身不同外，形制及大小基本相同。分四式。

Ⅰ式　1件（标本M351:4）。泥质灰陶。子母口，鼓腹，矮圈足。盒口部饰白色三角纹和红色弦纹。盖饰白色三角纹、圆点纹和红色弦纹。口径16.8、通高12.7厘米（图二三，1；彩版五四，4）。

Ⅱ式　1件（标本M118:5）。泥质灰陶。子母口，鼓腹较深，矮圈足。彩绘以白色弦纹和卷云纹。口径16、通高18.2厘米（图二二，8）。

Ⅲ式　4件。子母口，腹微折，矮圈足。饰白色弦纹和褐色云纹彩绘。标本M384:2，泥质灰陶。口径17.6、通高15.3厘米（图二二，9）。

Ⅳ式　3件。子母口，斜腹微鼓，腹略浅，平底。饰红色弦纹和黄色卷云纹彩绘。标本M349:4，泥质灰陶。口径14.4、通高12.6厘米（图二二，10）。

其他型　3件。均为红釉陶。标本M215:5，子母口，腹微鼓，平底，盖为球面形，顶饰乳钉状纽，纽中有一穿孔。盖饰一周凹弦纹。口径17.6、通高16.2厘米（图二

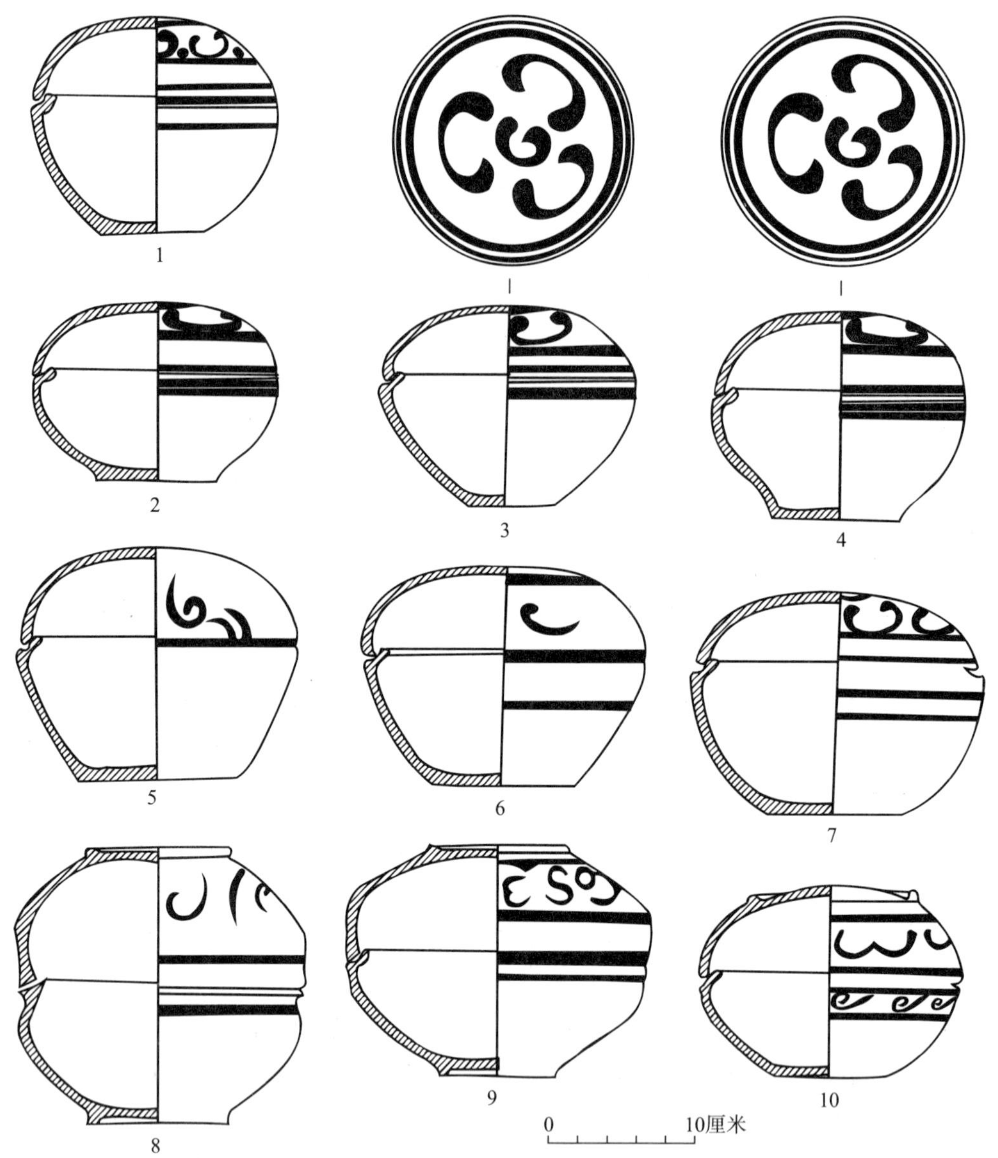

图二二　汉墓出土陶盒

1、3、4. A 型Ⅰ式（M382:1、M298:3、M298:8）　2. A 型Ⅱ式（M299:6）　5、6. A 型Ⅲ式（M289:5、M289:6）
7. A 型Ⅳ式（M284:7）　8. B 型Ⅱ式（M118:5）　9. B 型Ⅲ式（M384:2）　10. B 型Ⅳ式（M349:4）

三，3；彩版五四，5）。标本 M215:6，侈口，尖唇，腹微鼓，平底外凸。盖为球面形，盖顶饰一乳钉形纽，纽中有一穿孔。盖饰一周凹弦纹。口径 19.2、通高 15.3 厘米（图二三，2）。

壶　83 件。根据器底及大小不同分为四型，不能归入四型者归其他型。

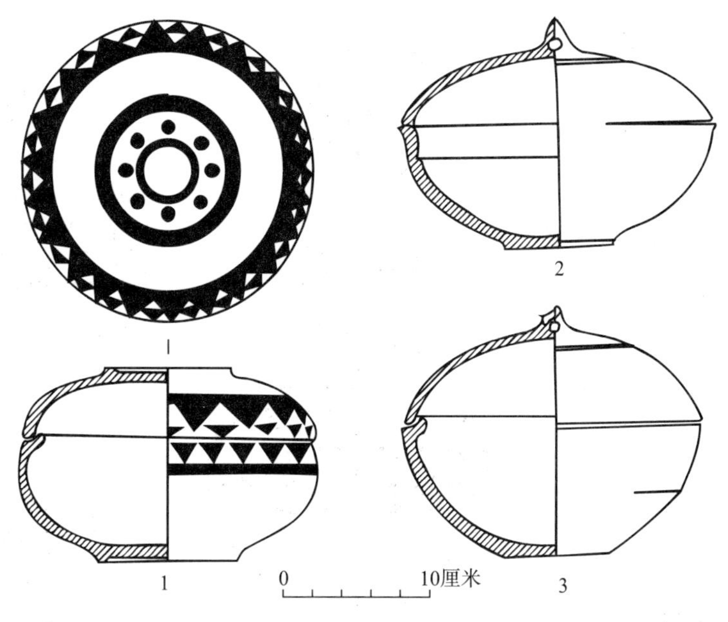

图二三　汉墓出土陶盒

1. B 型Ⅰ式（M351:4）　2、3. 其他型（M215:6、M215:5）

A 型　47 件。根据口颈及腹部不同分四个亚型。

Aa 型　7 件。小敞口瘦腹壶。分三式。

Ⅰ式　1 件（标本 M351:1）。泥质灰陶。侈口，方唇，束颈，溜肩，鼓腹，矮圈足。腹饰一周凸弦纹。口径 11.5、圈足径 11、高 28.3 厘米（图二四，1；图版一〇三，5）。

Ⅱ式　5 件。侈口较甚，圆唇，束颈，圆肩，鼓腹，圈足略高。弧顶盖。标本 M298:2，泥质灰陶。饰红、黄色弦纹、卷云纹、三角纹和网纹。口径 11、圈足径 11.3、通高 27.6 厘米（图二四，3；彩版五五，1）。标本 M298:4，泥质灰陶。饰红、黄色弦纹、卷云纹、三角纹和网纹。口径 10.8、圈足径 11.7、通高 27.5 厘米（图二四，2）。标本 M274:4，泥质灰陶。素面，盖较大。口径 10、圈足径 11.4、通高 24.4 厘米（图二四，5；图版一〇四，1）。

Ⅲ式　1 件（标本 M299:4）。泥质灰陶。侈口，圆唇，束颈略高，圆肩，鼓腹，圈足较高，弧顶盖较低。饰红、白色弦纹、卷云纹、三角纹及网纹。口径 11.5、圈足径 14.2、通高 30.5 厘米（图二四，6；图版一〇四，2）。

Ab 型　24 件。小敞口球腹壶。分七式。

Ⅰ式　1 件（标本 M351:2）。泥质灰陶。侈口，尖唇，束颈略矮，溜肩，鼓腹，圈足较矮，口处折曲，子母口式弧顶盖，盖顶饰三个矮足状把手。壶上腹彩绘脱落不清，

图二四　汉墓出土 A 型陶壶

1. Aa 型Ⅰ式（M351:1）　2、3、5. Aa 型Ⅱ式（M298:4、M298:2、M274:4）　4. Ab 型Ⅰ式（M351:2）　6. Aa 型Ⅲ式（M299:4）

颈与盖饰红色弦纹、白色三角纹。口径 9.6、圈足径 12、通高 31.6 厘米（图二四，4；图版一〇四，3）。

Ⅱ式　5 件。侈口，圆唇，束颈略高，圆肩，鼓腹，弧顶盖较低。彩绘脱落不清，大致为红色弦纹、卷云纹。标本 M36:5，泥质灰陶。口径 14.8、圈足径 13.8、通高 36 厘米（图二五，1）。标本 M289:2，泥质灰陶。口径 12、圈足径 15.2、通高 39.7 厘米

（图二五，2）。

Ⅲ式 7件。侈口，方唇，束颈较高，圆肩，鼓腹，圈足微外撇，弧顶盖较低。标本M3:1，泥质灰陶。子母口盖，彩绘不清。壶身饰红、白色三角纹、弦纹、卷云纹和圆圈纹。口径14.6、圈足径14、通高34.6厘米（图二五，3；图版一〇四，4）。标本M282:5，泥质灰陶。盖与壶身的彩绘脱落不清，壶颈处可看到不太清晰的红色三角纹、网纹。口径14、圈足径14、通高33厘米（图二五，4；图版一〇五，1）。标本M 282:4，泥质灰陶。颈部饰红色三角纹，盖饰卷云纹彩绘。口径14.4、圈足径14.2、通高33.5厘米（图二五，5；图版一〇五，2）。

Ⅳ式 1件（标本M350:1）。泥质灰陶。侈口，圆唇，束颈较高，溜肩，鼓腹，圈

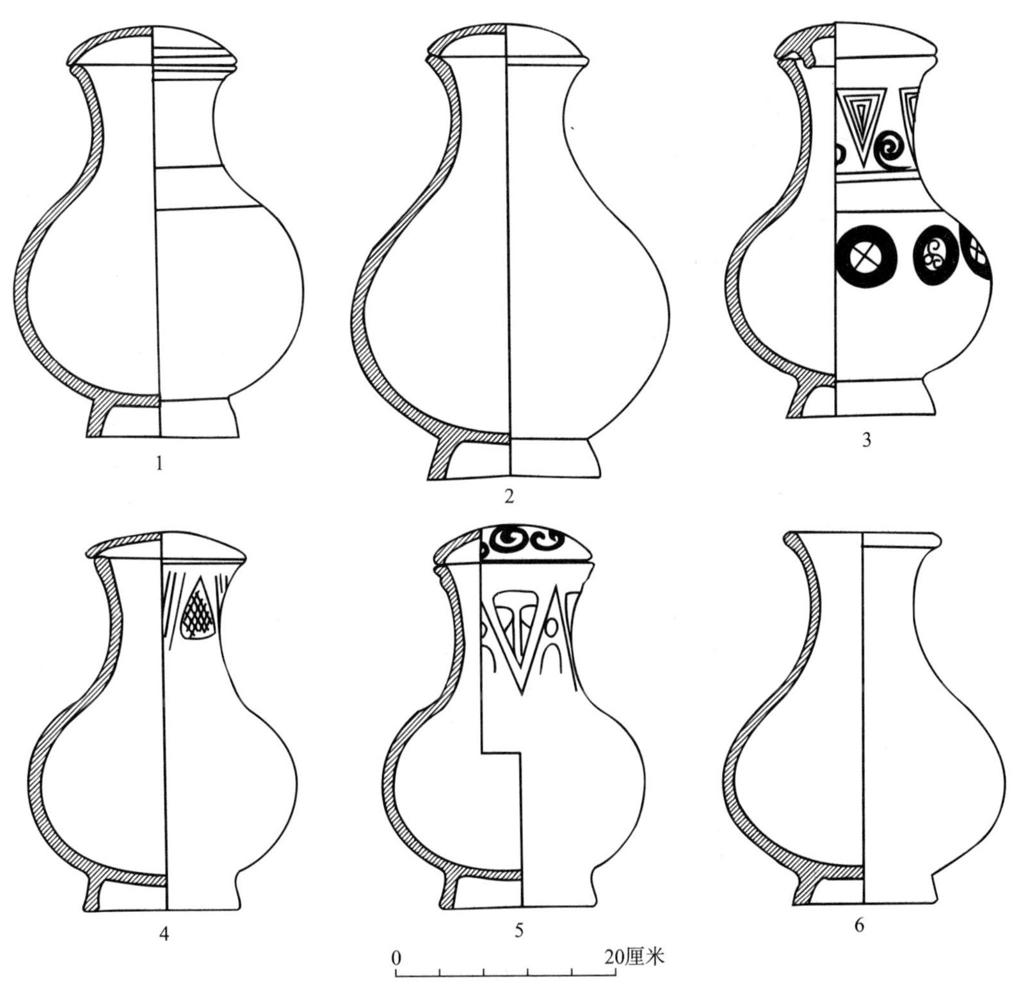

图二五 汉墓出土Ab型陶壶

1、2. Ⅱ式（M36:5、M289:2） 3～5. Ⅲ式（M3:1、M282:5、M282:4） 6. Ⅳ式（M350:1）

足外撇。有红色彩绘已不清。口径 12.8、圈足径 13.6、高 32.5 厘米（图二五，6；图版一〇五，3）。

Ⅴ式　4 件。口微侈，圆唇，高颈，圆肩，鼓腹，圈足。颈部彩绘图案不清，只看出弦纹。腹饰凹弦纹及铺首，下腹饰绳纹，盖饰弦纹及白色卷云纹。标本 M284:12，泥质灰陶。弧顶子母口盖。口径 15.2、圈足径 18、通高 46.4 厘米（图二六，1；图版一〇五，4）。标本 M386:2，泥质灰陶。口径 13、圈足径 11.8、高 24.7 厘米（图二六，2）。

Ⅵ式　1 件（标本 M35:6）。彩色釉陶，口部为红釉，下部为青釉。盘口方唇，颈略高，溜肩，鼓腹，圈足。腹饰凹弦纹及铺首衔环。口径 15.6、圈足径 14.5、高 38.5 厘米（图二六，3；彩版五五，2）。

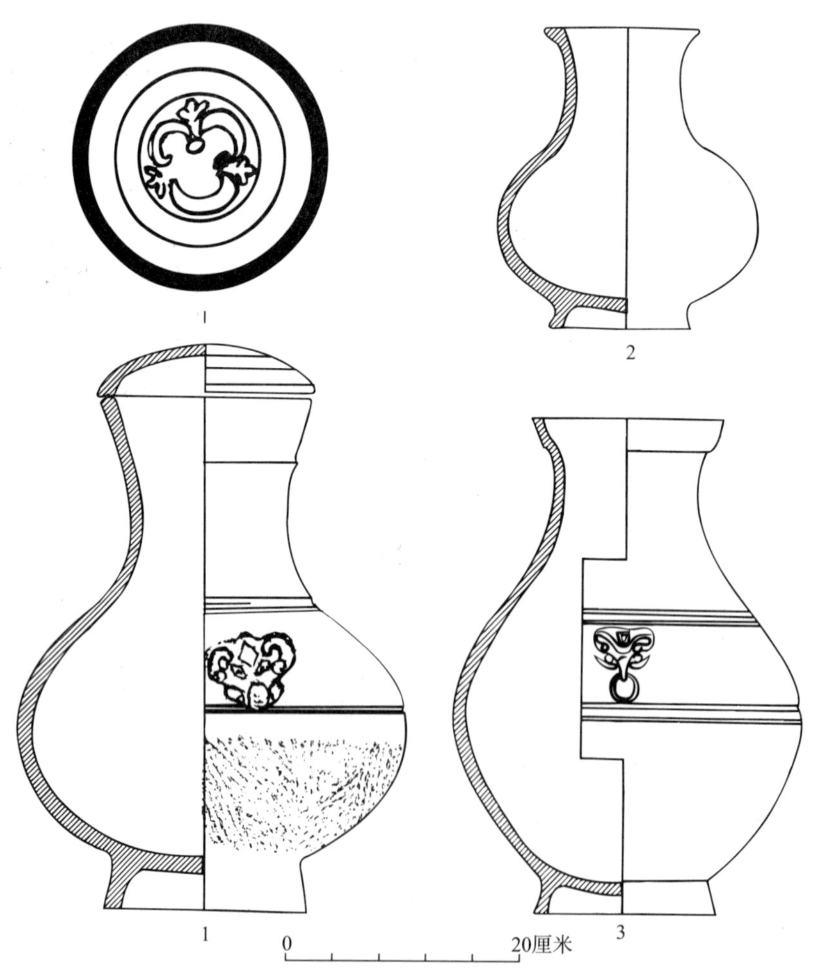

图二六　汉墓出土 Ab 型陶壶

1、2. Ⅴ式（M284:12、M386:2）　3. Ⅵ式（M35:6）

Ⅶ式　5件。盘形口，方唇，束颈，溜肩，鼓腹，圈足。腹饰凹弦纹及铺首衔环。标本M307:3，红褐釉陶。圈足较矮。口径12.8、圈足径11.2、高29.2厘米（图二七，1；图版一〇六，1）。标本M307:8，红褐釉陶。圈足较矮。口径17.6、圈足径16、高39.8厘米（图二七，2；图版一〇六，2）。

Ac型　11件。大敞口鼓腹壶。分三式。

Ⅰ式　4件。侈口，束颈，溜肩，鼓腹，圈足。标本M118:1，泥质灰陶。方唇，平沿，圈足较矮。饰白色弦纹、卷云纹、三角纹彩绘。口径16、圈足径16、高26.5厘米（图二七，4；图版一〇六，3）。标本M344:4，泥质灰陶。尖唇，颈较矮。口径13.6、圈足径16、高27厘米（图二八，1；图版一〇六，4）。标本M344:3，泥质灰陶。口径15.7、圈足径20.4、高33厘米（图二七，3）。

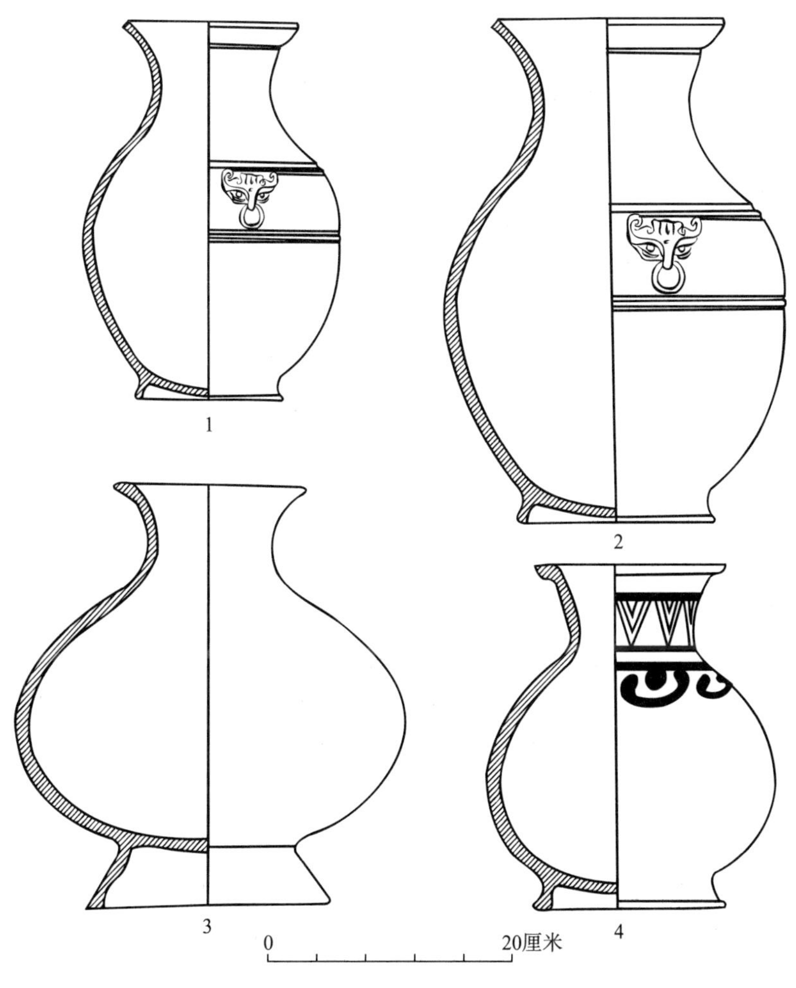

图二七　汉墓出土A型陶壶

1、2. Ab型Ⅶ式（M307:3、M307:8）　3、4. Ac型Ⅰ式（M344:3、M118:1）

图二八　汉墓出土 Ac 型陶壶

1. Ⅰ式（M344:4）　2～4. Ⅱ式（M350:2、M384:3、M341:7）

Ⅱ式　5件。侈口，束颈，溜肩，鼓腹，圈足。标本 M384:3，泥质灰陶。方唇。饰褐色三角纹、弦纹、云纹。口径 14.5、圈足径 14.8、高 25 厘米（图二八，3；彩版五五，3）。标本 M341:7，泥质灰陶。方唇。口径 16、圈足径 17.8、高 28.4 厘米（图二八，4；图版一〇七，1）。标本 M384:1，泥质灰陶。圆唇，弧顶盖。腹饰三周戳印纹。口径 19、圈足径 21.3、通高 40 厘米（图二九，1）。标本 M350:2，泥质灰陶。方唇，圈足较高。口径 14.5、圈足径 16.5、高 32.8 厘米（图二八，2）。

Ⅲ式　2件。侈口，方唇，平沿，高颈，颈与肩接处明显鼓腹，矮圈足。标本 M295:2，泥质灰陶。口径 19.3、圈足径 19.3、高 39.8 厘米（图二九，2）。

Ad 型　5件。大敞口扁球腹壶。分二式。

Ⅰ式　4件。敞口，尖唇，束颈，溜肩，鼓腹，底内凹，圈足，低弧顶盖。饰褐色

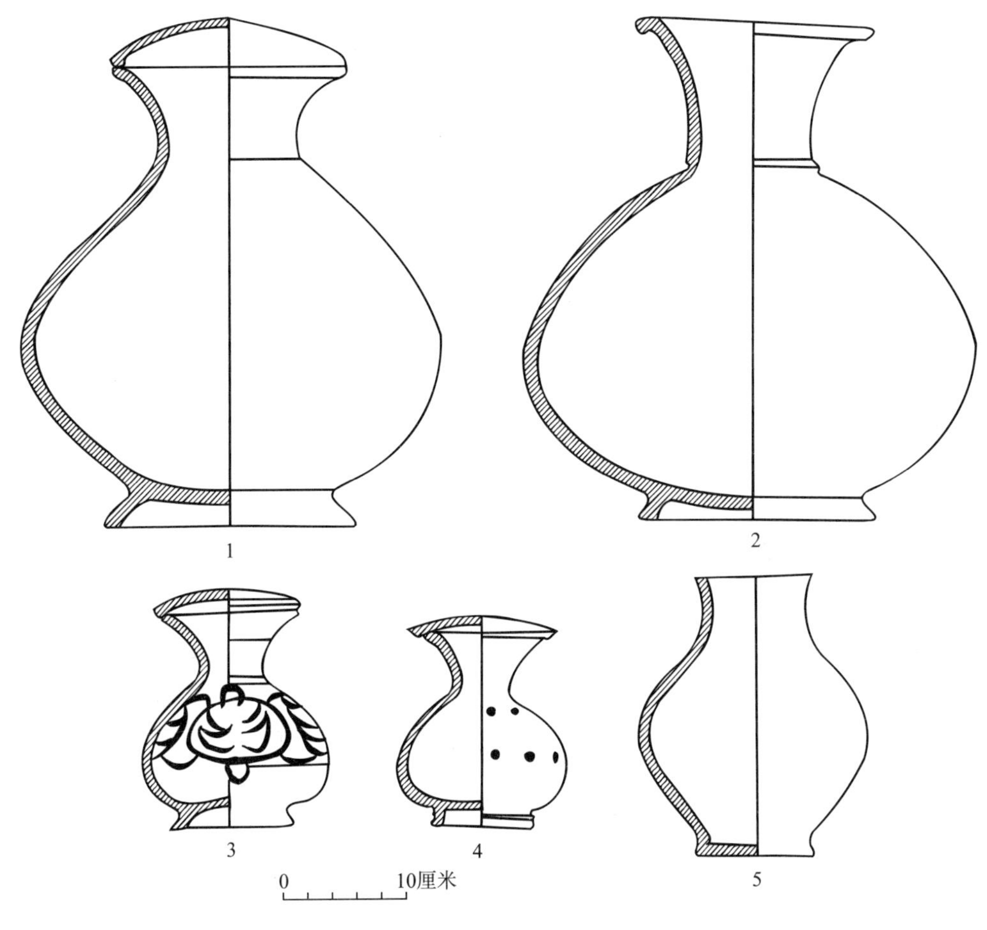

图二九　汉墓出土陶壶

1. Ac 型Ⅱ式（M384:1）　2. Ac 型Ⅲ式（M295:2）　3. Ad 型Ⅰ式（M384:5）　4. Ad 型Ⅱ式（M341:9）　5. B 型Ⅰ式（M268:1）

弦纹和勾云纹。标本 M384:5，泥质灰陶。口径 10.5、圈足径 8.4、通高 18.5 厘米（图二九，3；彩版五五，4）。

Ⅱ式　1 件（标本 M341:9）。泥质灰陶。敞口，尖唇，束颈，溜肩，鼓腹，平底圈足，低弧顶盖。饰白色圆点彩绘。口径 9.7、圈足径 8.2、通高 16.4 厘米（图二九，4；彩版五六，1）。

B 型　13 件。假圈足壶。分七式。

Ⅰ式　1 件（标本 M268:1）。泥质灰陶。侈口，尖唇，短颈，溜肩，鼓腹，平底外凸。口径 9.5、底径 9.5、高 22.2 厘米（图二九，5）。

Ⅱ式　2 件。侈口，尖唇，短颈，圆肩，鼓腹下部急收，平底外凸呈假圈足。标本

M360:1，泥质灰陶。口径 11.8、底径 10.5、高 20.9 厘米（图三〇，1；图版一〇七，3）。标本 M355:1，泥质灰陶。口径 12.5、底径 9.8、高 21 厘米（图三〇，2；图版一〇七，2）。

Ⅲ式　2 件。侈口，尖唇，圆肩，鼓腹下部急收，平底外凸呈假圈足。标本 M367:1，泥质灰陶。口径 13.3、底径 11.5、高 23 厘米（图三〇，3）。标本 M340:2，泥质灰陶。口径 11.7、底径 10、高 19.2 厘米（图三〇，4；图版一〇七，4）。

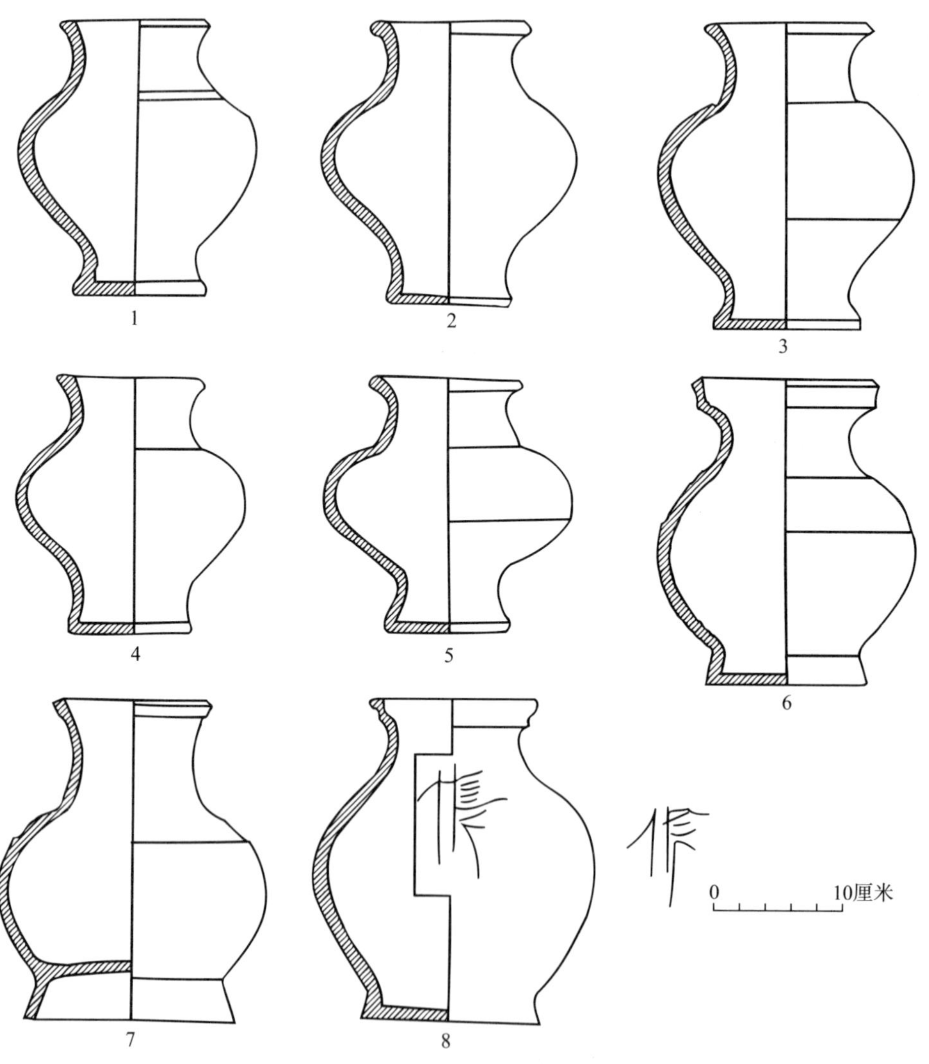

图三〇　汉墓出土 B 型陶壶

1、2. Ⅱ式（M360:1、M355:1）　3、4. Ⅲ式（M367:1、M340:2）　5. Ⅳ式（M348:1）　6、7. Ⅴ式（M250:1、M276:1）　8. Ⅵ式（M101:1）

Ⅳ式 1件（标本M348:1）。泥质灰陶。侈口，方唇，束颈，圆肩，大鼓腹，假圈足较高。口径12、底径10、高19.5厘米（图三〇，5；图版一〇七，5）。

Ⅴ式 2件。泥质灰陶。侈口或盘形口，束颈，溜肩，鼓腹，假圈足较矮。标本M250:1，上腹饰两周凹弦纹。口径14、底径12.2、高23厘米（图三〇，6；图版一〇八，1）。标本M276:1，口径12.3、底径16.8、高24厘米（图三〇，7；图版一〇八，2）。

Ⅵ式 1件（标本M101:1）。泥质灰陶。侈口，方唇，颈略高，圆肩，鼓腹，凹底大圈足。上腹对称部位各刻一“张”字。口径13、底径13.8、高24厘米（图三〇，8；图版一〇八，3）。

Ⅶ式 4件。侈口，方唇，短颈，圆肩，鼓腹，平底外凸。标本M368:1，泥质灰陶。口径11.2、底径10、高18.4厘米（图三一，1；图版一〇八，4）。标本M215:1，口径12、底径9.5、高18.5厘米（图三一，2）。标本M366:1，泥质灰陶。肩部微折，下腹内收。口径10、底径9.6、高18.4厘米（图三一，3；图版一〇八，5）。标本M266:1，泥质灰陶。口沿微敛，肩部微折，下腹内收。口径12、底径9.2、高17厘米（图三一，4）。

C型 12件。平底壶。根据口颈不同分两亚型。

Ca型 9件。短束颈壶。分五式。

Ⅰ式 1件（标本M347:2）。泥质灰陶。侈口，圆唇，颈略高，溜肩，鼓腹，平底。腹部饰几周弦纹。口径13.3、底径11、高21.4厘米（图三一，5；图版一〇八，6）。

Ⅱ式 1件（标本M6:3）。泥质灰陶。侈口，圆唇，溜肩，鼓腹，大平底。口径13.2、底径16.5、高22.5厘米（图三一，6；图版一〇九，1）。

Ⅲ式 3件。盘形口，方唇，溜肩，鼓腹，大平底。标本M180:2，泥质灰陶。口径11.2、底径12.8、高18厘米（图三一，7；图版一〇九，2）。标本M270:2，泥质灰陶。口径11、底径16、高20.2厘米（图三一，8；图版一〇九，3）。

Ⅳ式 2件。盘形口，方唇，溜肩，鼓腹，平底。腹部饰两周凹弦纹。标本M20:3，泥质灰陶。口径11.5、底径8.5、高17.4厘米（图三一，9）。

Ⅴ式 2件。侈口，圆唇，圆肩，鼓腹，平底。标本M316:1，泥质灰陶。口径11、底径8、高16厘米（图三二，1；图版一〇九，4）。

Cb型 3件。长束颈壶。均为红釉陶。分二式。

Ⅰ式 1件（标本M35:5）。侈口，圆唇，颈略高，溜肩，鼓腹，平底。口径8.5、底径5.8、高15.5厘米（图三二，2；彩版五六，2）。

Ⅱ式 2件。侈口，圆唇，颈略高，溜肩，鼓腹，平底。肩部饰双耳。标本M35:4，口径10、底径10.5、高20.6厘米（图三二，3；彩版五六，3）。标本M307:6，口径

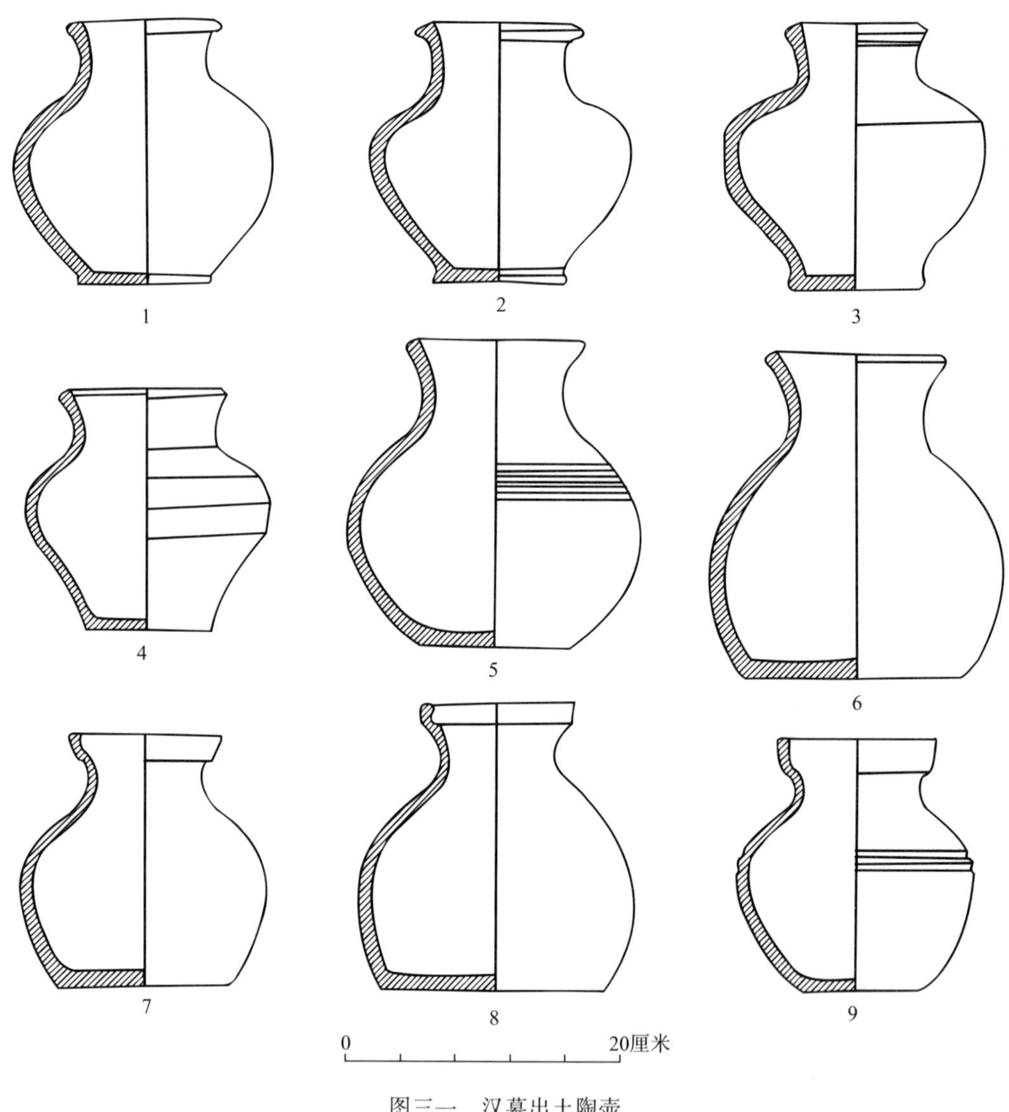

图三一　汉墓出土陶壶

1～4. B型Ⅶ式（M368:1、M215:1、M366:1、M266:1）　5. Ca型Ⅰ式（M347:2）　6. Ca型Ⅱ式（M6:3）　7、8. Ca型Ⅲ式（M180:2、M270:2）　9. Ca型Ⅳ式（M20:3）

11.2、底径10、高19.2厘米（图三二，4；彩版五六，4）。

D型　8件。小型壶。标本M303:1，泥质灰陶。口微侈，圆唇，溜肩，鼓腹，假圈足形平底。口径8、底径7.5、高11.5厘米（图三二，6；图版一一〇，1）。标本M12:3，泥质灰陶。口微侈，颈略高，溜肩，鼓腹，假圈足形平底。口径6.2、底径7.5、高11.2厘米（图三二，7；图版一一〇，2）。标本M349:1，泥质灰陶。直口，圆唇，溜肩，鼓腹，大平底。饰三周红色弦纹彩绘。口径9、底径13.5、高16.4厘米

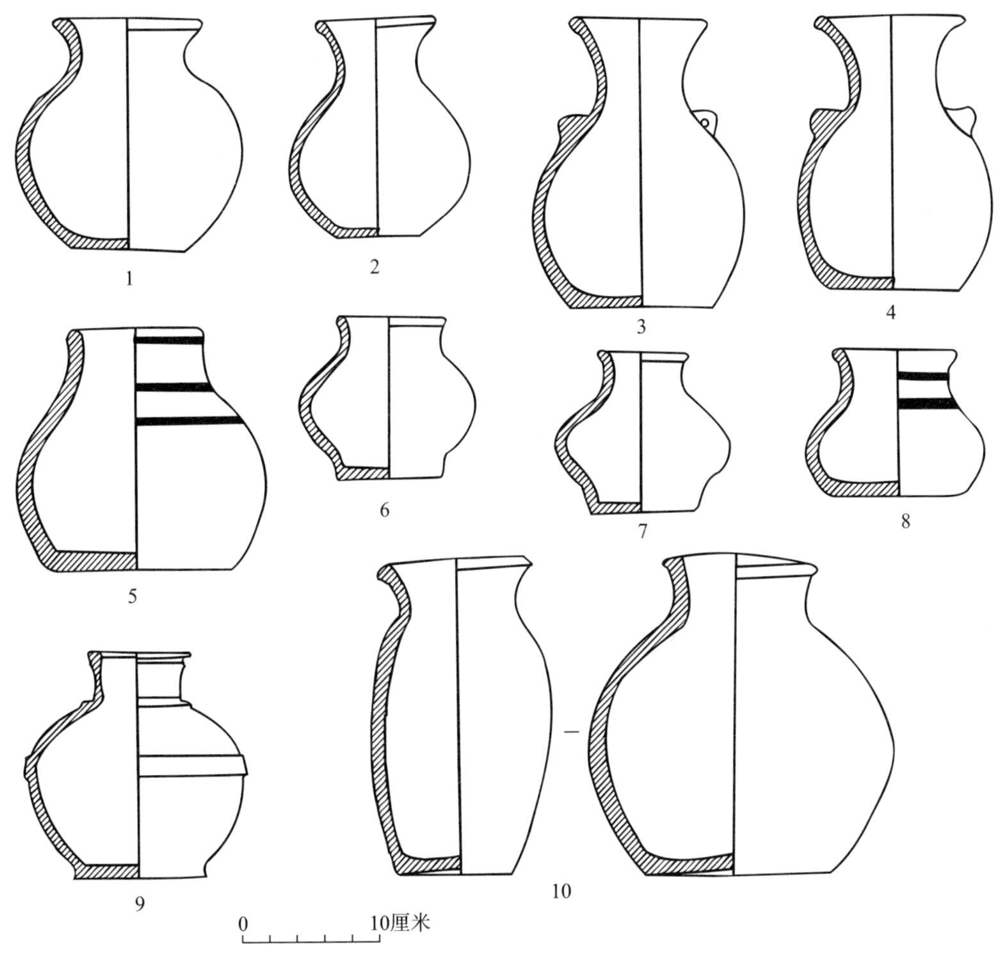

图三二　汉墓出土陶壶

1. Ca 型Ⅴ式（M316∶1）　2. Cb 型Ⅰ式（M35∶5）　3、4. Cb 型Ⅱ式（M35∶4、M307∶6）　5～8. D 型（M349∶1、M303∶1、M12∶3、M3∶3）　9、10. 其他型（M383∶2、M287∶2）

（图三二，5；图版一一〇，3）。标本 M3∶3，泥质灰陶。侈口，圆唇，颈略高，溜肩，鼓腹，大平底。饰两周红色弦纹彩绘。口径 9、底径 10、高 11.3 厘米（图三二，8；图版一一〇，4）。

其他型　3 件。标本 M383∶2，泥质灰陶。直口，直颈，圆肩，鼓腹，平底外凸。颈、腹各饰一周宽凸带。口径 7.3、底径 9.5、高 16 厘米（图三二，9）。标本 M287∶2，泥质灰陶。侈口，方唇，短颈，扁腹，平底。口径 11.5、底短径 8.5、底长径 14、高 22.4 厘米（图三二，10；图版一一〇，5）。

钫　7 件。分三式。

Ⅰ式　2 件。泥质灰陶。口微侈，方唇，长颈，腹瘦长，方形圈足，覆斗形盖。标本 M373:2，有彩绘已脱落不清。口边长 15、圈足边长 14.8、通高 42 厘米（图三三，1）。标本 M305:3，腹饰彩绘脱落不清，颈、盖饰红白相间的弦纹、三角纹、网纹。口边长 12.5、圈足边长 13.7、通高 38 厘米（图三三，2；彩版五七，1）。

Ⅱ式　2 件。口微侈，长颈，瘦长腹，方形圈足，覆斗形盖。标本 M34:1，泥质灰陶。饰黄、白色弦纹、圆点纹、卷云纹、三角纹。口边长 11.7、圈足边长 11.6、通高 33.6 厘米（图三三，3；彩版五七，2）。标本 M31:1，泥质灰陶。无盖，口、颈饰白、红色弦纹和倒叶状纹。圈足残缺。口边长 14.4、残高 44 厘米（图三三，4）。

Ⅲ式　3 件。口微侈，方唇，长颈，瘦长腹，方形圈足，覆斗形盖。饰红、白色弦纹、卷云纹、圆点纹、三角纹、网纹。标本 M12:1，泥质灰陶。口边长 11、圈足边长 11.2、通高 34.2 厘米（图三三，5；彩版五七，3）。标本 M382:2，口边长 11、圈足边长 12、通高 34 厘米（图三三，6；彩版五七，4）。

盘　11 件。根据口沿及腹部不同，分两型。

A 型　4 件。平折沿折腹盘。分三式。

Ⅰ式　1 件（标本 M384:4）。泥质灰陶。敞口，方唇，宽平沿，折腹，矮圈足。盘内饰褐色鱼纹、水波纹。口径 26.2、圈足径 8.2、高 7.3 厘米（图三四，1；图版一一一，1）。

Ⅱ式　2 件。敞口，方唇，宽平沿，折腹，矮圈足。标本 M118:2，泥质灰陶。口径 27、圈足径 10.8、高 8 厘米（图三四，2；图版一一一，2）。

Ⅲ式　1 件（标本 M307:4）。红釉陶。敞口，圆唇，宽平沿略内斜，浅腹，平底。口径 20.5、底径 8、高 5.5 厘米（图三四，3；彩版五八，1）。

B 型　7 件。弧腹盘。分三式。

Ⅰ式　4 件。标本 M32:3，泥质灰陶。敞口，圆唇，平沿，浅腹，平底微内凹。口径 16.6、底径 6、高 3.6 厘米（图三四，4）。标本 M4:5，泥质灰陶。敞口，圆唇，平沿，平底微内凹。盘内饰红色卷云纹彩绘。口径 21.6、底径 8、高 5.1 厘米（图三四，5；彩版五八，2）。标本 M331:1，泥质灰陶。敛口，浅腹，圜底。口径 22、高 3.6 厘米（图三四，6）。标本 M36:3，泥质灰陶。敞口，圆唇，浅腹，平底。口径 21.2、底径 5.6、高 5.2 厘米（图三四，7；图版一一一，3）。

Ⅱ式　1 件（标本 M349:6）。泥质灰陶。敞口，尖唇，平沿，浅腹，平底。口径 16.2、底径 7、高 3.6 厘米（图三四，8；图版一一一，4）。

Ⅲ式　2 件。敞口，圆唇，平沿，腹较深。盘内饰红色卷云纹，沿饰红点纹。标本 M282:8，泥质灰陶。平底。口径 14、底径 6.2、高 4.2 厘米（图三四，9；图版一一一，5）。标本 M282:11，泥质灰陶。平底微内凹。口径 14、底径 8、高 3.2 厘米（图三四，10；图版一一一，6）。

图三三　汉墓出土陶钫
1、2. Ⅰ式（M373:2、M305:3）
3、4. Ⅱ式（M34:1、M31:1）
5、6. Ⅲ式（M12:1、M382:2）

仓　2件。均为红釉陶。子母口，直腹，平底，覆盘形盖。标本M307:5，腹饰一周凹弦纹。口径15.2、底径12、通高18厘米（图三五，1；彩版五八，3）。标本M35:7，上腹饰划三角纹，对称两镂孔。口径15、底径15、通高21厘米（图三五，2；彩版五八，4）。

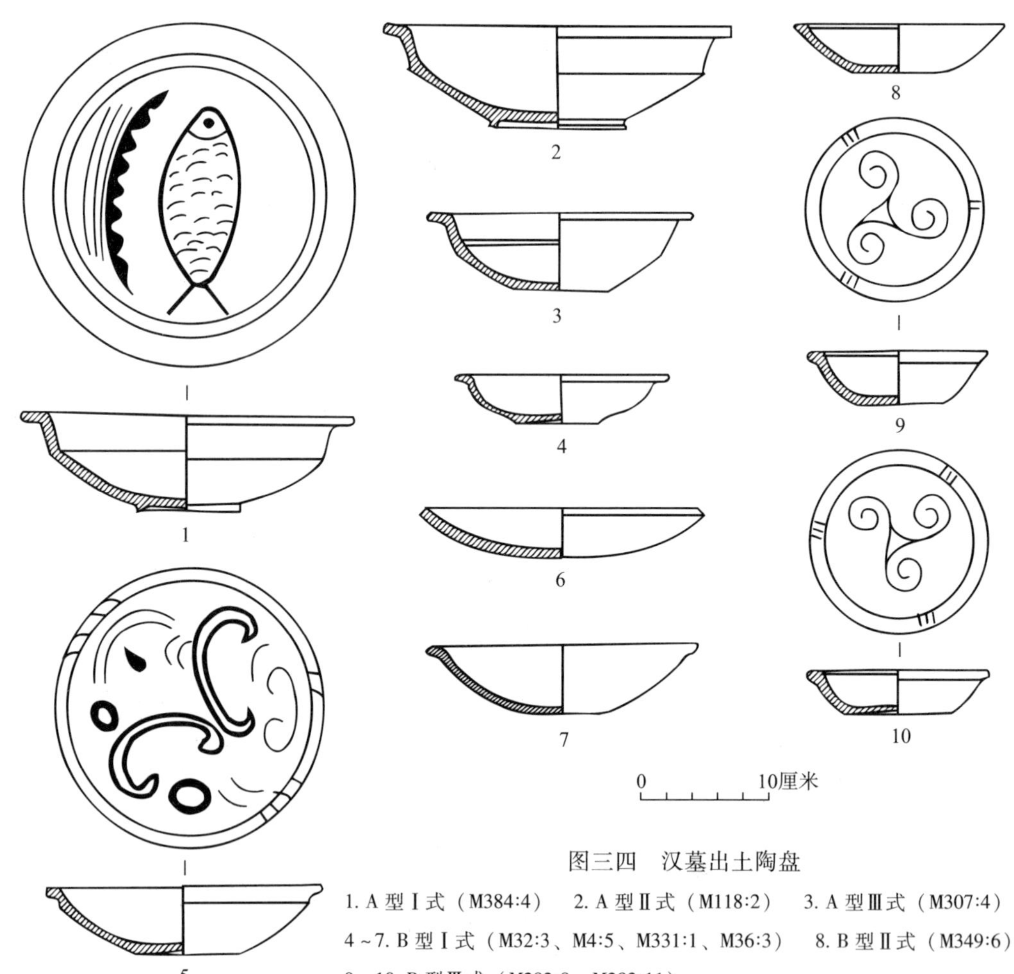

图三四　汉墓出土陶盘

1. A 型Ⅰ式（M384:4）　2. A 型Ⅱ式（M118:2）　3. A 型Ⅲ式（M307:4）　4～7. B 型Ⅰ式（M32:3、M4:5、M331:1、M36:3）　8. B 型Ⅱ式（M349:6）　9、10. B 型Ⅲ式（M282:8、M282:11）

盉　1 件（标本 M215:8）。红釉陶。侈口，圆唇，鼓腹，圜底，三矮足。腹部有龟头状流，长柱形把手，把手上饰刻划波纹及菱形纹。与流对称的部位饰两小耳。低弧顶形盖。通高 24.5 厘米（图三五，3；彩版五八，5）。

釜　4 件。均为夹砂灰陶。侈口，圆唇，鼓腹，圜底，腹饰一筒形把手。标本 M271:8，口径 14.5、高 17 厘米（图三五，6）。标本 M286:3，口径 10、高 15.5 厘米（图三五，4；图版一一二，1）。标本 M122:2，口径 14.2、高 15.8 厘米（图三五，5；图版一一二，2）。

熏　1 件（标本 M35:9）。红釉陶。盘形口，圆唇，鼓腹，箅状底，足似马蹄形。腹饰一周凹弦纹。口径 16.5、通高 12 厘米（图三六，4；彩版五九，1）。

洗　1 件（标本 M215:3）。泥质灰陶。敞口，方唇，宽平沿，折腹，平底。内壁中

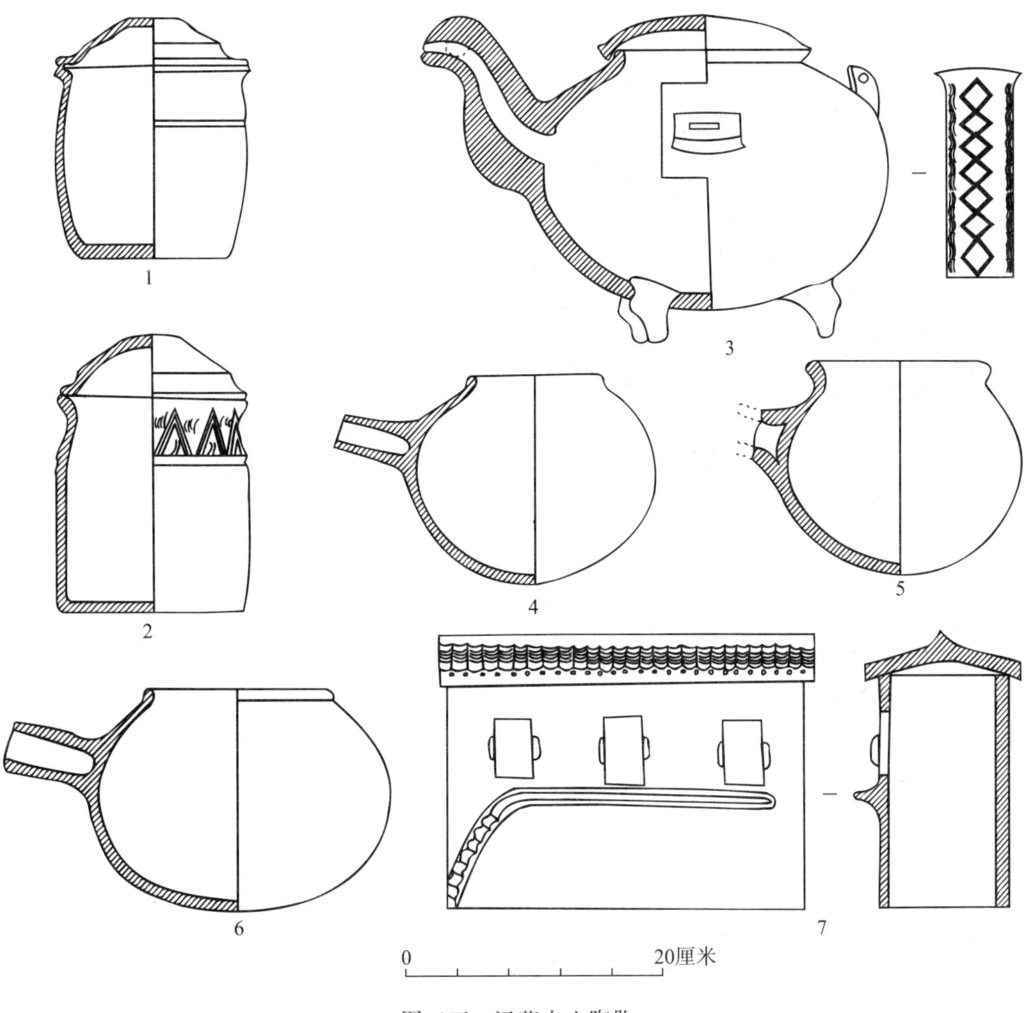

图三五　汉墓出土陶器

1、2. 仓（M307:5、M35:7）　3. 盉（M215:8）　4~6. 釜（M286:3、M122:2、M271:8）　7. 楼（M35:1）

部饰两鹳叼鱼彩绘图案，其外围饰一周夔龙纹。口径42、高8.5厘米（图三六，1；图版一一二，3）。

勺　1件（标本M300:3）。泥质灰陶。椭圆形微凹，勺柄很短，上有一孔。勺的底面饰卷纹。直径6.5~7.4、高2.4厘米（图三六，3）。

楼　1件（标本M35:1）。红釉陶。由房顶和围墙组合而成，长方形，前面有三门，门两侧有扉，有楼梯与走道。八字形瓦顶。楼顶长29.5、宽12、通高20厘米（图三五，7；彩版五九，2）。

灶　2件。均为长方形，无底，有长方形灶门、烟道。标本M35:3，釉陶。灶上放置两釜一甑。长29.4、宽14、通高16厘米（图三七，1；彩版五九，3）。标本M307:7，

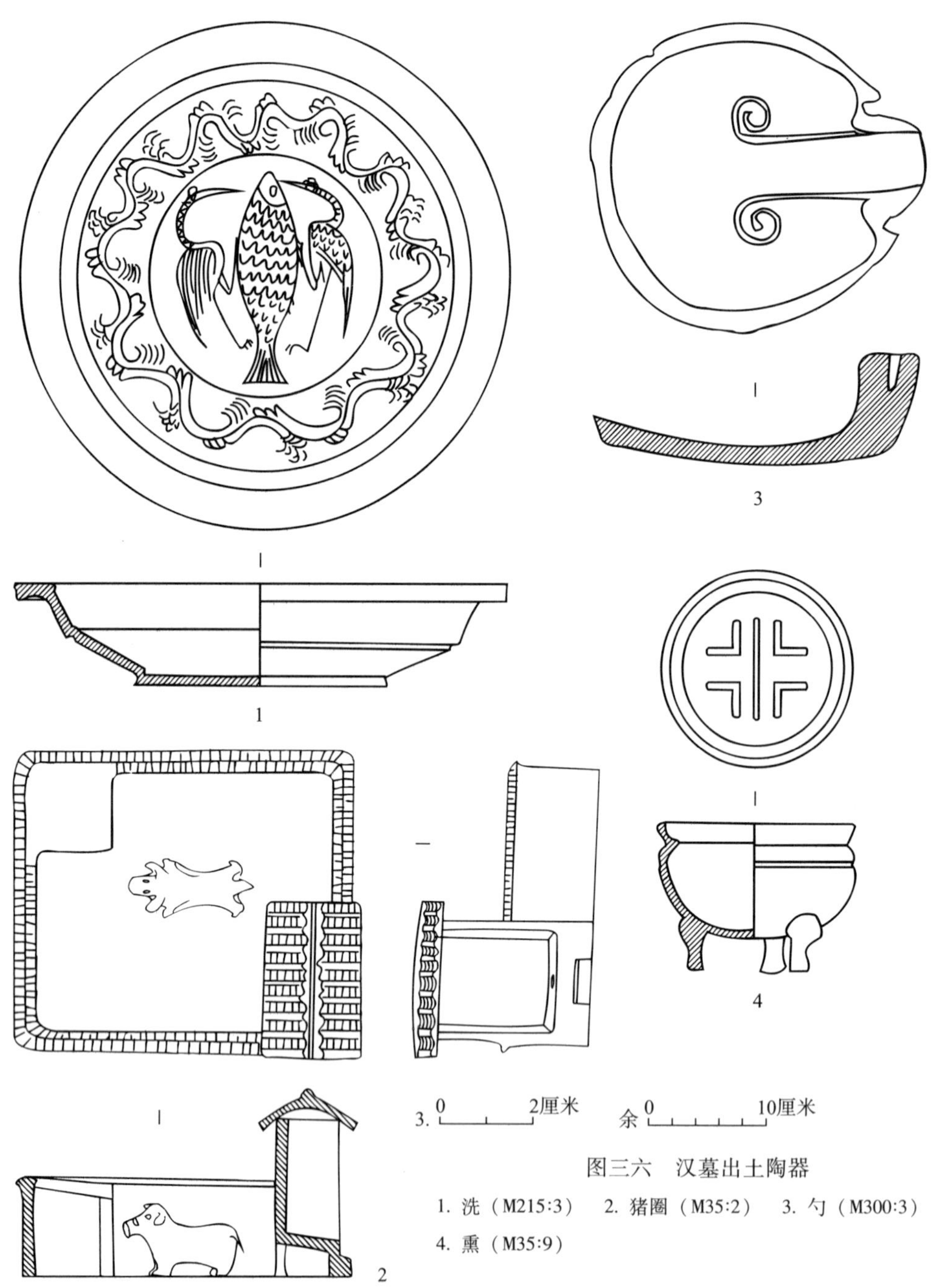

图三六　汉墓出土陶器

1. 洗（M215:3）　2. 猪圈（M35:2）　3. 勺（M300:3）　4. 熏（M35:9）

釉陶。灶上放置两釜。长 23. 2、宽 12. 6 ~ 13、通高 9. 2 厘米（图三七，2；彩版五九，4）。

猪圈　1 件（标本 M35:2）。红釉陶。长方形，无底，由猪窝棚、厕所、圈围墙构成。猪窝棚有方形平底与方形斜平顶，顶的两边连在圈墙上，另两边的方角处由一圆柱支撑。厕所有踏步、便坑。顶为八字形瓦顶，与墙壁分开。圈内放置一猪。猪长 10.6、高 6 厘米。圈长 29.7、宽 25.2、圈墙高 8、厕所高 15.3 厘米（图三六，2；彩版六〇，1、2）。

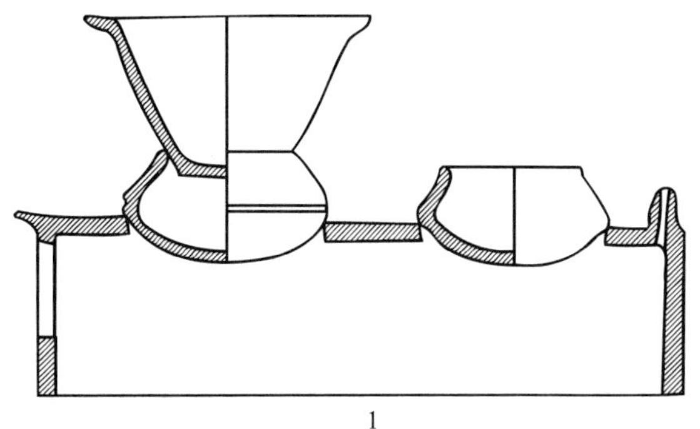

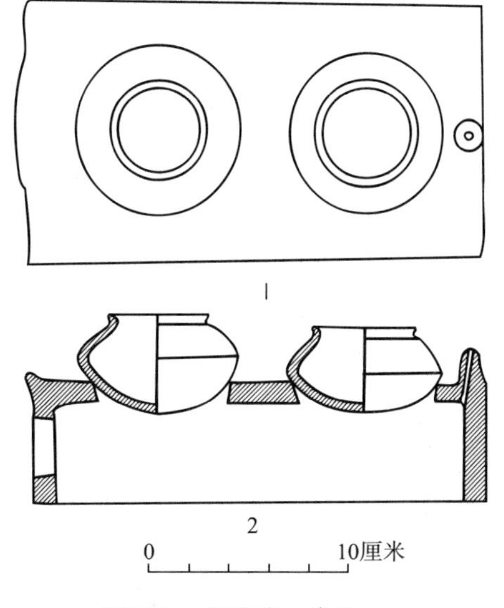

图三七 汉墓出土陶灶

1. M35:3 2. M307:7

俑 10 件。分两型。

A 型 1 件（标本 M378:4）。残。泥质灰陶。下身为喇叭形裙衣，饰白陶衣，有彩绘已脱落。高约 43 厘米（图三八，1）。

B 型 9 件。火候很低，制作粗糙。标本 M343:5，泥质红褐陶。高 13.8 厘米（图三八，3）。标本 M 343:6，泥质红褐陶。高 15 厘米（图三八，4）。

马 1 件（标本 M378:3）。泥质褐陶。昂首，两耳及尾无存，有安装耳朵和尾巴的小孔，有一孔内存朽铁痕迹，应是单独做出耳、尾，做时中间放一铁件，然后插入马身上的组合件。四足亦无存，有安足的卯槽，但在清理时未见足、耳、尾。可能是木质，已朽烂。马通体饰白衣，在白衣上绘彩。马头饰拢套，马身饰红、黑色彩绘。马高 34.5、身长 43 厘米（图三九；彩版六〇，3）。

车轮 1 件（标本 M378:2）。环形，车辋断面为圆角长方形，周圈内侧有车辐条眼，车轮饰一周红彩。直径 29.2 厘米（图三八，2；彩版六一，1）。

罐 268 件。分大型罐、中型罐两类。

大型罐 135 件。均为泥质灰陶。根据口部不同分四型，不能归入四型的为其他型。

A 型 14 件。盘口罐。分五式。

Ⅰ式 1 件（标本 M138:1）。侈口，方唇，束颈较短，折肩，直腹下部外鼓，圜

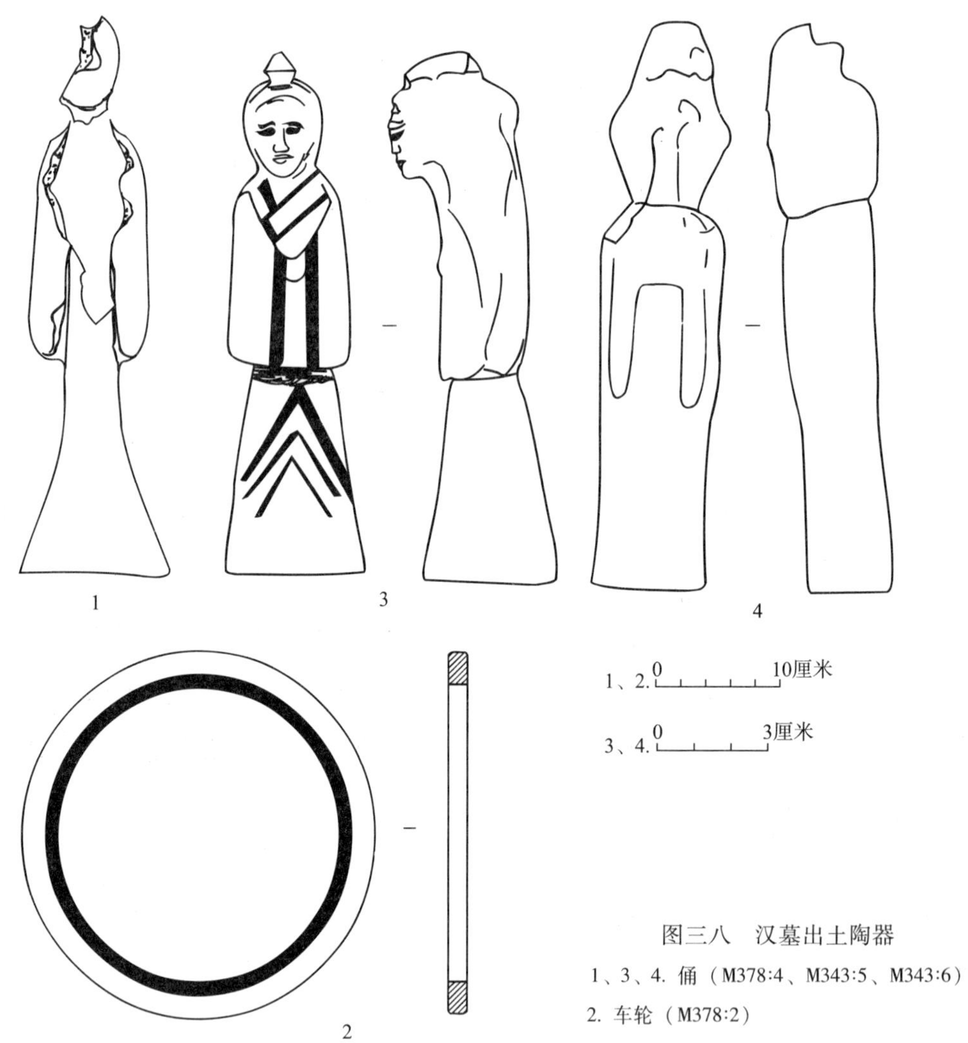

图三八　汉墓出土陶器

1、3、4. 俑（M378:4、M343:5、M343:6）

2. 车轮（M378:2）

底。下腹及底饰绳纹。口径15.8、高30.4厘米（图四〇，1）。

Ⅱ式　2件。侈口，方唇，卷沿，束颈较短，折肩，鼓腹，底微凹。下腹及底饰绳纹。标本M277:1，肩部刻“重金”二字。口径15.2、高29厘米（图四〇，2；图版一一二，4、5）。

Ⅲ式　4件。浅盘口，圆唇，束颈略高，折肩，鼓腹，底微凹。下腹及底饰绳纹。标本M327:2，口径12.5、高26.4厘米（图四〇，3）。标本M377:2，侈尖唇，颈略高。口径13.2、高27.2厘米（图四〇，6；图版一一二，6）。

Ⅳ式　5件。浅盘口，束颈，折肩，鼓腹，底微凹。下腹及底饰绳纹。标本M325:3，侈圆唇，短颈。口径11.8、高26.4厘米（图四〇，4；图版一一三，1）。

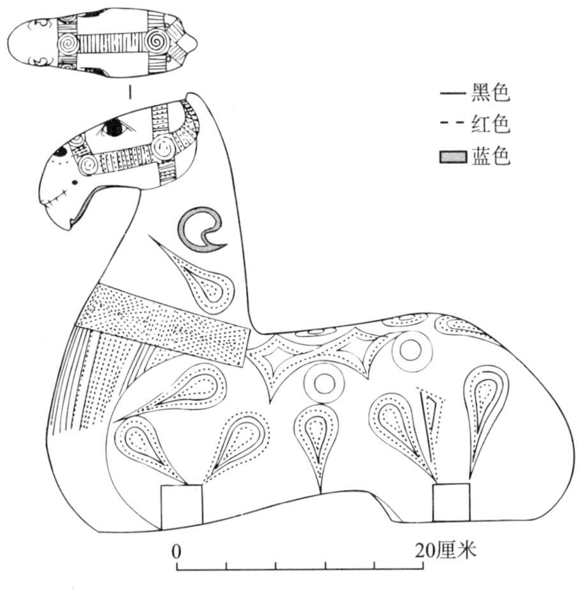

图三九　汉墓出土陶马（M378:3）

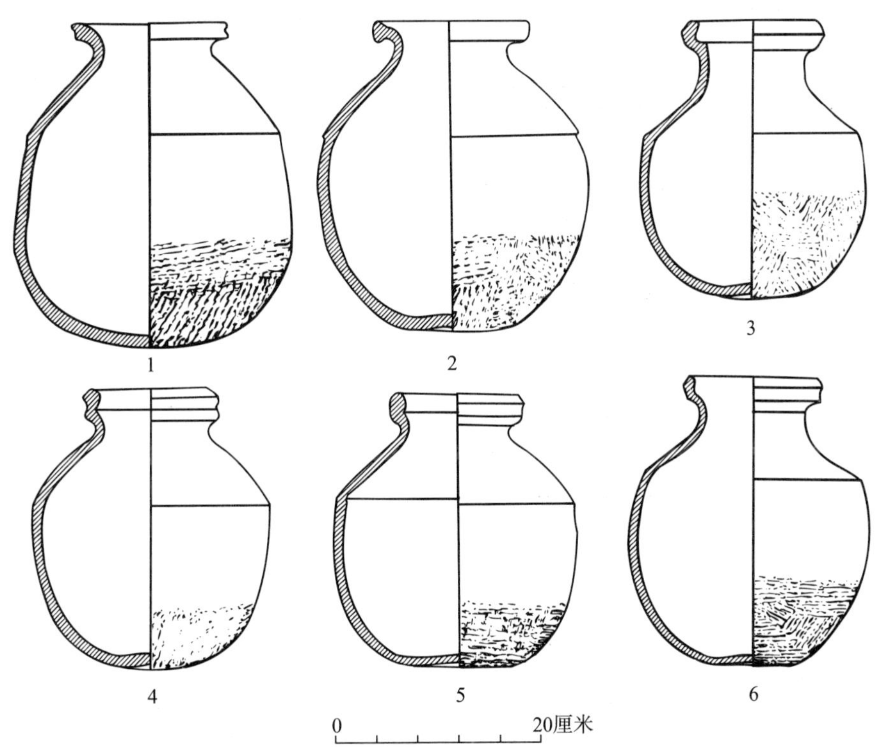

图四〇　汉墓出土A型陶大型罐

1. Ⅰ式（M138:1）　2. Ⅱ式（M277:1）　3、6. Ⅲ式（M327:2、M377:2）　4. Ⅳ式（M325:3）　5. Ⅴ式（M297:4）

Ⅴ式　2件。盘口，束颈，折肩，鼓腹，底微凹。下腹及底饰绳纹。标本M297:4，侈圆唇，短颈。口径12、高26厘米（图四〇，5；图版一一三，2）。

B型　100件。平口罐。根据腹部不同分三亚型。

Ba型　47件。折垂腹罐。分四式。

Ⅰ式　4件。侈口，方唇，短颈，鼓腹，大圜底。下腹及底饰绳纹。标本M7:1，折肩不明显，折肩处为一凸棱。肩部刻一“田”字。口径14、高30.5厘米（图四一，1）。

Ⅱ式　18件。侈口，方唇，卷沿，短颈，折肩，鼓腹，大圜底。下腹及底饰绳纹。标本M280:1，口径14.7、高33厘米（图四一，2；图版一一三，3）。

Ⅲ式　17件。侈口，方唇，卷沿，短颈，折肩，鼓腹。下腹及底饰绳纹。标本M309:5，圜底。肩部刻一周“……巨野……”等28字。口径15.8、高30厘米（图四一，3；图版一一三，4、5）。

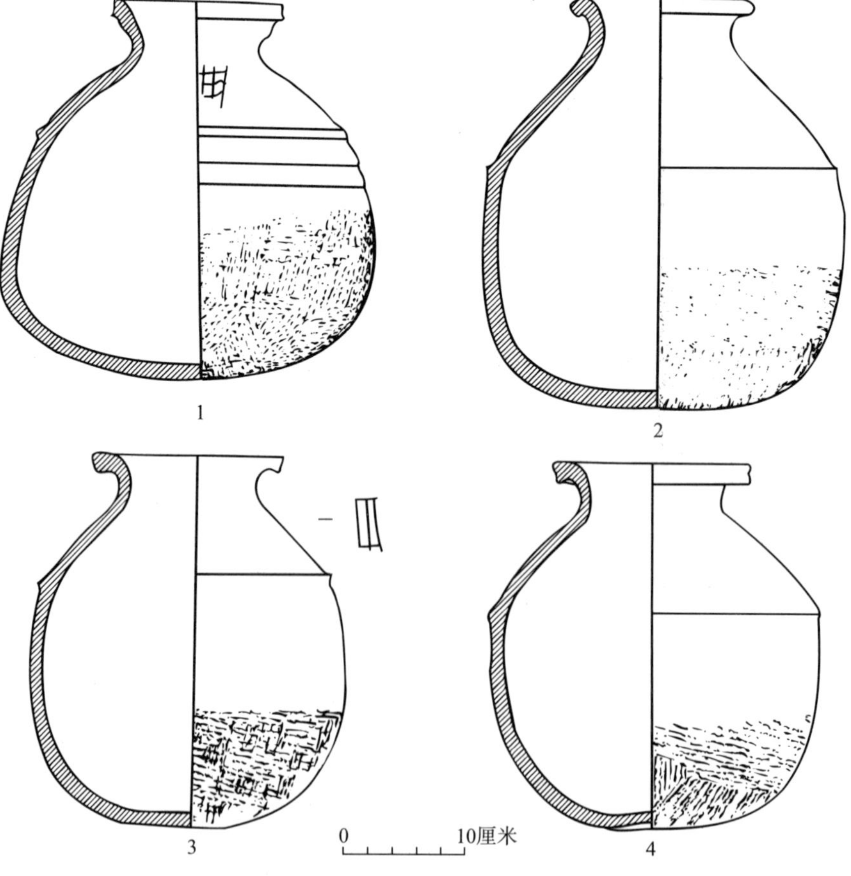

图四一　汉墓出土Ba型陶大型罐

1. Ⅰ式（M7:1）　2. Ⅱ式（M280:1）　3. Ⅲ式（M309:5）　4. Ⅳ式（M212:7）

Ⅳ式　8件。侈口，方唇，卷沿，短颈，折肩，鼓腹，底微凹。下腹及底饰绳纹。标本M212:7，口径16、高29.5厘米（图四一，4；图版一一四，1）。

Bb型　4件。折腹罐。分三式。

Ⅰ式　1件（标本M260:4）。侈口，方唇，卷沿，短颈，溜肩，鼓腹，平底。腹与底饰绳纹。口径15.5、高34厘米（图四二，1；图版一一四，2）。

Ⅱ式　1件（标本M289:3）。侈口，方唇，卷沿，颈略高，折肩，鼓腹，平底。下腹及底饰绳纹。肩部刻"可荘"二字。口径14、高29.5厘米（图四二，2；图版一一四，3、4）。

Ⅲ式　2件。侈口，方唇，卷沿，短颈，溜肩，鼓腹，平底。标本M165:3，腹与底饰绳纹。口径15.7、高31厘米（图四二，3；图版一一四，5）。标本M109:2，肩部饰不明显的弦纹，腹饰两周戳印纹，下腹饰篮纹。口径11.5、高30.4厘米（图四二，4；图版一一五，1）。

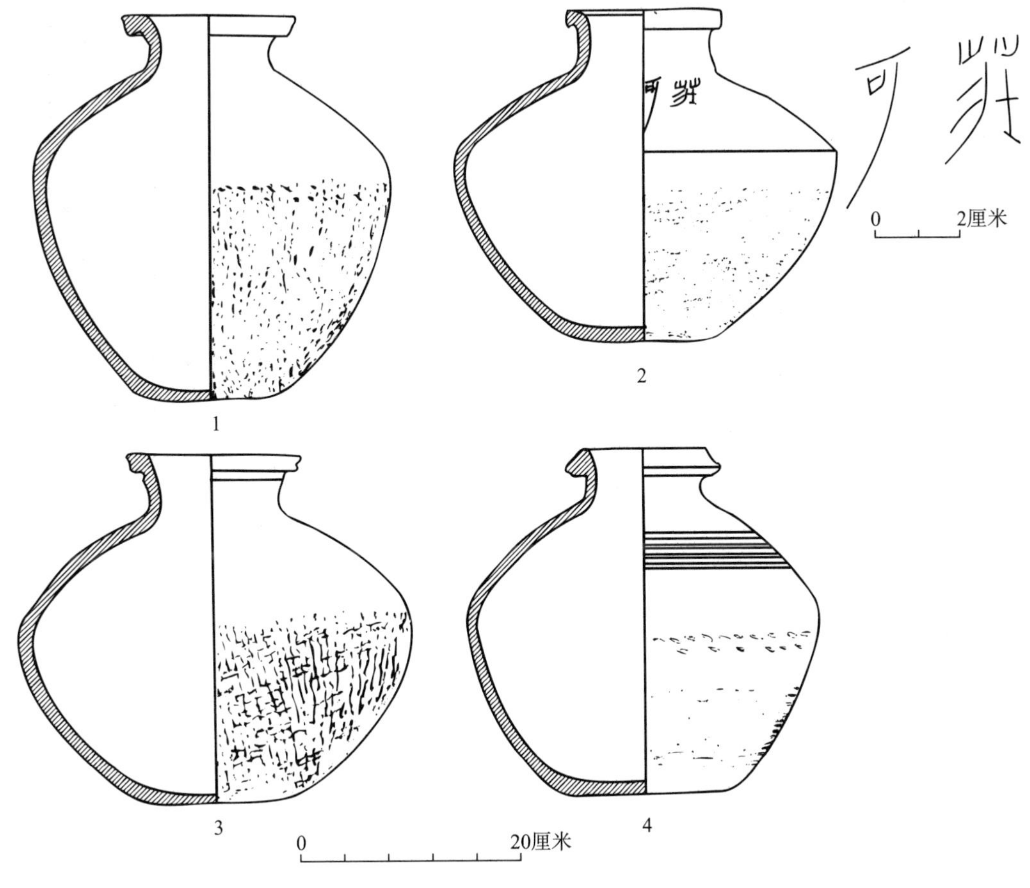

图四二　汉墓出土Bb型陶大型罐

1. Ⅰ式（M260:4）　2. Ⅱ式（M289:3）　3、4. Ⅲ式（M165:3、M109:2）

Bc 型　49 件。圆腹罐。分六式。

Ⅰ式　3 件。侈口，卷沿，短颈，溜肩，鼓腹，平底。标本 M298:9，圆唇。上腹饰凹弦纹，下腹及底饰绳纹。口径 12.5、高 31 厘米（图四三，1；图版一一五，2）。标本 M347:1，方唇。肩部饰凹弦纹。口径 13、高 27.6 厘米（图四三，2；图版一一五，3）。

Ⅱ式　21 件。侈口，方唇，卷沿，短颈，溜肩，鼓腹，平底。上腹饰戳印纹，下腹及底饰绳纹。标本 M299:7，肩饰刻划符号。口径 11.5、高 32.4 厘米（图四三，3；图版一一五，4）。标本 M339:6，口径 15.5、高 35 厘米（图四三，4；图版一一六，1）。标本 M297:2，口径 16.5、高 34.8 厘米（图四四，1）。标本M34:2，口径 15.8、高 29 厘米（图四四，2）。

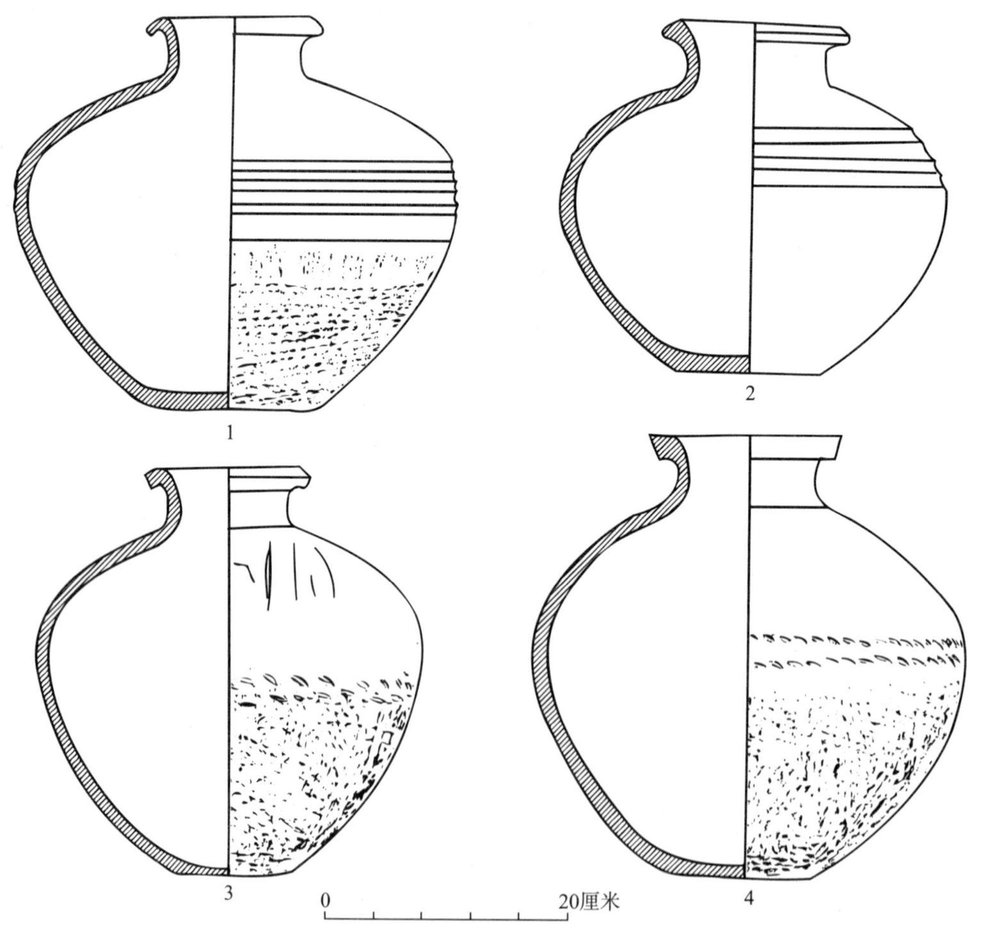

图四三　汉墓出土 Bc 型陶大型罐

1、2. Ⅰ式（M298:9、M347:1）　3、4. Ⅱ式（M299:7、M339:6）

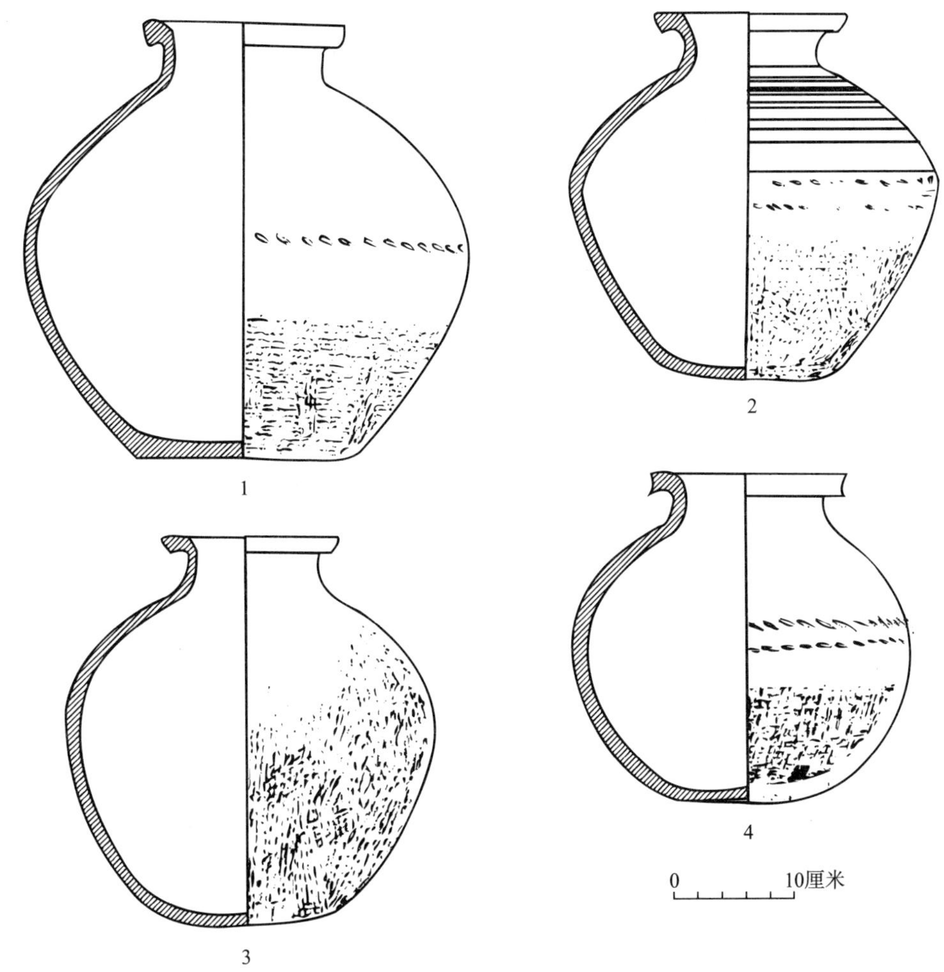

图四四 汉墓出土 Bc 型陶大型罐

1、2. Ⅱ式（M297:2、M34:2） 3、4. Ⅲ式（M355:3、M2:3）

Ⅲ式 10件。侈口，方唇，卷沿，短颈，溜肩，鼓腹。标本 M355:3，平底。腹与底饰绳纹。口径 14.2、高 30.5 厘米（图四四，3）。标本 M2:3，底微凹。腹饰两周戳印纹，下腹及底饰绳纹。口径 16、高 26.2 厘米（图四四，4；图版一一六，2）。

Ⅳ式 3件。侈口，方唇，宽沿微凹，短颈，溜肩，鼓腹，平底。上腹饰两周戳印纹，下腹及底饰绳纹，肩部有刻划符号。标本 M297:3，口径 15、高 31 厘米（图四五，1；图版一一六，3）。

Ⅴ式 11件。侈口，方唇，卷沿，短颈，溜肩，收腹，平底。标本 M258:6，肩部饰一周凸棱。腹与底饰绳纹。口径 16.5、高 30.4 厘米（图四五，2；图版一一六，4）。标本 M144:7，肩部饰一周凸棱。下腹及底饰绳纹。口径 16.4、高 32 厘米（图四五，3；

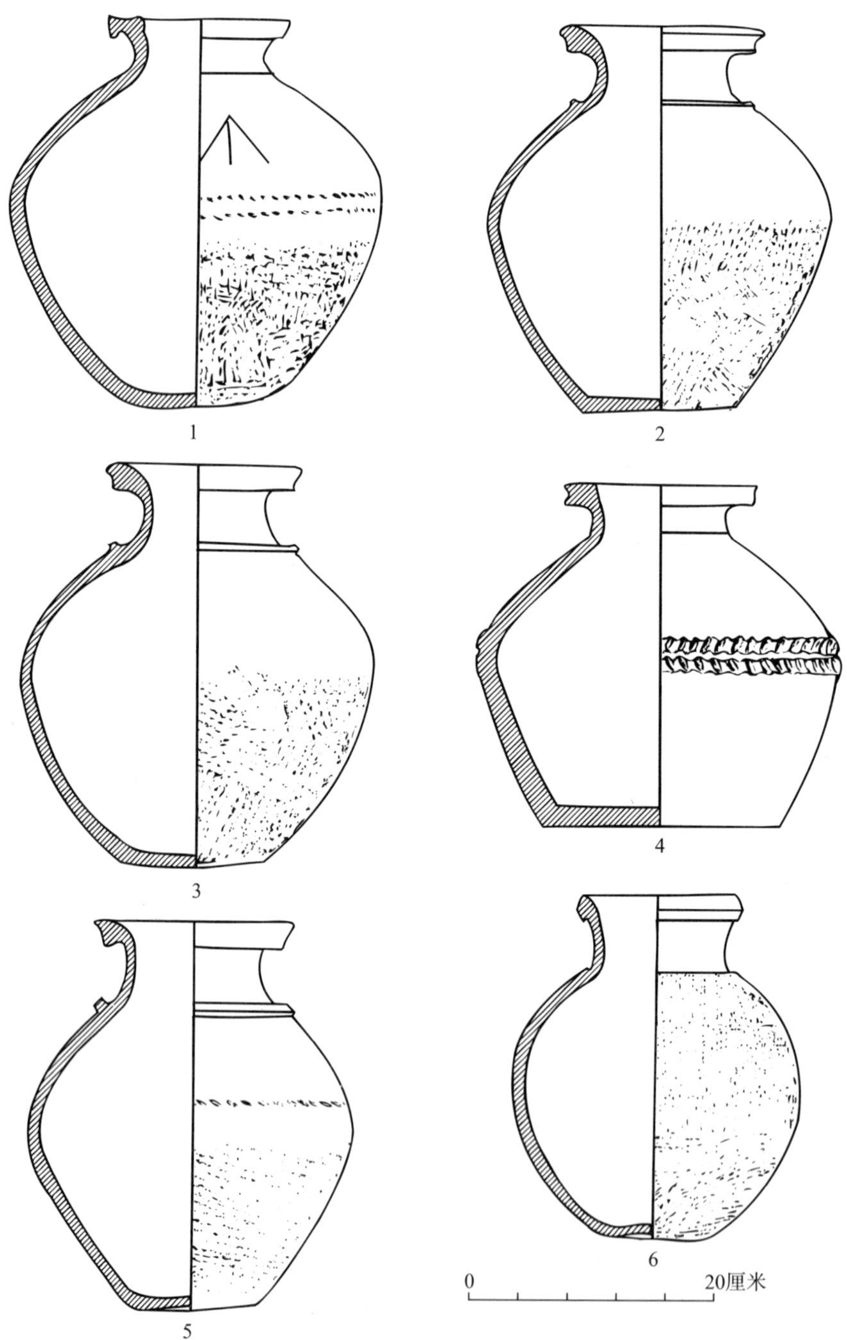

图四五　汉墓出土陶大型罐

1. Bc 型Ⅳ式（M297:3）　2、3. Bc 型Ⅴ式（M258:6、M144:7）　4. Bc 型Ⅴ式（M281:2）
5. Bc 型Ⅵ式（M125:1）　6. C 型Ⅰ式（M352:2）

图版一一六，5）。标本 M281:2，鼓腹部饰两周附加泥条，再在泥条上饰压印纹。口径 15.5、高 27.5 厘米（图四五，4；图版一一七，1）。

Ⅵ式　1 件（标本 M125:1）。侈口，方唇，卷沿，溜肩，收腹，平底。肩部饰一周凸棱，上腹饰一周戳印纹，下腹及底饰绳纹。口径 16.5、高 31 厘米（图四五，5；图版一一七，2）。

C 型　9 件。长颈尖唇罐。分四式。

Ⅰ式　2 件。口微侈，方唇，卷沿，直颈略高，溜肩，鼓腹，底微凹。腹饰不明显的弦纹，通体饰细绳纹。标本 M352:2，口径 12.5、高 27.5 厘米（图四五，6；图版一一七，3）。标本 M329:1，口径 12.4、高 26 厘米（图四六，1）。

Ⅱ式　3 件。口微侈，方唇，直颈略高，溜肩，鼓腹，凹底。上腹饰不明显的弦纹，通体饰绳纹。标本 M362:1，口径 13、高 25.8 厘米（图四六，2）。标本 M381:1，口径 12.8、高 27.2 厘米（图四六，3；图版一一七，4）。

Ⅲ式　2 件。盘形口，束颈，溜肩，收腹，平底。下腹及底饰绳纹。标本 M162:1，

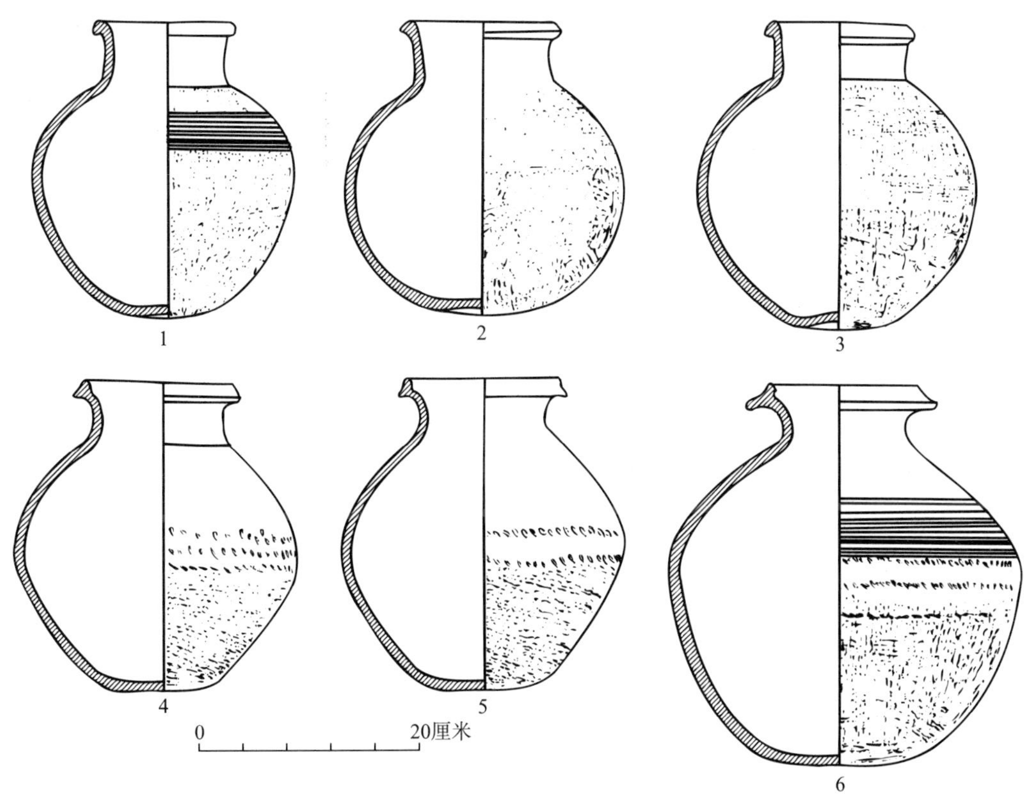

图四六　汉墓出土 C 型陶大型罐

1. Ⅰ式（M329:1）　2、3. Ⅱ式（M362:1、M381:1）　4、5. Ⅲ式（M162:1、M162:2）　6. Ⅳ式（M322:3）

腹饰三周戳印纹。口径 13、高 27.2 厘米（图四六，4；图版一一七，5）。标本M162:2，腹饰两周戳印纹。口径 14、高 27.4 厘米（图四六，5；图版一一七，6）。

Ⅳ式　2 件。盘形口，短颈，鼓腹，平底。标本 M322:3，溜肩。上腹饰不明显的弦纹，腹饰两周戳印纹，下腹及底饰绳纹。口径 14、高 34 厘米（图四六，6；图版一一八，1）。标本 M383:1，肩微折。上腹饰弦纹，下腹及底饰绳纹。口径 14、高 33.5 厘米（图四七，1；图版一一八，2）。

D 型　5 件。直口罐。分二式。

Ⅰ式　3 件。直口，方唇，圆肩，鼓腹，平底。标本 M32:2，下腹饰粗绳纹。口径 18.5、高 24 厘米（图四七，2）。

Ⅱ式　2 件。矮直口，方唇，圆肩，鼓腹，标本 M335:1，平底。下腹饰粗绳纹。口径 20、高 24.4 厘米（图四七，4；图版一一八，3）。标本 M155:1，底微凹。上腹有不明显的细弦纹，下腹饰绳纹。口径 17.3、高 23.2 厘米（图四七，3；图版一一八，4）。

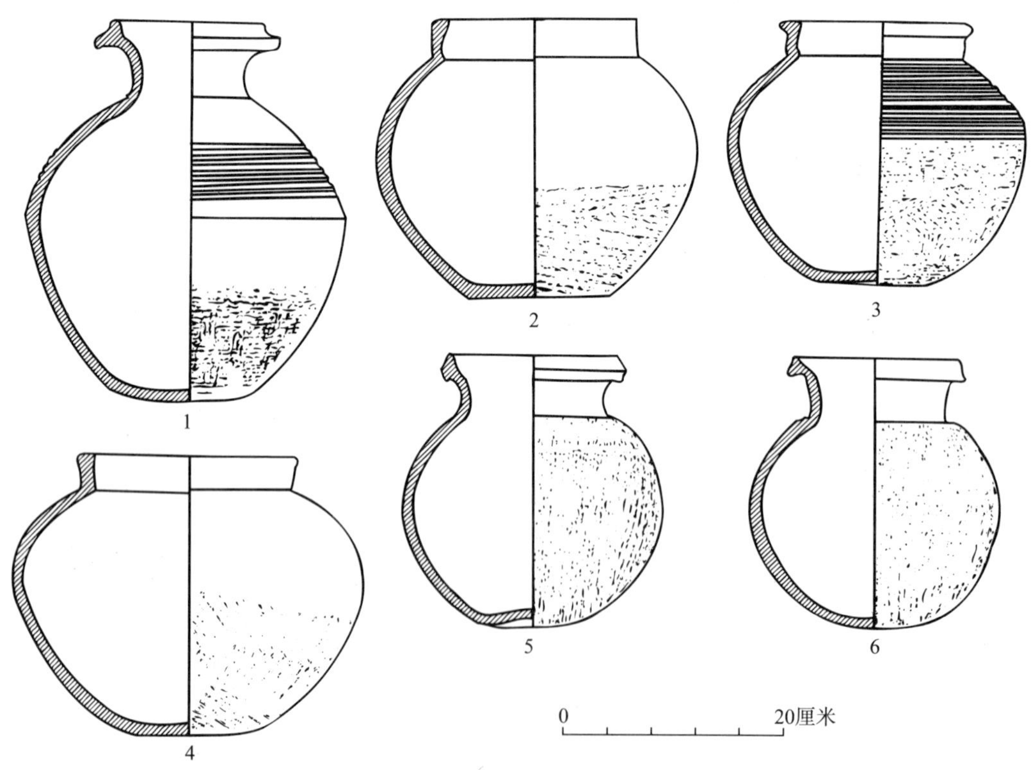

图四七　汉墓出土陶大型罐

1. C 型Ⅳ式（M383:1）　2. D 型Ⅰ式（M32:2）　3、4. D 型Ⅱ式（M155:1、M335:1）　5、6. 其他型（M359:1、M364:2）

其他型　7件。标本M359:1，侈口，尖唇，卷沿，束颈，圆肩，鼓腹，凹底。腹饰一周凹弦纹，通体饰绳纹。口径16、高24.2厘米（图四七，5）。标本M364:2，侈口，尖唇，卷沿，直颈，折肩，鼓腹，圜底。腹饰一周凹弦纹，通体饰绳纹。口径15.2、高24厘米（图四七，6；图版一一九，1）。标本M269:1，侈口，尖唇，卷沿，直颈，折肩，鼓腹，凹底。腹与底饰绳纹。口径11、高24厘米（图四八，1；图版一一九，2）。标本M275:1，侈口，圆唇，卷沿，直颈，折肩，鼓腹，凹底。腹与底饰绳纹。口径13.8、高26厘米（图四八，2；图版一一九，3）。标本M104:1，侈口，尖唇，短颈，圆肩，大鼓腹，平底。上腹饰三周弦纹，通体饰绳纹。口径12.7、高27.3厘米（图四八，3；图版一一九，4）。

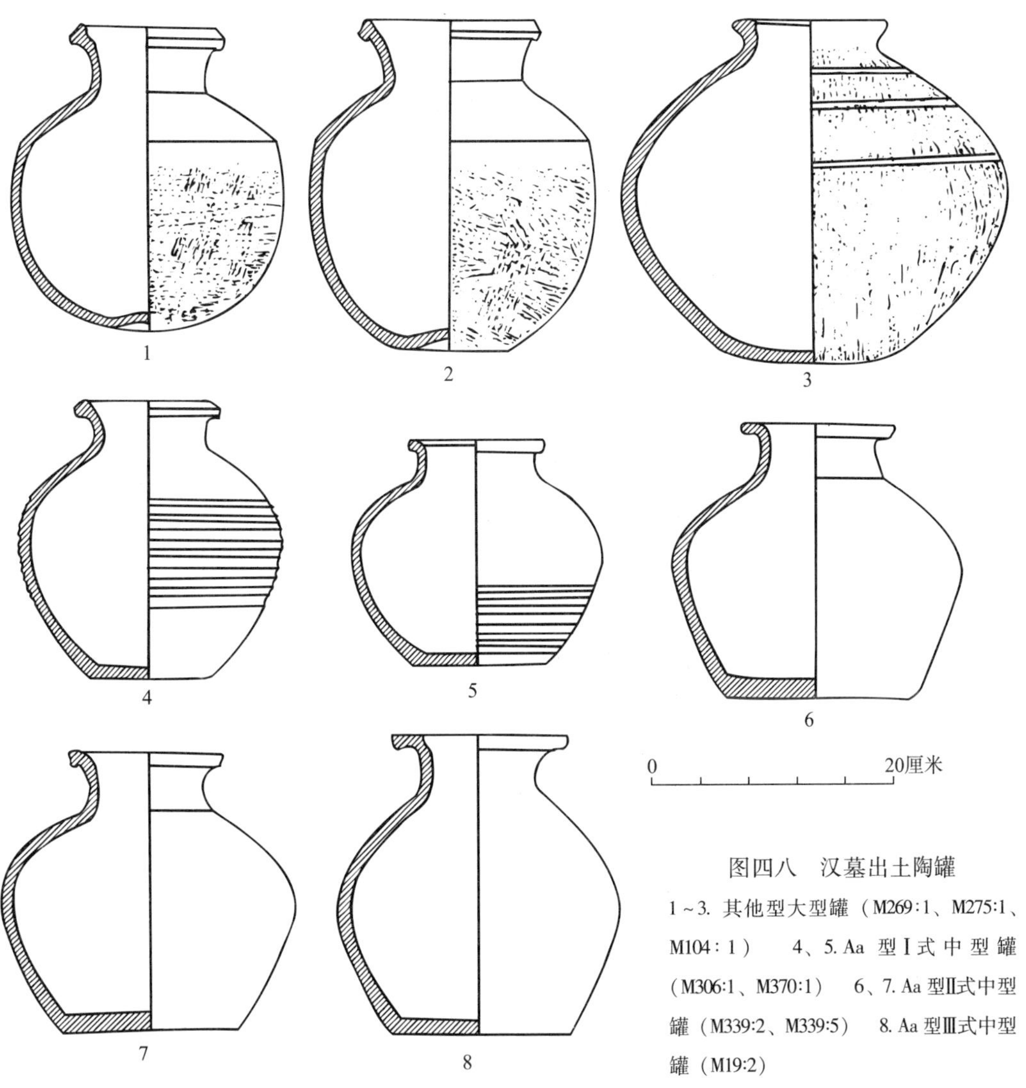

图四八　汉墓出土陶罐

1～3. 其他型大型罐（M269:1、M275:1、M104:1）　4、5. Aa型Ⅰ式中型罐（M306:1、M370:1）　6、7. Aa型Ⅱ式中型罐（M339:2、M339:5）　8. Aa型Ⅲ式中型罐（M19:2）

中型罐　133 件。除 3 件釉陶外，其余均为泥质灰陶。根据口部不同分两型，不能归两型的为其他型。

A 型　60 件。平折沿罐。根据腹部及底部不同分三亚型。

Aa 型　21 件。瘦腹罐。分五式。

Ⅰ式　3 件。侈口，方唇，短颈，圆肩，鼓腹，平底。下腹饰不明显的弦纹。标本 M306:1，泥质灰陶。折沿，束颈。腹部浅瓦棱纹。口径 10.6、底径 9.4、高 21.4 厘米（图四八，4；图版一二〇，1）。标本 M370:1，泥质灰陶。口径 11、底径 10.8、高 17.6 厘米（图四八，5；图版一二〇，2）。

Ⅱ式　3 件。侈口，方唇，束颈，圆肩，收腹，平底。标本 M339:2，泥质灰陶。口径 12.5、底径 15.5、高 22 厘米（图四八，6；图版一二〇，3）。标本 M339:5，泥质灰陶。口径 12.5、底径 14.5、高 22 厘米（图四八，7；图版一二〇，4）。

Ⅲ式　6 件。侈口，方唇，平沿，直颈，平底。标本 M19:2，泥质灰陶。直颈，溜肩，收腹。口径 14.3、底径 14.7、高 23.8 厘米（图四八，8；图版一二〇，5）。标本 M209:2，泥质灰陶。直颈，圆肩，鼓腹。上腹饰刻划符号。口径 13、底径 13、高 22.8 厘米（图四九，1）。

Ⅳ式　2 件。侈口，宽沿微凹，直颈内束，溜肩收腹，平底。颈下部饰一周凸弦纹。标本 M297:1，泥质灰陶。短颈。口径 11.5、底径 11、高 17.8 厘米（图四九，2；图版一二〇，6）。标本 M279:1，泥质灰陶。颈略高。口径 10.8、底径 9、高 16.8 厘米（图四九，3；图版一二一，1）。

Ⅴ式　7 件。侈口，厚唇，直颈内束较甚，溜肩，平底。标本 M206:4，泥质灰陶。口径 12、底径 10、高 17.5 厘米（图四九，4；图版一二一，2）。标本 M144:6，泥质灰陶。口径 12、底径 10.8、高 19.7 厘米（图四九，5；图版一二一，3）。

Ab 型　23 件。鼓腹罐。分三式。

Ⅰ式　12 件。侈口，方唇，短颈，圆肩，鼓腹，大平底。标本 M103:2，泥质灰陶。口径 12.8、底径 14.5、高 18.5 厘米（图四九，6；图版一二一，4）。标本M124:1，泥质灰陶。口径 12、底径 16.3、高 18.7 厘米（图四九，7；图版一二一，5）。

Ⅱ式　5 件。口微侈，沿微凹，短颈，圆肩，平底。腹饰一周凹弦纹。标本 M190:2，泥质灰陶。口径 11.8、底径 13.7、高 17.6 厘米（图四九，8）。标本 M321:2，泥质灰陶。口径 10.7、底径 11.3、高 16.5 厘米（图四九，9）。

Ⅲ式　6 件。直口，短颈，圆肩，鼓腹，大平底。标本 M16:1，泥质灰陶。卷沿。上腹饰刻划符号。口径 12、底径 14、高 19.5 厘米（图五〇，1；图版一二一，6）。标本 M364:1，泥质灰陶。沿微凹。上腹饰刻划符号。口径 11、底径 14.5、高 17.5 厘米（图五〇，2；图版一二二，1）。

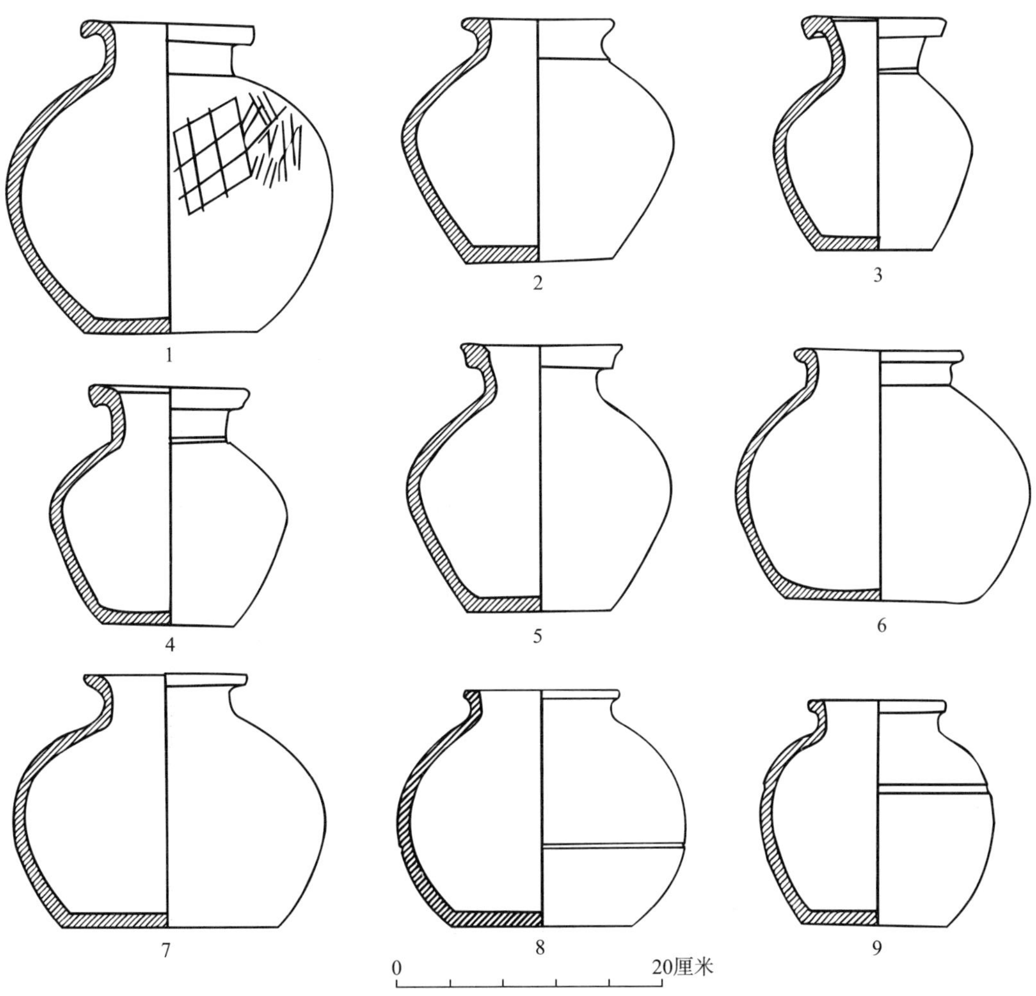

图四九　汉墓出土 A 型陶中型罐

1. Aa 型Ⅲ式（M209:2）　2、3. Aa 型Ⅳ式（M297:1、M279:1）　4、5. Aa 型Ⅴ式（M206:4、M144:6）　6、7. Ab 型Ⅰ式（M103:2、M124:1）　8、9. Ab 型Ⅱ式（M190:2、M321:2）

Ac 型　16 件。大平底罐。分三式。

Ⅰ式　10 件。侈口，卷沿，圆肩，收腹，大平底。标本 M288:3，泥质灰陶。口径 10.2、底径 14.5、高 14.3 厘米（图五〇，3；图版一二二，2）。标本 M172:1，泥质灰陶。口径 13、底径 17.2、高 21 厘米（图五〇，4；图版一二二，3）。

Ⅱ式　5 件。侈口，平沿，短颈，收腹，大平底。标本 M321:1，泥质灰陶。口径 10.4、底径 11.2、高 16 厘米（图五〇，5）。标本 M10:1，泥质灰陶。溜肩。口径 13.2、底径 21、高 21.2 厘米（图五〇，6）。

Ⅲ式　1 件（标本 M138:2）。泥质灰陶。侈口，方唇，短颈，溜肩，收腹，大平

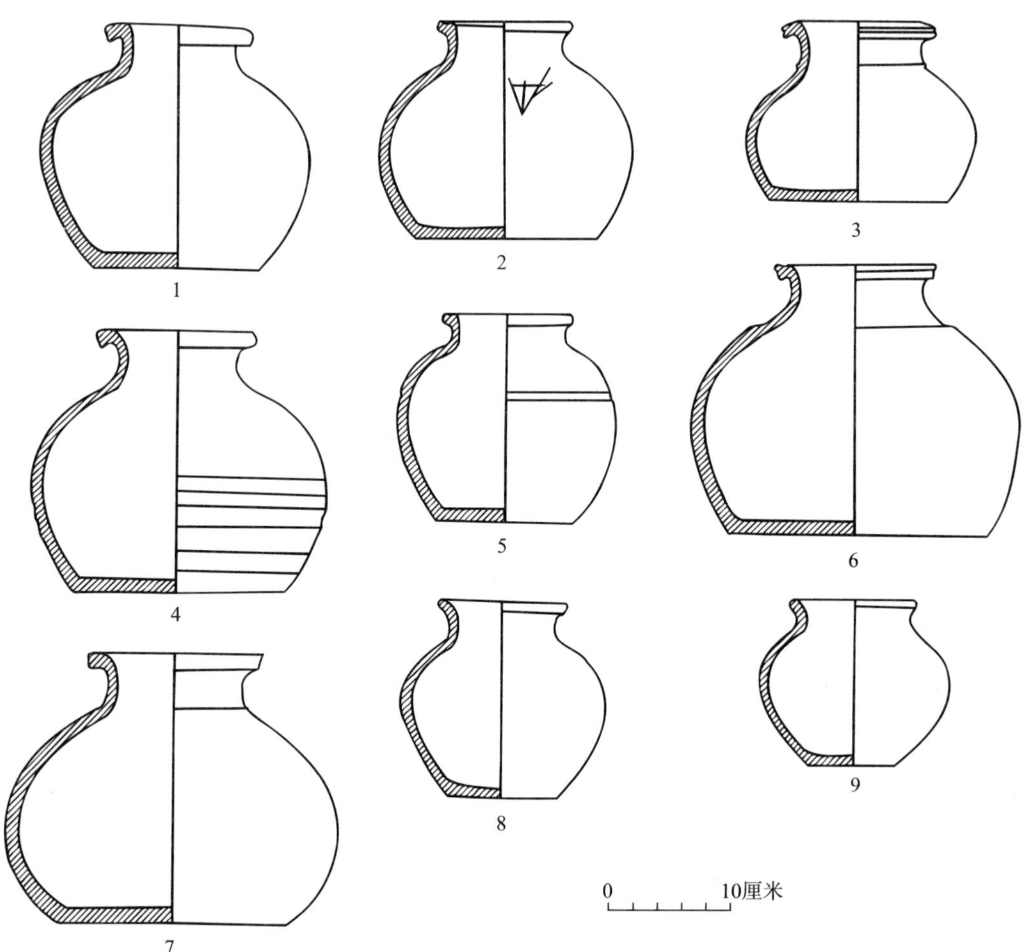

图五〇　汉墓出土陶中型罐

1、2. Ab 型Ⅲ式（M16:1、M364:1）　3、4. Ac 型Ⅰ式（M288:3、M172:1）　5、6. Ac 型Ⅱ式（M321:1、M10:1）　7. Ac 型Ⅲ式（M138:2）　8、9. Ba 型Ⅰ式（M124:3、M335:4）

底。口径 14.5、底径 19、高 21.5 厘米（图五〇，7；图版一二二，4）。

B 型　60 件。卷沿罐。根据腹部不同分三亚型。

Ba 型　45 件。瘦腹罐。分六式。

Ⅰ式　5 件。侈口，圆唇，圆肩，鼓腹，平底。标本 M124:3，泥质灰陶。口径 10.5、底径 8.5、高 15.6 厘米（图五〇，8）。标本 M335:4，泥质灰陶。口径 10.2、底径 7、高 13.2 厘米（图五〇，9；图版一二二，5）。

Ⅱ式　17 件。侈口，圆唇，圆肩，鼓腹，平底。标本 M294:3，泥质灰陶。口径 11.5、底径 11.5、高 16.5 厘米（图五一，1）。标本 M124:2，泥质灰陶。口径 10、底

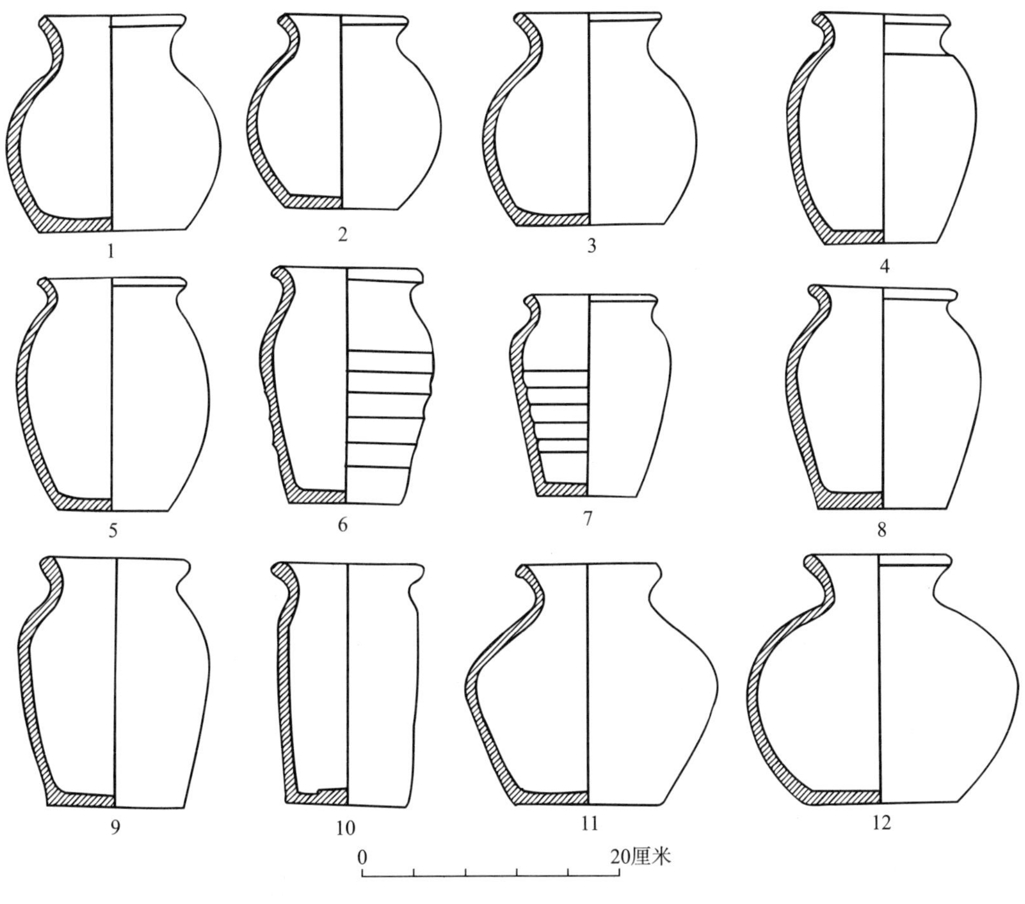

图五一　汉墓出土 B 型陶中型罐

1～3. Ba 型Ⅱ式（M294:3、M124:2、M294:4）　4、5. Ba 型Ⅲ式（M226:3、M226:5）　6、7. Ba 型Ⅳ式（M316:2、M325:4）　8、9. Ba 型Ⅴ式（M212:6、M13:1）　10. Ba 型Ⅵ式（M14:4）　11. Bb 型Ⅰ式（M280:2）　12. Bb 型Ⅱ式（M134:1）

径 8.7、高 14.7 厘米（图五一，2；图版一二三，1）。标本 M294:4，泥质灰陶。口径 11.5、底径 11.5、高 16.2 厘米（图五一，3；图版一二三，2）。

Ⅲ式　16 件。侈口，圆唇，溜肩，收腹，平底。整体瘦高。标本 M226:3，泥质灰陶。口径 10、底径 9、高 17.5 厘米（图五一，4；图版一二三，3）。标本 M226:5，泥质灰陶。口径 11.5、底径 8.5、高 17.7 厘米（图五一，5；图版一二三，4）。

Ⅳ式　3 件。侈口，圆唇，溜肩，收腹，平底。整体较瘦高。标本 M316:2，泥质灰陶。下腹饰瓦纹。口径 11、底径 8.5、高 18 厘米（图五一，6；图版一二三，5）。标本 M325:4，泥质灰陶。下腹内壁呈瓦纹状。口径 10、底径 7.8、高 15.4 厘米（图五一，7；图版一二三，6）。

Ⅴ式　3件。侈口，圆唇，溜肩，收腹，平底。整体略瘦高。标本M212:6，泥质灰陶。口径11.7、底径10.2、高17厘米（图五一，8；图版一二四，1）。标本M13:1，泥质灰陶。口径10.5、底径10.5、高19厘米（图五一，9；图版一二四，2）。

Ⅵ式　1件（标本M14:4）。泥质灰陶。侈口，尖唇，直腹，平底。整体瘦高呈杯状。口径12、底径9.4、高18.5厘米（图五一，10；图版一二四，3）。

Bb型　12件。鼓腹罐。分四式。

Ⅰ式　2件。侈口，圆唇，溜肩，收腹，平底。标本M280:2，泥质灰陶。口径10.5、底径11.5、高18.2厘米（图五一，11；图版一二四，4）。

Ⅱ式　5件。侈口，圆唇，圆肩，鼓腹，平底。标本M134:1，泥质灰陶。口径11.7、底径12.5、高19.2厘米（图五一，12；图版一二四，5）。标本M260:6，泥质灰陶。口径11、底径11.2、高19.6厘米（图五二，1；图版一二四，6）。

Ⅲ式　3件。侈口，圆唇，溜肩，收腹，平底。标本M227:3，泥质灰陶。口径10.6、底径10.2、高18.6厘米（图五二，2；图版一二五，1）。标本M227:4，泥质灰陶。口部饰弦纹。口径10、底径9.5、高17.5厘米（图五二，3；图版一二五，2）。

Ⅳ式　2件。侈口，尖唇，卷沿，溜肩，收腹，平底。标本M13:2，泥质灰陶。腹部刻“张尹公”三字。口径12.5、底径14.5、高25.8厘米（图五二，4；图版一二五，3）。标本M361:1，泥质灰陶。口径14.4、底径16、高28厘米（图五二，5）。

Bc型　3件。溜肩垂腹罐。分二式。

Ⅰ式　1件（标本M285:3）。泥质灰陶。侈口，圆唇，折肩，腹略鼓，平底。口径10、底径13.6、高16厘米（图五二，6）。

Ⅱ式　2件。侈口，方唇，卷沿，溜肩，收腹，平底。肩部饰凹弦纹。标本M108:5，泥质灰陶。口径12.3、底径15.2、高20厘米（图五二，7；图版一二五，4）。标本M284:13，泥质灰陶。口径13、底径14、高19厘米（图五二，8；图版一二五，5）。

其他型　13件。标本M334:2，泥质灰陶。侈口，圆唇，鼓腹，平底。口径13.5、底径9.8、高12厘米（图五二，9；图版一二六，1）。标本M134:3，泥质灰陶。侈口，方唇，鼓腹，平底。口径9.5、底径10.5、高13厘米（图五三，1；图版一二六，2）。标本M16:4，泥质灰陶。口微敛，方唇，鼓腹，平底。腹饰一周凹弦纹。口径11.4、底径11、高14厘米（图五三，2）。标本M108:6，泥质灰陶。侈口，方唇，腹微鼓，平底。口径10、底径10、高12.8厘米（图五三，3；图版一二六，3）。标本M370:2，泥质灰陶。侈口，圆唇，卷沿，直颈，圆肩，鼓腹，大平底。口径10.4、底径17、高22厘米（图五四，1；图版一二六，4）。标本M318:1，泥质灰陶。小口，方唇，圆肩，鼓腹，平底。罐内装粟粒。口径10.4、底径8.5、高10厘米（图五四，2；图版一二

图五二　汉墓出土陶中型罐

1. Bb型Ⅱ式（M260:6）　2、3. Bb型Ⅲ式（M227:3、M227:4）　4、5. Bb型Ⅳ式（M13:2、M361:1）　6. Bc型Ⅰ式（M285:3）　7、8. Bc型Ⅱ式（M108:5、M284:13）　9. 其他型（M334:2）

六，5）。标本M34:3，泥质灰陶。小口，方唇，球形腹，平底。口径7.3、底径7、高10.4厘米（图五四，3）。

钵　9件。分五式，不能归入型式的为其他钵。

Ⅰ式　1件（标本M345:1）。泥质灰陶。直口，方唇，折腹，平底。口径22.4、底径9.5、高12厘米（图五五，1；图版一二七，1）。

Ⅱ式　1件（标本M162:3）。泥质灰陶。口微侈，圆唇，折腹，平底。上腹及内壁饰弦纹。口径18.7、底径6.4、高9.2厘米（图五五，2；图版一二七，2）。

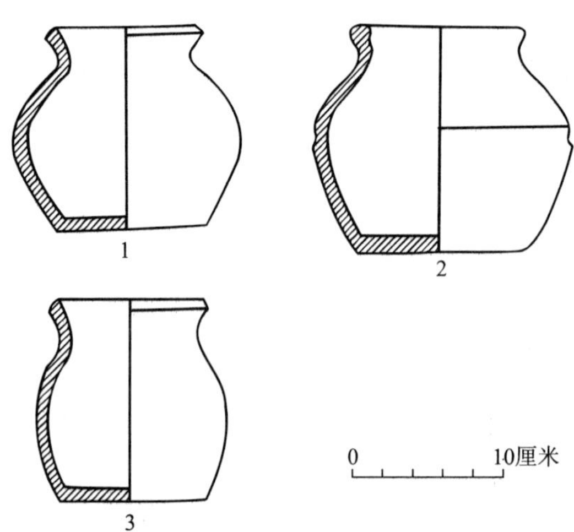

图五三　汉墓出土其他型陶中型罐

1. M134:3　2. M16:4　3. M108:6

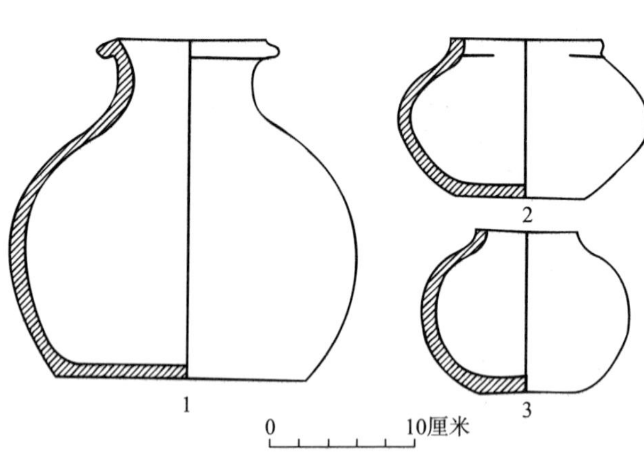

图五四　汉墓出土其他型陶中型罐

1. M370:2　2. M318:1　3. M34:3

Ⅲ式　2件。侈口，圆唇，鼓腹，平底。标本M33:1，泥质灰陶。口径21.5、底径8、高9.5厘米（图五五，3；图版一二七，3）。标本M33:2，泥质灰陶。口径19、底径7、高10厘米（图五五，4；图版一二七，4）。

Ⅳ式　1件（标本M109:6）。泥质灰陶。侈口，方唇，腹微鼓，平底。口径20、底径7.2、高7.2厘米（图五五，5）。

Ⅴ式　2件。口微敛，平沿，腹微鼓。标本M284:14，泥质灰陶。平底。口径24、底径10、高7.5厘米（图五五，6；图版一二七，5）。标本M284:15，泥质灰陶。平底。口径26、底径7、高8厘米（图五五，7；图版一二七，6）。

其他型　2件。敞口，圜底。标本M4:7，泥质灰陶。口径19、高6.5厘米（图五五，8）。

2. 铜器

862件。器类有铜镜、盆、釜、铃、镞、带钩、印、环、钱币等。

镜　16件。分为五型。

A型　3件。四乳四虺镜。圆纽圆座，座外有四乳，乳间各有一虺，标本M212:1，直径8.6、边宽1.2厘米（图五六，1；彩版六一，2）。标本M215:1，直径7.7、边宽0.9厘米（图五六，3；彩版六一，3）。标本M258:2，直径9.3、边宽1.3厘米（图五六，2；彩版六一，4）。

B型　2件。四乳八鸟镜。圆纽圆座，座外有四乳，乳间各有两鸟。标本M144:1，

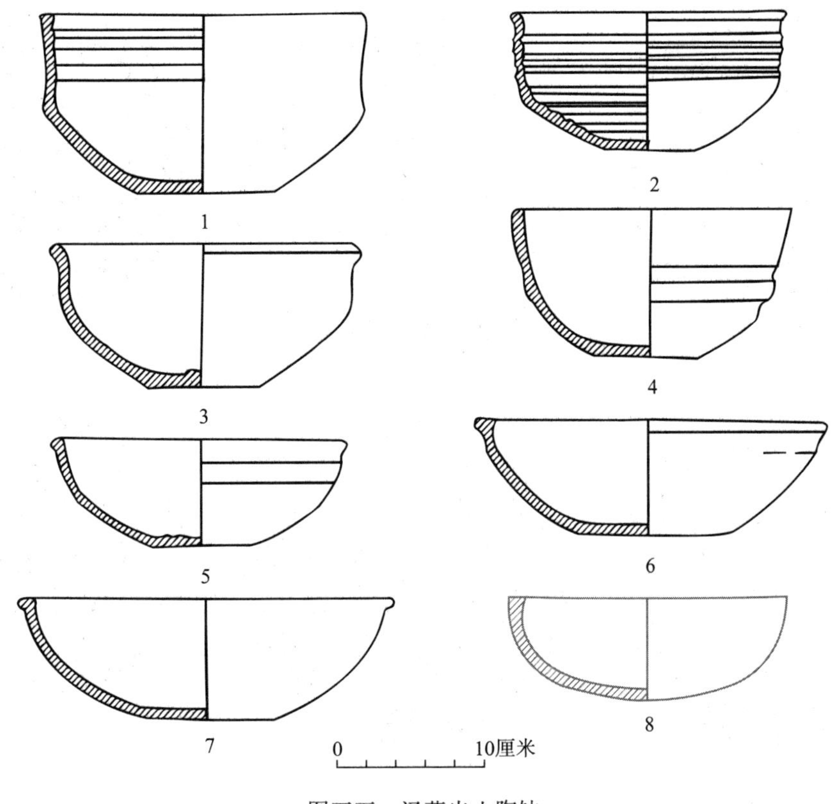

图五五　汉墓出土陶钵

1. Ⅰ式（M345∶1）　2. Ⅱ式（M162∶3）　3、4. Ⅲ式（M33∶1、M33∶2）　5. Ⅳ式（M109∶6）　6、7. Ⅴ式（M284∶14、M284∶15）　8. 其他型（M4∶7）

直径8.7、边宽0.9厘米（图五六，4；彩版六一，5）。标本M321∶13，直径8.8、边宽1厘米（图五六，5；彩版六二，1）。

C型　1件（标本M325∶1）。四神博局镜。圆纽圆座，座外有一方栏，栏外有八乳，乳间分别有青龙、白虎、朱雀、玄武。镜之边缘内有青龙、白虎、朱雀、玄武，间以云纹相隔。直径16、边宽2.2厘米（图五八，1；彩版六二，2）。

D型　9件。日光昭明镜。圆纽圆座。座外有一圈连弧纹，连弧纹外有一圈铭文。标本M271∶1，铭文“见日之光，长忘相而”八字。直径7.3、边宽0.5厘米（图五六，6；彩版六二，3）。标本M322∶2，铭文“见日之光天下大明”八字。直径7.1、边宽0.45厘米（图五六，7；彩版六二，4）。标本M111∶7，铭文“内清而以昭，光之象夫日月，心忽不泄”十五字。直径7.2、边宽0.5厘米（图五六，8；彩版六三，1）。标本M124∶4，残。残存铭文为“内而清而质□□□□□□□□月而不泄”。直径7.4、边宽0.3厘米（图五六，9）。标本M337∶1，铭文“内而清而以昭而明，光而象夫日月，

图五六　汉墓出土铜镜

1～3. A 型（M212:1、M258:2、M215:1）　4、5. B 型（M144:1、M321:13）　6～9. D 型（M271:1、M322:2、M111:7、M124:4）

而不”。直径 7.3、边宽 0.3 厘米（图五七，1；彩版六三，2）。标本 M118:8，铭文“而内而清而明而以而昭而光而日而月”十六字。直径 8.8、边宽 1 厘米（图五七，3；彩版六三，3）。标本 M302:3，圆纽圆座，重圈，内圈铭文“见日之光，天下大明”，外圈铭文“清治铜华从为镜，昭察衣服容貌，丝组杂以为信，光乎宜佳人”。直径 10.7、边宽 0.5 厘米（图五七，2；彩版六三，4）。标本 M284:3，圆纽圆座，重圈，纽

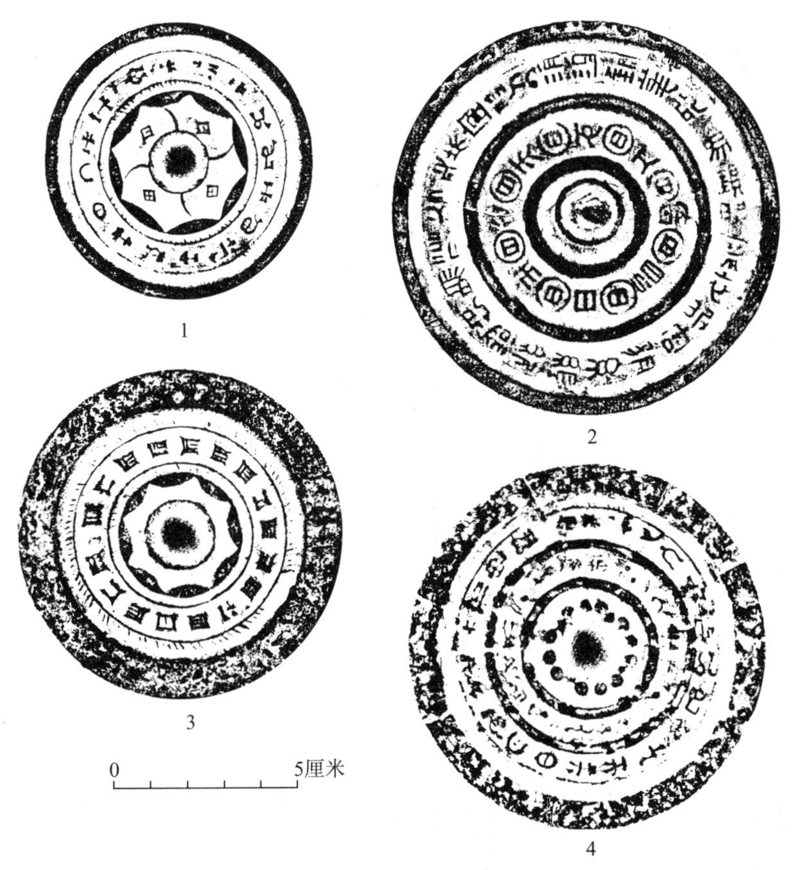

图五七 汉墓出土D型铜镜

1. M337:1 2. M302:3 3. M118:8 4. M284:3

外有一圈平乳，座外有两圈铭文。内圈铭文“见日之光，长毋相忘，象夫明”，外圈铭文“内清质以昭明，光而夫明，心忽扬而愿忠，然雍塞而不泄”。直径9.7、边宽0.7厘米（图五七，4）。

E型 1件（标本M198:5）。日明草叶纹镜。椭圆纽，纽外有方形框，框内有铭文“见日之明，长毋相忘”八字。框外有草叶形纹饰，边缘有一圈连弧纹。直径13厘米（图五八，2；彩版六三，5）。

盆 4件。标本M285:1，敞口，平沿，斜腹微鼓，平底。口径33.6、底径16.3、高12厘米（图五九，1；彩版六四，1）。

釜 10件。侈口，鼓腹，圜底。标本M332:1，口径19.5、高10厘米（图五九，2；图版一二八，1）。

铃 1件（标本M373:1）。椭圆形口，桥形纽，两面各饰五个乳钉。高3.6厘米

1

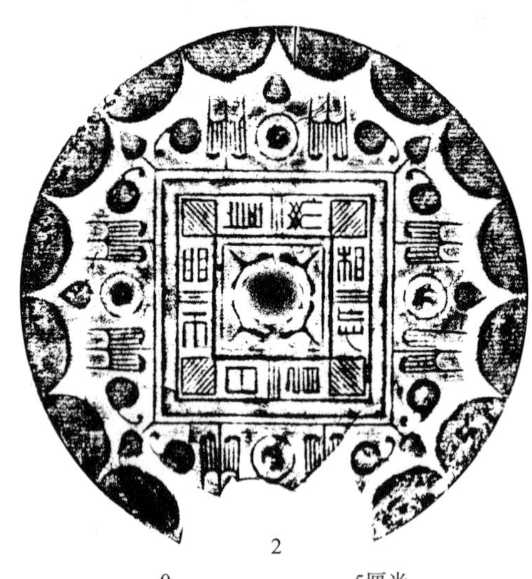

2

0 5厘米

图五八 汉墓出土铜镜

1. C 型（M325:1） 2. E 型（M198:5）

（图五九，3；图版一二八，2）。

镞 1 件（标本 M303:9）。断面呈菱形，铤残。残长 3.1 厘米（图五九，4）。

带钩 13 件。分三型。

A 型 11 件。均为琴面形，背部一圆纽。标本 M321:14，体长 8.5、腹宽 1 厘米（图五九，5；图版一二八，3）。标本 M195:2，体长 7.6、腹宽 1.1 厘米（图五九，6；图版一二八，4）。标本 M34:4，纽面略方。体长 4.4、腹宽 1 厘米（图五九，7；图版一二八，5）。标本 M111:8，体长 3.9、腹宽 1.1 厘米（图五九，8；图版一二八，6）。

B 型 1 件（标本 M292:1）。体小钩大。体长 4.5、腹宽 0.9 厘米（图五九，9；图版一二九，1）。

C 型 1 件（标本 M218:5）。体短钩大，背部一圆形纽，腹部一圆窝。体长 3.1 厘米（图五九，10；图版一二九，2）。

印 2 件。标本 M271:3，印面方形，印文“功克之印”四字，桥形纽。边长 1.5、高 1.6 厘米（图六〇，1；彩版六四，3）。标本 M198:6，双面印，方形，一面印文“臣过之”三字，另一面印文“□过之”三字，断面呈扁“回”形。边长 1.4、厚 0.65 厘米（图六〇，2；彩版六四，4）。

环 1 件（标本 M308:2）。直径 2.1 厘米（图六〇，3；图版一二九，3）。

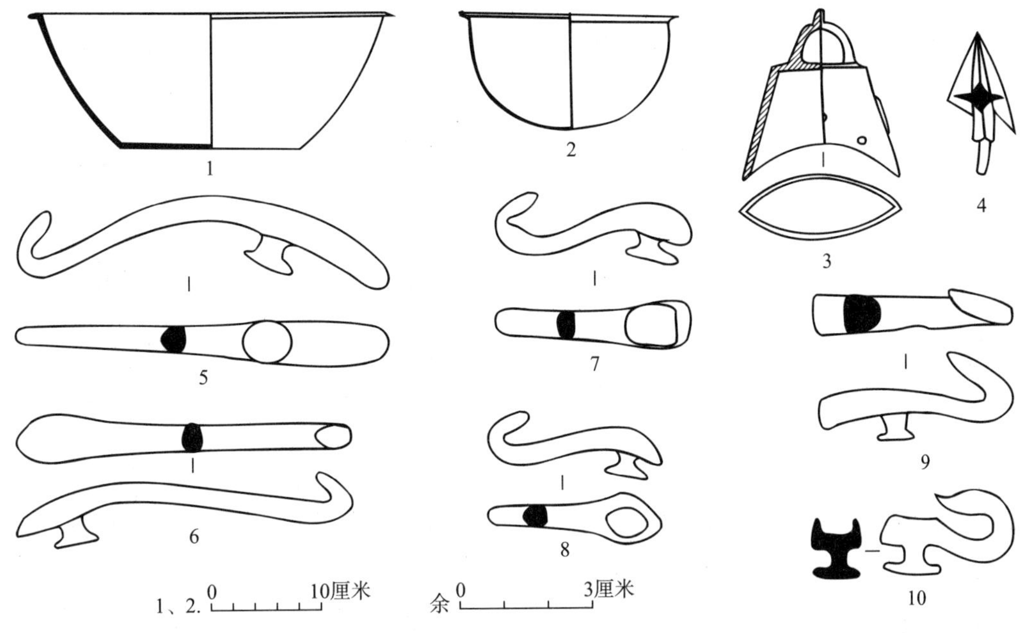

图五九　汉墓出土铜器

1. 盆（M285:1）　2. 釜（M332:1）　3. 铃（M373:1）　4. 镞（M303:9）　5～7. A 型带钩（M321:14、M195:2、M34:4、M111:8）　9. B 型带钩（M292:1）　10. C 型带钩（M218:5）

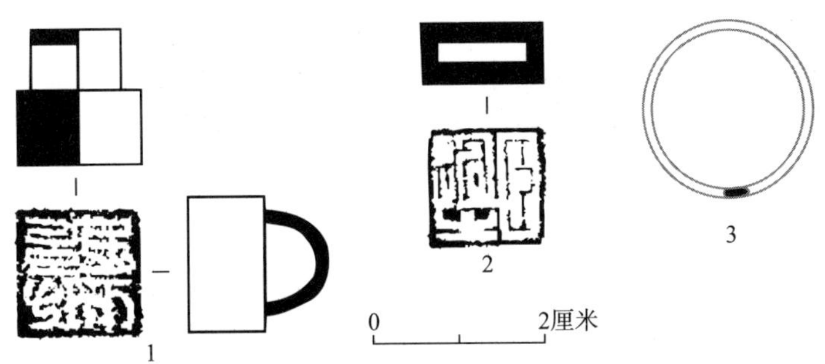

图六〇　汉墓出土铜器

1、2. 印（M271:3、M198:6）　3. 环（M308:2）

铜钱　814 枚。有半两、五铢、剪轮五铢、大泉五十、货泉等五种。

半两　9 枚。一般圆形无郭，方孔，平背。

五铢　560 枚。五铢钱的种类变化比较复杂，从“五铢”两字钱文看，“铢”字头有方折、圆折之分，“五”字中间交叉有圆弧、斜直之分，同时有的方框下有半星或框上一横的不同。这些特征既有时代上的差异，又与不同铸造地点的特征有关（图六一，11～16；图六二，1～12）。

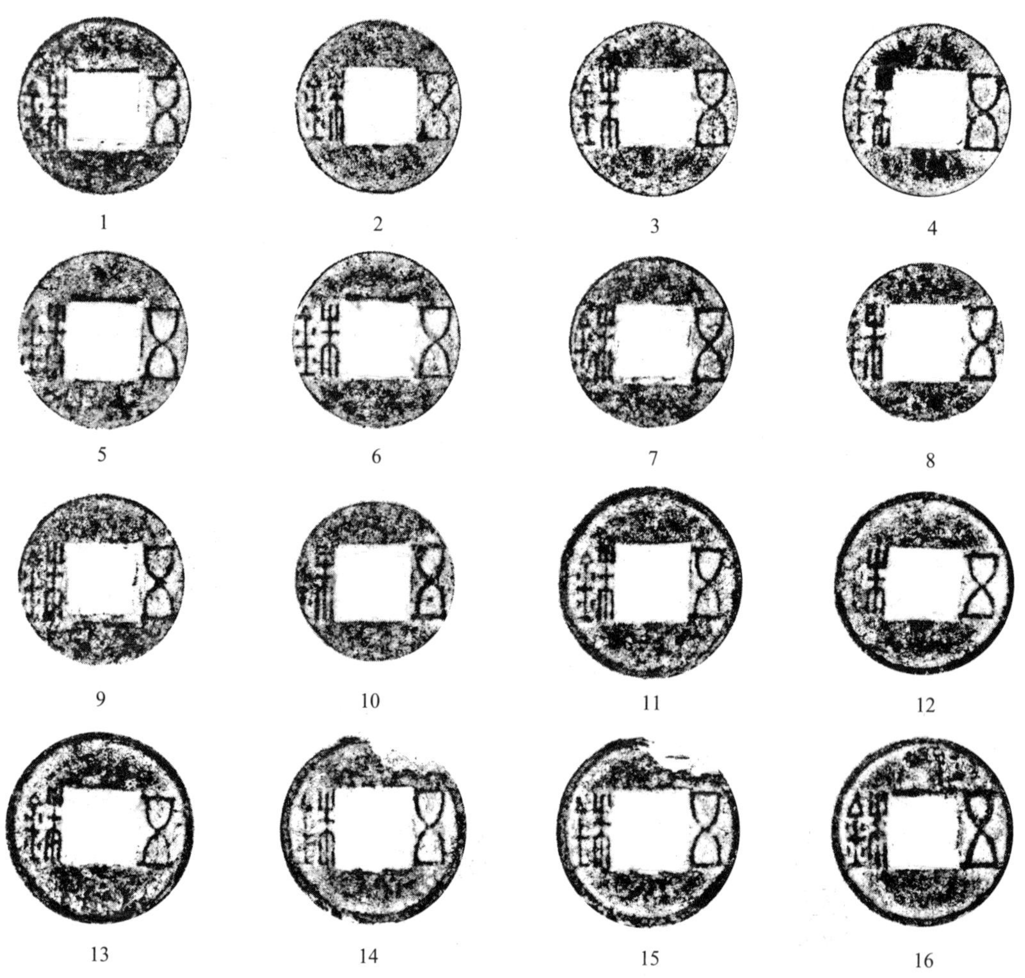

图六一　汉墓出土铜钱（原大）

1～10. 剪轮五铢（M309:1－1、M309:1－2、M335:6－1、M335:6－2、M305:6、M308:1－1、M322:1－1、M258:1－1、M322:1－2、M258:1－2）　11～16. 五铢（M322:1－3、M322:12、M322:1－4、M308:1－1、M308:1－2、M168:1－1）

剪轮五铢　166枚。其特征与五铢一致，只是郭被磨或剪掉，有的尚保留小部分郭（图六一，1～10）。

大泉五十　22枚。较五铢略厚重（图六二，13～16）。

货泉　57枚。

3. 铁器

51件。有锤、夯、臿、斧、剑、刀。

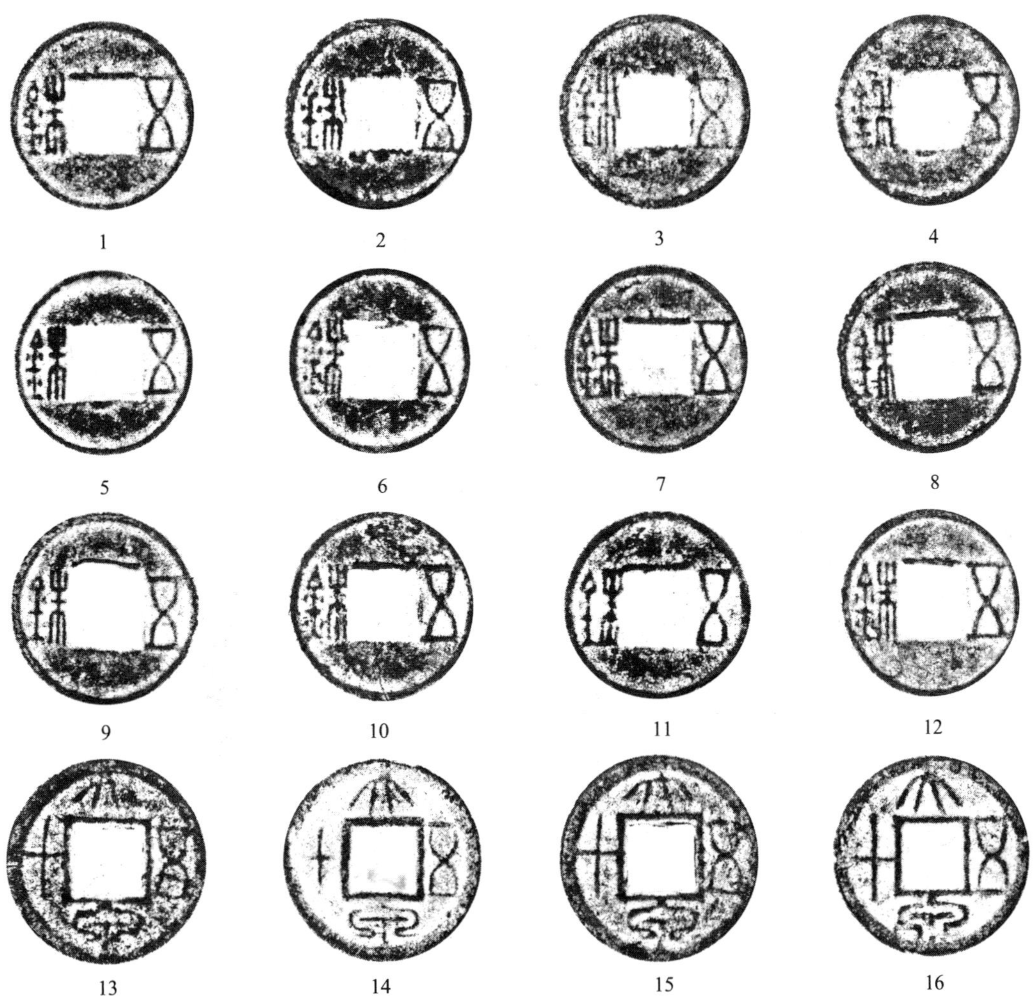

图六二　汉墓出土铜钱（原大）

1～12. 五铢（M168:1－2、M309:1－3、M309:1－4、M294:5－1、M294:5－2、M294:5－3、M168:1－3、M341:3－1、M341:3－2、M168:1－4、M335:6－3、M335:6－4）　13～16. 大泉五十（M316:5－1、M316:5－2、M316:5－3、M316:5－4）

锤　1件（标本M195:1）。锤头为鼓形，柄断面为圆角方形，锤头直径5.6、高7.9厘米，柄残（图六三，1；图版一二九，4）。

夯　3件。标本M193:1，口径7.1、高9.2厘米（图六三，2）。标本M291:1，口径7.2、高9.2厘米（图六三，3）。

臿　3件。凹字形。标本M35:15，刃部弧形。长11、宽12.1厘米（图六三，4；图版一二九，6）。标本M122:1，刃部略尖。长14.2、宽13.2厘米（图六三，5；图版一二九，5）。

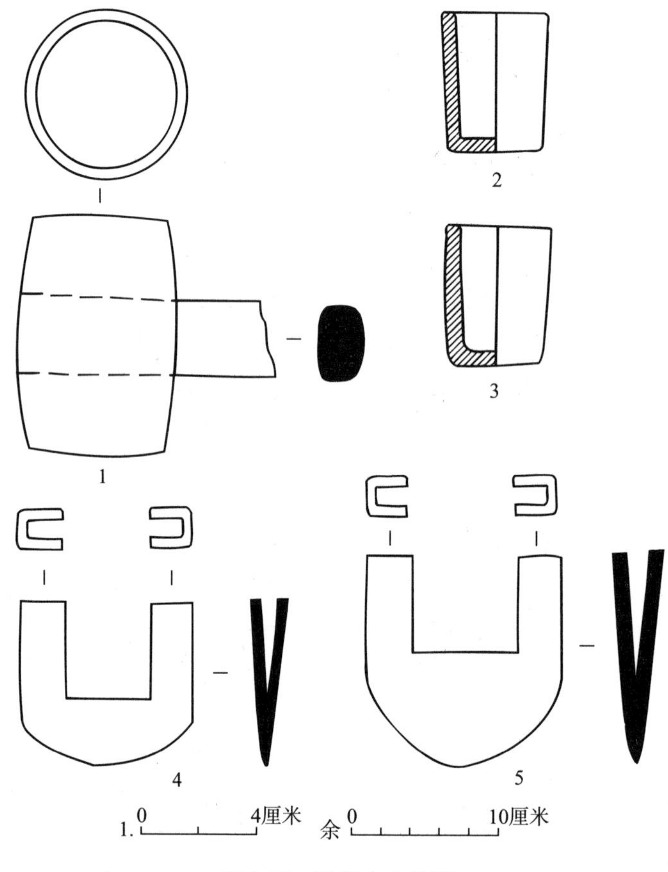

图六三　汉墓出土铁器

1. 锤（M195:1）　2、3. 夯（M193:1、M291:1）

4、5. 臿（M35:15、M122:1）

斧　2件。标本M347:3，器体呈长方形，平刃，中空成銎。长12.6、宽9.5、厚2.6厘米（图六四，5；图版一三〇，1）。

剑　18件。剑身与柄交接处有璏，剑柄残。标本M21:1，残长90厘米（图六四，1）。

刀　24件。环首，直背，平刃。标本M248:2，通长70厘米（图六四，2）。标本M321:8，通长47厘米（图六四，3；图版一三〇，2）。标本M198:4，通长30.2厘米（图六四，4；图版一三〇，3）。

4. 石器

10件。有砚、纺轮、石球等。

砚　7件。分两型。

A型　4件。长方形板。标本M321:11+12，红砂石，有砚板和研石。研石上部为圆形，下部为方形。饰红色彩绘。底边长2.9×3.05、高1.05厘米。砚板长10.9、宽4.5、厚0.8厘米（图六五，1；彩版六四，2）。标本M325:7，青灰石。长13.6、宽6、厚0.3厘米（图六五，4；图版一三〇，4）。

B型　3件。圆形。标本M118:10，红砂石，有研石。砚面磨光，底面和四周为自然石面。研石呈馒头形，底径5.5、高3.5厘米。砚直径20、厚3厘米（图六五，2；图版一三一，1）。标本M347:5，红砂石。砚面磨光，底面和四周为自然石面。直径20、厚2.2厘米（图六五，5；图版一三一，3）。标本M271:5，灰白色。上面和四周磨光（但因长期腐蚀已不光滑）。底面饰回纹。直径17.2、厚2.5厘米（图六五，3；图版一三一，2）。

纺轮　2件。标本M310:4，深灰色，一面刻“孟□主”三字。直径5.95、厚0.85厘米（图六六，1；图版一三一，4）。

石球　1件（标本M284:16）。直径1.4厘米（图六六，6）。

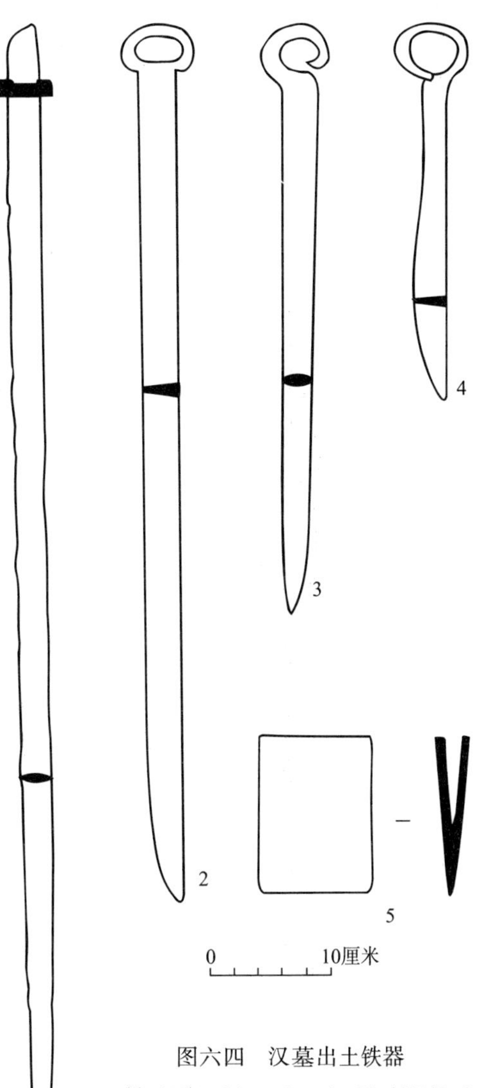

图六四　汉墓出土铁器

1. 剑（M21:2）　2～4. 刀（M248:2、M321:8、M198:4）　5. 斧（M347:3）

5. 玉器

9件。有镯、玦、珠、蚀等。

玉镯　1件（标本M341:4）。环形，乳白色，半透明，残缺。直径5.2厘米（图六六，4；图版一三一，5）。

玉玦　2件。标本M297:7，灰绿色，半透明。直径2.5、厚0.3厘米（图六六，7；彩版六四，5）。标本M297:10，浅褐色。已残。直径2.8、厚0.2厘米（图六六，8）。

玉珠　3件。标本M258:3-1，天蓝色。圆柱形。直径0.9、高0.8厘米（图六六，9；彩版六四，6）。

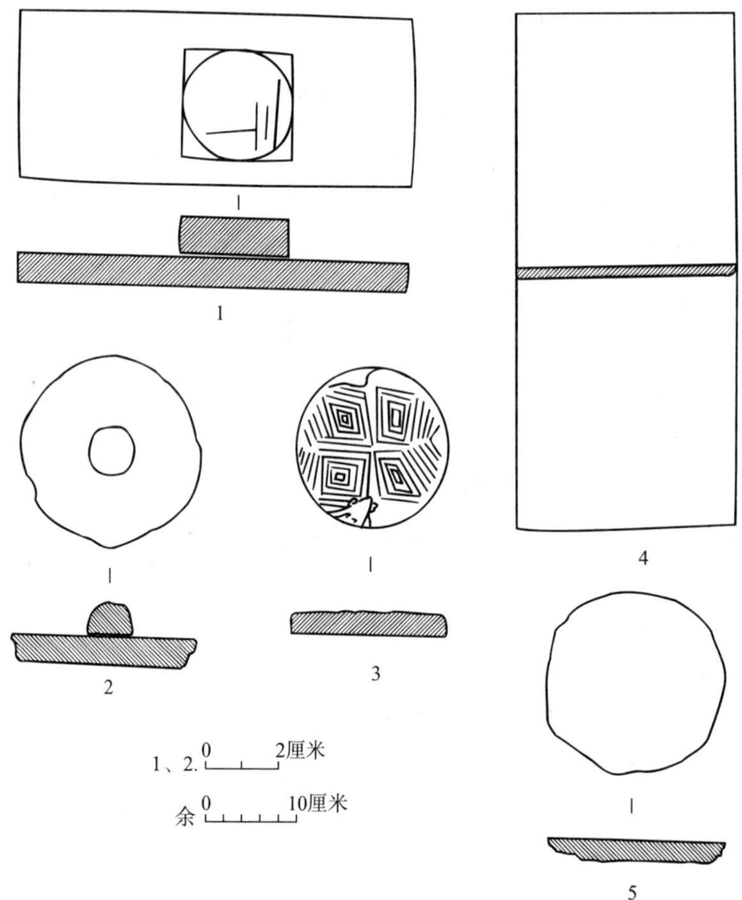

图六五　汉墓出土石器

1、4. A 型砚（M321:11 + 12、M325:7）　2、3、5. B 型砚（M118:10、M271:5、M347:5）

玉蚀　3 件。标本 M258:4，黄白色。馒头形，底有两孔相通。直径 0.6、高 0.45 厘米（图六六，5；彩版六四，8）。标本 M258:5，浅绿色。纽扣状。直径 1.6 厘米（图六六，3；彩版六四，7）。

6. 骨器

2 件。

骨管　1 件（标本 M372:3）。圆筒形。直径 2.9、长 4.4 厘米（图六六，2；图版一三一，6）。

骨珠　1 件（标本 M184:3）。在死者口中。算珠形。直径 1.3、高 1 厘米（图六六，10）。

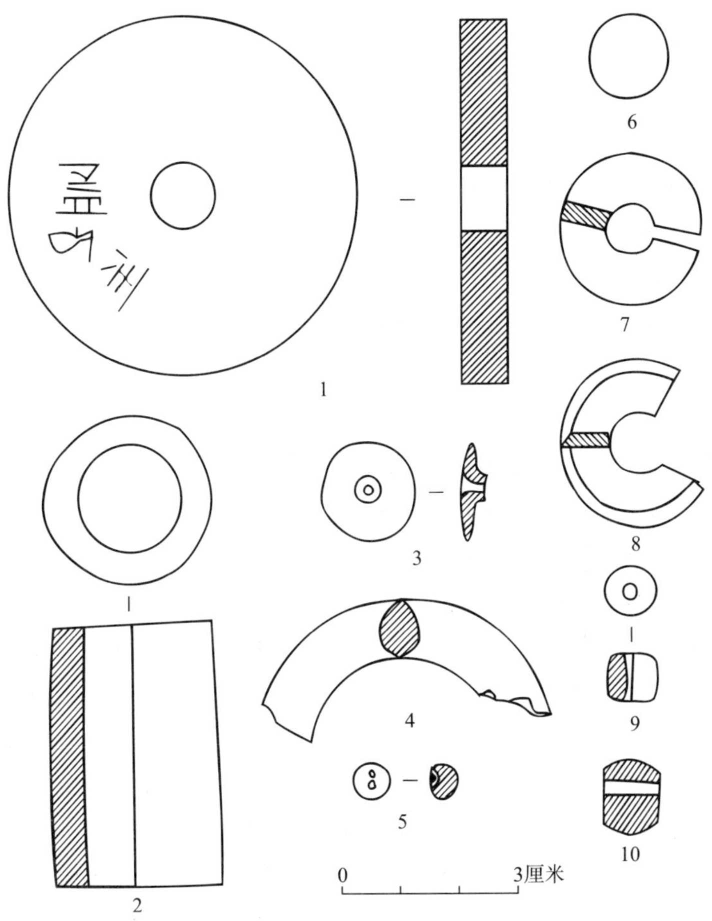

图六六　汉墓出土器物

1. 石纺轮（M310:4）　2. 骨管（M372:3）　3、5. 玉蚀（M258:5、M258:4）
4. 玉镯（M341:4）　6. 石球（M284:16）　7、8. 玉玦（M297:7、M297:10）
9. 玉珠（M258:3－1）　10. 骨珠（M184:3）

（四）分　期

长直集发掘的三百余座墓葬中，有打破关系的墓葬9组，计17座墓葬，分别是：

第1组，M162打破M161。

第2组，M230打破M231。

第3组，M235打破M234。

第4组，M240打破M241和M242。

第 5 组，M309 打破 M310。

第 6 组，M312 打破 M313。

第 7 组，M357 打破 M356。

第 8 组，M364 打破 M365。

第 9 组，M260 打破 M275，M275 打破 M270。

在 9 组具有打破关系墓葬中，第 2、3、4、9 组均无随葬品，第 1、8 组一座有随葬品，另一座没有随葬品，第 5、6、7 组均有随葬品。

第 5、7 组四座墓葬随葬品相对比较丰富，都出土不同型式的罐，这些罐在形态上存在一定的差异，具备分期意义。

整理中我们还发现，一些墓葬中出土的铜钱中均为“半两”，有的墓葬中出土“大泉五十”或“货泉”，这些墓葬中均没有“五铢”同出。出土“半两”的墓葬有 M6、M347，出土“大泉五十”或“货泉”的墓葬有 M256、M307、M316、M325。我们将这些墓葬也作为具有分期意义的墓葬。

墓地出土 16 面铜镜，根据以往的研究成果，这些铜镜有明显的时代差异，分属于西汉中期、西汉晚期、王莽时期和东汉早期。我们将这些铜镜作为墓葬分期重要的参考依据。

出土随葬品中，陶器数量最多，每一类陶器自身有许多差异。根据墓葬间的打破关系，按照类型学原理，对出土数量较多、特征差异明显的鼎、盒、壶、钫、钵、盘、罐等七类陶器进行了分型定式，并根据每个陶器组合的不同进行了分期，其划分结果如表一：

从表一中可以看出，这批墓葬根据陶器组合的不同可以分为五期。将不同型式的典型器物带入到墓葬陶器型式组合表中，即为墓葬陶器分期图（图六七）。

从图六七中，我们可以看出整个墓地部分陶器演变有如下规律：

A 型鼎由腹较深向浅腹，盖由隆起较甚到弧顶较平；足由高变矮，由粗变细。

盒类演变规律与鼎的腹、盖基本一致。

A 型壶基本由短颈变为长颈，由长圆腹变为扁圆腹。

钵由折腹变为弧腹，由深腹变为浅腹。

A 型大型罐口沿由卷沿逐渐变为直沿盘口，肩部渐矮，腹部由外鼓变为内收。

Ba 型大型罐口沿由折沿变为卷沿，腹部最大腹径由低向高。底部由大圜底变为小圜底。

Bc 型大型罐由鼓腹变为瘦腹，最大腹径上移。

C 型大型罐由小卷沿直口变大卷沿盘口，腹部由球腹逐步变为折腹，最大腹径的位置越来越明显。

根据墓葬随葬品情况，对随葬品具有分期意义墓葬进行了分期，分期结果如下：

第一期，共 12 座，分别是 M6、M7、M32、M193、M268、M298、M300、M336、M345、M347、M351、M356 等。陶器基本组合是：A 型Ⅰ式、A 型Ⅱ式、C 型Ⅰ式鼎，

表一　各期典型陶器型式一览表

器类 / 分期	鼎			盒		盘		钵	钫	壶							大型罐						中型罐					
	A	B	C	A	B	A	B			Aa	Ab	Ac	Ad	B	Ca	Cb	A	Ba	Bb	Bc	C	D	Aa	Ab	Ac	Ba	Bb	Bc
一	Ⅰ Ⅱ		Ⅰ	Ⅰ	Ⅰ		Ⅰ	Ⅰ		Ⅰ Ⅱ	Ⅰ			Ⅰ	Ⅰ Ⅱ			Ⅰ		Ⅰ		Ⅰ		Ⅰ				
二	Ⅱ Ⅲ	Ⅰ Ⅱ		Ⅰ Ⅱ	Ⅱ Ⅲ	Ⅰ Ⅱ	Ⅰ	Ⅱ Ⅲ	Ⅰ Ⅱ Ⅲ	Ⅱ Ⅲ	Ⅱ Ⅲ	Ⅰ Ⅱ	Ⅰ Ⅱ	Ⅱ Ⅲ	Ⅲ Ⅳ		Ⅰ Ⅱ Ⅲ	Ⅱ Ⅲ	Ⅰ	Ⅱ Ⅲ	Ⅰ Ⅱ Ⅲ	Ⅰ Ⅱ	Ⅰ Ⅱ	Ⅰ Ⅱ	Ⅰ	Ⅰ Ⅱ	Ⅰ Ⅱ	Ⅰ Ⅱ
三	Ⅲ Ⅳ			Ⅲ	Ⅳ		Ⅱ Ⅲ	Ⅳ			Ⅲ Ⅳ	Ⅲ		Ⅳ	Ⅴ		Ⅲ	Ⅱ Ⅲ	Ⅱ Ⅲ	Ⅱ Ⅲ Ⅳ	Ⅰ Ⅱ Ⅲ		Ⅲ	Ⅱ	Ⅰ Ⅱ	Ⅰ Ⅱ Ⅲ	Ⅰ Ⅱ	
四	Ⅴ		Ⅱ	Ⅳ		Ⅲ		Ⅴ			Ⅴ Ⅵ Ⅶ			Ⅴ	Ⅴ	Ⅰ Ⅱ	Ⅳ Ⅴ	Ⅲ Ⅳ		Ⅳ Ⅴ	Ⅳ		Ⅲ Ⅳ	Ⅲ	Ⅱ	Ⅲ Ⅳ		Ⅱ
五	Ⅵ													Ⅴ Ⅵ Ⅶ				Ⅳ		Ⅴ Ⅵ	Ⅳ		Ⅴ		Ⅲ	Ⅴ Ⅵ	Ⅱ Ⅲ Ⅳ	

A 型Ⅰ式、B 型Ⅰ式盒，B 型Ⅰ式盘，Ⅰ式钵，Aa 型Ⅰ式、Aa 型Ⅱ式、Ab 型Ⅰ式、B 型Ⅰ式、Ca 型Ⅰ式、Ca 型Ⅱ式壶，Ba 型Ⅰ式、Bc 型Ⅰ式、D 型Ⅰ式大型罐，Ab 型Ⅰ式中型罐等。

第二期：共 71 座，分别是：M2、M3、M4、M9、M12、M17、M20、M31、M33、M34、M36、M103、M104、M108、M118、M119、M122、M124、M126、M134、M140、M155、M162、M180、M184、M190、M198、M218、M232、M248、M255、M260、M267、M270、M274、M277、M278、M280、M285、M288、M291、M294、M296、M299、M303、M305、M306、M310、M320、M323、M328、M331、M334、M335、M339、M340、M341、M344、M346、M355、M360、M363、M367、M370、M372、M373、M376、M377、M378、M382、M384 等。陶器基本组合是：A 型Ⅱ式、A 型Ⅲ式、B 型Ⅰ式、B 型Ⅱ式鼎，A 型Ⅰ式、A 型Ⅱ式、B 型Ⅱ式、B 型Ⅲ式盒，A 型Ⅰ式、A 型Ⅱ式、B 型Ⅰ式盘，Ⅱ、Ⅲ式钵，Ⅰ、Ⅱ、Ⅲ式钫，Aa 型Ⅱ式、Aa 型Ⅲ式、Ab 型Ⅱ式、Ab 型Ⅲ式、Ac 型Ⅰ式、Ac 型Ⅱ式、Ad 型Ⅰ式、Ad 型Ⅱ式、B 型Ⅱ式、B 型Ⅲ式、Ca 型Ⅲ式、Ca 型Ⅳ式壶，A 型Ⅰ式、A 型Ⅱ式、A 型Ⅲ式、Ba 型Ⅱ式、Ba 型Ⅲ式、Bb 型Ⅰ式、Bc 型Ⅱ式、Bc 型Ⅲ式、C 型Ⅰ式、C 型Ⅱ式、C 型Ⅲ式、D 型Ⅰ式、D 型Ⅱ式大型罐，Aa 型Ⅰ式、Aa 型Ⅱ式、Ab 型Ⅰ式、Ab 型Ⅱ式、Ac 型Ⅰ式、Ba 型Ⅰ式、Ba 型Ⅱ式、Bb 型Ⅰ式、Bb 型Ⅱ式、Bc 型Ⅰ式、Bc 型Ⅱ式中型罐等。

第三期，共 36 座，分别是：M109、M111、M128、M165、M172、M175、M201、M202、M209、M221、M264、M271、M282、M286、M287、M289、M295、M302、M309、M313、M314、M317、M318、M321、M327、M330、M332、M337、M343、M348、M349、M350、M352、M357、M362、M381 等。陶器基本组合是：A 型Ⅲ式、A 型Ⅳ式鼎，A 型Ⅲ式、B 型Ⅳ式盒，B 型Ⅱ式、B 型Ⅲ式盘，Ⅳ式钵，Ab 型Ⅲ式、Ab 型Ⅳ式、Ac 型Ⅲ式、B 型Ⅳ式、Ca 型Ⅴ式壶，A 型Ⅲ式、Ba 型Ⅱ式、Ba 型Ⅲ式、Bb 型Ⅱ式、Bb 型Ⅲ式、Bc 型Ⅱ式、Bc 型Ⅲ式、Bc 型Ⅳ式、C 型Ⅰ式、C 型Ⅱ式、C 型Ⅲ式大型罐，Aa 型Ⅲ式、Ab 型Ⅱ式、Ac 型Ⅰ式、Ac 型Ⅱ式、Ba 型Ⅰ式、Ba 型Ⅱ式、Ba 型Ⅲ式、Bb 型Ⅰ式、Bb 型Ⅱ式中型罐等。

第四期，共 22 座，分别是：M10、M16、M19、M35、M112、M226、M238、M256、M258、M276、M279、M281、M284、M297、M307、M308、M312、M316、M325、M364、M383、M386。陶器基本组合是：A 型Ⅴ式、C 型Ⅱ式鼎，A 型Ⅳ式盒，A 型Ⅲ式盘，Ⅴ式钵，Ab 型Ⅴ式、Ab 型Ⅵ式、Ab 型Ⅶ式、B 型Ⅴ式、Ca 型Ⅴ式、Cb 型Ⅰ式、Cb 型Ⅱ式壶，A 型Ⅳ式、A 型Ⅴ式、Ba 型Ⅲ式、Ba 型Ⅳ式、Bc 型Ⅳ式、Bc 型Ⅴ式、C 型Ⅳ式大型罐，Aa 型Ⅲ式、Aa 型Ⅳ式、Ab 型Ⅲ式、Ac 型Ⅱ式、Ba 型Ⅲ式、

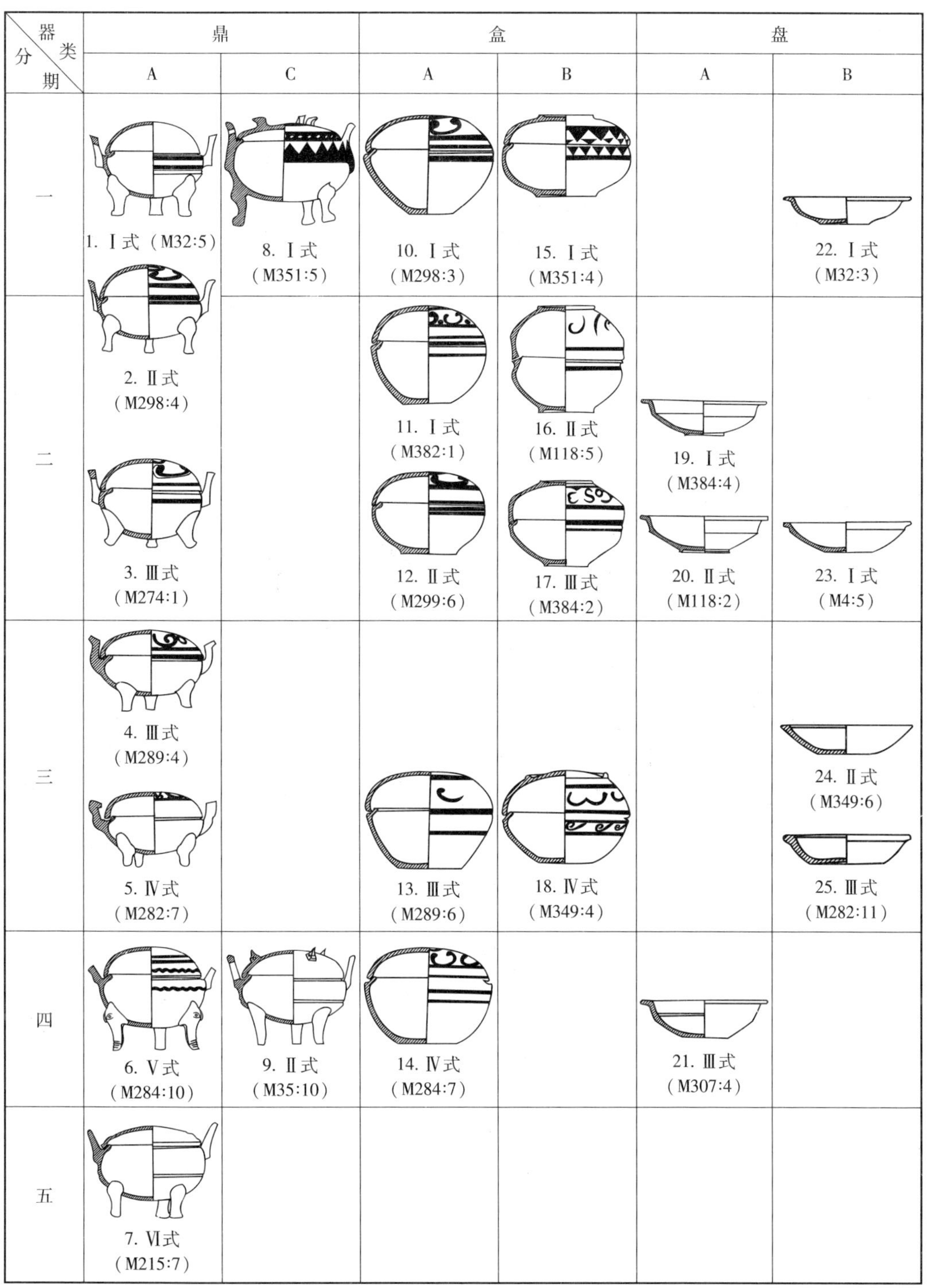

图六七（一） 汉墓典型陶器分期图（一）

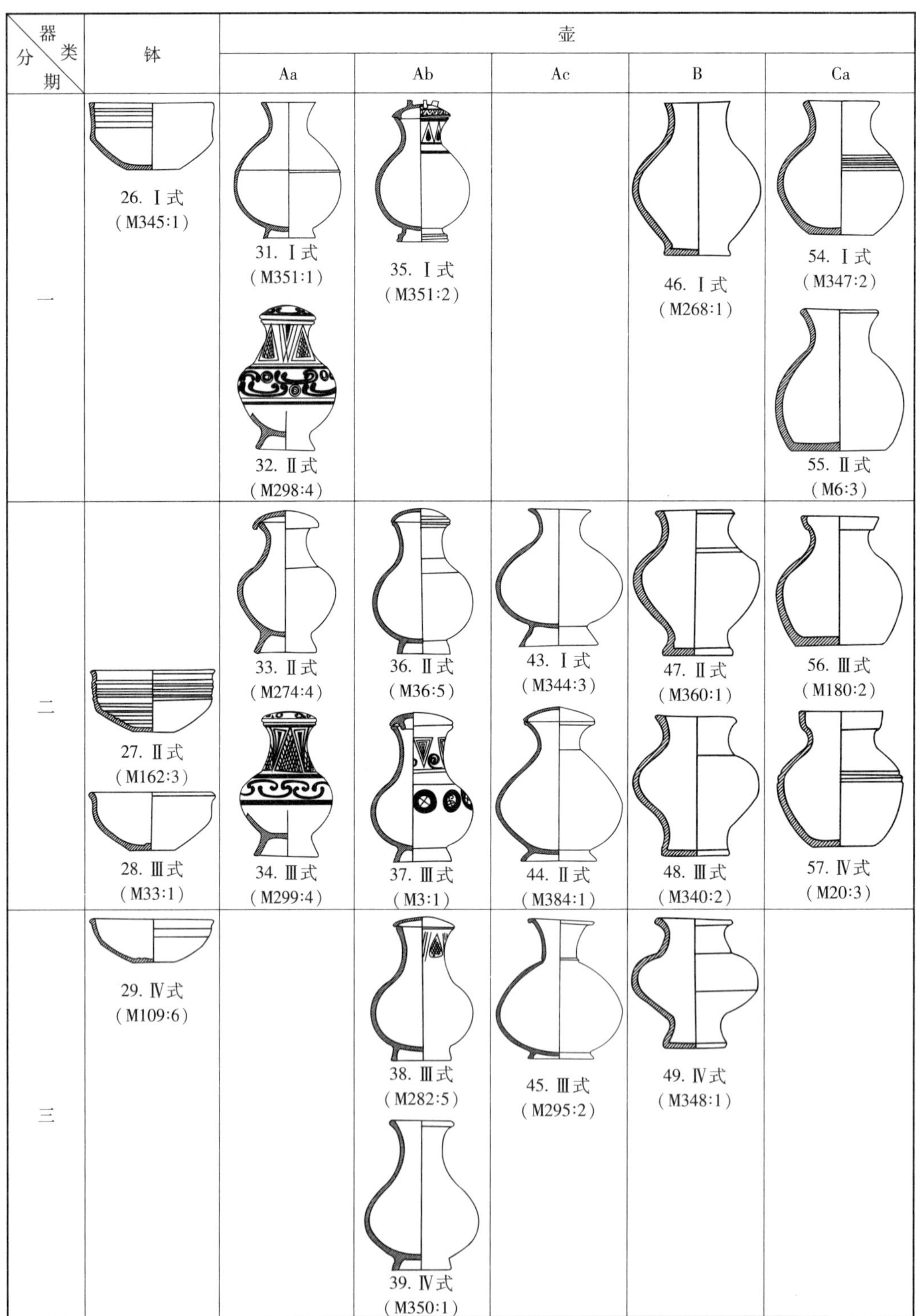
器类
分期
钵
壶
Aa
Ab
Ac
B
Ca
一
二
三
26. Ⅰ式 （M345:1）
31. Ⅰ式 （M351:1）
35. Ⅰ式 （M351:2）
46. Ⅰ式 （M268:1）
54. Ⅰ式 （M347:2）
32. Ⅱ式 （M298:4）
55. Ⅱ式 （M6:3）
33. Ⅱ式 （M274:4）
36. Ⅱ式 （M36:5）
43. Ⅰ式 （M344:3）
47. Ⅱ式 （M360:1）
56. Ⅲ式 （M180:2）
27. Ⅱ式 （M162:3）
28. Ⅲ式 （M33:1）
34. Ⅲ式 （M299:4）
37. Ⅲ式 （M3:1）
44. Ⅱ式 （M384:1）
48. Ⅲ式 （M340:2）
57. Ⅳ式 （M20:3）
29. Ⅳ式 （M109:6）
38. Ⅲ式 （M282:5）
45. Ⅲ式 （M295:2）
49. Ⅳ式 （M348:1）
39. Ⅳ式 （M350:1）

图六七（二）　汉墓典型

分期＼器类	钵	壶				
		Aa	Ab	Ac	B	Ca
三						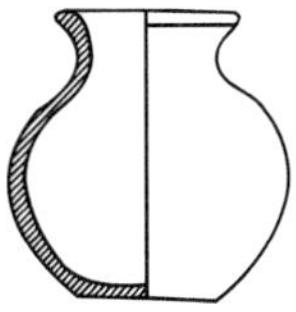
四	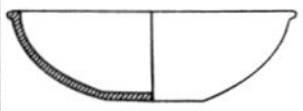 30. Ⅴ式（M284:15）		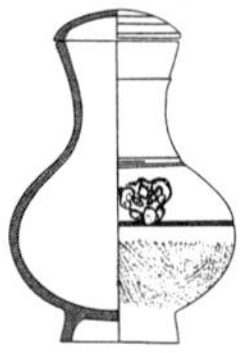 40. Ⅴ式（M284:12） 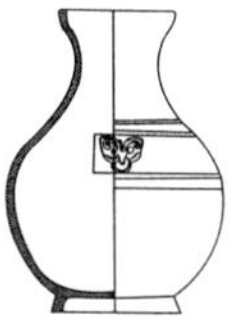 41. Ⅵ式（M35:6） 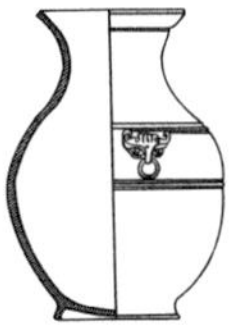 42. Ⅶ式（M307:8）		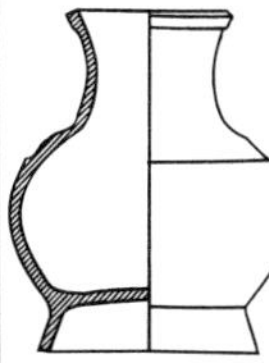 50. Ⅴ式（M276:1）	58. Ⅴ式（M316:1）
五					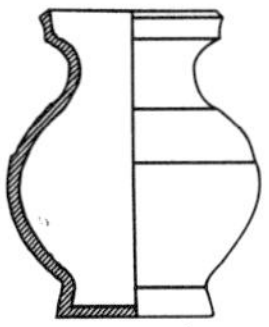 51. Ⅴ式（M250:1） 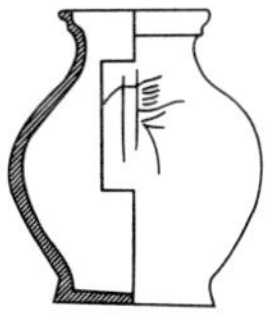 52. Ⅵ式（M101:1） 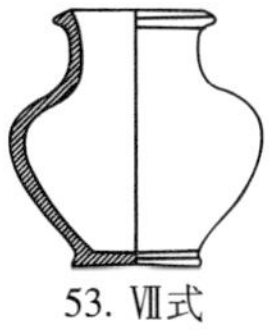 53. Ⅶ式（M215:1）	

陶器分期图（二）

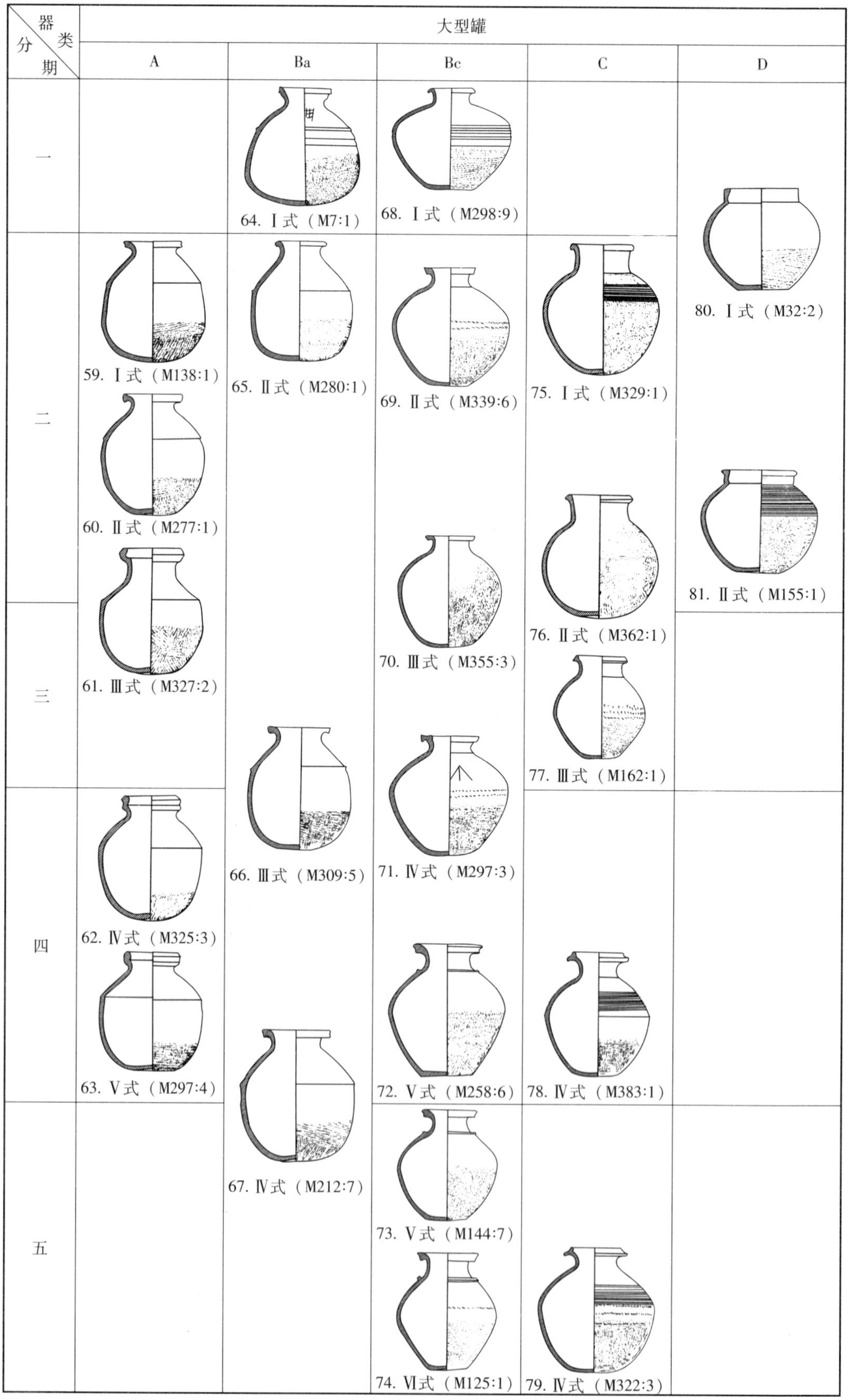

分期＼器类	大型罐				
	A	Ba	Bc	C	D
一		64. Ⅰ式（M7:1）	68. Ⅰ式（M298:9）		80. Ⅰ式（M32:2）
二	59. Ⅰ式（M138:1） 60. Ⅱ式（M277:1）	65. Ⅱ式（M280:1）	69. Ⅱ式（M339:6）	75. Ⅰ式（M329:1）	81. Ⅱ式（M155:1）
三	61. Ⅲ式（M327:2）		70. Ⅲ式（M355:3）	76. Ⅱ式（M362:1） 77. Ⅲ式（M162:1）	
四	62. Ⅳ式（M325:3） 63. Ⅴ式（M297:4）	66. Ⅲ式（M309:5）	71. Ⅳ式（M297:3） 72. Ⅴ式（M258:6）	78. Ⅳ式（M383:1）	
五		67. Ⅳ式（M212:7）	73. Ⅴ式（M144:7） 74. Ⅵ式（M125:1）	79. Ⅳ式（M322:3）	

图六七（三）　汉墓典型陶器分期图（三）

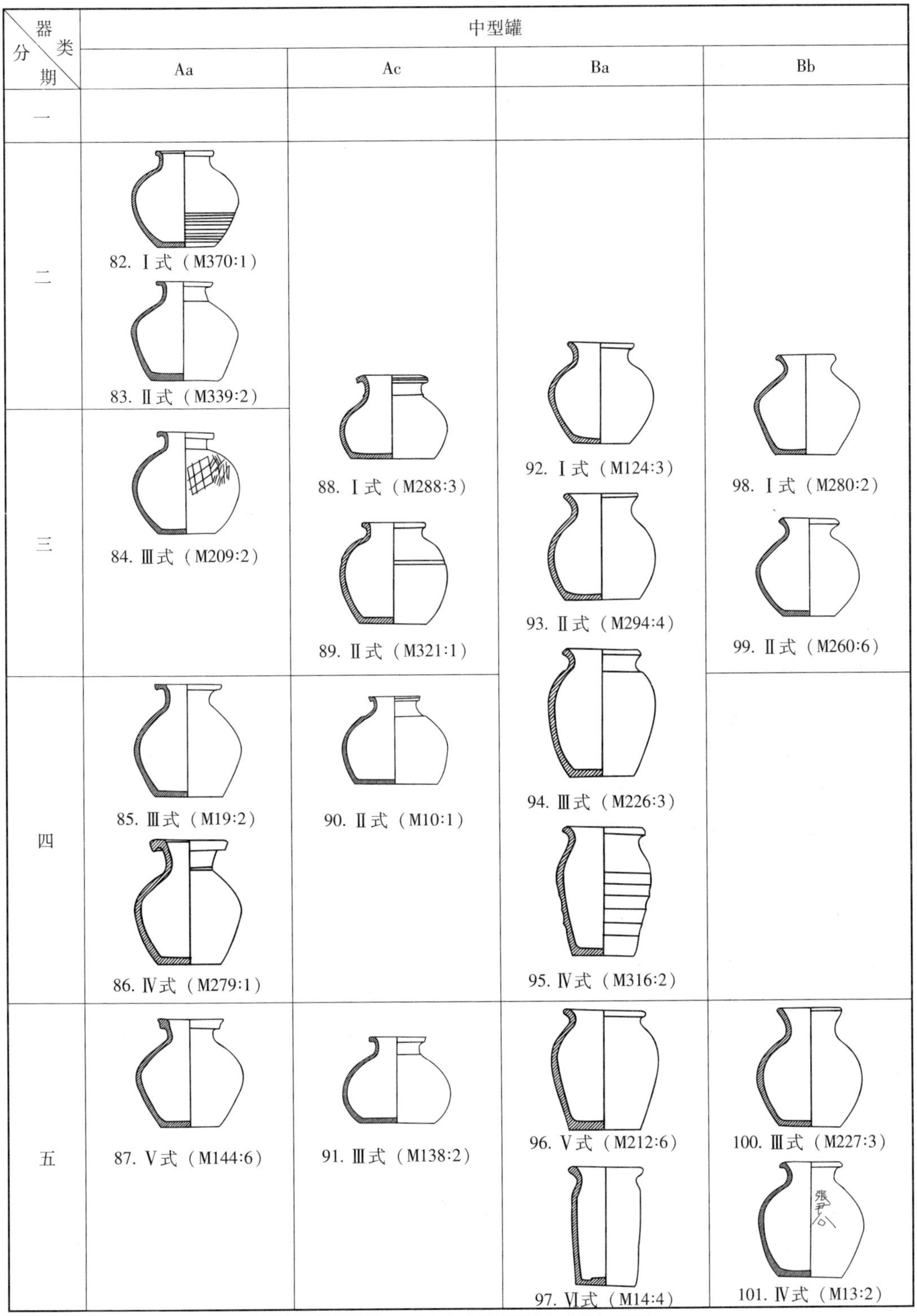

<table>
<tr><th rowspan="2">器类
分期</th><th colspan="4">中型罐</th></tr>
<tr><th>Aa</th><th>Ac</th><th>Ba</th><th>Bb</th></tr>
<tr><td>一</td><td></td><td></td><td></td><td></td></tr>
<tr><td>二</td><td>82. Ⅰ式（M370:1）
83. Ⅱ式（M339:2）</td><td rowspan="2">88. Ⅰ式（M288:3）
89. Ⅱ式（M321:1）</td><td rowspan="3">92. Ⅰ式（M124:3）
93. Ⅱ式（M294:4）
94. Ⅲ式（M226:3）
95. Ⅳ式（M316:2）</td><td rowspan="2">98. Ⅰ式（M280:2）
99. Ⅱ式（M260:6）</td></tr>
<tr><td>三</td><td>84. Ⅲ式（M209:2）</td></tr>
<tr><td>四</td><td>85. Ⅲ式（M19:2）
86. Ⅳ式（M279:1）</td><td>90. Ⅱ式（M10:1）</td><td></td></tr>
<tr><td>五</td><td>87. Ⅴ式（M144:6）</td><td>91. Ⅲ式（M138:2）</td><td>96. Ⅴ式（M212:6）
97. Ⅵ式（M14:4）</td><td>100. Ⅲ式（M227:3）
101. Ⅳ式（M13:2）</td></tr>
</table>

图六七（四）　汉墓典型陶器分期图（四）

Ba 型Ⅳ式、Bc 型Ⅱ式中型罐等。

第五期，共 15 座，分别是：M13、M14、M101、M125、M138、M144、M206、M212、M215、M227、M250、M266、M322、M361、M366 等。陶器基本组合是：A 型Ⅵ式鼎，B 型Ⅴ式、B 型Ⅵ式、B 型Ⅶ式壶，Ba 型Ⅳ式、Bc 型Ⅴ式、Bc 型Ⅵ式、C 型Ⅳ式大型罐，Aa 型Ⅴ式、Ac 型Ⅲ式、Ba 型Ⅴ式、Ba 型Ⅵ式、Bb 型Ⅱ式、Bb 型Ⅲ式、Bb 型Ⅳ式中型罐等。

无法分期的墓葬 160 座，大多数没有随葬品或随葬品被盗。也有的出土少量不具分期意义的随葬品。

（五）结　语

长直集墓地范围大，墓葬数量多，此次发掘的范围主要集中在墓地的西南部。该墓地的发掘和整理研究，对研究鲁中南地区汉代文明具有重要的意义。

（1）嘉祥位于鲁中南地区的西部，长直集墓地的墓葬形制有其独特之处。

此次发掘的 316 座中，石椁墓 166 座，土坑墓 148 座，空心砖墓 2 座，石椁墓所占比例远远少于曲阜、滕州等地。夫妻合葬的比例较少，比较明确的并穴墓比例少，这都有别于本书所收入的其他墓地。

值得说明的是，在 9 组具有打破关系的墓葬中，除 1、6、8 组为纵向打破外，其他 6 组均为横向打破，应该是出于追求死后同穴的意识而进行的合葬。在其他几个墓地的发掘过程中，将这些有意打破的墓葬与本文中的双石椁墓一样作为一个墓葬，编为一个墓号。诚如是，则该墓地很少有无意打破关系的墓葬。

M108 先下葬者为石椁墓，其后埋葬第二位死者时，在石椁的顶部向北掏出一个墓室，将棺木放置入内。发掘时有人认为龛内为殉葬者，其实应是一座石椁与土坑结合的合葬墓。从墓室一侧向外掏出墓室在滕州封山等墓地也有发现。

长直集墓地随葬品的位置大多在墓壁上掏出的龛内，也有一部分在椁室下的腰坑里，后者不见于其他汉代墓地。鲁中南其他墓地中在椁室外设器物箱的埋葬习俗也不见于该墓地。

鲁中南地区的一些墓地中往往存在少量空心砖墓，类似的情况在鲁北、胶东等地的汉代墓地中也有零星发现。这些作为葬具的空心砖表面往往有画像①，但大多遭到破坏。空心砖墓是河南洛阳周围汉代墓葬流行的习俗，由于在山东还没有发现烧制画像空心砖的陶窑，因此这些空心砖应是从河南直接运送过来的，山东地区发现的少量空

① 山东省济宁市文物处：《山东金乡县发现汉代画像砖墓》，《考古》1989 年第 12 期。

心砖墓是两地文化直接交流的结果。

（2）该墓葬随葬品组合特征明显，与其他墓地有明显不同。通过对长直集墓地随葬陶器的分类我们发现有以下几种组合：

1）一般陶礼器（鼎、盒、壶、钫、盘等）或陶礼器与日常用品（罐）的组合。

2）日常生活用品（各种罐、壶）的组合。

3）B型鼎、B型盒与Ac型壶及罐的组合。

4）B型壶，一般每个墓葬仅随葬1件壶。

在鲁中南地区，陶礼器一般不与生活用品（罐类）同出，长直集墓葬罐类陶器与陶礼器共为组合的现象却比较多。

日常生活用品的组合普遍见于其他墓地。

B型鼎、B型盒与Ac型壶的组合见于济宁师专①及济宁郊区潘庙②汉代墓地，不见于山东地区的其他墓地，这应是当地随葬品的一种风格，其来源有待进一步探讨。

B型壶形制特殊，其来源有待进一步研究。

此外，M384、M296、M341出土Ad型壶见于济宁郊区潘庙墓地，在鲁北地区比较流行③，其文化因素或与鲁北地区有一定的联系。

（3）年代

根据陶器基本组合及出土铜镜、铜钱情况，我们将嘉祥长直集墓地分为五期。

第一期：以M6、M347为代表，共计13座。出土的陶器从形态上明显早于其他墓葬，随葬铜半两钱，未见铜五铢。M7出土的Ba型Ⅰ式大型罐、M32出土的D型Ⅰ式大型罐、M345出土的Ⅰ式钵具有战国时期的风格，其时代应定为西汉早期，年代大致从西汉初期到武帝元狩五年以前。

第二期：以M118、M198、M296、M303、M341为代表，共计71座。B型鼎、B型盒与Ac型壶的组合主要见于这一时期。出土铜钱主要为五铢，随葬西汉中期典型的草叶纹日月镜。济宁郊区潘庙出土的墓葬大多属于这一时期，该墓地M17出土半两，其他墓均出西汉五铢。根据与其他墓地资料对比，将二期定为西汉中期。需要说明的是在M118出土一面昭明镜，铭文为“而内而清而明而以而昭而光而日而月”。这种铜镜大多数人认为是西汉晚期的典型铜镜，根据该墓葬出土陶器的分析，我们认为西汉中期昭明镜已经出现。

第三期：以M124、M282、M302、M322为代表，共36座。出土西汉晚期典型的

---

① 济宁市博物馆：《山东济宁师专西汉墓群清理简报》，《文物》1992年第9期。

② 国家文物局考古领队培训班：《山东济宁郊区潘庙汉代墓地》，《文物》1991年第12期。

③ 山东省文物考古研究所：《山东青州戴家楼战国西汉墓》，《考古》1995年第11期。编者按：在临淄辛店周围出土大量与嘉祥长直集墓地Ad型壶相类似的壶，资料尚未发表。

日光镜、昭明镜，陶器形制明显晚于二期。将三期定为西汉晚期。

第四期：以 M256、M284、M307、M316、M325 为代表，共计 22 座。出土釉陶鼎、盒、壶，鼎、盒的形制与西汉早期接近，鼎足的上部为人面或象面。出土大泉五十、货泉等铜钱，出土四神博局镜等。据此我们将四期定为王莽时期，其下限也可能晚至东汉早期。

第五期：以 M144、M212、M215、M227、M250 为代表，共计 14 座。出土较多的四乳四螭镜，鼎、壶较少，随葬陶器以罐为主，形制晚于王莽时期。将五期定为东汉早期。

（4）M309 陶罐上的文字

嘉祥县春秋时属鲁国南武城，战国时属齐国，秦朝时属薛郡爰戚县。汉代为亢父县、巨野县地。《纪要》："秦爰戚县在嘉祥西南境。盖因汉初曹参攻爰戚及亢父，周勃攻爰戚、略东缗。爰戚自当近亢父、东缗县境。"①

西汉时期该地先后属于梁国、山阳郡、山阳国、昌邑国的辖地。《汉书·地理志》"山阳郡"条下自注"故梁，景帝中六年别为山阳国，武帝建元五年，别为郡，莽曰巨野，属兖州"。《水经注·荷水》迳昌邑故县城北，云"武帝天汉四年更为昌邑国，以封昌邑王髆，贺废国除，以为山阳郡"。根据以上记载可知，西汉时期，该地行政区划变化频仍。

在长直集墓地 M309 随葬一陶罐，在肩部刻一周文字，系烧制后刻。刻文前后衔接，共 28 字。刻文多为隶书，篆书占一定数量。可断读为"长书里八平里平里西孝里爰里乐成里辛里编阳里斗里入巨野间高"。"高"为篆文，亦可隶定为"亭"，如此，该刻文内容为长书里等 9 里归入巨野县间亭。

以上刻文亦可断读为"间高长书里八平里平里西孝里爰里乐成里辛里编阳里斗里入巨野"，则刻文内容为间高长书里等 9 里归入巨野。

根据墓葬分期，M309 为西汉晚期的墓葬，该陶罐的刻文记载了西汉中、晚期行政区划发生变化这一历史事件。M309 为一小型墓葬，陶罐所记亭里估计与墓主人相距不会太远，以上所记 9 里或许就在长直集周围。

至于刻文中"爰里"与秦汉时期的"爰戚"是否有关，尚需进一步探讨。

执笔：张　骥　李德渠　王守功　王政玉

线图：李德渠　张新红

墨描：许　珊

拓片：钱道训

照相：李顺华

① （清）叶圭绶：《续山东考古录·嘉祥条》，山东文艺出版社，1997 年。

附表　长直集汉代墓地墓葬登记表

（长度单位：米）

墓号	墓型	棺椁情况	层位（面）关系	墓向	墓室尺寸（长×宽－深）	椁室尺寸（长×宽－高）	墓主人（头向、葬式、性别、年龄）	壁龛或器物箱情况	随葬品	分期	备注
M1	单室	石椁 木棺		15°	2.4×1.7－3.05	2.1×0.8－0.7			铜五铢 10		
M2	双室	左室 石椁		4°	2.9×2.55－3	2.26×1－0.85			陶大型罐 BaⅢ、BcⅢ，罐	二	
		右室 石椁				2.26×1－0.9					
M3	单室	石椁 木棺		11°	3.3×2.2－6.8	2.56×1.04－0.95			陶鼎 AⅡ，盒 AⅠ，壶 AbⅢ、D，器盖	二	
M4	单室	石椁 木棺		13°	3.15×2.05－6.6	2.56×0.9－0.9			陶鼎 AⅡ，盘 BⅠ、BⅡ，壶 AbⅢ，钵其他	二	
M6	单室	石椁 木棺		16°	2.3×0.9－3.05	2.2×0.8－0.7			陶鼎 AⅠ，壶 CaⅡ；铜半两 5	一	
M7	单室	石椁 木棺		北	2.2×1.2－2.1				陶大型罐 BaⅠ；铁剑	一	破坏
M8	单室	石椁 木棺		11°	2.6×1.3－2.3	2.25×0.8－0.75		龛	陶其他钵		
M9	单室	土坑 木棺 生土台		13°	2.4×1.25－2.9				陶壶 AbⅢ	二	
M10	单室	石椁 木棺		83°	2.6×1.3－2.2	2.3×0.85－0.75		腰坑 2.2×0.5－0.46	陶大型罐 BcV，中型罐 AcⅡ；铜五铢 5，剪轮五铢 10	四	
M11	单室	土坑 木棺 生土台		北°	？×1.4－2			腰坑 ？×0.8－0.65	残铜釜 2，铜盆		

续附表

墓号	墓型	棺椁情况	层位（面）关系	墓向	墓室尺寸（长×宽－深）	椁室尺寸（长×宽－高）	墓主人（头向、葬式、性别、年龄）	壁龛或器物箱情况	随葬品	分期	备注
M12	单室	土坑 木棺 生土台		14°	2.4×1.25－2.2			腰坑 2.4×0.75－0.8	陶盒 AⅡ，壶 D，钫Ⅲ；铁刀	二	
M13	单室	石椁 木棺		12°	2.55×1.25－3.2	2.3×0.8－0.8		左龛 2×0.5－0.8	陶中型罐 BaⅤ、BbⅣ	五	
M14	单室	石椁 木棺		85°	3.15×1.25－3.4	2.2×0.9－0.8		腰坑 2.15×0.66－0.4	陶中型罐 BaⅥ、BbⅣ	五	
M15	单室	双石椁 木棺		83°	2.7×2.2－2.8	左 2.2×0.78－0.75 右 2.2×0.76－0.89			陶罐 4		
M16	单室	石椁 木棺		84°	2.55×1－3.7	2.1×0.86－0.8		左 1.2×0.6－0.8	陶大型罐 AⅣ、BcⅣ，中型罐 AbⅢ、BaⅢ、BaⅤ、BbⅣ、其他；铜五铢 5	四	
M17	单室	石椁 木棺		12°	2.6×1.3－4.9	2.18×0.83－0.8		左龛 1.6×0.5－0.8	陶大型罐 BcⅡ，中型罐 AbⅡ、BaⅡ、BcⅠ	二	
M18	单室	石椁 木棺		北	？×1.25－3.2				陶俑 B3		破坏
M19	单室	土坑 木棺 生土台		85°	2.4×1.4－3.7				陶大型罐 BaⅢ、BaⅣ，中型罐 AaⅢ2	四	
M20	单室	石椁 木棺		3°	－2.6	2.2×0.78－0.78			陶壶 CaⅣ，大型罐 BaⅡ，中型罐 AbⅠ	二	

续附表

墓号	墓型	棺椁情况	层位（面）关系	墓向	墓室尺寸（长×宽－深）	椁室尺寸（长×宽－高）	墓主人（头向、葬式、性别、年龄）	壁龛或器物箱情况	随葬品	分期	备注
M21	单室	石椁 木棺		7°	？×1.3－3	2.16×0.82－0.8			铁剑		
M22	单室	石椁 木棺		3°	－3.6	2.22×0.78－0.78					破坏
M23	单室	土坑 木棺 生土台		9°	？×1.05－2.8						
M24	单室	石椁 木棺		97°	－4.3	2.25×0.86－0.84					破坏
M25	单室	石椁 木棺		110°	－1.9	2.18×0.78－0.8					破坏
M26	单室	石椁 木棺		13°	－4.5	2.25×0.9－0.85					破坏
M27	单室	土坑 木棺 生土台		4°	？×1.2－3.6						
M28	单室	石椁 木棺		5°	－4.9	2.18×0.76－0.74					破坏
M29	单室	石椁 木棺		12°	－4	2.4×0.8－0.85					破坏
M30	单室	石椁 木棺		9°	－3.6	2.2×0.8－0.8					破坏
M31	单室	石椁 木棺		5°	－3.5	2.22×0.8－0.82			陶钫Ⅱ	二	
M32	单室	石椁 木棺		6°	2.8×1.2－3.7	2.5×0.93－0.9			陶鼎AⅠ，盘BⅠ，大型罐DⅠ	一	
M33	单室	土坑 木棺 生土台 盖石		5°	？×1.1－3.2				陶大型罐BaⅡ，钵Ⅲ2	二	
M34	单室	石椁 木棺 左龛		345°	－3	2.65×0.9－0.93		1.8×0.5－？	陶鼎AⅢ，盒AⅠ，钫Ⅱ，大型罐BcⅡ，中型罐其他；铜带钩A	二	

续附表

墓号	墓型	棺椁情况	层位（面）关系	墓向	墓室尺寸（长×宽－深）	椁室尺寸（长×宽－高）	墓主人（头向、葬式、性别、年龄）	壁龛或器物箱情况	随葬品	分期	备注
M35	双室	双石椁 木棺		105°	4.5×3－1.6	左 2.5×0.82－0.82 右 2.5×0.82－0.82			陶鼎 CⅡ2，壶 AbⅥ、AbⅦ2、CbⅠ、CbⅡ，熏，楼，猪圈，灶，仓；铜剪轮五铢，五铢 14；铁剑；刀，臿	四	右室早被盗，器物放在门前
M36				103°	？×1.05－2.6	2.6×0.9－0.9			陶鼎 AⅡ，盒 AⅠ，盘 BⅠ，壶 AbⅡ、D，器盖；铜盆	二	
M101	单室	土坑－棺－椁 生土台		15°	2.4×？－2.4				陶壶 BⅥ，中型罐其他；铜钱	五	破坏
M102	单室	石椁 木棺		13°	2.35×1.05－2.1	2.2×0.84－0.6			陶壶		破坏
M103	单室	土坑－椁－棺 生土台		13°	2.4×1.15－2.05				陶大型罐 BaⅡ，中型罐 AbⅠ；铁刀	二	
M104	单室	土坑－椁－棺 生土台		14°	2.4×1.25－2.1				陶大型罐 BaⅡ、BcⅡ，中型罐 BaⅡ；铜五铢 4	二	
M108	单室	石椁 木棺		98°	2.65×1.4－2.25	2.25×0.97－0.9		（南壁龛）2.65×0.7－0.74 （北壁龛）2.65×0.7－1.1	陶大型罐 BaⅡ3、BcⅡ，中型罐 BcⅡ、其他；布匹；漆木器	二	龛底位于椁顶，北壁龛有骨架

续附表

墓号	墓型	棺椁情况	层位（面）关系	墓向	墓室尺寸（长×宽－深）	椁室尺寸（长×宽－高）	墓主人（头向、葬式、性别、年龄）	壁龛或器物箱情况	随葬品	分期	备注
M109	单室	土坑 木棺 生土台		15°	2.4×1.15－2.6				陶钵Ⅳ，大型罐BbⅢ、BcⅢ，中型罐BbⅠ	三	
M110	单室	石椁 木棺		14°	?	2.35×1.15－0.7		右 2.34×0.54－?			龛底位于椁中部
M111	单室	石椁 木棺		16°	?	2.45×1.2－0.7		腰坑 2.7×1－0.8	陶大型罐BaⅢ，中型罐BaⅢ2；铜镜D，铜带钩A，五铢；铁剑	三	
M112	单室	土坑－椁－棺 生土台 盖石		16°	2.3×1.1－2				陶大型罐AⅣ，中型罐AbⅢ，釜	四	
M113	单室	土坑 棺		13°	2.7×1.1－2.4						
M115	单室	石椁 木棺		15°	2.6×1.4－2.9	2.6×1－0.6					破坏
M118	单室	石椁 木棺		14°	2.7×1.5－3.6	2.2×0.7－0.75		右 2.3×0.6－0.9	陶鼎BⅠ，盒BⅡ，壶AcⅠ，盘AⅡ，中型罐BcⅠ，器盖2，陶球；铜镜D；铁剑；石砚B	二	龛底位椁中
M119	单室	石椁 木棺		20°	2.5×1.15－2.24	2.1×0.8－0.68			陶中型罐BaⅡ；铜剪轮五铢7，五铢7；铁剑，铁刀	二	
M120	单室	石椁 木棺		9°	2.6×1.3－5.3	2.2×0.78－0.75		右 1.4×0.42－1			龛底与墓底平，破坏

续附表

墓号	墓型	棺椁情况	层位（面）关系	墓向	墓室尺寸（长×宽－深）	椁室尺寸（长×宽－高）	墓主人（头向、葬式、性别、年龄）	壁龛或器物箱情况	随葬品	分期	备注
M121	单室	土坑 木棺 石铺底		20°	2×0.97－2.3						破坏
M122	单室	土坑 木棺 生土台 盖石		18°	2.9×1.3－1.75				陶大型罐 BcⅡ，中型罐 AbⅠ，釜；铁臿（填土），铁剑	二	台上盖石板
M123	单室	土坑 木棺 石铺底		15°	2.98×1.35－2.31				铁剑		
M124	单室	土坑 木棺		205°	2.25×1.16－2.95				陶中型罐 AbⅠ、BaⅠ、BaⅡ；铜镜 D，剪轮五铢 3	二	
M125	单室	土坑 木棺 生土台 盖石		14°	2.6×1.4－4.4				陶大型罐 BcⅥ，中型罐 AcⅢ	五	
M126	单室	石椁 木棺		8°	2.7×1.5－2.76	2.1×0.8－0.68		2.4×0.4－1.4	陶壶 CaⅣ，大型罐 BaⅡ、BaⅢ，中型罐 AcⅡ、BaⅡ2	二	左龛底与顶石平
M127	单室	土坑 木棺		3°	2.6×1.1－2.3						
M128	单室	土坑 木棺 生土台		21°	2.4×1.3－3.6				陶大型罐 BcⅡ	三	
M129	单室	空心砖室		8°	2.4×0.8－0.5						破坏
M130	单室	石椁 木棺		16°	？×？－3	2.15×0.75－0.7					破坏

续附表

墓号	墓型	棺椁情况	层位（面）关系	墓向	墓室尺寸（长×宽－深）	椁室尺寸（长×宽－高）	墓主人（头向、葬式、性别、年龄）	壁龛或器物箱情况	随葬品	分期	备注
M131	单室	石椁 木棺		12°	？×？－3.5	2.1×0.78－0.8					破坏
M132	单室	空心砖室		5°	2.4×0.8－0.5						破坏
M133	单室	土坑 木棺 生土台		12°	2.4×1.6－1.8						
M134	单室	土坑 木棺		18°	2.8×1.7－2.2			1.6×0.22－0.6	陶鼎BⅡ，中型罐BbⅡ、其他	二	右龛底平
M135	单室	土坑 木棺 生土台		94°	？×1.8－3						石盖顶破坏
M136	单室	石椁 木棺		5°	？×？－3.8	2.2×0.9－0.75					破坏
M137	单室	土坑 木棺		2°	？×？－2						破坏
M138	单室	石椁 木棺		25°	2.7×1.5－3.22	2.35×0.8－0.8		2.7×0.32－1	陶大型罐AⅠ、其他，中型罐BaⅡ、AcⅢ；铜釜	五	左龛
M139	单室	石椁 木棺		6°	？×？－3.9	2.2×0.75－0.8					破坏
M140	单室	石椁 木棺		195°	2.7×1.3－4.2	2.25×0.7－0.8		右龛2.4×0.4－0.9	陶壶D，大型罐BaⅡ、BcⅡ，中型罐BaⅡ；铁剑	二	
M141	单室	土坑 木棺 生土台		95°	？×？－3.2						破坏
M142	单室	石椁 木棺		20°	？×？－3.5	2.15×0.74－0.72					破坏
M143	单室	石椁 木棺		12	？×1.4－3.2	2.15×0.75－0.81					破坏

续附表

墓号	墓型	棺椁情况	层位（面）关系	墓向	墓室尺寸（长×宽－深）	椁室尺寸（长×宽－高）	墓主人（头向、葬式、性别、年龄）	壁龛或器物箱情况	随葬品	分期	备注
M144	单室	石椁 木棺		32°	2.6×1.3－2.4	2.1×0.72－0.7		腰坑 1.25×0.58－0.5	陶大型罐 Bc Ⅴ，中型罐 Aa Ⅴ 2；铜镜 B，剪轮五铢，五铢 16；铁剑；石饰	五	
M145	单室	土坑 木棺		95°	2.45×1.2－1.7						早期破坏
M146	单室	土坑 木棺 生土台		105°	2.6×1.5－1.4						
M147	单室	土坑 木棺 石底		105°	？×1.65－2.2						破坏
M148	单室	土坑 木棺 生土台		22°	2.9×1.1－2.7						
M149	单室	石椁 木棺		4°	？×？－2.8	2.4×0.8－0.85					破坏
M150	单室	土坑 木棺 生土台		8°	3.2×1.4－1.6				陶罐；铜饰件 2		
M151	单室	土坑 木棺		90°	？×0.9－0.8						破坏
M152	单室	石椁 木棺		12°	？×1.4－3.9	2.2×0.8－0.75					破坏
M153	单室	土坑 木棺 生土台 上盖石		125°	？×1.3－2.6						
M154	单室	石椁 木棺		2°	？×？－4.5	2.2×0.82－0.78					破坏
M155	单室	石椁 木棺		6°	3×1.2－4.28	2.25×0.8－0.8		头龛 0.65×0.9－1.2	陶大型罐 D Ⅱ；铜五铢；铁剑	二	龛底与椁底平

续附表

墓号	墓型	棺椁情况	层位（面）关系	墓向	墓室尺寸（长×宽－深）	椁室尺寸（长×宽－高）	墓主人（头向、葬式、性别、年龄）	壁龛或器物箱情况	随葬品	分期	备注
M156	单室	土坑 木棺 生土台		12°	2.45×1.2－2.8						
M157	单室	土坑 木棺 生土台 上盖石		5°	？×1.25－3						破坏
M158	单室	土坑 木棺 生土台		17°	2.4×1.15－3.7				陶中型罐 AcⅠ		
M159	单室	石椁 木棺		3°	？×1.4－3.6	2.28×0.85－0.82					破坏
M160	单室	土坑 木棺		98°	？×？－2.2						破坏
M161	单室	土坑 木棺	被M162打破	17°	？×0.5－0.45						
M162	单室	土坑 木棺 生土台 上盖石	打破M161	107°	2.5×1.3－2.5				陶壶 CaⅢ，大型罐 CⅢ2，钵Ⅱ	二	
M163	单室	石椁 木棺		9°	？×？－4.3	2.15×0.76－0.72					破坏
M164	单室	土坑 木棺		1°	2.3×0.9－1.1						
M165	单室	石椁 木棺		7°	2.7×1－5	2.18×0.74－0.75		右龛 1.65×0.5－0.9	陶大型罐 BbⅢ	三	
M166	单室	石椁 木棺		96°	？×？－3.7	2.18×0.9－0.84					破坏
M167	单室	土坑 木棺 生土台		92°	？×？－1.2						

续附表

墓号	墓型	棺椁情况	层位（面）关系	墓向	墓室尺寸（长×宽-深）	椁室尺寸（长×宽-高）	墓主人（头向、葬式、性别、年龄）	壁龛或器物箱情况	随葬品	分期	备注
M168	单室	石椁 木棺		13°	2.6×1.22-3.5	2.2×0.8-0.76		1.72×0.55-0.6	陶中型罐 AaⅢ、BaⅢ；铜五铢 80；铁刀		
M169	单室	土坑 木棺		89°	2.05×1.1-1.2						
M170	单室	石椁 木棺		10°	? ×1.45-3.7	2.23×0.82-0.78					破坏
M171	单室	土坑 木棺 生土台		90°	? ×? -2.3						破坏
M172	单室	土坑 木棺 生土台 盖石		17°	2.65×1.1-2.72				陶中型罐 AcⅠ；铜镜 C，五铢 3	三	
M173	单室	石椁 木棺		4°	? ×? -3.5	2.18×0.79-0.74					破坏
M174	单室	土坑 木棺 生土台		12°	2.25×1.2-2.2						
M175	单室	土坑 木棺 生土台		1°	2.7×1.2-1.95				陶大型罐 BcⅢ	三	
M176	单室	石椁 木棺		6°	? ×1.4-0.34	2.32×0.86-0.84					破坏
M177	单室	土坑 木棺 生土台		3°	? ×1.18-2.6						破坏
M178	单室	石椁 木棺		9°	2.9×1.6-4.3	2.3×0.76-0.7					
M179	单室	土坑 木棺 生土台		9°	2.4×1.35-2.3						

续附表

墓号	墓型	棺椁情况	层位（面）关系	墓向	墓室尺寸（长×宽－深）	椁室尺寸（长×宽－高）	墓主人（头向、葬式、性别、年龄）	壁龛或器物箱情况	随葬品	分期	备注
M180	单室	石椁 木棺		94°	2.55×1.3－2.65	2.15×0.7－0.7		左龛 0.75×0.45－？	陶壶 CaⅢ，大型罐 BcⅡ	二	
M181	单室	土坑 木棺 生土台		23°	2.65×1.45－2.4						
M182	单室	土坑 木棺 生土台		98°	？×1.1－1.2						
M183	单室	土坑 木棺 生土台 盖石		94°	2.35×1.4－2.1						
M184	单室	土坑 木棺 生土台		103°	2.3×1.15－2.3				陶大型罐 BcⅠ、CⅡ；琀（骨珠）	二	
M185	单室	土坑 木棺 生土台		11°	2.4×1.3－2.6						破坏
M186	单室	石椁 木棺		8°	？×1.45－3.5	2.18×0.8－0.62					
M187	单室	土坑 木棺 生土台		14°	2.4×1.9－1.2				陶壶		
M188	单室	石椁 木棺		15°	？×1.2－2.3						
M189	单室	石椁 木棺		20°	？×？－3	2.2×0.87－0.81					破坏
M190	单室	土坑 木棺 生土台 上盖石		24°	2.4×1.25－1.96			足龛 0.7×0.2－0.75	陶大型罐 BaⅡ，中型罐 AbⅡ，罐	二	
M191	单室	土坑 木棺 生土台		93°	2.6×1.45－2.6			头龛 0.7×0.5－1.4	铁夯（填土）		

续附表

墓号	墓型	棺椁情况	层位（面）关系	墓向	墓室尺寸（长×宽－深）	椁室尺寸（长×宽－高）	墓主人（头向、葬式、性别、年龄）	壁龛或器物箱情况	随葬品	分期	备注
M192	单室	土坑 木棺		6°	2.3×1.35－1.8						
M193	单室	石椁 木棺 右龛		3°	3×1.3－4.83	2.12×0.72－0.7		1.8×0.7－1.2	陶大型罐BaⅠ，中型罐AbⅠ；铁夯（填土）	一	
M194	单室	石椁 木棺		8°	？×？－3.5	2.5×0.8－0.7					破坏
M195	单室	石椁 木棺		4°	？×？－3.8	2.3×0.8－0.8			铜带钩A，五铢2；铁锤；陶弹丸		
M196	单室	土坑 木棺 生土台		92°	3.1×1.9－1.3						
M197	单室	石椁 木棺		92°	？×？－4.2	2.3×0.75－0.8			陶俑B；铜釜		
M198	单室	土坑 木棺		92°	？×0.9－0.7				陶中型罐AbⅠ，残罐；铜盆，铜釜2，镜E，印；铁刀	二	
M199	单室	土坑 木棺 生土台		98°	2.5×1.4－1.8						
M200	双室	左：石椁 木棺 右：土坑 棺 生土台 盖石板		3°	？×？－3.5	2.3×0.9－0.7			陶罐，弹丸2		破坏
M201	单室	土坑 石铺底		8°	2.8×1.36－5			0.6×0.32－？	陶大型罐AⅣ，中型罐BaⅡ	三	

续附表

墓号	墓型	棺椁情况	层位（面）关系	墓向	墓室尺寸（长×宽－深）	椁室尺寸（长×宽－高）	墓主人（头向、葬式、性别、年龄）	壁龛或器物箱情况	随葬品	分期	备注
M202	单室	土坑 木棺		6°	2×1.3－2.45				陶中型罐其他	三	
M203	单室	石椁 木棺		97°	？×？－2.3	2.15×0.76－0.72			铜五铢		破坏
M204	单室	土坑 木棺 生土台		12°	2.5×1.65－2.9						
M205	单室	土坑 木棺 生土台		97°	2.4×1.2－2.2						
M206	单室	土坑 木棺 生土台 上盖石		12°	2.7×1.1－2.65				陶大型罐 Bc Ⅴ，中型罐 Aa Ⅴ、Ba Ⅴ；铜剪轮五铢 2，五铢 6	五	
M207	单室	石椁 木棺		23°	？×？－2.45	2.23×0.29－0.81					破坏
M208	单室	土坑 石底		206°	2.4×1.05－2.5			腰坑 0.8×0.6－0.3			
M209	单室	土坑 木棺 生土台		96°	2.4×1－2.06				陶壶 Ab Ⅲ，大型罐其他，中型罐 Aa Ⅲ	三	
M210	单室	土坑 木棺		7°	2.6×1.2－2.3						
M211	单室	土坑 木棺 生土台		103°	2.65×1.4－2.8						
M212	单室	石椁 木棺		18°	2.8×1.5－2.28	2.2×0.74－0.75		左龛 2×0.5－0.14	陶大型罐 Ba Ⅳ 2，中型罐 Ba Ⅴ；铜镜 A，剪轮五铢 3	五	

续附表

墓号	墓型	棺椁情况	层位（面）关系	墓向	墓室尺寸（长×宽－深）	椁室尺寸（长×宽－高）	墓主人（头向、葬式、性别、年龄）	壁龛或器物箱情况	随葬品	分期	备注
M213	单室	土坑 木棺		98°	2.25×1.1－1.9						
M214	单室	土坑 木棺		10°	2.1×0.9－1.4						
M215	单室	石椁 木棺		11°	？×？－2.17	2.1×0.72－0.72		腰坑 1.8×0.7－0.7	陶鼎 AⅥ，壶 BⅦ，中型罐 BbⅡ、BcⅤ，洗，盒其他2，釉陶盉；铜镜 A，剪轮五铢 9，五铢 31；石砚 A；铁刀	五	
M216	单室	土坑 木棺		11°	2.4×1.3－2.2						
M217	单室	石椁 木棺		5°	？×？－3.2	2.18×0.82－0.78					破坏
M218	单室	石椁 木棺		3°	？×？－3.2	2.24×0.78－0.74		右龛 1.9×0.52－？	陶中型罐 AcⅠ；铜带钩 C；铁剑，刀	二	
M219	单室	土坑 木棺		21°	2.1×1.25－2.3						
M220	单室	石椁 木棺		2°	？×？－3.5	2.24×0.78－0.8					破坏
M221	单室	石椁 木棺		30°	2.5×1.18－2.1	2.2×0.84－0.76		腰坑 1.3×0.48－0.45	陶大型罐 BaⅢ，中型罐 BaⅡ2；铜五铢 18	三	
M222	单室	土坑 木棺 生土台		8°	2.35×1.2－2.1						
M223	单室	土坑 木棺 石底		7°	2.5×1.2－1.7						
M224	单室	石椁 木棺		13°	？×？－2.8	2.1×0.76－0.78					破坏

续附表

墓号	墓型	棺椁情况	层位（面）关系	墓向	墓室尺寸（长×宽－深）	椁室尺寸（长×宽－高）	墓主人（头向、葬式、性别、年龄）	壁龛或器物箱情况	随葬品	分期	备注
M225	单室	土坑 木棺 生土台		105°	2. 6×1. 45－1. 8						
M226	单室	石椁 木棺		16°	2. 6×1. 3－3. 55	2. 22×0. 78－0. 7		右龛 1. 9×0. 7－1. 4	陶大型罐 BaⅢ，中型罐 BaⅢ3	四	龛底与墓底平
M227	单室	石椁 木棺		16°	2. 85×1. 28－4. 58	2. 35×0. 78－0. 75		左龛 2. 3×0. 52－1. 6	陶大型罐 BcⅤ，中型罐 BbⅢ2；铜剪轮五铢 11	五	
M228	单室	土坑 木棺		7°	2. 4×1. 45－2. 2						
M229	单室	石椁 木棺		3°	？×？－3. 5	2. 27×0. 86－0. 82					破坏
M230	单室	土坑 木棺 石底	打破 M231	15°	2. 7×1. 36－4. 15			左龛 1. 8×0. 65－1. 5			
M231	单室	土坑 木棺 石底	被 M230 打破	15°	2. 7×1. 3－3			右龛 2. 1×0. 5－0. 95			盗扰
M232	单室	土坑 木棺		2°	2. 1×1. 2－1. 6				陶大型罐 BaⅡ	二	
M233	单室	石椁 木棺		9°	2. 7×1. 65－3. 8	2. 25×0. 84－0. 79					破坏
M234	单室	土坑 木棺 石底	被 M235 打破	12°	2. 72×1. 3－2. 35						
M235	单室	土坑 木棺 石底	打破 M234	7°	2. 8×1. 5－2. 8						盗扰

续附表

墓号	墓型	棺椁情况	层位（面）关系	墓向	墓室尺寸（长×宽－深）	椁室尺寸（长×宽－高）	墓主人（头向、葬式、性别、年龄）	壁龛或器物箱情况	随葬品	分期	备注
M236	单室	土坑 木棺 生土台 盖石		103°	2.4×1.4－2.6						
M237	单室	土坑 木棺		32°	2.15×1－1.6						
M238	单室	石椁 木棺		17°	2.7×1.24－3.02	2.04×0.71－0.7		右龛 1.8×0.55－1.4	陶中型罐 AbⅢ；铜剪轮五铢 19，五铢 7	四	
M239	单室	石椁 木棺		12°	？×？－2.8	2.1×0.74－0.72					破坏
M240	单室	土坑 木棺 石底	打破 M241、M242	9°	2.5×1.48－4.05						早盗
M241	单室	土坑 木棺 石底	被 M240 打破	4°	2.45×1.22－3.1						
M242	单室	土坑 木棺 石底	被 M240 打破	7°	2.3×1.1－3						
M243	单室	石椁 木棺		4°	？×？－3.4	2.18×0.8－0.77					破坏
M244	单室	土坑 木棺 生土台		98°	2.4×1.2－1.9						
M245	单室	土坑 木棺		277°	2.3×0.87－1.2				铁斧（填土）		
M246	单室	土坑 木棺		14°	2.2×1.15－1.85						
M247	单室	土坑 木棺 生土台 盖石		20°	2.1×1.15－2.4						

续附表

墓号	墓型	棺椁情况	层位（面）关系	墓向	墓室尺寸（长×宽－深）	椁室尺寸（长×宽－高）	墓主人（头向、葬式、性别、年龄）	壁龛或器物箱情况	随葬品	分期	备注
M248	单室	土坑 木棺 生土台		23°	2.07×1.05－2.6				陶中型罐AbⅠ、其他；铜五铢11；铁刀	二	
M249	单室	石椁 木棺		5°	？×？－3.5	2.18×0.84－0.8					
M250	单室	土坑 木棺 生土台 盖石		28°	2.42×0.96－3.82				陶壶BⅤ	五	
M252	单室	石椁 木棺		7°	？×？－3.2	2.18×0.79－0.76					破坏
M253	单室	土坑 木棺 生土台		21°	2.35×1.5－2.92						
M254	单室	土坑 木棺		10°	1.9×0.9－1.4						
M255	单室	石椁 木棺		4°	2.62×1.18－2.63	2.15×0.8－0.8		右龛0.5×0.3－0.4	陶中型罐AbⅡ	二	
M256	单室	石椁 木棺		21°	？×？－1.75	2.2×0.72－0.72			铜大泉五十	四	
M257	单室	石椁 木棺		97°	？×？－2.7	2.16×0.75－0.72					破坏
M258	单室	石椁 木棺		351°	2.76×1.18－3.2	2.1×0.9－0.86		腰坑1.05×0.48－0.4	陶大型罐BcⅤ2，中型罐BaⅢ；铜镜A，剪轮五铢11，五铢21；玉珠3，玉蚀3	四	
M259	单室	石椁 木棺		4°	？×？－2	2.06×0.72－0.78					破坏
M260	单室	石椁 木棺	打破M275	2°	2.6×1.15－4.2	2.1×0.75－0.7		腰坑1.45×0.55－0.35	陶大型罐BbⅠ、BcⅢ，中型罐BbⅡ2；铜五铢7；铁刀	二	

续附表

墓号	墓型	棺椁情况	层位（面）关系	墓向	墓室尺寸（长×宽－深）	椁室尺寸（长×宽－高）	墓主人（头向、葬式、性别、年龄）	壁龛或器物箱情况	随葬品	分期	备注
M261	单室	土坑 木棺		11°	2.3×1.15－2.1						
M262	单室	石椁 木棺		23°	－2.7	2.16×0.81－0.76				二	破坏
M263	单室	土坑 木棺 生土台		312°	2.3×1.1－2.4				铜五铢 3		
M264	单室	土坑 木棺		5°	－1.8				陶中型罐 AaⅢ	三	破坏
M265	单室	土坑 木棺			－2				铜釜		破坏
M266	单室	土坑 木棺			－2.5				陶壶 BⅦ	五	破坏
M267	单室	石椁 木棺		8°	－3.5	2.2×0.82－0.8		左龛？×0.35－？	陶鼎 AⅡ，盒 BⅢ，壶盖 2	二	
M268	单室	土坑 木棺 生土台		105°	2.25×1.25－2.4			足龛 0.4×0.2－0.5	陶壶 BⅠ	一	
M269	单室	石椁 木棺		6°	－0.5	2.2×0.8－0.82			陶大型罐其他，盒；铜带钩		
M270	单室	土坑 木棺 生土台	被 M275 打破	3°	2.38×1.2－1.8				陶中型罐 BaⅠ，壶 CaⅢ；铜五铢	二	
M271	单室	土坑 木棺 生土台 盖石		102°	？×1.35－3.4				陶大型罐 BaⅢ、其他，釜；铜镜 D，带钩，印；铁刀；石砚 B	三	破坏
M272	单室	土坑 木棺 生土台		8°	2.7×1.35－2.55						

续附表

墓号	墓型	棺椁情况	层位（面）关系	墓向	墓室尺寸（长×宽－深）	椁室尺寸（长×宽－高）	墓主人（头向、葬式、性别、年龄）	壁龛或器物箱情况	随葬品	分期	备注
M273	单室	石椁 木棺		97°	－3.4	2.18×0.82－0.8					破坏
M274	单室	石椁 木棺		12°	2.9×1.4－5.26	2.2×0.8－0.8		左龛 1.05×0.6－1.2	陶鼎 AⅢ，壶 AaⅡ，盒 BⅢ	二	
M275	单室	土坑 木棺 生土台	被M260打破，打破M270	2°	－2.3			足龛 0.4×0.25－?	陶大型罐其他		只存墓底
M276	单室	土坑 木棺 生土台 盖石		6°	－2.7				陶壶 BⅤ	四	破坏
M277	单室	石椁 木棺		4°	－3.2	2.1×0.76－0.8			陶大型罐 AⅡ；铁剑	二	
M278	单室	石椁 木棺		1°	－2.6	2.12×0.78－0.78		左龛 1.6×0.55－?	陶中型罐 AaⅠ，壶 BⅢ	二	
M279	单室	土坑 木棺 生土台		3°	2.6×1.2－1.8				中型罐 AaⅣ	四	
M280	单室	土坑 木棺 生土台 盖石		6°	2.6×1.05－2.4				陶大型罐 BaⅡ，中型罐 BbⅠ、其他；铜五铢 3	二	
M281	单室	石椁 木棺		4°	－3	2.2×0.67－0.7		腰坑 0.92×0.45－0.35	陶鼎 AⅤ，大型罐 AⅣ、BcⅤ，中型罐 BaⅢ6；铜钱	四	
M282	单室	石椁 木棺		105°	3×1.45－3.75	2.6×0.87－0.95		左龛 2.2×0.55－1.4	陶鼎 AⅣ2，盒 BⅣ2，壶 AbⅢ2，盘 BⅢ2，大型罐 BcⅡ、BcⅢ；铁刀	三	

续附表

墓号	墓型	棺椁情况	层位（面）关系	墓向	墓室尺寸（长×宽－深）	椁室尺寸（长×宽－高）	墓主人（头向、葬式、性别、年龄）	壁龛或器物箱情况	随葬品	分期	备注
M284	双室	双石椁 木棺		15°	2.86×2.13－5.2	左 2.45×1.02－0.9 右 2.45×1.02－1.08		右龛 2.6×1.05－1.15	陶鼎 AⅤ2，盒 AⅣ2，壶 AbⅤ2，钵Ⅴ2，大型罐 BaⅡ，中型罐 BcⅡ2；铜镜 D，铜釜，铜五铢；铁剑；石球	四	
M285	单室	土坑		102°	2.6×1.27－4.4			右龛 2.6×0.84－1.1	陶大型罐 BaⅡ，中型罐 BcⅠ；铜盆	二	无骨架痕迹
M286	单室	土坑 木棺 生土台		4°	？×1.3－3.05			足龛 0.7×0.35－0.65	陶大型罐 BaⅢ，中型罐 AcⅠ，釜	三	
M287	单室	石椁 木棺		12°	2.6×1.3－3.5	2.2×0.74－0.7		左龛 1.8×0.6－1.1	陶大型罐 BaⅢ、BcⅢ，壶其他 2	三	
M288	单室	土坑 木棺 生土台		92°	2.9×1.5－3.4				陶大型罐 BaⅢ，中型罐 AcⅠ2	二	
M289	单室	石椁 木棺		9°	3.1×1.4－5.45	2.6×0.92－0.86		左龛 1.2×0.6－1.1	陶鼎 AⅢ、AⅣ，盒 AⅢ2，壶 AbⅡ2，大型罐 BbⅡ；铁剑	三	
M290	单室	石椁 木棺		6°	3×1.55－4.6	2.06×0.8－0.78		右龛 1.2×0.5－0.8			
M291	单室	石椁 木棺		9°	2.9×1.5－5.45	2.25×0.9－0.88		左龛 2.05×0.55－0.95	陶壶 AaⅡ，盒 AⅠ，盖，罐（残）；铁夯	二	

续附表

墓号	墓型	棺椁情况	层位（面）关系	墓向	墓室尺寸（长×宽－深）	椁室尺寸（长×宽－高）	墓主人（头向、葬式、性别、年龄）	壁龛或器物箱情况	随葬品	分期	备注
M292	单室	土坑 木棺 生土台 上盖石		8°	－2.6	2.25×0.8－0.6			铜带钩B；铁夯（填土）		破坏
M293	单室	石椁 木棺		2°	－4.6	2.46×0.9－0.88					破坏
M294	单室	石椁 木棺		13°	2.8×1.35－4.2	2.35×0.62－0.7		左龛2.6×0.7－0.9	陶鼎AⅢ，大型罐BaⅡ2，中型罐BaⅡ2；铜五铢4	二	
M295	单室	土坑 木棺 生土台		2°	？×1.05－2.8				陶壶AcⅢ2	三	破坏
M296	单室	土坑 木棺 生土台		5°	？×1.3－3				陶鼎BⅡ2，壶AbⅡ、AdⅠ2，盖，大型罐BaⅡ	二	
M297	单室	石椁 木棺		6°	2.9×1.4－4.55	2.21×0.8－0.73		右龛2.2×0.8－1.2	陶大型罐AⅤ、BaⅣ、BcⅡ、BcⅣ，中型罐AaⅣ；铜五铢4；铁刀；玉玦2；石纺轮	四	
M298	单室	石椁 木棺		16°	2.8×1.4－4.9	2.4×0.92－0.8		右龛2.6×0.9－1.6	陶鼎AⅡ2，盒AⅠ2，壶AaⅡ2，大型罐BcⅠ2	一	
M299	单室	石椁 木棺		3°	3×1.6－4.7	2.58×0.96－0.94		右龛2.8×0.9－1.4	陶鼎AⅡ2，盒AⅡ2，壶AaⅢ、D，大型罐BcⅡ	二	
M300	单室	石椁 木棺		355°	2.65×1.7－4.7	2.36×1.06－0.88		左龛1.5×0.55－1	陶鼎AⅠ2，盒AⅠ，壶D，勺	一	

续附表

墓号	墓型	棺椁情况	层位（面）关系	墓向	墓室尺寸（长×宽－深）	椁室尺寸（长×宽－高）	墓主人（头向、葬式、性别、年龄）	壁龛或器物箱情况	随葬品	分期	备注
M301	单室	石椁 木棺		6°	－3.5	2.3×0.76－7.4	腰坑 1.2×0.45－0.38				破坏
M302	单室	石椁 木棺		7°	－4	2.2×0.8－0.74			陶中型罐其他；铜镜D；铁剑	三	
M303	单室	石椁 木棺		2°	2.85×1.4－5.75	2.3×0.82－0.84		右龛 1.45×1－1	陶鼎AⅡ2，盒AⅠ、AⅡ，盘BⅡ，壶D，大型罐BcⅡ；铜镞	二	
M304	单室	土坑		北	？×1.5－3.4				陶大型罐BaⅡ；铜盆，铜釜		
M305	单室	石椁 木棺		88°	－4.2	2.55×0.96－0.91			陶鼎AⅡ2，AⅠ盒2，壶AbⅢ，钫Ⅰ；铜五铢	二	
M306	单室	石椁 木棺		2°	2.55×1.2－1.48	2.36×0.94－0.9			陶中型罐AaⅠ	二	
M307	双室	双石椁 木棺		12°	－4	右 2.25×0.82－0.8 左 2.7×0.98－0.93			陶鼎CⅡ，盘AⅢ，壶AbⅦ2、CbⅡ，中型罐AbⅢ，灶，仓；铜大泉五十2	四	右室被盗
M308	单室	石椁 木棺		14°	2.85×1.2－2.65	2.12×0.82－0.8			陶大型罐AⅣ，中型罐BaⅢ、BaⅣ；铜剪轮五铢51，五铢2，铜环；铁剑	四	
M309	单室	石椁 木棺	打破M310	12°	2.6×1.2－2.75	左龛 2.2×0.8－0.74		1.2×0.5－0.9	陶壶CaⅤ，大型罐BaⅢ、BaⅣ，中型罐AaⅡ；铜剪轮五铢3，五铢19	三	

续附表

墓号	墓型	棺椁情况	层位（面）关系	墓向	墓室尺寸（长×宽－深）	椁室尺寸（长×宽－高）	墓主人（头向、葬式、性别、年龄）	壁龛或器物箱情况	随葬品	分期	备注
M310	单室	石椁 木棺	被M309打破	1°	2.6×1.2－5.15	腰坑2.07×0.8－0.68		腰坑 1×0.48－0.45	陶大型罐BcⅣ，中型罐AcⅠ、BaⅠ，陶纺轮；铜五铢6	二	
M311	单室	土坑 石底		2°							破坏，只存墓底
M312	单室	土坑	打破M313	3°	2.3×1.15－2.5				陶大型罐CⅣ	四	属未完成墓
M313	单室	土坑 木棺 生土台 盖石	被M312打破	93°	2.2×1.1－3.5				陶中型罐AcⅠ	三	
M314	单室	土坑		12°	2.65×1.2－3.68			左龛3.1×0.7－1.1	陶大型罐AⅢ；铜五铢2；铁刀，铁剑	三	骨架葬在龛内
M315	单室	土坑 木棺 生土台		90°	－0.6	－0.8					上部破坏
M316	单室	石椁 木棺		7°	－2.7	2.35×0.78－0.84		左龛破坏	陶壶CaⅤ，中型罐BaⅣ；铜大泉五十19；铁刀2	四	破坏
M317	单室	石椁 木棺		1°	－3	破坏		右龛1.8×0.6－？	陶中型罐AaⅢ2、BaⅢ	三	破坏
M318	单室	石椁 木棺		9°	－3.2	2.4×0.79－0.74		腰坑 0.95×0.48－0.42	陶大型罐BcⅢ2，中型罐AbⅡ、BbⅣ、其他	三	

续附表

墓号	墓型	棺椁情况	层位（面）关系	墓向	墓室尺寸（长×宽－深）	椁室尺寸（长×宽－高）	墓主人（头向、葬式、性别、年龄）	壁龛或器物箱情况	随葬品	分期	备注
M319	单室	石椁 木棺		4°	2.7×1.2－2.05	2.16×0.82－0.8		左龛 0.6×0.3－0.42	陶罐		
M320	单室	石椁 木棺		3°	－4	2.12×0.85－0.84			陶大型罐 BcⅡ，中型罐 BcⅠ	二	
M321	单室	石椁 木棺		8°	2.72×1.2－2.25	2.4×1－0.85		右龛 2.6×0.6－1.3	陶大型罐 BcⅣ，中型罐 AbⅡ、AcⅡ2；铜镜 B，铜带钩 A 2，剪轮五铢 22，五铢 11；铁刀 2，铁剑，铁钩；石砚 A2	三	
M322	单室	石椁 木棺		8°	2.9×1.32－2.9	2.5×0.84－0.82		右龛 2.9×0.85－1.3	陶大型罐 BcⅣ，中型罐 AaⅤ；铜镜 D，剪轮五铢 13，五铢约 193；银饰件	五	龛与墓底平
M323	单室	石椁 木棺		90°	－1.3	？×0.9－0.8			陶中型罐 BaⅠ	二	破坏
M324	单室	土坑 木棺 生土台		12°	－3						
M325	单室	土坑 木棺 生土台 上盖石		15°	－2.2				陶大型罐 AⅣ，中型罐 BaⅣ、BcⅡ；铜镜 C，货泉 57；铁剑，铁刀；石砚 A	四	
M326	单室	土坑 木棺 生土台		75°	2.1×1－3.7				陶罐（残）		
M327	单室	土坑 木棺 生土台		89°	2.55×1.16－4.62				陶大型罐 AⅢ	三	

续附表

墓号	墓型	棺椁情况	层位（面）关系	墓向	墓室尺寸（长×宽－深）	椁室尺寸（长×宽－高）	墓主人（头向、葬式、性别、年龄）	壁龛或器物箱情况	随葬品	分期	备注
M328	单室	土坑 木棺 生土台 盖石		92°	2.62 × 1.22 － 4.56			头龛 0.8 × 0.7－0.8 足龛 0.56 × 0.4－0.75	陶大型罐 BcⅡ，中型罐 AcⅡ；铜五铢 10	二	
M329	单室	石椁 木棺		10°	3.05×1.5－4.21	2×0.8－0.78		头龛 0.6 × 0.25－0.42	陶大型罐 CⅠ；铜带钩 A		
M330	单室	石椁 木棺		91°	2.8×1.2－4	2.3×0.73－0.7		腰坑 1.5 × 0.4－0.4	陶大型罐 BaⅢ、BcⅢ2，中型罐 AcⅡ2；铜钱	三	
M331	单室	石椁 木棺		90°	－6.5	2.02×1.02－0.94		右龛	陶鼎 AⅡ，盘 BⅠ，壶 AbⅡ，器盖 4，大型罐 CⅡ；铁臿	二	
M332	单室	石椁 木棺		12°	2.7×1.4－5.7	2.15×0.7－0.7		左龛 2.7 × 0.5－0.12	陶罐，大型罐 BaⅡ、BaⅢ；铜盆，铜釜	三	
M333	单室	土坑 木棺 生土台		283°	3.13×1.7－2.3						
M334	单室	土坑 木棺 生土台 盖石		9°	2.7×1.25－6.2				陶大型罐 BaⅡ，中型罐其他；铜五铢 5	二	
M335	单室	石椁 木棺		88°	2.51×1.2－4	2.4×0.9－0.75		腰坑 1.1 × 0.6－0.53	陶大型罐 BcⅡ、BcⅢ、DⅡ2，中型罐 BaⅠ；铜五铢 10；铁刀	二	与 M339 为合葬墓两室，有一方洞相通

续附表

墓号	墓型	棺椁情况	层位（面）关系	墓向	墓室尺寸（长×宽－深）	椁室尺寸（长×宽－高）	墓主人（头向、葬式、性别、年龄）	壁龛或器物箱情况	随葬品	分期	备注
M336	单室	土坑 木棺 生土台 盖石		125°	2.6×1.1－1.8				陶大型罐 D Ⅰ	一	
M337	单室	土坑 木棺 生土台		89°	2.7×1.2－4.1				陶大型罐 Bc Ⅱ，中型罐 Ac Ⅱ；铜镜 D，五铢 4	三	
M338	单室	土坑		南北	3×1.4－6			西龛 2.1×0.6－1.8			无棺及骨架痕迹
M339	单室	石椁 木棺		90°	2.65×1.2－3.9	2.32×0.96－0.76		足龛 1×0.3－0.95	陶大型罐 Bc Ⅱ，中型罐 Aa Ⅱ 2，罐 2；铜五铢 15	二	
M340	单室	石椁 木棺		1°	－2.5	2.03×0.77－0.77		头龛 1.2×0.6－？	陶壶 B Ⅲ	二	
M341	单室	石椁 木棺		90°	2.4×1.1－4.9	2.06×0.7－0.74		右龛 2.3×0.6－1.2	陶鼎 B Ⅱ，盒 A Ⅱ、B Ⅲ，盘 A Ⅱ，器盖 3，壶 Ac Ⅱ 2、Ad Ⅱ；铜带钩 A，五铢 4；铁刀；玉镯	二	
M342	单室	石椁 木棺		270°	－2.5	2.1×0.8－0.75			铜带钩 A		
M343	单室	石椁 木棺		105°	2.4×1.1－4.1	2.1×0.76－0.75			陶中型罐 Ab Ⅱ，陶俑 B5	三	
M344	单室	石椁 木棺		3°	2.8×1.4－5.9	2.4×1－0.94		右龛 2.4×0.4－0.45	陶鼎 A Ⅱ，盒 A Ⅰ，壶 Ac Ⅰ 2，大型罐 Bc Ⅱ，中型罐其他	二	
M345	单室	土坑 生土台		6°	2.6×1.25－3.85				陶钵 Ⅰ	一	

续附表

墓号	墓型	棺椁情况	层位（面）关系	墓向	墓室尺寸（长×宽－深）	椁室尺寸（长×宽－高）	墓主人（头向、葬式、性别、年龄）	壁龛或器物箱情况	随葬品	分期	备注
M346	单室	石椁 木棺		30°	－5	2.8×1－0.8		左龛 1.5×0.5－0.7	陶大型罐 BcⅡ，中型罐 BbⅢ	二	无棺及骨架痕迹
M347	单室	石椁 木棺		25°	3.4×1.3－5	2.8×0.8－0.8		右龛 1.4×0.4－0.75	陶大型罐 BcⅠ，壶 CaⅠ；铜半两 4；铁臿，铁斧；石砚 B	一	
M348	单室	土坑 木棺		2°	－3				陶壶 BⅣ	三	破坏
M349	单室	石椁 木棺		15°	2.6×1.3－3	2.28×0.8－0.82		右龛	陶鼎 AⅣ2，盒 AⅡ、BⅣ，壶 D，盘 BⅡ	三	
M350	单室	石椁 木棺		10°	3×1.5－6.5	2.6×0.9－0.95			陶壶 AbⅣ、AcⅡ	三	
M351	单室	土坑		3°	－3			左龛 1.2×0.8－？	陶鼎 CⅠ，盒 BⅠ、其他，壶 AaⅠ、AbⅠ	一	破坏
M352	单室	土坑 木棺		1°	－2.5				陶盒 AⅢ，大型罐 CⅠ	三	
M353	双室	双石椁合葬 木棺		5°	－2.3	2.7×0.9－0.8			残陶罐		早盗被破坏
M354	单室	土坑 木棺 生土台		90°	－4	？×0.6－？					
M355	单室	土坑 木棺 生土台		110°	2.3×1.25－3.2				陶壶 AcⅠ、BⅡ，大型罐 BcⅢ，罐	二	

续附表

墓号	墓型	棺椁情况	层位（面）关系	墓向	墓室尺寸（长×宽－深）	椁室尺寸（长×宽－高）	墓主人（头向、葬式、性别、年龄）	壁龛或器物箱情况	随葬品	分期	备注
M356	单室	土坑 木棺 生土台 盖石	被M357打破	7°	2.85×1.3－5.4				陶大型罐 BaⅠ，中型罐 AbⅠ；铁夯	一	
M357	单室	土坑 木棺 生土台	打破M356	15°	2.45×1.1－2.9				陶大型罐 BaⅢ，盒 AⅢ	三	
M358	单室	土坑 木棺 生土台		5°	2.3×1.3－3.6						
M359	单室	土坑 木棺	打破M364、M365	8°	2.2×0.75－2.7			左龛 0.4×0.3－0.4	陶大型罐其他		
M360	单室	土坑 木棺 生土台		6°	2.6×1.25－3.66				陶壶 BⅡ	二	
M361	单室	石椁 木棺		5°	2.8×1.1－1.9	2.44×0.67－0.7			陶中型罐 BbⅣ；铜五铢；骨簪	五	
M362	单室	石椁 木棺		5°	－2.8	2.65×0.8－0.75		足龛 0.9×0.4－0.8	陶大型罐 CⅡ	三	
M363	单室	石椁 木棺		90°	2.8×1.4－6.1	2.5×0.92－0.94		右龛 2×0.5－？	陶鼎 AⅡ，盒 AⅠ，钫Ⅰ；铁带钩	二	
M364	单室	土坑 木棺 生土台	被M359打破，打破M365	3°	2.6×1.15－3.95				陶大型罐其他，中型罐 AbⅢ，残罐	四	

续附表

墓号	墓型	棺椁情况	层位（面）关系	墓向	墓室尺寸（长×宽－深）	椁室尺寸（长×宽－高）	墓主人（头向、葬式、性别、年龄）	壁龛或器物箱情况	随葬品	分期	备注
M365	单室	土坑 木棺 生土台	被M359、M364打破	4°	3×1.7－3.75			左龛 1×0.4－0.7			
M366	单室	土坑 木棺		3°	－2				陶壶 BⅦ	五	破坏
M367	单室	土坑 木棺		5°	－1.5				陶壶 BⅢ	二	破坏
M368	单室	土坑 木棺 生土台		298°	2.45×1.3－4				陶壶 BⅦ、其他；铜带钩 A		
M369	单室	石椁 木棺		90°	2.5×1－3.8	2.2×0.9－0.85					
M370	单室	土坑 木棺 生土台 盖石 右龛		90°	2.4×1.14－3.55			1.15×0.55－?	陶中型罐 AaⅠ、其他	二	
M371	单室	土坑 木棺 生土台		2°	2.5×1.2－2.9						
M372	单室	石椁 木棺		105°	3.2×1.35－5.13	2.54×0.88－0.93		右龛 1.5×0.7－1.3	陶鼎 AⅡ，盒 AⅠ，壶 AaⅡ；铁带钩；骨管	二	
M373	单室	石椁 木棺		115°	2.9×1.6－4.15	2.15×0.87－0.84		左龛 0.5×0.4－0.3	陶鼎 AⅡ2，盒 AⅠ，钫Ⅰ；铜铃	二	
M374	单室	土坑 木棺		5°	2.93×1.4－3.45						

续附表

墓号	墓型	棺椁情况	层位（面）关系	墓向	墓室尺寸（长×宽－深）	椁室尺寸（长×宽－高）	墓主人（头向、葬式、性别、年龄）	壁龛或器物箱情况	随葬品	分期	备注
M375	单室	土坑 木棺 生土台		12°	2.8×1.43－3.25						
M376	单室	土坑 木棺 生土台		15°	－2				陶中型罐 AbⅠ	二	破坏
M377	单室	土坑 木棺 生土台		5°	－2.5				陶大型罐 AⅢ，中型罐 AbⅠ	二	破坏
M378	单室	石椁 木棺		2°	－5	2.37×0.77－0.82		左龛 2×0.6－0.8	陶中型罐 AaⅠ，陶马，俑 A，环，车轮	二	
M379	单室	石椁 木棺		3°	－2.34	2.18×0.8－0.84					破坏
M380	单室	土坑 木棺		10°	2.3×0.9－3.3				陶罐		
M381	单室	土坑 木棺		5°	2.2×0.8－1.8				陶大型罐 CⅡ	三	
M382	单室	石椁 木棺		100°	3.1×1.5－4.4	2.35×0.85－0.9			陶盒 AⅠ，钫Ⅲ2	二	
M383	单室	土坑 木棺 生土台 盖石		110°	－2.05				陶壶其他，大型罐 BaⅣ2、CⅣ；铁刀	四	
M384	单室	石椁 木棺		15°	－4.9	2.24×0.74－0.72		左龛 2×0.7－？	陶鼎 BⅡ，盒 BⅢ，盘 AⅠ，壶 AcⅡ2、AdⅠ	二	
M385	单室	土坑 木棺		10°	2×0.9－2.6						
M386	单室	土坑 木棺 生土台 盖石		20°	2.2×1.1－4.3				陶大型罐其他，壶 AbⅤ	四	

续附表

墓号	墓型	棺椁情况	层位（面）关系	墓向	墓室尺寸（长×宽－深）	椁室尺寸（长×宽－高）	墓主人（头向、葬式、性别、年龄）	壁龛或器物箱情况	随葬品	分期	备注
M387	单室	土坑 木棺 生土台		95°	？×1. 15－2. 3				铜五铢		
M388	单室	土坑 木棺 生土台 盖石		10°	？×1. 1－3. 3						

注：出土陶器未标明型式者为整理时缺的陶器，这类陶器未进行数量统计。

附录　山东鲁中南地区周—汉代人骨研究

尚　虹[1,2]　韩康信[2]　王守功[3]

（1. 中国科学院古脊椎动物与古人类研究所，2. 锦州医学院，
2. 中国社会科学院考古研究所，3. 山东省文物考古研究所）

山东省地处中国黄河下游，是我国古老文化发源与发展的重要地区之一。多年来，考古学者在山东境内的考古发掘中收集了大量的史前及历史时期人骨。人类学家对其中多处人骨进行了观测研究。经过系统研究过的有泰安大汶口、曲阜西夏侯[1]、兖州王因、诸城呈子[2]、广饶五村[3]等新石器时代人骨和临淄周—汉代人骨等[4]。研究的重点在于探讨这一地区从新石器时代到历史时期的种族形态学特征及其与周邻地区古代人群之间的亲缘关系。对临淄周—汉代人骨的研究还考察了山东历史时期人群与日本弥生人间的骨骼形态学关系，提出现代日本人有部分起源于中国内地特别是黄河中下游地区古代人群的观点。

本文所研究的人骨是近几年山东省文物考古研究所配合路建从鲁中南地区多个遗址收集的。这些人骨个体很多，但大多保存残碎。笔者从这些人骨的鉴定中，选出部分较完整的周—汉代颅骨时行测量研究。尽管如此，由于这批人骨的出土地点在鲁中南地区，而对这一地区历史时期人骨的研究还存在空白，因而本研究在探讨该地区历史时期居民与鲁北地区的同期居民乃至与新石器时代人群之间的亲缘关系方面具有重要意义。

（一）材料与方法

1. 标本的来源

测量研究的比较完整的颅骨 11 例，其中男性 9 例，分别出自滕州东康留东周遗址（4 例）、滕州东小宫汉代遗址（4 例）和兖州徐家营汉代遗址（1 例）。女性 2 例，滕州东小宫与兖州徐家营遗址各有一例（图一、二）。

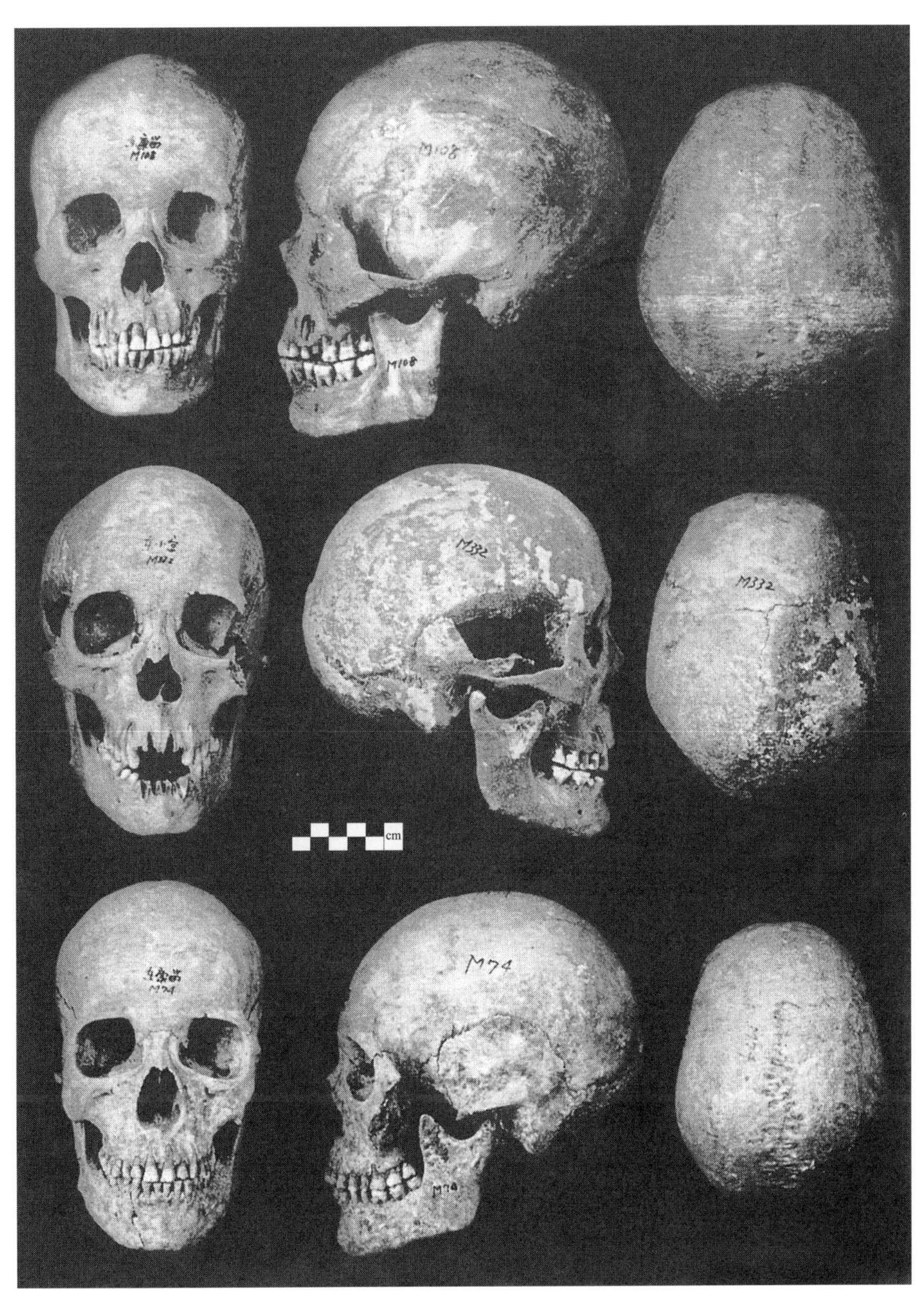

图一　鲁中南地区周—汉代颅骨

上：东康留 M108　男（正面观、侧面观、顶面观）

中：东小宫 M332　男（正面观、侧面观、顶面观）

下：东康留 M74　男（正面观、侧面观、顶面观）

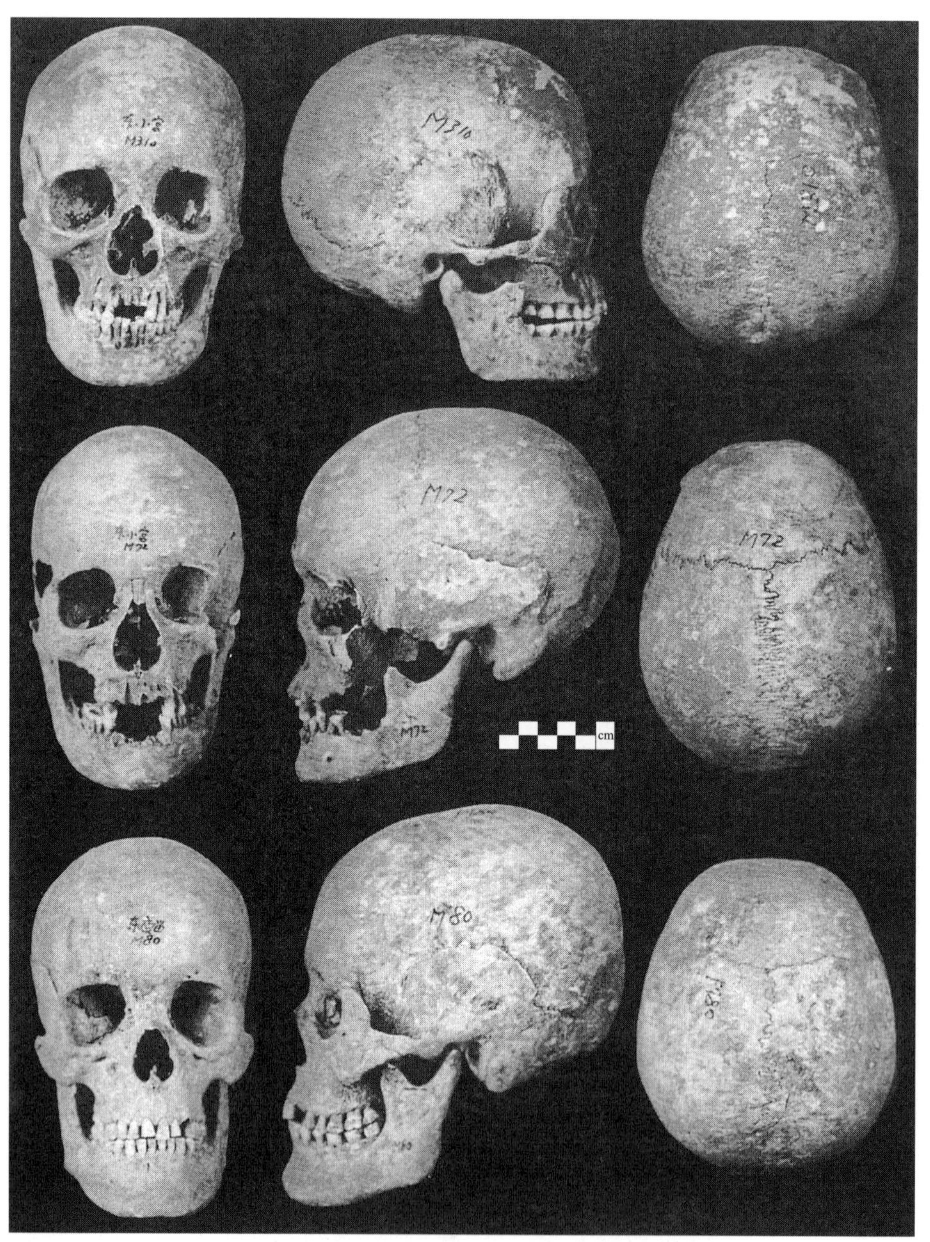

图二　鲁中南地区周—汉代颅骨

上：东小宫 M310　女（正面观、侧面观、顶面观）

中：东小宫 M72　男（正面观、侧面观、顶面观）

下：东康留 M80　男（正面观、侧面观、顶面观）

2. 对比材料来源

山东临淄（周—汉代）[4]、西日本弥生（相当东周—汉代）、日本绳文（新石器时代）[5]、山东广饶（新石器时代）[3]、山东呈子二期（新石器时代）[2]、山东西夏侯（新石器时代）[1]、山东野店（新石器时代）[6]、河南安阳（铜器时代）[7]、福建昙石山（新石器时代）[8]、广东河宕（新石器时代）[9]、山东后李官村（周代）、河南庙底沟（新石器时代）[10]、江苏龙虬庄（新石器时代）[11]、甘肃火烧沟（铜器时代）、青海李家山（铜器时代）[12]、青海阿哈特拉山（铜器时代）共16组。其中除日本的两组外，其余大致属于黄河中下游和华南地区。

3. 测量方法

测量按《人体骨骼测量方法》[13]和《人体测量手册》[14]中规定的方法进行。

4. 统计分析方法

用欧氏形态距离计算组间形态差异并作聚类分析及主成分分析。

（二）结果与讨论

1. 颅骨测量特征及形态类型

测量的11例颅骨所处时代及出土遗址相距较近，故我们将其定为鲁中南周—汉代组。这组颅骨的测量值平均数及标准差列于表一。其头骨颅面部指数和角度特征及出现率参见表二。以其中例数较多的男性各项特征评估的形态特点为：

颅形：中颅型－高颅型－中颅型相结合。

额形：狭额型为主。

面型：中上面型－中等的垂直颅面比例－矢状方向面突度中颌型－低的鼻骨突度－上齿槽突颌型相结合。

眶形：中眶型。

鼻形：中鼻型。

腭形：阔腭型。

女性颅骨只有2具，统计学上平均形态类型的代表性可能较差。如脑颅为短颅型，比男性的短，眶指数虽同属中眶型，但女性有些更趋高。鼻指数也有类似现象，女性为阔鼻型；面部水平方向的扁平度女性较男性扁平。这些特征的差异大致和性别有关。

2. 与鲁北周—汉代组的比较

鲁中南组与地处鲁北地区的临淄[4]与后李官组[15]同属周—汉代时期，他们是否存在体质上的差别是值得考虑的问题。对比鲁中南组、临淄与后李官组，后两组数据源自参考文献［4］与［15］，比较见表三。比较项目分别为：颅长（1）、颅宽（8）、颅长宽指数（8/1）、颅高（17）、颅长高指数（17/1）、颅宽高指数（17/8）、最小额宽（9）、额骨下部倾角（32）、颧宽（45）、上面高（48）、垂直颅面指数（48/17）、上面指数（48/45）、鼻颧角（77）、面角（72）、眶指数（52/51）、鼻指数（54/55）、鼻根指数（SS/SC）、鼻骨角（75（1））、其中括号中为测量项目的马丁编号或生物测量学符号。

表中不难看出，3 组 18 项测量绝对值与指数间的比较，大部分测量特征是趋同的，差别不很大。故他们具有同质性。少数测量特征有所不同。与后两组相比，鲁中南组前额的陡直程度稍趋小，面部水平与矢向的突度稍加强。

表一　鲁中南地区周—汉代头骨测量结果

马丁号	测量项目	男（m）		女（f）	
		X̄（n）	S	X̄（n）	S
1	颅长（g-op）	180.91（9）	4.55	166.55（2）	9.97
8	颅宽（eu-eu）	141.06（8）	5.20	138.90（2）	5.80
17	颅高（ba-b）	137.33（8）	2.81	133.50（2）	7.78
21	耳上颅高（po-v）	118.59（8）	4.69	112.80（2）	6.65
9	最小额宽（ft-ft）	91.54（9）	4.80	88.30（2）	5.09
25	颅矢状弧（arc n-o）	374.75（8）	13.66	350.00（2）	36.77
26	额弧（arc n-b）	127.44（9）	5.13	119.00（2）	8.49
27	顶弧（arc b-l）	130.56（9）	7.40	117.50（2）	17.68
28	枕弧（arc l-o）	120.63（8）	10.21	112.50（2）	10.61
29	额弦（chord n-b）	111.79（9）	3.02	104.80（2）	5.94
30	顶弦（chord b-l）	115.78（9）	6.17	106.65（2）	14.64
31	枕弦（chord l-o）	97.88（8）	6.31	97.35（2）	6.86
23	颅周长	514.44（9）	14.45	491.50（2）	23.33
24	颅横弧（po-v-po）	321.63（8）	13.15	306.00（2）	16.97
5	颅基底长（ba-n）	102.02（9）	4.44	95.45（2）	1.91
40	面基底长（ba-pr）	98.18（9）	3.86	93.10（2）	0.71
48	上面高（n-sd）	70.53（8）	3.08	69.40（1）	–

续表一

马丁号	测量项目		男（m）		女（f）	
			X̄（n）	S	X̄（n）	S
	（n-pr）		67.18（9）	3.58	63.75（2）	2.90
47	全面高（n-gn）		117.16（7）	3.85	110.10（2）	3.54
45	颧宽（zy-zy）		137.69（8）	3.83	-	-
46	中面宽（zm-zm）		98.51（9）	3.80	97.45（2）	1.20
	颧颌点间高（sub. zm-ss-zm）		25.29（9）	3.10	22.86（2）	2.28
46	中面宽（zm_1-zm_1）		98.01（9）	4.81	98.00（2）	4.24
	颧颌点间高（sub. zm_1-ss-zm_1）		22.95（9）	1.46	20.96（2）	1.81
43（1）	两眶外缘宽（fmo-fmo）		96.01（9）	3.66	96.75（2）	2.33
SN	眶外缘点间高（sub. fmo-n-fmo）		15.95（9）	3.23	13.96（2）	2.72
O_3	眶中宽		54.01（9）	3.89	53.25（2）	4.45
SR	鼻尖高		18.15（3）	0.71	-	-
50	眶间宽（mf-mf）		17.76（9）	1.49	16.65（2）	3.61
49a（DC）	眶内缘点间宽（d-d）		19.70（7）	1.56	18.65（2）	3.32
DS	鼻梁眶内缘宽高		8.02（7）	1.69	8.36（1）	-
MH	颧骨高（fmo-zm）	左	44.43（9）	1.56	42.50（2）	3.11
		右	45.17（9）	1.92	41.40（2）	4.67
MB’	颧骨宽（zm-rim orb.）	左	24.58（8）	2.83	22.55（2）	2.76
		右	25.00（9）	1.98	22.90（2）	3.25
	鼻骨长（n-rhi）		21.90（4）	3.78	-	-
	鼻尖齿槽长（rhi-pr）		45.63（3）	1.25	-	-
54	鼻宽		26.39（9）	1.88	28.50（2）	0.71
55	鼻高（n-ns）		53.24（9）	3.32	49.30（2）	2.12
SC	鼻骨最小宽		7.41（9）	2.16	9.35（2）	1.77
SS	鼻骨最小宽高		2.51（9）	1.11	3.25（2）	0.21
51	眶宽（mf-ek）	左	43.51（8）	2.06	41.60（2）	1.98
		右	43.11（9）	1.93	42.05（2）	1.20
51a	眶宽（d-ek）	左	40.38（6）	1.92	39.60（2）	1.27
		右	40.50（7）	1.72	39.95（2）	0.78
52	眶高	左	33.80（9）	1.75	34.15（2）	1.20
		右	33.50（9）	2.21	34.60（2）	1.71
60	齿槽弓长		52.79（7）	2.19	52.70（2）	0.85

续表一

马丁号	测量项目		男（m）		女（f）	
			$\bar{X}$（n）	S	$\bar{X}$（n）	S
61	齿槽弓宽		64.32（6）	2.20	58.90（2）	0.42
62	腭长（ol-sta）		44.28（8）	2.22	45.70（2）	1.13
63	腭宽（enm-enm）		41.13（6）	2.16	37.80（2）	1.41
64	腭深		12.33（3）	0.58	11.25（2）	0.35
7	枕大孔长（ba-o）		35.82（6）	2.03	37.30（2）	2.83
16	枕大孔宽		29.15（6）	1.69	30.10（1）	–
CM	颅粗壮度		153.46（7）	3.06	146.32（2）	7.85
FM	面粗壮度		117.37（6）	2.27	–	–
65	下颌髁间宽		118.20（5）	9.17	126.70（1）	–
66	下颌角间宽（go-go）		104.30（4）	7.02	97.00（1）	–
67	颏孔间宽		47.90（8）	1.41	48.45（2）	2.19
	颏孔间弧		58.79（7）	4.11	58.50（2）	3.54
69	下颌联合高（id-gn）		35.55（6）	3.73	29.60（2）	0.28
	下颌联合弧		39.90（5）	5.32	33.50（2）	0.71
71a	下颌枝最小宽	左	34.23（7）	2.49	35.00（2）	2.12
		右	34.43（8）	2.43	35.45（2）	2.19
MBH	下颌体高（臼齿位）	左	29.68（6）	2.18	27.65（2）	1.91
		右	30.24（5）	1.89	27.40（1）	–
MBT	下颌体厚（臼齿位）	左	15.49（8）	2.35	15.80（2）	0.28
		右	16.68（8）	2.27	15.10（1）	–
F∠	额角（n-b-FH）		51.88（8）	3.17	53.00（2）	2.83
32	额倾角（n-m-FH）		82.31（8）	4.43	84.50（2）	4.95
	额倾角（g-m-FH）		75.69（8）	3.94	78.50（2）	3.54
	前囟角（g-b-FH）		47.50（8）	3.30	48.50（2）	2.12
72	面角（n-pr-FH）		81.56（8）	3.60	81.50（2）	0.71
73	鼻面角（n-ns-FH）		84.00（8）	2.79	84.00（2）	1.41
74	齿槽面角（ns-pr-FH）		72.06（8）	8.68	69.25（2）	6.72
77	鼻颧角（fmo-n-fmo）		143.42（9）	6.27	147.90（2）	5.21
ZM∠	颧上颌角（zm-ss-zm）		125.70（9）	5.99	129.72（2）	4.93
ZM_1∠	颧上颌角（zm_1-ss-zm_1）		129.76（9）	3.17	133.61（2）	5.37
75	鼻尖角（n-rhi-FH）		59.75（4）	2.99	–	–

续表一

马丁号	测量项目	男（m）		女（f）	
		X̄（n）	S	X̄（n）	S
75（1）	鼻骨角（rhi-n-pr）	16.91（3）	7.00	-	-
	鼻根点角（ba-n-pr）	67.40（9）	3.70	68.22（2）	0.11
	上齿槽角（ba-pr-n）	73.43（9）	3.04	72.26（2）	2.36
	颅底角（n-ba-pr）	39.17（9）	2.76	39.52（2）	2.47
8:1	颅指数	78.0%（8）	3.0%	83.5%（2）	1.5%
17:1	颅长高指数	75.6%（8）	2.1%	80.2%（2）	0.1%
21:1	颅长耳高指数	65.5%（8）	2.5%	67.8%（2）	0.1%
17:8	颅宽高指数	97.1%（7）	3.8%	96.1%（2）	1.6%
FM:CM	颅面指数	76.6%（4）	1.2%	-	-
54:55	鼻指数	49.7%（9）	4.4%	57.9%（2）	4.0%
SS:SC	鼻根指数	33.4%（9）	11.2%	35.1%（2）	4.4%
52:51	眶指数　左	78.0%（8）	3.9%	82.3%（2）	6.9%
	右	77.7%（9）	4.2%	82.3%（2）	0.7%
52:51a	眶指数　左	83.5%（6）	4.9%	86.3%（2）	5.8%
	右	82.3%（6）	5.3%	86.7%（2）	3.5%
48:17	垂直颅面指数 sd	51.0%（7）	2.5%	54.2%（1）	-
48:45	上面指数 sd	51.2%（7）	2.0%	-	-
	上面指数 pr	48.8%（8）	2.3%	-	-
47:45	全面指数	85.8%（6）	1.5%	-	-
48:46	中面指数 sd-zm	71.6%（8）	4.5%	70.6%（1）	-
9:8	额宽指数	64.4%（8）	3.4%	63.7%（2）	6.4%
40:5	面突度指数	96.3%（9）	3.8%	97.6%（2）	1.2%
9:45	颧额宽指数	67.1%（8）	3.0%	-	-
43(1):46	额颧宽指数	97.5%（9）	3.6%	99.3%（2）	1.2%
45:8	颅面宽指数	96.9%（7）	3.5%	-	-
DS:DC	眶间宽高指数	40.6%（7）	7.3%	51.3%（1）	-
SN:OB	额面扁平度指数	16.6%（9）	3.1%	14.4%（2）	2.4%
SR:O3	鼻面扁平度指数	33.3%（3）	2.3%	-	-
63:62	腭指数	94.0%（6）	8.1%	82.7%（2）	1.0%
61:60	齿槽弓指数	120.1%（6）	5.2%	111.8%（2）	2.6%
48:65	面高髁宽指数 sd	58.4%（5）	5.9%	-	-
	面高髁宽指数 pr	54.8%（5）	5.4%	48.7%（1）	-

表二　鲁中南地区头骨颅面部指数和角度特征的分类出现率

马丁号	项目	性别（n）	平均类型	形态分类和出现例数				
				特长颅	长颅	中颅	圆颅	特圆颅
8/1	颅指数	男（8）	78.0%（中颅）	0	2	3	3	0
		女（2）	83.5%（短颅）	0	0	0	2	0
				低颅	正颅	高颅		
17/1	颅长高指数	男（8）	75.6%（高颅）	0	3	5		
		女（2）	80.2%（高颅）	0	0	2		
				低颅	正颅	高颅		
21/1	颅长耳高指数	男（8）	65.5%（高颅）	0	1	7		
		女（2）	67.8%（高颅）	0	0	2		
				阔颅	中颅	狭颅		
17/8	颅宽高指数	男（7）	97.1%（中颅）	0	6	1		
		女（2）	96.1%（中颅）	0	2	0		
				很小	小	中等	大	很大
48/17	垂直颅面指数	男（7）	51.0%（小－中）	0	3	3	1	0
		女（1）	54.2%（大）	0	0	0	1	0
				狭额	中额	阔额		
9/8	额宽指数	男（8）	64.4%（狭额）	6	1	1		
		女（2）	63.7%（狭额）	1	1	0		
				特阔面	阔上面	中上面	狭上面	特狭上面
48/45	上面指数 sd	男（7）	51.2%（中面）	0	1	6	0	0
		女（0）	——	0	0	0	0	0
				特阔面	阔面	中面	狭面	特狭面
47/45	全面指数	男（6）	85.8%（中面）	0	1	5	0	0
		女（0）	——	0	0	0	0	0
				低眶	中眶	高眶		
52/51	眶指数 L	男（8）	78.0%（中眶）	2	6	0		
		女（2）	82.3%（中眶）	1	0	1		
				狭鼻型	中鼻型	阔鼻型	特阔鼻	
54/55	鼻指数	男（9）	49.7%（中鼻）	1	6	2	0	
		女（2）	57.9%（阔鼻）	0	0	1	1	
				很小	小	中等	大	很大
SS/SC	鼻根指数	男（9）	33.4%（小）	2	2	4	1	0
		女（2）	35.1%（中）	0	0	2	0	0
				狭腭型	中腭型	阔腭型		
63/62	腭指数	男（6）	94.0%（阔腭）	0	0	6		
		女（2）	82.7%（中腭）	0	2	0		

续表二

马丁号	项目	性别（n）	平均类型	形态分类和出现例数				
				长齿槽	中齿槽	短齿槽		
61/60	上齿槽弓指数	男（6）	120.1%（短槽）	0	0	6		
		女（2）	111.8%（中槽）	1	1	0		
				平颌型	中颌型	突颌型		
40/5	面突度指数	男（9）	96.3%（平颌）	6	2	1		
		女（2）	97.6%（中颌）	1	1	0		
				超突颌	突颌型	中颌型	平颌型	超平颌型
72	总面角	男（8）	81.6（中颌）	0	2	5	1	0
		女（2）	81.5（中颌）	0	0	2	0	0
				超突颌	突颌型	中颌型	平颌型	超平颌型
74	齿槽面角	男（8）	72.1（中颌）	1	2	4	0	1
		女（2）	69.3（突颌）	0	1	1	0	0
				很小	小	中等	大	很大
77	鼻颧角	男（9）	143.4（中）	1	1	2	3	2
		女（2）	147.9（大）	0	0	1	0	1
				很小	小	中等	大	很大
∠ZM1	颧上颌角	男（9）	129.7（小－中）	0	6	3	0	0
		女（2）	133.6（中）	0	1	0	1	0
				很小	小	中等	大	很大
75－1	鼻骨角	男（2）	16.9（小）	1	1	0	0	0
		女（0）	——	0	0	0	0	0

3. 与现代亚洲蒙古人种地区类型比较

现代亚洲蒙古人种各地区类型数据参考文献［19］，对比列于表三。通过与不同地域的亚洲蒙古人种头骨测量比较，结果显示：鲁中南组颅面部测量数值均在亚洲蒙古人种变异范围内（眶指数（52/51）78.0比亚洲蒙古人种眶指数下限值78.2稍小但差别不大），提示该组人群的蒙古人种性质。与北蒙古人种相比，鲁中南组的颅宽、颧宽、上面高、垂直颅面指数、鼻颧角、面角均较小，而颅高、颅长高和颅宽高指数较大，即鲁中南组具有较小的宽度因子与上面高、较突的上面与矢状面和较高的颅高；与东北蒙古人种相比，鲁中南组的最小额宽、上面高、垂直颅面指数、鼻颧角、面角、眶指数、鼻根指数相对小些，额倾角与鼻指数相对较大，即鲁中南组具有相对小的额宽与上面高、相对低的眶高、较宽的鼻宽、较陡直的前额、较低平的鼻根与矢面、较突的上面；与东蒙古人种相比，眶指数小些，颧宽略大；与南蒙古人种相比，仅颧宽更大。通过以上分析，可以提示鲁中南组与东蒙古人种及南蒙古人种更相近。

4. 与周邻地区古代人群的比较

选取周邻地区古代人群对照组16个，代表山东境内及周邻地区新石器时代组、青铜铁器时代组、华南组、日本弥生组、绳文组。各组数据来源参见相关文献［1～12，15］。参加比较的13个测量项目为：颅长（1）、颅宽（8）、颅高（17）、最小额宽（9）、颅基底长（5）、面基底长（40）、颧宽（45）、上面高（48）、鼻宽（54）、鼻高（55）、眶宽（51）、眶高（52）、面角（72），其中括号内的数字为测量项目的马丁编号。比较结果参见表四。

表三　鲁中南组、临淄组、后李官组之间的比较及与亚洲各地区蒙古人种头骨测量的比较

项目	鲁中南	临淄	后李官	北蒙古人种	东北蒙古人种	东蒙古人种	南蒙古人种	亚洲蒙古人种
1	180.9	181.8	179.1	136.7～192.7	181.8～192.4	175.0～180.8	168.4～181.3	168.4～192.7
8	141.1	141.0	140.3	142.3～154.6	134.3～142.6	137.6～142.6	135.7～143.6	134.3～154.6
8/1	78.0	77.6	78.4	75.4～85.9	69.8～79.0	77.1～81.5	76.6～83.4	69.8～85.9
17	137.3	138.8	136.8	125.0～135.8	133.8～141.1	136.4～140.2	134.0～140.9	125.0～141.1
17/1	75.6	75.6	77.3	67.4～74.8	73.2～75.6	75.3～80.2	75.8～80.2	67.4～80.2
17/8	97.1	98.1	99.2	83.5～94.5	92.1～100.0	96.8～100.3	94.4～101.3	83.5～101.3
9	91.5	93.7	92.1	89.0～97.0	94.6～98.2	89.0～93.7	89.7～95.4	89.0～98.2
32	82.3	87.2	88.8	77.5～84.2	77.9～80.2	83.3～86.4	82.5～91.7	77.5～91.7
45	137.7	137.4	133.5	139.0～143.7	137.5～142.4	130.6～136.7	131.4～136.2	130.6～143.7
48	70.5	73.7	70.9	73.3～79.6	74.5～79.2	71.0～76.6	59.8～71.9	59.8～79.6
48/17	51.0	53.0	51.2	56.1～61.2	54.1～58.5	51.7～54.9	43.8～52.5	43.8～61.2
48/45	51.2	53.1	53.1	51.2～55.4	51.3～56.2	51.7～56.8	45.1～53.7	45.1～56.8
77	143.4	145.8	145.4	144.3～151.4	146.2～152.0	144.0～147.3	141.0～147.8	141.0～152.0
72	81.6	87.1	87.9	84.8～89.0	83.1～86.3	80.6～86.5	80.6～86.7	80.6～89.0
52/51	78.0	79.9	82.0	76.6～86.0	81.3～84.5	80.7～85.0	78.2～86.8	78.2～86.8
54/55	49.7	49.2	48.5	47.2～50.7	42.7～47.3	45.2～50.3	47.7～55.5	42.7～55.5
SS/SC	33.4	29.3	24.8	26.7～49.4	34.8～45.8	31.7～37.2	26.1～43.2	26.1～49.4
75(1)	16.9	16.1	16.8	16.9～24.9	14.8～23.9	13.7～19.8	12.0～18.3	12.0～24.9

表四　鲁中南组与其他对比组颅面部13项测量结果的比较

代号	组别	颅长（1）	颅宽（8）	颅高（17）	最小额宽（9）	颅基底长（5）	面基底长（40）	颧宽（45）	上面高（48）	鼻宽（54）	鼻高（55）	眶宽（51）	眶高（52）	面角（72）
1	鲁中南	180.9	141.1	137.3	91.5	102.0	98.2	137.7	70.5	26.4	53.2	43.5	33.8	81.6
2	临淄	181.8	141.6	138.8	93.7	101.2	96.9	137.4	73.7	26.8	54.7	42.9	34.2	87.1
3	弥生	183.3	142.3	137.0	96.3	101.8	100.1	139.8	74.3	27.1	52.8	43.3	34.5	84.8
4	绳文	184.6	144.2	134.5	97.9	102.9	102.6	145.5	68.8	27.9	49.5	42.6	32.7	84.6
5	广饶	172.7	143.4	141.8	89.8	99.2	96.5	135.2	74.0	27.4	54.5	43.1	34.3	86.6

续表四

代号	组别	颅长(1)	颅宽(8)	颅高(17)	最小额宽(9)	颅基底长(5)	面基底长(40)	颧宽(45)	上面高(48)	鼻宽(54)	鼻高(55)	眶宽(51)	眶高(52)	面角(72)
6	呈子二期	184.5	144.2	144.3	94.8	100.1	100.1	136.9	74.9	26.2	53.2	44.1	34.1	85.8
7	西夏侯	180.3	140.9	148.3	93.9	106.0	101.7	139.4	74.3	27.7	57.1	44.2	34.3	84.4
8	野店	181.4	146.0	141.7	94.3	105.7	100.3	137.3	75.8	26.1	55.2	39.8	34.2	85.5
9	安阳	184.5	140.5	139.5	91.0	102.3	99.2	135.4	74.0	27.3	53.8	42.4	33.8	83.9
10	昙石山	189.7	139.2	141.3	91.0	101.2	103.5	135.6	71.1	29.5	51.9	42.2	33.8	81.0
11	河宕	181.4	132.5	142.5	91.5	104.5	103.2	130.5	67.9	26.7	51.9	41.4	33.0	82.3
12	后李官	179.1	140.3	136.8	92.1	97.6	92.9	133.5	70.9	25.5	52.5	42.1	33.8	87.9
13	庙底沟	179.4	143.8	143.2	93.7	108.1	104.5	140.8	73.5	27.3	54.0	41.8	32.4	85.8
14	龙虬庄	178.3	141.9	140.2	96.0	102.1	102.1	141.3	73.0	28.0	55.1	43.8	33.9	82.1
15	火烧沟	182.8	138.4	139.3	90.1	103.7	98.5	136.3	73.8	26.7	53.6	42.0	33.8	86.7
16	李家山	182.2	140.0	136.5	91.2	101.2	94.7	138.6	77.3	26.7	57.0	42.8	35.0	87.0
17	阿哈特拉山	182.9	140.3	138.2	90.0	101.4	95.9	133.7	74.8	26.1	55.2	42.6	35.2	85.8

根据17个组13个测量项目的比较数据做聚类分析和主成分分析。

（1）聚类分析

用SPSS软件做各组间聚类分析，组群间欧氏距离系数值矩阵与聚类分析系统树图分别参见表五及图三。表五中上面和左面表头1，2... 17为各组别代号。

表五 17个群体组间欧氏距离系数值矩阵

	1	2	3	4	5	6	7	8	9	10	11	12	13	14	15	16
2	3.50															
3	3.45	2.46														
4	5.41	5.85	4.54													
5	4.56	3.41	4.88	7.70												
6	4.16	2.87	2.95	6.11	4.54											
7	5.17	4.47	4.70	7.39	5.19	4.19										
8	5.39	4.08	4.49	6.86	5.45	4.71	5.21									
9	2.74	2.58	3.09	5.83	4.17	3.45	4.45	4.17								
10	4.96	5.84	5.25	6.04	6.91	5.85	6.12	6.85	3.87							
11	4.95	6.23	6.50	7.26	6.97	6.70	6.69	6.86	4.81	5.21						
12	4.30	3.57	4.96	7.12	4.12	5.16	7.20	5.55	4.11	6.96	5.72					
13	5.33	4.96	4.98	5.36	5.97	5.17	4.44	4.14	4.57	6.25	6.04	6.75				
14	3.55	3.90	2.99	5.09	4.84	4.11	3.56	5.30	3.85	5.16	6.32	6.12	4.47			
15	3.58	2.45	3.74	6.27	4.10	4.03	4.85	4.13	1.95	5.24	4.84	3.60	4.50	4.82		
16	4.94	2.71	4.10	7.91	4.25	4.66	5.39	4.98	3.85	7.11	7.80	4.72	6.63	5.33	3.56	
17	4.00	2.67	4.07	7.84	3.91	4.13	5.42	4.67	3.01	6.31	6.44	3.80	6.56	5.46	2.84	2.36

注：组别代号同表四。

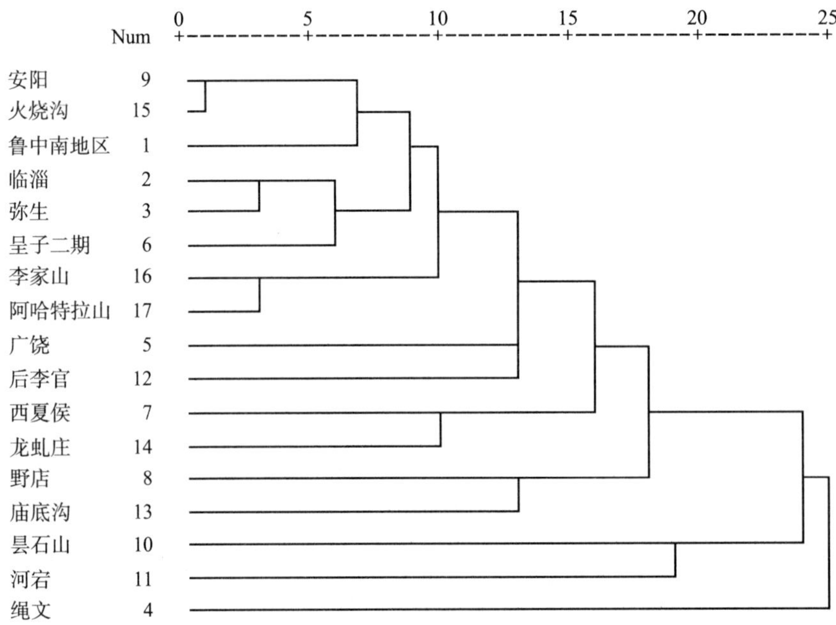

图三　聚类分析系统树图

分析聚类结果如下：

（1）大致分三组：黄河流域一组、华南一组、日本绳文一组。

（2）在黄河流域一组中，再分两组：一组大致代表新石器时代组（除后李官组外）；另一组代表青铜铁器时代组（除呈子二期外）。

（3）在黄河流域青铜铁器时代组中，又分有黄河上游（李家山、阿哈特拉山）组和黄河中下游组（安阳、鲁中南、临淄、呈子等，除火烧沟组外）。

（4）鲁中南组在黄河中下游组的聚类群中。

（5）日本弥生组聚在黄河流域历史时期组群中并且与黄河下游组最接近；相反，日本绳文组远离其他组，这可能暗示其来源有别于中国内地尤其是黄河流域新石器时代和历史时期组群。

（2）主成分分析

用 SPSS 软件做主成分分析。输入表四中数据后，得到其前 3 个主成分的因子载荷矩阵，见表六。第一主成分、第二主成分、第三主成分的累计贡献率分别为 30.67%、50.92%、65.45%。

表中分析，第一主成分中前 6 个测量项目即面基底长、眶高、上面高、面角、鼻高和鼻宽为其重要的载荷变量，主要代表面部的高度特征、矢面突颌程度和鼻型特征。第二主成分中重要的测量项目有颅宽、颧宽和最小额宽，代表面部的宽度特征。第三

表六 前3个主成分因子载荷矩阵

	面基底长(40)	眶高(52)	上面高(48)	面角(72)	鼻高(55)	鼻宽(54)	颅宽(8)	颧宽(45)	最小额宽(9)	颅高(17)	颅基底长(5)	眶宽(51)	颅长(1)
第一主成分	0.907	-0.780	-0.716	-0.665	-0.641	0.623	—	0.412	0.511	0.110	0.461	—	0.382
第二主成分	0.167	0.150	0.554	0.277	0.434	0.146	0.815	0.776	0.617	0.238	0.329	0.399	-0.134
第三主成分	0.334	—	0.170	-0.176	0.528	0.124	-0.271	-0.373	-0.362	0.855	0.571	—	-0.136

主成分中颅高和颅基底长是其重要因子代表，反映颅骨的高长特征。同时可看到3个主成分的信息不相重叠。

为研究各组群体间的关系，由主成分得分，绘制了第一主成分、第二主成分、第三主成分的三维图（图四）。3个坐标轴代表3个主成分，其中1，2... 17代表17个组别，具体情况见表四。

三维图结果显示绳文组远离其他自成一组，主要表现在第一与第三因子上。除绳文组外，其他组排成一簇，其间再分趋势似乎不很明显，但仔细观察后，两个华南组处于三维坐标一角，显示出其在三个因子上与其他北方组的偏离。北方组内部经仔细研究后，发现其组间的关系趋势与聚类分析结果一致。如鲁中南组与安阳组、火烧沟组相距较近，并接近于由弥生组、呈子组、临淄组所聚的一组。再加上相距较近的李家山组、阿哈特拉山组，共同代表华北黄河中下游历史时期组群。史前组分布较散在，但仍可见组群间相聚趋势。

（3）西日本弥生人起源的讨论

将中国内地古代人骨资料与日本古代人骨资料进行比较研究，对解决日本人起源中的某些问题具有重要意义。与日本新石器时代绳文人有很大不同而年代相当于中国周—汉代的西日本弥生人或称“渡来系”弥生人到底源于何处一直是学术界有争议的问题。对于日本人起源，金关丈夫的“渡来说”认为：在绳文时代末期，从朝鲜半岛渡来了高面、高身长的人与日本本州西端和北九州地区绳文人混血，形成了现代土井浜弥生人体质特征[17]。铃木尚的“移形说”认为在更新世时期，中国华南原始蒙古人种东扩至日本列岛，约1万年前，大陆与日本陆桥消失，原日本绳文人在隔离的生态环境与文化因素影响下，体质发生变化，经弥生时代后各时期，形成现代日本人[18]。近年来，“渡来说”在遗传学及牙齿人类学研究中取得很大进展。遗传学家和人类学家对日本人与亚洲大陆种族之间的亲缘关系做了大量研究。有些学者提出了日本人起源模式的假说：绳文人的祖先来自更新世晚期的东南亚古人类，弥生人祖先来自亚洲大陆北部，到达日本与原住居民局部混杂，形成现代日本人的主成分[19]。但弥生人祖先

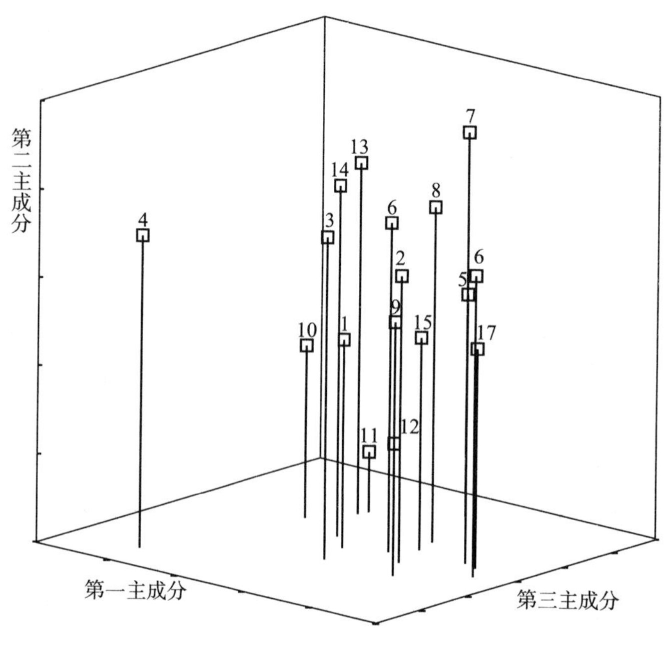

图四　前3个主成分的三维坐标图

到底源自何处，至今未有定论。中国的华北人群和西伯利亚的农耕或游牧民族曾为一些学者的考虑对象和争论焦点。到底弥生人源于东亚还是北亚？根据考古文化方面的证据，也有人认为弥生人可能来源于中国南方。若源于中国，是北方还是南方？根据本次山东省鲁中南地区周—汉代人骨与日本古代人骨的比较研究认为西日本弥生人很可能源自东亚中国内地，而中国北方大陆的黄河中下游地区最有可能是其祖先的来源地。本文研究结果与鲁北地区周—汉代人骨的研究结果相一致[4]。

（三）结　论

1）测量特征的种族属性分析表明，鲁中南周—汉代人与鲁北同时代人相似，都属于蒙古人种东亚类型或南亚类型。

2）与周邻地区古代类群的聚类分析、主成分分析结果表明，鲁中南组与黄河中下游地区的古代类群比较接近，其中鲁中南组与历史时期组的亲缘关系比与新石器时代组更密切，并与华南组关系较远。

3）本次分析中，西日本弥生组和包括鲁中南组在内的中国黄河中下游地区古代组群聚合在一起。特别是与这一地区的历史时期组关系更密切，与华南组关系表现疏远。日本绳文组则自成一组而远离其他。对这种现象的合理解释，应该是西日本弥生人的最近源流可能与中国内地特别是黄河中下游古代人群有关，而日本绳文人则应另有不同的时空层次来源。

致谢：本文所用标本由山东省文物考古研究所提供，部分工作在本所人类起源与石器技术实验室完成，在文章成文的过程中第一作者得到吴新智院士、席焕久教授的指导和建议，统计分析得到刘武博士和倪喜军博士的指点，在此一并感谢。

（原载《人类学学报》2002年第21卷第1期）

参考文献

[1] 颜訚：《西夏侯新石器时代人骨的研究》，《考古学报》1973年第2期。

[2] 韩康信：《山东诸城呈子新石器时代人骨》，《考古》1990年第7期。

[3] 韩康信、常兴照：《广饶古墓出土人类学材料的观察与研究》，《海岱考古》，山东大学出版社，1989年。

[4] 韩康信、松下孝幸：《山东临淄周—汉代人骨体质特征研究及与西日本弥生时代人骨比较概报》，《考古》1997年第4期。

[5] Nakahashi T. Temporal cranismetric changes from the Jomon to the Modern period in western Japan. Am J Phys Anthropol, 1993, 90: 409 - 425.

[6] 张振标：《山东野店新石器时代人骨的研究报告》，《邹县野店》，文物出版社，1985年。

[7] 韩康信、潘其风：《安阳殷墟中小墓人骨的研究》，《安阳殷墟头骨研究》，文物出版社，1984年。

[8] 韩康信、张振标、曾凡：《闽侯昙石山遗址的人骨》，《考古学报》1976年第1期。

[9] 韩康信、潘其风：《广东佛山河宕新石器时代晚期墓葬人骨》，《人类学学报》1982年第1卷第1期。

[10] 韩康信、潘其风：《庙底沟二期文化人骨的研究》，《考古学报》1979年第2期。

[11] 韩康信：《龙虬庄遗址新石器时代人骨的研究》，《龙虬庄——江淮东部新石器时代遗址发掘报告》，科学出版社，1999年。

[12] 张君：《青海李家山卡约文化墓地人骨种系研究》，《考古学报》1993年第3期。

[13] 吴汝康、吴新智、张振标：《人体骨骼测量方法》，科学出版社，1965年。

[14] 邵象清：《人体测量手册》，上海辞书出版社，1985年。

[15] 张亚军：《山东临淄后李官周代墓葬人骨研究》，《探索渡来系弥生人大陆区域的源流·山东省合作研究报告》，日本山口县：アリフク印刷株式会社，2000年。

[16] Небоксаров Н Н. Основные наления расовой диференции в Восточной Азии. Труды Института Этнографии, 1947, 2, 28 - 83.

[17] 金关丈夫、永井昌文、佐野一：《山口县丰浦郡丰北町土井ケ浜遗迹出土弥生时代人头骨につこて》，《人类学研究》1960年第7期。

[18] Suzuki H. Microevolutional changes in the Japanese population from the prehistoric age to the present day [J]. J Fac Sci Univ Tokyo, Sec. v, 1989, (3): 279 - 308.

[19] 韩康信：《山东临淄周—汉代人骨体质特征研究与西日本弥生时代人骨之比较》，《探索渡来系弥生人大陆区域的源流·山东省合作研究报告》，日本山口县：アリフク印刷株式会社，2000年。

后　记

《鲁中南汉墓》作为全国文物、博物馆系统人文社会科学重点研究课题——《鲁中南汉代墓葬的整理与研究》最后成果，终于付梓出版了。

由于课题组成员长期奋战在田野考古第一线，很难有稳定的时间安心进行课题研究，因此该课题直至2005年底才完成结题报告，比课题设计晚了整整两年。结题报告审查通过后，课题组成员利用业余时间对各自的报告进行了认真的修改，其中为统一要求和体例又花费了较多的时间，到2008年9月才全部交付出版社。应该说，作为一项集体研究成果，《鲁中南汉墓》凝结了课题组成员7年来的辛勤劳动，凝结了国家文物局、山东省社科管理部门及相关专家的亲切关怀，凝结了项目承担单位及其他相关单位不遗余力的大力支持。

本课题立题的初衷是对鲁中南地区发掘的大量汉代墓葬加以研究和梳理，最大可能的统一墓葬及随葬品类型的划分，在墓葬分区及分期上有所突破。这样可以减少人们阅读报告和研究讨论的一些中间环节，以最短的时间对鲁中南汉代墓葬有一个基本的了解，因此，在报告的编写上要求尽量减少各报告之间的重复。后来我们也注意到，很多报告的编写是尽最大可能公布所有资料，给研究者以充分的研究空间，这与我们立题的初衷相矛盾。在报告修改过程中我们也要求尽量多的发表资料，但报告编写体例已定，所发表报告本身已经涵盖了我们研究的初步成果，打上了课题组成员各自研究的烙印。值课题报告发表之际，特加以说明。

课题研究过程中，中国社会科学院考古研究所韩康信、尚虹等先生对墓葬出土人骨进行了鉴定并完成《山东鲁中南地区周—汉代人骨研究》一文；马良民先生利用暑假到山东省文物考古研究所对各个墓地出土的铜钱、铜镜进行了研究指导；郑同修先生对墓葬的分期提出宝贵意见；赖非先生对嘉祥长直集墓地出土的铜印及陶器上的刻文予以隶定、释文；吴双成先生对彩绘陶及曲阜柴峪出土的漆棺予以保护处理。

在此谨表谢忱。

中国社会科学院考古研究所研究员、著名考古学家徐苹芳先生百忙中为本书作序。徐先生在对我们课题成果予以肯定的同时，对山东地区汉代考古学研究提出更高的要求，使课题报告集更添新色。

本书出版后我们将召开“山东地区汉代墓葬研讨会”，进一步促进山东地区汉代文明研究。

王守功

1. 墓地远景

2. M32

封山墓地远景及汉墓

1. Aa型Ⅰ式鼎（M52：1）

2. Ab型鼎（M9：8）

3. Bb型鼎（M54：10）

4. Aa型Ⅰ式盒（M9：6）

5. Aa型Ⅰ式盒（M52：4）

封山汉墓出土陶器

1. Aa型壶（M9：2）

2. Ab型Ⅰ式壶（M54：7）

3. Ca型Ⅱ式壶（M3：2）

4. 楼（M4：4）

封山汉墓出土陶器

1. A 型匜（M52：3）

2. C 型匜（M9：3）

3. 盘（M9：5）

4. 仓（M101：6）

5. 猪圈（M44：7）

封山汉墓出土陶器

1. M32∶1

2. M59∶2

封山汉墓出土铜镜

1. 陶磨（M36：12）

3. 铜印（M32：7）

2. 铜镜（M55：1）

4. 石饰件（M77：1、M77：7）

封山汉墓出土器物

1. 玉璧（M27：1）

2. 玉璧（M36：1）

3. 玉璧（M54：2）

4. 玉璧（M9：11）

5. 玉玦（M6：6）

6. 玉饼（M76：4）

封山汉墓出土玉器

1. M9陶器组合

2. M44陶器组合

封山汉墓出土陶器组合

1. 墓地近景

2. M137

东郑庄墓地近景及汉墓

1. Aa型Ⅲ式（M183：5）

2. Ab型Ⅱ式（M192：2）

3. Ab型Ⅲ式（M186：3）

4. 其他（M31：4）

东郑庄汉墓出土陶鼎

1. Aa 型Ⅱ式盒（M192：1）

2. Aa 型Ⅲ式盒（M186：6）

3. 其他盒（M31：7）

4. Aa 型Ⅱ式匜（M141：4）

5. Ab 型Ⅱ式匜（M61：4）

6. Aa 型Ⅲ式匜（M193：1）

东郑庄汉墓出土陶盒、匜

1. Aa型Ⅲ式大型壶（M188：3）

2. 钫（M142：4）

3. Ⅲ式盘（M186：7）

4. 罍（M135：1）

东郑庄汉墓出土陶器

1. 蟠虺镜（M42：1）

2. 四龙镜（M159：3）

东郑庄汉墓出土铜镜

1. 玉璧（M81：1）

2. 玉璧（M189：1）

3. 玉环（M77：1）

4. 玉环（M159：2）

5. 玉饼（M132：7）

6. 玉板（M73：1）

东郑庄汉墓出土玉器

1. M65　2. M324　3. M143　4. M106

东小宫汉墓

1. Aa型Ⅲ式鼎（M153：4）

2. Ab型鼎（M191：2）

3. B型Ⅰ式鼎（M282：4）

4. Bb型Ⅰ式盒（M282：6）

5. Bb型Ⅱ式盒（M281：6）

6. B型Ⅰ式盘（M282：7）

东小宫汉墓出土陶器

1. B型Ⅰ式壶（M282：2）

2. Cd型Ⅲ式壶（M323：8）

3. Ⅰ式钫（M282：1）

4. Ⅱ式钫（M281：3）

东小宫汉墓出土陶器

1. 四乳四虺镜（M115：1）

2. 飞鸟镜（M323：2）

3. 五乳五鸟镜（M324：25）

4. 星云纹镜（M219：2）

东小宫汉墓出土铜镜

1. 墓地远景

2. M10 局部

顾庙墓地远景及汉墓

1. 铜镜（M67：4）

2. 铜镜（M37：3）

3. 铜镜（M8：1）

4. 铜镜（M10：1）

5. 石黛板（M28：6）

6. 石研子（M5：12）

顾庙汉墓出土铜、石器

1. 墓地近景

2. M310

徐家营墓地近景及汉墓

1. M266

2. M139

徐家营汉墓

1. Aa 型Ⅱ式鼎（M139：12）

2. A 型Ⅰ式盒（M71：4）

3. A 型Ⅱ式盒（M170：2）

4. Aa 型Ⅰ式小型壶（M139：10）

5. Aa 型Ⅱ式小型壶（M300：3）

徐家营汉墓出土陶器

1. B型Ⅰ式大型壶（M173：1）

2. A型匜（M71：5）

3. B型匜（M238：7）

4. Ⅰ式盘（M71：8）

5. Ⅱ式盘（M170：3）

6. B型勺（M300：1）

徐家营汉墓出土陶器

1. B型Ⅱ式釜（M90：2）

2. Bb型Ⅰ式大型罐（M196：2）

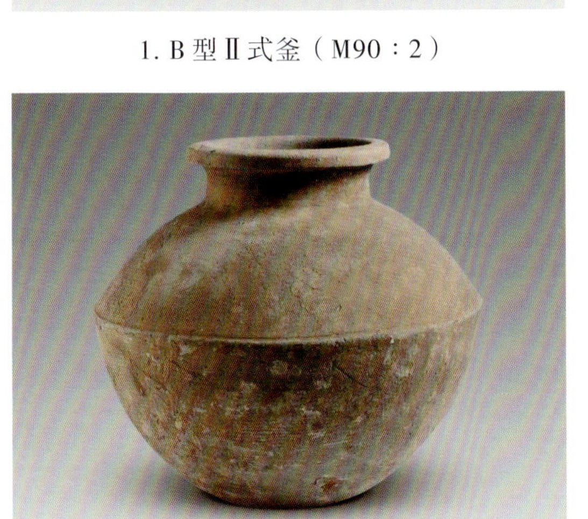

3. Bb型Ⅱ式大型罐（M343：2）

4. Ba型Ⅴ式中型罐（M102：2）

5. B型Ⅰ式瓮（M32：4）

徐家营汉墓出土陶器

1. 盆（M139：4）

2. 印（M23：5）

3. 刷柄（M107：2）

4. 弩机（M97：1）

5. 杖首（M336：1）

6. 镦（M284：3）

徐家营汉墓出土铜器

1. 削（M336：3）

2. Aa 型带钩（M191：2）

3. Ab 型带钩（M263：1）

4. Ac 型带钩（M82：2）

5. 剑璏（M127：2）

6. A 型泡（M120：3-4、3-3、3-2、3-1）
（左→右）

徐家营汉墓出土铜器

1. 铁刀（M218：6）

2. 石砚（M251：4）

3. 骨牌：上：M103：13-1、13-3（左→右）
中：M103：13-4～13-7（左→右）
下：M103：13-8～13-11、13-2（左→右）

4. 骨管饰（M315：1）

徐家营汉墓出土器物

1. M88嵌金箔漆奁出土情况

2. M68

3. M32器物箱出土陶器

4. M21

花山汉墓

1. M51 器物箱出土彩绘陶器

2. M83

1. M21空心砖椁墓出土的大型空心砖

2. M6砖椁墓出土的铺底花砖

3. M21空心砖椁墓出土的铺底花砖

花山汉墓出土空心砖、花砖

1. Ⅱ式鼎（M70：5）

2. Ⅲ式鼎（M51：2）

3. Ⅳ式鼎（M51：6）

4. Ⅲ式盒（M51：11）

5. Ⅰ式盒（M32：8）

花山汉墓出土陶鼎、盒

1. 熏炉（采集）

2. A型Ⅰ式大型圈足壶（M32：5）

3. A型Ⅱ式大型圈足壶（M70：3）

4. A型Ⅲ式大型圈足壶（M51：3）

花山汉墓出土陶熏炉、壶

1. A型Ⅱ式小型壶（M49：3）

2. B型Ⅲ式小型壶（M51：12）

3. Ⅱ式匜（M70：2）

4. Ⅱ式匜（M51：16）

5. Ⅰ式盘（M32：6）

6. Ⅲ式盘（M51：21）

花山汉墓出土陶器

1. Ⅲ式盘（M51：20）

2. Ⅰ式勺（M32：7）

3. Ⅱ式盘（M51：19）

4. Ⅱ式盘（M51：19）

5. Ⅲ式勺（M51：36）

6. Ⅲ式勺（M51：9）

花山汉墓出土陶盘、勺

1. A型Ⅰ式大型假圈足壶（M51：22）

2. C型釉陶壶（M84：13）

3. B型釉陶壶（M84：14）

4. D型釉陶壶（M84：12）

花山汉墓出土陶壶、釉陶壶

1. Ca型（M83：14）

2. D型（M90：12）

3. Ea型（M84：27）

4. H型（M87：6）

花山汉墓出土铜镜

1. B型铜印（M87：5）

2. 金属当卢（M84：18）

3. A型金属衔及镳（M84：6）

4. 漆奁（M88：18）

5. 漆盒（M70：11）

花山汉墓出土器物

1. C 型玉琀（M90：8）

2. B 型玉琀（M88：1）

3. 玉觿（M88：15、16）
（左→右）

4. 玉璧（M88：12）

5. 翡翠九窍塞（M57：1～8）
①、②眼罩（M57：1、2）
③、⑥耳塞（M57：3、4）
④、⑤鼻塞（M57：5、6）
⑦琀（M57：7）
⑧肛塞（M57：8）

花山汉墓出土器物

1. 墓地远景

2. 墓地远景

柴峪墓地远景

1. 石椁

2. 漆画

3. 漆画

柴峪汉墓 M223

柴峪汉墓 M214

1. M158

2. M158漆画

3. M132边箱出土陶器情况

柴峪汉墓

1. Aa型Ⅰ式（M132：6）

2. Ba型Ⅱ式（M165：5）

3. Ba型Ⅳ式（M242：6）

4. Ba型Ⅳ式（M208：9）

5. Ba型Ⅴ式（M122：4）

6. Bb型Ⅱ式（M110：7）

柴峪汉墓出土陶鼎

1. Bb型Ⅲ式鼎（M230：8）

2. Bb型Ⅳ式鼎（M19：3）

3. Aa型Ⅰ式盒（M77：7）

4. Aa型Ⅱ式盒（M165：4）

5. Aa型Ⅲ式盒（M242：7）

6. B型Ⅰ式盒（M132：7）

柴峪汉墓出土陶鼎、盒

1. Ⅱ式（M230：7）

2. Ⅲ式（M208：8）

3. Ⅲ式（M122：1）

4. Ⅳ式（M223：2）

5. Ⅴ式（M19：2）

柴峪汉墓出土B型陶盒

1. Ⅰ式（M132：4）

2. Ⅳ式（M122：5）

3. Ⅲ式（M208：6）

4. Ⅲ式（M188：1）

柴峪汉墓出土Aa型陶大型壶

1. Ab型Ⅰ式（M77：8）

2. Ab型Ⅱ式（M165：6）

3. Ab型Ⅲ式（M242：5）

4. Aa型Ⅵ式（M230：6）

5. Bb型Ⅰ式（M19：5）

6. Bb型Ⅱ式（M19：11）

柴峪汉墓出土陶大型壶

1. Ab 型（M223：1）

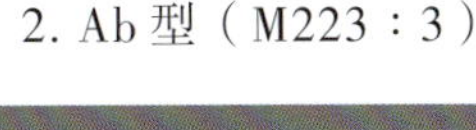

2. Ab 型（M223：3）

3. Bd 型Ⅰ式（M132：5）

4. Bd 型Ⅱ式（M110：6）

柴峪汉墓出土陶小型壶

1. Aa 型Ⅱ式盘（M165：8）

2. Ab 型Ⅰ式盘（M132：8）

3. Ab 型Ⅲ式盘（M79：9）

4. Ab 型Ⅴ式盘（M122：2）

5. Ab 型Ⅵ式盘（M223：5）

6. Ab 型Ⅶ式盘（M19：4）

7. A 型Ⅲ式匜（M79：8）

8. A 型Ⅳ式匜（M188：3）

柴峪汉墓出土陶盘、匜

1. A 型Ⅳ式匜（M242：4）

2. A 型Ⅴ式匜（M208：11）

3. A 型Ⅵ式匜（M110：9）

4. 俑（M242：1）

5. 俑（M242：2）

柴峪汉墓出土陶匜、俑

1. 铜镜（M190：1）

2. 铜镜（M203：1）

3. 铜镜（M26：3）

4. 铜镞（M1：3）

5. 陶熏炉（M79：1）

柴峪汉墓出土器物

1. A型Ⅳ式（M349：5）

2. A型Ⅴ式（M284：10）

3. A型Ⅵ式（M215：7）

4. B型Ⅱ式（M341：8）

5. C型Ⅰ式（M351：5）

6. C型Ⅱ式（M307：1）

长直集汉墓出土陶鼎

1. A型Ⅰ式（M382：1）

2. A型Ⅰ式（M298：3）

3. A型Ⅰ式（M298：8）

4. B型Ⅰ式（M351：4）

5. 其他型（M215：5）

长直集汉墓出土陶盒

1. Aa型Ⅱ式（M298：2）

2. Ab型Ⅵ式（M35：6）

3. Ac型Ⅱ式（M384：3）

4. Ad型Ⅰ式（M384：5）

长直集汉墓出土A型陶壶

1. Ad 型Ⅱ式（M341：9）

2. Cb 型Ⅰ式（M35：5）

3. Cb 型Ⅱ式（M35：4）

4. Cb 型Ⅱ式（M307：6）

长直集汉墓出土陶壶

1. Ⅰ式（M305：3）

2. Ⅱ式（M34：1）

3. Ⅲ式（M12：1）

4. Ⅲ式（M382：2）

长直集汉墓出土陶钫

1. A型Ⅲ式盘（M307：4）

2. B型Ⅰ式盘（M4：5）

3. 仓（M307：5）

4. 仓（M35：7）

5. 盉（M215：8）

长直集汉墓出土陶器

1.熏（M35：9）

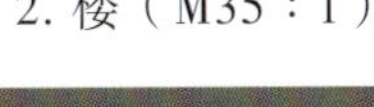

2. 楼（M35：1）

3. 灶（M35：3）

4. 灶（M307：7）

长直集汉墓出土陶器

彩版六〇

1.猪圈（M35：2）

2. 猪圈（M35：2）内陶猪

3. 马（M378：3）

长直集汉墓出土陶器

1. 陶车轮（M378：2）

2. A 型铜镜（M212：1）

3. A 型铜镜（M215：1）

4. A 型铜镜（M258：2）

5. B 型铜镜（M144：1）

长直集汉墓出土器物

1. B 型（M321：13）

2. C 型（M325：1）

3. D 型（M271：1）

4. D 型（M322：2）

长直集汉墓出土铜镜

1. D型（M111：7）

2. D型（M337：1）

3. D型（M118：8）

4. D型（M302：3）

5. E型（M198：5）

长直集汉墓出土铜镜

1. 铜盆（M285：1）

2. A型石砚（M321：11）

3. 铜印（M271：3）

4. 铜印（M198：6）

5. 玉玦（M297：7）

6. 玉珠（M258：3-1）

7. 玉蚀（M258：5）

8. 玉蚀（M258：4）

长直集汉墓出土器物

1. 发掘现场

2. M73

封山墓地发掘现场及汉墓

1. M54

2. M57

封山汉墓

1. Aa型Ⅰ式（M18：1）

2. Aa型Ⅱ式（M27：7）

3. Aa型Ⅲ式（M66：2）

4. Ba型Ⅰ式（M90：3）

5. Ca型Ⅰ式（M102：4）

封山汉墓出土陶鼎

1. Ab 型盒（M18：2）

2. C 型盒（M80：5）

3. Ac 型壶（M36：17）

4. Ba 型壶（M68：1）

5. Aa 型Ⅰ式中型罐（M21：2）

6. 仓（M36：9）

封山汉墓出土陶器

1. Aa型Ⅰ式（M44：8）

2. Aa型Ⅱ式（M101：3）

3. B型（M44：11）

4. C型Ⅰ式（M20：1）

封山汉墓出土陶大型罐

1. M159

2. M132

东郑庄汉墓

1. M142墓室及盖板

2. M142边箱

东郑庄汉墓M142

1. M161

2. M157

东郑庄汉墓

1. Aa型Ⅰ式（M32：2）

2. Aa型Ⅱ式（M175：4）

3. Ab型Ⅰ式（M139：2）

4. Ab型Ⅱ式（M54：2）

5. Ac型Ⅱ式（M181：4）

6. Ba型Ⅰ式（M176：1）

东郑庄汉墓出土陶鼎

1. Ba型Ⅱ式（M161：5）

2. Bb型Ⅰ式（M174：3）

3. Bb型Ⅱ式（M87：1）

4. 其他（M140：5）

东郑庄汉墓出土陶鼎

1. Aa型Ⅰ式（M142：7）

2. Ab型Ⅰ式（M39：1）

3. Ab型Ⅱ式（M175：1）

4. Ab型Ⅲ式（M161：4）

5. B型（M142：8）

6. 其他（M140：2）

东郑庄汉墓出土陶盒

1. Aa型Ⅰ式（M53：2）

2. Aa型Ⅳ式（M186：5）

3. Ab型Ⅰ式（M143：1）

4. Ab型Ⅲ式（M161：1）

东郑庄汉墓出土A型陶大型壶

1. Ab 型Ⅳ式（M87：5）

2. Ac 型（M87：4）

3. Ad 型（M71：1）

4. Ba 型（M41：2）

东郑庄汉墓出土陶大型壶

图版一四

1. Bb 型大型壶（M31∶10）

2. C 型Ⅰ式大型壶（M57∶1）

3. Aa 型Ⅳ式匜（M77∶7）

4. Ab 型Ⅰ式匜（M144∶04）

5. Ab 型Ⅲ式匜（M183∶3）

东郑庄汉墓出土陶大型壶、匜

1. Aa型（M77：5、M141：3、M161：2）（左→右）

2. Ab型（M87：3、M183：6、M193：2）（左→右）

东郑庄汉墓出土陶小型壶

1. Ⅰ式盘（M140：4）

2. Ⅱ式盘（M142：3）

3. Ⅳ式盘（M87：6）

4. B型小型壶（M140：3）

5. Ab型Ⅳ式匜（M161：3）

6. B型匜（M31：5）

东郑庄汉墓出土陶器

1. 勺（M32：4）

2. 勺（M140：7）

3. 勺（M132：5）

4. 俑（M132：6-1）

5. 盆（M31：9）

6. 瓦当（M156：5）

东郑庄汉墓出土陶器

1. 大型罐（M63：2）

2. 大型罐（M74：1）

3. Aa型Ⅰ式中型罐（M159：1）

4. Aa型Ⅰ式中型罐（M154：1）

东郑庄汉墓出土陶大型罐、中型罐

1. Aa型Ⅱ式（M78：1）

2. Aa型Ⅲ式（M11：1）

3. Ba型Ⅰ式（M153：2）

4. Ba型Ⅱ式（M131：1）

东郑庄汉墓出土陶中型罐

1. Ba型Ⅲ式（M46：1）

2. Ba型Ⅳ式（M26：1）

3. Bb型（M42：4）

4. Ac型（M56：1）

东郑庄汉墓出土陶中型罐

1. Ca型（M40：2）

2. Ca型（M166：3）

3. Cb型Ⅰ式（M59：2）

4. Cb型Ⅱ式（M82：3）

东郑庄汉墓出土C型陶中型罐

1. Cb型Ⅲ式（M156：7）

2. D型（M17：1）

3. D型（M175：5）

4. E型（M137：1）

东郑庄汉墓出土陶中型罐

1. A 型小型罐（M187：1、M14：1、M43：2）（左→右）

2. B 型小型罐（M28：4、M91：3、M120：1、M155：3）（左→右）

东郑庄汉墓出土陶小型罐

1. A型陶小型罐（M31：1、M67：2）（左→右）

2. 方格四叶铜镜（TD采：015）

3. 石黛板（M156：3）

东郑庄汉墓出土器物

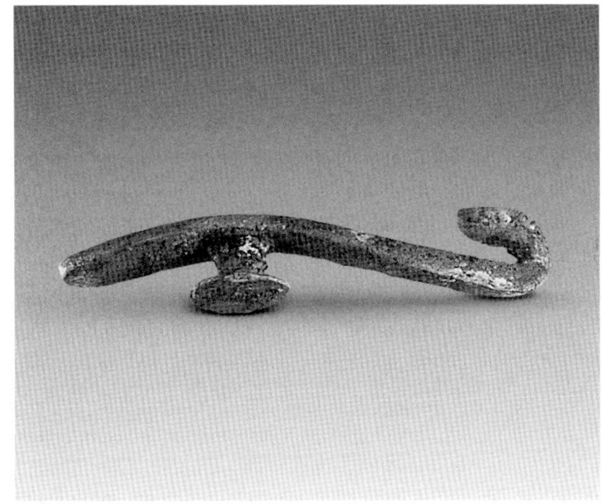

1. A 型Ⅰ式带钩（M128：1）

2. A 型Ⅱ式带钩（M176：6）

3. A 型Ⅱ式带钩（M124：1）

4. B 型带钩（M11：2）

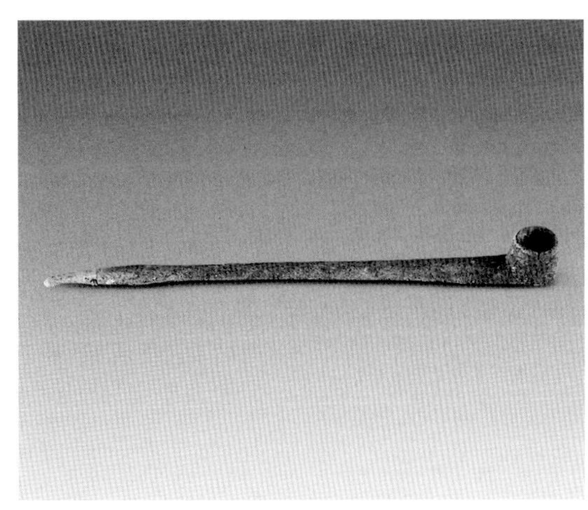

5. 镜刷（M156：4）

6. 镦（M81：2）

东郑庄汉墓出土铜器

图版二六

1. 臿（M28：05）

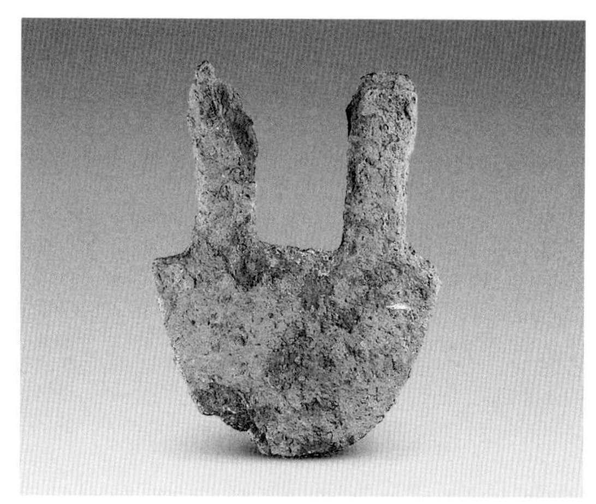

2. 臿（M41：01）

3. 钁（M45：01）

4. 镦（TD采：014）

5. 锤（M154：01）

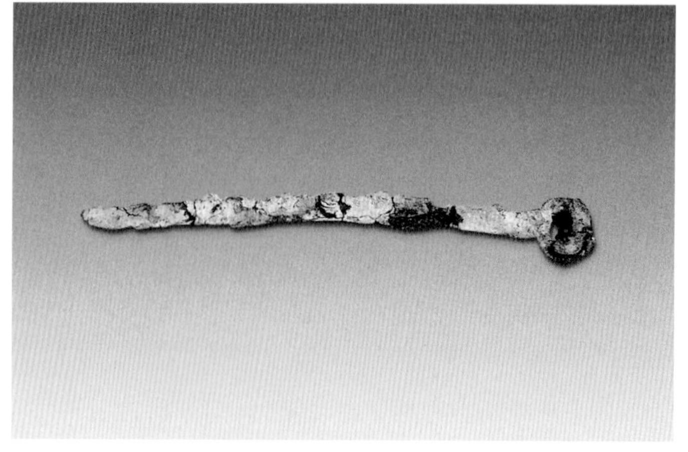

6. 环首刀（M183：1）

东郑庄汉墓出土铁器

1. Aa型Ⅰ式（M203：3）

2. Aa型Ⅰ式（M331：7）

3. B型Ⅰ式（M213：3）

4. B型Ⅲ式（M231：5）

5. C型Ⅱ式（M89：1）

6. D型Ⅰ式（M316：3）

东小宫汉墓出土陶鼎

1. D型Ⅰ式鼎（M329：6）

2. 其他鼎（M339：3）

3. A型Ⅰ式盒（M331：5）

4. A型Ⅱ式盒（M124：6）

5. A型Ⅲ式盒（M153：2）

6. Ba型Ⅰ式盒（M322：1）

东小宫汉墓出土陶鼎、盒

1. Ba型Ⅲ式（M297：7）

2. Bb型Ⅰ式（M40：10）

3. Bb型Ⅲ式（M274：3）

4. C型Ⅰ式（M287：1）

5. D型Ⅰ式（M259：6）

6. D型Ⅲ式（M166：6）

东小宫汉墓出土陶盒

1. E型Ⅰ式（M259：2）

2. E型Ⅱ式（M25：3）

3. F型Ⅰ式（M342：1）

4. F型Ⅱ式（M361：6）

5. F型Ⅲ式（M25：2）

东小宫汉墓出土陶盒

1. Aa型Ⅰ式（M322：5）

2. Aa型Ⅱ式（M246：3）

3. Ab型Ⅰ式（M331：6）

4. Ab型Ⅱ式（M272：1）

东小宫汉墓出土A型陶壶

1. Ab型Ⅲ式（M297：1）

2. Ac型Ⅰ式（M80：1）

3. Ac型Ⅱ式（M255：9）

4. Ac型Ⅲ式（M359：2）

东小宫汉墓出土A型陶壶

1. Ad型Ⅰ式（M218：1）

2. Ad型Ⅱ式（M255：3）

3. Ae型Ⅰ式（M72：5）

4. Ae型Ⅱ式（M265：6）

东小宫汉墓出土A型陶壶

1. B型Ⅰ式（M331：8）

2. B型Ⅲ式（M294：5）

3. Ca型Ⅰ式（M213：1）

4. Ca型Ⅱ式（M273：1）

东小宫汉墓出土陶壶

1. Ca 型Ⅲ式（M154：1）

2. Ca 型Ⅲ式（M166：5）

3. Cb 型Ⅰ式（M242：6）

4. Cb 型Ⅱ式（M287：3）

5. Cb 型Ⅱ式（M259：4）

6. Cb 型Ⅳ式（M339：2）

东小宫汉墓出土 C 型陶壶

1. Cc 型Ⅰ式（M218：2）

2. Cc 型Ⅱ式（M315：2）

3. Cc 型Ⅲ式（M342：4）

4. Cc 型Ⅳ式（M363：2）

5. Cd 型Ⅰ式（M25：3）

6. Cd 型Ⅲ式（M307：4）

东小宫汉墓出土 C 型陶壶

1. Ⅱ式钫（M298：1）

2. Ⅲ式钫（M326：6）

3. Ⅰ式匜（M322：8）

4. Ⅰ式匜（M331：2）

5. Ⅲ式匜（M153：10）

6. Ⅳ式匜（M316：4）

东小宫汉墓出土陶钫、匜

1. A型Ⅰ式（M322：9）

2. A型Ⅱ式（M182：7）

3. A型Ⅲ式（M226：4）

4. A型Ⅲ式（M193：9）

5. A型Ⅳ式（M255：7）

6. B型Ⅱ式（M124：3）

7. B型Ⅳ式（M316：9）

东小宫汉墓出土陶盘

1. Aa型Ⅰ式（M37：1）

2. Aa型Ⅱ式（M244：2）

3. Aa型Ⅲ式（M178：3）

4. Aa型Ⅴ式（M351：1）

5. Ab型Ⅰ式（M59：3）

东小宫汉墓出土A型陶大型罐

1. Ab型Ⅱ式（M219：6）

2. Ab型Ⅲ式（M7：1）

3. Ab型Ⅳ式（M117：2）

4. Ab型Ⅳ式（M25：1）

5. B型Ⅰ式（M120：1）

6. B型Ⅲ式（M266：7）

东小宫汉墓出土陶大型罐

1. B型Ⅲ式大型罐（M33：1）

2. B型Ⅲ式大型罐（M110：1）

3. B型Ⅳ式大型罐（M137：1）

4. Aa型Ⅰ式中型罐（M118：10）

东小宫汉墓出土陶罐

1. Aa型Ⅱ式（M165：1）

2. Aa型Ⅲ式（M28：2）

3. Aa型Ⅳ式（M7：2）

4. Ab型Ⅰ式（M224：1）

5. Ab型Ⅱ式（M53：1）

东小宫汉墓出土A型陶中型罐

1. Ab 型Ⅲ式（M332：2）

2. Ab 型Ⅳ式（M324：7）

3. Ab 型Ⅴ式（M79：1）

4. Ba 型Ⅰ式（M69：1）

5. Ba 型Ⅱ式（M110：9）

东小宫汉墓出土陶中型罐

1. Ba型Ⅲ式（M168：1）

2. Ba型Ⅳ式（M67：1）

3. Ba型Ⅴ式（M65：4）

4. Bb型Ⅲ式（M110：2）

5. Bb型Ⅳ式（M307：2）

6. Bb型Ⅴ式（M305：1）

东小宫汉墓出土B型陶中型罐

1. M46

2. M32

顾庙汉墓

1. A型Ⅰ式（M73：2）

2. A型Ⅲ式（M40：3）

3. B型Ⅰ式（M48：1）

4. B型Ⅰ式（M48：18）

5. B型Ⅱ式（M40：8）

6. C型（M17：1）

顾庙汉墓出土陶鼎

1. Aa型Ⅰ式（M73：4）

2. Aa型Ⅱ式（M83：3）

3. Aa型Ⅳ式（M5：6）

4. Ab型Ⅰ式（M48：14）

5. Ab型Ⅱ式（M40：13）

6. Ac型（M17：4）

顾庙汉墓出土A型陶盒

1. B型Ⅰ式（M28：9）

2. B型Ⅱ式（M6：2）

3. B型 Ⅲ式（M11：4）

4. C型（M63：1）

5. D型（M5：8）

6. E型（M5：4）

顾庙汉墓出土陶盒

1. A型Ⅱ式（M65：2）

2. A型Ⅲ式（M83：5）

3. B型（M40：7）

4. B型（M48：8）

顾庙汉墓出土陶大型壶

1. Ca型Ⅰ式（M32：5）

2. Ca型Ⅱ式（M11：6）

3. Ca型Ⅲ式（M5：5）

4. Ca型Ⅳ式（M71：6）

5. Cb型Ⅰ式（M54：2）

6. Cb型Ⅱ式（M28：1）

顾庙汉墓出土C型陶大型壶

1. Cb型Ⅲ式（M66：1）

2. Cc型（M49：1）

3. Cd型（M38：2）

4. 其他型（M6：1）

顾庙汉墓出土陶大型壶

1. 其他型大型壶（M25：1）

2. 其他型大型壶（M60：2）

3. Ⅰ式钫（M73：6）

4. Ⅱ式钫（M67：1）

顾庙汉墓出土陶大型壶、钫

1. 小型壶（M17：2）

2. 杯（M48：9）

3. 匜（M40：12）

4. 匜（M48：13）

5. Ⅰ式盘（M17：6）

6. Ⅱ式盘（M73：7）

7. Ⅲ式盘（M65：8）

8. Ⅳ式盘（M40：11）

顾庙汉墓出土陶器

1. A型Ⅰ式（M33：3）

2. A型Ⅱ式（M29：2）

3. A型Ⅲ式（M13：4）

4. B型Ⅰ式（M7：4）

顾庙汉墓出土陶大型罐

1. B型Ⅱ式大型罐（M9：2）

2. 瓮（M33：2）

3. Aa型Ⅰ式中型罐（M30：5）

4. Aa型Ⅱ式中型罐（M41：4）

顾庙汉墓出土陶器

1. Aa型Ⅲ式（M71：1）

2. Ab型Ⅰ式（M22：1）

3. Ab型Ⅱ式（M35：1）

4. Ab型Ⅱ式（M59：3）

顾庙汉墓出土A型陶中型罐

1. Ac型（M3：6）

2. Ad型（M10：8）

3. Ba型Ⅰ式（M14：1）

4. Ba型Ⅲ式（M79：5）

5. Bb型Ⅰ式（M24：1）

6. Bb型Ⅱ式（M4：7）

顾庙汉墓出土陶中型罐

1. Bc 型Ⅰ式中型罐（M29：1）

2. Bc 型Ⅲ式中型罐（M13：7）

3. A 型小型罐（M36：6）

4. C 型小型罐（M67：2）

5. B 型小型罐（M5：1）

6. D 型小型罐（M10：9）

7. 三足罐（M17：5）

顾庙汉墓出土陶罐

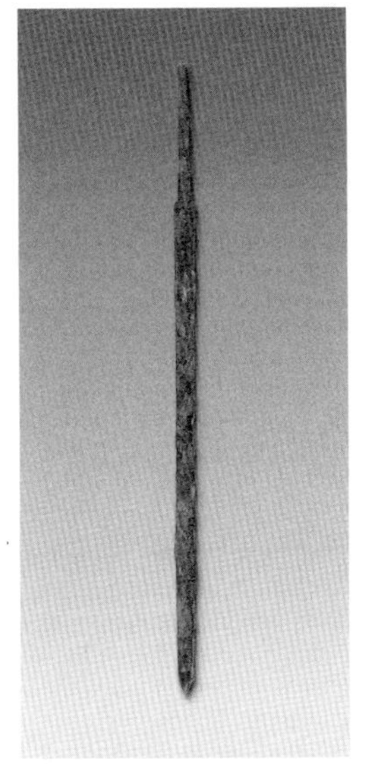

1. 铁剑（M23：5）

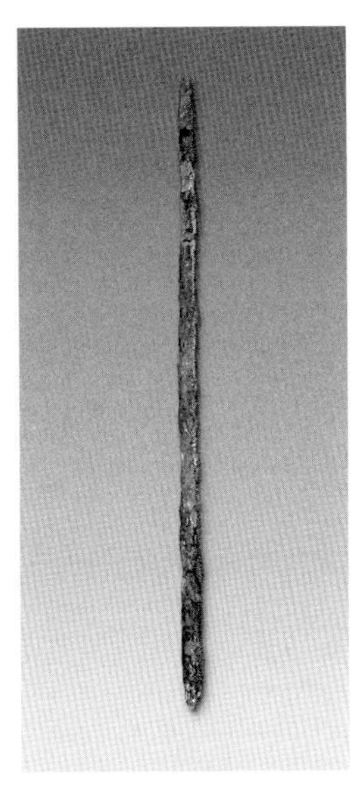

2. 铁剑（M36：4）

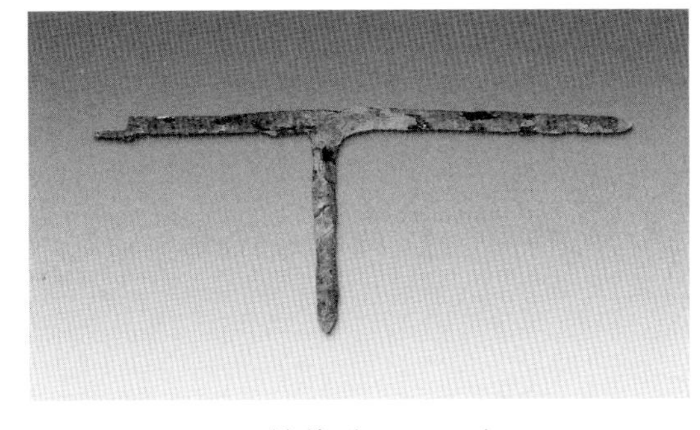

5. 铁戟（M10：4）

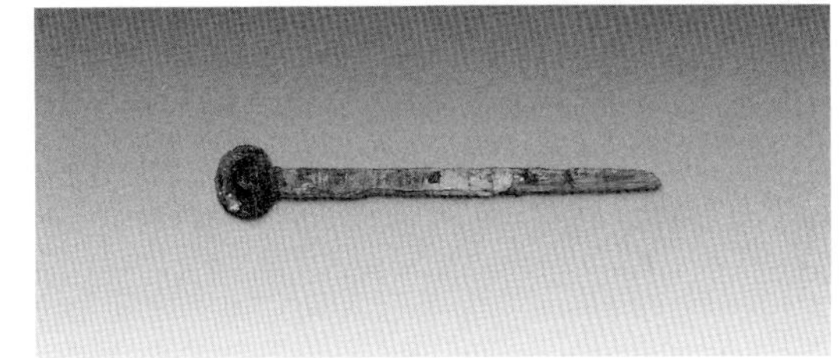

7. 铁削（M71：5）

3. 铁环首刀（M11：11）

8. 铁削（M51：3）

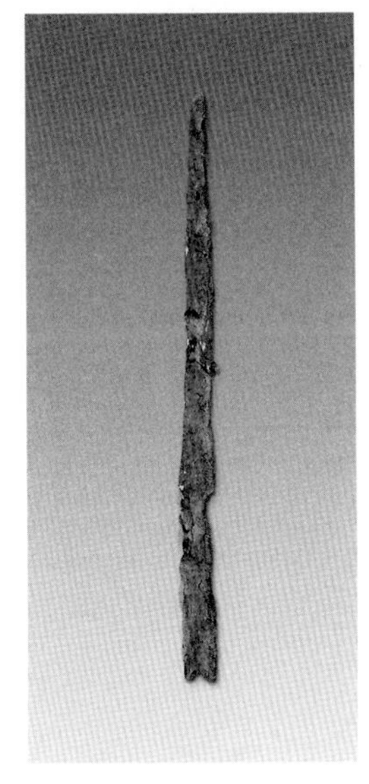

4. 铁矛（M9：6）

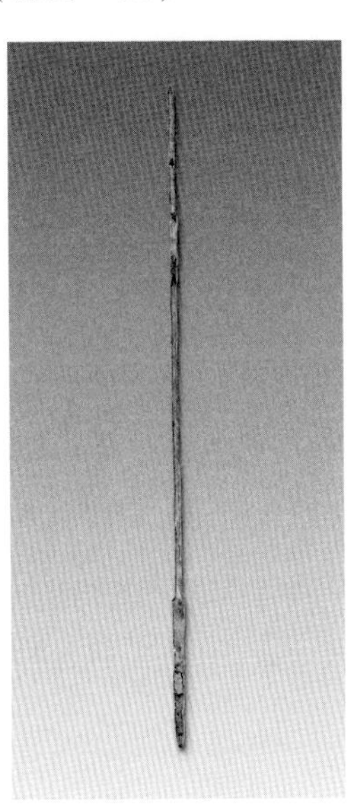

6. 铁矛（M9：5）

顾庙汉墓出土铁器

1. 墓地远景

2. M16

徐家营墓地远景及汉墓

1. M179

2. M32

徐家营汉墓

1. M134

2. M214

1. M51

2. M274

徐家营汉墓

1. M218

2. M148

徐家营汉墓

1. Aa型Ⅰ式（M173：5）

2. Aa型Ⅲ式（M299：4）

3. Ab型Ⅰ式（M81：4）

4. B型（M71：2）

5. C型Ⅰ式（M47：2）

6. C型Ⅲ式（M150：7）

徐家营汉墓出土陶鼎

1. B型Ⅰ式盒（M63：3）

2. B型Ⅱ式盒（M139：11）

3. B型Ⅳ式盒（M248：2）

4. B型Ⅱ式大型壶（M302：2）

徐家营汉墓出土陶盒、大型壶

1. Aa型Ⅰ式大型壶（M146：2）

2. Aa型Ⅱ式大型壶（M63：2）

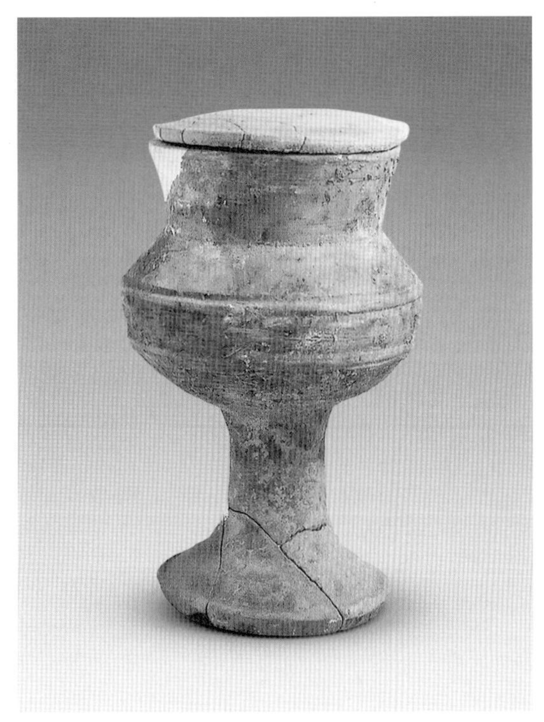

3. 高足壶（M168：2）

4. 钫（M63：1）

徐家营汉墓出土陶器

1. D型匜（M248：5）

2. Ⅲ式盘（M302：3）

3. Ⅳ式盘（M248：1）

4. A型勺（M160：9）

5. D型勺（M189：3）

徐家营汉墓出土陶器

1. A型Ⅰ式（M249：2）

2. A型Ⅱ式（M1：7）

3. A型Ⅲ式（M287：3）

4. B型Ⅰ式（M184：3）

徐家营汉墓出土陶釜

1. A型Ⅰ式（M275：1）

2. A型Ⅳ式（M97：7）

3. A型Ⅴ式（M178：1）

4. Ba型Ⅰ式（M261：3）

徐家营汉墓出土陶大型罐

1. Ba型Ⅱ式（M46：5）

2. Ba型 Ⅳ式（M133：1）

3. Bb型Ⅲ式（M29：4）

4. Bb型Ⅳ式（M136：4）

徐家营汉墓出土B型陶大型罐

1. Bb型Ⅵ式（M22：2）

2. Bb型 Ⅶ式（M93：5）

3. Bb型Ⅷ式（M93：3）

4. Ca型Ⅰ式（M79：1）

徐家营汉墓出土陶大型罐

1. Cb型Ⅰ式大型罐（M45：1）

2. Cb型 Ⅱ式大型罐（M100：1）

3. Aa型Ⅴ式中型罐（M50：5）

4. Ab型Ⅰ式中型罐（M117：1）

5. Ab型Ⅳ式中型罐（M38：1）

6. Ba型Ⅰ式中型罐（M287：2）

徐家营汉墓出土陶大型罐、中型罐

1. Ba 型Ⅲ式（M111：3）

2. Ba 型 Ⅵ式（M24：3）

3. Ba 型Ⅶ式（M94：2）

4. Bc 型Ⅰ式（M32：6）

5. Bc 型Ⅲ式（M195：2）

6. C 型Ⅰ式（M323：1）

徐家营汉墓出土陶中型罐

1. C型Ⅱ式中型罐（M59：3）

2. C型 Ⅲ式中型罐（M309：6）

3. C型Ⅳ式中型罐（M3：1）

4. C型Ⅴ式中型罐（M273：6）

5. A型Ⅰ式瓮（M158：1）

6. B型Ⅱ式瓮（M127：1）

徐家营汉墓出土陶中型罐、瓮

1. B型Ⅲ式瓮（M165：4）

2. A型盆（M250：2）

3. B型盆（M150：3）

4. 钵（M241：1）

5. 筒瓦（M82：4）

徐家营汉墓出土陶器

1. 铜印（M66：3）

2. B 型铜带钩（M51：3）

3. B 型铜带钩（M55：1）

4. C 型铜带钩（M37：2）

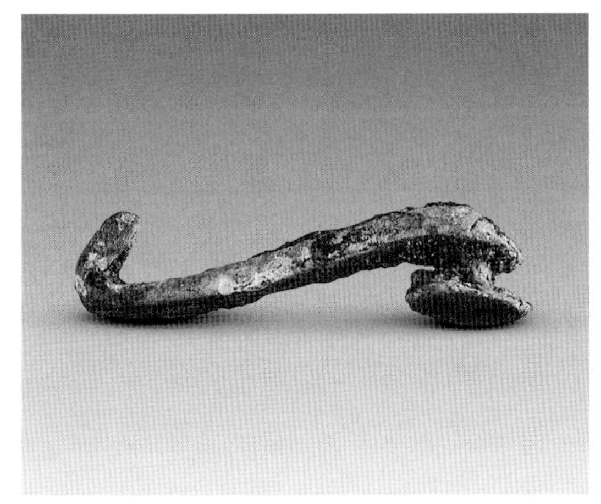

5.铁带钩（M134：3）

6.铁镇（M9：4）

徐家营汉墓出土铜、铁器

1. 墓地发掘现场

2. M9

3. M6

花山墓地发掘现场及汉墓

1. Ⅰ式鼎（M32：4）

2. Ⅰ式鼎（M29：3）

3. Ⅰ式盒（M29：10）

4. Ⅰ式盒（M29：6）

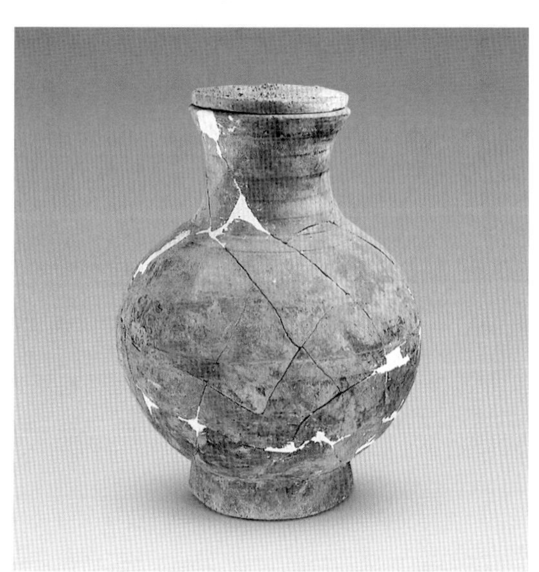

5. B型大型圈足壶（M69：1）

花山汉墓出土陶器

1. A 型Ⅰ式大型圈足壶（M29：4）

2. A 型Ⅲ式大型圈足壶（M51：5）

3.A 型Ⅲ式大型圈足壶（M51：4）

4. A 型大型平底壶（M86：6）

花山汉墓出土陶壶

1. A型Ⅰ式大型假圈足壶（M9：13）

2. A型Ⅱ式大型假圈足壶（M9：11）

3.B型大型假圈足壶（M5：2）

4. B型大型平底壶（M86：5）

花山汉墓出土陶壶

1. A型Ⅰ式小型壶（M11：5）

2. A型Ⅰ式小型壶（M35：5）

3. A型Ⅱ式小型壶（M35：2）

4. B型Ⅲ式小型壶（M51：14）

5. C型大型平底壶（M5：1）

花山汉墓出土陶壶

1. Ⅰ式匜（M29：1）

2. Ⅲ式匜（M51：17）

3. Ⅱ式勺（M51：10）

4. Ⅱ式勺（M51：35）

5. Ⅱ式盘（M70：1）

花山汉墓出土陶器

1. A型（M6：1）

2. B型Ⅱ式（M41：1）

3. B型Ⅰ式（M29：11）

4. B型Ⅳ式（M86：1）

花山汉墓出土陶大型罐

1. D型（M61：1）

2. D型（M80：5）

3. D型（M88：25）

4. B型Ⅲ式（M51：8）

花山汉墓出土陶大型罐

1. E型大型罐（M36：1）

2. C型大型罐（M80：6）

3. F型大型罐（M66：1）

4. A型Ⅰ式中型罐（M61：3）

花山汉墓出土陶大型罐、中型罐

1. C型Ⅱ式（M68：3）

2. A型Ⅲ式（M42：1）

3. A型Ⅲ式（M79：2）

4. Ba型Ⅰ式（M28：1）

5. Ba型Ⅱ式（M84：5）

6. Ba型Ⅰ式（M40：2）

花山汉墓出土陶中型罐

1. Ba 型Ⅱ式中型罐（M84：1）

2. Bb 型Ⅰ式中型罐（M15：2）

3. Bb 型Ⅱ式中型罐（M57：8）

4. C 型Ⅰ式中型罐（M80：4）

5. C 型Ⅱ式中型罐（M82：7）

6. 釉陶罐（M71：1）

花山汉墓出土陶中型罐、釉陶罐

1. Ba 型铜镜（M70：6）

2. Bb 型铜镜（M10：5）

3. Eb 型铜镜（M68：9）

4. G 型铜镜（M86：9）

5. A 型铜印（M51：28）

6. 石琀（M90：17）

花山汉墓出土铜、石器

1. M51 小型壶

2. M79 中型罐

花山汉墓出土陶器组合

1. M63

2. M34

柴峪汉墓

1. M198

2. M198

3. M161

4. M161壁龛

1. Aa型Ⅱ式（M79：2）

2. Aa型Ⅲ式（M81：2）

3. Ba型Ⅰ式（M18：1）

4. Ba型Ⅱ式（M163：3）

5. Ba型Ⅱ式（M242：8）

6. Ba型Ⅳ式（M241：7）

柴峪汉墓出土陶小型壶

1. Bb型Ⅲ式（M14：2）

2. Bb型Ⅳ式（M19：9）

3. Bc型Ⅱ式（M161：4）

4. Bc型Ⅳ式（M130：2）

柴峪汉墓出土B型陶小型壶

1. A型Ⅰ式（M55：3）

2. A型Ⅱ式（M141：1）

3. A型Ⅲ式（M174：1）

4. A型Ⅳ式（M8：1）

柴峪汉墓出土陶大型罐

1. A型Ⅴ式大型罐（M8：5）

2. B型大型罐（M234：1）

3. Aa型Ⅰ式中型罐（M124：3）

4. Aa型Ⅱ式中型罐（M222：1）

5. Aa型Ⅲ式中型罐（M235：1）

6. Ab型Ⅰ式中型罐（M221：2）

柴峪汉墓出土陶罐

1. Ⅰ式小型罐（M12：1）

2. Ⅱ式小型罐（M240：2）

3. Ⅲ式小型罐（M8：2）

4. Ⅲ式瓶（M8：8）

5. Ⅱ式瓶（M8：4）

柴峪汉墓出土陶器

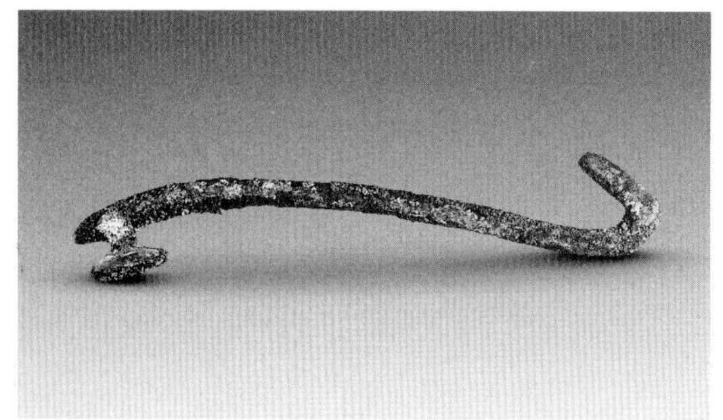

1. A 型带钩（M144：1）

2. B 型带钩（M194：2）

3. B 型带钩（M141：10）

4. C 型带钩（M212：5）

5. D 型带钩（M121：5）

6. 弩机（M220：3）

7. B 型铃（M198：2～6）、A 型铃（M198：1）（左→右）

柴峪汉墓出土铜器

1. B型铜铃（M33：2）、A型铜铃（M33：1）（左→右）

2. 铜环（M121：4、M202：2）（左→右）

3. Aa型石琀（M220：8）

4. Ab型石琀（M219：5）

5. Ab型石琀（M50：3）、石坠（M50：4）、A、B型耳鼻塞（M50：5～8）

6. 左：铜矛（M154：13-1）
右：铜镦（M154：13-2）

柴峪汉墓出土器物

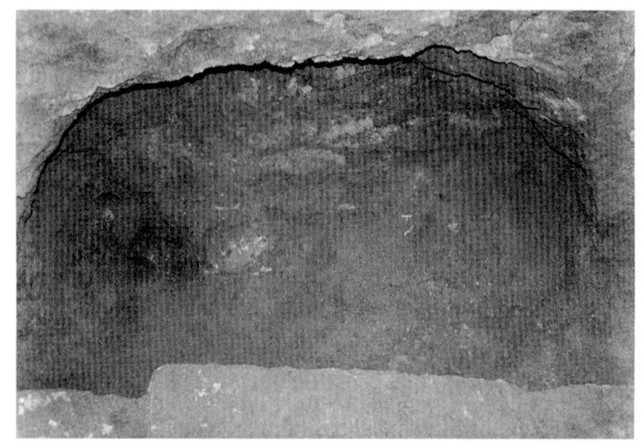

1. 木耳杯（M141：2～4）

2. 木匜形器（M124：1）

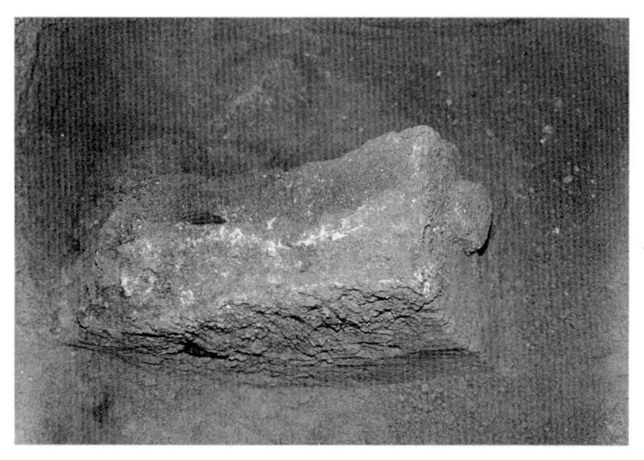

3. 木匣（M124：2）

4. 布枕头（M214：1）

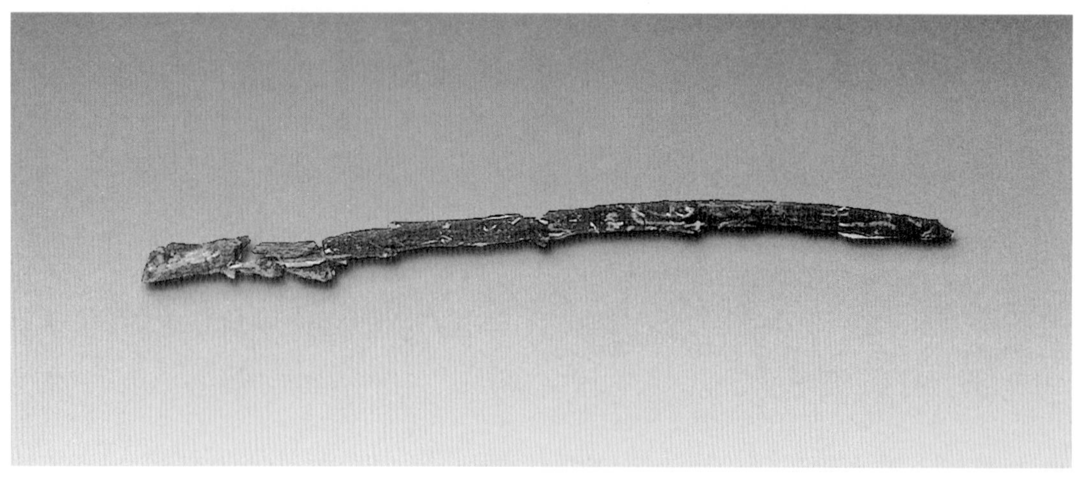

5. 木鸠杖（M214：5）

柴峪汉墓出土器物

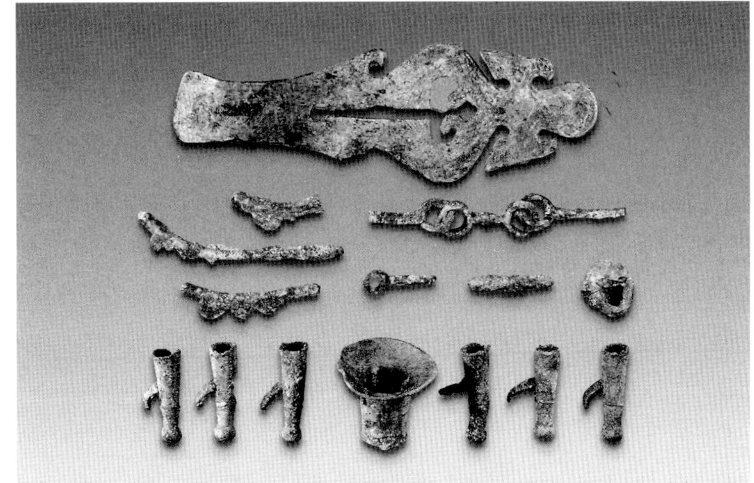

1. 金属饰件：鸟形饰片（M239：5-1）、喇叭形饰件（M239：5-2）、柄形饰件（M239：5-3）、衔（M239：5-4）

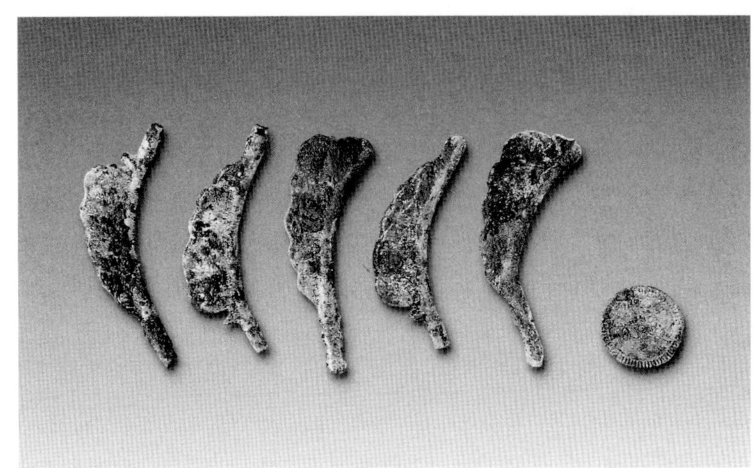

2. 镳（M227：5-2）、纽扣状饰件（M227：5-1）（左→右）

3. 片状金属饰件（M227：5-3）

柴峪汉墓出土金属饰件

1. Ⅰ式（M300：1）

2. Ⅱ式（M298：4）

3. Ⅲ式（M274：1）

4. Ⅲ式（M289：4）

5. Ⅳ式（M349：3）

6. Ⅴ式（M284：11）

长直集汉墓出土A型陶鼎

1. B型Ⅰ式鼎（M118：4）

2. B型Ⅱ式鼎（M384：6）

3. A型Ⅱ式盒（M299：6）

4. A型Ⅲ式盒（M289：5）

5. Aa型Ⅰ式壶（M351：1）

长直集汉墓出土陶器

1. Aa型Ⅱ式（M274：4）

2. Aa型Ⅲ式（M299：4）

3. Ab型Ⅰ式（M351：2）

4. Ab型Ⅲ式（M3：1）

长直集汉墓出土A型陶壶

1. Ⅲ式（M282：5）

2. Ⅲ式（M282：4）

3. Ⅳ式（M350：1）

4. Ⅴ式（M284：12）

长直集汉墓出土 Ab 型陶壶

1. Ab型Ⅶ式（M307：3）

2. Ab型Ⅶ式（M307：8）

3. Ac型Ⅰ式（M118：1）

4. Ac型Ⅰ式（M344：4）

长直集汉墓出土A型陶壶

1. Ac型Ⅱ式（M341：7）

2. B型Ⅱ式（M355：1）

3. B型Ⅱ式（M360：1）

4. B型Ⅲ式（M340：2）

5. B型Ⅳ式（M348：1）

长直集汉墓出土陶壶

1. B型Ⅴ式（M250：1）

2. B型Ⅴ式（M276：1）

3. B型Ⅵ式（M101：1）

4. B型Ⅶ式（M368：1）

5. B型Ⅶ式（M366：1）

6. Ca型Ⅰ式（M347：2）

长直集汉墓出土陶壶

1. Ⅱ式（M6：3）

2. Ⅲ式（M180：2）

3. Ⅲ式（M270：2）

4. Ⅴ式（M316：1）

长直集汉墓出土Ca陶壶

1. D型（M303：1）

2. D型（M12：3）

3. D型（M349：1）

4. D型（M3：3）

5. 其他型（M287：2）

长直集汉墓出土陶壶

1. A型Ⅰ式（M384：4）

2. A型Ⅱ式（M118：2）

3. B型Ⅰ式（M36：3）

4. B型Ⅱ式（M349：6）

5. B型Ⅲ式（M282：8）

6. B型Ⅲ式（M282：11）

长直集汉墓出土陶盘

1. 釜（M286：3）

2. 釜（M122：2）

3. 洗（M215：3）

4. A型Ⅱ式大型罐（M277：1）

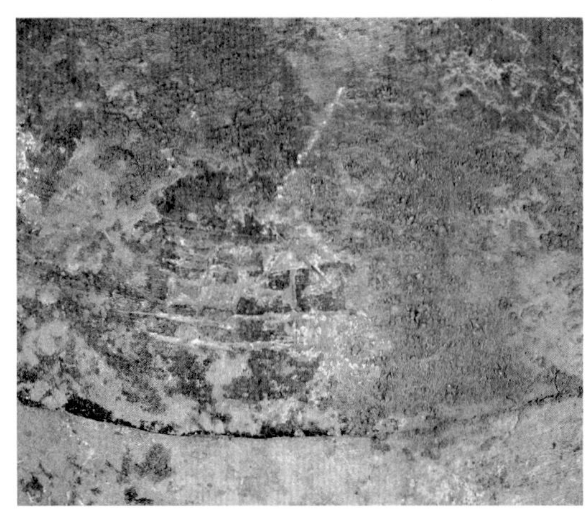

5. A型Ⅱ式大型罐（M277：1）局部

6. A型Ⅲ式大型罐（M377：2）

长直集汉墓出土陶器

1. A型Ⅳ式（M325：3）

2. A型Ⅴ式（M297：4）

3. Ba型Ⅱ式（M280：1）

4. Ba型Ⅲ式（M309：5）

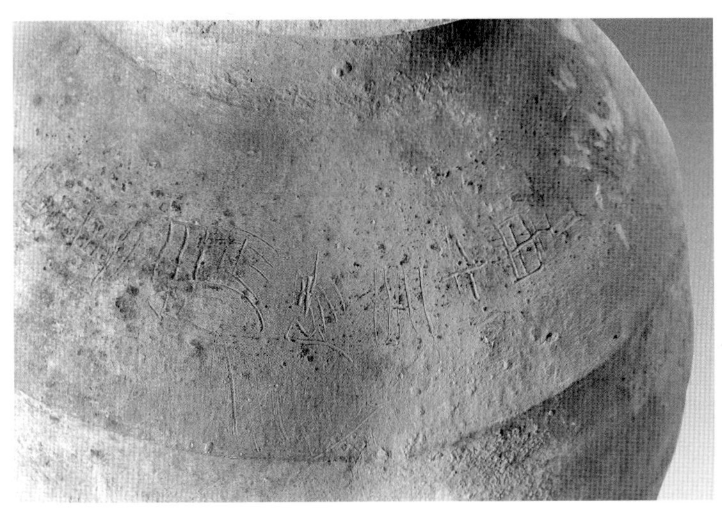

5. Ba型Ⅲ式（M309：5）局部

长直集汉墓出土陶大型罐

1. Ba 型Ⅳ式（M212：7）

2. Bb 型Ⅰ式（M260：4）

3. Bb 型Ⅱ式（M289：3）

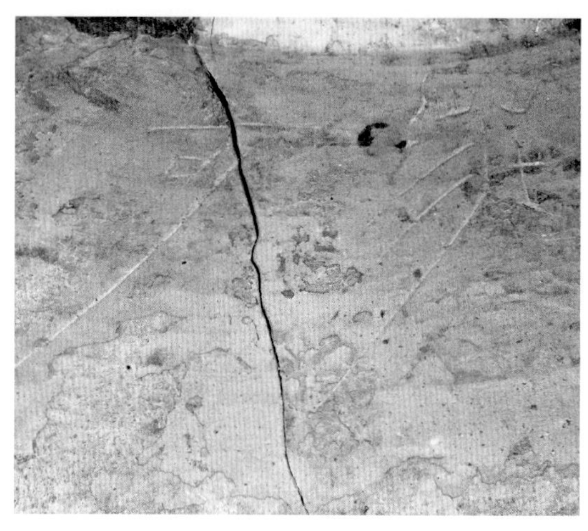

4. Bb 型Ⅱ式（M289：3）局部

5. Bb 型Ⅲ式（M165：3）

长直集汉墓出土 B 型陶大型罐

1. Bb型Ⅲ式（M109：2）

2. Bc型Ⅰ式（M298：9）

3. Bc型Ⅰ式（M347：1）

4. Bc型Ⅱ式（M299：7）

长直集汉墓出土B型陶大型罐

1. Ⅱ式（M339：6）

2. Ⅲ式（M2：3）

3. Ⅳ式（M297：3）

4. Ⅴ式（M258：6）

5. Ⅴ式（M144：7）

长直集汉墓出土 Bc 型陶大型罐

1. Bc型Ⅴ式（M281∶2）

2. Bc型Ⅵ式（M125∶1）

3. C型Ⅰ式（M352∶2）

4. C型Ⅱ式（M381∶1）

5. C型Ⅲ式（M162∶1）

6. C型Ⅲ式（M162∶2）

长直集汉墓出土陶大型罐

1. C型Ⅳ式（M322：3）

2. C型Ⅳ式（M383：1）

3. D型Ⅱ式（M335：1）

4. D型Ⅱ式（M155：1）

长直集汉墓出土陶大型罐

1. M364：2

2. M269：1

3. M275：1

4. M104：1

长直集汉墓出土其他型陶大型罐

1. Ⅰ式（M306：1）

2. Ⅰ式（M370：1）

3. Ⅱ式（M339：2）

4. Ⅱ式（M339：5）

5. Ⅲ式（M19：2）

6. Ⅳ式（M297：1）

长直集汉墓出土Aa型陶中型罐

1. Aa型Ⅳ式（M279：1）

2. Aa型Ⅴ式（M206：4）

3. Aa型Ⅴ式（M144：6）

4. Ab型Ⅰ式（M103：2）

5. Ab型Ⅰ式（M124：1）

6. Ab型Ⅲ式（M16：1）

长直集汉墓出土A型陶中型罐

1. Ab 型Ⅲ式（M364：1）

2. Ac 型Ⅰ式（M288：3）

3. Ac 型Ⅰ式（M172：1）

4. Ac 型Ⅲ式（M138：2）

5. Ba 型Ⅰ式（M335：4）

长直集汉墓出土陶中型罐

1. Ⅱ式（M124：2）

2. Ⅱ式（M294：4）

3. Ⅲ式（M226：3）

4. Ⅲ式（M226：5）

5. Ⅳ式（M316：2）

6. Ⅳ式（M325：4）

长直集汉墓出土Ba型陶中型罐

1. Ba 型Ⅴ式（M212：6）

2. Ba 型Ⅴ式（M13：1）

3. Ba 型Ⅵ式（M14：4）

4. Bb 型Ⅰ式（M280：2）

5. Bb 型Ⅱ式（M134：1）

6. Bb 型Ⅱ式（M260：6）

长直集汉墓出土 B 型陶中型罐

1. Bb型Ⅲ式（M227：3）

2. Bb型Ⅲ式（M227：4）

3. Bb型Ⅳ式（M13：2）

4. Bc型Ⅱ式（M108：5）

5. Bc型Ⅱ式（M284：13）

长直集汉墓出土B型陶中型罐

1. M334：2

2. M134：3

3. M108：6

4. M370：2

5. M318：1

长直集汉墓出土其他型陶中型罐

1. Ⅰ式（M345：1）

2. Ⅱ式（M162：3）

3. Ⅲ式（M33：1）

4. Ⅲ式（M33：2）

5. Ⅴ式（M284：14）

6. Ⅴ式（M284：15）

长直集汉墓出土陶钵

1. 釜（M332：1）

2. 铃（M373：1）

3. A 型带钩（M321：14）

4. A 型带钩（M195：2）

5. A 型带钩（M34：4）

6. A 型带钩（M111：8）

长直集汉墓出土铜器

1. B型铜带钩（M292：1）

2. C型铜带钩（M218：5）

3. 铜环（M308：2）

4. 铁锤（M195：1）

5. 铁臿（M122：1）

6. 铁臿（M35：15）

长直集汉墓出土器物

1. 斧（M347：3）

2. 刀（M321：8）

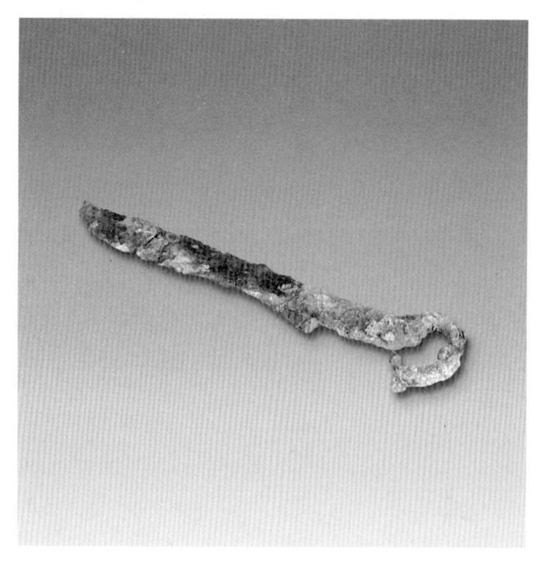

3. 刀（M198：4）

4. A型石砚（M325：7）

长直集汉墓出土铁器

1. B型石砚（M118：10）

2. B型石砚（M271：5）

3. B型石砚（M347：5）

4. 石纺轮（M310：4）

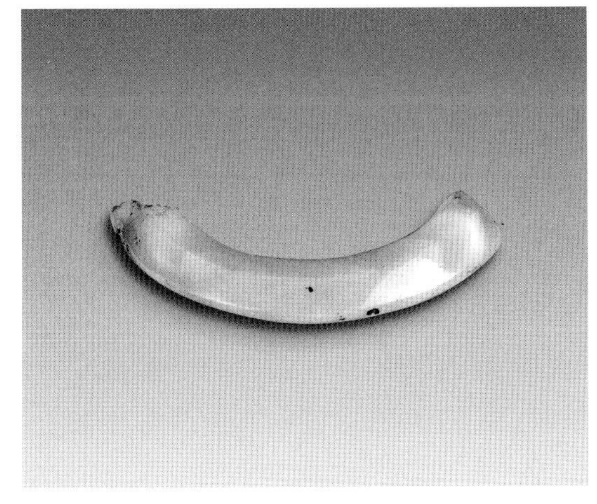

5. 玉镯（M341：4）

6. 骨管（M372：3）

长直集汉墓出土器物